I0395089

www.ingramcontent.com/pod-product-compliance
Lightning Source LLC
Chambersburg PA
CBHW070455120526
44590CB00013B/657
* 9 7 8 1 9 1 2 6 9 9 2 5 4 *

# فراخوانِ بشارت جهانی

## میسیون‌شناسیِ تثلیثی
## برای قرن بیست‌ویکم

ISBN 978-1-912699-25-4
90000
9 781912 699254

# فراخوانِ بشارت جهانی

## میسیون‌شناسیِ تثلیثی
## برای قرن بیست‌ویکم

### تیموتی تِنِنت

مترجم: رامین بسطامی
ویراستاری: نادر فرد
طرح جلد: اندی ساوتن
حروفچینی و صفحه‌آرایی: نادر فرد

انتشارات پارس، ۲۰۲۳
کلیهٔ حقوق برای ناشر محفوظ است

شابک: ۴-۲۵-۹۱۲۶۹۹-۱-۹۷۸

# Invitation to
# World Missions:
## A Trinitarian Missiology for the Twenty-first Century

## Timothy Tennent

Kregel Academic

All rights reserved.

This translation is made and published by permission from the Author Dr. Timothy Tennent.

Persian Translation © 2022 Pars Publications

Reprint: 2023

Translated into Persian by: Ramin Bastami
Edited by: Nader Fard
Cover by: Andy Southan
Typesetting and Layout: Nader Fard

Persian Translation Published by:
Multimedia Theological Training Limited
P. O. Box 66099, London, W4 9FE, UK

publications@parstheology.com
www.parsonlineshop.com

ISBN 978-1-912699-25-4

# فهرست مطالب

## بخش اول/ قسمت الف
### جریان‌های عمده‌ای که میسیون مسیحی در سدۀ بیست‌ویکم را شکل می‌دهند
۱: از تعلیق و رخوت تا مکث و نوزایی ................................................ ۱۱

### قسمت ب/ خدای تثلیث و خدای فرستنده
۲: الاهیات تثلیث‌محور و مبتنی بر میسیون ........................................ ۴۵
۳: چارچوبی تثلیثی برای میسیون‌های مسیحی .................................. ۶۳

## بخش دوم/ خدای پدر: منشاء مشیّتی و هدف مأموریت الاهی
### قسمت الف
### نگرشی میسیون‌شناختی بر کتاب‌مقدس
۴: خدای میسیون نقشۀ خود را مکشوف می‌سازد ............................... ۹۱
۵: خدای فرستنده و کلیسای فرستاده ............................................ ۱۰۹

### قسمت ب
### آفرینش، مکاشفه، و واکنش انسان به حاکمیت خدا
۶: الاهیات فرهنگی مبتنی بر «خلقت تازه» و تثلیثی ............................ ۱۴۱
۷: رویکردی اونجلیکال به الاهیات ادیان ....................................... ۱۶۹

## بخش سوم
### خدای پسر: تجسم رهایی‌بخشِ «مأموریت الاهی»
### قسمت الف

### تاریخ میسیون مسیحی همچون بازتابی از تجسم خدا
۸: نقاط عطف در تاریخ میسیون مسیحی تا پیش از ۱۷۹۲ ...................... ۲۰۳

9: «سدهٔ پرشکوه» میسیون‌های مسیحی ۱۷۹۲-۱۹۱۰ .................................. ۲۲۷
۱۰: شکوفایی جهان مسیحیت، از ۱۹۱۰ تا کنون ........................................ ۲۵۳

## قسمت ب
### ارتباط میان-فرهنگی به‌عنوان بازتابی از تجسم

۱۱: تجسم مسیح و ترجمه‌پذیری انجیل ................................................ ۲۸۷
۱۲: دسترسی و تکثیرپذیری در راهبرد میسیون مسیحی ............................. ۳۱۵
۱۳: بازتاباندن مفهوم تجسم در میسیون جامع ........................................ ۳۴۵

## بخش چهارم
### خدای روح‌القدس: حضور نیروبخش مأموریت الاهی

## قسمت الف
### نیرو دادن به کلیسا برای تبلور بخشیدن به حضور آینده

۱۴: روح‌القدس، کتاب اعمال رسولان، و مأموریت الاهی ............................. ۳۶۷
۱۵: کلیسا به‌عنوان تجسم خلقت تازه ................................................... ۳۸۷

## قسمت ب
### میسیونرها، نمایندگان رنج و طلایه‌داران خلقت تازه

۱۶: کلیسای رنجبر و پیشرو ............................................................. ۴۱۳

## جمع‌بندی
### کلیسا به‌عنوان بازتاب تثلیث در جهان ............................................. ۴۳۷

بخش اول

قسمت الف

جریان‌های عمده‌ای که میسیون مسیحی در سدهٔ بیست‌ویکم را شکل می‌دهند

# ۱

# از تعلیق و رخوت تا مکث و نوزایی

میسیونرها اغلب به داستان‌سرایان ماهر معروفند. به یاد دارم که در بچگی مجذوب داستان‌هایی می‌شدم که از میسیونرها می‌شنیدم. میسیونرهایی که به خانه یا کلیسای‌مان می‌آمدند، از مردمان عجیب و غریب و سرزمین‌های دوردست داستان‌ها می‌گفتند. حوزهٔ میسیونی که توصیف می‌کردند، همیشه در کشوری دوردست بود، جایی که زبان و رسوم مردمش غریب است. یکی از همین میسیونرها را به خاطر دارم که دستاری رنگارنگ بر سر گذاشته بود و داستان‌های هیجان‌انگیزی از قبایل آفریقا می‌گفت که ما را سر جای‌مان میخکوب می‌کرد. او ناگهان، در نهایت تعجب و ترس حاضرین، پوست لوله‌شدهٔ ماری را به بلندای دستِ‌کم شش متر، روی کف اتاق پهن کرد. چشمان ما خیره مانده بود. همان موقع با خود اندیشیدم که هیچ شغلی را نمی‌توان با خدمت میسیونری مقایسه کرد- آموختن زبان‌های بیگانه، سفر به سرزمین‌های دوردست، بازگو کردن داستان‌های هیجان‌انگیز به هنگام بازگشت به میهن، و شاید حتی پهن کردن پوست لوله‌شدهٔ مار بر کف اتاق! برای من معنا و مفهوم میسیون مسیحی این بود.

حتی امروز هم می‌توانم آن تصاویر فراموش‌نشدنی را (که معمولاً همراه با پخش اسلایدهای بسیار همراه بود) به یاد بیاورم؛ تصاویری از جنگل‌های دورافتاده، میسیونرهایی خندان با صورت‌های رنگ‌شده، که کتاب‌مقدس در دست داشتند، و مردمانی با ظاهر عجیب که در امتداد رودخانه پارو می‌زدند. همه چیز عجیب و بیگانه به‌نظر می‌رسید. در آن روزها به‌ندرت پیش می‌آمد که مردم واژهٔ *میسیون* را بدون صفت *خارجی* به‌کار ببرند، مانند *میسیون‌های خارجی*.[1] بنابراین، عرصهٔ فعالیت میسیون جایی *«آن سوی مرزها»* بود،

1. Foreign Missions

یک جای «*خارجی*». ما غربی‌ها با اطمینان خاطر در مقرّ مسیحیت نشسته بودیم. ما کسانی بودیم که میسیونرها را به جاهای دیگر می‌فرستادیم. من که در «کمربند کتاب‌مقدس» در جنوب ایالات متحده بزرگ شده بودم، هرگز به یاد نمی‌آورم که در مورد میسیونرهای کره‌ای یا هندی چیزی شنیده بوده باشم. هرگز حتی تصورش را هم نمی‌کردم که ممکن باشد کسی به‌عنوان میسیونر به آمریکای شمالی بیاید.

سال‌ها بعد که دانشجوی الاهیات بودم، به‌طور رسمی برای نخستین‌بار شروع به مطالعهٔ میسیون کردم. من افتخار داشتم در دانشکدهٔ الاهیات گوردون-کانول[۱] زیر نظر یکی از برجسته‌ترین میسیونرهای آن نسل، و قدیسی زنده، یعنی جی. کریستی ویلسن جونیور[۲] در زمینهٔ میسیون مسیحی تحصیل کنم. او برای من یکی از قهرمانان تاریخ میسیون است. از کریستی ویلسن بود که در مورد گروه‌های قومی «۱۰/ ۴۰»[۳] که پیام انجیل به ایشان نرسیده بود، میسیونرهای متعهدی که در گینهٔ نو کتاب‌مقدس را ترجمه می‌کنند، و کسانی که در «مناطق دشوار» به کار «خیمه‌دوزی» مشغولند، چیزهایی آموختم. تعالیم و سخنان او هنوز هم فکر مرا تغذیه می‌کنند. اما به یاد نمی‌آورم که در مورد کارهایی که کلیسا در برزیل یا چین ممکن بود در پاسخ به «فرمان بزرگ» انجام داده باشد، چیزی شنیده باشم. میسیون مسیحی در ذهن من همچون حرکتی به‌سوی بیرون ترسیم شده بود، از مرکز اعزام میسیونر در غرب به‌سوی مناطق محروم دنیا. ما غربیان حاملان فرمان و پیام میسیونری بودیم، و آنها که بیرون از جهان غرب زندگی می‌کردند، هدف میسیون مسیحی، و به‌عبارتی عرصهٔ فعالیت میسیون به‌شمار می‌رفتند. من نمی‌دانستم که کلیسا، حتی در همان دوره نیز، به آرامی در حال تجربه‌کردن چشمگیرترین تغییرات در تاریخ خود بود. در حقیقت، بسیاری از الگوهایی که از سدهٔ هجدهم میسیون پروتستان را تعریف کرده و به آن شکل داده بودند، رو به زوال بودند. در یک کلام، دنیای میسیون، آن‌گونه که من آن را می‌شناختم، در حال فروپاشی بود. شاید چند نمونهٔ گویا بتواند به درک نکتهٔ مورد نظرم، کمک کند.

«مجلهٔ مسیحیت امروز»[۴] همین چند سال پیش گزارش کرده بود که ۸۵ درصد از اعضای «کمپس کروسید» دانشگاه ییل[۵] آسیایی هستند، حال آنکه اکثر شرکت‌کنندگان جلسات مدیتیشن بودایی دانشگاه را سفیدپوستان تشکیل می‌دهند.

- «دانشنامهٔ جهان مسیحیت»[۶] می‌نویسد که شمار مسیحیان انگلیکنی که در نیجریه هر هفته برای پرستش جمع می‌شوند، از مجموع شرکت‌کنندگان کل کلیساهای اسقفی و انگلیکنِ اروپا و آمریکای شمالی بیشتر است!

---

1. Gordon-Conwell; 2. J. Christy Wilson Jr.

۳. خود اصطلاح «پنجره ۱۰/ ۴۰» (Window 10/40) تا سال ۱۹۸۹ هنوز ابداع نشده بود. در این سال بود که لوئیس بوش مفهوم مزبور را در همایش دوم لوزان، در مانیل معرفی کرد. زمانی که من دورهٔ کارآموزی را می‌گذراندم، به‌جای آن، اصطلاح «کمربند مقاومت» را به‌کار می‌بردند.

4. Christianity Today; 5. Yale University's Campus Crusade; 6. The World Christian Encyclopedia

- یک بررسی که از سوی «جریان‌های مسیحی جهان»[1] به عمل آمده آشکار می‌سازد که اکنون تعداد مسیحیان اونجلیکال[2] نپال از مسیحیان اسپانیا بیشتر است. کلیسای تاریخی و یادوارهٔ ویلیام کِری در شهر لِستِر انگلستان، اکنون به یک معبد هندو تبدیل شده، در صورتی که کلیسا در هندوستان، یعنی مهد سنتی هندوئیسم، اکنون ۴۱/۰۰۰ میسیونر میان‌فرهنگی به نقاط دیگر اعزام می‌کند. در واقع، امروزه نزدیک به نیم میلیارد نفر از مسیحیان به‌واسطهٔ پیام انجیل از مرزهای فرهنگی با جهان بیرون می‌گذرند.[3]
- تمامی ده گروه قومیِ مقاوم در برابر انجیل در جهان، در اروپای غربی قرار دارند، در صورتی که تمامی ده گروه قومیِ پذیرای انجیل در جهان، امروزه یا در چین هستند یا در هند. در واقع، چین اکنون می‌تواند با برآورد ۱۶/۵۰۰ نوکیش مسیحی در روز، به‌عنوان سریع‌ترین کلیسای در حال رشد جهان به خود ببالد.

فیلیپ جنکینز[4] در کتاب خود «قلمرو بعدیِ مسیحیت»[5] دنیای «وارونه‌ای» را که ما اکنون در آن زندگی می‌کنیم چنین خلاصه کرده است: «در نسل دیگر، شاید "مسیحی سفید" عبارتی متناقض به‌نظر برسد، مثل اینکه اکنون بگوییم "بودایی سوئدی". این قبیل افراد ممکن است وجود داشته باشند، اما قدری عجیب و غریب به‌نظر خواهند رسید.»

پنجاه سال پیش هیچ‌یک از این تحولات قابل پیش‌بینی نبود. امروزه، وقتی چشم‌انداز میسیون معاصر و تأملات میسیون‌شناختی را بررسی می‌کنیم، روشن است که مردم غرب در مورد میسیون و هویت مسیحی در بطن جنبش بزرگتر و جهانیِ مسیحی با بحرانی جدی روبه‌رو هستند. نه اینکه این موضوع یکسره منفی یا هشداردهنده باشد، چون سخن معروف هندریک کریمر،[6] میسیون‌شناس بزرگ هلندی، که گفته بود: «کلیسا همواره در وضعیت بحران قرار دارد؛ بزرگترین ضعف کلیسا این است که ندرتاً از این مطلب آگاه می‌شود.» هدف من این است که برخی از بحران‌های زمان خودمان را برشمارم و در جهت آگاه شدن نسبت به آنها کمکی کنم.

برای پی بردن به عظمت تغییراتی که کلیسا با آنها روبه‌رو است، و نیز برای اتخاذ روشی کاملاً متفاوت در رویارویی با آن، و زمینه‌مند ساختن و اجرای میسیون مسیحی توسط مسیحیان در سراسر جهان، من «بحران» را ذیل هفت جریان عمده بررسی خواهم کرد. بسیاری از این جریان‌ها به‌نوعی در این کتاب بسط داده یا به‌کار گرفته خواهند شد، اما

---

1. World Christian Trends

۲. Evangelical اشاره به مسیحیانی است که به الهامی بودن کتاب‌مقدس ایمان دارند و آن را مکاشفهٔ الاهی می‌دانند و در امر بشارت انجیل بر مبنای فرمان مسیح کوشا هستند. این واژه در زبان فارسی اغلب «انجیلی» ترجمه شده است که ممکن است با کلیسای انجیلی اشتباه گرفته شود. و.

۳. در این کتاب اصطلاح «جهان اکثریت» عموماً به همهٔ مسیحیانی اطلاق می‌گردد که در آسیا، آفریقا و آمریکای لاتین ساکن هستند.

4. Philip Jenkins; 5. The Next Christendom; 6. Hendrick Kraemer- 1888-1965

در اینجـا خلاصه‌ای از آنها ارائه می‌شـود تا از همین آغاز کار بـا برخی از واژگان جدید و خط‌سیرهایی که بر میسیون مسیحی در سدهٔ بیست‌ویکم تأثیر می‌گذارند، آشنا شویم.

این هفت جریان عمده را نباید به دیدهٔ هفت تحول مجزا تلقی کرد، بلکه آنها هفت تغییر عمده‌اند که به هم ربط دارند، درهم‌تنیده‌اند، و بر یکدیگر بنا می‌شوند.

## هفت جریان عمده‌ای که میسیون‌های مسیحی را در سدهٔ بیست‌ویکم شکل می‌دهند

### جریان شمارهٔ ۱: فروپاشی حاکمیتِ مسیحی

*جهان غـرب چه به‌لحاظ ویژگی‌هـای غالب چه به لحاظ جهان‌بینـی، دیگر نمی‌تواند جامعه/ فرهنگ مسـیحی تلقی شود. حاکمیت جهان مسیحیت[1] از هم فروپاشیده، و میسیون مسیحی در سدهٔ بیست‌ویکم باید بر پایهٔ فرضیاتی نوین بازآفرینی شود.*

منظور از حاکمیت جهان مسیحیت، ترتیبی سیاسی و کلیسایی است که رابطهٔ خاص میان کلیسـا و حکومت را تقویت می‌کند. حکومت با ترویج استیلای مسیحی بر زندگی دینی و فرهنگی جامعه، به نیرومند شدن کلیسا یاری می‌رساند. کلیسا هم به نوبهٔ خود، با پشتیبانی از ارکان سیاسی و تقدیس ضمنیِ اقدامات حکومت، بدان مشروعیت الاهی می‌بخشد.

در بطن حاکمیت مسـیحیِ رسمی، کلیسا از جانب سـردمداران غیرروحانی محافظت می‌شود (برای نمونه، پادشاه یا ملکهٔ بریتانیا عنوان «مدافع ایمان» را دارد) و از آنجایی که دین «تثبیت‌شدهٔ» کشور به‌شـمار می‌رود، از مزایای بسیاری برخوردار است. معنای کلی عبارت کلاسیک Cuius regio, eius relegio این است: دین فرمانروا، دین قلمرو اوست.[2] فرمانروا مسئول سـعادت روحانی مردم است و در قلمرو حاکمیتش، یکدسـت بودن ایمان و فرایض دینی امری هنجارین شمرده می‌شود.[3]

پذیرش دینی دیگر، در حکم «دشـمنیِ» ضمنی و علنی با همهٔ مقدسـات دین رسـمی است. حاکمیتِ مسیحی به سـبب پیوندش با حکومت، اغلب (و حتی ناخودآگاه) کلیسای مسـیحی – یا Corpus Christianum – را به مفهوم قلمرو حاکمیت[4] تعبیر می‌کند. بنا به تعریف، تعلق داشـتن به «قلمرو» یعنی اینکه شما در ایمان «قلمرو» سهیم هسـتید. بنابراین، مظاهر انجیل، با خصوصیات جغرافیایی مناطق و مردمان خاص گره می‌خورند.

حاکمیت مسـیحی هم به‌صورت رسمی و مشروعش وجود داشته است و هم به‌صورت غیررسـمی، با جلوه‌هایی تلویحی‌تر. در قسـمت‌هایی از جهان، و به‌طور خاص در اروپا و

---

1. Christendom

۲. معنای تحت‌اللفظی عبارت لاتین این است: «هرکه مالک سرزمین است، دینش (حکمفرما) است.»

۳. برای نمونه، در بریتانیا کلیسای انگلستان، انگلیکن است و کلیسای اسکاتلند، پرزبیتری است.

4. Territorial

آمریکای لاتین، مسیحیت دین قانونی و/ یا تأییدشده از سوی قانون اساسی است، و از این رو، ما حاکمیت مسیحی را در این مناطق به آشکارترین صورت می‌بینیم.[1] در دیگر مناطق، نظیر ایالات متحده، کلیسا و حکومت به‌طور رسمی از یکدیگر جدا هستند، اما شکلی از دین مدنی وجود دارد که به شیوه‌های بی‌شمار موقعیت ویژهٔ مسیحیت را تحکیم می‌کند و آن را بر دیگر دین‌ها برتری می‌بخشد. دین مدنی در شکل آرمانی‌اش در خدمت متحد کردن جامعه است و با فراهم کردن شیرازه‌های اخلاقی برای فرهنگ، به حکومت اقتدار مشروع می‌بخشد. برای مثال، در ایالات متحده مراسم کفن و دفن دولتی در کلیسای جامع ملی[2] انجام می‌پذیرد، در سخنرانی‌های عمومی نام خدا برده می‌شود، رئیس‌جمهور برای تصدی جایگاه ریاست جمهوری، با گذاردن دست روی کتاب مقدس سوگند می‌خورد، و غیره.

حتی هم‌اکنون نیز سایهٔ لرزان حاکمیت مسیحی بر آمریکا، خود را از طرق مختلف جلوه‌گر می‌سازد، مثلاً بحث‌های داغ در مورد گذاشتن مجسمهٔ عیسای نوزاد در آغل در میدان‌های عمومی شهر در خلال کریسمس، یا اینکه آیا ایالت‌های آلاباما، کنتاکی و اوهایو مجازند ده فرمان را بر دیوارهای کاخ دادگستری نشان دهند یا نه. من در جولای ۲۰۰۷، وقتی در هندوستان بودم، در صفحهٔ اول روزنامهٔ هندو تایمز[3] خواندم که برای نخستین‌بار در تاریخ آمریکا، از یک کاهن هندو به نام راجان نِد[4] از ایالت نِوادا، خواسته‌اند تا با دعای خود مجلس سنای ایالات متحده را بازگشایی کند.[5] در خلال کارزار انتخاباتی ریاست جمهوری سال ۲۰۰۸، از «میت رامنی» مورمون از ایالت ماساچوست، که در آغاز به انتخاب شدن به‌عنوان رئیس‌جمهور بسیار امیدوار بود، پرسیدند که آیا آمریکا «آمادگی» آن را دارد که یک شخص مورمون را برای تصدی این پست انتخاب کند؟ تا چند سال دیگر، این‌گونه بحث‌ها باورنکردنی به‌نظر خواهند رسید.

ترتیبات رسمی و غیررسمی تحت حاکمیت مسیحی، درک ما را از بشارت و میسیون طی سده‌ها، به‌طرز نیرومندی شکل داده‌اند. جهان‌بینی حاکمیت مسیحی همچنین فرض بر این می‌گذارد که هر پرسش مهمی پیش از این مطرح و بدان پاسخ داده شده است. حاکمیت مسیحی سرانجام ظرفیت خود را برای شنیدن پرسش‌های تازه از دست داد. با فروپاشیِ حاکمیت مسیحی، ساختارهایی که بر شالودهٔ الگوهای آن بنا شده بود، دیگر تاب نمی‌آورند. برای روشن شدن این نکته سه نمونه از تغییر الگوهای اصلی را ارائه خواهیم داد، و در پی آن از چگونگی تأثیرگذاری این تغییرات بر آماده‌سازی میسیون‌ها در جهان غرب چند مثال خواهیم آورد.

## حرکت کردن از مرکز به حاشیه

حاکمیت مسیحی، مسیحیت را کانون فرهنگ و عرصهٔ فعالیت میسیون را محیط پیرامون آن، فراتر از مرزهای فرهنگی، می‌بیند. از آنجایی که مسیحیت بخشی از ساختار محتمل

---

۱. یک نمونه امروزی از این‌گونه کشورهای اروپایی، یونان است که قانون اساسی‌اش کلیسای ارتودوکس را به رسمیت می‌شناسد و حقوق روحانیون را دولت می‌پردازد.

2. National Cathedral; 3. Hindu Times; 4. Rajan Ned

۵. این امر در ۱۲ جولای ۲۰۰۷ در کنگره به وقوع پیوست.

و فراگیر در جامعه به شمار می‌رود و در کانون همهٔ مباحث عمومی جای دارد، بشارت نیز حالتی منفعل می‌گیرد. فرض این است که همهٔ شهروندان به‌عنوان مسیحی پرورش پیدا می‌کنند. مسیحیت جلوهٔ هنجارین باور دینی و اعمال اخلاقی است، و هیچ صدای مخالف یا جهان‌بینی دینیِ رقیبی وجود ندارد. از این‌رو، لزومی ندارد که «انجیل» قاطعانه از خود در برابر اومانیسم سکولار یا دیگر جهان‌بینی‌های دینی مانند اسلام یا هندوئیسم دفاع کند. در واقع، در درون مرزهای حاکمیت مسیحی، ادعاهای متقابل از جانب اسلام یا هندوئیسم عملاً وجود ندارند. رایج‌ترین مواجههٔ مسیحیت پرورش‌یافته در دامان حاکمیت مسیحی، در برابر باورهای غیرمسیحی، یا زمانی است که در پیکاری نظامی (همچون جنگ‌های صلیبی یا جنگ خلیج فارس) با فرهنگی «دیگر» درگیر می‌شود، یا از میسیونری که برای انتقال انجیل از فرهنگ میزبان به فرهنگ جدید و «بیگانه» فرستاده شده، پشتیبانی می‌کند. لیکن، با فروپاشی کانون مسیحیت در غرب، ما خود را میان حوزهٔ میسیونری نوظهوری می‌یابیم. اکنون ما بیشتر در حواشیِ جنبش مسیحی جهان حضور داریم تا در کانون آن. این مستلزم نوسازی کامل در ساختار درک و تصور ما از میسیون مسیحی است.

## حرکت کردن از «اورشلیم» به «آتن»

می‌گویند یک‌بار ترتولیان پرسیده بود: «آتن را با اورشلیم چه کار؟... آکادمی[1] را با کلیسا چه کار؟» ترتولیان فرهنگی را تصور می‌کرد که مکاشفهٔ کلام خدا در کانون آن قرار دارد. در چنین فرهنگی، مکاشفهٔ الاهی که در، و از طریق، کتاب‌مقدس دریافت می‌شود، هر شناخت و مباحثهٔ دیگری را مغلوب می‌سازد. برای ترتولیان، «اورشلیم» به‌طور نمادین نمایندهٔ جامعه‌ای است که به‌واسطهٔ مکاشفه شکل گرفته و از این‌رو از ثبات الاهیاتی و فرهنگی برخوردار است. «اورشلیم» بر جماعت نجات‌یافته‌ای که برای شنیدن کلام خدا گرد هم آمده‌اند، به مرکزیت وعظ کلیسا، و ایمان به حقیقت و تبدیل‌کننده بودنِ انجیل دلالت دارد.

در مقابل، «آتن» مظهر شک‌گرایی، گفتمان (دیالوگ) و تحقیق شکاکانه است. «آتن» پایگاه کثرت‌گرایی دینی، تردید و تحقیق کلامی[2] است. ترتولیان زندگی کردن در «آتن» را دوست نداشت، زیرا شهری نابه‌سامان، به‌لحاظ روحانی گمشده، و نسبت به اورشلیم بسیار پیش‌بینی‌ناپذیر بود. با این‌حال، هرچه نیز با اشتیاق و حسرت به گذشتهٔ ساده و بی‌پیرایه بنگریم، باید اذعان کنیم که دیگر انجیل را از فراز «کوه معبد اورشلیم» اعلان نمی‌کنیم. بلکه در تلاشیم تا در بطن محیط ناهموار، کثرت‌گرا، تجربه‌محور و شکاکِ «کوه مریخِ» شهروندان مدرن، انجیل را وارد زندگی‌شان کنیم. در این فضای جدید پس از عصر حاکمیت مسیحی، خدایان رقیب و ادعاهایی در مورد «مکاشفه» وجود دارند که نیازمند توجه‌اند.

---

۱. نام مدرسه‌ای که افلاتون در سال ۳۸۵ پ. م. برای آموزش فلسفه و خردورزی در آتن بنیاد نهاد- م.

2. Dialogic

## حرکت کردن از هویتی خاص و جغرافیایی، به هویتی جهانی

حاکمیت مسیحی، چنانکه دیدیم، هویت مسیحی و غیرمسیحی را در چارچوب‌های جغرافیایی ترسیم می‌کند. حاکمیت مسیحی معرف «جهان مسیحی» است، و هر آنچه بیرون از مرزهای این جهان قرار دارد، معرف «جهان کفر» است. یک سده پیش، همایش جهانی میسیون در ادینبورگ در سال ۱۹۱۰، کل جهان را به دو قلمرو تقسیم کرد: مسیحی و غیرمسیحی. این تقسیم‌بندی بدین معنا بود که «در غرب» فرهنگ به‌وسیلهٔ انجیل شکل گرفته، و همهٔ ما مسیحی هستیم؛ و «در جاهای دیگر» فرهنگ‌ها هنوز زیر استیلای مسیحیت درنیامده‌اند، و غیرمسیحیان در آنها ساکنند. این دیدگاه هنوز هم در لفافه بر میسیون‌های مسیحی غربی حکمفرما است. ما در *اینجا* «خدمت» می‌کنیم[۱] و در *آنجا* «میسیون مسیحی» داریم.[۲] هنوز هم نمی‌توانیم قدرتی را که موجب فروپاشی ایمان مسیحی در غرب شد، و ظهور سرزندگیِ مسیحی در میان گروه‌های قومی در سراسر جهان را- که در این کتاب بدان خواهیم پرداخت- درک کنیم.

باید بدانیم که دیگر نمی‌توان جهان غرب را نماد جامعه‌ای مسیحی دانست. واژهٔ مهم در جملهٔ پیش، که می‌خواهم بر آن تأکید کنم، «دیگر» است. بسیاری از جوامع هرگز به‌طور غالب تحت حاکمیت ارزش‌های مسیحی نبوده‌اند. با این‌حال، برخی از آنها، مانند هندوستان و چین، هنوز می‌توانند نسل‌هایی از مسیحیان پرشور و وفادار تربیت کنند. من طی سال‌ها تعلیم در هند دیده‌ام که مسیحیان هندی آموخته‌اند به‌عنوان اقلیتی مسیحی، واغلب مورد سوءتفاهم، در بستر بزرگتر حیات دینی، فرهنگی و اجتماعی هندوئیسم زندگی کنند. آنها عمیقاً می‌فهمند که چگونه باید در *رویارویی* با فرهنگ غالب زندگی کنند و به‌عنوان اقلیت عادت کرده‌اند هرروزه با مشکلات آن کنار بیایند. مسیحیان هندی، به‌ویژه ساکنان شمال هند، از سوی ساختارهای دولتی و اجتماعی بزرگتر *انتظار* هیچ حمایتی ندارند. هویت آنان و شناختی که از خود دارند بیش از آنکه جریان اصلی فرهنگ را در بر بگیرد، حواشی آن را اشغال می‌کند.[۳] مسیحیان در هند مجبور نیستند برای وفق دادن خود با زندگی در جهان پس از حاکمیت مسیحی، از میان تون آتش عبور کنند زیرا هرگز تحت حاکمیت مسیحی زندگی نکرده‌اند.

در مقابل، فروپاشی حاکمیت مسیحی، مسیحیان غرب را در وضعیتی دشوار قرار داده است، زیرا بیشتر آنها هیچ آمادگی یا سابقه‌ای برای زیستن در حاشیه، و در *رویارویی* با فرهنگ غالب ندارند. اکثر ما نمی‌دانیم چگونه بدون اینکه در کانون باشیم (مثلاً نحوهٔ اعزام کارکنان، تشکیلات، پول، و برنامه‌ریزی راهبردی)، در مورد میسیون مسیحی بیندیشیم. زندگی طولانی ما تحت حاکمیت مسیحی به این معنا است که ما به روایتی بومی‌شده از

---

1. Ministry; 2. Missions

۳. بی‌گمان، این امر گتوهای (زیرمجموعه‌های فرهنگی) مسیحی گسترده‌ای در هند پدید آورده، که خواهان زندگی کردن به دوراز بافت سیاسی و اجتماعی بزرگترند. در جنوب هندوستان به‌ویژه شاهد این امر هستیم. اما مسیحیان دیگری هم هستند که عمیقاً بر مفهوم اصیل زندگی مسیحی در میان جامعهٔ کثرت‌گرا، چند-دینی و عمدتاً هندوی، هندوستان واقف شده‌اند.

انجیل چسبیده‌ایم. یکی از میراث‌های به‌جا مانده از حاکمیت مسیحی این است که می‌خواهد سرپناهی امن برای مسیحیت به‌وجود آورد، اما به بهای اهلی کردنِ مسیحیت، که به‌تدریج لبه‌های تیز نبوتی‌اش را ساییده و کند کرده است، تا هویت مسیحی و هویت فرهنگی به معنای واقعی کلمه یکپارچه شوند.[1]

امروزه میسیون مسیحی، و در حقیقت خود انجیل را باید در غرب از نو و جدا از حاکمیت مسیحی کشف کرد. ما باید درک کنیم که زیستن در دنیایی که دیگر در آن هویت مسیحی هیچ مرکزیت جغرافیایی خاصی ندارد، به چه معنایی است. ما از بسیاری از برادران و خواهران‌مان که در سایر کشورهای جهان زندگی می‌کنند خیلی چیزها می‌آموزیم. آنها طی سده‌ها آموخته‌اند که چگونه به‌عنوان اقلیتی دینی، و اغلب حتی در بستری که حکومت در آن از دینی دیگر حمایت می‌کند، حیات ایمانی داشته باشند.[2]

چگونه فروپاشی حاکمیت مسیحی و این تغییر الگوها می‌توانند عملاً بر ذهنیت و آماده‌سازی نسلی جدید از میسیونرها تأثیر بگذارد؟ نخست آنکه، ما باید دانشجویان‌مان را برای نقد کردن فرهنگ، بهتر پرورش بدهیم. در گذشته، خط‌مشی میسیون در حیطهٔ «زمینه‌مندسازی»[3] بسیار قوی بوده است. ما بر لزوم همرنگ‌شدن و پرهیز از گسست فرهنگی تا حد ممکن، تأکید کردیم. هرچند این اقدام شایسته و در جهت اصلاح میراث امپریالیسم فرهنگی در گذشته مفید بود، اما چنین می‌نماید که گویی انجیل از یک *کانون* فرهنگی به یک *کانون* فرهنگی دیگر منتقل می‌شود. این دیدگاه دانشجویان را برای حرکت از حواشی یک فرهنگ به حواشی فرهنگی دیگر آماده نمی‌کند. ما باید بیاموزیم که چگونه *حواشی* فرهنگ را با اصالت نبوتی تصرف کنیم.

دوم اینکه، انجیل باید در پاسخگویی به همین چالش‌های خاصی که تاکنون مورد بی‌توجهی قرار گرفته‌اند، نیرومندتر عمل کند. در بستر حاکمیت مسیحی، چالش‌های دینی یا ناباوری اعتقادی دور از ذهن به‌شمار می‌روند. در چنین بستری مسیحیان نفوذ خود را از دست می‌دهند و انجیل اهلی و رام می‌شود. امروزه غرب شاهد ظهور چالش‌های نوین بسیاری است: سکولاریسم نسبی‌گرایِ پست‌مدرن، بنیادگرایِ اسلامی، الحاد متخاصم، و تراوش‌های کثرت‌گرایِ هندوئیسم تنها چند نمونه از این چالش‌ها هستند. این چالش‌ها به ناگزیر مسیحیان وفادار را وادار به تبیین هرچه واضح‌تر هویتِ راستینِ مسیحی می‌سازد.

---

۱. پس از تأیید قانون اصلاح مهاجرت در سال ۱۹۶۴ و در دوران زمامداری پرزیدنت لیندون جانسن، تکثر دینی در ایالات متحده رایج‌تر شد.

۲. سده‌های متمادی در کشورهایی که اکثریت جمعیت با مسلمانان است، «سیطرهٔ اسلام» ("Islamdom") بر مردمان آن سرزمین‌ها حاکم بوده. این امر را به بهترین وجه می‌توان با حضور شریعت اسلامی به‌عنوان نظام حکومتی و آمیختگی «مسجد و دولت» مشاهده نمود. حتی در جایی مانند هندوستان، که با یک قانون اساسی سکولار اداره می‌شود، هندوئیسم به‌طور پیوسته مورد توجه و حفاظت ویژه قرار می‌گیرد. نمونه‌های مشابه این را می‌توان در کشورهایی چون بوتان، نپال، یا تایلند دید. برای مثال، نپال به‌طور سنتی «پادشاهی هندو»، بوتان «پادشاهی بودایی» و عربستان سعودی «پادشاهی اسلامی» بوده‌اند.

3. Contextualization

مسیحیان به‌طور عام، و میسیونرهای آینده به‌طور خاص، باید بیشتر از لحاظ فرهنگی گویا، از لحاظ جهانی آگاه، و از لحاظ الاهیاتی هشیارتر از آنچه در گذشته بوده‌اند، باشند.

سوم، از آنجایی که اکنون دیگر همه جای دنیا عرصهٔ فعالیت میسیون به‌شمار می‌رود، تمایز کلاسیک (و مهم) میان *بشارت* تک-فرهنگی و *میسیون مسیحیِ* میان‌فرهنگی کم‌رنگ‌تر شده است. چنانکه خواهیم دید، این تمایز باید همچنان باقی بماند، منتها باید آن را از پیوند دیرینه‌اش با مکان‌های جغرافیایی جدا کنیم. در حقیقت، حتی پس از آنکه رالف وینتر در همایش لوزان ۱۹۷۴ با اعلام اینکه «دغدغهٔ میسیون مسیحی *ملت‌ها* است، نه *مکان‌ها*»، در زمین بازی میسیونرها بمبی انداخت، ولی ما هنوز زیر بار الگوها و فرضیات جغرافیایی مربوط به جهان، کلیسا و عرصهٔ فعالیت میسیون قرار داریم.[۱] مسیحیان غرب هنوز آماده نیستند تا در عرصهٔ فعالیت‌های میسیونری زندگی کنند. با این‌حال، در جامعهٔ پسا-مسیحی[۲] دیگر نمی‌توانیم فرض مسلم را بر این بگذاریم که همسایهٔ دیوار به دیوارمان حتی می‌تواند مبانی طبقه‌بندی‌های الاهیاتی، نظیر «خدا»، «گناه» یا «ایمان» را بفهمد. شناختی که آنها از عیسای مسیح دارند به احتمال قوی از کتاب پرطرفداری چون «رمز داوینچی»، نوشتهٔ دن براون، ناشی شده، تا از خودِ کتاب‌مقدس. زمانی مباحث اساسی مسیحی در پس دیوارهای امن حاکمیت مسیحی جا خوش کرده بود. اکنون دیگر آن روزگار سپری شده و حاکمیت مسیحی از هم فروپاشیده است. با برچیده شدن این دیوارهای بلند، ما با چالش‌های تازهٔ بسیاری روبه‌رو می‌شویم، اما در عین‌حال و به‌طور فزاینده، دیدگاه بهتری نیز نسبت به جهان پیدا می‌کنیم.

## جریان شمارهٔ ۲: ظهور پست‌مدرنیسم: بحران الاهیاتی، فرهنگی و کلیساشناختی

*کلیسای غرب به شیوه‌های گوناگون به فروپاشی حاکمیت مسیحی و ظهور پست‌مدرنیته واکنش نشان داده است، اما هیچ‌یک از آنها بدون بحران دورهٔ انتقال را تجربه نکرده‌اند.*

غرب در حال تجربه کردنِ شک‌گراییِ فزاینده در مورد قطعیت داشتنِ شناخت، بی‌اعتمادی روزافزون به تاریخ، و در کل یک ناخوشی فرهنگی است که به‌خاطر بحران معنا به‌وجود آمده است. در سال ۱۹۷۹، ژان-فرانسوا لیوتار[۳] فیلسوف فرانسوی، برای توصیف این تحولات، اصطلاح *پست‌مدرنیسم* را ابداع کرد. به عقیدهٔ لیوتار، دو نیروی همزادِ حاکمیت مسیحی و روشنگری شالوده‌های جهان مدرن را به‌وجود آوردند، و به جوامع غربی حسی غالب در خصوص حقیقتی فراگیر دادند که یا الهام‌یافته از جهان‌بینیِ خداباورانهٔ یهودی-مسیحی بود یا از باور سکولار مبتنی بر ضرورتِ پیشرفت، اتکا به خرد انسانی، و کمال‌پذیری بشریت.

---

۱. وقتی در همایش‌های میسیونری در سراسر کشور صحبت می‌کنم، مرتباً می‌شنوم که مردم از میسیونرها می‌پرسند: «در کجا به خدمت میسیونری مشغولید؟» که این پرسش تلویحاً پاسخی جغرافیایی می‌طلبد. به‌ندرت پیش آمده که کسی پرسیده باشد: «به چه کسانی خدمت میسیونری انجام می‌دهید؟» که به‌طور ضمنی خواهان پاسخی است که یکی از گروه‌های قومی را مورد نظر قرار می‌دهد.

2. Post-Christendom; 3. Jean-Francois Lyotard

مسیحیت غربی و روشنگری هیچگاه به‌طور کامل دو نیروی جدا از هم نبوده‌اند؛ هر یک غالباً دیگری را پشتیبانی کرده و از آن نیرو گرفته‌اند. به عقیدهٔ لیوتار نشانهٔ تغییر کلیدی از مدرنیسم به پست‌مدرنیسم، فروپاشی چیزی است که وی آن را «روایات عظیم/ اَبَر روایات» می‌خوانَد، که در زمان شکل‌گیریِ مدرنیته حمایت و هدایت را برای ثبات فراهم آوردند.

امروزه، ظهور کثرت‌گرایی نسبی‌گرا، بی‌باوری نسبت به پیشرفت ناگزیر نژاد بشری، و تردید فزاینده در ارتباط با ادعاهای رایج در مورد حقیقت، به بروز بحرانی فرهنگی، الاهیاتی و کلیساشناختی انجامیده است.[1] وقتی ساختارهای معتبر شروع به فروپاشی کردند، کلیسا نمی‌دانست چه واکنشی نشان دهد. در غرب، نه برای فعالیت در حواشی جامعه آمادگی چندانی وجود داشت نه برای اعلان انجیل در محیطی که پست‌مدرنیسم در آن رو به افزایش بود. به ناگاه، سیلی از مسائل حل‌نشده به‌سوی کلیسا سرازیر شد. تا چه حد و در چه زمینه‌هایی می‌شد در برابر این یورش سیل‌آسا ایستادگی کرد؟ آیا فقدان حاکمیت مسیحی و ظهور پست‌مدرنیته فاجعه است یا موهبت؟ آیا فروپاشی حاکمیت مسیحی، کلیسایی کوچکتر اما زنده‌تر به‌وجود می‌آورد؟ آیا پست‌مدرنیسم نشانهٔ پایان ایمان دینی در غرب است؟ اینها شمه‌ای از پرسش‌هایی هستند که کلیسا باید به آنها توجه کند.

فرقه‌های عمدهٔ پروتستان[2] در قطعیت این امر که کلیسا موقعیت خود را در کانون فرهنگی جامعه حفظ کرده یا نه، با یکدیگر اختلاف‌نظر داشته‌اند. کلیساهای اصلی، و به‌ویژه مدارس الاهیاتی در دانشگاه‌ها، که بسیاری از شبانان کلیساهای پروتستان را آموزش می‌دادند، می‌خواستند اطمینان حاصل کنند که اعتبار مسیحیت به‌لحاظ عقلانی حفظ خواهد شد. فرقه‌های قدیمی‌تر مدت‌های مدید در بطن فرهنگ غرب موقعیتی ممتاز داشتند و طبیعتاً نمی‌خواستند این نفوذ را از دست بدهند. با وجود این، همچنان که جهان‌بینی پست‌مدرن اعتبار هر بستری از معنا یا حقیقتی عینی و فراگیر را که ورای روایت شخصی قرار داشت، به چالش می‌کشید، کلیساهای اصلی احساس کردند که باید در مورد حقیقت ادعاهای مربوط به ایمانِ تاریخی مسیحیت کوتاه بیایند، تا بتوانند اعتبار خود را در بطن فرهنگ حفظ کنند. آنچه که تحت حاکمیت مسیحی بومی‌سازیِ تدریجی و ملایم بود، اکنون در دورهٔ پسا‌-مسیحی و پست‌مدرنیسم، به یورشی جانانه به قلب هویت مسیحی تبدیل شده است. خصوصیات رسوایی‌آور پیام مسیحی به‌طور فزاینده‌ای از طرف کسانی رد می‌شد که در کانون فرهنگ قرار داشتند. غم‌انگیز آنکه کلیساهای اصلی نیز جملگی خواهان اصلاح و تعدیل آن نگرانی‌ها بودند تا بتوانند کماکان در کانون باقی بمانند. کلیساهای اصلی از طریق سلسله تغییراتی که تا امروز نیز ادامه دارد، به آرامی اطمینان خود را به اعتبار و سندیت کلام خدا از دست دادند، که این نیز به کاهش اعتماد به برتری عیسای مسیح و ربط پیام انجیل به کل جهان منجر شد.

---

۱. به این بحران اغلب زیر عنوان «پست‌مدرنیته» اشاره می‌کنند، اما گاهی آن را بحرانی در درون مدرنیه نیز می‌شناسند.

۲. منظور شاخه‌های اصلی کلیسای پروتستان و فرقه‌های قدیمی‌تری چون لوتری، متدیست (UMC)، اسقفی، پرزبیتری (PCUSA) و جماعتی است.

هنوز چیزی نگذشت که شیوع کثرت‌گراییِ نسبی‌گرا در کلیساهای اصلی نیز چون در فرهنگ جامعه شایع شد. این هم طبیعتاً به بی‌اعتبار شدن اعتقاد به میسیون مسیحی و بشارت انجامید. بسیاری از مسیحیان نیز همسو با جامعه، اصطلاحات میسیون مسیحی و میسیونر را با نابردباری، تفتیش عقاید، سوءاستفاده‌های دوران استعمار، جنگ‌های صلیبی، مسیحی کردن به اجبار و غیره ارتباط دادند. میسیونرها را بیشتر شبیه تدارکچیان امپریالیسم غربی به تصویر کشیدند، نه حاملان مژدهٔ رهایی در مسیح. بی‌تعارف بگوییم، میسیونرها برای کلیسای منور شده و مداراگر مایهٔ سرافکندگی بودند، و کلیسا به‌طرز فزاینده‌ای از بشارت دادن انجیل به پیروان دیگر باورها هراس داشت. جای تعجب نیست که در جلسهٔ شورای کلیساهای جهانی در سال ۱۹۷۲ در بانکوک، درخواست تعلیق فعالیت‌های میسیونری مطرح شد و کلیساهای اصلی پروتستان هم به این درخواست لبیک گفتند. میسیونرهای بسیاری را به میهن‌شان بازگرداندند و فعالیت میسیونری، به‌ویژه بشارت و تأسیس کلیسا تا اندازه زیادی از رونق و اعتبار افتاد. نتیجه آن هم کاهش سریع میسیونرهای اعزامی از سوی کلیساهای اصلی و کلیساهای غربی بود، به‌ویژه میسیونرهایی که خود را وقف خدمت سنتی بشارت و تأسیس کلیسا می‌کردند. البته استثنائاتی هم در این میان وجود داشت، اما حاصل کار چندان چشمگیر نبود.[۱]

کلیسای کاتولیک رومی در دل اروپای غربی جای گرفته و بارزترین نماد حاکمیت مسیحی به‌شمار می‌رود. شورای واتیکان دوم[۲] که توسط پاپ ژان بیست‌وسوم (۱۹۵۸-۱۹۶۳) آغاز به کار کرد و در دو سال نخست زمامداری پاپ پل ششم (۱۹۶۳-۱۹۷۸) به کار خود ادامه داد، در تکاپو برای یافتن راهی بود تا کلیسا را با بسیاری از جریان‌های جدید پست‌مدرن تطبیق دهد. نوشته‌های الاهیدانان لیبرال کلیسای کاتولیک، همچون کارل رانر[۳] ادوارد شیلبیک[۴] و هانس کونگ[۵] بسیاری از جریان‌های الاهیاتیِ نوظهور در اندیشهٔ شاخه‌های اصلی کلیساهای پروتستان را بازتاب دادند. با وجود این، پاپ ژان پل دوم (۱۹۷۸-۲۰۰۵) نگران این بود که کلیسا بیش از اندازه تحت تأثیر سکولاریسم قرار بگیرد و ادعاهای غالب در مورد حقیقت به‌خاطر پست‌مدرنیسم فروبپاشد. ژان پل دوم و بندیکت شانزدهم (۲۰۰۵-۲۰۱۳)[۶] مرتباً نسبی‌گرایی اخلاقی، مصرف‌گراییِ مادی‌گرایانه، سرمایه‌داری افسارگسیخته و بی‌بندوباری جنسی را در غرب به چالش می‌کشیدند. با این حال، کاتولیک‌های غرب

---

۱. این جریان‌ها بر شمار اعضای کلیساها هم تأثیر گذاشت. کاهش اعضا در کلیساهای اصلی تکان‌دهنده بود. برای نمونه، توجه داشته باشید که میان سال‌های ۱۹۷۰ و ۲۰۰۵، فرقه‌های اصلی پروتستان نامبرده در زیر دچار کاهش جمعیتی بدین قرار شدند: باپتیست آمریکایی از ۰۰۰, ۲/۱۰۰ به ۱/۷۶۲/۰۰۰ نفر؛ متدیست متحد (United Methodist) از ۱۴/۳۵۳/۰۰۰ به ۸/۰۷۵/۰۱۰ نفر؛ کلیسای پرزبیتری (ایالات متحده آمریکا) از ۴/۷۶۶/۹۴۱ به ۳/۰۹۸/۸۴۲ نفر.

۲. واتیکان دوم به بیست‌ویکمین شورای کلیسایی کلیسای کاتولیک رومی اشاره می‌کند. این شورا در سال ۱۹۶۲ و در زمان پاپ ژان بیست‌وسوم کار خود را آغاز کرد و در سال ۱۹۶۵ و دوران پاپ پل ششم به کار خود پایان داد.

3. Karl Rahner- 1904-1984; 4. Edward Schillebeeckx- 1914; 5. Hans Kung- 1928

۶. این کاردینال راتسینگر (Cardinal Ratzinger– پاپ بندیکت شانزدهم آتی) بود که عبارت «خودکامگی نسبی‌گرایی» ("Dictatorship of Relaltivism") را ابداع نمود.

به‌جای آنکه به پشتیبانی از این چالش برخیزند و نقدی مسیحی و قوی در حواشی جامعه‌ای ارائه دهند که به‌طور فزاینده به‌سوی سکولاریزم می‌رود، دسته دسته کلیسا را ترک گفتند.[۱] بسیاری از کسانی که رسماً کلیسا را ترک نکردند، فقط اسماً کاتولیک شدند (یا ماندند) و در ارزش‌های نسبی‌گرایانهٔ فرهنگ بزرگتر سهیم گردیدند.[۲] رسوایی جنسی تکان‌دهنده‌ای که در مورد کشیشان کاتولیک اروپا و آمریکای شمالی برملا شد، از اعتبار کلیسا بیش از پیش کاست. کریگ کارتر می‌گوید که پاپ بندیکت شانزدهم «بیشتر به کلیسایی کوچکتر با شهادتی شاخص‌تر مشتاق است، تا کلیسایی بزرگ که به‌لحاظ فرهنگی خود را با جامعهٔ بیرون تطبیق داده است.» با این‌حال، چنین پیدا است که به‌رغم تلاش‌های ژان پل دوم و بندیکت شانزدهم، کلیسای کاتولیک رومی اوایل سدهٔ بیست‌ویکم در کمینگاهی گرفتار شده است؛ کلیسایی که هم به‌لحاظ تعداد کوچکتر است و هم به‌لحاظ فرهنگی خود را با دنیا وفق داده است.

بسیاری از کسانی که کلیساهای پروتستان اصلی و کلیسای کاتولیک رومی را ترک کردند، خود را در یکی از کلیساهای محافظه‌کار و در حال رشد اونجلیکال پیدا کردند. این قبیل کلیساها مدعی بودند که تعهد خود را به کلام خدا و تعالیم تاریخی کلیسا حفظ کرده‌اند. در بسیاری از این کلیساها، به‌رغم اینکه حاکمیت مسیحی در حال محو شدن بود، هنوز میسیون مسیحی محبوبیت داشت. با این همه، کلیساهای اونجلیکال نیز مانند کلیساهای پروتستان اصلی آمادگی نداشتند در برابر فروپاشی کانون فرهنگ واکنش نشان دهند. آنها نمی‌دانستند که چگونه به بی‌باوریِ بسیاری از جوانان‌شان نسبت به انجیل، در فرهنگی نسبی‌گرا، کثرت‌گرا و متمایل به تفریح و سرگرمی، واکنش نشان دهند. بسیاری از اعضای کلیساهای اونجلیکال، که شادمانه به کلیساهایی راه یافته بودند که حداقل توقعات‌شان را برآورده می‌کرد، از نظر الاهیاتی ناآگاه باقی ماندند و دیگر بر این باور نبودند که مردم بدون مسیح گمشده‌اند. اونجلیکال‌ها از مرض فراگیر فرهنگی مصون نمانده‌اند. آنها هم از کمبود تعالیم دینی (چه الاهیاتی چه تجربی) نیرومند که برای تقابل با نگرش‌های فرهنگ گسترده‌تر مورد نیاز است، رنج می‌برند.

برخی از کلیساهای اونجلیکال از ظهور جنب و جوش در کلیساهای جهان آگاه شدند. این آگاهی، به همراه سرخوردگی در مورد فعالیت قوم-محور میسیونرهای غربی در سدهٔ نوزدهم، بسیاری را به این فکر واداشت که به میسیونرهای غربی دیگر نیازی نیست، یا خواهان ندارند، و یا هر دو. از این‌رو، بهترین راه‌حل را آن دیدند که در غرب بمانند و با دعا

---

۱. ایرلند همواره به‌خاطر داشتن بالاترین وابستگی و سرسپردگی به کلیسای کاتولیک رومی به خود بالیده است. با این‌حال، فیلیپ جنکینز از یکی از متخصصان دوبلین سخنی را نقل می‌کند که گویای متلاشی شدن کاتولیسیسم رومی در ایرلند است: «من به کلیسا نمی‌روم، و کسی را هم نمی‌شناسم که به کلیسا برود. در حالی که پانزده سال پیش، کسی را نمی‌شناختم که به کلیسا نرود.»

۲. برای نمونه، در اروپا درصد میانگین مسیحیان کاتولیکی که مدعی هستند به‌طور مرتب در مراسم عشای ربانی (mass) شرکت می‌کنند، تنها ۱۵ درصد است.

و فراهم کردن کمک‌های مالی از میسیونرهای محلی پشتیبانی کنند. بعضی از مؤسسه‌های میسیونری در غرب از این فرصت سود جستند و مسیحیان غربی را تشویق به ماندن در خانه و «پشتیبانی از نیروهای محلی» از طریق فرستادن کمک‌های مالی ماهیانه کردند. یکی از همین موسسه‌ها صریحاً به بازدیدکنندگان سایت اینترنتی خود چنین خوش‌آمد گفته بود: «متشکریم که در خانه می‌مانید.» بسیاری از اونجلیکال‌ها احساس کردند که به‌جای واکنش سنتی مبنی بر فرستادن «فرزندان‌شان» با فرستادن «ایمیل و دلار» دیگر سهم خود را انجام داده‌اند و دِینی بر گردن‌شان نیست. بنابراین، نوعی رؤیا در خصوص خدمت میسیونری باقی ماند، اما در بهترین حالت خود، ضعیف و انفعالی بود.

کلیساهای اونجلیکال که خود را با «اَبَرکلیساها»[1] یکی می‌دیدند، چالش‌های خاص خود را داشتند. یکی از نکات مثبت این کلیساها این بود که پی برده بودند که چارچوب سنتی حاکمیت مسیحی فروپاشیده است. آنان درک کرده بودند که مردمان مغرب‌زمین در محیطی زندگی می‌کنند که بیش از پیش رنگ پست‌مدرن به خود می‌گیرد و در جهانی به‌سر می‌برند که به‌شدت نسبت به ادعاهای رایج مربوط به حقیقت شکاک است و اصلاً نمی‌داند که مسیحیت چیست. با این‌حال، جنبش «اَبَرکلیسا» آمادگی لازم برای تصرف کردن حواشی فرهنگ را نداشت. در عوض، آنها آمادگی خود را وقف تأثیر گذاشتن بر فرهنگ از طریق ارائهٔ تصویری مفید، مرتبط و کاربرپسند از مسیحیت کردند.

جنبش اَبَرکلیسا دریافت که با از بین بردن «بیگانگی» کلیسا و به چالش نکشیدن زندگی تجاری‌شده و به‌شدت مادی‌گرایانهٔ غرب، می‌تواند شمار بسیاری از مردم را به کلیسا بکشاند. جلسات و برنامه‌های کلیسایی به‌طور فزاینده‌ای سرگرم‌کننده و عمل‌گرایانه شدند. کیست که دلش نخواهد عضو کلیسایی باشد که موسیقی خوب اجرا می‌کند، و در داخل ساختمان آن بخش‌هایی شامل سالن ورزش، مشاورهٔ رایگان، برنامه‌های مهیج برای کودکان، و کافی‌شاپ وجود داشته باشد؟ زمانی سورن کی‌یرکگارد[2] جملهٔ مشهوری گفته بود: «مسیحیت عمیق‌ترین زخمی است که می‌تواند بر پیکر آدمی وارد آید، و گسترهٔ آن چنان وسیع است که هیچ‌کس از گزند آن در امان نمی‌ماند.» درست برعکس این گُفته، جنبش اَبَرکلیسا آموخته بود که ورودی انجیل به زندگی افراد را طوری درزگیری کند که توجه کسی جلب نشود. تمایل غریزی آنها این بود که فرهنگ سرگرمی و طردشدنِ ریشه‌های واژگان و تاریخ مسیحی را بپذیرند، بدون اینکه نقدی از آن به عمل آورند. از این گذشته، به استثنای فعالیت‌های میسیونری کوتاه‌مدت، که به آنها «تعطیلات با هدفی مشخص» می‌گفتند، کوچک‌ترین توجهی به میسیون‌های میان‌فرهنگی، چه برای ایجاد ساختارهای اعزام و پشتیبانیِ میسیونرهای تمام‌وقت و چه در دیدن خود به‌عنوان جزئی از کلیسای جهانی بزرگتر، مبذول نداشتند. جنبش اَبَرکلیسا به‌جای آنکه دعوتی باشد نبوتی به بنیان‌های انجیل و عیسایی که در نبوت‌ها تصویر شده، ناخواسته به نماد دیگری از فرهنگ عامه‌پسند تبدیل شد. والت کالستاد[3] به‌عنوان شبان یک اَبَرکلیسا در کتاب معروفش برای راهنمای اَبَرکلیسا

1. Megachurch; 2. Søren Kierkegaard; 3. Walt Kallestad

«*بشارت سرگرمی*»[1] چنین اعلام کرد که: «کلیسای مسیح باید جایی دوستانه‌تر از دیزنی‌لند باشد.»[2]

کلیساهای «نوظهور»[3] هم مانند اَبَرکلیسا، می‌فهمند که ما در جامعه‌ای پسا-مسیحی زندگی می‌کنیم. با این‌حال، آنها «داروینیسم روحانی» اَبَرکلیساها را- که شعارشان «هرچه بزرگتر، بهتر» است- رد کرده‌اند. در عوض، بر روابط صمیمانه‌تر، تجربیات و رؤیاهای اصیل تأکید می‌ورزند. در کلیساهای «نوظهور»، به سبب بی‌اعتمادی پست‌مدرن به امر و نهی، و باور به اینکه داستان‌های راویان چیزی بیش از تبلیغات نیستند، موعظه از جایگاه محوری برخوردار نیست و نقش چندان مهمی ندارد. اگر اَبَرکلیساها «جویندگان» را هدف قرار داده‌اند، کلیساهای «نوظهور» هم «پسا-جویندگان» را آماج خویش ساخته‌اند. با وجود این، کلیساهای «نوظهور» همچون اَبَرکلیساها، عموماً رویکرد غیرنقادانه‌ای نسبت به معرفت‌شناسیِ پست‌مدرن پیشه کرده‌اند. آنها هم مانند اَبَرکلیساها، به‌طور خاص روی آنانی متمرکز شده‌اند که با مسیحیت و کلیسا در غرب بیگانه شده‌اند؛ یعنی پسا-مسیحیان. اینکه آیا این جنبش‌ها (یا به قول پیروان کلیساهای نوظهور، «گفت و شنودها»، که آن را به «جنبش‌ها» ترجیح می‌دهند) خواهند توانست مسیحیت پویا و راستدین (ارتودوکس) را برانگیزند یا نه، باید نشست و دید. وانگهی، هنوز خیلی زود است که بگوییم آیا کلیسای نوظهور به جنبش مسیحی جهانی خواهد پیوست و به پشتیبانی بلندمدت از میسیون‌های میان‌فرهنگی خواهد برخاست یا نه.

البته این مرور کلی نمی‌تواند گویای همهٔ داستان باشد. گرچه این بررسی ممکن است در حکم بدبینی نسبت به مسیحیت غرب باشد، اما من پژوهش خوشبینانه‌ام را پیرامون آیندهٔ کلیسا در غرب، به بعد واگذار می‌کنم، یعنی زمانی که در مورد انتقال به حواشی بحث می‌کنیم. از این گذشته، چندین الگوی مهیج در حال ظهورند که انجیل را به‌طرز مؤثری به پست‌مدرن‌ها اعلام می‌کنند. باید این نکته را هم بگوییم که در همهٔ حیطه‌های کلیسا و در سراسر تاریخ، می‌توان نمونه‌های قهرمانانه‌ای از ایثار مسیحیانی یافت که زندگی‌شان شاهدی وفادار برای انجیل است. با این همه، نکتهٔ مورد نظر آن است که ما باید صادقانه بپذیریم که انتقال از کانون جهان مدرن به حواشی دنیای پست‌مدرن برای مسیحیان غرب، به‌رغم نمونه‌های الهامی و نبوتی، چندان خوب پیش نرفته است. یکی از هدف‌های این کتاب تبیین دوبارهٔ فرمان مسیح به کلیسایی است که دیگر کانون فرهنگ را در اختیار ندارد و تا حد زیادی پیوندهای کتاب‌مقدسی و الاهیاتی‌اش را هم، که به‌طور سنتی از تلاش‌های میسیونری پشتیبانی می‌کرد، گم کرده است.

---

1. Entertainment Evangelism

۲. کارل بارت به درستی اشاره کرده بود که: «امروزه نگرانی کلیسا در سراسر جهان، مسئلهٔ سکولار شدنِ انسان مدرن است. شاید سودمندتر می‌بود که کلیسا دست‌کم نگران مسئلهٔ سکولاریزه شدن خودش می‌شد.»

3. Emergent

## جریان شمارهٔ ۳: فروپاشی الگوی قالب «رسیدگی غرب به سایر نقاط جهان»

*مسیحیان غرب خیلی دیر متوجه دلالت‌های میسیون‌شناختیِ ظهور همزمانِ غربِ پسا-مسیحی و مسیحیتِ پسا-غربی شدند.*

از دست رفتن شور و سرزندگی مسیحی در غرب ناگزیر منجر به از دست رفتنِ فاجعه‌بار هویت رسمیِ مسیحی شد. در خلال دوره‌ای پانزده‌ساله، بین ۱۹۷۰ تا ۱۹۸۵، هر روز شماری از مردم آمریکای شمالی و اروپا کلیسا را ترک گفتند.[1] در این ضرباهنگ هیچ نشانه‌ای از کاهش سرعت به چشم نمی‌خورَد. مرکز قدیم اعزام میسیون در حال فروپاشی است.[2] انسان باید در تاریخ کلیسا قرن‌ها به عقب برگردد تا الگویی برای اعزام میسیون پیدا کند که جهان غرب در مرکز آن قرار نداشته باشد. پروتستان‌ها هرگز یک الگوی غالب غیرغربی برای اعزام میسیون نشناخته‌اند، و ما برای انتخاب الگویی متفاوت، چیزی در چنته نداریم. در حقیقت، الگوی «رسیدگیِ غرب به سایر نقاط جهان» یک فرض چالش‌ناپذیر، و در پَس «بار مسئولیت انسان سفیدپوستِ» قرن نوزدهم پنهان بود.

تصور این که مناطقی که زمانی به‌طور سنتی «عرصهٔ فعالیت میسیونری» بودند، می‌توانند دوباره به مرور زمان به مراکز پرشور و سرزندهٔ مسیحی تبدیل شوند، برای بیشتر مسیحیان غربی امری محال بود. با این‌حال، اورشلیم، انطاکیه، شمال آفریقا و کنستانتینوپل (قسطنطنیه) همگی زمانی مرکز حیات مسیحی به‌شمار می‌رفتند، اما امروزه تنها بقایای اندکی از مسیحیت در این مکان‌ها بر جای مانده است، و به استثنای اورشلیم، تقریباً همهٔ آنها کاملاً اسلامی هستند. در مقابل، نقاطی همچون لاگوس نیجریه و سئول در کرهٔ جنوبی، که حضور مسیحیت در آنها زمانی تقریباً تصورناپذیر می‌نمود، امروزه به مراکز پرشور ایمان مسیحی تبدیل شده‌اند. وانگهی، اینکه آمریکای شمالی و اروپا، که قرن‌ها نمایندگان مرکز جاذبهٔ مسیحی و پرکارترین کلیساهای اعزام میسیون در طول تاریخ به‌شمار می‌رفتند، ممکن بود ایمان خودشان را هم از دست بدهند، بعید به‌نظر می‌رسید.

برخی پیش‌بینی می‌کردند که جهان مدرن به یک «شهر سکولار» بزرگ تبدیل خواهد شد و مدرنیزاسیون به ناچار ایمان مذهبی را در هر جا فرو خواهد پاشید. با وجود این، حتی در خودِ غرب، یک فرد «پسا-مسیحی» را نباید شخصی سکولار فرض کرد. در حقیقت، پیتر برگر،[3] جامعه‌شناس برجسته، خاطرنشان ساخته که «نظریهٔ سکولاریزه شدن اساساً اشتباه است» چون «این فرض که ما در جهانی سکولارشده زندگی می‌کنیم، نادرست است.» برگر می‌گوید که فرض کلیدی نظریهٔ سکولاریزه شدن، که مصرانه باور دارد «مدرنیزه شدن ضرورتاً به افول دین، هم در جامعه و هم در ذهن افراد منجر می‌شود»، غلط از آب درآمده است. در

---

۱. به گفته الیزابت آیزیکای (Elizabeth Isichei) شمار کسانی که در غرب کلیسا را ترک گفتند، به ۷/۵۰۰ نفر در روز بالغ می‌شد.

۲. بعدها این موضوع دستخوش تغییرات قابل‌ملاحظه‌ای شد. با وجود کاهش تعداد مسیحیان، هنوز برای حفظ غرب به‌عنوان مرکز مسیحیت راه‌هایی باقی مانده است.

3. Peter Berger

سال‌های اخیر یک جریان الحادی تازه و زهرآگین در غرب پدید آمده، که گواه آن کتاب‌های پرطرفداری چون «توهم خدا» نوشتهٔ ریچارد داوکینز[1] و «پایان ایمان» و «نامه‌ای به ملتی مسیحی» نوشتهٔ سَم هریس[2] هستند.[3] با این‌همه، جریان بزرگتر جنبشی است سرگیجه‌آور که به‌سوی روحانیت‌های جدید و قدیم روی آورده است. آنچه بیش از همه موجب شگفتی شده، ظهور مسیحیتی پرشور در جهان اکثریت است. در حقیقت، این واقعیت بزرگ و نوین عصر ما به‌شمار می‌رود. این دگرگونی تکان‌دهنده، که در فصل ۱۰ کتاب به‌طور مفصل و از دیدگاه تاریخی آن را مورد بررسی قرار خواهیم داد، دلالت‌های ضمنی قابل‌ملاحظه‌ای دارد که برای مطالعهٔ میسیون مسیحی در زمان کنونی، به‌ویژه در آمریکای شمالی یا اروپا، بسیار مهم است. ما باید از این دیدگاه نوین در خصوص زندگی بیاموزیم که اگرچه مرکز اعزام میسیون فروپاشیده، مراکز جدید دیگری در حال ظهورند. واقعیت جدید میسیون مسیحی هم چندسویه است و هم چندقاره‌ای.

نخستین میسیون‌شناس‌ها، نظیر یوهانس فرکویل[4] متوجه لزوم میسیونی چندسویه شدند، هرچند که او ماهیت فروپاشی مرکزیت غرب را دست‌کم گرفته بود. او در دیباچهٔ کتاب معروفش «میسیون‌شناسی معاصر»، توضیح می‌دهد که چرا احساس کرد نگارش یک اثر میسیون‌شناختی جدید که بتواند جای «مقدمه‌ای بر دانش میسیون مسیحی» استادش جان باوینک[5] (منتشر شده در سال ۱۹۵۴) را بگیرد، ضرورت دارد. فرکویل می‌گوید: «کتاب استادم بازتاب دوره‌ای است که در آن هنوز به میسیون مسیحی یک‌سویه نگاه می‌کردند- از غرب به دیگر قاره‌ها. آن روزگار سپری شده است؛ اکنون رفت و آمد در جهات گوناگون انجام می‌گیرد. ما اکنون در دورهٔ رشد فزایندهٔ همکاری متقابل برای تحقق وظیفه‌مان در سطح جهان زندگی می‌کنیم.» با وجود این، به‌رغم پیش‌بینی وی، کتاب‌های درسی پایه برای آموزش میسیونرها، تا حد زیادی دست‌نخورده باقی ماند. گاه بخش‌هایی را به انتهای این کتاب‌ها ضمیمه می‌کردند تا چشم‌اندازی از کلیسای جهانی به خواننده ارائه دهند، اما چارچوب کلی برای مطالعهٔ میسیون مسیحی همچنان بر اساس الگوی «رسیدگی غرب به سایر نقاط جهان» باقی ماند، و آنها در کل هنوز فرض را بر چارچوب حاکمیت مسیحی می‌گذاشتند و آن را زیر علوم اجتماعی طبقه‌بندی می‌کردند. اما کتاب پیش روی‌تان را باید تماماً در بستر جنبش میسیونری در دورهٔ پسا-حاکمیت مسیحی و چندسویه تصور کنید.

## جریان شمارهٔ ۴: چهرهٔ در حال تغییر مسیحیت جهانی

*پدیدار شدن همزمان مراکز جدید و سرزندهٔ مسیحی، میسیونی چندسویه به‌وجود آورده که به شش قاره میسیونر می‌فرستد و پذیرای میسیونر از همهٔ قاره‌ها است.*

---

1. Richard Dawkins; 2. Sam Harris

۳. این خداناباوران (ملحدان)، به مفهوم کلاسیک کلمه چندان هم ناخداباور (Atheist) نیستند، بلکه بیشتر Etsi Deus non daretu (چنان زندگی می‌کنند که گویی خدا وجود ندارد) به‌شمار می‌روند. اینان طوری خود را با فن بیان ضدمسیحی آمیخته‌اند که عملاً مواضع‌شان بیشتر به کاریکاتوری از مواضع مسیحی می‌ماند.

4. Johannes Verkuyl- 1908-2000; 5. John Bavinck

در سال ۱۹۷۴، والبرت بوهلمان[۱] در کتاب «ظهور کلیسای سوم» پیش‌بینی کرد که کلیسا در کشـــورهای جنوب کرهٔ زمین به‌لحاظ تعداد، رشدی قابل‌ملاحظه خواهد داشت. بعدها، میسیون‌شناســـانی چون «اندرو والز» و «لامین سانه» به‌کرات از ظهور غافلگیرکنندهٔ کلیسای پرشور پسا-استعماری[۲] در جهان اکثریت سخن گفتند. دیوید برت[۳] جمعیت‌نگار برجسته و ویراستار کتاب «دانشنامهٔ جهان مسیحیت»[۴] در تأیید این تغییر در سال ۱۹۸۲ آماری ارائه کرد. با این‌حال، در اواخر ســـال ۱۹۹۰، یعنی زمانی که مجلهٔ «تاریخ مسیحی»[۵] یکصد رویداد مهم در تاریخ مسیحیت را فهرســـت می‌کرد، به رویدادهایی که در جهان اکثریت به‌وقوع پیوسته بود یا به‌وسیلهٔ مســـیحیان جهان اکثریت آغاز شده بود، حتی اشاره هم نشد. به‌نظر می‌رسید که این مجله از یکی از برجســـته‌ترین تحولات تاریخ مسیحیت که در جهان اکثریت به‌وقوع پیوسته بود، آگاهی نداشت.

فیلیپ جنکینز بیش از هر کس دیگری در بالا بردن آگاهی عمومی در مورد ظهور کلیسای جهان اکثریت، میان مسیحیان غربی کوشید. به‌نظر می‌رسید که با نگارش کتاب‌های پرطرفدار و پرفروش جنکینز با عنوان‌های «حاکمیت مســـیحی بعدی»،[۶] «چهره‌های تازهٔ مسیحیت»[۷] و «قارهٔ خدا»[۸] تقریباً یک‌شـــبه بحث مســـیحیت جهانی تغییر کرد و آگاهی عمومی تا حد قابل توجهـــی افزایش یافت. اکنون هم که من دربارهٔ تغییر «مرکز ثقل» جنبش مســـیحیت جهانی صحبت می‌کنم، بیش از آنکه با نگاه‌های ناباورانه مواجه شـــوم، سرهای حضار را می‌بنیم که به نشانهٔ تأیید گفته‌هایم می‌جنبند.

مرکز ثقل آماری به نقطه‌ای از کرهٔ زمین اشـــاره می‌کند که در شـــمال و جنوب و شرق و غرب آن تعداد برابری از مسیحیان زندگی می‌کنند. مسیحیت پس از آنکه در آسیا زاده شد، با بیشترین سرعت و قدرت رشد کرد و با مداومت به غرب و شمال اروپا رفت. هرچه در غرب بر شمار مسیحیان افزوده می‌شد، مرکز ثقل آماری هم به‌سوی غرب و شمال حرکت می‌کرد. با این همه، در آغاز سدهٔ بیســـتم، مرکز ثقل آماری به‌طرزی چشمگیر به سمت جنوب تغییر کرد، و در دههٔ ۱۹۷۰، برای نخســـتین‌بار در چهارده قرن گذشته، شروع به حرکت در جهت شـــرق کرد! امروزه؛ مرکز آماری مسیحیت در تیمبوکتو واقع شده است! این بدان معنا است که برای نخســـین‌بار از میانهٔ سدهٔ چهاردهم تاکنون، اکثریت مســـیحیان (تقریباً ۶۷٪) اکنون در بیرون از جهان غرب به‌ســـر می‌برند. برخی از نمونه‌های مشخص از نحوهٔ تغییر کلیسا به روشن ســـاختن این تغییر کمک خواهد کرد. در آستانه سدهٔ بیستم، کلیسای مسیحی به‌طور قاطع ســـفید و غربی بود. در سال ۱۹۰۰، بیش از ۳۸۰ میلیون مسیحی در اروپا و کمتر از ۱۰ میلیون مسیحی در کل آفریقا زندگی می‌کردند.[۹] امروزه بیش از ۳۶۷ میلیون مسیحی در آفریقا زندگی می‌کنند، که در مقام مقایسه این رقم یک‌پنجم از کل مسیحیان جهان را در بر می‌گیرد.

---

1. Walbert Buhlmann; 2. Postcolonial; 3. David Barrett; 4. World Christian Encyclopedia; 5. Christian History; 6. The Next Christendom; 7. The New Faces of Christianity; 8. God's Continent

۹. پایگاه اطلاع‌رســـانی جهان مســـیحی خاطرنشان می‌ســـازد که شمار مســـیحیان در اروپا ۳۸۰/۶۴۱/۸۹۰ نفر و تعداد مسیحیان در آفریقا ۹/۹۳۸/۵۸۸ نفر بوده است.

در طول سدهٔ بیستم در آفریقا به‌طور میانگین ۱۶/۵۰۰ نفر در روز به مسیح ایمان آورده‌اند. برای مثال از ۱۹۷۰ تا ۱۹۸۵، کلیسا در آفریقا بیش از شش میلیون نفر رشد جمعیت داشته است. در خلال همین دوره، چنانکه پیش‌تر هم اشاره کردیم، در اروپا و آمریکای شمالی ۴/۳۰۰ نفر در روز کلیسا را ترک گفتند.

کلیسا فقط به سمت جنوب کشیده نشده، بلکه راه شرق را نیز در پیش گرفته است. برای نمونه، به‌رغم این واقعیت که تا سدهٔ هجدهم مسیحیت در کره رسماً معرفی نشده بود، امروزه بیش از ۲۰ میلیون مسیحی فقط در کرهٔ جنوبی زندگی می‌کنند؛ با توجه به اینکه کل جمعیت این کشور ۴۹ میلیون نفر است. در واقع، کرهٔ جنوبی را بسیاری مهد جنبش رشد کلیسای امروزی می‌دانند که بهترین نمونهٔ آن داستان «کلیسای انجیل کامل یوئیدو»[1] است که توسط دکتر دیوید پاول یانگی چو (تولد- ۱۹۳۶) پایه‌گذاری شد. این کلیسا در سال ۱۹۵۸ تنها با پنج عضو و در یک اتاق نشیمن کوچک تأسیس شد، اما اکنون مدعی است که بیش از ۷۰۰/۰۰۰ عضو دارد، که تاکنون بزرگترین کلیسای جهان به شمار می‌رود.

هندوستان را مهد ادیان جهان نامیده‌اند، چراکه زادگاه هندوئیسم، بودیسم، جینیسم و سیکیسم است. با این‌حال، امروزه در همین سرزمین که مهد ادیان عجیب و غریب شرقی است، بیش از ۶۰ میلیون مسیحی زندگی می‌کنند.[2] تأسیس کلیسا در هندوستان، به‌ویژه در نواحی هندونشین شمال، با چنان سرعتی پیش می‌رود که میسیون‌شناسان پیش‌بینی می‌کنند تا سال ۲۰۵۰ میلادی جمعیت مسیحیان در هند به بیش از ۱۰۰ میلیون نفر خواهد رسید.[3] با این همه، حتی کره و هندوستان هم نمی‌توانند با رشد خیره‌کنندهٔ کلیسا در چین به رقابت برخیزند. در زمان انقلاب فرهنگی مائو تسه-تونگ[4] در چین (۱۹۶۶-۱۹۷۶)، تنها یک میلیون مسیحی در چین زندگی می‌کردند. امروزه، کلیسای چین از بیش از ۹۰ میلیون ایماندار مسیحی تشکیل شده و با میانگین رشد روزانهٔ ۱۶/۵۰۰ نفر، سریع‌ترین رشد را در میان کلیساهای جهان دارد.

اگر توجه شما تنها به *رشد* کلیسا در جهان اکثریت معطوف باشد، اهمیت اصلی این آمارها را از دست خواهید داد. کلیسا در سراسر تاریخ خود پیشرفتی غیرمنتظره در میان گروه‌های قومی و تمدن‌های جدید را تجربه کرده است. اندرو والز از جملهٔ کسانی است که روی طبیعت ویژهٔ گسترش مسیحیت در طول تاریخ انگشت می‌گذارد. گسترش مسیحیت رشدی ترتیبی و غیرتصاعدی داشته است. به‌عبارت دیگر، مسیحیت حتی رشد ثابت نداشته

---

1. Yoido Full Gospel Church

۲. پژوهش «شمارش مسیحیان هندوستان، ۵۲ تا ۲۰۰۲ میلادی» توسط تاد ام. جانسن (Todd M. Johnson)، سارا تیسن (Sarah Tieszen) و تامس هیگنز (Thomas Higgens). این پژوهش در مرکز مطالعات مسیحیت جهانی در دانشکدهٔ الاهیات گوردن-کانول به انجام رسیده و در دانشنامهٔ جهان مسیحیت ثبت شده است. این آمار نشان می‌دهد که ۶/۱۵ درصد از کل جمعیت هند مسیحی هستند، حال آنکه آمار رسمی دولت ۳ درصد را نشان می‌دهد. آمار رسمی، میلیون‌ها مسیحی را که به‌صورت قبیله‌ای یا میان هندوان زندگی می‌کنند به‌شمار نیاورده است.

۳. این رقم یعنی ۸/۹۴ درصد از کل جمعیت هندوستان. آمار به‌دست‌آمده هم بخشی از همان پروژهٔ مرکز مطالعات مسیحیت جهانی است.

4. Mao Tse-tung

که از یک مرکز فرهنگی و جغرافیایی آغاز شــده و نهایتاً به گســترهٔ کنونی‌اش رسیده باشد، و به بزرگترین دین جهان با متنوع‌ترین گروه‌های قومی تبدیل شــده باشد. در عوض، تاریخ مســیحی پیوسته با پیشرفت و عقب‌نشینی همراه بوده اســت. تاریخ مسیحی که شاهد نفوذ نیرومند انجیل به نواحی جغرافیایی و فرهنگی خاص بوده، بعدها دســتخوش عقب‌نشــینی عمده از آن نواحی، حتی تا مرز انقراض شده است.[1]

با این‌حال، نکتهٔ اصلی این اســت که تا پیش از این، کلیسا هرگز در مراکز فرهنگیِ جدید و *متعدد* پیشرفت‌های چشمگیر و *همزمان* به‌دست نیاورده بود. این‌گونه هم نیست که داستان زمانهٔ ما تماماً دربارهٔ پژمردگی مســیحیت در غرب و رشد خیره‌کنندهٔ آن در آفریقا باشد- که شــاخصی جدید برای سرزندگی مسیحی خواهد شــد. در عوض، اکنون ما چیزی را تجربه می‌کنیم که جان امبیتی[2] آن را «مراکز جهانی»[3] می‌نامد. کره‌ای‌ها، چینی‌ها، هندی‌ها، آمریکای لاتین‌ها، آفریقایی‌ها و سایرین، همگی می‌توانند به‌درستی ادعا کنند که مرکز جنبش مسیحی جهان به‌شمار می‌روند. اکنون ما شاهد فروپاشی مرکز قدیمی و به‌طور همزمان پدیدار شدن چندین مرکز جدید هســتیم. این امر بر کل جنبش میسیونری تأثیری چشمگیر داشته است. در واقع، دیگر نمی‌توان تاریخ مســیحی را از یک دیدگاه، خواه فرهنگی، خواه جغرافیایی یا اعتقادی درک کرد. واقعیت نوین کلیســا چیزی است که تنها می‌توان از منظری جهانی آن را به‌طور کامل درک کرد.

اکثر ساختارهای آموزشــی و پشتیبانی میســیونری در غرب، در زمینهٔ تحول خط‌مشی بر ابتکار عمل از سوی غرب چشم دوخته‌اند و چنین می‌پندارند که جنبشی از غرب به‌سوی نقاط پیرامونیِ حوزهٔ میســیونری شکل می‌گیرد. اگر از دیدگاه سرآغاز سدهٔ بیستم به قضیه نگاه کنیم، این فرض درست به‌نظر می‌رسد، زیرا در سال ۱۹۰۰ شمار بسیاری از میسیونرها، بالغ بر ۱۶/۰۰۰ تن، از ســوی غرب به سایر نقاط جهان اعزام شدند. با وجود این، در سپیده‌دم سدهٔ بیست‌ویکم شاهد جهانی هســتیم با ۴۲۰/۰۰۰ میســیونر، که فقط ۱۲ تا ۱۵ درصدشان غربی هستند. فقط همین واقعیت کافی است تا اهمیت تغییر در ساختارهای فعلی انجمن‌های میسیونری را که در غرب پایه‌گذاری شده‌اند، دریابیم؛ و خوشبختانه این بیداری مدتی است که آغاز شده است.[4]

---

۱. این بن‌مایهٔ پیشرفت-عقب‌نشــینی در تاریخ مسیحی به چنان درون‌مایه اصلی‌ای تبدیل شده که کنث اسکات لاتورت (Kenneth Scatt Latourette)، مــورخ مســیحی از آن به‌عنوان بن‌مایهٔ اصلی برای کتاب چندجلدی مشــهورش، «تاریخ مسیحیت» استفاده کرده اســت. لاتورت برای بخش مربوط به ســالهای میان ۵۰۰-۹۵۰ م. عنوان «تاریکترین ساعات: عقب‌نشــینی بزرگ» را برگزیده اســت. عنوان بخش بعدی، یعنی دورهٔ مابین ۹۵۰-۱۳۵۰ م. چنین اســت: «چهار سده تجدیدحیات و پیشرفت.» عنوان بخش بعدی، برای ۱۳۵۰-۱۵۰۰ م. «شکست جغرافیایی و رخوت، سردرگمی و فساد درونی، انحراف نســبی از زندگی نیرومند» است. بسیاری از زیرعنوان‌ها هم بازتاب این درون‌مایه هستند، همچون فصل ۲۸: «اروپای غربی: افول و بقا» یا فصل ۴۰: «رکود و پیشرفت: کلیساهای شرق».

2. John Mbiti; 3. Centers of Universality

۴. تغییر فاحش در مرکز ثقل جنبش مســیحی جهانی و تغییر از یک مرکز بــه چندین مرکز جهانی تاکنون تأثیر خود را بر کتاب‌های درســی آموزش میسیونرهای غربی گذاشته اســت. یکی از مفیدترین این کتاب‌ها، «تغییر چهرهٔ مأموریت مســیحی جهانی: درگیر شدن با موضوعات و جریان‌های معاصر» نوشــته مایکل پوکاک (Michael Pocock)، گیلین وان رینن (Gailyn Van Rheenen)، و داگلاس مک کانل (Douglas McConnell) است.

## جریان شمارهٔ ۵: ظهور یک شاخهٔ چهارم از مسیحیت

ما دیگر نمی‌توانیم جنبش مسیحی جهانی را منحصراً وابسته به کلیساهای کاتولیک، پروتستان و ارتودوکس شرق بدانیم. شاخصهٔ ویژهٔ سدهٔ بیست‌ویکم بروز تغییراتی ژرف در خودشناسیِ مسیحی است، که بر نحوهٔ درک و در میان گذاشتن پیام مسیحی اثرگذار است.

نخستین پیروان عیسی را تنها با عنوان سادهٔ پیروان «طریقت» می‌شناختند. اصطلاح «طریقت» بر جنبشی کوچک در درون یهودیت دلالت می‌کرد که عیسی را تحقق امیدها و آرزوهای یهود می‌دانست. در این دورهٔ آغازین، هیچ برداشتی از مسیحیت به‌عنوان دینی جداگانه وجود نداشت. نخستین پیروان عیسی یهودی بودند، و عیسی و پیامش را در همان زمینهٔ یهودیت می‌فهمیدند. با وجود این، با ورود ایمانداران غیریهودی، ضرورت بازنگری دربارهٔ معنای پیروی از عیسای مسیح احساس شد. بدین‌ترتیب، در انطاکیه که محل گردهمایی اصلی نخستین ایمانداران غیریهودی بود، پیروان عیسی برای اولین‌بار مسیحی نامیده شدند (اعمال ۱۱:۲۶).

در سال ۳۳۰ میلادی، امپراتور کنستانتین پایتخت امپراتوری روم را به بیزانس در شرق منتقل کرد و نام این شهر را به کنستانتینوپل (قسطنطنیه، استانبول امروزی) تغییر داد. به‌تدریج، در کلیسا دو سنت متمایز شکل گرفت و رشد یافت، یکی شرقی و یونانی و دیگری غربی و لاتینی. کشمکش میان این دو سنت بر سر اقتدار پاپ (البته در کنار موضوعات دیگر) و درج واژهٔ فیلیوک[1] از سوی کلیسای غرب در اعتقادنامهٔ نیقیه، به‌تدریج در یکپارچگی کلیسا خلل به‌وجود آورد. «شقاق عظیم» که به‌طور رسمی به جدایی کلیسای کاتولیک رومی از ارتودوکس شرقی منجر شد، در سال ۱۰۵۴ به‌وقوع پیوست. از این مقطع به بعد، برای مسیحیان ضرورت داشت تا مفهوم جدیدی در مورد کلیسا در ذهن بپرورانند و این تفاوت‌ها را نیز در نظر بگیرند، یعنی سنت‌ها، تأکیدات آموزه‌ای، درک کلیساشناسی، آیین عبادی و غیره.

سدهٔ شانزدهم شاهد اوج گرفتن جنبشی اعتراضی و دیرپا در درون کلیسا بود که در نهایت چیزی شد که ما آن را با عنوان دورهٔ اصلاحات دینی می‌شناسیم. وقتی اصلاحگران رسماً از کلیسای رُم گسستند و جنبش اصلاحات به‌لحاظ اندازه و میزان رشد کرد، مسیحیان ضروری دیدند که یک‌بار دیگر، و به شیوه‌های تازه‌تر، در مورد کلیسا مفاهیم ذهنی جدید بپرورانند. این ترکیب‌بندی سه‌گانهٔ کنونی تقریباً پنج سده بر کلیسا حاکم بوده است.

در اینجا نکتهٔ مورد نظر ارائهٔ مروری بر تاریخ کلیسا نیست، بلکه می‌خواهیم نشان دهیم که هویت کلیسا طی زمان دستخوش تلاطمات و تغییرات عمده شده است. اگر خوانندهٔ کتاب در اواخر سدهٔ بیستم بزرگ شده باشد، حتی یک نگاه اجمالی به آخرین کتاب‌های مربوط به تاریخ کلیسا نشان خواهد داد که از زمان اصلاحات دینی، کلیسا به سه فرقهٔ اصلی

---

۱. Filioque اشاره‌ای است به عبارت «و پسر» که به اعتقادنامه نیقیهٔ افزوده شد و تصریح می‌کرد که «روح‌القدس» از پدر و پسر صادر می‌گردد.»

تقسیم شده است: کاتولیک رومی، ارتودوکس شرقی، و پروتستان. این چارچوب مفهومی بر نحوهٔ برداشت ما از جنبش مسیحی جهانی تأثیر بسیار می‌گذارد، و هر دانشجوی تاریخ کلیسا در همان ابتدا آن را می‌آموزد. در حقیقت، وقتی کسی خود را به‌عنوان «کاتولیک رومی»، «پروتستان» یا «ارتودوکس» می‌شناسد، زیر بار و فشار تاریخ، کشمکش‌های مهم گذشته، و ویژگی‌های خاص تعلیمی و عبادی فرقهٔ خود می‌رود.

به‌خاطر میراث ارضی یا اقلیمی حاکمیت مسیحی، که پیش‌تر در موردشان بحث کردیم، این سه تقسیم‌بندی که در تعیین جهت‌گیری قومی، فرهنگی و سیاسی نیز به‌کار می‌روند- که ربط چندانی هم به انجیل مسیحی ندارند- در تعیین هویت فردی حائز اهمیتند. کشمکش میان جمهوری ایرلند و شش استان پروتستان‌نشین ایرلند شمالی که زیر مالکیت بریتانیا قرار دارند، نمونه‌ای کلاسیک از این مقوله به‌شمار می‌رود. فروپاشی یوگسلاوی سابق به کرواسی کاتولیک، بوسنی اسلامی و صربستان ارتودوکس شرقی نشان داد که ویژگی‌های قومی و هویت مذهبی تا چه اندازه با یکدیگر پیوند دارند.

با این همه، تغییر چشم‌گیر در مرکز ثقل مسیحی، این چارچوب سه‌بخشی را به‌طور فزاینده‌ای سست و آسیب‌پذیر می‌سازد. اکنون زمان آن فرارسیده که بار دیگر مفهومی ذهنی و جدید از کلیسا بپروریم. میلیون‌ها نوکیش مسیحی در سراسر جهان اکثریت به کلیسا می‌پیوندند. بسیاری از این نوکیشان مسیحی را نمی‌توان به آسانی در زیر هیچ‌یک از سه فرقهٔ سنتی اصلی دسته‌بندی کرد. سالیان دراز رسم بر این بوده که هر گروهی را که صراحتاً جزو کاتولیک‌های رومی یا ارتودوکس‌های شرقی نبوده‌اند، غیاباً پروتستان بنامند. با این‌حال، با افزایش تعداد این نوکیشان، دیگر زدن برچسب «پروتستان» بر هر غیرکاتولیک یا غیرارتودوکس بیش از پیش مشکل‌ساز خواهد شد، زیرا هیچ ارتباط روشنی میان این نوکیشان و جنبش «پروتستان» اروپایی وجود ندارد. با وجود این، این نوکیشان به همان اندازه نیز با پاپ یا ساختار قدرت دینی رُم و یا نظارت پاتریارخ‌های ارتودوکس شرقی بی‌ارتباطند.

بسیاری از این نوکیشان مسیحی به جنبش‌های مستقل گوناگون با تمایلات پنتیکاستی تعلق دارند. سایرین به جنبش‌های مستقل و نبوتی متعلق هستند که به‌سختی می‌توان آنها را در فرقه‌ای خاص طبقه‌بندی کرد. برخی از این جنبش‌ها در حال حاضر تنها شبه‌مسیحی هستند، اما به‌سوی راست‌دینی (ارتودوکسی) پیش می‌روند. دیگر جنبش‌های شبه‌مسیحی نیز در بیرون از مرزهای راست‌دینیِ تاریخی در حال ظهور هستند. برخی گروه‌های دیگر نیز ادعا دارند در درون چارچوب هندوئیسم یا اسلام از مسیح پیروی می‌کنند، پدیده‌ای که به «جنبش‌های درونی» مشهور شده و در ادبیات میسیون‌شناختی دههٔ اخیر توجه بسیاری را به خود جلب کرده است.

دانشنامهٔ جهان مسیحیت، در واکنش به این جریان‌ها، در ویراست سال ۱۹۸۲ خود، چندین طبقه‌بندی جدید را معرفی کرد، از جمله مسیحیِ «بومیِ غیرسفیدپوست»[1] و «سِرّی»[2]. همین

---

1. Nonwhite Indigenous; 2. Crypto-Christian

اثر در ویراســت سال ۲۰۰۱ خود نام طبقه‌بندی «بومیِ غیرسفیدپوست» را به «مستقل» تغییر داد و یک طبقه‌بندی دیگر نیز زیر عنوان ایمانداران «مخفی»[1] به فهرست خود افزود. دانشنامه همچنین میلیون‌ها ایماندار را از ذیل طبقه‌بندی «پروتستان» بیرون آورد و در طبقه‌بندی جدید «مستقل» قرار داد.[2]

اگر شــمار آنانی کــه در این طبقه‌بندی «مســتقل» جای می‌گیرند اندک می‌ماند، شــاید بخش‌بندی ســه‌گانهٔ سنتی می‌توانســت راهی برای بقای خود در سدهٔ بیست‌ویکم پیدا کند. اما «ایمانداران مستقل» سریع‌الرشدترین گروه در جهان مسیحیت به‌شمار می‌روند و باید در مرکز چارچوب ذهنی ما جای بگیرند. در ابتدای سدهٔ بیستم، بزرگترین گروه مسیحیان وابسته به کلیسای کاتولیک رومی ۲۶۶ میلیون، پیروان ارتودوکس شرقی ۱۱۵ میلیون و پروتستان‌ها ۱۰۳ میلیون نفر بودند. چنین برآورد کرده‌اند که در ابتدای ســدهٔ بیســتم، کمتر از ۸ میلیون مسیحی «مستقل» در کل جهان وجود داشت. لیکن، در دههٔ آغازین سدهٔ بیست‌ویکم، در حال حاضر ۱/۱ میلیارد مسیحی کاتولیک، ۴۲۳ میلیون مسیحی مستقل، ۳۸۶ میلیون پیرو کلیسای پروتستان و ۲۵۲ میلیون ارتودوکس شرقی وجود دارد. بدین‌ترتیب، مسیحیان مستقل اکنون به‌لحاظ تعداد، دومین گروه از مسیحیان محسوب می‌شوند.[3]

طبقه‌بندی این خیل عظیم از مسیحیان جدید کار آسانی نیست. اما دیگر شاخه‌های اصلی عمدتاً به‌خاطر یک جدایی تاریخی از کلیســای کاتولیک رومی، و ناشی از تحولات تاریخی خاص، تعریف شــده‌اند. این امر، چه به‌لحاظ تاریخی، چه تعلیمی، برای این جنبش‌ها نوعی انســجام خاص به‌وجود آوَرد، که به نوبهٔ خود تکیه‌گاه اصلیِ روایتی را تشــکیل می‌دهد که بازگو می‌شــود، و به مرور زمان هویت آن جنبش‌ها را شکل می‌دهد. اما کلیساهای مستقل، هیچ هویت واحد و فراگیری ندارند. درســت است که جریان‌های گستردهٔ مشخصی وجود دارند که گاه به آنها استناد می‌شود. مثلاً، می‌گویند که کلیساهای مستقل را معمولاً گروهی از افراد غیرروحانی[4] که هیچ تعلیم رسمی دریافت نکرده‌اند، رهبری می‌کنند و این کلیساها فاقد هرگونه ساختار رهبری رسمی هستند. دیگران خاطرنشان می‌سازند که آنها در تجربیات‌شان پنتیکاستی/ کاریزماتیک هستند و به‌طور عمده بر هدایت قدرتمند الاهی از طریق نبوت متکی می‌باشــند و با روند متداول کلیســای تاریخی انس و الفتی ندارند. برخی دیگر نیز به تأکید این کلیســاها بر تابوهای شــرعی خاص، دعاهای عجیب و غریب، آموزه‌های به‌خصوص،

---

1. Hidden

۲. در ویراست سال ۱۹۸۱ (ص ۶) ۱۵۴ میلیون مسیحی در طبقه‌بندی «بومی غیرسفیدپوست» جای گرفته بودند. نام این طبقه‌بندی در ویراســت سال ۲۰۰۱ به «مستقل» تغییر پیدا کرد و شــمار مسیحیان این طبقه‌بندی به ۳۸۵ میلیون ایماندار «مستقل» رسید. دانشنامهٔ جهان مسیحیت همچنین ایمانداران «مخفی» را در درون هندوئیسم در هفت کشور، و در درون اسلام در پانزده کشور یافته است.

۳. ۴۲۳ میلیون مسیحی برآورد شده در زیر طبقه‌بندی «مستقل»، شامل ۳۶ میلیون مسیحی طبقه‌بندی مسیحیان «حاشیه‌ای» (Marginal) نمی‌شود.

4. Laypeople

آداب پرستش، یا غیرت میسیونری اشاره می‌کنند. نکته در اینجا است که برای این نوکیشان مسیحی هیچ «برچسب» واحدی وجود ندارد.

با همهٔ اینها، اصطلاح *مستقل*، حتی با وجودی که از اصطلاح «سرّی» یا «حاشیه‌ای» بسیار بهتر است، اما هنوز عنوان توصیفیِ نابسنده، و تاحدی غیردقیقی است.[۱] شاید چند دهه باید بگذرد تا معلوم شود که آیا دیدگاه‌های مشترک یا اَبَرروایتی وجود دارد که بتواند این کلیساهای مستقل را پوشش دهد تا بعد بر مبنای آن بتوان ارتباط، انسجام و هویتی واحد برای آنان در نظر گرفت. به‌عنوان مثال، برای کلیساهایی چنین متنوع چه خصایص ویژه‌ای می‌توان یافت، مثلاً شبکهٔ کلیسای خانگی در آسیا، کلیساهای بومی و رسولیِ آفریقایی[۲] دیدبان چهارم[۳] فیلیپین، کلیسای حصاد شهر[۴] در سنگاپور، مراکز شفای پر کردن شکاف[۵] در آفریقای جنوبی، میتی[۶] در هندوستان، کونیایت‌های استرالیا[۷] ایگریخا او پنته[۸] برزیل، و کلیساهای خانگی هان[۹] در چین. در نهایت، رهبران این جنبش‌های گوناگون مستقل طی تعامل با دیگر بخش‌های کلیسای جهانی، راه‌هایی برای توصیف خودشان پیدا خواهند کرد. با افزایش گفتمان، شاید ایشان به همگرایی بیشتر و عمیق‌تری دست پیدا کنند. تا آن زمان، عباراتی چون کلیساهای مستقل، کلیسای جهان اکثریت، کلیساهای خانگی، کلیساهای بومی، کلیساهای نوپیدای گلوبال ساوث[۱۰] یا کلیساهای جوان‌تر را همچنان به‌کار خواهیم برد. هر نامی که برای این قبیل کلیساها به‌کار ببریم، نکتهٔ مهم این است که این «شاخهٔ چهارم» از مسیحیت باید در کانون درک ما از کلیسای سدهٔ بیست‌ویکم، و به‌عنوان ایفاگر نقشی جهانی در *مأموریت الاهی* در جهان، جای بگیرد.

## جریان شمارهٔ ۶: جهانی‌سازی: مهاجرت، شهرنشینی، و فناوری‌های نوین

*جهانی‌سازی تغییرات چشمگیری را در زمینه‌های مهاجرت، شهرنشینی، و ارتباطات فنی به‌وجود آورده است. در نتیجه، ساختارهای سنتی اعزام میسیونر و گرایش‌های جغرافیایی که از سدهٔ نوزدهم بر میسیون‌های مسیحی حاکم بوده‌اند، دیگر کارایی ندارند.*

خدمت مسیحی در هیچ نسلی، در خلاء انجام نشده، بلکه اساساً رویدادی مرتبط با بافت و پیش‌زمینهٔ حاکم بوده است. با وجود این، نیروهای جهانی‌سازی موقعیت تازه‌ای پدید آورده‌اند که در آن جایی برای خدمت محلیِ صِرف وجود ندارد. امروزه هر بافت محلی آگاهی خود را از بافت بزرگتر جهانی می‌گیرد. دوران تمایز دیرینه میان میسیون‌های «بومی» و میسیون‌های «خارجی» دیگر سپری شده است؛ نه فقط به‌خاطر فروپاشی مرکز حاکمیت مسیحی (که پیش‌تر معرفی کردیم)، بلکه به‌خاطر نیروهایی که پدیدهٔ جهانی‌سازی به راه انداخته، و تأثیری ژرف بر همهٔ ما داشته‌اند.

---

۱. واژهٔ مستقل دربردارنده معنای ضمنی حق حاکمیت و خودکفایی است، که هر دو آنها را نمی‌توان به درستی در مورد یک کلیسا به کار برد، چراکه بنا به تعریف، کلیسا باید مطیع اقتدار مسیح باشد.

2. African Initiated Churches of the Apostolic Variety; 3. Forth Watch; 4. City Harvest Church; 5. the Fill the Gap Healing Centers; 6. The Meiti; 7. The Cooneyites of Australia; 8. Igreja ev Pente; 9. Han House churches; 10. The emerging Global South churches

جهانی‌سازی را به‌طور خلاصه «ارتباط پیچیده» تعبیر کرده‌اند، که به موجب آن رویدادها و روابط اجتماعی محلی تحت تأثیر رویدادهای دیگر در دوردست‌ها، شکل می‌گیرند. این «ارتباط پیچیده» بر همهٔ ابعاد و جنبه‌های زندگی، از قبیل سیاست، روابط اجتماعی، اقتصاد، فن‌آوری، دانش، فرهنگ و دین تأثیر گذاشته است. من در اینجا سه مقوله‌ای را که بر درک و مفهوم ذهنی ما از میسیون مسیحی در سدهٔ بیست‌ویکم تأثیری ژرف گذاشته‌اند، مورد بررسی موشکافانه قرار خواهم داد: مهاجرت، شهرنشینی، و ارتباط مبتنی بر فن‌آوری.

## *مهاجرت*

گروه‌های قومیِ اروپایی در جهان غرب اکنون با بحران آمار جمعیتی روبه‌رو هستند که به‌درستی خود-نسل‌کشی[1] خوانده شده است- نوعی خودکشی فرهنگیِ تدریجی. اگر جامعه‌ای می‌خواهد موجودیت جمعیتیِ خود را حفظ کند، باید میزان حداقل زاد و ولد را که ۲/۱ ( دو و یک‌دهم) فرزند از هر زن است، نگه دارد. در حال حاضر، میانگین زاد و ولد در اروپای غربی به زیر این میزان سقوط کرده، و به ۱/۴ (یک و چهاردهم) رسیده است. برای اینکه چشم‌اندازی از این رویداد داشته باشید، این آمارها به این معنا است که اروپا تنها در یک نسل با کاهش جمعیت یک‌پنجمی روبه‌رو خواهد شد. در واقع، به گفتهٔ فیلیپ جنکینز، از جمعیت «نسل قدیمی» اروپا، سریع‌تر از بدترین سال‌های دوران جنگ جهانی دوم، یعنی زمانی که اروپا در آتش وحشی‌گیری هیتلر می‌سوخت، کاسته خواهد شد. وقتی اتحادیهٔ اروپا پایه‌گذاری شد، مجموعاً نمایندگی حدود ۱۴ درصد از کل جمعیت جهان را بر عهده داشت. اکنون کشورهای اروپایی تنها ۶/۶ درصد از کل جمعیت دنیا را تشکیل می‌دهند، و تا سال ۲۰۵۰ این رقم به زیر ۴/۴ درصد خواهد رسید.

معنای دیگر این آمارها آن است که میانگین سن اروپایی‌ها پیوسته در حال بالا رفتن است. با بالا رفتن میانگین سن و پیر شدن جمعیت اروپا، تنها راه برای حفظ حیات و سرزندگی جامعه که در آن نیروهای جوان کار می‌کنند و مالیات می‌پردازند، مهاجرت کلان است. اروپا کمبود کارگر را از طریق به‌کار گرفتن مهاجران آفریقایی، آسیایی و خاورمیانه‌ای جبران کرده است. این امر به آرامی سبب بروز تغییرات فاحشی در پذیرش و انجام فرایض دینی در اروپا شده است. مارک استِین چالش مزبور را به‌خوبی جمع‌بندی کرده است. او می‌نویسد: «معضل دولت سوسیال دموکراتِ سکولار این است که برای بقا به میزان زاد و ولد جامعه‌ای مذهبی نیازمند است.» از آنجایی که اکثریت کشورهای اسلامی رشد جمعیتی بالای ۲/۱ دارند، مازاد جمعیت‌شان به سبب نزدیکی به اروپا مشتاق مهاجرت به این قاره‌اند.[2] بدین‌ترتیب، یکی از جریان‌های اصلی در اروپای

1. Autogenocide

۲. برای نمونه، نرخ رشد جمعیت در سومالی ۶/۷۶، افغانستان ۶٫۶۹، یمن ۶/۵، عراق ۴/۱۸، و مصر ۳/۴ است. برخلاف اروپا، دنیای عرب در پنجاه سال گذشته از ۸۰ میلیون به ۳۲۰ میلیون نفر افزایش جمعیت داشته است.

غربی در شصت سال گذشته، فروپاشی حاکمیت مسیحی و ظهور اسلام بوده است.[۱] بنا بر گزارش «مجمع پیو در زمینهٔ دین در زندگی عمومی»[۲] اکنون در برخی از کشورهای غربی به‌طور هفتگی شمار مسلمانانِ «مسجد برو» از شمار مسیحیانِ «کلیسا برو» بیشتر است. نگرانی‌ای که این امر در اروپا به‌وجود آورده، باعث شده که اخیراً کتاب‌هایی با عنوان‌های «یورَبیا»[۲] نوشتهٔ بت یه‌اور[۳] و «واپسین روزهای اروپا»[۴] نوشتهٔ والتر لاکوئر[۵] روانه بازار نشر کتاب شوند.

ایالات متحده هم با کاهش میزان زاد و ولد در میان گروه‌های قومی اروپایی‌تبار خود روبه‌رو است، اما هنوز این میزان همچون در اروپا به مرحلهٔ بحرانی نرسیده است. در واقع، به دلیل مهاجرت، جمعیت ایالات متحده در مجموع رو به افزایش است، و نکتهٔ قابل توجه اینکه انتظار نمی‌رود که میانگین سن ۳۵ در ایالات متحده تا پنجاه سال آینده سقوط کند. در مقابل، میانگین سن در اروپا، در همان دورهٔ زمانی از ۳۷ به ۵۲/۳ سال خواهد رسید. جمعیت ایالات متحده در حال حاضر حدود ۳۰۰ میلیون تفر است، اما پیش‌بینی شده که تا سال ۲۰۵۰ به ۴۰۰ میلیون و تا سال ۲۱۰۰ به ۵۷۰ میلیون نفر برسد. ایالات متحده همچنان مقصد مهاجران بسیار باقی خواهد ماند، و همچون اروپا از شمار اروپایی‌تباران و سفیدپوستان در آن کاسته خواهد شد. در حقیقت، از زمان تصویب قانون اصلاح مهاجرت در سال ۱۹۶۵، تنوع قومی جامعهٔ آمریکا به‌طرز فاحشی افزایش یافته است. با این همه، مهمترین تفاوت میان مهاجرت به ایالات متحده و مهاجرت به اروپا این است که عمدهٔ مهاجران به آمریکا را مردمان آمریکای لاتین، آفریقائیان، کره‌ای‌ها و چینی‌ها تشکیل می‌دهند، که اکثرشان یا مسیحی هستند یا پس از مهاجرت مسیحی می‌شوند. حال آنکه در مورد همقطاران‌شان که به اروپا مهاجرت می‌کنند، احتمال اینکه مسیحی شوند، کمتر است. در حقیقت، سریع‌الرشدترین آمار جمعیتی دینی در ایالات متحده به کلیساهای مسیحی غیرانگلیسی‌زبان[۶] تعلق دارد.[۷]

این تغییرات عمده در مهاجرت، چگونه بر میسیون مسیحی در سدهٔ بیست‌ویکم تأثیر خواهند گذاشت؟ نخست آنکه، با فروپاشی مرکز حاکمیت مسیحی، جمعیت مهاجر نمایانگر مهمترین موج جدید میسیونرهای آینده به غرب می‌باشد. بعداً در این کتاب برخی از تفاوت‌های راهبردی میان میسیونرهای «شمالی قدیم» و «جنوبی جدید» را بررسی خواهیم کرد، اما مثلاً، میسیونرهای جدید، بیشتر غرب را به‌عنوان عرصهٔ فعالیت میسیونری هدف خواهند گرفت تا پروژه «پنجرهٔ ۱۰.۴۰»، که از سوی میسیون‌های اونجلیکال غرب بسیار مورد توجه بوده است. به‌رغم وجود احساسات ضد-مهاجر اخیر در ایالات متحده، مسیحیان باید درک کنند که مهاجرت مظهر مهمترین امید، نه تنها برای تداوم سرزندگی و پویایی

---

۱. جالب اینجا است که مسلمانان حتی پس از مهاجرت به اروپا، در زمینه زاد و ولد از اروپاییان پیروی نکرده‌اند. هم‌اکنون نرخ زاد و ولد در میان مسلمانان اروپا ۳/۵ فرزند از هر زن می‌باشد.

2. Pew Forum on Religion in Public Life; 2. Eurabia; 3. Bat Ye'or; 4. The Last Days of Europe; 5. Walter Laqueur; 6. Non-Anglo Christian churches

۷. در بوستون، شهری که من در آن زندگی می‌کنم، شمار کسانی که عیسای مسیح را به زبان‌هایی غیر از انگلیسی می‌پرستند، بیش از آنانی است که به زبان انگلیسی او را عبادت می‌کنند.

جامعه، بلکه برای تبشـــیر دوبارهٔ انجیل به غرب است. جنکینز در کتاب «حاکمیت مسیحیِ بعدی» با کنایه پیشنهاد می‌کند که نام کتاب «چگونه کشوری مسیحی به ملتی با بالاترین تنوع دینی در جهان تبدیل شده»، نوشتهٔ دایانا اِک[1] را باید چنین تغییر داد: «چگونه مهاجرت کلان باعث شد کشوری مسیحی مسیحی‌تر شود.» دوم اینکه، تمایزات جغرافیایی قدیم که نواحی معینـــی از جهان را به گروه قومی خاصی پیوند داده بودند، اکنون دیگر دوامی ندارند. امروزه مردمـــان آمریکای لاتین اکثریت جمعیت ایالت کالیفرنیا را تشـــکیل داده‌اند. تگزاس به یک ایالت اکثریت-اقلیت تبدیل شـــده است. به‌لحاظ آماری تا سال ۲۰۵۰ شمار گروه‌های اقلیت قومی در همهٔ ایالات آمریکا از شمار سفیدپوستان بیشتر خواهد شد. جان وسلی زمانی گفته بود: «کل جهان، حوزهٔ فعالیت کشیشی[2] من است.» در بافت نوین جهانی امروز، باید این گفته را اصلاح کرده بگوییم: «کل دنیا "در" حوزهٔ فعالیت کشیشی من است.»[3]

## شهرنشینی

نتیجهٔ ظهور پدیدهٔ چشمگیر مهاجرت، ظهور پدیدهٔ شهرنشینی در سطح جهانی نیز بوده اســـت. بی‌گمان شهرنشینی یکی از جریان‌های اصلی سدهٔ بیســـتم بوده است. نیروهایی که جهانی‌سازی در پی داشت همهٔ موانع ســـنتی زمان و مکان را درنوردید و امکان مسافرت و جابه‌جایی را برای مردم فراهم ســـاخت. جهانی‌ســـازی باعث شده که درصد روزافزونی از کشاورزان وابســـته به زمین به مراکز شهری روی بیاورند. در ابتدای سدهٔ بیستم، بیست‌وپنج شـــهر اول پرجمعیت جهان در اروپا و آمریکای شمالی قرار داشتند. امروزه، هیچ‌یک از این بیســـت‌وپنج شهر در فهرست پرجمعیت‌ترین شـــهرهای اروپا نیستند، و تنها دو شهر از این فهرســـت پرجمعیت‌ترین شهرهای آمریکای شـــمالی قرار دارند (لس آنجلس و نیویورک). امروزه، کلان‌شـــهرهای چندین میلیون نفری جهان شهرهایی چون تیانجین، توکیو، اوساکا، کراچی، لائوس، ســـئول و بمبئی هســـتند.[4] امـــروزه درصد مردمان شهرنشـــین از مردمان روستانشـــین بیشتر اســـت (۵۵٪)، و این آمار زمانی تکان‌دهنده می‌شود که بدانیم در آستانهٔ سدهٔ بیستم، تنها ۱۶٪ مردم، شهرنشین بودند.

شهرنشینی معانی ضمنی وسیعی برای خط‌مشی میسیون‌شناختی سدهٔ بیست‌ویکم داشته است. نخست آنکه، اکثر خط‌مشی‌های بشـــارتی و مربوط به تأسیس کلیسا برای استفاده در

---

1. Diana; 2. Eck Parish

۳. به قول جنکینز، تا ســـال ۲۰۵۰ یک‌سوم جمعیت آمریکا را آســـیایی‌ها و لاتینوهایی تشکیل خواهند داد که متمایل به مسیحیت هستند، نه گریزان از آن.

۴. پایگاه اطلاع رسانی جهان مســـیحیت پیش‌بینی کرده است که پانزده شهر اول پرجمعیت جهان در سال ۲۰۲۵ از این قـــرار خواهند بود: بمبئی بـــا ۳۰ میلیون تن؛ لائوس با ۳۰ میلیون تن؛ توکیو با ۲۸ میلیـــون تن؛ کراچی با ۲۴ میلیون تن؛ داکا با ۲۳ میلیون تن؛ کلکته با ۲۱ میلیون تن؛ مکزیکو ســـیتی با ۲۱ میلیون تن؛ سائو پائولو با ۲۰ میلیون تن؛ شانگهای با ۲۰ میلیون تن؛ دهلی با ۱۹ میلیون تن؛ نیویورک با ۱۸ میلیون تن؛ پکن با ۱۷ میلیون تن؛ قاهره با ۱۶ میلیون تن؛ تیانجین با ۱۵ میلیون تن؛ مانیلا با ۱۵ میلیون تن. لطفاً توجه داشـــته باشـــید که در این فهرست هیچ شهر اروپایی وجود ندارد و نیویورک تنها شهر غربی آن به‌شمار می‌رود.

بافت روستایی تدوین شده بودند، چون در حوزهٔ کاری میسیون‌های سدهٔ نوزدهم، اکثر جمعیت در این مناطق روستایی زندگی می‌کردند. خط‌مشی‌های سدهٔ بیستم اغلب با تغییر و اصلاحاتی جزئی در الگوهای سدهٔ نوزدهم کارآیی خود را حفظ کردند. اما امروزه، باید به‌طور کلی الگوهای میسیونری نوینی به‌وجود آورد که حوزهٔ فعالیت میسیون را شهر در نظر بگیرند. حتی امروزه، به‌رغم ظهور خیره‌کنندهٔ شهرنشینی، من متوجه شده‌ام که بسیاری از مردم هنوز فرض را بر این می‌گذارند که گروه‌های قومی «دور از دسترس» به احتمال زیاد باید در مناطق دورافتادهٔ قبیله‌ای جهان زندگی کنند.

دوم اینکه، مردمان جهانِ اکثریت غالباً در مناطق شهری‌ای زندگی می‌کنند که ویژگی بارز آنها فقر، فساد، بیماری و ظلم است. میسیونرهای امروزی باید درکی دقیق‌تر از نحوهٔ برقراری ارتباط با این مردمان و در بشارت دادن انجیل به آنان به شیوه‌ای جامع داشته باشند، تا چالش‌های پیچیدهٔ زندگی و تجربهٔ شهرنشینی در این ارتباط‌ها رعایت شوند. در نهایت، شهرنشینی اغلب بدین‌معنا است که مردمان در بطن کثرت‌گراییِ دینی و تنوع فرهنگی زندگی می‌کنند. میسیونرهای امروزی باید از نظر فرهنگی هشیار و نسبت به دین‌های دیگر آگاه باشند و بدانند که سازوکار اجتماعیِ زندگی شهری از چه پیچیدگی‌هایی برخوردار است و اطلاعات از چه راه‌هایی دست به دست می‌شود، و این موارد با آنچه که در جوامع روستایی و سنتی می‌گذرد، عمیقاً فرق دارند.

## فناوری

«ارتباط پیچیده»، که جزو جدایی‌ناپذیر پدیدهٔ جهانی‌سازی است، از طریق فناوری امکان‌پذیر شده است. پیشرفت‌های فنی میسیون مسیحی در سدهٔ بیستم را چه در زمینهٔ سفر چه در زمینهٔ ارتباطات عمیقاً متحول ساختند، که بارزترین‌شان اختراع هواپیمای جت مسافرتی و کشیدن خطوط تلفن از این سوی اقیانوس اطلس به‌سوی دیگر آن بود. فناوری سدهٔ بیست‌ویکم، حتی بیش از پیش، و به‌طور تصاعدی، زندگی ما را متحول کرده است، به‌ویژه در زمینهٔ فناوری‌های اطلاعاتی و ارتباطاتی. ما در دنیای ای‌پاد، پیام‌های فوری، یوتیوب، تالارهای گفتگو،[1] توییتر، مای اسپیس،[2] و فیس‌بوک زندگی می‌کنیم. تلفن‌های همراه و ایمیل تقریباً هر میسیونری را در این جهان در موقعیت دسترسی بالقوه و آنی قرار داده‌اند. شبکهٔ اینترنتی و سی‌دی‌هایی که حمل‌شان آسان است، حجم عظیم و بی‌سابقه‌ای از اطلاعات را جابه‌جا می‌کنند و گاه این حجم عظیم از اطلاعات تنها با فشار دادن یک دکمه منتقل می‌شود. فناوری فرصت‌های بسیاری پدید آورده که در نسل‌های پیش حتی اندیشیدن به آنها هم ناممکن به‌نظر می‌رسید. برای مثال، من به‌طور همزمان هم عضو هیئت علمی دانشکده الاهیات گوردون-کانول در ایالات متحده بودم و هم عضو هیئت علمی کالج الاهیات نوین در دهرا دون[3] در شمال هندوستان. در بیست سال گذشته، من میسیونرهایی را در هر دو

1. Chat Rooms; 2. MySpace; 3. Dehra Dun

مکان تعلیم داده‌ام و هر ساله در هر دو قاره تدریس کرده‌ام، امری که در نسل‌های گذشته حتی نمی‌شد بدان فکر کرد.

اما فناوری به‌رغم همهٔ مزایا چالش‌های تازه‌ای هم پدید آورده است. فناوری فرصتی جهانی برای ارتباط ایجاد کرده که به ریشه‌کن شدن فراروایاتِ[1] «از بالا–به پایینِ» مدرنیسم منجر گردیده است، فراروایاتی که «چتری بزرگ» از معنا و هدف[2] برای کل یک تمدن به‌وجود آورده بودند. در سدهٔ بیست‌ویکم، کلیسا و پیام انجیل اغلب تا حد پیامی در میان هزاران پیام دیگر پایین آورده می‌شوند، که ممکن است به روایت شخصیِ یک فرد معنا ببخشد، اما دیگر نمی‌توانند وانمود کنند که ادعایی هنجارین برای همهٔ جهان محسوب می‌شوند. ما در دنیایی زندگی می‌کنیم که با اطلاعات اشباع و در گزینه‌ها غوطه‌ور شده است. در چنین جهانی اشباع‌شده از اطلاعات، که با اولویت‌های شخصی احاطه شده است و در ارزش‌گذاریِ بازاریِ همهٔ ابعاد زندگی غرق است،[3] دریافت پیام انجیل به‌شیوهٔ درست، کاری است بس دشوار.

میسیون تأثیرگذار در سدهٔ بیست‌ویکم مستلزم تصمیمی راسخ برای اعلام «روایت عظیم» است، در چارچوب آفرینش، سقوط، تجسم، رهایی و یک نقطهٔ اوج نهاییِ آخرشناختی از نمایش الاهی/ انسانی برای مخاطب قرار دادنِ جهان پست‌مدرن. همهٔ مردم، در همهٔ زمان‌ها و مکان‌ها باید روایت دگرگون‌کنندهٔ زندگی را که ریشه در شخص و کار مسیح دارد، کشف کنند. عیسای مسیح و پیام کتاب‌مقدس تغییرناپذیرند، اما نحوهٔ رساندن این پیام به‌شیوه‌ای مؤثر در چنین زمینه‌ای نوین، نیاز به تغییرات اساسی دارد. ما باید در برابر رفتار کردن با مردم به‌عنوان «مشتریان دینی» که انجیل را برای‌شان به «بازار» آورده‌ایم و می‌خواهیم نوعی «سهیم‌سازیِ تجاری» کنیم، بایستیم. این ناگزیر کلیسا را به تسامح واداشته، وسوسه‌اش می‌کند تا روایتی حداقلی[4] از انجیلی ارائه کند، که تنها بر «*حداقل*» کاری که یک نفر می‌تواند برای مسیحی شدن انجام دهد، تأکید می‌کند. این رویکرد را باید قاطعانه رد کرد و اهداف مبتنی بر شاگردسازی را که شاگردانی نیرومند، و کلیسایی به‌لحاظ فرهنگی دانا و فهمیده و به‌لحاظ الاهیاتی آگاه بار می‌آورند، جایگزین آن نمود.

## جریان شمارهٔ ۷: یک اتحاد کلیسایی ژرف‌تر

*ظهور همزمان هویت پسافرقه‌ای[5] در میان بسیاری و نیز در عین‌حال پدیدار شدن هزاران فرقهٔ تازه، مستلزم پایه‌ریزی گونه‌های نوینی از اتحاد است که از هویت‌های فرقه‌ای سنتی و اعتقادی فراتر می‌رود.*

حاکمیت مسیحی قدیم بر اساس ائتلاف‌هایی به‌وجود آمده بود که حول تحولات سیاسی و تاریخی، توافق‌های اعتقادی/ الاهیاتی، و اهداف مشترک مبتنی بر میسیون شکل گرفته بودند. این ائتلاف‌ها در نهایت نه تنها ساختار سه‌گانهٔ اصلی (کاتولیک، ارتودوکس، پروتستان) را که پیش‌تر بدان اشاره کردیم به‌وجود آورد، بلکه در خود این ساختارها نیز

1. Metanarratives; 2. Telos; 3. Commoditization; 4. Minimalistic; 5. Postdenominational

ائتلاف‌های عمیق‌تر بسیاری ایجاد کرد، ائتلاف‌هایی همچون طریقت‌های کاتولیک رومی و فرقه‌های پروتستان. چنان که پیش‌تر خاطرنشان ساختیم، این امر بر نحوهٔ نگرش و درک ما از کلیسای جهانی و جایگاه ما در آن، تأثیری ژرف گذاشت.

اندرو والز خردمندانه خاطرنشان ساخته که بین نوشتن تاریخ *کلیسا* و نوشتن تاریخ مسیحیت تفاوت بسیار وجود دارد. والز می‌گوید: «نوشتن تاریخ کلیسا مستلزم گزینهٔ کلیساشناختی است، که آگاهانه یا ناآگاهانه، هویتی به‌خصوص از کلیسا، یا دستِ‌کم جلوه‌ای به‌خصوص از آن را مفروض می‌گیرد.» وقتی دانشجویان برای تحصیل در رشتهٔ تاریخ کلیسا نام‌نویسی می‌کنند، مطالب درسی‌شان گلچینی شسته‌رفته و تعریف‌شده از درون‌مایه‌های تاریخ مسیحیت است که به گروهی خاص از مسیحیانی مربوط می‌شود که در میراث جغرافیایی و اعتقادی خاصی مشترکند. این امر در کتاب‌ها یا دوره‌هایی که پیرامون تاریخ میسیون‌ها نوشته یا برپا شده‌اند، حتی نمودی آشکارتر پیدا می‌کند.

با این‌حال، همچنان که مردمانی از آسیا، آفریقا، و آمریکای لاتین به‌طور فزاینده‌ای وارد بدنهٔ مسیحیت جهانی می‌شوند، و این جلوه‌های بومی نوپیدا تبدیل به هنجار می‌گردند، کل ساختار درک و گفتمان ما در مورد تاریخ مسیحیت و تاریخ میسیون هم باید تغییر بنیادین کند. در غرب، تاریخ فرهنگی و کلیساشناختی ما مقدمتاً از امپراتوری روم آغاز می‌شود، از این‌رو هرآنچه در اروپای غربی روی داده بر درک ما از تاریخ سایه می‌افکند. با وجود این، پس از سپری کردن زمان قابل‌ملاحظه‌ای با مسیحیان نقاط گوناگون آسیا، من اکنون می‌توانم شهادت بدهم که امپراتوری روم در نظر ایشان در برابر امپراتوری‌های پارس (هخامنشی)، آشوکا (در هند) یا سلسلهٔ هان (در چین)، کمترین فروغی ندارد. این پس‌زمینه بر چگونگی درک و بازگوییِ تاریخ مسیحی تأثیر می‌گذارد. بدین‌ترتیب، روایاتی را که تاریخ میسیون مسیحی تکرار و بازگو می‌کند می‌بایست از نو درک کرد تا این تاریخ بهتر بتواند بازتاب چشم‌اندازی جهانی‌تر از کلیسا باشد؛ این امر به‌ویژه در مورد مسیحیت آفریقایی و آسیایی بیشتر صدق می‌کند که اکنون به‌تدریج به جریان اصلی و هنجارین در جنبش جهانی بزرگتر تبدیل می‌شود و کلیسای غربی در این جنبش نقش فرعی می‌گیرد.

یکی از مهمترین تحولاتی که این تغییر به ارمغان می‌آورد، ارائهٔ مبنایی جدید برای اتحاد کلیسایی در درون کلیسای جهانی است که همهٔ مرزها و موانع سنتی را درمی‌نوردد. ما باید راه‌های تازه‌ای برای دخیل شدن در گفتمانی آگاهانه در سطح جهانی با مسیحیانی متعهد از سراسر دنیا پیدا کنیم- که ممکن است در عمل اصلاح و بازسازی روش‌های قدیمی باشد. باید در مورد اتحاد کلیسایی در سدهٔ بیست‌ویکم به اتحادی ژرف‌تر دست یابیم.

بگذارید در اینجا منظورم را از «اتحاد کلیساییِ ژرف‌تر» روشن کنم، چون اصطلاح *اتحاد کلیسایی*[1] به شیوه‌های گوناگونی به‌کار رفته گرفته است. من اصطلاح *اتحاد کلیسایی* را برای اشاره به هر تلاشی که در راستای یافتن یک وحدت بزرگ و جاودانِ ساختاری برای کلیسا

1. Ecumenical

باشـــد به‌کار نمی‌برم. در سراسر جهان بیش از سی‌وهشـــت هزار فرقهٔ مسیحی وجود دارد، و اتحاد کلیســـاییِ ژرف‌تر و مورد نظر من ضرورتاً به معنای این نیســـت که این رقم به‌طور چشـــمگیری کاهش پیدا کند. من این اصطلاح را برای اشـــاره به هر رؤیایی از کلیسا به‌کار نمی‌برم که با قربانی کردنِ الزامات اعلان تاریخیِ مسیحی، می‌خواهد با الگویی نقدناشده از مدرنیته همشکل شود. در اثر ارزشـــمند توماس آودن،[۱] با عنوان «تولد دوبارهٔ راست‌دینی»[۲] به‌طرزی مؤثر به این موضوع پرداخته شده است.

ما دیگر نمی‌توانیم شـــکلی از فرقه‌گراییِ مرســـوم را برتابیم که وجه مشـــخصهٔ آن غالباً بنیادگرایی و اونجلیکالیزم[۳] اســـت. این بدان معنا نیست که باید تمایزات الاهیاتی خودمان را رها کنیم. اتفاقاً برعکس، گفتمان با کلیســـای جهانی نـــه تنها به غنای دیدگاه‌های الاهیاتی ما می‌افزاید، بلکه از آن مهمتر، ما را به‌سوی درکی ژرف‌تر از ایمانی که به ما سپرده شده[۴] یعنی همان ایمان دیرین رسولی، که باور مشترک همهٔ ما است، رهنمون می‌شود.

با وجود این، منظور من این است که ما باید آشکارتر و علنی‌تر میان حقایق مبتنی بر وعظ رســـولان که همهٔ مسیحیان را متحد می‌ســـازد و تفاوت‌هایی که مشخصهٔ گروه‌های مختلف مسیحیان اســـت، فرق بگذاریم. شـــوربختانه دنیای قدیمیِ حاکمیت مسیحی به‌نوعی راه را برای تفرقه‌هایی گشود که شهادت کلیسا و اطاعتش از دعای کاهن اعظم، عیسی، را که فرمود «یک باشـــند» (یوحنا ۱۷:۱۱) مخدوش ساختند. پیدایش مســـیحیت جهانی با چندین مرکز زنده بدین‌معنا اســـت که ما فرصت داریم که پیش و بیش از هر چیز خودمان را مســـیحیانی ببینیم که ایمان رسولی را اعلان می‌کنند، و تنها پس از آن است که بحث مسیحی اصلاح‌شده، پنتیکاستی، دوره‌باور،[۵] آرمینیوسی، و بومی و غیره به میان می‌آید. همچنین باید زمان بیشتری را برای گفتمان سازنده با برادران و خواهران کاتولیک و ارتودوکس خودمان سرمایه‌گذاری کنیم. ما نمی‌توانیم، و نباید به آسانی منکر اختلاف‌ها و کشمکش‌های معینی شویم که موجب پیدایش جنبش پروتســـتان شـــد. با این همه، باید بیاموزیم که به دیدگاه‌ها و موارد اختلاف دیگر مســـیحیان نیز بهتر گوش بدهیم و بکوشیم تا خودمان را جزو اعضای جنبش مسیحیت جهانی ببینیم.

کلیســـای جهانی به پارچهٔ ملیله‌دوخته‌ای می‌ماند که سرشار از تنوع است. با این‌حال، و به‌رغم اختلاف‌های بســـیار، حقایق بزرگ معینی وجـــود دارند که می‌توانند ما را متحد کنند. خود مسیح، که راستی است، همهٔ مسیحیان را در هر عصری گرداگرد شهاداتی متحد می‌سازد که «همیشه، هرجا و توســـط همهٔ مسیحیان» اقرار شده‌اند.[۶] این فراتر از اتحادی است که در یک اعتقادنامه تعریف شـــده باشـــد، هرچند نباید کمتر از آن هم باشـــد. منظور من از اتحاد کلیســـایی، اتحادی ژرف‌تر و روحانی اســـت که بر اجماع همهٔ ما اذعـــان دارد، زیرا همهٔ ما اعضای بدن مســـیح هستیم و همگی در عیسای مسیح مشارکت داریم و شهادت در مورد او به روش‌های درست در سراسر جهان، باری است که بر دوش همهٔ ما قرار دارد. این حقیقت

1. Thomas Oden; 2. The Rebirth of Orthodoxy; 3. Evangelicalism; 4. depositum fidei; 5. Dispensational; 6. Semper ubique ab omnibus

برای میسیون مسیحی در سدهٔ بیست‌ویکم حاوی معانی ضمنی مهمی است، از جمله مفهوم همکاری و شـــراکت، درک ما از کلیساشناســـی در عرصهٔ جهانی، و تصویری که از هویت مسیحی در ذهن داریم.

## ضرورت مکث و نوزایی

برآینـــد نیروی این هفت جریان اصلی بدین‌معنا اســـت که ما بایـــد کاری فراتر از ایجاد تغییرات جزئی در الگوهای میسیون‌شناختی، برنامه‌های آموزشی، و فرضیات روش‌شناختی موجود بزنیم. این درون‌مایه‌ها، نیازمند بازاندیشـــی کامل هستند، نه تنها در نحوهٔ آموزش و آماده‌سازی میســـیونرها، بلکه در نحوهٔ نگرش و درک ما از کلیسای جهانی و عرصهٔ فعالیت میســـیون مســـیحی. ما باید در برابر رویکرد مبتنی بر «کسب و کار معمول» در مورد میسیون ایستادگی کنیم. این رویکرد تنها به چند اصلاح جزئی در زمینهٔ میسیون‌شناسی بسنده می‌کند و فرضیات اصلی را همچنان دست‌نخورده و بدون تغییر باقی می‌گذارد.

پیش‌تر یادآور شدم که در سال ۱۹۷۲ شورای جهانی کلیساها درخواست تعلیق میسیون مســـیحی را مطرح کرد. تا به امروز، همان واژهٔ *تعلیق*[1] هنوز لرزه بر اندام من می‌اندازد چون پیش از هر چیز این واژه را با نادیده‌گرفتن حکم محوری کتاب‌مقدس مبنی بر بشارت انجیل و تأسیس کلیساهای جدید مرتبط می‌دانم. با این‌همه، اگرچه ممکن است کسانی که با وقف و سرسپردگی من به خدمت میسیون آشنایی ندارند دچار سوءتفاهم شوند، ولی فکر می‌کنم کـــه در مکث کردن برای اصلاح مجـــدد و ارزیابی دوباره، حکمتی وجود دارد. من کســـی را دعوت به تعلیق نمی‌کنم، بلکه به‌جای آن ترجیح می‌دهم در میســـیون دعوت به «ســـلاه (مکث)»[2] کنم. واژهٔ ســـلاه در سراسر مزامیر به چشـــم می‌خورد. معنای دقیق سلاه نامعلوم اســـت. با وجود این، اکثریت باور دارند که نوعی نشانهٔ مکث موسیقایی و یا ایستِ میان‌پرده (اصطلاحاً آنتراکت– م.) بوده است. این دقیقاً همان منظوری است که من در ذهن خود دارم. ما در غرب به تک‌نوازی (ملودی) عادت کرده‌ایم. به رهبری ارکســـتر پرداخته‌ایم و تصمیم گرفته‌ایم چه ســـازی در کجا باید نواخته شـــود، و نوازندگان هم اکثراً غربی بوده‌اند. اکنون ارکستر خیلی تغییر یافته است، و از ما می‌خواهند تا همنوازی (هارمونی) کنیم، نه تک‌نوازی. این امر مستلزم وقف یا آنتراکتی موقتی است– زمانی برای تأمل و ارزیابی دوباره، زمانی برای اندیشیدن دربارهٔ آنچه که قرار است به شیوه‌های تازه انجام دهیم.

همچون هر قلب سالمی، ما باید تعادلی درست میان پمپ کردن فعالانهٔ خون[3] و دوره‌های کوتاه استراحت[4] که خون دوباره اکسیژن می‌گیرد و برای حرکت بعدی آماده می‌شود، ایجاد کنیم تا بدین‌ترتیب خونی که به بافت‌ها می‌رســـد به آنها غذا و حیات برســـاند. برای اینکه بتوانیم طراوت و شـــادابی خود را در بلندمدت حفظ کنیم، قلب میسیون مسیحی نیازمند این زمان استراحت است. این کتاب درسی به منظور کمک به این مکث انتقالی طراحی و نوشته شـــده است. این انتقال، همچون واژهٔ سلاه دارای نوعی ابهام است و کسی دقیقاً نمی‌داند که

1. Moratorium; 2. Selah; 3. Systolic; 4. Diastolic

معنای آن برای میسیون مسیحی چیست. با وجود این، من یقین دارم که اگر به نسیم تازه‌ای که روح‌القدس در خلال این دورهٔ زمانی پرآشوب می‌وزاند، توجه کنیم، تولد دوباره‌ای در میسیون‌شناسی خواهیم داشت که در آن، شانه به شانهٔ کلیسای جهانی شاهد و ناظر نوسازی قابل ملاحظهٔ حیات و ایمان کلیسا خواهیم بود؛ چیزی که هرگز پیش از این تجربه نکرده‌ایم. این کتاب درسی بر آن است تا آنچه را که این فصل تازه و مهیج از آموزش، آمادگی و همکاری میسیونری شاهد خواهد بود، به تصویر بکشد.

قسمت ب

خدای تثلیث و خدای فرستنده

# ۲

# الاهیات تثلیث‌محور و مبتنی بر میسیون

دو دانشجو به نام‌های لَری پیج[1] و سِرگِی برین[2] در اتاق خوابگاه خود در دانشگاه استنفورد نشسته بودند که خود را به بیانیهٔ میسیون زیر متعهد ساختند: «سازماندهی کردن اطلاعات جهان و قابل دسترس و مفید ساختن آنها در سطح دنیا.» نتیجهٔ چنین تعهدی پیدایش «گوگل» بود! نیرومندترین و گسترده‌ترین موتور جستجو در جهان.[3] امروزه، هم تجارت‌های بزرگ و هم کسب و کارهای کوچک بیانات مأموریتی (میسیونی) دارند. حتی تجارت‌های بسیار معروف که هدف‌های روشنی دارند، مانند فدرال اکسپرس،[4] بارنز و نوبل،[5] و نایکی،[6] همگی بیانیهٔ مأموریتی[7] را سرلوحهٔ کارشان قرار داده‌اند. برای مثال، بیانیهٔ مأموریتی نایکی این است: «الهام بخشیدن و نوآوری برای هر ورزشکاری در جهان.» شور و شوق مأموریت حتی روی دولت هم اثر گذاشته است. برای نمونه، اکنون وزارت امور خارجه برای خود عبارتی مأموریتی دارد.[8] این روزها برخی از مشاوران زناشویی زوج‌ها را تشویق به نوشتن یک عبارت مأموریتیِ شخصی می‌کنند. به‌نظر می‌رسد که دیگر فقط کلیسا نیست که برای خود مأموریتی دارد. ما در جهانی زندگی می‌کنیم که مملو از عبارات مأموریتی است- هر کسی برای خود مأموریتی دارد. واژه *مأموریت* (میسیون) هویت خود را به‌عنوان یک اصطلاح منحصراً مسیحی از دست داده است.

1. Larry Page; 2. Sergey Brin

۳. گوگل اصطلاحی است که میلتون سیروتا (Milton Sirotta) برای عدد ۱ با ۱۰۰ صفر در جلویش ابداع کرد. این شماره نمادی است از حجم عظیم اطلاعاتی در جهان.

4. Federal Express; 5. Barnes & Noble; 6. Nike; 7. Mission Statement

۸. عبارت مأموریتیِ وزارت امور خارجهٔ دولت ایالت متحدهٔ آمریکا این است: «به‌وجود آوردن جهانی امن‌تر، دموکراتیک‌تر و سعادتمندتر به سود آمریکائیان و جامعهٔ بین‌الملل.»

برای تبیین میسیون‌شناسیِ متناسب با سدهٔ بیست‌ویکم- اگر قرار است این واژه همچنان برای کلیسا مفید بماند- باید واژهٔ میسیون (مأموریت) را با دقت بسیار تعریف کرد. به‌رغم چالش‌های بسیار، این واژه هنوز می‌تواند به‌خوبی به خدمت به کلیسا در سدهٔ بیست‌ویکم ادامه دهد؛ هرچند نیازمند اصلاح است. این امر زمانی آشکارتر می‌شود که ما تاریخچهٔ تغییر این واژه را، حتی در درون کلیسا، درک کنیم. استفاده از واژهٔ میسیون[1] (یا میسیون‌ها[2]) برای اشاره به کسانی که ایمان‌شان را در سراسر جهان با دیگران در میان می‌گذارند، دامنهٔ نفوذ کلیسا را گسترش می‌دهند و فرمان بزرگ خدا را تحقق می‌بخشند، کاربردی نسبتاً جدید از این واژه است. در سدهٔ شانزدهم بود که ژزوئیت‌ها برای نخستین‌بار استفاده از اصطلاح *میسیون* را برای اشاره به انتشار انجیل در میان غیرمسیحیان آغاز کردند. تا آن زمان *میسیون* (مأموریت) «منحصراً برای دلالت بر آموزهٔ تثلیث به‌کار می‌رفت، بدین‌ترتیب که پدر پسر را می‌فرستد و پدر و پسر با هم روح‌القدس را می‌فرستند.» در یک کلام، واژهٔ *میسیون* در اصل با خدا و اقدام پیشگامانهٔ *او* در نجات بشر مرتبط بود، نه با ما و آنچه انجام می‌دهیم. با این‌حال، با توجه به کاربرد متداولی که واژهٔ *میسیون* در کلیسا دارد، به‌نظر می‌رسد که اکنون به‌صورت تقریباً انحصاری به وظایف گوناگونی که *کلیسا* انجام می‌دهد، اشاره می‌کند.

در سال‌های اخیر، به‌ویژه با ظهور بیانهٔ مأموریتی کلیسا، واژهٔ مزبور حتی گسترهٔ معنایی بیشتری نیز پیدا کرده و به «هرآنچه کلیسا باید انجام بدهد» اشاره دارد، و بدین‌ترتیب هرگونه تأکید یا خصیصهٔ متمایزکننده‌ای را از دست داده است. کارلوس گاردوسا-اورلاندی[3] در کتاب «میسیون مسیحی: راهنمایی ضروری» حتی از این به‌عنوان یکی از پنج مدل میسیون در کلیسای امروز یاد می‌کند. وی نام آن را مدل «میسیون یعنی همه چیز»[4] می‌نامد و روی نکته‌ای انگشت می‌گذارد که بسیاری از ما آن را مشاهده کرده‌ایم، یعنی اینکه *مأموریت* (میسیون) به هر چیزی- از بسکتبال در سالن ورزش کلیسا گرفته تا مهد کودک و تأسیس کلیسا در شرق دور، و هر چیزی که در این میان جای می‌گیرد- دلالت دارد. این واژه به‌تدریج بار معناییِ الاهی-محور را از دست داده و بیشتر بار معناییِ انسان-محور گرفته است. به‌عبارت دیگر، میان واژه‌ای که اساساً برای اشاره به تثلیث و حیات درونیِ عمل خدا به‌کار می‌رفت و واژه‌ای که از آن عمدتاً تلاش‌های انسانی و اعمال کلیسا برداشت می‌شود، تفاوت بسیار وجود دارد. پرواضح است که واژهٔ میسیون در سدهٔ بیست‌ویکم نیازمند اصلاح است. با وجود این، من پیشنهاد می‌کنم که آنچه ما نیاز داریم نه به‌وجود آوردن معنایی تازه، بلکه بازیافتن معنایی است نزدیک به معنای اولیهٔ این واژه.

## میسیون و میسیون‌ها

در این کتاب واژهٔ «میسیون» بر اقدام پیشگامانه و رهایی‌بخش خدا در طول تاریخ به نمایندگی از خلقتش دلالت می‌کند. میسیون پیش و بیش از هر چیز به خدا و اهداف رهایی‌بخش او و اقدامات پیشگامانه‌ای که در جهان انجام می‌دهد مربوط می‌شود، و این

1. Mission; 2. Missions; 3. Carlos Cardoza-Orlandi; 4. Mission-Is-Everything Model

کاملاً از هر عمل، وظیفه، خط‌مشی یا اقدام پیشگامانه‌ای که ممکن است از کلیسا سر بزند، جدا است. به بیان ساده‌تر، میسیون بیشتر به *خدا* و هویت *او* مربوط می‌شود تا *ما* و *کاری که انجام می‌دهیم*.

دعوت به اصلاحِ واژهٔ میسیون، به جهاتی کاری جدید است و به جهاتی نیست. بگذارید با این توضیح شروع کنم که از چه جهت جدید نیست. در سال ۱۹۱۰، نخستین همایش بزرگ میسیونری جهانیِ معاصر در شهر ادینبورگ اسکاتلند برگزار شد. این همایش سرآغاز یک سلسله همایش‌های بزرگ در سطح جهانی بود که از سوی شورای میسیونری بین‌المللی پشتیبانی می‌شد. این همایش‌ها در نقاط گوناگون جهان برپا می‌شدند، از جمله در اورشلیم (۱۹۲۸)، تامبارام در هندوستان (۱۹۳۸)، ویتبی در اونتاریو (۱۹۴۷)، ویلنگن در آلمان (۱۹۵۲)، و آکرا در غنا (۱۹۵۷/ ۱۹۵۸). در همایش ویلنگن در جولای ۱۹۵۲ بود که یک مدل تازه از میسیون پیشنهاد شد که واضحاً بیان می‌کرد که اقدام رهایی‌بخش خدا در جهان بر اقدام کلیسا *مقدم* است، بدین‌معنا که کلیسا نباید خود را نقطهٔ آغاز هر فعالیت میسیونری در جهان تلقی کند. عبارتی که بعدها برای تعبیر این دیدگاه از میسیون به‌کار گرفته شد، اصطلاح *مأموریت الاهی*[1] بود، عبارتی که در اصل کارل هارتن‌شتاین[2] میسیون‌شناس آلمانی آن را در سال ۱۹۳۴ ابداع کرده بود. اصطلاح «*مأموریت الاهی*» را بعدها گئورگ وایسدوم[3] با کتاب برجسته‌اش، «*مأموریت الاهی*: مقدمه‌ای بر الاهیات میسیون»، که در سال ۱۹۶۳ منتشر شد، به‌عنوان مفهومی کلیدی در میسیون مسیحی رواج داد. وایسدوم با خردمندی مفهوم میسیون را به‌صورت مشارکت ما در مأموریت پدر در امر «فرستادن پسر» به تصویر کشید. وایسدوم اعلام کرد که «میسیونی که ما جزو آن هستیم، از خودِ خدای تثلیث سرچشمه می‌گیرد.»

درک کردن میسیون از چشم‌انداز *مأموریت الاهی* اساساً درست است، و شالودهٔ میسیون‌شناسیِ مبتنی بر تثلیث را تشکیل می‌دهد که مورد نظر این کتاب است. مشکل کلیسای سدهٔ بیستم با مفهوم *مأموریت الاهی*، بیش از آنکه با خودِ مفهوم باشد، در کاربرد و نحوهٔ درک و به‌کارگیری آن بود. وایسدوم در تعریفی که از *مأموریت الاهی* ارائه داد، به هیچ روی قصد نداشت *مأموریت الاهی* را از اعلان و فعالیت کلیسا جدا کند. وقتی او اعلام کرد که ما دیگر نمی‌توانیم از «میسیونِ کلیسا» سخن بگوییم، منظورش این بود که کلیسا نباید کار خود را جدا از سرچشمهٔ مأموریتش، یعنی *مأموریت الاهی* ببیند. با این همه، در سدهٔ گذشته به‌خاطر جداسازیِ ناروای *مأموریت الاهی* از مأموریت کلیسا، بر سر کاربرد *مأموریت الاهی* سوء‌تفاهمی پدید آمد. در اینجا است که پیشنهاد من از پایه و اساس با آنچه که در پی همایش ویلنگن در سال ۱۹۵۲ روی داد، تفاوت پیدا می‌کند.

اینکه بگوییم میسیون مسیحی نباید زیرمجموعهٔ آموزهٔ کلیسا باشد، یک چیز است، و جدا کردنِ کاملِ *مأموریت الاهی* از کلیساشناسیِ قوی، چیزی دیگر. در نظر گرفتن مبنایی تثلیثی برای میسیون مسیحی یک چیز است، و به‌کلی نادیده گرفتن این که کلیسا را خدا تعیین کرده

1. *Missio dei;* 2. Karl Hartenstein; 3. Georg Vicedom

تا از طریـــق اعمال رهایی‌بخش در جهان، بازتاب تثلیث باشـــد، چیزی دیگر. با وجود این، اساســـاً این همان چیزی اســـت که در دورهٔ پس از همایش ویلنگن روی داد. جهان صحنهٔ فعالیت رهایی‌بخش خدا بود، و کلیسا به‌طرز مؤثری به حاشیه رانده شد. فعالیت رهایی‌بخش خدا را بیشتر می‌شد در انقلاب سیاسی، جریان اقتصادی، یا جنبش اجتماعی دید، تا از طریق شهادت وفادارانهٔ کلیســـا در دنیا. در حقیقت از دیدگاه میسیون‌های پس از همایش ویلنگن، این جهان بود که برای کلیسا برنامهٔ کاری تدوین می‌کرد. نقش کلیسا در بهترین حالت، صرفاً اشـــاره کردن به این بود که جامعه در کجا «برای انسان‌گرایی تقلا می‌کرد» یا در کجای جهان «*شـــالوم خدا*» پدیدار می‌شـــد. بدین‌ترتیب، اثر *مأموریت الاهی* بر کلیسا این بود که آن را از کمند حضور و کار خدا در جهان آزاد کرد.

گردهمایی شورای جهانی کلیساها[1] در اوپسالا در سال ۱۹۶۸ همین تأکید «دنیا-مدارانه» به‌جای «کلیســـا-مدارانه» را در خصوص درک کلیسا از میسیون مسیحی رسماً اتخاذ کرد. و چنانکه در فصل ۱ کتاب یادآور شـــدیم، باید به خاطر داشته باشیم که وقوع این تحولات در شورای جهانی کلیساها با پدیدار شدن جریانی مشابه در کلیسای کاتولیک رومی در شورای دوم واتیکان (۱۹۶۲-۱۹۶۵) و انتشار نوشته‌های کارل رانر، ادوارد شیلبییک، و هانس کونگ همزمـــان بود.[2] خطی که دنیا را از کلیســـا جدا می‌کند، در هر دو جریان اصلی پروتســـتان و کاتولیک رومی به آرامی در حال محو شدن بود. کلیسای ارتودوکس شرقی و پروتستان‌های اونجلیکال گروه‌های اصلی‌ای بودند که با این جریان مخالفت می‌کردند.

کلیســـای ارتودوکس شرقی مدت‌ها در برابر هر جریانی که سعی در کم‌رنگ کردن تمایز دنیا از کلیسا داشت، ایستادگی کرده بود. میسیون‌شناسی کلیسای ارتودوکس به پیوند مستحکم میان میســـیون مسیحی و طبیعت کلیسا وفادار مانده اســـت. شاید خوانندگان اونجلیکال این کتاب از دانســـتن اینکه چه اقدامات نیرومندانه‌ای در زمینهٔ تجهیز و گسیل میسیونر به منظور تداوم و گسترش شهادت کلیسا در تاریخ کلیسای ارتودوکس شرقی وجود دارد، شگفت‌زده شـــوند. برای نمونه، ماکاری گلوچارف[3] میســـیونر ارتودوکس خدمت خود را صرف انجام کارهایی کرد که به‌طور معمول با میســـیون‌های مسیحی پروتستان ســـدهٔ نوزدهم در پیوند بودند: ترجمهٔ کتاب‌مقدس، تأسیس کلیسا، احداث بیمارستان و مدارس، و مانند اینها. کتاب وی، «تأملاتی بر شیوه‌های ترویج موفقیت‌آمیز ایمان در میان مسلمانان، یهودیان و بت‌پرستان در امپراتوری روسیه» هم از بسیاری جهات به نوشته‌های منتشرشدهٔ میسیونرهای پروتستانِ سدهٔ نوزدهم شباهت دارد.[4]

---

1. World Council of Churches WCC

۲. اگرچه کلیسای کاتولیک رومی عضو شورای جهانی کلیساها نیست، شورای پاپی (Pontifical) واتیکان برای ارتقای اتحاد مسیحی این مجوز را دارد تا دوازده عضو کامل را در کمیسیون ایمان و انتظام (Faith and Order Commission) جای دهد.

3. Makary Glucharev

۴. اسقف ارتودوکس، آناستاسیوس یانولاتوس (Anastasios Yannoulatos) اهل اندروسیا در کتاب «کشف ارزش‌های میسیونری ارتودوکس» چنین می‌نویسد: «کلیسای روسی سنت میسیونری بیزانس را اقتباس کرد. آنها با اصالت و دلیری شیوه‌های میسیونری‌ای را که از بیزانس به میراث برده بودند، دنبال کردند و بسط دادند: برای مثال، اجماع در نگرش آنان

با این‌حال، در سدهٔ بیستم و زیر ستم رژیم‌های سیاسیِ دیکتاتور، میسیون‌شناسیِ ارتودوکس شرقی به منظور حفظ بقا بیشتر موضع انفعالی گرفت و به‌تدریج میسیون مسیحی و کلیسا را هم‌ارز پنداشت. این امر را می‌توان در نوشته‌های یون بریا[1] میسیون‌شناس ارتودوکس رومانیایی مشاهده کرد. بریا ضمن تشریح رابطه میسیون با کلیسا می‌نویسد: «وقتی کسی می‌گوید که میسیون کار کلیسا است، ارتودوکس‌ها خیلی ظنین می‌شوند، چون آنها مخالف چنین تفسیرهای ابزاری‌ای از کلیسا هستند. میسیون کار حرفه‌ای‌ها نیست، بلکه کار کلیسا است.» دیگر تشخیص میان میسیون و عبادت کلیسایی دشوار شده بود. بنابراین، اگر جریان‌های اصلی پروتستان و کاتولیک به *جداسازی مأموریت الاهی* از کلیسا متمایل شدند، کلیسای ارتودوکس شرقی هم از آن سوی دیگر بام افتاد، بدین‌شکل که میسیون مسیحی را با کلیسا *برابر* دانست. ارتودوکس‌ها در نهایت حکم بشارت انجیل و خدمات میسیونری را به «شهادت درونی» تقلیل دادند که در خواندن مناجات جلوه‌گر شد، و نخستین بخش آن «وقف موعظهٔ انجیل به بی‌ایمانان» است. بدین‌ترتیب، ارتودوکس‌ها با قرار دادن میسیون‌شناسی زیر رده‌بندی کلیساشناسی، تا حد زیادی رویکرد «بیا و ببین» را به میسیون مسیحی اتخاذ کردند، تا رویکرد «برو و بگو.»

مخالفت اونجلیکال‌ها به سرکردگی میسیون‌شناسانی نامی چون دانلد مک‌گاوران[2] و آرتور گلسر[3] آغاز شد.[4] مک‌گاوران و گلسر بر درون‌مایه‌های سنتی بشارت، ایمان آوردن و رشد کلیسا تأکید کردند. آنها دغدغه‌های برحق در ارتباط با سکولار کردن[5] انجیل و گرایش به کاهش دادن مأموریت کلیسا «تا حد عملگرایی[6] اجتماعی و سیاسی» را مطرح کردند. با وجود این، آنها نه بصیرت‌های حاصله از تأکیدات مربوط به *مأموریت الاهی* را درک کردند و نه توانستند شهادت کتاب‌مقدسی کلیسا را در جوّ اجتماعی و سیاسی به‌طور کامل تصور کنند.[7] وانگهی، میسیون‌شناسی آنها نه تنها از دیدگاه الاهیاتی مثبت نسبت به کار خدا در کلیسا عاری بود، بلکه بیش از اندازه زیر تأثیر اصول عمل‌گرایانه و جامعه‌شناختی قرار داشت.

---

به تکالیف میسیونری در درون و برون مرزهای امپراتوری روسیه؛ مشارکت اقشار روحانی و غیرروحانی در میسیون مسیحی و حتی یک بسیج عمومی از همهٔ ایمانداران؛ آموزش برای روحانیون بومی؛ ترجمهٔ ادبیات و کتاب‌های دینی به زبان‌های بومی... [و] برپا داشتن مراسم عشای ربانی به زبان محلی.»

1. Ion Bria- 929-2002; 2. Donald McGavran; 3. Arthur Glasser

۴. همچنین واکنش اونجلیکال به جریان‌های پس از همایش ویلنگن تا اندازه‌ای مسئول شکل‌گیری نخستین همایش بین‌المللی بشارت جهانی لوزان بود که از ۱۶ تا ۲۵ جولای ۱۹۷۴ برگزار شد. دو تن از رهبران اونجلیکال نامدار، یعنی جان استات و بیلی گراهام، بانیان این همایش بودند. همایش مزبور با موضوع «بگذارید زمین صدای او را بشنود»، ۲۳۰۰ رهبر مسیحی را از ۱۵۰ کشور گرد هم آورد. پیمان لوزان را که حاصل این همایش بود، بسیاری مهمترین میراث لوزان ۱ می‌دانند. بخش پنجم پیمان لوزان به عالی‌ترین شکل ممکن چگونگی ارتباط نجات‌شناسی با نظام اجتماعی را تشریح می‌کند.

5. Secularization; 6. Activism

۷. فلسفهٔ اونجلیکالیزم سدهٔ نوزدهم دیدگاهی بسیار منسجم‌تر از «بشارت انجیل» و «عمل اجتماعی» داشت. با وجود این، تغییر روش جریان‌های اصلی کلیساها (کاتولیک، ارتودوکس، پروتستان- م.) سبب سخت شدن دیدگاه‌ها در برابر بصیرت‌های رقیبان شد. جالب اینجا است که هم الاهیات اونجلیکال و هم الاهیات لیبرال به‌طرز فزاینده‌ای تنگ‌نظر، واگشت‌گرا (Reductionistic) و نامتعادل شدند، اما هر یک به طریقی متفاوت.

البته، معنای تلویحی سخن ما این نیست که باید حتماً تصدیق کنیم که خدا *تنها* در، و از طریق، کلیسا کار می‌کند. در حقیقت، خدا اغلب هم ورای کلیسا و هم به‌رغم وجود کلیسا کار می‌کند تا نقشه‌های رهایی‌بخش خود را جامۀ عمل بپوشاند. با این‌حال، آنچه در دیدگاه کتاب‌مقدس از *مأموریت الاهی* جایگاه مرکزی دارد این است که خدا در واقع کار را در، و از طریق، کلیسا انجام می‌دهد، و این در مأموریت او روشی اصلی به‌شمار می‌رود، نه فرعی. در حقیقت، کلیسا تنها اجتماعی است که عیسای مسیح به‌طور ویژه بنیاد نهاد تا بازتاب تثلیث باشد و مأموریت او را در جهان به انجام رساند.

بنابراین، میسیون‌شناسی کتاب‌مقدسی قطعاً می‌باید بر شالودۀ الاهیات تثلیثی بنا شود. از این گذشته، باید هم خدا-محور باشد و هم متمرکز بر کلیسا. برای برآوردن هر دو واقعیت، باید میان واژه‌های میسیون و میسیون‌ها تمایزی جدی قایل شویم. در این کتاب، چنانکه پیش‌تر نیز اشاره کردیم، میسیون بر اقدام پیشگامانه و رهایی‌بخش خدا در تاریخ به نمایندگی از خلقتش دلالت می‌کند. در مقابل، میسیون‌ها (در انگلیسی جمع آمده و.) به همۀ روش‌های خاص و متنوعی اطلاق می‌شود که کلیسا برای درنوردیدن مرزهای فرهنگی و بازتاباندنِ حیات خدای تثلیث در جهان به‌کار می‌گیرد، و به‌واسطۀ آن اتحاد، در مأموریت الاهی شرکت می‌کند و در کلام و کردار ظهور خلقت تازه را بزرگ می‌دارد. خدمت میسیون تنها با دعوت خدا امکان‌پذیر می‌شود. عنوان این کتاب، «فراخوانِ بشارت جهانی»، بر دعوت فیض‌آمیز خدا از کلیسا برای مشارکت در مأموریت (میسیون) او در دنیا دلالت دارد.

## میسیون‌های مسیحیِ خدا-محور و متمرکز بر کلیسا

میسیون‌ها را هرگز نباید جدا از «مأموریت الاهی» تصور کرد. من به‌عنوان یک مسیحی اونجلیکال، عمیقاً آگاهم که ما در مورد میسیون‌های مسیحی، که از قلب خدا جاری می‌شوند و خدا گام نخست را در انجامشان برمی‌دارد، بسیار لفاظی می‌کنیم اما همچنان مشغول اقدامات پیشگامانه، خط‌مشی نیرومند و وظایف میسیونری بی‌پایانِ خود هستیم، و حتی تأمل نمی‌کنیم که آیا کاری که انجام می‌دهیم ربطی به اقدام رهایی‌بخش خدا در جهان دارد یا نه.

کلیسا به دلایل بسیاری با تصور ذهنی و درک دیدگاهی در مورد (میسیون)‌های مسیحی که همزمان هم خدا-محور باشند و هم متمرکز بر کلیسا، مشکل دارد. با این‌حال، سه دلیل کلیدی آن را بررسی خواهیم کرد.

## میسیون‌شناسی و علوم اجتماعی

نخست آنکه، میسیون‌شناسی[1] از بدو شکل‌گیری به‌عنوان رشته‌ای مدرن زیر سلطۀ علوم اجتماعی بوده است. بدون تردید، در علوم اجتماعی بصیرت‌های عالی بسیاری وجود دارد که به میسیون‌شناسی نیز راه پیدا کرده‌اند. من نه قصد دارم منکر تأثیر دیدگاه‌های انسان‌شناسیِ فرهنگی بر کلیسا شوم، نه می‌خواهم تأثیر روشنگریِ مشاوران مسیحی را در مورد نظریۀ

---

1. Missiology

نوین نظام‌های خانواده، یا بصیرتی را که شبانان شهرنشین از جامعه‌شناسی می‌یابند- وقتی به نحوهٔ خدمت در بافت شهری پیچیده می‌اندیشند- انکار کنم. اما اگر مشاورهٔ مسیحی را صرفاً زیرمجموعه‌ای از مشاورهٔ عمومی بشماریم، آنگاه باید میسیون‌شناسی خودمان را نیز بر پایهٔ علوم اجتماعی بنا کنیم. اما مسیحیت، در کل بر بنیان و جهان‌بینی کاملاً متفاوتی بنا شده است. از این‌رو، هرچه از کلیسا بیرون می‌تراود باید با سرچشمه‌های ژرف‌تر مسیحی مرتبط باشد، وگرنه در نهایت جریانی انسان‌مدارانه و کم‌عمق خواهد بود. نخست و مهم اینکه، طبقه‌بندی‌های تعیین‌کنندهٔ میسیون مسیحی باید الاهیاتی باشند، نه جامعه‌شناختی. چنانکه در بالا نیز اشاره کردیم، این خطای کلیدی میسیون‌شناسیِ چهره‌هایی همچون دانلد مک گاوران بود که می‌کوشید برای مقابله با رشد تأکیدات سکولاریسم در کلیسا، پاسخی اونجلیکال پیدا کند.

### *الاهیات میسیون در برابر طبیعت میسیون‌شناختیِ کل الاهیات*

دوم اینکه ما به‌جای دیدنِ ماهیتِ میسیون‌شناختیِ کل الاهیات، کوشیده‌ایم نگرش‌های الاهیاتی و کتاب‌مقدسیِ استادانه‌ای برای حمایت از میسیون مسیحی تدوین کنیم. به بیان دیگر، برای دفاع و پشتیبانی از فعالیت‌های گوناگون خودمان، که نام‌شان را «میسیون مسیحی» گذاشته‌ایم، چارچوبی از متن‌های کتاب‌مقدسی گرداگرد این فعالیت‌ها ساخته‌ایم؛ حال آنکه می‌بایست سراسر کتاب‌مقدس را آشکارکنندهٔ طبیعت مأموریتیِ خدا در رابطه با جهان و بستر بزرگ‌تر *کل* کلام خدا ببینیم. از این منظر، کل الاهیات، از پایه ماهیتی میسیون‌شناختی دارد، زیرا الاهیات کتاب‌مقدسی خدا را به‌عنوان خدایی میسیونر مکشوف می‌کند.

ما تا حد زیادی مدیون کریستوفر رایت[1] و کتاب برجسته‌اش «*مأموریت الاهی*» هستیم که در آن مشکلات ذاتی همهٔ پروژه‌های به‌اصطلاح «مبتنی بر کتاب‌مقدس برای میسیون مسیحی» را برمی‌شمارد. رایت با الهام از اثر دیگری که پیش از آن توسط دیوید بوش[2] نوشته شده بود، استدلال می‌کند که ما به‌واسطهٔ این‌گونه سنجیدن با کلام خدا «از پیش تصمیم گرفته‌ایم که می‌خواهیم چه چیزی را اثبات کنیم (مثلاً اینکه آیا روش میسیون ما کتاب‌مقدسی است یا نه)، و مجموعه‌ای از متون کتاب‌مقدسی گرد آورده‌ایم که تنها برداشت‌های ازپیش‌تعیین‌شدهٔ ما را تأیید می‌کنند.» رایت به‌جای آن «هرمنوتیک (تفسیر) میسیون‌شناختی» را پیشنهاد می‌کند که کل کلام خدا را «پدیده‌ای میسیون‌شناختی می‌بیند، به مفهومی که بر حرکت فداکارانهٔ خدا به‌سوی آفرینش، و ما، گواهی می‌دهد.» رایت دو رویکرد را چنین در برابر هم قرار می‌دهد. او «مبنای کتاب‌مقدسی میسیون» را چنین توصیف می‌کند: «تلاش در جهت یافتن آن‌دسته از آیات کتاب‌مقدس که بیانگر یا توصیف‌کنندهٔ فرمان میسیونری هستند، با این فرض که کتاب‌مقدس مرجع اقتدار است.» در مقابل، هرمنوتیکِ میسیون‌شناختی از کتاب‌مقدس «از این فرض سرچشمه می‌گیرد که کل کتاب‌مقدس داستان *مأموریت الاهی* را از طریق قوم خدا نقل می‌کند که به‌خاطر کل آفرینش خدا خود را وقف انجام کار خدا می‌کنند.» بنابراین،

1. Christopher Wright; 2. David Bosch

میسیون‌های مسیحی صرفاً واکنشی برخاسته از اطاعت از یک فرمان نیست که خدا به کلیسا داده (گرچه به هیچ روی کمتر از آن هم نیست)، بلکه فراخوانی شادمانه به *تشریک مساعی کردن با خدا* در کار رهایی‌بخش او در جهان به‌شمار می‌رود. خدای پدر روایت باشکوهی را آشکار می‌کند که در آن، پسرش عیسای مسیح شخصیت محوری است و ما، به‌عنوان کلیسا، به‌واسطهٔ خدای روح‌القدس خوانده شده‌ایم و نیرو می‌یابیم تا در آشکار شدن این روایتِ باشکوه شرکت کنیم. کِوین وانهوزر[1] این آشکار شدنِ روایتِ باشکوه را «تئودراما» (نمایش الاهی) می‌خواند و در موردش چنین استدلال می‌کند که «تئودراما ماهیتی میسیون‌شناختی دارد، و دربرگیرندهٔ یک سلسله ورود و خروج‌های تاریخی (همچون تجسم، صلیب، قیام، صعود، پنتیکاست) است.» از این‌رو، میسیون‌ها به‌طور همزمان هم به ورود به زندگیِ درونی خدا به‌عنوان خدایی میسیونر مربوط می‌شوند، و هم به ورود به جهانی که خدای تثلیث فعالانه در آن سرگرم کار است.

## *برداشت‌های فردگرایانه از نجات‌شناسی*

سوم آنکه، الاهیات میسیونرها، به‌ویژه میسیونرهای پروتستان، تحت تأثیر درکی بیش از اندازه فردگرایانه و زهدگرایانه از نجات بوده است. باید به یاد داشته باشیم که میسیون‌های پروتستان در بستر بزرگتری از زهدگراییِ[2] سدهٔ هفدهم متولد شدند. پدرانِ بنیانگذار جنبش مدرن میسیونری پروتستان، رهبرانی چون آگوست فرانک،[3] نیکلاس فون زینزِندورف[4] و ویلیام کِری[5] بودند. همهٔ این شخصیت‌ها عمیقاً از الاهیات زهدگرایانه تأثیر پذیرفتند. در بطن الاهیات ایشان باور به ضرورت ایمان آوردن فردی نهفته بود. اجازه دهید در آغاز این نکته را آشکارا بگویم که من به ضرورت ایمان آوردن فردی و محوریت آن در موعظه‌های[6] عهدجدید ایمان دارم. با این‌حال، بگذارید این را هم صراحتاً بیان کنم که نجات کتاب‌مقدسی به غیر از ایمان آوردنِ فردی *خیلی* چیزهای دیگر را نیز در بر می‌گیرد. نجات، همچنین ذاتاً به معنای ملحق شدن به یک اجتماع است. ما تنها *به‌واسطهٔ* ایمان تعمید نمی‌گیریم، بلکه در ایمانی تعمید می‌گیریم که یک *اجتماع* در آن سهیم هستند، اجتماعی که در زمان و مکان در تاریخ و جهان وجود دارد. در حقیقت، جنبه‌هایی از نجات را تنها می‌توان در درون کلیسا، به‌عنوان اجتماعی نجات‌یافته تجربه کرد که شناخت‌شان جدای از آن اجتماع ناممکن است. عهدجدید به تحولی نجات‌بخش قایل است که هم بُعد عمودی دارد و هم افقی. نجات شخصی در عهدجدید ناگزیر با عضویت در انسانیتی جدید (افسسیان ۲:‏۱۵) پیوسته است.

تأکید بر ایمان آوردنِ شخصی در زهدگرایی، اغلب با نوعی بدگمانیِ اساسی نسبت به کلیسا و روحانیون گمارده بر آن، تنیده بود. از این‌رو است که زهدگرایی خود را جنبشی می‌دید متشکل از افراد معمولی که به‌عنوان «کلیسایی در درون کلیسا» خدمت می‌کنند. در کل، تأکید زهدگرایی بر اصلاح اصول انتزاعی و خشکِ الاهیاتی که رهبران‌شان وارث آنها

1. Kevin Vanhoozer; 2. Pietism; 3. August Francke; 4. Nicholas von Zinzendorf; 5. William Carey 6. Kerygma

بودند، هم مهم بود و هم لازم. با وجود این، یکی از میراث‌های دیرپایِ زهدگرایی که بر جنبش پروتستان، و به‌ویژه بر اونجلیکالیزم معاصر، تأثیری ژرف داشته، کلیساشناسیِ ضعیف بوده است. از دیدگاه اینان، کار اصلی خدا در جهان چیزی بوده میان خدا و افرادی که به توبه کردن و ایمان آوردن فرا خوانده شده‌اند. در بهترین حالت، کلیسا در نقشهٔ خدا فقط نقشی *ابزاری* دارد. اما چنانکه سایمون چان[1] در کتاب «الاهیات پرستش»[2] می‌گوید، کلیسا صرفاً ابزاری برای تحقق اهداف خدا نیست، کلیسا «تجلیِ هدفِ غایی خدا» است. بسیاری از پروتستان‌ها از این دیدگاه غافل‌اند.

وقتی مصالحه با خدا بسیار شخصی و انفرادی درک شود، ایجاد ارتباط میان کار خدا و کلیسا، به‌عنوان اجتماع نجات‌یافتگان که بازتابی زنده از خدای تثلیث در جهان است، دشوار می‌شود. وقتی نجات امری خصوصی شود و فرد برای کلیسا صرفاً نقشی ابزاری قایل باشد، آنگاه طوری به داستان انجیل نگاه می‌کند که گویی در صلیب و قیام به کمال رسیده است. از منظری الاهیاتی، نگرشی بیش از اندازه شخصی‌شده نسبت به نجات، به ناحق نجات‌شناسی را هم از کلیساشناسی و هم از روح‌القدس‌شناسی جدا می‌کند. در این دیدگاه ازهم‌گسیخته، نقش کلیسا- و بدین‌سان وظیفهٔ میسیون‌های مسیحی- صرفاً آن است که به عقب نگاه کند و به جهان بگوید که در رویداد صلیب و قیام چه اتفاقی افتاد. البته، صلیب و قیام همیشه باید در بطن اعلان کلیسا باقی بمانند. با وجود این، تشخیص این امر خیلی مهم است که انجیل با صلیب و قیام متوقف نشد، بلکه همچنان به آشکار نمودنِ اقدامات پیشگامانهٔ خدا در پنتیکاست و در زندگی کلیسا ادامه می‌دهد.

جداییِ ناروایِ نجات‌شناسی از روح‌القدس‌شناسی و کلیساشناسی، اهمیت پنتیکاست و نزول خدای روح‌القدس را به‌طرز فاحشی از فروغ می‌اندازد. نقش کلیسا به‌عنوان بدن مسیح، اجتماع نجات‌یافتگان در دنیا، و بازتاب پیوستهٔ تثلیث در جهان تا اندازهٔ زیادی نادیده گرفته می‌شود. ما خود را ملزم به گفتن داستان می‌دانیم، اما در حقیقت خودمان را جزو داستان نمی‌بینیم. با این همه، کلیسا باید کاری بیش از داستان‌گویی انجام دهد؛ ما باید به این داستان جسم بپوشانیم. به قول چان: «باید کلیساشناسی را جزو لاینفک آموزهٔ انجیل عیسای مسیح ببینیم، نه ساختاری مدیریتی برای تأمین و تضمین نتایج عملی.»

همچنین، جدایی نجات‌شناسی از کلیساشناسی، دستور کار میسیون‌های مسیحی را نیز به انزوا می‌کشاند و آن را شاخه‌ای فرعی از زندگی کلیسا می‌سازد. از این چشم‌انداز، میسیون مسیحی فقط کار گروهی از افراد متخصص و میسیونر است، نه کل کلیسا به‌عنوان شرکت‌کنندگان در مأموریت رهایی‌بخشِ خدا. از این‌رو است که در سال ۱۹۵۲ همایش ویلنگن اعلام کرد: «بدون مشارکت در مأموریت مسیح در دنیا، هیچ شراکتی در او وجود ندارد.» در واقع، در نجات‌شناسیِ بیش از اندازه شخصی و خصوصی‌شده، حتی روح‌القدس نیز نقشی ابزاری می‌یابد، ابزاری برای نیرو بخشیدن به کلیسا برای دادنِ شهادتی مؤثر. اما از دیدگاه کتاب‌مقدس، روح‌القدس خداوندی است که به خلقت تازه در زندگی کلیسا واقعیت

1. Simon Chan

می‌بخشد و آخرشناسیِ «نه‌هنوز (کاملاً تحقق‌نیافته)»[۱] را به «هم‌اکنون (تحقق‌یافته)»[۲] تبدیل می‌کند. روح‌القدس تنها برای انجام پاره‌ای وظایف فرعی که ما نامش را «مأموریت کلیسا» گذاشته‌ایم، به ما نیرو نمی‌بخشد. بلکه مأموریت کلیسا مأموریت خودِ روح‌القدس است که در، و از طریق، کلیسا عمل می‌کند و به ما توانایی می‌بخشد تا تجلی «بدنِ مسیح» باشیم. این بدان معنا است که میسیون‌های مسیحی پیش از آنکه بتوانند تعریفی روشن از *کارکرد* کلیسا ارائه دهند، باید نخست بفهمند کلیسا چیست؛ کلیسا بنا به طبیعت خود نهادی میسیونری است. درک درستِ نقش روح‌القدس در رساندن نوبر خلقت تازه از «کاملاً تحقق‌نیافته» به «تحقق‌یافته» همچنین کلیسا را متحول می‌کند و به آخرشناسیِ نیرومندتری مرتبط می‌سازد که فراتر از مفهوم متداول و تقلیل‌گرایانه‌ای است که آخرشناسی را تنها به‌مثابه گریز از محکومیت در زندگیِ آن‌جهانی می‌بینند. روبرت اسپیر[۳] میسیونر و سیاستمدار بزرگ و نویسندهٔ پرکار، زمانی گفته بود: «فقط روح‌القدس می‌تواند ویژگی مأموریتیِ کلیسا را بر آن آشکار نماید؛ فقط او می‌تواند جهان را برای مأموریت کلیسا آماده سازد. فقط روح‌القدس است که باید کلیسا را از خودمحوری بیرون آوَرَد و به زندگی و خدمتِ مبتنی بر سرمشق‌گیری از مسیح رهنمون شود.»

تمایز میان *میسیون* و *میسیون‌ها* به کلیسا کمک می‌کند تا با خدا-محور نگهداشتن مأموریت مسیحی، از پیروزمندگرایی[۴] بپرهیزد. ما باید با فروتنی این را به یاد داشته باشیم که هرگز نمی‌توانیم ادعا کنیم که فعالیت میسیونری ما همیشه با *مأموریت الاهی* یکی است. چنانکه دیوید بوش در اثر برجستهٔ خود، «مأموریت دگرگون‌کننده»[۵] می‌نویسد: «فعالیت‌های میسیونری ما مادامی از اصالت برخوردارند که بازتاب مشارکت‌مان در *مأموریت الاهی* باشند.» با این همه، اگرچه به رازآمیز بودن *مأموریت الاهی* اذعان داریم، لیکن کاربرد واژهٔ *میسیون‌های مسیحی* به ما یادآوری می‌کند که خدا کلیسا را فراخوانده تا در کار الاهی در دنیا بازیگر اصلی باشد. حفظ تمایز میان میسیون (الاهی) و میسیون‌های مسیحی (کلیسایی) به کلیسا توانایی می‌بخشد تا هم خدا-محور باشد و هم متمرکز بر کلیسا. اهمیت این امر اکنون دیگر باید روشن باشد، چراکه تاریخ آشکار ساخته است که هرگاه کلیسا نتوانسته میسیون مسیحی را هم خدا-محور و هم متمرکز بر کلیسا نگهدارد، ناگزیر هم دیدگاهی ناقص در مورد خدا و هم دیدگاهی تقلیل‌یافته در مورد کلیسا به تبعِ آن پدید آمده است. از این‌رو است که میسیون مسیحی باید در چارچوبی تثلیثی درک و تصور شود.

## تثلیث و *مأموریت الاهی* از نگاه لسلی نیوبیگین و کوامه بدیاکو

نگاهی گذرا به کتاب‌های معیار در زمینهٔ معرفیِ میسیون‌های جهانی مسیحی (یا میسیون‌شناسی به‌عنوان رشتهٔ دانشگاهی) به نسل جدیدی از دانشجویان، آشکار می‌سازد که در درک مفهوم ذهنی از میسیون‌ها، چارچوب تثلیثی نقش غالب نداشته است. معمولاً میسیون‌های مسیحی را زیر سرفصل‌های الاهیات، تاریخ و انسان‌شناسی و به عمل گذاردن

---

1. Not Yet; 2. Already; 3. Robert Speer; 4. Triumphalism; 5. Transforming Mission

بررسی می‌کنند. روال معمول کار به این قرار است. نخست، مبنای کتاب‌مقدسیِ میسیون‌های مسیحی مورد بررسی قرار می‌گیرد که بعداً برای تبیین الاهیاتِ مبتنی بر فعالیت میسیونری به‌کار می‌رود. دوم، مروری اجمالی بر تاریخ میسیون‌های مسیحی انجام می‌پذیرد تا دانشجویان بتوانند جایگاه خودشان را در پهنهٔ کلیِ فرمانبرداری کلیسا از فرمان بزرگ درک کنند. سوم، یک بخشِ انسان‌شناختی در این رشته گنجانده می‌شود که به بسیاری از چالش‌های عمده‌ای می‌پردازد که ما در درک و در میان گذاشتنِ انجیل با دیگران در بافت و زمینهٔ فرهنگیِ متفاوت، با آنها روبه‌رو می‌شویم. در نهایت هم، چند کتاب درسیِ میسیونری و شامل بخشی عملی ارائه می‌شود که وقف موضوعات مهمی همچون اینها می‌گردد: چگونه شخص مسیحی دعوت خدا را برای میسیونر شدن تشخیص می‌دهد، یک میسیونر با کلیسایی که او را می‌فرستد چگونه رابطه‌ای باید داشته باشد، یا حتی راهنمایی‌هایی در مورد گردآوری کمک‌های مالی. روشن است که همهٔ این اطلاعات برای پرورش درست میسیونرها امری حیاتی هستند، و به‌طور قطع ما به آنها نیاز داریم. با این‌حال، فقدان ساختار تثلیثی، حفظ پیوند ضروریِ میان *مأموریت الاهی* و مأموریت کلیسا را بسیار دشوار می‌سازد.

من طی بیش از بیست سال آموزش دادن به میسیونرهای بسیار در ایالات متحده و هندوستان و در میسیون‌های مختلف، گاه احساس کرده‌ام که بخش آغازینِ دورهٔ میسیون‌های مسیحی که در آن مفهوم میسیون و *مأموریت الاهی* را تعریف کرده‌ام، عمدتاً با وارد شدن به بخش‌های عملی‌تر و جنبه‌های کاربردی آموزش میسیونری، از یاد دانشجویان رفته است. در نهایت به این نتیجه رسیده‌ام که تنها راه برای حفظ پیوند میان *مأموریت الاهی* و میسیون مسیحی در کلیسا این است که کل دورهٔ آموزشی را باید در چارچوبی تثلیثی و کلیسایی فرو برد، تا همه چیز در نهایت با *مأموریت الاهی* *(missio dei)* و مأموریت کلیسایش *(missio ecclesiae)* مرتبط شود.

## *چارچوب تثلیثیِ لسلی نیوبیگین برای میسیون‌شناسی*

یکی از مهمترین پیشتازان در تدوین میسیون‌شناسیِ تثلیثی، اسقف لسلی نیوبیگین (۱۹۰۹-۱۹۹۸) بود. او به‌خاطر رهبری‌اش در کلیسا (به‌ویژه مشورتش[1])، و نیز فعالیت‌های آکادمیک معروف است. وی در دانشگاه کمبریج تحصیل کرد و سپس به‌عنوان میسیونر به هندوستان رفت (۱۹۳۶-۱۹۴۶) و پس از آن هم در سمت اسقف در کلیسای جنوب هندوستان خدمت کرد (۱۹۴۷-۱۹۵۸ و ۱۹۶۵-۱۹۷۴). نیوبیگین مدتی هم به‌عنوان دبیرکل شورای میسیون‌های بین‌المللی مشغول خدمت بود (۱۹۵۹-۱۹۶۵) و زمانی نیز در کالج‌های سلی اوک[2] در بیرمنگام انگلستان تدریس می‌کرد (۱۹۷۴-۱۹۷۹) و حتی شبانی یک کلیسای رفرم متحد[3] را هم بر عهده داشت (۱۹۸۰-۱۹۸۸). او تا زمان مرگش در سال ۱۹۹۸ همچنان سرگرم نوشتن و سخنرانی کردن در جنبش «انجیل و فرهنگ» باقی ماند.

---

۱. کار مشورتی (Conciliar work) عموماً بر تلاش‌هایی دلالت می‌کند که به کلیسای بزرگتر یاری می‌دهد تا به‌جای متمرکز شدن بر تفاوت‌ها، نقاط مشترک را کشف کند.

2. Selly Oak Colleges; 3. United Reformed Church

تأثیر نیوبیگین بر میسیون‌شناسی به‌خاطر کتاب‌های پرباری که نوشته امروزه نیز ادامه دارد و هنوز اندیشهٔ خوانندگانش را خوراک می‌دهد. برای مثال، کتاب نیوبیگین به‌نام «حماقت نزد یونانیان»،[1] او را در ردیف یکی از نخستین میسیون‌شناسانی قرار داد که دریافتند جهان غرب دارد از درون یک تمدن پسا-مسیحی سربرمی‌آورد، و از این‌رو، باید آن را به‌مثابه یک حوزهٔ فعالیت میسیونری جدید دید. کتاب دیگر نیوبیگین، انجیل در جامعه‌ای کثرت‌گرا[2] همچنان مأخذی عالی برای درک این مطلب است که مسیحیان پایبند به ایمان تاریخی مسیحی، چگونه می‌توانند در بطن جامعه‌ای کثرت‌گرا با ایمان خود به بهترین شکل ممکن زندگی کنند. نیوبیگین در خلال سال‌هایی که در کالج «سلی اوک» سرگرم تدریس بود، کتاب دیگری نیز نوشت که در زمینهٔ الاهیات میسیون مسیحی بود و با عنوان «راز سرگشاده»[3] انتشار یافت.

نیوبیگین در مقام دبیرکل شورای میسیون‌های بین‌المللی (۱۹۵۹-۱۹۶۵)، یکی از شخصیت‌های اصلی در دوران پس از همایش ویلنگن به‌شمار می‌رفت، یعنی زمانی که درون‌مایهٔ *مأموریت الاهی* داشت به‌طور فزاینده و روشنی برای جدا کردنِ *مأموریت الاهی* از میسیون کلیسا به‌کار برده می‌شد.[4] نیوبیگین به‌تدریج تأکید بر اهمیت تدوین میسیون‌شناسی در چارچوبی تثلیثی را آغاز کرد. او گفت: «باید مأموریت کلیسا را فهمید، و زمانی می‌توان آن را به‌درستی فهمید که در الگویی تثلیثی ارائه شود.»

از نگاه نیوبیگین، یکی از متن‌های کلیدی در عهدجدید که می‌تواند مصداقی برای تبیین یک میسیون‌شناسی تثلیثی باشد، آیاتی از انجیل یوحنا است. در یوحنا ۲۰:۲۱-۲۲ عیسی می‌فرماید: «سلام بر شما! همان‌گونه که پدر مرا فرستاد، من نیز شما را می‌فرستم. چون این را گفت، دمید و فرمود: روح‌القدس را بیابید.» این عبارت تداوم میان مأموریت پدر و مأموریت عیسی و مأموریت پیوستهٔ روح‌القدس در زندگی و شهادت کلیسا را نشان می‌دهد.

از نظر نیوبیگین، تثلیث نقطهٔ آغازی است برای درک کلیسا از میسیون مسیحی و چگونگی ارتباط آن با *مأموریت الاهی*. او چنین استدلال کرد که: «ارائهٔ تبیینی جدید از وظیفهٔ میسیون در جامعهٔ کثرت‌گرا، چندخدایی و بت‌پرست معاصر ایجاب می‌کند که به ضرورت نقطهٔ آغاز تثلیثی اذعان کنیم.» پیش‌تر در همین فصل اشاره کردیم که میسیون مسیحی باید از *مأموریت الاهی* سرچشمه بگیرد، بدین معنا که ما جدا از مأموریت خدای تثلیث، از اقتدار مأموریتی محرومیم. تثلیث یگانه مقام صاحب‌اقتداری است که با آن انجیل را به جهان اعلام می‌کنیم. دشواری از آنجا آغاز می‌شود که تثلیث برای بسیاری از مسیحیان چیزی جز یک معمای

1. Foolishness to the Greek; 2. The Gospel in a Pluralist Society; 3. The Open Secret

۴. مایکل دبلیو گوهین (Michael W Goheen) به نکتهٔ مفیدی اشاره کرده مبنی بر اینکه حتی با وجودی که همایش ویلنگن بر یک بنیان تثلیثی برای میسیون صحه گذاشت، اما این بنیان به‌جای آنکه به درک تثلیث از طریق مکاشفهٔ خاص خدای پدر به‌واسطهٔ پسرش عیسای مسیح و فرستادن روح‌القدس منجر شود، به یک «تثلیث‌گراییِ جهان-محور» (Cosmo- Centric Trinitarianism) عمومی تبدیل شد.

گنگ و گیج‌کنندهٔ الاهیاتی نیست.[1] اگر مسیحیان حتی تثلیث را نفهمند، پس چگونه ممکن است که همین تثلیث فهم‌ناپذیر مبنایی برای اعلان انجیل توسط ما به دنیایی پست‌مدرن و نسبی‌گرا قرار گیرد؟ اگرچه ایدهٔ قرار دادن تثلیث به‌عنوان نقطهٔ آغاز و مبنایی برای میسیون مسیحی دور از عقل به نظر می‌رسد، اما دقیقاً در همین جا است که باید به یاد داشته باشیم که ساختارهای کهنهٔ حاکمیت مسیحی اکنون فروپاشیده‌اند. مادامی که کلیسا در بستر حاکمیت مسیحی زندگی می‌کرد، به‌ندرت می‌پرسیدند که «شما با چه اجازه و اقتداری انجیل را موعظه می‌کنید؟»، و مسئلهٔ اقتدار فرضی مسلم انگاشته می‌شد. به مرور زمان، تحت تأثیر حاکمیت مسیحیِ بومی‌شده، اقتدار کتاب‌مقدسی و تثلیثی برای اجرای فرمان بزرگ جای خود را به اقتداری فرهنگی، نهادی یا عملگرا داد. به هر حال، با فروپاشی حاکمیت مسیحی، منابع دیرین اقتدار دیگر قابل دفاع نبودند چون به‌کلی اعتبار خود را از دست داده بودند.

دقیقاً در همین جا است که ما باید دریابیم که نمی‌توانیم با قالب‌های دنیاییِ نسبی‌گرا و پست‌مدرن کنار بیاییم. پیروی از عیسی نمی‌تواند بر شالوده‌ای عملگرا (پراگماتیک)، فرهنگی یا سازمانی بنا شود. ویژگی‌های کلیدی یک پیامِ مشخصاً مسیحی را نمی‌توان در قالب تصویری از یک جهان‌بینی نسبی‌گرا و پست‌مدرن شَکل داد و با آن همرنگ ساخت. بنابراین، چنانکه در فصل پیش نیز اشاره شد، ما باید بیاموزیم که چگونه ضدفرهنگ[2] باشیم. ما نمی‌توانیم خود را از «رسواییِ خاص بودنِ پیام مسیحی» پنهان کنیم. ضدفرهنگ بودن صرفاً مهارت و فنی تازه نیست. بلکه برای درک ما از پیام مسیحی در بطن دنیای غیرمسیحی حیاتی است. زمانی که جهان به ریشخند از ما می‌پرسد: «با چه اقتدار و اجازه‌ای انجیل را موعظه می‌کنید؟» پاسخ صریح ما باید این باشد: «خدا در عیسای مسیح به ما این مأموریت را داده است و ما در نام و اقتدار پدر، پسر و روح‌القدس موعظه می‌کنیم!» سدهٔ بیست‌ویکم، در «سنگ لغزش» یا «جهالت» پنداشتنِ پیام انجیل (اول قرنتیان ۱:۲۳)، دستِ‌کمی از سدهٔ یکم میلادی ندارد، اما به هر روی «انجیل قدرت خداست برای نجات.» (رومیان ۱:۱۶)

چنانکه در بالا یادآور شدیم، بهترین طرح کلیِ میسیون‌شناسیِ تثلیثیِ نیوبیگین را می‌توان در اثرش راز سرگشاده یافت، که طی دوران تدریس در «سلی اوک» نوشت. او پس از اختصاص دادن فصلی به «میسیون خدای تثلیث»، الاهیاتِ میسیون خود را در سه فصل سازماندهی می‌کند. عنوان فصل نخست «اعلان پادشاهی پدر: مأموریت به‌عنوان ایمان در عمل» است. در پی آن فصل دیگری است با عنوان «سهیم شدن در زندگی پسر: مأموریت در مقام محبتِ عملی.» و سرانجام، وی عنوان سومین فصل کتاب خود را چنین برمی‌گزیند: «شهادت دادن روح‌القدس: مأموریت به‌عنوان امید در عمل.» در پی این سه فصل نیوبیگین

---

۱. نگارنده با این سخن قصد ندارد که دشواری در درک تثلیث را دست کم بگیرد. آگوستین با خردمندی گفته که هرکس منکر تثلیث شود، در معرض خطر از دست دادن نجاتش قرار گرفته است، اما هرکس که برای فهمیدن تثلیث تلاش کند، در معرض خطر از دست دادن عقل خود قرار دارد.

2. Countercultural

چند فصل دیگر را به موضوعات روز اختصاص داده و آنها را به قول خودش «از چشم‌انداز ایمانِ تثلیثی» تحلیل کرده است.

با این حال، پروژهٔ نیوبیگین هیچ‌گاه به‌طور کامل کارساز واقع نشد. «راز سرگشاده» بر پایهٔ یادداشت‌هایی گردآوری شده بود که او برای تدریس در «سلی اوک» فراهم کرده بود و چیزی بیشتر ازتلاش برای ارائهٔ سرفصل‌های مربوط به الاهیات میسیونِ تثلیثی نبود. وانگهی، نیوبیگین هیچ‌وقت جزئیات نقش پدر را در مأموریت روشن نکرد، و مشکلات میسیون‌شناختی بسیاری وجود داشتند که نمی‌توان آنها را به تثلیث ربط داد. با این وصف، درک نبوتی نیوبیگین از نیاز به میسیون‌شناسیِ تثلیثی، همچون میراثی مهم باقی خواهد ماند.

## *کوامه بدیاکو و زمینهٔ تثلیث*

لامین سانه[1] مورخ دانشکدهٔ الاهیات دانشگاه ییل از مدت‌ها پیش اذعان داشته است که تاریخ جنبش میسیونری غرب بسیار پیچیده‌تر و چندوجهی‌تر از آنی است که اکثراً پنداشته‌اند، و جنبش میسیونری غربی را یکی از تبعات فرعیِ تاریخ امپریالیسم غربی می‌داند. سانه، که آفریقاییِ اهل گامبیا است، دیدگاهی تازه به درک جنبش میسیونری بخشیده است، آن‌هم به‌عنوان کسی که دریافت‌کنندهٔ این خدمات بوده است. سانه با حفظ این درون‌مایه، در سال ۱۹۸۳ مقالهٔ مهمی با عنوان «جهات افقی و عمودی در مأموریت: دیدگاهی آفریقایی» نوشت. سانه در این مقاله اشاره می‌کند که مورخان جنبش میسیونری در سدهٔ نوزدهم از درک این مطلب غافل بودند که جنبش میسیونری دربرگیرندهٔ دو نیروی متمایز است. نیروی نخست آن چیزی است که وی آن را «انتقال تاریخی»[2] انجیل می‌نامد. این نیرو به میسیونرهایی اشاره می‌کند که انجیل را به بافت یا زمینه‌های خاصی آوردند. سانه می‌گوید که این روایت تاریخی که میسیونرها پیشگامان آن بودند، بر ادبیات چیره بوده است.

نیروی دوم آن چیزی است که سانه نامش را «همانندسازیِ بومی»[3] می‌گذارد. این همان نیرویی است که، پس از دریافت انجیل، آن را می‌پذیرد و گاه به روش‌هایی شگفت‌انگیز، در بافت محلی به‌کار می‌گیرد. به‌عبارت دیگر، ما نباید انتقال انجیل را با پذیرش و همانندسازیِ آن برابر بینگاریم، زیرا نیروی دوم اغلب مردم را به روش‌هایی متحول کرده و نیرو بخشیده که میسیونرها حتی انتظار آن را هم نداشته‌اند. سانه به‌طور مشخص برای این نظر خود شاهدی از جنبش ترجمهٔ کتاب‌مقدس می‌آورد که «فرهنگ محلی را به شیوه‌هایی جاودانه سرشار ساخت» که میسیونرها حتی تصورش را هم نمی‌کردند. آفریقایی‌ها در روند همانندسازی و نهادینه کردنِ انجیل پس از دریافت آن، به‌طور مسلم به بازیگران اصلی تبدیل شدند. به‌قول سانه، وقتی به کل فرایند جنبش میسیونری نگاه می‌کنیم، یعنی از زمان رسیدن میسیونرها به آفریقا تا وقتی که خود آفریقایی‌ها واعظ و میسیونر می‌شوند، «فرایند انتقال تاریخیِ مسیحیت توسط میسیونرهای غربی باید تحت‌الشعاع همانندسازیِ محلی قرار گیرد.» به بیان دیگر، میسیونرها یک فرایند تغییر دینی را به راه انداختند که خودِ آفریقاییان بازیگران کلیدی آن شدند.

---

1. Lamin Sanneh; 2. Historic Transmission; 3. Indigenous Assimilation

سانه چنین استدلال می‌کند که این واقعیت گواهی است بر این که *مأموریت الاهی* باید فراتر از عامل انسانیِ صِرف باشد.[1] او می‌گوید که «خدایی که میسیونر برای خدمت به او آمده، در واقع پیش از او وارد عرصهٔ فعالیت میسیونری شده است و میسیونر برای کشف کردنِ هویت راستینِ الاهی باید در فرهنگ محلی کندوکاو کند تا واقعیت پنهان این حضور الاهی را دریابد.»

کوامه بدیاکو[2] مورخ غنایی بعدها پی مقالهٔ سانه را گرفت و آن را واضح‌تر در چارچوب *مأموریت الاهی* جای داد. بدیاکو در کتاب برجستهٔ خود «مسیحیت در آفریقا: آغاز دوبارهٔ یک دین غیرغربی» چنین استدلال می‌کند که به نظرات سانه می‌باید جملگی از جنبه‌های *مأموریت الاهی* نگریست. بدیاکو می‌گوید که کل اقدام میسیونری را باید به‌مثابه فرایندی الاهی فهمید که دربرگیرندهٔ سه مرحلهٔ مجزا است. مرحلهٔ نخست، ابتکار عمل الاهی «از طریق سنتِ پیش-مسیحیِ» یک گروه قومی است. مرحلهٔ دوم، «انتقال تاریخی توسط میسیونرها» به‌واسطهٔ شهادت کلیسا در دنیا است. و مرحلهٔ پایانی هم «همانندسازیِ بومی» با انجیل در جوامعی است که دریافت‌کنندهٔ این پیام هستند. بدیاکو با صریح‌تر گنجاندن نظریات سانه در چارچوب *مأموریت الاهی* مبحث مزبور را بسط بیشتری داده، ما را از «دو نیرو» به سه اقدام متمایز الاهی در جهان رهنمون می‌شود. می‌توان آن را به اجرای یک نمایش الاهی تشبیه کرد که دربرگیرندهٔ سه پرده است. سه پردهٔ مجزا که هر یک از کمال و یکپارچگی برخوردارند، اما در عین‌حال جزو نمایش جامعِ ابتکار خدا به‌شمار می‌روند.

بدیاکو اگرچه میسیون مسیحی را به‌شکل مؤثری در چارچوب بزرگتر *مأموریت الاهی* به تصویر می‌کشد، اما آن را به‌شیوهٔ تثلیثی نمی‌پرورد. به‌نظرم این همان جایی است که ما می‌توانیم از آستانه‌ای نوین وارد شویم و از این رهگذر چشم‌اندازی تازه از وظیفهٔ میسیون پیش روی‌مان گشوده شود. هر یک از این سه مرحله یا پرده‌های نمایشِ الاهی در یکی از سه شخص خدای تثلیث، یک جهت‌گیریِ طبیعی دارند.

## پردهٔ اول: ابتکار عمل الاهی در آفرینش و تمهیدات الاهی

ابتکار عمل الاهی یا پردهٔ نخست نمایش، کار خدای پدر است. پدر نقشهٔ رهایی را طرح می‌کند. او کسی است که گام نخست را برای آشکار نمودن نقشه‌اش برمی‌دارد. پدر به‌عنوان آفریننده بذر را در بستر و طرح آفرینش می‌کارد تا در نهایت زمان نجات فرابرسد و نقشهٔ نجات آشکار شود. وانگهی، در تحول تاریخیِ خاصِ گروه‌های قومی، خدای پدر برای آماده‌سازی و فراهم کردنِ زمینهٔ مکاشفهٔ کاملِ عیسای مسیح، کار می‌کند. اینها را در مجموع، تمهیدات الاهی[3] می‌گویند- یعنی همهٔ راه‌هایی که خدا توسط آنها مردمان را پیش از آنکه پای

۱. سانه پا را فراتر نهاده می‌گوید که «میسیون‌های تاریخی محصول فرعی *مأموریت الاهی* بودند.» از دیدگاه من سانه برای رساندن مطلبی که در ذهن داشته واژگان بایسته‌ای انتخاب نکرده است، چون تأثیر کلیِ نوشته‌های وی این بوده که باعث شود فرایند تاریخی بسیار جدی گرفته شود. این عبارت بر اولویت عامل الاهی تأکید دارد، اما می‌توان آن را به‌مثابه کاستن از اهمیت کار کلیسا در جهان نیز تعبیر کرد؛ درست همان اتفاقی که در دورهٔ پس از همایش ویلنگن روی داد.

2. Kwame Bediako; 3. Preparatio Evangelica

میسیونرها به سرزمین‌شان برسد، برای دریافت انجیل آماده می‌کند. بارزترین نمونهٔ تمهیدات الاهی را بر اساس آنچه که از نوشته‌های مقدس عبرانی برمی‌آید، می‌توان در کار خدای پدر در، و از طریق، قوم یهود دید. نخستین مسیحیان یهودی بودند، و با آمادگی شهادت می‌دانند که خدا به‌واسطهٔ پیامبران ایشان را برای دریافت مکاشفهٔ کامل مسیح آماده کرده بود. حتی شریعت در حکم «معلمی» بود که آنان را به‌سوی مسیح هدایت می‌کرد. بعدها، پیروان عیسی که از زمینه‌های غیریهودی به مسیحیت گرویدند، متوجه شدند که خدا در گذشتهٔ پیش‌-مسیحی *ایشان* هم دست‌اندر کار بوده، آنها را برای دریافت انجیل آماده می‌کرده است. برای نمونه، ژوستین شهید آن را «بذر کلام»[1] می‌نامد، که خدا آن را «در همهٔ نژادهای بشری» کاشته است. ژوستین شهید در *دومین دفاعیهٔ* خود نشان می‌دهد که همان‌گونه که خدا شریعت را برای کمک به یهود به‌کار گرفت تا لزوم آمدن مسیح را دریابند، از دیدگاه‌های خردورزانهٔ فیلسوفان یونانی هم به‌عنوان نردبانی بهره گرفت تا او را به‌سوی مسیح رهنمون شود. فلسفه مسائلی غایی را مطرح کرد که فیلسوفان پاسخی برای آنها نداشتند. ژوستین می‌دید که چگونه مسیح به بسیاری از آرزوها و پرسش‌های بی‌پاسخی که فیلسوفان مطرح کرده بودند، جامهٔ تحقق پوشانده است.

این اذعان به کار خدا پیش از هر اقدامی از سوی انسان، جنبه‌ای مهم ولی اغلب نادیده گرفته شده از *مأموریت الاهی* است. با وجود این، در سراسر سنت مسیحی شهادتی پیوسته مبنی بر حقیقت این جنبهٔ مهم وجود دارد. برای مثال، آگوستین در *اعترافات* خود از «خاطرهٔ مهرآمیز»[2] خدا سخن به میان می‌آورد که در نهاد همگان، حتی بی‌ایمانان نهفته است. در سنت مدرسی‌ها (مکتب اهل مدرسه[3] یا) میان شناخت واقعی[4] و شناخت نهفته[5] از خدا، تمایز قایل می‌شدند. ژان کالونِ اصلاح‌گر در کتاب خود به‌نام «نهادهای دین مسیحی»[6] خاطرنشان می‌سازد که خودِ خدا «پنداره‌ای از الوهیتش را به همهٔ انسان‌ها ارزانی داشته است، خاطره‌ای که پیوسته آن را تازه می‌سازد و گاه بدان وسعت می‌بخشد.» کالون در پس‌زمینهٔ مزبور به «حس الاهی»[7] و «خاستگاه [جهانی] دین»[8] اشاره می‌کند. این شهادتی است مهم بر تقدم کار پدر، خیلی پیش‌تر از آنکه هر عامل انسانی اقدام به انتقال تاریخیِ انجیل کند.

## پردهٔ دوم: انتقال تاریخی انجیل از طریق کلیسا

پردهٔ دوم، یعنی انتقال تاریخی انجیل از طریق شهادت کلیسا، بر خدای پسر متمرکز است. در نمایشنامه‌ای که پدر در آن نقشهٔ نجات بشر را آشکار می‌سازد، نقش محوری تاریخی با پسر است. پدر پسر را به جهان می‌فرستد تا نجات بشریت سقوط‌کرده را تضمین کند. در رویداد تجسم، تاریخ پسر خدا به‌نوعی با تاریخ بشر تلاقی می‌یابد. داستان تجسم صرفاً به این خلاصه نمی‌شود که خدا انسان شد، بلکه خدا انسانی *خاص* شد. تجسم، مشابه دیگری ندارد. عیسی در زمانی خاص وارد تاریخ و فرهنگ قومی خاص شد. عیسی

1. Logos spermatikos; 2. Loving Memory; 3. Scholastic; 4. Cognitio Actualis; 5. Cognitio Habitualis; 6. Institutes of Christian Religion; 7. Sensus Divinitaitis; 8. Semen Religionis

زبان‌های رایج زمان خود را آموخت و بدان‌ها سخن می‌گفت، و به‌طور کامل به «آگاهیِ جمعی» و «سنن مشترک» و «فرایندهای ذهنی و الگوهای روابطی» که ویژگی‌های فرهنگ یهود را تشکیل می‌دهند، پا گذاشت و با آنها پرورش یافت. بسیار مهم است که زندگی، مرگ، قیام و صعود عیسی را در بستر تاریخ واقعی ببینیم. او نقشهٔ پدر را در *تاریخ* جامهٔ عمل پوشاند.

یکی از مهم‌ترین، و اغلب مغفول‌ترین جملات در اعتقادنامهٔ رسولان، این عبارت است: «در زمان پنتیوس پیلاتس رنج کشید.» برای برخی جای سؤال بوده است که چرا کلیسای اولیه نام فرماندار رومی را که ریاست جلسهٔ دادگاه عیسی را برعهده داشت و دستور مصلوب کردنش را صادر کرد، در چنین اعتقادنامهٔ کهنی گنجانده است. لیکن، با قدری تأمل روشن می‌شود که این عبارت یک یادآوریِ همیشگی و مدبرانه است مبنی بر اینکه انجیل با تاریخ واقعیِ بشر مصادف بوده است. به‌شکلی مشابه، عیسای مسیح نیز کلیسا را برای اعلان و دربرگرفتنِ نجاتی که به‌وسیلهٔ مسیح فراهم شده بود فرستاد، اما این نجات باید با تاریخ واقعی و روایت‌های کسانی که ما نزدشان فرستاده می‌شویم تلاقی داشته باشد. پس در پردهٔ دوم، یعنی انتقال تاریخی، ما بسیاری از اقداماتی را می‌یابیم که به‌طور معمول با مأموریت میسیون‌های مسیحی در ارتباطند. با وجود این، وقتی کلیسا در *مأموریت الاهی* جای می‌گیرد، به عاملی برای تحقق اقدام مبتکرانهٔ خدا برای نجات در جهان تبدیل می‌شود که به موجب آن خدا در، و از طریق، کلیسایش عمل می‌کند.

## پردهٔ سوم: همانندسازی بومی انجیل در یک بستر مشخص

پرده سوم، یعنی «همانندسازی بومیِ» انجیل نقش محوری روح‌القدس را در محکوم کردنِ جهان به گناه، نیرو بخشیدن به وعظ انجیل، و آوردنِ مردم به‌سوی ایمان به مسیح نشان می‌دهد. از این گذشته، درست همان‌گونه که کار خدا یا تمهیدات الاهی بر انتقال تاریخیِ انجیل تقدم دارد، به همین ترتیب کار خدا تا مدت‌ها پس از بازگشت میسیونرها تداوم می‌یابد. این خدای روح‌القدس است که مسئولیت همانندسازی انجیل با زندگی و تجربیات جوامع دریافت‌کنندهٔ انجیل را بر عهده دارد. این روح‌القدس است که در کار شاگردسازی و بالغ کردنِ جامعهٔ ایمانداران نقش اصلی را ایفا می‌کند. نگاهی به کار میسیون‌ها در چارچوب بزرگتر *مأموریت الاهی* کلیسا را از اتخاذ دیدگاه تقلیل‌گرایانهٔ بی‌اساس نسبت به نجات‌شناسی حفظ می‌کند. دیدگاه تقلیل‌گرایانه نجات را با پارساشمردگی برابر می‌انگارد و کار جامع و کامل خدای تثلیث را در تولد تازه، پارساشمردگی، تقدیس و جلال‌یافتنِ نهایی، که نقطهٔ اوج خلقت تازه است، نادیده می‌گیرد.

## نتیجه‌گیری

از این بررسی کلی پیدا است که *مأموریت الاهی* وقتی در مفهومی صراحتاً تثلیثی جای داده شود، دلالت‌های ژرفی برای انتقال، دریافت و همانندسازی انجیل مسیح در زندگی مردم،

جوامع و ملت‌ها خواهد داشت. بنابراین، چارچوب تثلیثی این کتاب تلاش برای پروراندن ایده‌هایی را پیشنهاد می‌کند که نیوبیگین، بدیاکو و دیگران مبدع آنها بودند و ساختاری ارائه می‌دهد که به موجب آن، کار کلی میسیون مسیحی را می‌توان در آن چارچوب تثلیثی درک کرد. جزئیات اینکه چگونه درک مبتنی بر تثلیث از *مأموریت الاهی* در خدمت میسیون‌ها کاربرد می‌یابد، در فصل سوم کتاب مورد بررسی قرار خواهد گرفت.

# ۳

# چارچوبی تثلیثی برای میسیون‌های مسیحی

تبیین آموزهٔ تثلیث تلاش کلیسا است برای بیان حقیقت در مورد خدا و خودمان. اگر خدا به‌راستی تثلیث است، پس این امر بسیاری از تنش‌های شناخته‌شده را در حیطهٔ خردورزی میان وحدت و کثرت، عقلانیت و ارتباط‌مندی/ پذیری، مادی و روحانی، استقلال و وابستگی و غیره، نیرومندانه حل می‌کند. همچنین، خودآشکارسازیِ الاهی مستلزم آن است که تثلیث در مرکز الاهیات ما قرار بگیرد، وگرنه ما به اعتقاد به خدای تک‌جوهر که در ذهن عموم جای دارد یا «خدای فاقد شخصیتِ فیلسوفان» سوق داده خواهیم شد.

در فصل ۲ نشان دادیم که چگونه تثلیث به همهٔ مباحث الاهیاتی سرزندگی می‌بخشد، و اقتضا می‌کند که به آنها از دیدگاهی میسیون‌شناختی بنگریم. خدای تثلیث «مأموریتی» دارد. مأموریت خدای تثلیث که ما آن را با عبارت کوتاه *مأموریت الاهی* خلاصه کرده‌ایم، باید به‌عنوان مرکز مولد برای درک ما از میسیون مسیحی قرار گیرد. هدف این فصل از کتاب طرح کلی مشخصاتی است که میسیون‌شناسی مبتنی بر چارچوب تثلیثی باید از آن برخوردار باشد.

در اینجا هدف آن نیست که تأملی الاهیاتی در باب تثلیث، آن‌هم در ابعاد گسترده ارائه کنیم. در این زمینه کتاب‌های ارزشمند بسیاری وجود دارند که به این موضوع پرداخته‌اند. این فصل از کتاب درصدد است تا تثلیث را با تمرکزی ویژه بر دلالت‌های آن برای جنبه‌های نظری و عملی میسیون‌های مسیحی، مورد بررسی قرار دهد. چکیدهٔ این فصل را می‌توان چنین خلاصه کرد: پدر «فرستنده» یا همان «صاحب حصاد» است؛ پسر الگوی تجسم‌یافتهٔ *مأموریت الاهی* در دنیا است؛ و روح‌القدس آن حضور الاهی و نیروبخش برای کل این مأموریت به‌شمار می‌رود. برای نشان دادن این مطلب، هر شخص از اشخاص سه‌گانهٔ تثلیث باید مورد بررسی قرار بگیرند، در کنار آن چهار درون‌مایه که برای هر یک از اشخاص تثلیث ممتایزند.

## خدای پدر: خاستگاه، آغازکننده و هدف غاییِ *مأموریت الاهی*

به بیان کلی، در میسیون مسیحی چهار درون‌مایهٔ اصلی وجود دارد که می‌توان جایگاه آنها را در خدای پدر دید.

### خدای پدر به‌عنوان آغازکنندهٔ میسیون مسیحی

خدای پدر خاستگاه و آغازکنندهٔ میسیون مسیحی است. این یک دیدگاه بسیار رهایی‌بخش است، به‌ویژه از نگاه کسانی که به‌طور سنتی «هدف» فعالیت‌های میسیونری غربی بوده‌اند. برای دریافت‌کنندگانِ خدمات میسیونری، افتادن در دام تنگ‌نظری و نگریستن تنها از منظری تاریخی که می‌گوید انجیل را میسیونرها به سرزمین‌شان آورده‌اند، آسان است. عبارتی مانند «انجیل را میسیونرها در سال ۱۸۲۳ برای ما آوردند» به‌لحاظ تاریخی قابل درک است، اما به‌لحاظ الاهیاتی چندان مفهومی ندارد. یک دیدگاه الاهیاتی کمک می‌کند تا انجیل از برخی پیوندهای دردناک با فرایند انتقال تاریخی- که همچون سایر تلاش‌های انسانی منزه از گناه نیست- رها شود. شاید برخی از کسانی که تحت «تأثیر» حرکت‌های میسیونری قرار گرفته‌اند معتقد باشند که انجیل از ارزش فرهنگ‌شان کاسته است یا انجیل با استعمار درهم‌تنیده است، و غیره. به همین خاطر است که شنیدن این کلام از زبان جان مبیتی، الاهیدان آفریقایی، به ما تسلی می‌بخشد که به همه یادآوری می‌کند که میسیونرها خدا را به آفریقا نیاوردند بلکه خدا میسیونرها را به آفریقا آورد! البته این وجه تمایزی حیاتی است، زیرا انجیل را از بند عوامل انسانیِ *صِرف*، و تأکیدات بی‌اساسِ مبنی بر پیشگامی بشر، آزاد می‌کند و دوباره بر پیشگامی خدا متمرکز می‌شود. در حقیقت، چنان که کوامه بدیاکو می‌گوید، تنها *مأموریت الاهی* است که می‌تواند مسیحیت را از «انحصارگراییِ غربی» نجات دهد. بدین‌ترتیب، اذعان بر نقش خدای پدر به‌عنوان خاستگاه اولیهٔ میسیون مسیحی، کارگزاران گذشته، اکنون و آیندهٔ انجیل را از حس پیروزمندگرایی رها می‌سازد. در نهایت میسیون مسیحی کار خدای تثلیث است، که با اقدام پیشگامانهٔ خدای پدر و برای جلال ابدی او انجام می‌شود.

### خدای پدر به‌عنوان فرستنده میسیون مسیحی

خدای پدر فرستنده است، و از این‌رو، خاستگاه نهاییِ هر اعزام میسیونری است. پدر کلام خود را به‌واسطهٔ پیامبران فرستاد. او برای آشکار ساختن جلال خود آیات و عجایب اعجازآمیز فرستاد. و سرانجام نیز پسر خود را به‌عنوان بزرگترین مکاشفهٔ خود به جهان فرستاد. برای کلیسا و حتی برای کتاب‌های درسی میسیون مسیحی این امری کاملاً عادی است که عیسای مسیح را به موضوع «فرستادن» ارتباط بدهند، زیرا او کسی است که پس از قیام و ظهور چشم‌گیر بر شاگردنش فرمان بزرگ را به کلیسا محول کرد. به‌علاوه، عیسی است که این جمله‌های معروف را مبنی بر این که: «به همهٔ جهان بروید» و «انجیل را به همهٔ مردم موعظه کنید» و «من شما را می‌فرستم» خطاب به شاگردانش می‌گوید. با این‌حال، از

چشم‌انداز خدای تثلیث، خودِ عیسی نیز به‌وسیلهٔ پدر به جهان فرستاده شد. عیسی به‌واسطهٔ «فرستاده» بودن است که اختیار دارد دیگران را بفرستد.[1]

در اینجا تمایز مهمی که در الاهیات تثلیثی میان تثلیث اکونومیک[2] و تثلیث ذاتی[3] وجود دارد، به ما یادآوری می‌شود. تثلیث ذاتی به حیات درونی تثلیث در وجود خودِ خدا، جدا از اعمال او در رابطه با تاریخ بشر، دلالت می‌کند. در مقابل، تثلیث اکونومیک بر طرق گوناگونی که خدای تثلیث در تاریخ عمل می‌کند و با بشریت وارد تعامل می‌شود، دلالت دارد. بدین‌ترتیب، در تاریخ بشر، این عیسی است که کلیسا را می‌فرستد، اما از منظری ژرف‌تر، یعنی از منظر طبیعتِ خدای تثلیث، خدای پدر است که منشاء و خاستگاه هر فرستادنی است. تنها کافی است چند نمونهٔ معروف از آیات عهدجدید در مورد فرستادن را به خاطر بیاوریم.

> چون آنچه شریعت قادر به انجامش نبود، از آن‌رو که به‌سبب انسان نفسانیْ ناتوان بود، خدا به انجام رسانید. او پسر خود *را* به شباهت انسان گناهکار *فرستاد* تا «قربانی گناه» باشد، و بدین‌سان در پیکری بشری، حکم محکومیت گناه را اجرا کرد. (رومیان ۳:۸)

> اما چون زمان مقرر به کمالِ فرا رسید، خدا پسر خود را فرستاد که از زنی زاده شد و زیر شریعت به دنیا آمد. (غلاطیان ۴:۴)

> محبت خدا این‌چنین در میان ما آشکار شد که *خدا* پسر *یگانهٔ خود را به جهان فرستاد* تا به‌واسطهٔ او حیات بیابیم. (اول یوحنا ۹:۴)

وقتی کلیسا میسیونرها را به جهان می‌فرستد، نه تنها از فرمان عیسای مسیح اطاعت می‌کند، بلکه جلال پدر را که خاستگاه نهایی، مبتکر و فرستندهٔ اصلی است، بازتاب می‌دهد.

## تاریخ به‌عنوان صحنهٔ اقدامات خدای پدر

استوار کردن میسیون‌های مسیحی بر بنیان *مأموریت الاهی* و خدای پدر به‌عنوان خاستگاه و مبتکر میسیون، به ما امکان می‌دهد تا میسیون مسیحی را نه تنها از چشم‌انداز کلیسای فرستاده‌شده بلکه در درون چارچوب روایت عظیم کار خدا ببینیم. به‌عبارت دیگر، برخلاف تصورات رایج، میسیون مسیحی پس از قیام مسیح یا با شهادت دادن کلیسا به جهان در اطاعت از فرمان بزرگ مسیح آغاز نمی‌شود. حتی «فرمان بزرگ» را باید در چارچوب پس‌زمینه‌ای بزرگ‌تر از *مأموریت الاهی* و به‌عنوان بخشی (ولو بسیار مهم و حیاتی) از آشکار شدن گوشه‌ای از نمایش نجات خدا دید، که حتی پیش از آفرینش مطابق طرح خدا آغاز شده، و تا زمانی که پایان جهان فرا نرسد و خلقت تازه کامل نشود، به نقطهٔ اوج نخواهد رسید. از این منظر بزرگ‌تر، بشریت از طریق عهد خدا با ابراهیم با اهداف رهایی‌بخشی که پدر

---

۱. این موضوع در فصل ۵ همین کتاب و به هنگام بررسی یوحنا ۲۰:۲۱-۲۲ در زمینهٔ متن بزرگ‌تر انجیل یوحنا، به‌طور مفصل‌تری تشریح خواهد شد.

2. Economic 3. Immanent

برای جهان در نظر گرفته، و در پیدایش باب ۱۲ مذکور است، آشنا می‌شود. شاخصه‌های این عهد و اهمیتش برای میسیون مسیحی را بعداً بررسی خواهیم کرد. نشان خواهیم داد که نطفهٔ کل انگیزش مأموریتیِ کلیسا، از پیش در عهد ابراهیمی وجود *داشته* است. با این‌حال، خیلی مهم است که در اینجا این دیدگاه گسترده‌تر را در نظر داشته باشیم. به‌لحاظ الاهیاتی مهم است که توجه داشته باشیم که خدای پدر ابتکار عمل را در دست داشت، و نه تنها اهدافش را بر ابراهیم آشکار ساخت، بلکه وارد عهدی شد که آن اهداف را در خلال تاریخ یک قوم خاص و صاحب‌نام پیوند زد، که به‌واسطهٔ آن همهٔ قوم‌های دیگر برکت خواهند یافت.

این نشان می‌دهد که تاریخ بشر صحنهٔ نمایشی است که نمایشنامهٔ الاهی بر آن اجرا می‌شود. تاریخ بشر فرجامی[1] دارد، مقصدی که تابع *مأموریت الاهی* است. تاریخ بشر در تحقق کامل خلقت تازه به نقطهٔ اوج خواهد رسید. این نه تنها به اهمیت تاریخ بشر در نقشهٔ خدا اعتبار می‌بخشد، بلکه مبنایی برای یک الاهیات نیرومند در زمینهٔ فرهنگ بشر فراهم می‌کند. تأیید الاهی بر تاریخ و فرهنگ بشر پیش‌درآمدی ضروری است، نه تنها در مورد واقعیات والایی چون ظهور خدا در تاریخ بشر، که آن را تجسم می‌خوانیم، بلکه در مورد کل فعالیت‌های روزمره که برای درک کلیسا از میسیون مسیحی حیاتی هستند. در واقع، بدون داشتن دیدگاهی رفیع نسبت به تاریخ و فرهنگ، که نخستین‌بار در آفرینش و متعاقب آن در عهد با ابراهیم آشکار می‌شود، برای درون‌مایه‌های آشنایی چون تأسیس کلیسا فراسوی مرزهای فرهنگی، ترجمهٔ کتاب‌مقدس به زبان‌های محلی، و تدوین راهبردهای زمینه‌مندسازی نمی‌توان اعتباری قایل شد. به بیان ساده‌تر، نقشهٔ خدا مفهومی زودگذر و پنهانی نیست که تنها در شورای درونی و اسرارآمیز خدای تثلیث باقی بماند. برعکس، روایت عظیم خدا با همهٔ خصوصیات روایات انسانی تنیده می‌شود. نقشهٔ خدا در بستر تاریخ بشر به‌صورت علنی و عینی درمی‌آید.

## میسیون مسیحی به‌عنوان جلوه‌ای از محبتِ مقدس و مبتنی بر رابطهٔ خدا

فرض اساسی در این کتاب درسی بر آن است که میسیون‌شناسیِ تثلیثی برای رویارویی با جهانی نسبیت‌گرا و پست‌مدرن در دوران پس از حاکمیت مسیحی، امری حیاتی است. مردم دیگر میلی به پذیرش حکم تعلیمی یا اعتقادی- هرچند که راست و درست[2] نیز باشد- آن‌هم فقط به این دلیل که کلیسا آن را تأیید می‌کند، ندارند. ما در دنیایی زندگی می‌کنیم که نسبت به همه چیز بی‌اعتماد است و در مورد اقتدار هر نهادی با دیدهٔ شک و تردید می‌نگرد. مفهوم یک حقیقت عینی فراگیر که همه چیز را زیر چتر خود بگیرد دیگر فروپاشیده، و تنها چیزی که برجای مانده تکه‌هایی پراکنده از تجارب ذهنی است و بس. ناتوانی پست‌مدرنیزم در ایجاد هرگونه تمیز اخلاقی موجب نارضایتی روزافزون شده است. با وجود این، نسل کنونی نیز مشتاق روابط اصیل است. از این‌رو، اشتیاق برای استوار ساختن پیوندهای اخلاقی و روابطی از نو بالا گرفته است.

1. Telos; 2. Orthodox

این دقیقاً همان جایی است که الاهیات تثلیثی در آن بسیار غنی است و از نگاه من، بزرگترین امید برای سدهٔ بیست‌ویکم باقی می‌ماند. تثلیث صرفاً مفهومی انتزاعی نیست. تثلیث *رابطه‌ای* بنیادین در پس همهٔ روابط انسانی است. یکی از بزرگترین نمونه‌های موفقیت احیای الاهیات تثلیثی در سال‌های اخیر تأکید بر جنبهٔ *رابطه‌ای* تثلیث بوده است. خدا برخلاف تصور عام نه یک واحد مجرد است نه آن محرکِ غیرمتحرک[1] ارسطو، یا سه «چیز» منفرد. او «رابطه‌ای درهم‌تنیده»[2] است. به قول پیوریتن‌ها: «خدا در درون خود، جمعی شیرین است.» گرچه تثلیث در عهدعتیق تنها به شکل ابتدایی‌اش آشکار شده، اما بازتاب‌های آن را شاهد هستیم. از سرآغاز آفرینش، خدای پدر را می‌بینیم که انسان‌ها را به داشتن رابطه با خودش فرامی‌خواند. یکی از زیربنایی‌ترین مکاشفات عهدعتیق این است که وجودی *شخصیت‌مند* است و اینکه ما را به داشتن رابطه با خودش فرامی‌خواند.

این با نگرش دیگر دین‌های عمدهٔ جهان در تضاد شدید قرار دارد. برترین واقعیت در بودیسم، سونیاتا[3] نام دارد که آن را «تهی بودن» (دیدگاه مادهیامیکا) یا «ذهن/ وجدان» (دیدگاه یوگاکارا) تعریف می‌کنند. در هر حال، بودیسم دینی بی‌خدا است؛ از این‌رو، باور به خدای شخصیت‌مند که جهان هستی را به‌وجود آورده باشد، از طرف بودیسم رد می‌شود. «سرنوشت» یک بودایی «هیچ بودن» یا «تهی بودنِ» نیروانا[4] است، نه پُریِ[5] خلقتِ تازه.

در هندوئیسم، برجسته‌ترین مکتب فلسفی را با نام ادوایتا[6] یا غیردوگانه‌انگاری[7] می‌شناسند، که برگرفته از آرای شانکارا[8] فیلسوف-الاهیدان بزرگ هندو (۷۸۸-۸۲۰ م.) است. به عقیدهٔ شانکارا، والاترین تعبیر از خدا یا واقعیت غایی، نیرگونا برهمن[9] به معنای خدا بدون هر خصوصیت (یا کیفیتی) است. شانکارا تعلیم می‌دهد که ما نه می‌توانیم پی ببریم که آیا خدا وجودی شخصیت‌مند است یا خیر، و نه می‌توانیم با اطمینان صفات و خصوصیاتی همچون قدوسیت یا عدالت یا محبت را به برهمن انتساب دهیم، چون به‌قول خود شانکارا، برهمن «هیچ ارتباطی با جهان ندارد و عاری از هر خصوصیتی است.» هندوها هرجایی که از خدای دارای شخصیت سخن می‌گویند، یا برای او صفات و خصوصیاتی قایل می‌شوند، به سطحی پایین‌تر از برهمن اشاره می‌کنند که با عنوان ساگونا برهمن[10] شناخته می‌شود، یعنی خدای دارای خصوصیات و صفات. با وجود این، از نظر شانکارا این سطح پایین‌تر از برهمن در نهایت وجودی خیالی یا صوری است. این به اصطلاح «خدای دارای شخصیت»، که با نام ایشوارا[11] شناخته می‌شود، از هیچ واقعیت عینی برخوردار نیست و صرفاً تصویری از توصیف‌های ناقص و محدود انسان از خدا است.

اسلام به آموزهٔ *توحید* اعتقاد دارد، که به معنای یگانگی خدا است. این آموزه با باور مسیحی به تثلیث، که مسلمانان آن را شرک (نسبت‌های ناروا دادن به خدا)[12] یا اعتقاد به سه‌گانگی خدا (سورهٔ ۵، آیهٔ ۷۳) می‌پندارند، در تضاد قرار دارد. آموزهٔ توحید اسلامی با

---

1. Unmoved Mover; 2. A Complex Network; 3. Sunyata; 4. Nirvana; 5. Plērōma; 6. Advaita; 7. Nondualism; 8. Śankara; 9. Nirguna Brāhman; 10. Saguna Brāhman; 11. Iśvara

۱۲. در اسلام «شرک» گناهی نابخشودنی تلقی می‌شود.

تأکید بر جنبهٔ غیر بودنِ خدا جنبهٔ ارتباطی ذات خدا را به بهای سنگینی از دست می‌دهد. الله با مسلمانان وارد هیچ رابطه‌ای نمی‌شود. خودِ کلمهٔ *اسلام* به معنای «تسلیم شدن» به ارادهٔ الله است. یک فرد مسلمان به *اطاعت* از الله فراخوانده شده، نه به *شناخت* او. غزالی، متأله شهیر ایرانی (۱۰۵۸–۱۱۱۱) این مطلب را به بهترین وجه در یک جمله خلاصه کرده است: «الله نه خود را بلکه تنها اراده‌اش را آشکار می‌سازد.»

همهٔ اینها با مکاشفهٔ کتاب‌مقدسی در تضاد شدید قرار دارند که در آن یهوه تصمیم می‌گیرد تا نه تنها اراده بلکه خود را نیز آشکار سازد و با قوم خود وارد رابطه شود. و این بدان سبب است که خدا، بنا به ماهیت تثلیثی خود، ذاتاً ارتباطی است. سقوط بشر صرفاً عصیان را وارد جهان نکرد؛ در سطحی ژرف‌تر، رابطه‌ای را به‌طرزی غم‌انگیز از هم گسست.[1] این واقعیت برای میسیون مسیحی دلالت‌های تلویحیِ مهمی دارد. میسیونرها «سفیران آشتی» هستند، طلایه‌دارانی که به دنیا نشان می‌دهند چگونه مسیح ما را با پدر آشتی داده است. اما این پیام را نباید بیش از اندازه خصوصی کرد. میسیون مسیحی باید همچون خون از رگ‌های زندهٔ کلیسا، که تجلی حیات درونی قوم خدا در جهان است، جاری باشد. میسیون مسیحی، در بهترین حالت، مردمان را به اجتماع نوین فرامی‌خواند.

خدا نه تنها از آفرینش، خود را به‌عنوان وجودی ارتباطی آشکار می‌سازد، بلکه خود را قدوس نیز معرفی می‌کند. «مقدس باشید، زیرا من قدوسم» یکی از مکاشفات بنیادینِ یهوه به قوم عهدیِ خود است. بدون تقدس نمی‌توان با خدا رابطه داشت. جامعهٔ نجات‌یافته باید مقدس باشد. امروزه در کلیسا تأکید چندانی بر تقدس نمی‌شود، و این تأکید در ادبیات میسیونری حتی کمتر نیز شده است. از آنجایی که تمرکز میسیون مسیحی بر اعلان پیام، و آن‌هم به‌شیوه‌ای نامرتبط با تثلیث بوده است، ما فراموش می‌کنیم که بازتاب پیامی که اعلان می‌کنیم باید در وجود خودمان نیز دیده شود. وقتی کلیسا را بازتابِ زمینیِ تثلیث ببینیم، آنگاه تقدس در میسیون مسیحی محوریت می‌یابد. لامین سانه در این مورد می‌گوید: «مفهوم پادشاهیِ خدا، اساساً مشارکت پارسایان، فدیه‌شدگان و برگزیدگان برای اظهار نشانه‌های محبت و بخشش است. بدین‌ترتیب واقعیتِ خدا با زندگی اخلاقیِ جامعهٔ ایماندارانی که تنها حصاری نازک آنها را از دنیا جدا کرده، در هم تنیده است.»

این موضوع در فعالیت میسیونری پیامدهای فراوانی پیدا می‌کند. بسیاری از فعالیت‌های میسیونری بیش از حد خصوصی‌سازی شده‌اند و به‌طور انحصاری روی گرویدنِ غیرمسیحیان به مسیحیت، به‌عنوان «غایت» فعالیت میسیونری، متمرکز بوده‌اند. این باعث به‌وجود آمدن

---

۱. جان زیزیولاس (John Zizioulas) الاهیدان ارتودوکس شرقی، می‌گوید که تثلیث را از زاویهٔ «شخصیت‌مندی و مشارکت» ("Personhood and Communion") بهتر از دیگر زوایا می‌توان درک کرد. آنچه که یک «شخص» (و از جمله تثلیث) را تعریف می‌کند، داشتنِ رابطه است. از نظر زیزیولاس، انسان نخست شخص نمی‌شود تا سپس وارد رابطه گردد، بلکه وجود او بسته به داشتنِ رابطه است. از این زاویه، خدای تثلیث با تاریخ ارتباط پیدا می‌کند؛ نه فقط در موضوعات مربوط به تاریخ نجات از قبیل دریای سرخ، سینا، تجسم، قیام، و صعود، بلکه در پیش‌زمینهٔ خودِ آفرینش، زیرا تثلیث سرمشق نخستین (Archetype) است برای شخصیت‌مندیِ همهٔ انسان‌ها، و در Imago dei (صورت خدا) بازتاب یافته است.

دیدگاهی فردگرایانه و حداقلی در مورد مفهوم پیروی از مسیح شده است. تأکید کنونی بر «نجات جان‌ها» باید به تأکیدی بر تأسیس کلیسا (بنا کردن جامعهٔ مسیحی)[1] تبدیل شود، و «گرویدن» را باید به‌گونه‌ای بسط داد که دربرگیرندهٔ پایان دورهٔ تبعید روحانی و ظهور پادشاهی خدا و نوبر خلقت تازه نیز باشد.

من بنا به تجربه‌ای که در هندوستان به‌دست آوردم، دریافته‌ام که شاگردسازی، آن‌هم طی چند سال، اغلب بر تغییر مذهب دادن *تقدم می‌یابد*. شاید در غرب این امر قدری عجیب به‌نظر برسد، چون در دورهٔ حاکمیتِ مسیحی همواره فرض بر این بوده که بافت فرهنگی غالب، مسیحی است و زندگی کردن به‌عنوان مسیحی چندان دشوار نیست، زیرا اخلاقیات و ارزش‌های مسیحی در سراسر جامعه رسوخ کرده است. با این‌حال، در هندوستان، اغلب سال‌ها طول می‌کشد تا کسی بتواند پیام انجیل را درک کند و بفهمد که پیروی از عیسای مسیح به چه معناست. دوره‌های طولانی آموزش و سرمشق‌گیری اغلب مدت‌ها پیش از اینکه فرد تعمید بگیرد، برگزار می‌شود. این به مدلی که عیسی در اناجیل بر جای گذاشته نزدیکتر است، که به موجب آن عیسی سال‌ها شاگردان خود را تحت آموزش جدی قرار داد تا سرانجام توانستند خداوندی او را به‌طور کامل درک کنند و بپذیرند.

احیای تأکید بر تقدس، شاگردسازیِ جدی، و فراگیریِ زندگی کردن برخلاف فرهنگ متداول، همه ریشه در مکاشفهٔ قدوسیت خدا در عهدعتیق دارند، که مبنای ورود به رابطهٔ مبتنی بر عهد با خدا را شکل می‌دهد. در واقع، با بازگشت به مکاشفهٔ اولیهٔ خدا در عهدعتیق، می‌توانیم هدف «غایی» از میسیون مسیحی را به‌طور کامل دریابیم: قومی مقدس، و جامعه‌ای که بازتاب گفتمانِ خدای تثلیث است. به همین دلیل است که یکی از بزرگترین صحنه‌هایی که از زمان آخر به تصویر کشیده می‌شود، برپایی جشنی عظیم و ضیافتی مقدسانه است که در آن کل اجتماع فدیه‌شدگان در کنار یکدیگر فرارسیدنِ خلقت تازه را در حضور خدای تثلیث جشن می‌گیرند.

## خدای پسر: تجسم *مأموریت* الاهی

لسلی نیوبیگین می‌گوید که «مأموریت عیسی تنها اعلان پادشاهی خدا نبود، بلکه تبلور بخشیدن به حضور پادشاهی خدا در وجود خودش نیز جزو مأموریتش بود.» یکی از درس‌های بنیادینِ تجسم مسیح این است که عیسی نه صرفاً پیام‌آور خبر خوش بلکه تجسم آن نیز هست. در اسلام، محمد در بهترین حالت تنها می‌تواند «پیام‌آور الله» باشد. در واقع، الله باید پیام خود را حتی به‌واسطهٔ جبرئیل فرشته برای محمد بفرستد، زیرا الله نمی‌تواند تخت خود را در آسمان رها کرده پایین بیاید. یکتاپرستی غیرتثلیثیِ اسلام دخالت الاهی از طریق تجسم را امری ناممکن می‌شمارد. با وجود این، دقیقاً همین ظهور خیره‌کنندهٔ خلقت تازه است که در عیسای مسیح جامهٔ عمل می‌پوشد. این برای ما که اعلام می‌کنیم: «عیسی

---

۱. مسیح در این جامعه ساکن است (مثلاً در اول قرنتیان ۴:۵) و این اعلام کلیسا است: Ubi Christus, Ibi Ecclesia – هرجا کلیسا باشد، مسیح هم آنجا است. (ایگناتیوس، رساله به اسمیرنا ۲:۸)

خداوند است!» دارای معانی ضمنیِ الاهیاتیِ مهمی است. کلیسا به‌عنوان جامعه‌ای میسیونری نه تنها باید حاملِ این پیام باشد، بلکه باید بدان جسم بپوشاند. کلیسا باید تجسم را به‌مثابه جلوه‌ای همیشگی از اجرای نمایشنامهٔ *مأموریت الاهی* در دنیا، بازتاب دهد.

نقش محوریِ پسر خدا در «*مأموریت الاهی*» باید در میسیون مسیحی بازتاب یابد. در این مرور کلی، من چهار درون‌مایهٔ اصلی را در میسیون مسیحی برمی‌شمارم که در خدای پسر جمع شده‌اند.

## میسیون مسیحی در تاریخ به‌عنوان بازتابی از تجسم

پیش‌تر در تأملی که بر خدای پدر داشتیم، نشان دادیم که تاریخ صحنهٔ نمایشی است که «*مأموریت الاهی*» بر آن جریان دارد. این حقیقت در هیچ جا به اندازهٔ «تجسم» چنین ژرف آشکار نشده است. در حضور عیسای ناصری است که ما گواهیِ قطعی و نهایی می‌یابیم مبنی بر اینکه تثلیث داستانی صرفاً خیالی و انتزاعی در مورد وجودی دور از دسترس نیست، بلکه دقیقاً همان راهی است که خودِ خدا از طریق آن وارد تاریخ بشر می‌شود تا نقشهٔ رهایی‌بخشش را عملی کند.

به همین ترتیب، میسیون مسیحی نیز در یک بستر تاریخی و فرهنگیِ مشخص و در زمان واقعی روی می‌دهد. میسیونرها هم حاملان پیام هستند و هم تجسم آن. وقتی میسیونری مرزهای فرهنگی را درمی‌نوردد، زبان و فرهنگی جدیدی می‌آموزد، و در صدد اعلان انجیل به دیگران برمی‌آید، تجسم را بازتاب می‌دهد. از چشم‌انداز تثلیث، عیسی نمونهٔ اولیهٔ یک میسیونر است. نخستین میسیونرهای غربی که به گینهٔ نو پا گذاشتند شاید بر این باور بودند که هیچ‌کس تا به‌حال وارد چنین محیطی متفاوت از لحاظ فرهنگی نشده است. با این‌حال، تجربهٔ آنها در قیاس با ورطه‌ای که پسر خدا به‌واسطهٔ تجسم درنوردید، کاملاً رنگ می‌بازد. پولس رسول این مطلب را در سرودی کهن در وصف مسیح، که در باب ۲ فیلیپیان آمده، به‌خوبی بیان کرده است:

> «او که همذات با خدا بود، از برابری با خدا به نفع خود بهره نجست، بلکه خود را خالی کرد و ذات غلام پذیرفته، به شباهت آدمیان درآمد. و چون در سیمای بشری یافت شد خود را خوار ساخت و تا به مرگ، حتی مرگ بر صلیب مطیع گردید!» (فیلیپیان ۲:۶-۸)

این سرود قدیمی احتمالاً اقتباسی است از سرود معروف به «خادم» که در کتاب اشعیا ۱۳:۵۲ تا ۱۲:۵۳ آمده است. این نگرش مسیحی بر چهارمین سرود خادم رنجبر اشعیا، نه تنها همبستگی عیسی را با اقلیت وفادار و رنج‌کش در میان یهودیان، بلکه با تحقق آخرشناختیِ امیدیِ که یهودیان برای رهایی از اسارت و تبعید داشتند، نشان می‌دهد. مسیحیان دریافتند که این امید آخرشناختی پیش‌تر به‌واسطهٔ عیسای مسیح و رنج‌های او جامهٔ عمل پوشیده و عیسی بشریت را از اسارت و تبعید رهانیده است.

نتیجه‌گیری ســرود مســیح، رابطهٔ میان تجلیل از خادم رنج‌کشیده و افشای مأموریت در میان غیریهودیان را بیش از پیش آشکار می‌سازد:

«پس خدا نیز او را به‌غایت سرافراز کرد و نامی برتر از همهٔ نام‌ها بدو بخشید، تا به نام عیسی هر زانویی خم شود، در آسمان، بر زمین و در زیر زمین، و هر زبانی اقرار کند که عیسای مسیح «خداوند» است، برای جلال خدای پدر.» (فیلیپیان ۲:‏۹-۱۱)

اشــاراتی که در اشعیا به خادم رنج‌کشیده شده تنها تا آیهٔ ۹ ادامه می‌یابد. از آیهٔ ۱۰ به بعد نقطهٔ تمرکز از توصیف رنج‌های مســیح بر اهداف غاییِ خدا از جنبهٔ مسیح‌شــناختی تغییر می‌کند. در یک کلام، این آیات به *مأموریت الاهی* نظر دارند. ســرود مزبور پیروزی کیهانی مســیح، فرمانروایی‌اش بر همهٔ ملل و پرستش آخرشناختیِ خدای تثلیث از سوی جهانیان را پیش‌بینی می‌کند؛ مطلبی که اشعیا نیز در ۴۵:‏۲۲-۲۳ آن را پیش‌بینی کرده بود و در نهایت در خلقت تازه تحقق خواهد یافت.

میسیون مســیحیِ اصیل و کتاب‌مقدسی باید خود را بازتاب، و البته تداوم این سرود، در جهان ببیند. از این منظر، میســیون مســیحی نمایان‌گر بازآفرینیِ بی‌شمار نمایش تجسم در مقیاســی کوچک است. البته کلیسا همیشه هم به این دیدگاه وفادار نبوده است. با وجود این، ضروری است که نسل جدید میسیونرهایی که مرزهای فرهنگی را درمی‌نوردند و وارد تاریخ و روایات گروه‌های قومی تازه می‌شوند، چنان خوب پرورش یافته باشند که همچون خادمان رفتار کنند. میســیونرها باید بازتابی از خادم رنجبر باشند، که به تاریخ ما وارد شد و به عمق روایات ما رفت تا نجات‌مان بخشــد. همچنین میسیون مسیحی باید پیوسته هدف، یعنی دید نهایی همهٔ میســیون‌ها را که تجلیل جهانیان از مسیح و پرستش خدای تثلیث و زنده توسط همهٔ قوم‌ها اســت، سرلوحهٔ خود قرار دهد. بدین‌ترتیب، حضور تاریخی کلیسا در جهان، که هم حامل انجیل است و هم تجسم آن، جای خود را در پسر خدا پیدا می‌کند.

## تجسم در مقام ترجمه

تجســم، ترجمه به معنای غاییِ کلمه اســت. انــدرو والز که ترجمه‌پذیــری را محور میسیون‌شناسی خود قرار داده، می‌گوید: «وقتی خدا در مسیح انسان شد، الوهیت به بشریت ترجمه شــد، چنانکه گویی بشــریت زبان مقصد بود.» چنانکه در فصل ۲ نیز اشاره کردیم، داســتان تجسم صرفاً در این خلاصه نمی‌شود که خدا انســان شد، بلکه خدا انسانی *خاص* شد. ترجمانِ الاهی در تجسم، مبنایی الاهیاتی برای تعهد ما به ترجمه‌پذیریِ نامتناهی انجیل به همهٔ بســترهای واقعی و خاصِ تاریخــی و روایاتی که جهان ما را به‌وجود آمده‌اند، ایجاد می‌کند.

در برخورد اول با مقولهٔ «ترجمه‌پذیری انجیل» ممکن اســت مسیحیان فکر کنند که این موضوع به زبان‌شناســی مربوط می‌شود. البته همین هم برای آغاز درک مبحث خوب است، چون ترجمه‌پذیری دارای چندین ویژگی مهم است که با فرایند ترجمهٔ زبان‌شناختی به‌خوبی

توضیح داده می‌شوند. حتی شناختی گذرا از تاریخ کلیسا هم آشکار می‌سازد که در مواقعی کلیسا بر سر مفهوم قابلیت (یا چگونگی) ترجمهٔ کلام خدا به زبان‌های بومی با مشکلاتی دست به گریبان بوده است. از آنجایی که زبان یونانیِ «کُینه»[1] و به‌کار رفته در عهدجدید با یونانیِ کلاسیک همخوانی نداشت، مدت زمانی طول کشید تا آن را به‌عنوان زبان خاص و روحانیِ روح‌القدس بشناسند. برخی این دیدگاه را به‌مثابه استدلالی تاریخی برای نهی از ترجمه کردن عهدجدید، یا فقط ترجمهٔ محدود آن به زبان لاتین- که در غرب زبانی مقدس و روحانی شمرده می‌شد- به‌کار بردند. با این همه، در اواخر سدهٔ نوزدهم پژوهشگرانی چون آدولف دایسمان[2] و اِی. تی. رابرتسن[3] به‌طرز قانع‌کننده‌ای نشان دادند که یونانیِ عهدجدید به هیچ روی تخصصی نیست، بلکه زبان عامهٔ مردم کوچه و بازار در سدهٔ یکم میلادی بوده است. این موضوع بر نقطهٔ قوت الاهیاتی زیر تأکید داشت: خدا نه تنها حاضر شده بود به زبان انسان سخن بگوید، بلکه این کار را به زبان متداول کوچه و بازار انجام داده بود. این به کلیسا کمک کرده تا متوجه شود که انجیل عیسای مسیح توانایی بالقوه برای ترجمه شدن به هر زبانی را در دنیا دارد.

درس مهم دیگری که از ترجمه‌پذیری زبان‌شناختی انجیل می‌توان گرفت این است که به ما یادآور می‌شود که مسیحیت تنها دین در جهان است که مأخذ و نوشته‌های اولیه‌اش به زبانی غیر از زبان بنیانگذار آن نوشته شده است. این یکی از تفاوت‌های حیرت‌آور میان مسیحیت و دیگر دین‌های جهان است. زبان محمد عربی بود، و قرآن هم به زبان عربی است؛ زبان کاهنان برهمن در هندوستان سنسکریت بود و اوپانیشادها هم به همین زبان نوشته شدند. عیسی به زبان آرامی تعلیم می‌داد، با وجود این، نخستین نوشته‌هایی که تعالیم او را ثبت کرده‌اند، نه به آرامی بلکه به یونانیِ عامه (کُینه) هستند. این نکتهٔ الاهیاتی بسیار مهم در ارتباط با انجیل مسیحی در تضاد شدید با، مثلاً، باور مسلمانان قرار دارد که معتقدند قرآن ترجمه‌ناپذیر و کلام الله است که تنها باید آن را به زبان عربی خواند و فهمید.[4] در مقابل، در همان آغاز مسیحیت، ترجمه‌پذیری زبان‌شناختیِ پیام آن مورد گواهی و تأیید قرار گرفت، و حتی در منابع و نوشته‌های اولیه نیز تجلیل شد.

با این‌حال، ترجمه‌پذیری انجیل پهنه‌ای فراتر از مقولهٔ زبان‌شناسی را در بر می‌گیرد. انجیل نه تنها *به‌لحاظ زبان‌شناختی* قابل ترجمه است، بلکه *به‌لحاظ فرهنگی* نیز می‌توان انجیل را ترجمه کرد. به‌عبارت دیگر، ورود مسیح به این جهان و پذیرفتن «ذات غلام» توسط او، چنانکه سرود مذکور در بالا به ما یادآوری می‌کند، ننگ و داغ از همهٔ فرهنگ‌ها می‌زداید و کل جهان را به قلمرویی بالقوه برای ظهور پادشاهی خدا تبدیل می‌کند. اگر پسر خدا توانست تا مرزهای دورافتادهٔ قومی ستمدیده و تحقیرشده، که در سدهٔ یکم میلادی در

---

1. Koine; 2. Adolph Deissmann; 3. A. T. Robertson

۴. از همین روست که اصرار کاتولیک‌ها به برپا داشتن مراسم قربانی مقدس آیین عشای ربانی (Mass) به زبان لاتین، تا پیش از شورای دوم واتیکان بیشتر به برداشت اسلامی از ترجمه‌ناپذیری قرآن نزدیک است تا موضع مسیحی که اکنون شایع شده است.

حاشیهٔ امپراتوری روم زندگی می‌کردند وارد شود، انجیل هم می‌تواند با اطمینان پا به هر فرهنگ دیگری بگذارد. این مبنایی الاهیاتی برای کل مقولهٔ زمینه‌مندسازی به‌شمار می‌رود. «لسلی نیوبیگین»، در واقع، تجسم را به زمینه‌مند ساختن پیوند می‌زند وقتی که می‌گوید: «زمینه‌مندسازیِ واقعی زمانی روی می‌دهد که جامعه‌ای وفادارانه با انجیل زندگی کند، با احساس همدردیِ ایثارگرانه با شرایط واقعیِ مردم، درست مانند آنچه که در خدمت زمینی عیسی شاهدیم.» بدین‌ترتیب، تجسم به‌طرز مؤثری در را به روی همهٔ تأملات راهبردی و میسیون‌شناختی در باب زمینه‌مندسازی و چگونگیِ حفظ ویژگی‌های جهانیِ انجیل می‌گشاید، حتی اگر در مجموعه‌ای نامحدود از خصوصیات فرهنگی تبلور یافته باشد.

## تجسم و «لحظهٔ افسسیانِ» جهانی

هندوستان در تاریخ نیمه‌شب ۱۵ آگوست ۱۹۴۷ استقلال خود را به‌دست آورد. گزارش‌های مربوط به این رویداد خاطرنشان می‌سازند که درست هنگام نیمه‌شب، جمعیتی که شمارشان از یک میلیون فراتر بود، و از جمله نهرو[1] و ماونتباتن[2] در سرای پیروزی[3] گرد آمدند تا جشن بگیرند. با این‌حال، مردی بود که در آنجا حضور نداشت و در جشن شرکت نکرد. آن مرد مهاتما گاندی بود. وی گفت که به‌رغم همهٔ زحمات، راهپیمایی‌ها، اعتراض‌ها و زندان‌ها، ۱۵ آگوست از نگاه او روز سوگواری است، چون هندوستان تجزیه و چند پاره شده بود. هندوستان نتوانسته بود یکپارچگی خود را حفظ کند. به‌نظر می‌رسد که این یکی از نشانه‌های عصر ما نیز هست. دنیای ما پر از نفاق و چنددستگی است، چه در سودان چه در بالکان، در عراق یا در شهرها و شهرستان‌های اطراف خودمان.

عیسای مسیح آغازگر و مبدع جامعه‌ای نوین بود که موجودیت خود را در لابه‌لای محدوده‌های تنگ و باریک فرهنگ یهودی سدهٔ نخست میلادی شروع کرد، اما به‌سرعت به فراتر از مرزهای آن گسترش یافت. همچنان که کلیسا مرزهای فرهنگی بیشتری را درمی‌نوردید، در میان اجتماع پیروان عیسی تنوع و تفاوت به‌طور فزاینده‌ای رخ می‌نمود، و این تفاوت‌ها به چنددستگی و جدایی دامن می‌زد.[4] از همان اوایل، فشاری قابل‌ملاحظه بر ایمانداران غیریهودی‌تبار وارد شد تا ایشان را وادار به رعایت کامل همهٔ فرایض اجتماعی و فرهنگی یهودی کند. در واقع، کسانی بودند که بر اجرای کامل احکام تورات پافشاری می‌کردند. با وجود این، به محض اینکه شورای اورشلیم (اعمال ۱:۱۵-۳۵) به غیریهودیان اجازهٔ ورود به کلیسا را داد، آن‌هم بدون اینکه مجبور به ترک فرهنگ خودشان باشند، کلیسا ناگزیر به یافتن راهی خلاقانه برای حفظ یکپارچگی در بطن تنوع موجود شد. کلیسا می‌بایست نهادی باشد به تنوع بشریت، اما همچنان در عیسای مسیح واحد. دیوار جدایی

---

1. Nehru; 2. Mountbatten; 3. Victory's House

۴. مجادله میان یهودیان آرامی‌زبان و یهودیان یونانی‌زبان در اعمال ۶، یا منازعه میان مسیحیان یهودی‌گرا و پولس و همفکرانش، از نخستین نمونه‌هایی هستند که نشان می‌دهند چگونه کلیسا به‌شکلی مؤثر به پدیدهٔ نفاق و چنددستگی واکنش نشان می‌دهد.

میان یهود و غیریهود در عهدجدید پیش‌نمایی است از همهٔ این قبیل موانع قومی، فرهنگی و طبقاتی که مردمان هر عصر و مکان را از یکدیگر جدا می‌سازد. با این همه، در انجیل آنانی که زمانی دشمن و «دور» بودند، اکنون در عیسای مسیح نزدیک آمده‌اند. از همین‌رو است که پولس در افسسیان ۱۴:۲ اعلام می‌کند: «زیرا او خود صلح ماست، که این دو گروه را یکی ساخته است. او دیوار جدایی را که در میان بود فروریخته.» این همان مطلبی است که «اندرو والز»[1] نامش را «لحظهٔ افسسیان»[2] گذاشته است- گردهم‌آمدنِ فرهنگ‌های گوناگون زیر لوای هویتی تازه در عیسای مسیح. جامعهٔ مسیحی را بیش از همه به *بدن* تشبیه می‌کنند که به‌طور همزمان هم یگانگی آن را نشان می‌دهد و هم گوناگونی موجود در آن را- اعضای گوناگون و مختلف مشغول کارند، اما بدن یکی است. کلیسا بدن مسیح است (اول قرنتیان ۲۷:۱۲). این تشبیه که از تجسم نشأت گرفته، باید برداشت ما را از میسیون مسیحی دگرگون سازد.

وقتی کلیسا به‌راستی «لحظهٔ افسسیان» را تجربه کند، میسیون‌های مسیحی نیز از قید و بند بزرگ‌نماییِ صِرف نهاد یا سازمانی مذهبی رها می‌شوند. میسیون مسیحی جزو جامعه‌ای پویا و زنده، یعنی بدن مسیح می‌شود. اندرو والز به دو خطر اشاره می‌کند که میسیونرها را تهدید می‌کنند، آن‌هم وقتی که از درک مفهوم میسیون مسیحی در چارچوب دیدگاه کتاب‌مقدسی نسبت به کلیسا به‌عنوان بدن مسیح، غافل‌اند. نخست، تلاش برای تبدیل کردن مسیحیت به روایتی خاص خودمان و به‌عنوان هنجاری برای همگان است، که انجیل را به اَشکالی از امپریالیسم فرهنگی پیوند می‌زند. دوم، تلاش پست‌مدرن برای «معتبر و اصیل» نشان دادن همهٔ روایت‌ها از مسیحیت به‌طور یکسان است، و پراکندنِ شعاری مبنی بر «پس هر یک از ما آزادیم تا جدا از دیگران از روایت خود از مسیحیت برخوردار باشیم.» اتحاد مسیحی نه به معنای ایجاد همشکلی است نه ایجاد تفرقه و چنددستگی. به‌رغم ناکامی‌های بسیاری که در درک این دیدگاه داشته‌ایم، کلیسای مسیحی هنوز به‌لحاظ قومی، نژادی و فرهنگی پرتنوع‌ترین جنبش دینی روی زمین است. میسیون مسیحی می‌بایست بزرگترین نیرو برای برقراری آشتی نژادی و قومی باشد و این زمانی تحقق می‌پذیرد که مردم هرچه بیشتر «لحظهٔ افسسیان» را تجربه کنند.

در واقع، هرچه گوناگونی قومی و فرهنگی در کلیسا بیشتر شود، تجلی جلال خدای تثلیث نیز بزرگتر خواهد بود. والز می‌گوید: «اگر تجسم پسر خدا نمایانگر ترجمانی الاهی است، بنابراین، پیش‌درآمدی است بر اعمال ترجمانِ مجدد و مکرر، *زیرا مسیح «پُری»[3] را پر می‌سازد.*» به‌عبارت دیگر، وقتی میسیونرها انجیل (خبر خوش) را می‌رسانند، راه‌شان یک‌طرفه نیست، چون وقتی شاهد پذیرش مسیح در میان اقوام جدید هستیم، این تجربه جزو کشف خودمان از پری مسیح می‌شود و حتی به کشف مجدد و بزرگتری از این پری نایل می‌شویم. اگر اعمال ۱۰ را تنها به‌عنوان روایت درمیان گذاشتن انجیل توسط پطرس با کرنیلیوس- که به ایمان آوردن و تعمید گرفتن او و اهل خانه‌اش منجر شد- بدانیم،

1. Andrew Walls; 2. Ephesians Moment; 3. Pleroma

ممکن است اهمیت کامل آن را دست‌کم بگیریم. به‌طور قطع اعمال ۱۰ شهادتی است بر ترجمه‌پذیری فرهنگیِ انجیل، زیرا از مانع بین یهود (پطرس) گذشته، وارد قلمرو غیریهود (کرنیلیوس) می‌شود، اما در کنار آن نشان می‌دهد که انتقال انجیل هرگز مسیری یک‌طرفه نیست. کرنیلوس ایمان آورد و پیرو مسیح شد. با این‌حال، پطرس هم از تأثیر این رویارویی بی‌بهره نماند و خودش نیز دگرگون شد. طبقه‌بندی‌های الاهیاتیِ پطرس، که از پیش در ذهن ساخته بود، به لرزه درآمدند. عظمت *مأموریت الاهی* پطرس را به شگفتی آورده و غافلگیر کرده بود. نقشهٔ خدا بزرگتر از آن چیزی بود که پطرس می‌پنداشت. با این تعبیر، اعمال ۱۰ داستان تبدیل مضاعف[1] است- کرنیلیوس پیرو مسیح شد، و پطرس هم بینشی ژرف‌تر نسبت به پُری *مأموریت الاهی* به‌دست آورد.[2]

در حالی که ما بیشتر و بیشتر به کار خدا در ابعاد جهانی می‌اندیشیم، همهٔ تبادلات میسیونری اصیل می‌بایست بازتاب این «تبدیل مضاعف» باشند. وقتی جامعهٔ مسیحی فراتر از فرهنگ یهودی و هلنیستی رشد و گسترش یافت و وارد فرهنگ‌های چینی، هندی، آفریقایی، کره‌ای و دیگر فرهنگ‌ها شد، ما بینش بیشتری از زیبایی و غنای عیسای مسیح به‌دست آوردیم. به همین منوال، جاناتان ادواردز[3] کلیسا را «جلوه‌ای» از جلال خدا می‌دید، گویی درختی شکوفه، شاخ و برگ و میوه بیاورد و شکوه و بزرگی‌اش را به نمایش بگذارد. ادواردز می‌نویسد که هرچه کلیسا بیشتر رشد می‌کند، بیشتر بر «انتشار غنا و شکوه» خود گواهی می‌دهد. خدا در ذات خود کامل است، و حیات درونی او پیوسته «در جریان» است و انسان‌های بیشتری را «در حیات خدا سهیم» می‌سازد. بدین‌سان، هرچه گروه‌های بیشتری از مردمان نزد پاهای مسیح می‌آیند، درک و بینش ما از غنایِ طبیعت خدا در عیسای مسیح نیز پیوسته افزایش می‌یابد. از این‌رو است که میسیون مسیحی را نمی‌توان صرفاً یکی از وظایف کلیسا دانست. میسیون مسیحی طریقی است که کلیسا توسط آن بدن مسیح می‌شود و پری مسیح را محقق و متجلی می‌سازد.

عبرانیان ۱۱ به‌خاطر تجلیل از مردان و زنانی که در دوران عهدعتیق با ایمان زیست می‌کردند، بسیار مشهور است. با این همه، فصل یادشده از عبرانیان با این گفتار پایان می‌پذیرد که ایشان از آن جهت وعده را دریافت نکردند چون خدا «از پیش چیزی بهتر برای ما در نظر داشت تا ایشان بدون ما به کمال نرسند» (عبرانیان ۱۱:۴۰). از قرار معلوم، این هم حقیقت دارد که تنها در سایهٔ همراهی کلیسای جهانی است که همهٔ ما در مسیح کامل می‌شویم.

---

1. Double Conversion

۲. این واقعه از عهد جدید، مشابهی عهدعتیقی نیز دارد که همانا رویارویی یونس با اهالی نینوا است. یونس هم مانند پطرس تنها به‌واسطهٔ انگیزش و پیشگامی الاهی وادار به رفتن به میان غیریهودیان شده بود. یونس که نسبت به این مأموریت اکراه داشت و در برابرش مقاومت می‌کرد، شاهد ایمان آوردن و توبه کردن نامنتظرهٔ «غیریهودیانِ بت‌پرست» بود. در کتاب یونس تصریح نشده که این تجربه چگونه بر ایمان یونس افزود، اما این فرصت برای یونس به‌وجود آمد تا با دیدن وسعت کار خدا در جهان، در سطحی ژرف‌تر ایمان بیاورد.

3. Jonathan Edwards

## تجسم و مأموریت مسیحیِ جامع

چنانکه در فصل اول یادآور شدیم، یکی از فجایع انتقال به دورهٔ پسا-حاکمیتِ مسیحی[1] تأکید فزاینده بر شخصی‌سازیِ ایمان بود. شخصی‌سازی تنها ذهن‌گراییِ روایت شخصیِ یک فرد را در بر می‌گیرد، و هیچ ادعایی مبنی بر فراروایتیِ عینی که همگان را شامل می‌شود، نمی‌پذیرد. بدین‌ترتیب، مسیحیت از مرکزیت زندگی عمومی رانده شد، «به‌جز مواقعی که در دورهٔ جنگ از آن برای متحد ساختن نیروهای مردمی یاد کردند.» چنانکه در فصل ۱ به‌طور مبسوط بررسی کردیم، فروپاشی حاکمیتِ مسیحی و ظهور پست‌مدرنیسم عوارض خود را بر همهٔ جلوه‌های اصلیِ مسیحیت تحمیل کرد. با این‌حال، حرکت به‌سوی شخصی‌سازیِ ایمان به‌طور مشخص در میان مسیحیان اونجلیکال داستانی پیچیده است. اظهار رایج مبنی بر اینکه پروتستان‌های لیبرال قائل به «انجیل اجتماعی» هستند، در صورتی که اونجلیکال‌ها بر «بشارت شخصی» صحه می‌گذارند، نه تنها به‌لحاظ تاریخی نادرست، بلکه با توجه به تنوعی که در هر دو سنت وجود دارد، نامنصفانه است. به‌لحاظ تاریخی، اونجلیکال‌ها در صف اول بسیاری از تحولات عمدهٔ اجتماعی، و از جمله قانون کار کودکان، الغای برده‌داری، و اصلاح زندان‌ها قرار داشته‌اند. میسیونرهای اونجلیکال در سراسر جهان مدرسه، یتیم‌خانه و بیمارستان ساختند. به همین ترتیب، کلیساهای جریان اصلی پروتستان برخی از الهام‌بخش‌ترین نمونه‌های شور و حرارت اونجلیکال و وقف به کار تأسیس کلیسا را رقم زدند.

ستیزها و مناقشات میان بنیادگرایان و مدرنیست‌ها در دهه‌های ۱۹۲۰ و ۱۹۳۰ بر میل اونجلیکال‌ها به تأکید بر توبه و ایمان آوردنِ شخصی افزود. وانگهی، جریان رایج و پارسایانه‌ای که در مکتب اونجلیکال وجود داشت، همیشه بر این تأکید می‌گذاشت که تغییر «از درون» روی می‌دهد و دگرگونی اجتماعی «یکی به یکی» آغاز می‌شود. بدین‌ترتیب، اونجلیکال‌ها بیشتر به شخصی کردنِ مسئولیت اجتماعی گرایش داشتند تا رد فعالیت اجتماعی. برای مثال، آنها بیشتر خود را درگیر امدادرسانیِ اجتماعی، نظیر تدارک سرپناه برای افراد بی‌خانمان یا خوراک دادن به گرسنگان می‌کردند، تا رسیدگی به علل ریشه‌ایِ بزرگتر، نهادینه و نظام‌مند شرارت.

احیای مکتب اونجلیکال که پس از جنگ جهانی دوم به وقوع پیوست، در رد یک انجیل بیش از اندازه شخصی‌شده کاملاً بی‌پرده و صریح بود و مؤکداً با دیدگاه‌های بنیادگرایانهٔ مرسوم، یعنی جداسازی فرهنگی سر ستیز داشت. در سال ۱۹۵۴، هرولد اوکنگا[2] که در نگاه همگان به‌عنوان رهبر مکتب اونجلیکال شناخته می‌شود، در مراسم انتصاب «ای. جی. کارنل»[3] به ریاست دانشکدهٔ الاهیات فولر،[4] یکی از نخستین مدارس پرچمدار مکتب اونجلیکال، سخنرانی کرد. در همین سخنرانی بود که اوکنگا در ضمن بیان این جملات، اصطلاح «نو-اونجلیکال»[5] را ابداع کرد:

1. Post- Christendom; 2. Harold Ockenga; 3. E. J. Carnell; 4. Fuller Theological Seminary; 5. New Evangelical

جریان نو-اونجلیکال به‌لحاظ آموزه‌ای دربرگیرندهٔ راست‌دینیِ کامل بنیادگرایی است، اما هشیاری و مسئولیت‌پذیری اجتماعی نیز از خود نشان می‌دهد، که جایش در بنیادگرایی به‌طرز غریبی خالی بود. مکتب نو-اونجلیکال نه تنها با نجات شخصی، حقیقت آموزه‌ای و مرجعی بیرونی سروکار دارد، بلکه معتقد است که مسیحیان راست‌دین نمی‌توانند از مسئولیت‌شان در صحنهٔ اجتماع شانه خالی کنند.

بنا به تعریف، یک «نو-اونجلیکال» به‌لحاظ آموزه‌ای راست‌دین بود و به‌لحاظ اجتماعی درگیر فعالیت. در دههٔ گذشته، آگاهی فزاینده نسبت به جهانی‌شدن، همه را، و از جمله اونجلیکال‌ها را، هشیار کرده که شرکت‌هایی مثل نایکی و گپ برای تولید محصولات‌شان از «بیگاری‌خانه‌ها» در کشورهای در حال توسعه بهره می‌کشند. مثلاً، وقتی اونجلیکال‌های جوان فهمیدند که زنی در هائیتی در ازای دوختن هر لباس با طرح «۱۰۱ سگ خالدار»[1] که کمپانی دیزنی آن را بیست دلار می‌فروشد، فقط شش سنت مزد دریافت می‌کند، سخت نگران شدند. در نتیجه علاقه و همیاری عمیقی در امر مشارکت اجتماعی به‌وجود آمد که منابع ساختاری و نظام‌مند شرارت، و نه فقط مظاهر آن، را مورد هدف قرار داد. روبرت وبر[2] در کتاب خود با عنوان *اونجلیکال‌های جوان* مدارکی مستند دال بر علاقه‌ای رو به رشد برای شرکت در فعالیت‌های اجتماعی در همه سطوح از سوی جوانترین نسل از اونجلیکال‌ها ارائه می‌کند.

بهترین نکته‌ای که در ارتباط با این تحولات وجود دارد این است که آنها علاقه‌ای دوباره به خدمات جامع عیسی، به‌عنوان الگویی برای شرکت فعالانهٔ مسیحیان در جهان، برانگیخته‌اند. به‌سختی بتوان نمونه‌ای قانع‌کننده ارائه داد که در آن میسیونرها به‌طور فعال درگیر دغدغه‌ای اجتماعی نبوده باشند. جایی که میسیونرها در آن به مشکل برخورده‌اند، بیان دقیقِ *رابطهٔ* میان بشارت و فعالیت اجتماعی بوده است. برخی از میسیونرها فعالیت اجتماعی را به‌مثابه پایگاه یا سکویی برای بشارت دیده‌اند، و از این‌رو سلسله مراتبی به‌وجود آورده‌اند که فقط وقتی به فعالیت اجتماعی ارزش و اعتبار می‌بخشد که به بشارتِ علنی منجر شود. اما برخی دیگر، فعالیت اجتماعی را وسیلهٔ ابراز طبیعیِ محبت مسیح، و بدین‌سان، جلوه‌ای معتبر برای خبر خوش (انجیل) دیده‌اند، حتی اگر با اعلان صریح آن همراه نباشد، یا به اعلان آن منجر نشود.

خدمت جامع عیسی هم بشارت انجیل *و* هم فعالیت اجتماعی را کاملاً در بر می‌گیرد و این دو را یکپارچه می‌سازد و به هرگونه بی‌اعتمادی میان آنها پایان می‌بخشد. متی در ذکر خلاصه‌ای از خدمت عیسی می‌نویسد که عیسی «بشارت پادشاهی را اعلام می‌کرد و هر درد و بیماری را شفا می‌بخشید» (متی ۳۵:۹). بعدها عیسی شاگردانش را فرستاد تا «به پادشاهی خدا موعظه کنند و بیماران را شفا دهند» (لوقا ۲:۹). فقط زمانی که میسیون‌شناسی در چارچوبی تثلیثی بازاندیشی کند، عیسی به‌عنوان نمونهٔ اولیه‌ای نمایان می‌شود که به *مأموریت الاهی* جامهٔ عمل می‌پوشاند. بدین‌ترتیب، یک بازنگری تازه و دوباره از خدمت

1. 101 Dalmatians; 2. Robert Webber

عیسی می‌تواند برای حل بسیاری از تنش‌های سنتی که باعث ایجاد اختلاف‌های بی‌مورد شده‌اند، راهگشا باشد. عیسی نمایندهٔ ظهور فرمانروایی خدا و نوبر خلقت تازه است. در خلقت تازه جانِ بدون جسم وجود ندارد. خداوندی عیسای مسیح تمامی آفرینش را، اعم از جسم و جان، بشریت و محیط‌زیست، در بر می‌گیرد. ما باید پیوسته از گرایش به اخذ دیدگاه بیش از اندازه محدود و کوته‌نظرانه در مورد *مأموریت الاهی* آزاد شویم.

در فصل‌های ۱۵ و ۱۷ این کتاب، با طیف گسترده‌ای از الگوهای شهادت میسیونری آشنا می‌شویم، که به‌نظر می‌رسد برخی از آنها بیشتر روی بشارت و تأسیس کلیسا متمرکز شده‌اند، درحالی که دیگران تمرکز خود را بر شهادت اجتماعی و فرهنگی در دنیا گذاشته‌اند. با وجود این، تشخیص این امر مهم است که باید به خدمت مؤثر مسیحی در هر زمینهٔ به‌خصوصی از طریق عینکی نگاه کرد که بیشترین وسعت دید را ایجاد می‌کند. خدمت هیچ‌کس نمی‌تواند به‌طور کامل بازتاب جامعیت و وسعت *مأموریت الاهی* در جهان باشد. تنها با هم است که می‌توانیم پری مسیح را به دنیای گمشده بازتابانیم.

## خدای روح‌القدس: حضور نیروبخشِ *مأموریت الاهی*

یاروسلاو پلیکان[1] در بررسی پیرامون تحول آموزهٔ مسیحی، درمی‌یابد که آموزهٔ تثلیث در کلیسای اولیه، نمایانگر نقطهٔ اوج تحول آموزه‌ای است. لیکن، به رسمیت شناختن الوهیت کامل عیسای مسیح خیلی زودتر از به رسمیت شناختن الوهیت کامل روح‌القدس در بطن خدای تثلیث، انجام گرفت. اعتقادنامهٔ نیقیه که در سال ۳۲۵ م. صادر شد بازتاب یک پدیده‌شناسی نوپیدا است، زیرا فقط می‌گوید: «ما ایمان داریم به روح‌القدس»، بدون هیچ توضیح بیشتری. این اعتقاد نسبتاً کمرنگ را اغلب به دو عامل نسبت می‌دهند. یکی اینکه، نخستین شورای جهانی کلیساها که در نیقیه تشکیل شد، هم‌وغم‌اش پاسخگویی به طیف گسترده‌ای از چالش‌هایی بود که پیرامون الوهیت عیسای مسیح به‌وجود آمده بودند، و این شورا در وضعیتی نبود که بتواند به الوهیت روح‌القدس نیز بپردازد. دیگر آنکه، در عهدجدید شواهد مؤید الوهیت روح‌القدس، به‌طور قابل‌ملاحظه‌ای کمتر از شهادات مربوط به پدر و پسرند، از این‌رو رسیدگی به این موضوع مدت بیشتری به درازا کشید. چنانکه گریگوری نازیانزوسی[2] خاطرنشان ساخته، «عبارات زیادی در کلام خدا وجود ندارند که او [روح‌القدس] را خدا بخوانند، در صورتی که بیش از همه عباراتی نخست در مورد الوهیت پدر و پس از آن در مورد پسر به چشم می‌خورد.» گریگوری نازیانزوسی در اواخر دههٔ ۳۸۰ م. اعتراف می‌کند که «تنها یک خطای جزئی [در مورد روح‌القدس] کافی است تا آموزهٔ راست‌دینی مخدوش شود.» تازه در ۳۸۱ م.، یعنی سال صدور اعتقادنامهٔ نیقیه‌ای-قسطنطنیه‌ای[3] بود که کلیسا نسخه‌ای از اعتقادنامهٔ نیقیه را که امروزه در همه جا مورد استناد است، تدوین کرد: «ما ایمان داریم به روح‌القدس، خداوند و بخشندهٔ حیات، صادر شده از پدر. که باید او را به همراه پدر و پسر، بپرستیم و تجلیل کنیم؛ او که به‌واسطهٔ انبیا سخن گفته است.»

1. Jaroslav Pelikan; 2. Gregory of Nazianzus; 3. Niceno-Constantinopolitan Creed

حتی با وجودی که مسئلهٔ الوهیت روح‌القدس تا سال ۳۸۱ دیگر حل شده بود، اما بحث پیرامون طبیعت دقیق تثلیث و روابط حاکم بر آن تا یک سده بعد نیز ادامه داشت. همهٔ اینها بر گفتمان الاهیاتیِ مربوط به روح‌القدس تأثیری ژرف و دوچندان گذاشت. از آنجایی که مباحث کلیساها در مورد روح‌القدس پیش از هر چیز بر شخص روح‌القدس (یعنی الوهیت او و رابطه‌اش در درون تثلیث) متمرکز بود، در سراسر دورهٔ پدران کلیسا مبحث مربوط به *کار* روح‌القدس به‌طور بسیار جدی مورد غفلت واقع شد. در یک کلام، گفتمان «درون‌بودی» دربارهٔ روح‌القدس پیوسته بر مباحث «تدبیریِ» لازم پیشی می‌گرفت. از آنجایی که این مباحث بر شخص روح‌القدس بیش از کار او تأکید داشتند، اندیشه‌ها و نوشته‌های دورهٔ پدران کلیسا بیشتر به سمت قاعده‌بندی‌های تخصصی و انتزاعی گرایش داشت. نتیجه این شد که اغلب در مورد روح‌القدس در چارچوبی شخصی نمی‌اندیشدند. تصاویر غالب بر ذهن این اندیشمندان چیزهایی بود نظیر باد، آتش، آب و روغن که همگی صُوَری غیرشخصی بودند و بیشتر به نیرویی غیرشخصی نظر داشتند تا حضور نیروبخش خدای زنده. با این همه، در عهدجدید روح‌القدس عاملی فعال و شخصیت‌مند است.[1]

تأکید جنبش اصلاح دینی بر اقتدار کلام خدا، کلیساشناسی و مسیح‌شناسی، و مهم و حیاتی شمردن آنها، بدین‌معنا بود که روند تحول کامل الاهیاتیِ آموزهٔ روح‌القدس به تأخیر افتاد، و الاهیات پروتستان پس از عصر اصلاح دینی هم از چندین جنبهٔ حیاتی از کار او غافل ماند، زیرا همهٔ تمرکز خود را بر تحکیم و سازماندهی الاهیات اصلاحگران گذاشت. با گذشت زمان، سنت‌های الاهیاتی غربی که پدید آمدند، نقش فعال روح‌القدس را در حیات کلیسا تا حد زیادی محدود کردند. نتیجهٔ کار فقدان روح‌القدس‌شناسیِ جامعی شد که اکنون به‌طرز غم‌انگیزی محسوس شده بود. نمونهٔ بارز آن را می‌توان در «الاهیات نظام‌مند» لوئیس برکهوف یافت، متنی کلاسیک در الاهیات اصلاح‌شده، که هنوز تا به امروز مورد استفاده است. برکهوف بحث پیرامون کار روح‌القدس را پیش می‌کشد، اما آن را به کار مسیح در زندگی ما (مثلاً تولد تازه) و در امر تقدس شخصی (مثلاً تقدیس) محدود می‌کند. برکهوف در بسط کلیساشناسی خود، در مورد نقش روح‌القدس در نیرو بخشیدن به کلیسا برای شهادت و مأموریت یا توان بخشیدن به کلیسا به‌عنوان یک کل، برای تبلور بخشیدن به واقعیاتِ آخرشناختیِ خلقت تازه در زمان حال، خاموش است. بسیاری از مکاتب الاهیاتیِ نظام‌مند غربی حتی وارد مقولهٔ شخص و کار روح‌القدس به‌عنوان یک طبقه‌بندی مجزا برای مطالعه نمی‌شوند و الاهیات خودشان در باب روح‌القدس را در زیر آموزهٔ خدا و نجات‌شناسی ارائه می‌کنند.

---

۱. برای نمونه، روح‌القدس می‌کاود (۱قرن ۲:۱۰)، آگاه است (۱قرن ۲:۱۱)، می‌آموزد (۱قرن ۲:۱۳)، ساکن می‌شود (۱قرن ۳:۱۶؛ ۸:۱۱؛ ۲تیمو ۱:۱۴)، به عمل می‌آورد (۱قرن ۱۲:۱۱)، حیات می‌بخشد (۲قرن ۳:۶)، ندا درمی‌دهد (غلا ۴:۶)، هدایت می‌کند (غلا ۵:۱۸؛ روم ۸:۱۴)، شهادت می‌دهد (روم ۸:۱۶)، تمایلات دارد (غلا ۵:۱۷)، به یاری‌مان می‌آید (روم ۸:۲۶)، شفاعت می‌کند (روم ۸:۲۶-۲۷)، کار می‌کند (روم ۸:۲۸)، نیرو می‌بخشد (افس ۳:۱۶) و غمگین می‌شود (افس ۴:۳۰).

در سدهٔ بیستم شاهد پدیدار شدن دو تحول همزمان هستیم؛ یکی ازسرگیری تأکید بر کار روح‌القدس و دیگری رنسانسی بزرگ در الاهیات تثلیثی.[1] پیدایش پروتستانتیزم جهانی موجب برانگیختن تأکیدی بی‌سابقه بر *کار* روح‌القدس شد. به همین ترتیب، متألهان بانفوذی همچون کارل بارت، کارل رانر، و یورگن مولتمان، همگی آموزهٔ تثلیث را محور کار الاهیاتی خود قرار دادند. حاصل این دو تحول به بلوغ درک ما از روح‌القدس انجامید و از این رهگذر توانستیم نقش روح‌القدس را در *مأموریت الاهی* بهتر بفهمیم. اکنون روح‌القدس را هم مانند دو شخص دیگر تثلیث، از چهار جنبه مورد بررسی قرار می‌دهیم.

## خدای روح‌القدس کلیسا را برای شهادت دادن تقویت می‌کند

کلیسا اساساً جماعتی است اعلان‌کننده. از این لحاظ، رویداد پنتیکاست مرز جداکننده‌ای است میان کاهال (kahal= جماعت) در عهدعتیق و اکلِسیا (ekklēsia = کلیسا) در عهدجدید. عهدعتیق حول محوریتِ معبد، کاهن، مذبح، قربانی و جماعتِ گردآمده، شکل گرفته بود. کلیسا پس از قیام به جهان فرستاده شد، چنانکه در ظهور عیسی پس از قیام بر شاگردانش این امر را تصریح کرد. با وجود این، درست پیش از صعود، عیسی به شاگردانش چنین تعلیم داد که پیش از رهسپار شدن برای اعلان انجیل، منتظر حضور و تقویت روح‌القدس بمانند. عیسی فرمود: «من موعود پدر خود را بر شما خواهم فرستاد؛ پس در شهر بمانید تا آنگاه که از اعلی با قدرت آراسته شوید» (لوقا ۲۴:۴۹). در روز پنتیکاست کلیسا تجهیز شد تا به اجتماعی اعلان‌کننده تبدیل شود؛ اجتماعی که در گفتار و کردار تجلی فرمانروایی خدا است. صلیب، قیام، و پنتیکاست در مجموع از تحقق و به کمال رسیدن عهد قدیم خبر می‌دهند. اینک نظام نوین ظهور کرده و باید آن را به همهٔ ملت‌ها اعلان کرد. هری بوئر در کتاب پنتیکاست و مأموریت مسیحی می‌نویسد: «پنتیکاست ناقوس مرگ معبد، کاهن، مذبح، قربانی، شریعت و مراسم دینی بود.»[2] اصطلاح «ناقوس مرگ» را نباید به معنای پایان این واقعیت‌ها دانست، بلکه منظور رسیدن به نقطهٔ اوج کمال آنها در وجود واقعیتی بزرگتر، یعنی عیسای مسیح، است. در قیاس با واقعیت نوین عیسای مسیح، آن واقعیت‌های پیشین تنها سایه‌ای به‌شمار می‌روند (عبرانیان ۸:۵؛ ۱۰:۱). نتیجهٔ کار، تحول قوم خدا بود، از قومی محصور در چارچوبی جغرافیایی، و از جنبشی محدود به لحاظ قومی، به جنبشی جهانی که همهٔ قوم‌های روی زمین را دربرمی‌گرفت.

---

۱. تحولات ریشه‌ای که در سده‌های هجدهم و نوزدهم شکل گرفتند، مانند جنبش‌هایی همچون جنبش تقدس وسلی (Wesleyan Holiness Movement) و بیداری‌های روحانی کزویک (Keswick revivals)، زمینه را برای چنین الاهیاتی هموار کردند.

۲. جز تنها یک مورد استثنا، اصطلاح یونانی sunagōgē که برای گردهمایی یا اجتماع یهودی به کار می‌رفت، هیچگاه در عهد جدید برای گردهمایی مسیحی مورد استفاده قرار نگرفته است. پولس برای توصیف مسیحیانی که در مکانی ویژه و برای پرستش گرد هم می‌آیند، واژه ekklēsia را به کار می‌برد. بعدها، وی معنای ekklēsia را بسط داده مشمول همه مسیحیان در هرجا می‌کند، حتی آنانی که در آسمان هستند.

این اعلان جدید را آشـــکارا بسط خدمت روح‌القدس در، و از طریق، کلیسا می‌دانستند. اگرچـــه این جنبهٔ جهانی از آغاز پیش‌گویی شـــده بود، اما مرگ و قیام مســـیح، و در پی آن پنتیکاست و نزول روح‌القدس- که نشانهٔ پایان سایه‌ها، نمونه‌ها و انتظارها محسوب می‌شد- ســـرآغاز ظهور واقعیِ خلقت تازه بود. روش اصلی روح‌القدس برای آوردن خلقت تازه به زمان حال، نیرو بخشـــیدن به کلیسا برای اعلان انجیل در گفتار و کردار، در بطن چالش‌های زمینه‌ای است که نظام شریر کنونی به‌وجود آورده است.

## آموزش دینی مربوط به زندگی و ویژگی‌های پادشاهی خدا /خلقت تازه

عیســـی در گفتمان وداعی خـــود که در یوحنـــا ۱۴-۱۷ آمده، تأکیـــد مفصلی بر آمدن روح‌القدس دارد. عیسی وعده می‌دهد که وقتی روح‌القدس بیاید: «شما را به تمامی حقیقت راهبری خواهد کرد» (۱۳:۱۶). روح‌القدس آموزگاری (Catechist) است که ذات الوهیت برای کلیســـا مقرر فرموده. واژهٔ Catechesis از فعلی یونانی به معنای «تعلیم دادن» گرفته شده است. همچنین می‌توان آن را «پژواک» یا «بازتاب» نیز معنا کرد. بر اســـاس سنت، کلیسا کتابچه‌های راهنمایی فراهم کـــرده که به آنها Catechism یا کتاب‌های آمـــوزش دینی می‌گویند، ودر آنها چکیده‌ای از تعالیم بنیادین و زیربنایی مسیحیت گنجانده شده تا کشیشان (و بعدها، شبانان) را در آمـــوزش دادن به نوایمانان و والدین را در پرورش فرزندان‌شـــان یاری نمایند. احتمالاً مشهورترین کتاب آموزش دینی پروتستان کتاب آموزش دینی مختصر اثر مارتین لوتر است، کـــه به منظور ارائهٔ آموزشـــی زیربنایی در باب ده فرمان، موعظهٔ بـــالای کوه، و دعای ربانی نوشته شده است. شاگرد در اثر آموزش دقیق و صبورانه می‌توانست ایمان رسولی را از خود «بازتاباند»، و این در زندگی و تعالیم کلیسا طی سده‌ها تداومی به‌وجود آوَرد.

نگریستن به روح‌القدس به چشـــم آموزگار بزرگ برای کلیسا به ما این نکته را یادآوری می‌کند که کلیســـا پیوسته به تعلیم و راهنمایی نیازمند اســـت. روح‌القدس مفهوم و اهمیت شخصیت و کار عیسای مسیح را به کلیسا می‌آموزد. عیسی فرمود که روح‌القدس از این طریق به ما کمک خواهد کرد: «هر آنچه من به شـــما گفتم، به یادتان خواهد آورد» (یوحنا ۲۶:۱۴). عیســـای مسیح نه تنها «راه نجات» که «خلقت تازه» را نیز برای ما به ارمغان آورد. گوردن فی در اثر برجســـته‌اش حضور نیروبخش خدا، دربارهٔ روح‌القدس، به‌درستی می‌گوید که «یگانه ویژگیِ کلیسای عهدجدید که آن را از هم‌عصرانش متمایز می‌سازد دیدگاه کاملاً آخرشناختی به کل زندگی اســـت.» از نگاه ما، آخرشناسی مبحثی است پیرامون برخی رویدادهای گنگ و دور که پژوهشگران و خادمین در موردش بحث می‌کنند. برعکس، کلیسای اولیه متوجه بود که آینده آغاز شـــده و به زمان حال رسوخ کرده است. از این‌رو است که ما میسیون مسیحی را اعلان جهانی ظهور فرمانرواییِ خدا و خلقت تازه، و جســـم پوشیدن این اعلان در گفتار و کردار تعریف می‌کنیم. به همین دلیل اســـت که پولس اظهار می‌دارد که ما «در زمانی به‌سر می‌بریم که غایت همهٔ اعصار تحقق‌یافته اســـت» (اول قرنتیـــان ۱۱:۱۰). بنیادی‌ترین دعای کلیسا، دعای ربانی است که در بخشی از آن چنین آمده: «پادشاهی تو بیاید. ارادهٔ تو، چنانکه

در آسمان انجام می‌شود، بر زمین نیز به انجام رسد» (متی ۶:۱۰). این دعایی نیست که صرفاً چشم به آینده و رویدادی آخرشناختی داشته باشد، یعنی در انتظار زمانی باشد که پادشاهی خدا بیاید و ارادهٔ خدا به انجام برسد. این دعا برای کلیسا است تا وقوع پادشاهی آینده را در همین زمان حال و در بطن این نظام شریر جسم بپوشاند.

روح‌القدس، به‌عنوان آموزگار بزرگ ما را تعلیم می‌دهد و نیرو می‌بخشد تا آینده را در زمان حال زندگی کنیم. اگرچه کار تعلیم روح‌القدس در سراسر جهان و در کل کلیسا مشهود است، لیکن از آنجا که جنبش میسیونری نمایان‌گر گسترش فرمانروایی خدا میان گروه‌های قومی جدید است، که بسیاری از آنان شناختی از مسیحیت ندارند، به‌طور اخص اهمیت دارد که ما در هر آنچه که انجام می‌دهیم، بازتاب تعلیم و راهنماییِ روح‌القدس باشیم.

## رنج و ستمدیدگی و مأموریت الاهی

انتظار اینکه مسیحیان از سوی دنیا مورد ستم قرار بگیرند، یکی از نخستین تبعات ناشی از تأثیر بومی‌سازیِ حاکمیت مسیحی بود، و به مرور زمان کم‌رنگ شد. در نظام حاکمیت مسیحی مرز میان کلیسا و دنیا واقعاً محو شد، و در پی آن جنبه‌های مهم کار روح‌القدس نیز اهمیت خود را از دست دادند. پولس رسول مرتباً به رنج‌های خود و دیگران، که به‌خاطر انجیل متحمل شده بودند، اشاره می‌کند.[1] در واقع، رنج و ستمدیدگی بخشی جدایی‌ناپذیر از درک پولس را نسبت به شهادت عمومی انجیل تشکیل می‌دهد. در مطالعات میسیونری، اغلب، ستمدیدگی تنها در پس‌زمینهٔ گروه‌های قومیِ مقاوم و/ یا شرایط سیاسیِ مانع اقرار عمومی ایمان به مسیح، مورد بررسی قرار می‌گیرد. با وجود این، از نظر پولس، رنج بازتابی مداوم از رنج‌های مسیح و شراکت در آنها است (رومیان ۸:۱۷؛ دوم قرنتیان ۱:۵-۷؛ فیلیپیان ۳:۱۰؛ کولسیان ۱:۲۴). در کلیسای راستین، آزار و ستم بردباری به بار می‌آورد (رومیان ۵:۳)، به ما توانایی توکل کردن بر خدا را می‌بخشد (دوم قرنتیان ۱:۹)، و ما را آماده می‌سازد تا در جلال آخرشناختی و موعود، سهیم شویم (رومیان ۸:۱۸-۲۵). برای پولس، رنج برای اعتراف و شهادت مسیحی انتظاری عادی به‌شمار می‌رود (رومیان ۸:۳۵؛ دوم قرنتیان ۱۲:۱۰؛ دوم تیموتائوس ۱:۸ و ۱۱-۱۲؛ ۲:۳ و ۹). در واقع، پولس هنگام آموزش دادن به تیموتائوس صراحتاً این نکته را بیان می‌کند: «به‌راستی، همهٔ کسانی که بخواهند در مسیح عیسی با دینداری زیست کنند، آزار خواهند دید» (دوم تیموتائوس ۳:۱۲). این لحن گفتار برای کسانی که تنها با فیض بی‌بهایِ حاکمیت مسیحی آشنا هستند، مثل این است که کسی به زبان موجودات فضایی سخن می‌گوید.

در مقابل، در عهدجدید می‌بینیم که رنج یکی از راه‌هایی است که ما می‌توانیم انجیل را متبلور سازیم و کار مسیح را در جهان بازتاب دهیم. عیسی پیش‌بینی می‌کند که کلیسا را برای محاکمه «نزد والیان و پادشاهان خواهند برد.» او به ما پند می‌دهد که در رویارویی با چنین اتفاقی، نباید نگران باشیم که «چگونه یا چه بگویید. در آن زمان آنچه باید بگویید به

---

۱. روم ۵:۳؛ ۸:۱۷-۱۸؛ ۲قرن ۱:۵-۷؛ ۱۱:۲۱-۲۹؛ افس ۳:۱۳؛ فیل ۳:۱۰؛ کول ۱:۲۴؛ ۱تسا ۱:۶؛ ۲تسا ۱:۴-۵؛ ۲تیمو ۱:۸ و ۱۲؛ ۲:۳ و ۹ و ۱۱.

شما عطا خواهد شد. زیرا گوینده شما نیستید، بلکه روح پدر شماست که به زبان شما سخن خواهد گفت» (متی ۱۰:‏۱۸–۲۰). از دید عیسی آزار و ستم یکی از راه‌هایی است که روح خدا به‌واسطهٔ کلیسایش، در برابر فرمانروایان این عصر کنونی دست به اعلام انجیل می‌زند. همچنان که به دورهٔ پساحاکمیت مسیحی پا می‌گذاریم، وارد زمینه‌ای می‌شویم که به‌طور فزاینده‌ای پسامسیحی است و باید دانشجویان را برای درک نیروی پویایی که در ستمدیدگی نهفته است بهتر آماده کنیم و درک الاهیاتی آنان را از مسئلهٔ ستمدیدگی متحول سازیم تا آن را جزو هنجارینِ زندگی و شهادت کلیسا بدانند. ما با فراگیری درس‌های ارزشمندی از پیدایش نسل جدیدی از میسیونرهایی که از جهان اکثریت می‌آیند، می‌توانیم به این انتقال کمک بزرگی کنیم. بسیاری از این میسیونرها از زمینه‌هایی می‌آیند که مسیحیت در آنها اقلیتی زیر ستم و ناپذیرفتنی است. این میسیونرهای جدید نشان می‌دهند که در یاری‌رساندن به مسیحیانِ نوایمان برای درک چگونه زیستن در جهانی پسامسیحی، یا در فرهنگی که در آن سایر دین‌ها و دیدگاه‌های مذهبی و سیاسی سیطره دارند، زبردست‌ترند.

## شهادت میسیونری به‌عنوان غلیان پویایِ روح‌القدس

از زمان پیدایش میسیون مسیحی پروتستان، توسل به «فرمان میسیونری» انگیزهٔ غالب برای میسیون مسیحی بوده است. از این‌رو، میسیون مسیحی تبدیل به واکنشی از سر فرمانبرداری به مجموعه‌ای خاص از فرمان‌ها شد، که برجسته‌ترین‌شان آن‌دسته از متون کتاب‌مقدس‌اند که به اجرای «فرمان بزرگ» اشاره دارند. در مقابل، لسلی نیوبیگین خاطرنشان ساخت که در عهدجدید، ما به‌جای مشاهدهٔ تحمل بار اطاعت از یک فرمان، شاهد «شادمانی» وصف‌ناپذیر هستیم. یورگن مولتمان میسیون‌های مسیحی را فراخوانی شادمانه می‌داند که همهٔ مردمان را دعوت می‌کند تا «در جشنی بی‌پایان» شرکت کنند. مسلماً میسیون مسیحی چیزی کمتر از فرمان مسیح نیست، اما به‌طور قطع بسیار بیشتر از آن است. دیدگاه عهدجدید این نیست که «چگونه می‌توانیم ایمانداران را برای رفتن به میسیون مسیحی برانگیزانیم؟»، بلکه این است که «چه کسی می‌تواند در پرتو قیام عیسای مسیح خاموش بماند؟»

هری بوئر (در کتاب خود، پنتیکاست و میسیون‌های مسیحی) به‌درستی خاطرنشان می‌سازد که هیچ‌یک از شخصیت‌های کلیدی کتاب اعمال رسولان برای توجیه موعظهٔ خود مستقیماً به متون مربوط به فرمان بزرگ متوسل نمی‌شدند، حتی زمانی که در مورد ظهور میسیون در میان غیریهودیان پرسش‌هایی مطرح می‌شد. وی همچنین روی این نکته انگشت می‌گذارد که نخستین ایماندارانی که در موعظهٔ انجیل به غیریهودیان پیشگام شدند (اعمال ۱۱:‏۲۰)، حتی در هیچ‌یک از رویدادهای پس از قیام و اِعطای فرمان بزرگ اصلاً حضور نداشتند. با این‌حال، این مطلب بیش از آنکه در ذهن نخستین شاهدان به اهمیت فرمان بزرگ مربوط باشد، به رویدادهای دگرگون‌کنندهٔ قیام و پنتیکاست در زندگی آنها مربوط می‌شد. احتمالاً حق با گوستاو وارنک[1] میسیون‌شناس سدهٔ نوزدهم است که می‌گفت:

1. Gustav Warneck- 1834-1910

«فرمان بزرگ پیش‌فرضی بی‌صدا بود که زیربنای شهادت نخستین اجتماع مسیحی را تشکیل می‌داد.» با وجود این، نکته در اینجا است که فرمان بزرگ را نمی‌توان و نباید جدا از دو رویداد تعیین‌کننده و فراطبیعی دید که پیش و پس از اعطای فرمان بزرگ به‌وقوع پیوستند: یعنی قیام عیسای مسیح و آمدن روح‌القدس در روز پنتیکاست. واقعیتِ دگرگون‌کنندهٔ این دو رویداد فراطبیعی بود که مایهٔ «شادمانی» وصف‌ناپذیر کلیسای اولیه را فراهم ساخت.

درک فرمان بزرگ به‌عنوان بسط حیات و کار روح‌القدس از طریق کلیسا، و در دنیا، طیفی از معانی تلویحی برای میسیون مسیحی به همراه می‌آورد که در فصل‌های ۱۴ تا ۱۶ کتاب مفصلاً به آنها خواهیم پرداخت. با این همه، و به بیانی کلی‌تر، در اینجا می‌توانیم به سه نمونهٔ بارز اشاره کنیم. نخست، این دیدگاه جدید باید به رهانیدن میسیونرها از تأکید بیش‌ازحد بر تدابیر انسانی و جدای از کار روح‌القدس، یاری برساند. میسیون‌شناسی معاصر بر مهارت و تلاش‌های انسانی، الگوهای جامعه‌شناختی، و تدابیر دقیق و استادانه بسیار تأکید می‌کند، اما در مقام مقایسه، بر درک میسیون مسیحی به‌عنوان *عمدتاً* بسط خدمت روح‌القدس، تأکید کمتری می‌گذارد. ما باید میسیونرها را نه تنها برای آنچه می‌گویند و می‌کنند، بلکه برای چگونه زیستن به‌عنوان شاگرد عیسای مسیح در جهان آماده کنیم؛ و این دومی اهمیت بسیار بیشتری دارد.

مونجانگ لی،[1] یکی از همکاران من که در دانشگاه الاهیات «گوردن کانوِل» میسیون مسیحی تدریس می‌کند، یک‌بار دانشجویان ما را طی موعظه‌اش در عبادت‌گاه کوچک دانشکده، شگفت‌زده کرد. او گفت که هیچ میسیونری نباید برای انجام مأموریت مسیحی به عرصهٔ فعالیت میسیونری وارد شود، مگر زمانی که یقین حاصل کند که روحانیتش از روحانیت کسانی که قرار است به‌سوی‌شان فرستاده شود، عمیق‌تر است. ما آن‌قدر بر نیروی نهفته در پیام مسیحی تأکید کرده‌ایم که گاهی اهمیت پیام‌آور را فراموش می‌کنیم؛ این زندگی پیام‌آور است که مفهوم زیستن در نیروی روح‌القدس و تحت خداوندی عیسای مسیح را به‌طور کامل بازتاب می‌دهد.

دوم، آموزهٔ توسعه‌نیافته در مورد روح‌القدس، توانایی کلیسا را در پرورش منسجم میسیونر با درون‌مایه‌های مهم کتاب‌مقدسی همچون نقش آزار و جفا یا نقش آیات و عجایب در اعلان انجیل، محدود ساخته است. با این‌حال، حتی یک روخوانیِ سرسری از کتاب اعمال رسولان آشکار می‌سازد که آیات و عجایب و آزار و جفا اغلب با موعظهٔ اصیلِ انجیل همراه و تصدیق‌کنندهٔ آن بوده‌اند.

سوم، جای دادن میسیون مسیحی در زمینهٔ بزرگتری از کار روح‌القدس در ظاهر ساختن خلقت تازه معانی ضمنی مهمی را در بر می‌گیرد که بر چگونگی درک و تعریف ما از «وظیفه» یا «هدف» میسیون مسیحی تأثیر دارد. در نوشته‌های مربوط به میسیون مسیحی که تاریخ‌شان به سدهٔ نوزدهم بازمی‌گردد، تأکید فراوانی بر «تکمیل کردن وظیفه» و «تحقق بخشیدن به فرمان بزرگ» شده است. احتمالاً مشهورترین شعار میسیونری یعنی «بشارت به

1. Moonjang Lee

دنیا در همین نسـل» از میان «جنبش دانشجویی میسیونرهای داوطلب»[1] برآمد. از آن زمان به بعد، اصطلاحات «تکمیل کردن» و «تحقق بخشیدن» مشخصه‌های ادبیات میسیونریِ مسیحیِ اونجلیکال شـده‌اند. در سدهٔ بیستم میلادی، مهمترین جنبشی که نیروی کلیسا را بر «تکمیل» فرمان بزرگ متمرکز کرده بود، جنبش «اِی. دی. ۲۰۰۰»[2] نام داشـت، و شعارشان این بود که: «کلیسایی برای همهٔ قوم‌ها و انجیل برای هر کس تا سال ۲۰۰۰».

همهٔ این جنبش‌ها خدمات شگرفی به کلیسا کرده‌اند. در حقیقت، امروزه کلیسای جهانی به‌خاطر غیرت، تعهد و ثمرهٔ اصیل مسیحی همین جنبش‌ها است که نیرومندتر شده. با وجود این، ما باید به‌طور روزافزونی متوجه باشـیم که اصطلاح «تکمیل» تنها زمانی مفهوم می‌یابد که میسیون مسیحی بر شالودهٔ حاکمیت مسیحی بنا شده باشد، نه بر بنیان تثلیث. اگر با عینک *مأموریت الاهی* به قضیه نگاه کنیم، دیگر نجات‌شناسی را از روح‌القدس‌شناسی و آخرشناسی جدا نخواهیم کرد. بنابراین، حتی زمانی که همه فرصت شنیدن انجیل را داشته باشند، یا حتی اگر در همهٔ گروه‌های قومی جهان کلیسـا تأسیس شود، میسـیون مسیحی به اتمام نخواهد رسید. هرگاه میسـیون مسـیحی به‌طرز جدایی‌ناپذیری با خدای تثلیث پیوند بخورد، آنگاه کلیسـا درمی‌یابد که هدف غایی از میسیون مسیحی را تنها می‌توان در خلقت تازه یافت. این امر اهمیت هدف‌هایی چون تأسـیس کلیسا در میان همه گروه‌های قومی روی زمین را نفی نمی‌کند. با این همه، معنایش این اسـت که کلیسا باید همیشه در تنش «کار ناتمام» به حیات خود ادامه دهد. مأموریت کلیسا (میسیون‌های مسـیحی) شرکت کردن در *مأموریت الاهی* است، آن‌هم از طریق ادامه دادن به مأموریت عیسی در سراسر جهان، تا پایان تاریخ.

## نتیجه‌گیری

این فصل در صدد بود تا چارچوبی گسـترده برای تبیین مجدد مفهوم میسـیون مسیحی در چارچوبـی تثلیثی فراهم کند. به مجردی که *مأموریـت الاهی* به مرکز مولد همهٔ تأملات میسیون‌شناختی تبدیل شـود، آنگاه روش اندیشیدن و ارتباط برقرار کردن ما هم که سفیران *مأموریت الاهی* در جهان هسـتیم، دگرگون خواهد شد. خودمان را فراتر از بزرگ‌نمایی‌های رقابتی در عملکرد فلان فرقه خواهیم دید. به عوض اینها طلایه‌دارانی خواهیم شد که ظهور خلقت تازه را جامهٔ عمل می‌پوشانند. پیروزمندگراییِ انسانی و نبوغ جای خود را به فروتنی ژرف و حیرت از این خواهند داد که خدا ما را دوشـادوش دیگر مسیحیان سایر نقاط جهان، برای به کمال رسـاندن نقشـهٔ نجات پیشـرونده‌اش در دنیا، به‌کار می‌گیرد. چنانکه دیوید بوش در جمع‌بندی کتابش (مأموریت دگرگون‌کننده) می‌گوید: «کلیسـا نیست که "عهده‌دار" مأموریت می‌شود، بلکه این *مأموریت الاهی* است که کلیسا را شکل می‌دهد. مأموریت کلیسا را باید به‌طور پیوسته تجدید و دوباره درک کرد.» فصل‌هایی که پیش رو دارید، تلاشی هستند در راستای تجدید مأموریت مسیح برای سدهٔ بیست‌ویکم از طریق درک مجدد هر عنصر در زمینهٔ بزرگتر تثلیث و *مأموریت الاهی*.

1. Student Volunteer Missionary Movement; 2. (A.D. 2000)

بخش دوم

خدای پدر:
منشاء مشیّتی
و هدف مأموریت الاهی

قسمت الف

# نگرشی میسیون‌شناختی بر کتاب‌مقدس

# ۴

# خدای میسیون
# نقشهٔ خود را مکشوف می‌سازد

نیل مک گریگور، مدیر سابق گالری ملی هنر در لندن، چند سال پیش خاطرنشان کرد که تقریباً یک‌سوم از عالی‌ترین آثار نقاشی اروپا به مجموعه‌ای تعلق دارند که به‌طور خاص مربوط به موضوعات کتاب‌مقدس هستند. این واقعیت نشانگر تأثیر تاریخیِ مسیحیت بر تمدن غرب است. موضوع مهم این است که امروزه اکثر اروپائیان که به‌طور روزانه از کنار این آثار هنری برجسته عبور می‌کنند، اصلاً از موضوعات کتاب‌مقدسی که به نمایش درآمده‌اند آگاهی ندارند. روایات کتاب‌مقدس از قبیل آفرینش، سقوط، نجات و خلقت جدید که روزگاری داستان‌هایی آشنا به حساب می‌آمدند، اکنون به پس‌صحنه رفته‌اند و از خود مفهومی مبهم از خدایی گمنام و ناشناخته به‌جا گذاشته‌اند. در دنیای پسامسیحی نمی‌توان مفروض گرفت که واژهٔ خدا ضرورتاً به خدایی اشاره دارد که خود را در کتاب‌مقدس مکشوف کرده است.

بنابراین، برای خوانندگان جدید کتاب‌مقدس برخورد با خدای زنده‌ای که خود را در صفحات این کتاب آشکار نموده، بایستی تجربه‌ای بس شگفت‌انگیز باشد. از همان فصل‌های اولیهٔ کتاب پیدایش حس بی‌معنایی که دربارهٔ خدا در آگاهی انسان مدرن جای گرفته، کنار می‌رود. در عوض، ما با خدایی شخصت‌مند مواجه می‌شویم که *خاموش نیست*، *عمل می‌کند و به مأموریت می‌فرستد*. ساختار کلی این کتاب اساساً بر این فرضیه بنا شده که خدا تاریخ انسان را با یک مأموریت عجین کرده است. به همین دلیل است که میسیون‌های مسیحی (مأموریت‌ها) نهایتاً دربارهٔ این نیستند که ما چه می‌کنیم، بلکه خدا کیست. خدمات ما زمانی معنا می‌یابند که خدا ما را می‌خواند و تجهیز می‌کند تا در داستان پیش‌روندهٔ او سهیم شویم.

خدایی که خود را در کتاب‌مقدس آشکار کرده است خدای میسیون (مأموریت) است. به همین جهت مأموریت مسیحی یا میسیون در متن این کتاب به‌عنوان عمل پیش‌گامانهٔ خداست که در تاریخ برای نجات مخلوقات خود انجام داده است. در این فصل ما از ابراهیم شروع می‌کنیم، و به کشف این مطلب خواهیم پرداخت که خدا پیش‌قدم شد و نقشهٔ خود را آشکار کرد.

## عهد ابراهیمی

### عهد با ابراهیم و برج بابل

عهد خدا با ابراهیم در کتاب پیدایش باب ۱۲ دربرگیرندهٔ اهمیتی بس ویژه در تاریخ نجات است که پولس آن را چنین توصیف می‌کند که خدا «پیشاپیش» بشارت انجیل را به ابراهیم داد (غلاطیان ۸:۳). بدین‌ترتیب پیدایش باب ۱۲ نه تنها زیربنای عهد خدا با قوم یهود شد، بلکه در آن خدا را می‌بینیم که همچون کسی که در مأموریتش پیش‌قدم شده، خود را آشکار می‌کند. در فصل پنجم خواهیم دید که عهد ابراهیمی چگونه اساس مأموریت‌های مسیحیِ عهدجدید می‌شود.

در فصل‌های بعدی پیدایش، باید به عهد یهوه با ابراهیم در زمینه‌های گسترده‌تری بنگریم. پیدایش ۳ نمایشگر سقوط انسان، ورود گناه و شکست نژاد انسانی به‌خاطر جدایی از خداست. فصل‌های بعدی به‌صورت گسترده‌تر، در قالب داستان نوح (پیدایش ۶-۹) و برج بابل (پیدایش ۱۱) به شرارت انسان و طغیانگری او می‌پردازند. اثرات این طغیان انسانی، چه به‌طور شخصی چه نظام‌مند، نه تنها سبب جدایی افراد از خدا (مثال: آدم و حوّا)، بلکه مسبب گسیختگی همهٔ روابط (مثال: قائن و هابیل)، و جامعهٔ انسانی به‌طور کلی است (مثال: دنیای زمان نوح). در واقع، حتی خاک هم ملعون شد، و این رخداد نشانگر آن است که همهٔ آفرینش تحت تأثیر استقلال‌طلبیِ خودسرانهٔ انسان قرار گرفته است.

واقعهٔ برج بابل در پیدایش باب ۱۱ نمایانگر تأثیر گسترده‌تری از سقوط انسان است و به حقایقی الاهیاتی اشاره می‌کند که در واقع زمینهٔ عهد خدا با ابراهیم در پیدایش ۱۲ را تشکیل می‌دهند. در اینجا باید به سه نکتهٔ مهم در داستان برج بابل توجه کرد. اول آنکه، مردمی که در سرزمین بین‌النهرین ساکن بودند بر آن شدند تا با تلاش و قوهٔ ابتکارشان شهری *برای* خود بنا کنند با برجی که «سرش به آسمان برسد» (پیدایش ۴:۱۱). دوم آنکه، هدف از بنای این شهر این بود که «نامی برای خویشتن» پیداکنند (پیدایش ۴:۱۱)، که نهایتاً، این واقعه تبعاتی جهانی به همراه داشت. اهمیت فراگیر و جهان‌گستر این رخداد از این پیداست که ۵ بار عبارت «تمام زمین» در این داستان به‌کار رفته است (پیدایش ۱:۱۱و۴و۸و۹). این پس‌زمینه‌ای مهم برای عهد ابراهیمی است که نمایانگر پیش‌قدم شدن خدا برای «ساختن نامی برای ابراهیم» و برکت دادن «تمام زمین» است. در واقع، ابراهیم با ایمان در انتظار شهری بود که برخلاف بابل «خدا معمار و سازندهٔ آن است.» (عبرانیان ۱۰:۱۱)

بنابراین، باید به پیدایش باب ۱۲ از دو جنبه نگاه کرد. این متن از یک‌سو به عهد خدا با ابراهیم و از سوی دیگر به واکنش خدا نسبت به اثرات مخرب طغیان انسان در جهان اشاره می‌کند. این عهد، شخصی، و در عین‌حال دربرگیرندهٔ حدودی جهانی و فراگیر است. عهدی که در پیدایش ۱۲:۱-۳ به آن اشاره شده، با فرمانی همراه است. خدا به ابراهیم دستور می‌دهد که «برخیز و برو!» حالت امری این جمله نشانگر قاطعیت خدا در فرستادن ابراهیم به محلی بیگانه و ناشناخته است. این واقعه کاملاً برعکس مقاصد بابلیان بود. آنها قاطعانه در صدد سُکنی‌گزیدن (پیدایش ۱۱:۲) و پرهیز از پراکنده شدن (پیدایش ۱۱:۴) بودند. برخلاف آنچه در بابل اتفاق افتاد خدا به ابراهیم فرمود: «وطن خود، بستگانت، و خانهٔ پدری خود را ترک کن و به طرف سرزمینی که به تو نشان دهم برو» (پیدایش ۱۲:۱ ترجمهٔ شریف). ابراهیم از خدا اطاعت کرد و خدا به او وعدهٔ برکاتی را داد که قرار بود در آینده به او ببخشد.

> «از تو قومی بزرگ پدید خواهم آورد و تو را برکت خواهم داد؛ نام تو را بزرگ خواهم ساخت و تو برکت خواهی بود.» (۱۲:۲)

در ساختن برج بابل، مردم در صدد بودند تا برای خود نامی بیابند. ولی در اینجا، خدا اعلام می‌کند که *او* نام ابراهیم را بزرگ خواهد ساخت. شهر و برج بابل در پیدایش باب ۱۱ با این هدف ساخته شد تا از «پراکندگی بر زمین» جلوگیری شود ولی در نهایت می‌بینیم که خدا آنها را در سراسر زمین پراکنده ساخت. برخلاف سازندگان برج بابل، ابراهیم حاضر شد هجرت کند و این پراکندگی را بپذیرد (پیدایش ۱۲:۴-۹) تا در نهایت پدر قومی عظیم و گردآمده شود.

وقتی ابراهیم از سرزمین خود خارج می‌شود، برکت الاهی نیز به‌طور فزاینده همراه او می‌رود. ساختار کلی این متن به‌شکل «کیاستیک»[1] است. بررسی دقیق پیدایش ۱۲ نشان می‌دهد که آنچه ابراهیم می‌بایست ترک کند به ترتیب خاصی صورت می‌گیرد و سیری پیش‌رونده دارد و در حال حرکت از مقیاسی بزرگ به مقیاسی کوچکتر است. خدا از او می‌خواهد اول *وطن*، سپس *بستگان*، و در نهایت *خانهٔ پدری‌اش* را ترک کند. ولی نکتهٔ قابل توجه آن است که سیر پیش‌روندهٔ برکات ناشی از این اطاعت، از مقیاس کوچک به بزرگتر است که دایره‌ای بسیار وسیع را در بر می‌گیرد. ابراهیم از خدا اطاعت می‌کند، در نتیجه خدا نخست خودِ *ابراهیم* را برکت می‌دهد. سپس *قومی* را که از بطن او پدید می‌آید مبارک می‌سازد، و در نهایت وعدهٔ برکت از طریق او به *همهٔ قبایل جهان* می‌رسد. این آخرین عبارت، یعنی «همهٔ قبایل جهان»، به‌طور خاص در درک ما از «*مأموریت الاهی*» و نیز همهٔ مأموریت‌های مسیحی که بازتاب آن هستند، اهمیت می‌یابد. خدا وعده می‌دهد که نه تنها

---

۱. Chiastic این اصطلاح در مورد ساختار دستوری خاصی به‌کار می‌رود که در آن ترتیب کلمات در یک بخش جمله در جملهٔ موازی، معکوس است. این اصطلاح از حرف χ یونانی اخذ شده که به ترتیب ضربدری واژگان یا عبارات در یک جمله اشاره می‌کند.

ابراهیم و قوم اسرائیل را برکت دهد، بلکه به‌وسیلهٔ اطاعت ابراهیم همهٔ قوم‌های جهان را نیز مبارک سازد.

عبارت «جمیع قبایل جهان» در پیدایش ۳:۱۲ که به این حوزهٔ عظیم برکت اشاره می کند در عبری «کُل میشپِهُت» است که گاه «تمامی ملل» ترجمه شده است، اما در واقع عبارت خاصی است به معنای «خانوادهٔ گسترده» یا «گروه‌های خویشاوندی». هیچ‌یک از این مفاهیم به حوزه‌های جغرافیایی، که امروزه ملل خوانده می‌شوند، ارتباطی ندارند. کلمهٔ «میشپِهُت» عبارتی جغرافیایی یا سیاسی نیست، بلکه عبارتی است در خصوص مردم که به گروه‌های نژادی و خاندانی اطلاق می‌شود. این واژه همان مفهوم ethne` در زبان یونانیِ عهدجدید را دارد.

ساختار سه گانهٔ این برکت بعدها به‌طور روشن‌تری در تجدید عهد با پدران ایمان یعنی ابراهیم، اسحاق، و یعقوب نیز به تصویر کشیده شده است. پس از اینکه ابراهیم با ایمانی تزلزل‌ناپذیر حاضر شد پسر خود را قربانی کند، خدا با مداخلهٔ چشمگیر و جایگزین کردن قربانی از طرف خود، بار دیگر این عهد را تجدید نمود. به این ترتیب که:

> «خداوند می‌فرماید: به ذات خودم سوگند، از آنجا که این کار را کردی و پسرت را که یگانه پسر توست دریغ نداشتی، به‌یقین تو را برکت خواهم داد و نسلت را همچون ستارگان آسمان و مانند شنهای کنارهٔ دریا کثیر خواهم ساخت. نسل تو دروازه‌های دشمنانشان را تصرف خواهند کرد، و به‌واسطهٔ نسل تو همهٔ قومهای زمین برکت خواهند یافت، زیرا به صدای من گوش گرفتی.» (پیدایش ۲۲:۱۶-۱۸)

این برکت سه‌گانه دوباره خود را آشکار می‌کند: اول آنکه، خدا ابراهیم را به‌لحاظ شخصی با افزایش چشمگیر نسلش مبارک می‌کند. ذریت یا نسل او مانند ستارگان آسمان افزون خواهند شد. دوم آنکه، نسل او قومی مبارک خواهند بود، و حتی شهرهای دشمنان خود را به ملکیت درخواهند آورد. و در نهایت، توسط ذریت ابراهیم همهٔ قوم‌های جهان مبارک خواهند شد، آن‌هم به دلیل اطاعت ابراهیم. عبارتی که در بخش سوم در ارتباط با این برکت رو به فزونی به‌کار برده شده «کُل گُیه» است، به معنی «همهٔ قومها». اگرچه کلمهٔ «گُیه» به جای «میشپِهُت» (خاندان) به‌کار رفته ولی باز اشاره به قومیت یا گروه‌های مردمی می‌کند و به هیچ وجه به معنای مکان جغرافیایی و سیاسی نیست.

وقتی یهوه عهد را با اسحاق تکرار می‌کند، دوباره این الگوی سه‌گانه به‌کار می‌رود. یعنی او را به‌لحاظ شخصی از طریق افزایش نسلش برکت می‌دهد، به قوم اسرائیل که قرار بود در آینده شکل بگیرد سرزمینی می‌بخشد، و به‌واسطهٔ نسل اسحاق همهٔ قوم‌های روی زمین را مبارک می‌سازد:

> «نسل تو را همچون ستارگان آسمان کثیر خواهم ساخت و همهٔ این سرزمینها را به ایشان خواهم بخشید و به‌واسطهٔ نسل تو همهٔ قومهای زمین برکت خواهند یافت،

زیرا ابراهیم به صدای من گوش گرفت و اوامر و فرامین و فرایض و شـرایع مرا نگاه داشت.» (پیدایش ۲۶:۴-۵)

همین عهد سـه‌گانه در زمان تکرار عهـد با یعقوب نیز به‌کار مـی‌رود. یعقوب در پیدایش ۱۱:۲۸-۱۷ شـاهد رؤیای شـگفت‌انگیز صعود و نزول فرشتگان بر نردبان بین آسـمان و زمین بود. اختلاف کلیدی در تبیین عهد با اسـحاق در پیدایش ۲۶ و با یعقوب در پیدایش ۲۸ این اسـت که کلمه‌ای اسـت که در پیدایش ۱۴:۲۸ برای تشریح برکت جهانی به‌کار برده شده، به زبان اصلیِ پیدایش ۳:۱۲ برمی‌گردد: «جمیع قبایل (میشپِهُت) جهان برکت خواهند یافت.» اگرچه این معنی را تغییر نمی‌دهد، اما نمونه‌ای اسـت از ساختار کیاسـتیک (Chiastic) که در تکرار عهد با هر یک از پدران ایمان به‌کار رفته است.

طوایف (۳:۱۲) -> قوم‌ها (۱۸:۲۲) <- قوم‌ها (۴:۲۶) <- طوایف (۱۴:۲۸)

## سه موضوع کلیدی در عهد ابراهیمی

در عهد ابراهیمی سه موضوع مهم وجود دارد که بایستی مورد بررسی قرار گیرد.

*اول اینکه، خدا منشاء و موجد مأموریت (میسیون) است*. در عهد ابراهیمی خدا پیش‌قدم شـده، به ضد هر نقشه و اقدام انسـانی به منظور بزرگ‌نمایی یا «پیدا کردن نامی برای خود» می‌ایسـتد. برج بابل نمایانگر تکبر انسـانی است که به سـردرگمی و پراکندگی می‌انجامد (پیدایش ۹:۱۱). عهد ابراهیمی نمایانگر حاکمیت خدا و عمل پیش‌قدمانهٔ او در قالب مشیت الهی است که منتهی به گردهم‌آیی نهایی و برکت همهٔ قوم‌ها می‌شود (مکاشفه ۹:۷-۱۰). در اینجاست که با کشف معنی اولیهٔ عهد، ما به هدف کلی این بخش از کتاب نزدیک می‌شویم: خدای پدر منشـاء مشـیّتی و در عین‌حال هدف غایی *مأموریت الاهی* است. مشیت واژه‌ای اسـت مهم که اهمیت آن در دورهٔ پس از روشنگری مسیحی مورد غفلت قرار گرفته است. واژهٔ مشـیّت در زبان انگلیسی (Providence) به معنی پیشـاپیش دیدن است. کلمهٔ مشیت نه فقط دربرگیرندهٔ این مفهوم اسـت که خدا در طرح نقشـه‌ای پیش‌قدم شده، بلکه پیشاپیش می‌بیند که آن نقشه (مأموریت-میسیون) باعث برکت همهٔ قوم‌ها یا گروه‌های انسانی خواهد شـد. صحبت در بارهٔ مشیت الهی به این معنی است که خدا کاملاً از هدف نهائی «*مأموریت الاهی*» آگاهی دارد و قادر اسـت تاریخ را به‌سوی آن هدف غایی هدایت کند. خدا این هدف غایی، یعنی برکت دادن همهٔ اقوام توسـط نسل ابراهیم را از قبل تعیین کرده و آن را به‌واسطهٔ پیمان و سوگند به اسم خود، تأیید نموده است (پیدایش ۱۶:۲۲-۱۸). بنابراین، عهد ابراهیمی نمایانگر عمل پیش‌قدمانه توسط خداست که به‌سوی پایانی مشخص یا هدفی نهائی می‌رود. این عمل پیش‌قدمانه و هدف غایی خدا به‌واسطهٔ مشیت مقتدر او پیوند می‌یابند.

*دوم اینکه، عهـد ابراهیمی مُعرفِ یهوه به‌عنوان خدایی فرسـتنده اسـت*. وقتی خدا با ابراهیم صحبت می‌کند در جملهٔ خود فعل امری «برو» را به‌کار می‌برد. پژوهشگر عهدعتیق،

کریستوفر رایت بخش نخست جمله‌ای را که خدا به ابراهیم می‌گوید چنین ترجمه می‌کند: «برخیز و برو!» خدای پدر منشاء هرگونه رسالت و فرستادن است. کلمهٔ عبری فرستادن *سالَح* است. این واژه بیش از ۲۰۰ بار در عباراتی که خدا درآنها فاعل و عامل فرستادن است، استفاده شده است.

فریس مک دانیال در «مأموریت در عهدعتیق»[1] به بررسی کلمهٔ سالَح می‌پردازد و به‌طور کلی چهار معنی از این واژه را معرفی می‌کند. ۱) فرستادن در ارتباط با *هدف* استفاده شده است که بیانگر اراده یا خواستهٔ فرستنده است. خدا ابراهیم را فرستاد چون هدفی الاهی در فکر داشت که از طریق فرستادن ابراهیم جامهٔ عمل می‌پوشید. در عهدجدید، مسیح کلیسا را به‌سوی همهٔ اقوام می‌فرستد. این فرستادن در واقع در ارتباط با پیشبرد همان هدف اولیه بود که منشاء آن در عهد ابراهیمی دیده می‌شد. ۲) فرستادن معمولاً دربرگیرندهٔ *اقتدار* است. این واژه در بیش از ۳۰۰ بار با «قاضی یا شخصی صاحب صلاحیت مثل پادشاه مرتبط است که فردی را برای مأموریتی می‌فرستد.» وقتی پادشاه شخصی را اعزام می‌کرد یعنی به او فرمان می‌داد. خدا آدم و حوا را بیرون از باغ عدن فرستاد (پیدایش ۲۳:۳). او موسی را برای رویارویی با فرعون اعزام کرد (خروج ۳:۱۰؛ ۴: ۲۱؛ ۱۳:۷و۱۵). خدا تیرهای آتشین به ضد دشمنان داوود فرستاد (دوم سموئیل ۱۵:۲۲؛ مزمور ۱۴:۱۸). همهٔ این نمونه‌ها نشانگر فرستادنی است که دربرگیرندهٔ اقتدار و فرماندهی است. ۳) از آنجائی که فرستادن با اقتدار مرتبط است، اغلب در متن، *با مقاومت و بی‌میلی شخص فرستاده روبه‌رو می‌شویم*. مک دانیال اشاره می‌کند که افراد بارها از اطاعت از مأموریتی که به آنها داده می‌شد سر باز می‌زدند. بارزترین نمونه موسی است که برای رهبری قوم اسرائیل فرستاده می‌شود و او از خدا می‌خواهد که شخص دیگری را به جایش بفرستد (خروج ۱۳:۴). با این‌حال، دستوردهنده طبیعتاً انتظار دارد فرد فرستاده‌شده، از دستورش اطاعت کند. حتی مقاومت موسی خللی در دعوت مقتدرانهٔ خدا ایجاد نکرد. ۴) کلمهٔ فرستادن معمولاً دربرگیرندهٔ استفاده از *پیام‌آور یا رسول* است. خدا اغلب پیام خود را توسط پیامبران می‌فرستاد. این عمل معمولاً به‌وسیلهٔ عاملین انسانی صورت می‌گرفت. به‌طور نمونه، خدا کلام خود را توسط موسی برای فرعون می‌فرستد و یا توسط انبیاء به مردم پیام می‌رساند. برخی اوقات خدا با استفاده از یک قوم خاص مثل آشوریان یا بابلیان قومش را مجازات می‌کند و به نقشهٔ خود جامهٔ عمل می‌پوشاند. خدا عمل «فرستادن» را از طریق عوامل مختلف اجرا می‌کند، از جلمه فرشتگان (پیدایش ۱۳:۱۹)، بلایای طبیعی (خروج ۱۴:۹؛ ارمیا ۱۰:۲۴)، حیوانات درنده (حزقیال ۲۱:۱۴)، فراوانی محصول (یوئیل ۱۹:۲)، وحتی حاکمان غیریهودی همچون رصّین (دوم پادشاهان ۳۷:۱۵) و نبوکدنصر (ارمیا ۱۰:۴۳). اینها همه تصاویری است از اقتدار خدای حاکم مطلق که همهٔ خلقت را در اختیار دارد تا به نقشهٔ الاهی خود جامهٔ عمل بپوشاند. تصویر «همهٔ خلقت» ما را یاری می‌کند تا موضوع مأموریت‌های جهانی و اطاعت کلیسا از فرمان بزرگ عیسی را در قالبی بزرگتر قرار دهیم. این قالب حاکمیت مطلق خدا به‌عنوان فرستنده است.

1. Ferris L. MacDaniel, Mission in the Old Testament

*سوم اینکه، عهد ابراهیمی آشکارکنندهٔ احساسات قلبی خدا برای همهٔ قوم‌ها است.* بسیاری دچار این سوءتفاهمند که گویا خدا در عهدعتیق با قوم اسرائیل نزدیک و خاص برخورد می‌کند و سایر قوم‌ها را به‌کلی نادیده می‌گیرد یا خوار می‌شمارد، و تنها در عهدجدید است که محبت و دلسوزی خدا نسبت به همهٔ قوم‌های جهان آشکار می‌شود. به‌طور قطع این دیدگاه برداشت و درکی ناقص از عهدعتیق است. چنانکه قبلاً دیدیم، مکاشفهٔ خدا به ابراهیم، که اساس رابطهٔ عهدیِ اسرائیل با خداست، بیانگر این مطلب است که خدا ابراهیم را برگزید و فرستاد تا همهٔ قوم‌های روی زمین برکت یابند! ابراهیم و همهٔ اسرائیل برکت یافتند تا برای دیگران برکت باشند. به‌عبارت دیگر، انتخاب اسرائیل توسط خدا نباید به‌مثابه پس زدن سایر اقوام تلقی گردد، بلکه باید به‌عنوان وسیله‌ای برای رسیدن به هدف نهایی، که همانا برکت دادن همهٔ اقوام است، در نظر گرفته شود.

مهم است که در اینجا توجه کنیم (همچنین بعداً در فرمان بزرگ عیسی در عهدجدید) که سیر تاریخ، که در این نگاه گذرا به «*مأموریت الاهی*» مکشوف شده، شامل یک فرد نیست بلکه دربرگیرندهٔ *قوم‌ها* در همهٔ جهان است. یکی از تمایلات خطرناک در اندیشه‌های زمان پس از روشنگری[1] این بود که پیش‌گامی و اعمال الاهی به‌جای آنکه در شبکهٔ بزرگ جوامع جایگاهی داشته باشند، در قالب‌های فردی و شخصی جای بگیرند. این اصلاً بدان معنی نیست که کار خدا در زندگی شخصیِ ما تحقیر شود یا کار مسیح به‌عنوان «نسل» ابراهیم، که ما را به‌طور شخصی و به‌لحاظ ابدی برکت عظیم می‌بخشد، نادیده به‌شمار رود. نکتهٔ اصلی آن است که «*مأموریت الاهی*» نه تنها چیزی کمتر از برکت شخصی نیست، بلکه بیانگر چیزی است *بالاتر* از امری شخصی. تقلیل دادنِ «*مأموریت الاهی*» به‌واسطهٔ محدود کردن آن به کار میان افراد، چارچوب بزرگتری را نادیده می‌گیرد که ما را به اجتماعی از افراد به‌عنوان کلیسا، یعنی بدن مسیح، پیوند می‌زند؛ کلیسایی که تجلیِ جمعی ومشارکتیِ تثلیث و عروس مسیح در عصر آخر است.

نجات‌شناسیِ اونجلیکال، نجات و رستگاری را به‌عنوان عمل فیض خدا در قلب انسان و واکنش فرد نسبت به کار خدا تعریف کرده است. من در اینجا می‌خواهم بدون کاستن از اهمیت واکنش فردی، به عدم تعادلی که اغلب با تمرکز بسیار بر جنبهٔ عمودی نجات و نادیده گرفتن بخش افقی آن ایجاد می‌شود، اشاره کنم. چنانکه در فصل دوم اشاره شد، ما تنها با پیوند دادن واقعهٔ صلیب و قیام به ظهور روح‌القدس در پنتیکاست می‌توانیم به اهمیت دو بُعد مهم فردی و جمعیِ نجات‌شناسی پی ببریم. تنها با متحد کردن این دو می‌توان تصویری کتاب‌مقدسی از تاریخ انسان و تنوع باشکوه فرهنگ‌های انسانی به‌دست آورد. بنابراین، در فصل‌های ۵و۶ ما به بررسی دقیق‌تری از فعالیت میسیونری کلیسا خواهیم پرداخت و به این نکته اشاره خواهیم کرد که این فعالیت می‌بایست نه فقط بر افراد در درون قوم‌ها بلکه بر خودِ قوم‌ها متمرکز باشد.

1. Post-Enlightenment

# برکت خدا بر قوم‌ها در عهدعتیق

وقتی بـه توجه اصلی خدا بر قوم‌ها در بطن *مأموریت الاهی* پـی ببریم، آنگاه می‌توانیم نسـبت به متونی از عهدعتیق که در آنها به اقوام گوناگون اشاره شده، دیدگاهی درست داشته باشـیم. البته بررسی موضوع غنی و چندجانبهٔ قوم‌ها در عهدعتیق، خارج از حیطهٔ این کتاب اسـت. ما سعی داریم بر متونی تمرکز کنیم که به‌طور خاص بر *مأموریت الاهی* در عهدعتیق تأکید می‌کنند. این متون، به‌طور گسترده، به چهار دستهٔ عمومی تقسیم می‌شوند: اول، متونی که نشـانگر حاکمیت خدا بر همهٔ قوم‌ها، و نه تنها قوم اسرائیل، هستند. دوم، بعضی از متونی که به دعوت خدا از اسـرائیل برای اعلام کردن و نشـان دادن جلال او به سایر قوم‌ها اشاره می‌کنند. سـوم، بخش‌هایی از کلام خدا که در زبان عبری به‌طور خاص به ماشـیح (مسیح موعود) اشـاره می‌کنند و نشانگر این مطلب هسـتند که خدا چگونه در آینده جلالش را بر قوم‌های گوناگون آشکار خواهد ساخت. چهارم، متونی که مربوط به وعده‌های آخرشناختی هسـتند و در سراسر بافت عهدعتیق جا گرفته‌اند، و نشانگر هدفی هستند که خدا از ابتدا در بستن عهد نخستین با ابراهیم داشت، که سـرانجام در عصر آخر به تحقق خواهند پیوست. البته این ۴ دسـته اغلب بر هم سایه می‌اندازند، مخصوصاً از آنجا که پیشگویی‌های مربوط به مسیح موعود مُعرفِ نفوذ عصر آخر به تاریخ بشرند. با وجود این، اینها چارچوبی عمومی از عملکرد «*مأموریت الاهی*»، که در عهد خدا با اسرائیل آشکار می‌شود، ارائه می‌دهند. چنانکه در فصل دوم اشاره شـد، هدف از این مطالعه، تدوین الاهیاتِ میسیون[1] در عهدعتیق نیست بلکه برعکس، نشـان دادن این مطلب است که چگونه الاهیات میسیون‌شناختی در تار و پود کلام خدا یافت می‌شود.

## حاکمیت خدا بر قوم‌ها

متون متعددی در کلام خدا نشـان می‌دهند که علی‌رغم اینکه خدا با قوم اسرائیل عهدی خاص بسـت، همهٔ قوم‌های جهان تحت حاکمیت مطلق او قرار دارند. این بدان معنی است که خدا حق داوری و در عین‌حال برکت دادن را برای خود نگاه داشـته است. مزمور ۸:۴۷ می‌فرمایـد: «خدا بر قوم‌ها سـلطنت می‌کند؛ او بر تخت مقدسـش جلـوس فرموده.» در مزمور ۴:۱۱۳ نویسندهٔ مزامیر می‌گوید: «خداوند بر تمامی قوم‌ها متعال است»، و مزمور ۲:۹۸ نشـان می‌دهد که خدا مصمم است تا «عدالت نجات‌بخش خویش را در نظر قوم‌ها آشکار سـازد. خدا بر همهٔ قوم‌ها داوری می‌کند و بر تاریخ انسـان حاکمیت مطلق دارد. یوئیل نبی اعلام می‌کند: «قوم‌ها برانگیخته شـوند و به درهٔ یهوشـافاط برآیند، زیرا من در آنجا خواهم نشسـت تا همهٔ قوم‌های اطـراف را محاکمه کنم» (یوئیل ۱۲:۳). قوم اسـرائیل در دعاهای خود بـا اطمینان طالب حاکمیت خدا بر قوم‌ها هسـتند. به همین منظـور در مزمور ۹: ۱۹ آنها می‌طلبند: «برخیز، ای خداوند! مگذار انسـان چیره شـود؛ باشد که قوم‌ها در پیشگاه تو

1. Theology of Missions

داوری شوند.» بدون شک، عهدعتیق نمایانگر حاکمیت خدا بر همهٔ قوم‌های روی زمین است.

## اعلام جلال خدا در میان قوم‌ها

کسانی که با عهدعتیق آشنایی ندارند اغلب به اشتباه می‌پندارند که فرمان اعلام جلال خدا به قوم‌ها موضوعی است که فقط در عهدجدید پدیدار شده است. ولی باید توجه داشت که به اسرائیل فرمان داده شد که «اعمال او را در میان قوم‌ها اعلام نمایید» (اول تواریخ ۸:۱۶) و «در میان قوم‌ها جلال او را ذکر کنید» (اول تواریخ ۲۴:۱۶؛ مزمور ۳:۹۶). عهدعتیق «قبایل قوم‌ها» را تشویق می‌کند که «خداوند را به جلال و قوت توصیف نمایند» (اول تواریخ ۲۸:۱۶). فراسوی یک برکت مخصوص برای شخص ابراهیم، خدا به‌طور مرتب با اشاره به قولی که به او داده اعلام می‌کند که جلالش در میان همهٔ قوم‌ها آشکار خواهد شد (مزمور ۷:۹۶؛ ۱:۱۰۵). خداوند به ملاکی فرمود: «زیرا از محل طلوع آفتاب تا محل غروب آن، نام من در میان قوم‌ها بزرگ خواهد بود، و در همه جا بخور و هدیهٔ طاهر به نام من تقدیم خواهد شد؛ زیرا، خداوند لشکرها می‌گوید، نام من در میان قوم‌ها بزرگ خواهد بود» (ملاکی ۱۱:۱). حتی معبد یهودیان که احتمالاً بیش از هر نشانهٔ قابل رؤیت دیگری محل حضور خدا در بین قوم اسرائیل بود «خانهٔ عبادت برای تمامی قوم‌ها» (اشعیا ۷:۵۶) خوانده خواهد شد.

## پیشگویی‌های عهد عتیق در بارهٔ مسیح موعود (ماشیح)

پیشگویی‌ها دربارهٔ آمدن مسیح موعود بخش عمده‌ای از متن عهدعتیق را تشکیل می‌دهد که در چندین اثر ادبی مهم الاهیات مسیحی مورد مطالعه و بررسی قرار گرفته‌اند. در اینجا به بررسی برخی از متون، که نقش به‌سزایی در درک «*مأموریت الاهی*» دارند، خواهیم پرداخت. آنچه این متون را برای مسیحیانی که بخشی از کلیسای جهانیِ متشکل از نژادهای گوناگون هستند، مهم می‌سازد آن است که امید یهودیان بر مسیح موعود هم جنبه‌ای خاص و قومی دارد هم جنبه‌ای عام و جهانی. به‌عبارت دیگر، عیسی به‌عنوان کسی که خواهد آمد و قوم اسرائیل را نجات خواهد داد، امید و انتظارات خاص یهود را برآورده می‌سازد. در واقع، عیسی تکمیل‌کنندهٔ امیدی است که توسط انبیا برای یهودیان پیشگویی شده بود. او جواب دعای همهٔ کسانی است که در قوم اسرائیل با وفاداری در انتظار برای به تحقق پیوستن این امید بوده‌اند. عنوان «ماشیح» (مسیح) تجلی این امید خاص است که بعضاً امید مسیحایی خوانده می‌شود. عیسی همچنین به‌عنوان نجات‌دهندهٔ جهان معرفی می‌شود. ماشیح یهودیان «امید امت‌ها» خواهد بود (ن.ک. اشعیا ۴:۴۲ و متی ۲۱:۱۲). او «نسل» ابراهیم خوانده خواهد شد که توسط او خدا همهٔ *قوم‌های* روی زمین را برکت می‌بخشد. آوای این وعدهٔ جهانیِ ابراهیمی در پرستش یهودی کاملاً طنین‌انداز است: «باشد که نام او جاودانه مانَد، و آوازه‌اش، تا آفتاب برمی‌تابد. باشد که قوم‌ها جملگی در او برکت یابند، و آنان نیز او را مبارک خوانند» (مزمور ۱۷:۷۲). ماشیح، این امید جهانی، بعدها توسط مسیحیان اولیه عنوان «خداوند»

گرفت و در اعترافات اولیهٔ آنان تبلور یافت: «عیسی خداوند است.» عیسی نجات‌دهنده و خداوند همهٔ قوم‌ها است.

این دو امید همچون دو رشتهٔ یک طناب (خاص و جهانی) جدایی‌ناپذیرند. یهودیان همواره باور داشتند که خدا از طریق ماشیح، که متعلق به اسرائیل است، جهان را برکت خواهد بخشید. امر غیرمنتظره، اهمیت نقش غیریهودیان یا دیگر قوم‌ها در نقشهٔ خدا بود. این مطلب بعدها توسط پولس رسول به‌عنوان «راز مسیح» مطرح می‌شود که «اکنون به‌واسطهٔ روح بر رسولان مقدّس او و بر انبیا آشکار شده است.» آن راز این است که «غیریهودیان در مسیح و به‌واسطهٔ انجیل، در میراث و در بدن و در برخورداری از وعدهٔ او شریکند.» (افسسیان ۳:۵-۶)

گستره و شرایطی که غیریهودیان بر مبنای آن به‌طور کامل شریک برکاتی می‌شدند که در ماشیح یهودیان وعده داده شده بود، باعث شد یهودیان مسیحی‌شده در دوران اولیهٔ کلیسا به متون کتاب‌مقدس‌شان برگردند و آنها را با دیدی جدید دوباره مطالعه و بررسی کنند. آنها به ارتباط عمیق بین امید مأموریتی و ماشیح موعود در عهدعتیق پی بردند. پولس رسول به همین دلیل در شهادتش در مقابل فستوس به وعده‌های عهدعتیق اشاره می‌کند.

> «اما تا به امروز، خدا مرا یاری کرده و اکنون اینجا ایستاده‌ام و به همه، از خُرد و بزرگ، شهادت می‌دهم. آنچه می‌گویم چیزی نیست جز آنچه پیامبران و موسی گفتند که می‌بایست واقع شود: اینکه مسیح باید رنج ببیند و نخستین کسی باشد که از میان مردگان برمی‌خیزد، تا روشنایی را به این قوم و دیگر قوم‌ها اعلام کند.» (اعمال ۲۶:۲۲-۲۳)

درک جنبهٔ مأموریتی (جهانی) و مسیحایی (خاص) نقشی اساسی در آشکار شدنِ درون‌مایهٔ *"مأموریت الاهی"* در جهان دارد. این دو جنبه در هر سه ساختار اصلی عهدعتیق دیده می‌شوند. این سه ساختار شامل شریعت، انبیا، و نوشته‌های عهدعتیق‌اند. ما تاکنون به بررسی چگونگی عملکرد عهد ابراهیمی در این دو جنبه پرداخته‌ایم. عهد خدا با ابراهیم به‌طور همزمان دو مورد را شامل می‌شد: انتخاب ابراهیم و نسل او (یهودیان) و وعدهٔ برکت دادن همهٔ قوم‌های جهان. حال، به‌عنوان نمونه در بررسیِ دو بخش عمدهٔ عهدعتیق، به بخشی از متون کتاب اشعیا در مورد خادم رنجبر و دو مزمور به‌عنوان گزیده‌ای از نوشته‌ها خواهیم پرداخت.

## *سرودهای خادم رنجبر در کتاب اشعیا*

در کتاب اشعیای نبی به ۴ متن مشخص و مجزا اشاره شده که به مجموعهٔ "خادم رنجبر" معروف است. این متون در اشعیا ۴۲:۱-۹، ۴۹:۱-۶، ۵۰:۲-۹ و ۵۲:۱۳ تا ۵۳:۱۲ آمده‌اند. آنها به دلیل ۴ موضوع مهمی که در بر دارند از اهمیت ویژه‌ای در *"مأموریت الاهی"* برخوردارند. اول آنکه، این خادم از طرف یهوه به مأموریت فرستاده می‌شود. دوم آنکه، این مأموریت شامل تحمل رنج و زحمت به‌جای دیگران است. سوم اینکه، اگرچه این خادم، مطرود و رنجبر

خواهد بود، اما سرانجام سرافراز گشته، بی‌گناهی‌اش ثابت خواهد شد. و در نهایت، نکتهٔ چهارم دربرگیرندهٔ این حقیقت است که این رنج و زحمت برای همهٔ اقوام جهان عدالت، نجات و برکت به ارمغان خواهد آورد.

در اولین متن، پیام‌آور یهوه، ″خادم″ خدا و ″برگزیدهٔ″ او معرفی می‌شود (اشعیا ۱:۴۲). ″روح خدا″ بر او قرار خواهد گرفت (اشعیا ۱:۴۲) و او «عدالت را در حق قوم‌ها جاری خواهد ساخت» (اشعیا ۱:۴۲). کلمه‌ای که ″عدالت″ ترجمه شده است در اصل *میشپات* (mishpat) است که در متن کتاب اشعیا به معنی داوری قانونی بین یهوه و غیریهودیان است. در باب قبلی، یعنی اشعیا ۴۱، به صحنهٔ یک دادگاه اشاره می‌شود که مرافعهٔ بین یهوه و ″خدایانِ″ سایر قوم‌ها را به تصویر می‌کشد (اشعیا ۴۱:۲۱-۲۹). ادعاهای خدایان قوم‌ها، به‌عنوان رقبای یهوه، هیچ و باطل اعلام می‌شود. یهوه در پاسخ به رأی دادگاه، به‌وسیلهٔ سرود خادم رنجبر نقشهٔ خود را برای نجات همهٔ اقوام اعلام می‌کند. «خادم من... برگزیدهٔ من... عدالت را در حق قوم‌ها جاری خواهد ساخت» (اشعیا ۱:۴۲). عبارت «جاری خواهد ساخت» همان لفظی است که به کرّات برای بیرون آوردن قوم اسرائیل از مصر به‌کار برده شده است. در اینجا این عبارت برای بیرون آوردن قوم‌های جهان از اسارت استفاده شده است. در این بخش همهٔ قوم‌ها دعوت می‌شوند تا شریک نجات و عدالتی شوند که این خادم یهوه به ارمغان می‌آورد. این متن اشاره به خروجی بس عظیم‌تر از خروج بنی‌اسرائیل از مصر، و نیز عهدی بزرگتر و در بُعدی وسیع‌تر، یعنی در حد جهانی، دارد. یهوه به‌وسیلهٔ این خادم با قوم‌های جهان عهد می‌بندد و به همهٔ مردم دنیا نور می‌بخشد. «من تو را عهدی برای قوم و نوری برای ملت‌ها خواهم ساخت» (اشعیا ۶:۴۲). تمامی متن این سرود طنین‌انداز آزادی و نور از سوی این خادم است. «تا چشمان نابینایان را بگشائی»، «اسیران را از زندان برهانی»، و «ظلمت‌نشینان را از سیاهچال به‌در آوری.» (اشعیا ۷:۴۲)

دومین سرود خادم رنج‌دیده در اشعیا ۴۹:۱-۶ آمده است. این سرود به‌طور خاص قوم‌های جهان را مخاطب قرار می‌دهد و دربرگیرندهٔ این پیام است که یهوه بر همهٔ قوم‌ها حاکمیت دارد. او اعلام می‌کند: «ای سرزمین‌های ساحلی به من گوش فرادهید! ای قوم‌های دوردست، توجه کنید» (۱:۴۹)، «او دهان مرا چون شمشیر تیز ساخت...» (۲:۴۹). یهوه به‌واسطهٔ او جلال خود را نمایان می‌سازد (۳:۴۹). اگرچه این سرود به‌واسطهٔ خادم خوانده می‌شود، ولی او فقط خواننده را از آنچه یهوه اعلام نموده باخبر می‌سازد. این اعلامیه به دو بخش تقسیم می‌شود که در آن به‌طور واضح به دو جنبهٔ خاص و جهانیِ ″*مأموریت الاهی*″ از طریق این خادم اشاره می‌کند. آیهٔ ۵ بر مأموریت خاص خادم در بین قوم اسرائیل متمرکز است. او از جانب یهوه فرستاده می‌شود «تا یعقوب را نزدش بازآورم، و اسرائیل را گرد او جمع کنم» (اشعیا ۵:۴۹). ما در بخش‌های پیش به موضوع گردآمدن، که در مرکزیت عهد ابراهیمی قرار دارد، اشاره کردیم، و دیدیم که چگونه این مطلب در تقابل با پراکنده‌شدن قوم‌هایی قرار می‌گیرد که علیه حاکمیت خدا می‌ایستند. در آیهٔ ۶، مثل اولین سرود خادم، دوباره به بُعد وسیع این مأموریت که شامل نجات و گردآمدنِ قوم‌های جهان است، اشاره می‌شود.

و چنین می‌فرماید: «سـهل است که خادم من باشـی، تا قبایل یعقوب را بر پا بداری، و اسرائیلیانی را که محفوظ داشته‌ام، بازآوری؛ بلکه تو را نوری برای ملت‌ها خواهم ساخت تا نجات مرا به کران‌های زمین برسانی.»

متـن بالا نظر اجمالی مهمی در ارتباط با *"مأموریت الاهی"* ارائه می‌دهد. این بخش بدون کم‌اهمیت شـمردن *مأموریت الاهی* به اسـرائیل، به مأموریتی بس فراگیرتر اشاره می‌کند که همهٔ ملل را در بر می‌گیرد. بنابراین، علی‌رغم سقوط اسرائیل (طغیان، تبعید و داوری)، وعدهٔ اولیه‌ای که به ابراهیم داده شد، مبنی بر برکت دادن به همهٔ ملل، هنوز بر جای خود باقی است. اشعیا خاطرنشان می‌سازد که این برکت به‌وسیلهٔ خادم یهوه مکشوف خواهد شد.

سومین سرود خادم رنجبر در اشعیا ۵۰:۲–۹ یافت می‌شود. این سرود به نقل سرگذشت خادم ادامه می‌دهد ولی مسیر گفتار از هدف نهایی زندگیِ خادم به‌سوی رنج‌هایی که متحمل خواهد شـد تغییر جهت می‌یابد. این سرود با تصویر کردنِ صحنه‌ای خالی که فاقد هنرپیشه است، شروع می‌شود: «چون آمدم چرا کسی نبود؟ چون خواندم چرا کسی پاسخم نگفت؟» (اشعیا ۵۰:۲). سپس در آیهٔ ۴ خادم رنجبر وارد می‌شود. او «زبان شاگرد» را دارد و برخلاف قوم اسرائیل، مشتاق شنیدن و اطاعت از خداسـت (اشعیا ۵۰:۴–۵). ولی با وجود این، این خادم را هم مثل یهوه رد خواهند کرد. او را خواهند کوفت، و اهانت خواهند کرد، و رسـوا خواهند سـاخت. او پشـت خود را به تازیانه‌ها خواهد داد و در مقابل کسانی که ریشش را می‌کَنند مقاومت نخواهد کرد. او سر خود را برنخواهد تافت، اگرچه او را مسخره کنند و آب دهان بر صورتش بیندازند (اشعیا ۵۰:۶). عجیب‌تر از همه، این خادم با ارادهٔ خود این دشمنی و رنج را به‌عنوان نقشـهٔ خدا خواهد پذیرفـت. از آنجایی که او به یهوه اعتماد و توکل دارد، می‌داند که در نهایت بیگناهی‌اش ثابت خواهد شد، او سرافراز خواهد گردید، و رسوایی‌اش از میان برداشـته خواهد شد (اشعیا ۵۰:۷). این سرود مانند بخش آغازین با سکوت به پایان می‌رسـد. لیکن، این سکوت آخر نشـانگر آن اسـت که یهوه بی‌گناهی خادم خود را ثابت می‌کند و همهٔ متهم‌کنندگان را خاموش می‌سازد (اشعیا ۵۰:۸). همهٔ آنها مثل لباس بیدخورده مندرس و فنا خواهند شد. (اشعیا ۵۰:۹)

چهارمین سرود خادم رنجبر در اشـعیا ۵۲:۱۳–۵۳:۱۲ آمده است. متن مذکور تصویری از خروج پیروزمندانهٔ اسـرائیل از تبعید ارائه می‌دهد. این سرود با ترسیم صحنه‌ای از آسمان آغاز می‌شـود که خادم یهوه در آن حاضر اسـت. «اینک بندهٔ من» (اشعیا ۵۳:۱۳). خادم از جانب خدا منزلتی می‌یابد که دارای سه جنبه (یا مرحله است) است: ۱) کامیابی، ۲) رسیدن به جایگاهی والا، و ۳) سرافرازی (اشعیا ۵۳:۱۳). زبان گفتاری این بخش بازتاب تاجگذاری و تجلیل پادشاه است. این خادم در حضور خدا ارتقاء مقام می‌یابد. باید توجه داشت که این ارتقا در کنار ذکر رنج‌هایی که او قبلاً برده بود، قد علم می‌کند. «ظاهر او چنان «تباه» شده بود که دیگر به انسان نمی‌مانست» (اشعیا ۵۳:۱۴). «خوار و نزد مردمان مردود و صاحب غم‌ها و رنج‌دیده» (اشـعیا ۵۳:۳). این سرود بسیار شبیه سرود سوم است ولی تأکید اصلی سرود این اسـت که او به‌جای دیگران متحمل این رنج‌ها شد. «لیکن او غم‌های ما را بر خود گرفت و

دردهای ما را بر خویش حمل نمود» (اشـــعیا ۴:۵۳). «او به سبب تقصیرهای ما مجروح و به ســـبب گناهان ما کوفته گردید و تأدیب سلامتی ما بر وی آمد و از زخم‌های او ما شفا یافتیم» (اشـــعیا ۵:۵۳). این سرود همچنین خاطرنشان می‌کند که خواست یهوه بود که خادمش رنج و زحمت ببیند (اشـــعیا ۱۰:۵۳) زیرا تنها به‌واسطهٔ رنج‌کشـــیدن به‌جای گناهکاران بود که او بسیاری را عادل می‌ساخت (اشعیا ۱۱:۵۳). او قرار بود گناه افراد بسیاری را بر خود بگیرد و برای گناهکاران شـــفاعت کند (اشعیا ۱۲:۵۳). از ابتدای سرود چهارم تمام صحنه پیش روی آســـمان و همهٔ جهان باز می‌شود. ارائهٔ تصویر آشکار این خادم، تعجب و شگفتی بسیاری در میان قوم‌ها به خود جلب خواهد کرد و پادشـــاهان و حاکمانِ زمین را ساکت خواهد نمود. (اشعیا ۱۵:۵۲)

جمع‌بندی این چهار سرود آشکارکنندهٔ چند موضوع کلیدی در ارتباط با درک *"مأموریت الاهی"* اســـت. اول از همه، خدای پدر منشاء مأموریت نجات‌بخش است. او خادم رنجبر را به مأموریتی می‌فرســـتد که شـــامل تحمل رنج و درد به‌جای دیگران است. دوم آنکه، کاملاً مشـــخص است که وسعت این مأموریت جهانی است و حیطهٔ آن به همهٔ قوم‌های جهان، که خدا بر آنها حاکمیت دارد، می‌رســـد. ســـوم آنکه، با وجود مخالفت‌ها و ضدیت‌های موجود نســـبت به نقشـــهٔ الاهی، خدا حتی با اســـتفاده از درد و رنج خادم خود به‌جاآورندهٔ عدالت، نجات، و برکت برای همهٔ قوم‌های جهان اســـت. این همان برکت اولیه‌ای است که وعدهٔ آن به ابراهیم داده شده بود: «از ذریت تو جمیع امت‌های زمین برکت خواهند یافت چونکه قول مرا شنیدی.» (پیدایش ۱۸:۲۲)

به‌کارگیری ســـرودهای خادم رنجبر به‌شـــکل نقل‌قول در عهدجدید و سایر نوشته‌های مربوط به دوران اولیهٔ کلیســـا قطعاً نشـــانگر آن اســـت که کلیســـای اولیه کاملاً پی برده بود که عیســـای مســـیح همان خادم رنجبر است که به‌وســـیلهٔ او قوم‌های جهان نجات می‌یابند و *مأموریت الاهی* جامهٔ عمل می‌پوشـــد. بخش‌های متفاوتی از ســـرودهای خادم رنجبر در نوشته‌های متی، لوقا، پولس رسول، پطرس رسول، کلمنت و ژوستین شهید نقل‌قول شده‌اند. شگفت‌انگیزتر از همه، بخشی از اشعیا ۶:۴۹ است که پولس رسول آن را به شکل نقل‌قول در ارتباط با گســـترش انجیل در میان غیریهودیان به‌کار می‌گیرد. در اعمال رسولان ۱۳:۴۶-۴۷ پولس رسول و برنابا به اعلام کردن این بخش به یهودیان می‌پردازند.

> آنـــگاه پولس و برنابـــا دلیرانه گفتند: «لازم بود کلام خدا پیش از همه برای شـــما بیان شود. اما چون آن را رد کردید و خود را شایستهٔ حیات جاوید ندانستید، پس اکنون رو به‌ســـوی غیریهودیان می‌نهیم، زیرا خداوند به ما چنین امر فرموده که: *تو را نوری برای ملت‌ها ساختم تا نجات را به کران‌های زمین برسانی.*»

پولس رسول، همچون مســـیحیان دوران اولیه، باور داشت که عیسی تحقق پیشگویی و وعدهٔ اشـــعیا دربارهٔ خادم رنجبر بود. آنها ایمان داشتند که عیسی «نوری برای ملت‌ها» بود که تا «کرانه‌های زمین» نجات خدا را منتشـــر می‌ساخت. شگفت‌انگیز اینکه پولس خدمتش را

در امتداد گسترش تحقق این پیشگویی می‌دید. باید توجه داشت که پولس در نقل‌قول کردنِ این بخش از کتاب اشـعیا نمی‌گوید که این فرمان خدا به من است بلکه از ضمیر *ما* استفاده می‌کنـد: «زیرا خداوند به *مـا* چنین امر فرموده...» پولس فهمیده بود که تغییر مسـیر توجه به‌سـوی قوم‌های غیریهودی (اعمال ۱۳) و شاهد بودن کلیسا برای مسیح به‌صورت جهانی، در واقع به تحقق پیوستن همان انتشار نور مسیح برای ملت‌ها (غیریهودیان) است. به‌عبارت دیگر، شـهادت جهانی کلیسا وسیله‌ای قطعی است که عیسای مسیح توسط آن نور و نجات خود را تا اقصای زمین منتشر خواهد ساخت.

در رومیان پولس می‌گوید: «آرزویم همواره این بوده اسـت که در جایی بشارت دهم که مسیح شناخته نشده، تا بر بنیادی که دیگری نهاده است، بنا نگذاشته باشم» (رومیان ۲۰:۱۵). پولس بلافاصله به دلیل بشـارت ندادن در جایی که دربارهٔ مسـیح شنیده‌اند می‌پردازد و در این خصوص از سـرود چهارم نقل‌قول می‌آورد: «چنانکه نوشـته شده است: "آنان که از او بی‌خبر بودند، خواهند دید و کسانی که نشنیده بودند، درک خواهند کرد"» (رومیان ۲۱:۱۵). اینها همه اثبات می‌کنند که پولس رسـول کاملاً به اهمیت شهادتِ جهانیِ کلیسا به همهٔ ملل و انتشار مأموریت مسـیح در همهٔ دنیا واقف بود. این امر تنها به‌خاطر این حقیقت که مسیح قیام‌کرده هنوز هم در، و از طریق، کلیسـای خود عمل می‌کند امکان‌پذیر است. کلیسا تداوم «*مأموریت الاهی*» است، به این معنا که مأموریت‌های مسیحی (میسیون‌ها) از *مأموریت الاهی* (میسیون) سرچشمه می‌گیرند.

## مزمور ۶۷ و مزمور ۲

یکی دیگر از این نوشـته‌های مرجع مزامیر است. در بطن پرستش قوم اسرائیل، در کتاب مزامیر عبارت قوم‌ها یا غیریهودیان ۷۰ بار تکرار شده است. این مطلب نشانگر اهمیت ملت‌ها در *مأموریت الاهی* اسـت. سـقوط ملت‌ها قطعاً یکی از موضوعات کلیـدی در طغیان علیه خداسـت (مزمور ۹). ما معمولاً افراد را تحت داوری خدا می‌بینیم. ولی کتاب مزامیر واضحاً نشان می‌دهد که همهٔ ملل و نیز اسرائیل تحت داوری خدا قرار دارند. در عین‌حال، ما با لطف و رحم خدا نسبت به ملل جهان نیز روبه‌رو می‌شویم (مزمور ۱۷:۷۲). کار خدا با قوم اسرائیل نمونهٔ کوچکی اسـت که نشـان می‌دهد خدا برای قوم‌های جهان چه در نظر داشـته است. در واقع، مزامیر به‌طور روشـن نشـان می‌دهند که هدف اصلی خدا از انتخاب و برکت‌دادن اسـرائیل این بود که توسـط آنها سـایر ملل و اقوام جهان را برکت دهد. یکی از نمونه‌های مشهود، دعای برکتیِ کاهنان است که در مزمور ۶۷ آمده است. در کتاب اعداد به هارون فرمان داده شده بود که قوم اسرائیل را برکت دهد. این دعا بسیار شبیه مزمور ۶۷ است:

> «یهـوه تو را برکت دهد و تو را محافظت نماید. یهوه روی خود را بر تو تابان سـازد و بـر تو رحمـت کند. یهوه روی خود را بر تو برافرازد و تو را سـلامتی بخشـد.» (اعداد ۶:۲۴-۲۶)

با وجود این، در مزمور ۶۷:۱-۲ این دعای برکت اشـــاره به *هدف* خدا از برکت دادن قوم اسرائیل می‌کند، تا آنان برای ملل و اقوام دیگر برکت باشند.

> «خدا ما را فیض و برکت عطا فرماید و روی خود را بر ما تابان کند، سِـــلاه؛ تا راه‌های تو در جهان شناخته شود و نجاتت در میان همهٔ قومها.»

چنانکه کریستوفر رایت اظهار می‌دارد، «قوم اســـرائیل اولین نوبر محصولی بس بزرگتر است که خدا از میان همهٔ قوم‌های جهان برداشت می‌کند.» خدا به‌طور مرتب به قوم اسرائیل گوشـــزد می‌کند که مقصود او از انتخاب‌شان نقش دادن به آنها در هدفی بس جهانی و غایی است.

دومین نمونه از کتاب مزامیر، مزمور ۲ است. دلیل این انتخاب شامل دو نکتهٔ ویژه است. اول آنکه، مزمور دوم یکی از مزامیری است که در عهدجدید از آن بسیار نقل‌قول شده است. مســـیحیان قرون اولیه به اهمیت این مزمور پی برده بودند چرا که در آن به دو بُعد *مأموریت الاهی* در کلیســـا، و از طریق کلیسا، اشاره شده اســـت. دوماً، مزمور دوم، سرود تاجگذاری است، بنابراین، همچون نوشته‌های اشـــعیا، که بررسی کردیم، به درد و رنج اشاره‌ای ندارد. مزمور دوم امید بسیار شاخص و مهم عهدعتیق به‌شمار می‌رود.

این مزمور با ارائهٔ تصویری از سرکشی قوم‌های جهان نسبت به خدا آغاز می‌شود: «از چه سبب قومها می‌شـــورند و ملت‌ها به عبث تدبیر می‌کنند؟ پادشاهان زمین به صف می‌شوند و فرمانروایان به مشـــورت می‌نشینند، بر ضد خداوند و بر ضد مسیح او.» ولی بلافاصله این مزمور نشان می‌دهد که با وجود سرکشی و تمسخر قوم‌ها، خدا بر آنها حاکمیت مطلق دارد. «آن که در آسمانها جلوس کرده می‌خندد.» و سپس در برابر نقشه‌های پلید و مکارانهٔ قوم‌های سرکش، خداوند اعلام می‌کند که «من پادشاه خود را نصب کرده‌ام، بر کوه مقدسم صَهیون.» این پادشـــاه بر تخت سلطنت خود به‌عنوان نماینده و جانشـــین خدا نشسته است. او تحت عنوان «پسر» بر زمین سلطنت می‌کند.

به‌نظر کمی گســـتاخانه و بعید می‌نماید که قوم اســـرائیل در این سرود تاجگذاری اعلام کنـــد که خدا به او می‌گوید «ملت‌ها را میراث تو خواهـــم گردانید و کران‌های زمین را مُلک تو خواهم ســـاخت. به عصای آهنین ایشـــان را خواهی شکســـت و همچون کوزهٔ کوزه‌گر خُردشـــان خواهی کرد.» این مزمور حکمروایی نهایی الاهی و پادشـــاهی خدا در تجســـم پســـرش عیسای مسیح را به تصویر می‌کشد. عهدجدید از آیهٔ «تو پسر من هستیِ» این مزمور نقل‌قول می‌آورد و آن را به عیســـی مرتبط می‌کند. این متون عهدجدید، با استفاده از این آیه، به تجســـم مسیح (عبرانیان ۵:۱)، تعمید مسیح (متی ۱۷:۳)، تبدیل هیأت مسیح (متی ۵:۱۷ و دوم پطرس ۱۷:۱)، و قیام او (اعمال ۳۳:۱۳) اشاره می‌کنند. مسیحیان دوران اولیه مخالفت‌ها و ضدیت‌های مناصب با مســـیح را تحقق مزمور ۲ می‌دانستند (اعمال ۲۵:۴-۲۸). خدا این حکم را صادر کرده است که در پایان دنیا قوم‌ها را به‌عنوان میراث به تملک «مسیح خود» که اشاره به ماشیح موعود یا عیسای مسیح است درآورد. (مکاشفه ۱۵:۱۹)

مزمــور دوم در واقع هــدف نهایی «*مأموریــت الاهی*» را به تصویر می‌کشــد که همانا آشکارســازی خداوندی مسیح بر همهٔ ملل جهان اســت. پیشگویی دربارهٔ مسیح موعود در سایر مزامیر، از جمله مزمور ۱۱:۷۲، نیز دیده می‌شود: «باشد که همهٔ پادشاهان در برابرش سر فرود آرند و همهٔ قوم‌ها خدمتش کنند.» البته، اگرچه تجسم عیسای مسیح شروع پادشاهی او را بــه ارمغان آوَرد، اما تحقق کامل آن را فقط در پایان دنیا می‌توان دید. پس در نهایت، هدف غایی «*مأموریت الاهی*» در زمان آخر یافت می‌شود، که مأموریت‌های بشارتی و میسیون‌ها را به‌طور امن در بستری آخرشناختی جای می‌دهد.

## امیدهای آخرشناسانه

دیدگاه جامع کتاب‌مقدس در مورد "*مأموریت الاهی*" نشان می‌دهد که در حالی که مرحلهٔ پایانی "*مأموریت الاهی*" در عهد ابراهیمی به‌طور کامل ترسـیم شده، ولی تحقق کامل آن تا پایان زمان میسّــر نیست. بنابراین، میسیون‌شناسیِ مســیحی در تنش "هم‌اکنون" و "نه‌هنوز" باقی می‌ماند. مأموریت‌های مســیحی با ظهور کلیسا شــروع نمی‌شوند و با تکمیل وظایف میسیونی نیز خاتمه نمی‌یابند. کار مأموریت‌های مسیحی همواره در بستر پیش‌نگری و عمل خدا تبلور می‌یابد، که خودِ خدا آن را آغاز می‌کند و قادر اســت آن را نهایتاً به کمال برساند. اگر این دیدگاه به‌طور صحیح درک شود، نه ما را منفعل می‌سازد نه کارمان را کم‌اهمیت. بلکه برعکس، تلاش ما را در بســتر وسیع‌تر و ارزشــمند کار خدا قرار داده، ما را از نتیجهٔ نهایی مثبت مطمئن خواهد ساخت.

در عهدعتیق متون دیگری نیز یافت می‌شــوند که در آنها به این‌گونه پیشگویی‌ها، که در زمان آخر به تحقق می‌پیوندند، اشاره شده است. این پیشگویی‌ها نشانگر آنند که قدرت حیات *مأموریت الاهی* کلیسا دارای حرکتی پیش‌رونده اســت. به‌طور مثال، دانیال در رؤیا می‌بیند که «حکومت و جلال و پادشاهی» به پسر انسان بخشیده شد (دانیال ۱۴:۷). او با نبوتی مبنی بر اینکه «تا تمامی قوم‌ها و ملت‌ها و زبان‌ها او را خدمت کنند. حکومت او حکومتی اســت جاودانه و بی‌زوال، و پادشــاهی او زایل نخواهد شد»، می‌بیند که همهٔ اقوام و ملت‌ها خود را به خداوندیِ پسر انسان تسلیم می‌کنند. اشعیا نیز این روز را در رؤیا می‌بیند: «قوم‌ها به‌سوی نور تو خواهند آمد، و پادشــاهان به‌سوی درخشش طلوع تو» (اشعیا ۳:۶۰). آمدن مجوسیان به ملاقات عیســی (ن.ک. متی ۱:۲–۱۲) در مقیاسی بســیار کوچک نوبر جاری شدن قوم‌ها به‌سوی مسیح است. به این ترتیب، هرچه ملل بیشتری به‌واسطهٔ زندگی مأموریتی کلیسا نزد پاهای مســیح گرد می‌آیند، موســم دروِ کامل نزدیک و نزدیکتر می‌شود (متی ۱۴:۲۴). ولی باید به یاد داشــت که تحقق نهایی این مأموریت‌ها، چنانکــه در مزمور ۲۷:۲۲–۲۸ آمده، در زمان آخر به انجام خواهد رســید: «همهٔ کران‌های زمین به یاد آورده، نزد خداوند بازگشــت خواهند کرد. همهٔ طوایف قوم‌ها در حضور او پرستش خواهند نمود. زیرا که پادشاهی از آن خداوند است؛ اوســت که بر قوم‌ها فرمان می‌راند.» یهوه مکرراً قوم خود را از رؤیای نهایی باخبر می‌ســازد: «هر زانویی در برابر من خم خواهد شد و به من هر زبانی سوگند وفاداری

خواهد خورد» (اشعیا ۲۳:۴۵). این همان رؤیایی است که کلیسای اولیه را تشویق می‌کرد تا با سراییدنِ سرودِ «به نام عیسی هر زانویی خم شود و هر زبانی اقرار کند که عیسای مسیح خداوند است» (فیلپیان ۲:۱۰)، به پیشواز آن روز بروند. این رؤیا در زمان آخر به اوج خواهد رسید. یوحنای رسول در کتاب مکاشفه آن را می‌بیند و در بارهٔ آن پیشگویی می‌کند: «پس از آن نظر کردم و اینک جماعتی عظیم از هر ملت و طایفه و قوم و زبان پیش روی خود دیدم که هیچ‌کس آنان را نمی‌توانست شماره کند و همه پیش تخت و در پیشگاه بره ایستاده بودند. همگان ردای سفید بر تن داشتند و شاخهٔ نخل به دست» (مکاشفه ۹:۷). مأموریت‌ها زمانی تحقق نهایی خواهند یافت که ملل دنیا عیسای مسیح را در آسمان و زمین جدید و در قوت روح‌القدس پرستش کرده، تمامی جلال را به خدای پدر بدهند.

## نتیجه‌گیری

هدف این فصل نشان دادن این مطلب است که خدای پدر را به‌عنوان آغازکننده و در عین‌حال هدف نهایی *"مأموریت الاهی"* معرفی کند. این فصل با تمرکز بر عهدعتیق و عهد خدا با ابراهیم به برکتی اشاره می‌کند که خدا می‌خواهد آن را به همهٔ ملت‌ها ببخشد. یهوه وعده داد که با برگزیدن ابراهیم و برکت بخشیدن به او (و در نهایت به قوم اسرائیل)، همهٔ اقوام جهان را مبارک سازد. وعدهٔ خدا به ابراهیم، که در نهایت وعدهٔ برکت به همهٔ ملل جهان است، در تار و پود مکاشفهٔ عهدعتیق جای می‌گیرد. به‌تدریج این درک پدید آمد که برکت یافتنِ همهٔ اقوام به‌واسطهٔ خادم رنجبر خدا امکان‌پذیر می‌شود. به‌علاوه، این نکته به‌وضوح دیده می‌شود که حتی عهدعتیق به تحقق پیوستن *"مأموریت الاهی"* را در چارچوبی بس وسیع‌تر و آخرشناختی می‌بیند. بنابراین، در کتاب‌مقدس روایت عظیم مأموریت (میسیون) نهایتاً در چارچوب آفرینش -> عهد -> تجسم -> صلیب -> قیام -> پنتیکاست -> بازگشت مسیح -> زمان آخر/ آفرینش جدید (آسمان و زمین جدید) آشکار می‌شود. بدین‌سان، مأموریت مسیحی باید به‌عنوان هدف پیش‌برندهٔ این روایت عظیم درک شود، نه مبحثی فرعی در مورد آن! به‌عبارت دیگر، *"مأموریت الاهی"* پیامی است که در مرکز کتاب‌مقدس قرار دارد. کتاب‌مقدس همچون *"مأموریت الاهی"* داستانِ عمل پیش‌قدمانه و نجات‌بخش خدا در تاریخ به نمایندگی از خلقت اوست. همهٔ مأموریت‌ها نهایتاً باید ماهیت خود را از این منبع کسب کنند.

فصل پنجم بر پدری که می‌فرستد تمرکز دارد و به بررسی متن‌های مربوط به "فرمان بزرگ" در عهدجدید می‌پردازد. این بخش تأکید بر آن دارد که این متون باید در چارچوب بزرگتر *"مأموریت الاهی"* و خدمت عیسای مسیح به‌عنوان فرستادهٔ پدر در نظر گرفته شوند.

# ۵

# خدای فرستنده و کلیسای فرستاده

اندرو والز از دانشمندی خیالی حکایت می‌کند که زمان و کهکشان‌ها را درمی‌نوردد و در چند مرحله به سیارهٔ زمین سفر می‌کند تا روی دین مسیحیت مطالعه نماید.[1] او مسیحیت را در اورشلیم سال ۳۷ م.، سپس در نیقیهٔ سال ۳۲۵ م.، اسکاتلند سدهٔ هفتم، لندن دههٔ ۱۸۴۰، و نهایتاً در نیجریهٔ ۱۹۸۰ مورد بررسی قرار می‌دهد. وی در نخستین سفرش به زمین، درمی‌یابد که مسیحیان اولیه همگی یهودی‌تبارند. گویی آنان «فرقه‌ای» از یهودیت به‌شمار می‌روند، منتها با این باور که عیسای مسیح همان ماشیح موعود است و همهٔ پیشگویی‌های انبیای‌شان در وی تحقق یافته است. آنان مشتاقند تا این خبر خوش را با دیگران در میان بگذارند.

مدتی بعد، زمانی که مسافر میان‌کهکشانی ما برای بار دیگر به زمین می‌آید، در کنجی از شورای بزرگ نیقیهٔ سال ۳۲۵ م. حضور پیدا می‌کند. او در سفر زمان، از دیدن افرادی از اقوام و تبارهای گوناگون شگفت‌زده می‌شود. این‌بار به‌ندرت می‌تواند در میان اعضای شورا فردی یهودی‌تبار بیابد. اکنون دیگر مسیحیان عیسی را «خداوند» می‌خوانند و بر سر اینکه رابطهٔ عیسای خداوند را با خدای پدر دقیقاً با چه عباراتی باید توضیح داد، میان‌شان بحثی داغ درگرفته است. این موضوع چنان اهمیت دارد که این نمایندگان از نقاط و شهرهای گوناگون برای یافتن راه‌حلی مناسب گرد آمده‌اند تا پاسخ را برای خیل پیروان تازهٔ مسیحیت ببرند.

مسافر در سومین سفر خود برای دیدن راهبان سلتی که «تا زانو در آب یخ ایستاده‌اند و مزامیر می‌خوانند»[2] بر ساحل سنگی اسکاتلند فرود می‌آید. آنان در خلیج کلاید[3] ایستاده

---

۱. نگاه کنید به گفتار «انجیل، پیشتاز و رهانندهٔ فرهنگ» نوشتهٔ اندرو والز، در کتاب «جنبش میسیونری در تاریخ مسیحی: بررسی‌هایی دربارهٔ تبادل ایمان» (مریکنول، نیویورک: اوربیس، ۱۹۹۶)

۲. همان منبع.

3. Firth of Clyde

مردمان را فرامی‌خوانند تا دست از پرستش خدایان طبیعت کشیده، شادمانی حقیقی را در عیسای مسیح بیابند. ایشان گروهی زاهدند و آنچه که بیش از همه نظر مسافر را به خود جلب می‌کند، بهره‌گیری آنان از آموزه‌های مربوط به مسیح است که سه سده پیش در نیقیه به‌شدت مورد بحث بودند.

مقصد چهارمین سفر مرد فضایی اگسِتر هال[1] لندن در دهۀ ۱۸۴۰ میلادی است. او تالار همایش بزرگی را مشاهده می‌کند که در آن اشخاصی خوش‌لباس گرد آمده، با اشتیاق اعزام عده‌ای میسیونر را به همراه کتاب‌مقدس و پنبه دانه به آفریقا پیشنهاد می‌کنند. آنها ضمن نقل‌قول آیاتی از کتاب‌مقدس، از دولت می‌خواهند تا قانون به بردگی گرفتنِ اقوام آفریقایی را لغو کند. مسافر ما از دیدن این صحنه که در آن اکثر حاضران در تالار کتاب‌مقدس شخصیِ خودشان را زیر بغل دارند، حیرت‌زده می‌شود.

سرانجام مسافر، که دیگر استاد مسلم ادیان تطبیقیِ میان–سیاره‌ای شده، در واپسین مسافرت خود به زمین، در لاگوس نیجریه فرود می‌آید. او می‌بیند که گروهی از آفریقاییان رقص‌کنان مسیر خود را به‌سوی کلیسا طی می‌کنند. آنان هر کس را که در راه می‌بینند دعوت می‌کنند تا آمده قدرت شفادهندۀ عیسای مسیح را شخصاً تجربه کند. یکی از آفریقاییان ادعا می‌کند که رویایی دیده و دیگری مدعی می‌شود که شفا یافته است. همگی نوید موعظه‌ای نیرومند از کتاب‌مقدس– همان کتاب‌مقدسی که مسافر شاهد و ناظرش بوده– پیرامون عیسای مسیح می‌دهند.

نکتۀ جالب این داستان تخیلی این است که این گروه‌های مختلف حتی اگر یکدیگر را به‌طور کامل هم به‌عنوان مسیحی نشناسند، با این‌حال، جملگی (از چشم‌انداز گستردۀ تاریخی) در نکات بسیاری وجوه اشتراک دارند. همۀ این گروه‌های مختلف اهمیت و اعتبار غایی عیسای مسیح را اعلان می‌کنند. همگی برای کتاب‌مقدس، که کلام خدایش می‌دانند، حرمت قایلند. بر حسب ظاهر هم که شده، همۀ آنها به روش خود سرگرم در میان گذاشتن پیام عیسای مسیح با دیگران هستند. به‌عبارت دیگر، ایشان صِرفاً به‌خاطر اقرار به ایمان مسیحی نیستند، بلکه مسیحیانی هستند که هویت‌شان با افق‌های پهناور کلیسا که مرزهای فرهنگی تازه را درمی‌نوردد، عجین است.

این چشم‌انداز خیالی و طولانی از کلیسا به ما یادآوری می‌کند که هویت غایی و نهایی کلیسا در شخص و کار عیسای مسیح خلاصه شده، و خداوند ما را به انجام وظیفۀ میسیونری مکلف کرده است. میسیون مسیحی کل کلیسا را در بر می‌گیرد، نه فقط گروهی برگزیده از کسانی را که به‌صورت حرفه‌ای در این نهاد مشغول به خدمتند. میسیون مسیحی برای هویت ما به‌عنوان کسانی که خداوندی عیسای مسیح را اعلان می‌کنیم از جایگاهی بنیادین برخوردار است. به بیان دیگر، میسیون‌های مسیحی مادر الاهیاتند تا فرزندخواندۀ الاهیات. چنان که بن می‌یر[2] گفته است: «مسیحیت هیچگاه به اندازۀ زمانی که میسیون جهانی را آغاز کرده، نزدیکتر به هویت خود، پیوسته‌تر به عیسی، و روشن‌تر در مسیرش به‌سوی آینده، نبوده

1. Exeter Hall; 2. Ben Meyer

اســـت.» هدف این فصل از کتاب کاوش در فرمان نهایی است که عیسای مسیح به کلیسایش سپرده است، و آن را در چارچوب بزرگتری از *مأموریت الاهی* قرار می‌دهد.

## روشن‌سازی‌هایی پیرامون اصطلاح «فرمان(های) بزرگ»

اصطلاح متداول «فرمان بزرگ» تعبیری نسبتا متأخر است که برای اشاره به آخرین فرمانی به‌کار می‌رود که عیسای مسیح به شاگردان خود داد. برای نمونه، ویلیام کِری که بسیاری وی را پدر جنبش میسیونری معاصر می‌دانند، در رسالهٔ مشهوری که در باب مأموریت مسیحی با عنوان «یک جستار» نوشته است، اصطلاح «فرمان بزرگ» را به‌کار نمی‌برد. از قرار معلوم نخستین باری که این اصطلاح از نوشته‌ها سر درمی‌آورد، در کتاب سه جلدیِ تاریخ انجمن میسیون کلیسا[1] است که در سال ۱۸۹۹ انتشار یافته است. این اصطلاح را اغلب و به‌طور مشخص برای اشاره به متی ۱۸:۲۸-۲۰ به‌کار می‌برند، و متأسفانه آن را مدام به‌عنوان عبارتی گزیده و جدا از متن و دیگر بخش‌های انجیل و زمینهٔ کتاب‌مقدسی گسترده‌تری که شامل *مأموریت الاهی* است نقل می‌کنند. این گفتار فراتر از آن است که در حوصلهٔ این کتاب بگنجد و باید آن را به‌طور مبسوط در چارچوب تاریخچهٔ تفسیر متی ۱۸:۲۸-۲۰ در تاریخ کلیسا مورد بررسی قرار داد. با وجود این، شواهد فراوانی وجود دارند که نشان می‌دهند، از این آیات در طول تاریخ کلیسا عموماً به‌عنوان متنی میسیونری استفاده نمی‌شده است، چون همگان باور داشتند که این آیات پیش‌تر، از سوی رسولان مسیح که دریافت‌کنندگان اصلی این فرمان بودند، انجام پذیرفته است. متن مزبور را به‌طور گسترده برای منظورهای دیگر به‌کار می‌بردند، و مفهوم کامل آن اغلب در لفافهٔ مناقشات کلیسایی گنگ و ناشناخته باقی ماند. بررسیِ اجمالی از کاربرد این آیات نشان می‌دهد که به احتمال زیاد آن را برای تأیید الوهیت مسیح، تثلیث، یا عبارتی دقیق به هنگام انجام تعمید به‌کار می‌بردند، تا مبنایی برای حکم مأموریتی.

اشارات مختصر به این متن به‌عنوان زیربنای مأموریت مسیحی در نسل‌های پیشین، با تفسیر آن در دورهٔ معاصر دارای تضاد است، از این‌رو که در دورهٔ معاصر به‌طور مرتب از آن نقل‌قول می‌شود و سوژهٔ کتاب‌ها و مقالات بی‌شماری قرار می‌گیرد. امروزه به این آخرین فرمان مسیح معمولاً با تمجیدآمیزترین عبارات، از قبیل «فرمان بزرگ»، «واپسین بیانیه»، «نقطهٔ اوج» خدمت عیسی، «فشردن دکمهٔ ساعت‌شمار برای زمان‌های آخر» یا «مهم‌ترین دغدغهٔ انجیل» اشاره می‌کنند. اگرچه تمرکز روی این متن به‌خصوص برای کلیسا منافعی هم در بر داشته، اما باعث بروز سوءتفاهم‌هایی نیز در ارتباط با *مأموریت الاهی* شده است. همچنین سبب گردیده که ارتباط طبیعی این آیات از دیگر بخش‌های انجیل، که در بستر آن شکل گرفته‌اند، گسسته شود و این آیات به‌خصوص مهجور بمانند. از این‌رو، روشن‌سازی‌هایی چند پیرامون این آیات در آغاز این بررسی ضروری می‌نماید.

1. History of the Church Mission Society

## «فرمان بزرگ» بر چندین متن کتاب‌مقدسی دلالت می‌کند، نه فقط بر یک متن

نخست آنکه، «فرمان بزرگ» برای نشان دادن *طیفی کلی از متون متعدد* عهدجدید به‌کار برده می‌شود، نه فقط عبارت معروف و مذکور در متی ۱۸:۲۸–۲۰. هر یک از اناجیل، و نیز کتاب اعمال رسولان، به ثبت گزیده‌هایی چشمگیر از مأموریت یافتنِ گروهی از شاگردان پرداخته‌اند. این متن‌ها را می‌توانید در متی ۱۸:۲۸–۲۰؛ مرقس ۱۴:۱۶–۱۸؛ لوقا ۴۴:۲۴–۴۹؛ یوحنا ۱۹:۲۰–۲۳؛ و اعمال ۷:۱–۸ بیابید. وقتی به این متون گوناگون اشاره می‌کنیم، می‌توانیم آنها را فرمان‌ها یا فرمان‌های بزرگ، بنامیم. اگر مقصودمان اشاره به حکم الاهیاتیِ میسیون‌شناختیِ بزرگتری است که مجموعاً در پَس همهٔ این فرمان‌ها نهفته شده، بنابراین، طبیعی است که «فرمان بزرگ» را مفرد به‌کار ببریم. با وجود این، عبارت مزبور را باید تنها به‌عنوان اشاره‌ای فراگیر به همهٔ متن‌ها و نیرویِ مجموع این عبارات به‌کار ببریم، نه چنان که معمولاً از عبارتی که در روایت متی آمده است برداشت می‌شود.

## سخنان مسیح پس از قیام

دوم اینکه، باید به خاطر داشته باشیم که این عبارات همگی سخنان مسیح پس از قیام از مردگان در زمان‌ها و مکان‌های گوناگون هستند. این واقعیت که عبارات مذکور جملگی توسط خداوند قیام‌کرده گفته شده، خودْ دلیلی است کافی بر این مدعا که چرا برای این فرمان‌ها صفت «بزرگ» به‌کار برده می‌شود، مخصوصاً با توجه به محدودهٔ زمانیِ چهل روزه و اندک بودنِ سخنان عیسی پس از قیامش.

وقتی درمی‌یابیم که صفتِ «بزرگ» برای تعلیم مسیح در خلال دورهٔ پس از قیام تا چه اندازه نقشی محوری داشته، وزن و اعتبار بیشتری نیز پیدا می‌کند. اینکه رویداد، معجزه یا سخنانی به‌صورت تکی از عیسی در اناجیل همنظر[1] و گاه در هر چهار انجیل ثبت شوند، امری غیرعادی نیست. لیکن، به‌نظر نمی‌رسد که در مورد آخرین فرمان‌هایی که عیسای مسیح به شاگردان خود سپرد، وضع به همین منوال بوده باشد. نه تنها لحن گفتار میان گزارش‌های یادشده در اناجیل تمایز بسیاری دارند، بلکه زمینهٔ آنها نیز متفاوت است. این بدان معنا است که عیسی روایت‌های مختلفی از فرمان بزرگ را در مکان‌های گوناگون و با تأکیدهای متفاوت تکرار کرده است. فرمان مذکور در متی چند هفته پس از قیام و در جلیل اعلان می‌شود. تعیین زمینهٔ فرمان مذکور در مرقس، هرچند ناممکن نیست، اما دشوار است و این بخشی از دشواری‌های بزرگتر در خصوص متن است که در قسمت پایانی انجیل مرقس با آن روبه‌رو هستیم. با این همه، لحن فرمان در انجیل مرقس با آنچه در دیگر اناجیل آمده متمایز است. هر دو فرمان مذکور در لوقا و یوحنا در اورشلیم و در همان شب پس از قیام اعلان می‌شوند. جالب اینجا است که گرچه فرمان‌های مذکور در لوقا و یوحنا در یک شب

---

۱. Synoptic Gospels– منظور سه انجیل متی، مرقس و لوقا است که وقتی در یک نظر به آنها می‌نگریم شباهت‌های زیادی در آنها می‌بینیم– و.

واحد اعلان می‌شـــوند، اما هیچ همپوشانی لفظی میان این دو وجود ندارد، بدین معنا که این دو عبارت، دو گفتهٔ متمایز از سخنان عیسی هستند. فرمان مذکور در اعمال هم چهل روز پس از قیام و در بیت‌عنیا، نه اورشلیم، اعلام می‌شود.

## خواندن متن‌ها در زمینهٔ اناجیل

سوم اینکه، جزئیات این خطابه‌های مأموریتیِ گوناگون اقتضا می‌کند که هر یک از آنها را در پیوند با زمینهٔ کتاب‌مقدسیِ بزرگتری که در آن قرار گرفته‌اند مورد کاوش قرار دهیم. همهٔ نویسندگان اناجیل این متون مأموریتی را در جایی قرار داده‌اند که در به اوج رساندنِ داستانی که پرده از آن می‌گشـــایند، نقش بیافرینند. نویسندهٔ کتاب اعمال رسولان نه تنها به دلیل حفظ تداوم با روند وقایع مذکور در کتاب پیشین خود (انجیل لوقا)، بلکه به سبب ایجاد چارچوبی برای ســـاختار کتاب، متن مربوط به فرمان را در همان سرآغاز می‌گنجاند. وقتی این آیات را از زمینهٔ متن‌شان بیرون می‌آوریم و جداگانه تفسیر می‌کنیم، قدرت‌شان را از دست می‌دهند. چالش پیش رو این اســـت که یقین حاصل کنیم هر عبارت کتاب‌مقدســـی می‌تواند با لحن خاص و متمایز خود ســـخن بگوید، و در عین‌حال ببینیم که همهٔ آنها در مجموع چگونه به کلیسا الهام می‌بخشند و به شیوهٔ خود با متن بزرگتر "*مأموریت الاهی*" ارتباط می‌یابند.

# آیات فرمان بزرگ

این بخش از فصل کتاب بر آن اســـت که هر یک از آیات را در زمینهٔ متن خودشان و نیز در چارچوب بزرگتر *مأموریت الاهی* مورد بررســـی قرار دهد، به‌ویژه اینکه آنها دنباله‌ای از درون‌مایهٔ پدر فرستنده هستند.

## متی: تحقق وعدهٔ ابراهیم از طریق شاگرد ساختنِ همهٔ قوم‌ها

تصدیق اینکه آیا متی نســـبت به مأموریت مسیحی در قبال قوم‌های دیگر جهان احساس تعهد می‌کرده یا نه، حتی برای محققان انجیل متی نیز کار ســـاده‌ای نیســـت. یکی از محققین دشـــواری حل این متناقض‌نمایی در نوشتهٔ متی را چنین توضیح می‌دهد: «ایده‌های متضاد به موازات هم ابراز شـــده‌اند.» از یک‌سو، انجیل متی شـــامل آن‌دسته از سخنان عیسی است که به‌شـــدت رنگ و بوی یهودی دارند و برای مخاطبان یهودی بیان شده‌اند، و چنین می‌نماید که آشـــکارا هرگونه مأموریت در میان قوم‌های دیگر را ممنوع، محدود یا حتی نهی می‌کنند. از سوی دیگر، شـــامل برخی از برجسته‌ترین سخنان عیسی می‌شـــود که پیش‌بینی می‌کنند مســـیحیان یهودی‌تبار اولیه انجیل را میان دیگر گروه‌های قومیِ جهان خواهند برد. با وجود این، وقتی به انجیل متی به‌صورت یک کلیت می‌نگریم، معلوم می‌شـــود که وی با شـــور و شوق از مأموریت در میان قوم‌ها استقبال می‌کند، با این تأکید که مأموریت عیسی را باید ادامهٔ طبیعیِ *مأموریت الاهی* در میان قوم اسرائیل دانست نه گسستی بنیادین از سنت ابراهیمی.

### انجیل متی و مأموریت در میان «همهٔ قوم‌ها»

باید کار خود را با نشان دادن انطباق متی ۱۸:۲۸–۲۰ با زمینهٔ بزرگتر انجیل متی آغاز کنیم. برخی از آیات شاخص در انجیل متی نشان می‌دهند که فرمان بزرگ با پیام بزرگتر انجیل کاملاً هماهنگی دارد و در واقع از آن سرچشمه می‌گیرد.

#### نسب‌نامه

متی و لوقا دو انجیلی هستند که در آنها نسب‌نامهٔ عیسی ثبت شده است. نسب‌نامهٔ متی از دو جنبهٔ مهم منحصربه‌فرد است. نخست آنکه، متی ساختار نسل‌های مذکور در آن را بر پایهٔ سه دستهٔ چهارده‌تایی شکل می‌دهد: ابراهیم تا داوود، داوود تا تبعید، و تبعید تا تولد مسیح. نکتهٔ مهم این است که متی برخلاف لوقا، زنجیرهٔ نیاکان عیسی را از ابراهیم آغاز می‌کند، نه از آدم. در واقع، لقب عیسی، یعنی «پسر ابراهیم»، که انجیل متی با آن آغاز می‌شود (۱:۱)، تنها مورد در عهدجدید است که به چشم می‌خورد. این لقب بازتاب موقعیت ابراهیم به‌عنوان پدر قوم اسرائیل است و بدین‌ترتیب عهد مذکور در پیدایش ۱:۱۲–۳ را به خواننده یادآوری می‌کند. دوم اینکه، در نسب‌نامهٔ متی نام چهار زن آمده است: تامار (۱:۳)، راحاب (۱:۵)، روت (۵:۱)، و بتشبع (۶:۱)؛ در صورتی که در نسب‌نامهٔ لوقا نام هیچ زن یا فردی غیریهودی نیامده است. تامار و راحاب کنعانی هستند، روت موآبی است و باور بسیاری نیز بر آن است که بتشبع هیتی بوده است. ذکر این نام‌ها در انجیل متی این نکته را به خوانندگان یهودی‌تبارش یادآوری می‌کند که در میان قوم‌های دیگر جهان نیز انسان‌های باایمان و خداترس وجود دارند. حتی در پیدایش ۲۶:۳۸ گفته شده که تامار از یهودا بسیار پارساتر بوده است. آوردن نام راحاب، فاحشهٔ کنعانی در ردیف نیاکان ماشیح گواهی است نیرومند بر فیض آمرزنده و دگرگون‌کنندهٔ خدا که همهٔ قوم‌ها را در بر می‌گیرد، حتی قوم‌هایی که دشمنان قوم اسرائیل به‌شمار می‌روند.

#### مُغان

سفر مغان غیریهودی از مشرق‌زمین که برای عیسی هدایایی از قبیل طلا، کندر و مُرّ آورده بودند، نمادی قدرتمند از قوم‌های جهان است که به‌سوی ماشیح یهود می‌آیند. حضور آنان در صفحات آغازین انجیل متی یادآور نبوت اشعیا است که می‌گوید: «قوم‌ها به‌سوی نور تو خواهند آمد، و پادشاهان به‌سوی درخشش طلوع تو» (اشعیا ۳:۶۰). عزم راسخ مغان، تصویری الهامی است از قوم‌هایی که حاضرند حتی با به خطر افکندن جان‌شان، وفادارانه در برابر مکاشفهٔ الاهی سر تسلیم فرود آورند. پرس‌وجوی مستقیم هیرودیس از مغان در مورد زمان دقیق ظهور ستاره (متی ۷:۲)، سپس کشتار همهٔ کودکانِ مذکر زیر دو سالِ شهر به فرمان او (۱۶:۲)، و اشاره به این که عیسی در «خانه»ای بود (۱۱:۲)، نه در آخور، نشان می‌دهند که مغان حدوداً یک سال پس از تولد عیسی وارد یهودیه شدند. متی به عمد روایت

تولد عیسی را حذف می‌کند تا به‌جای آن گزارش غیریهودیانی را بگنجاند که برای شناسایی و پرستش ماشیح قوم اسرائیل از راه دور آمده‌اند. بدین‌ترتیب، چارچوب کل انجیل خود را بر پایهٔ آمدنِ قوم‌ها نزد عیسی (مغان) و گسیل شاگردان به‌سوی قوم‌ها (فرمان بزرگ) سامان می‌بخشد.

### *گریختن به مصر*

متی در پی گزارش دیدار مغان، بی‌درنگ داستان تغییر مکان یوسف، مریم و عیسی به مصر را می‌آورد (۲:۱۳-۱۵). البته این نکته مهم است که عیسی درست در جهت عکس خروج عمل می‌کند که طی آن بنی‌اسرائیل از سرزمین مصر بیرون آمدند (هوشع ۱۱:۱). لیکن، این نمایانگر تحول مصر از نماد ظلم و اسارت (تثنیه ۵:۵و۱۵) به مأمن و پناهگاهی برای ماشیح اسرائیل است. نقش مصر به‌عنوان پناهگاهی برای ماشیح نه تنها از جنبهٔ الاهیاتی نیرومند است، بلکه به قوم اسرائیل کمک می‌کند تا حافظه تاریخی خود را تقویت بخشند، آن‌هم با یاد آوردنِ خاطرهٔ دیرینِ پناهنده شدن ابراهیم به مصر (پیدایش ۱۲:۱۰)، قرن‌ها پیش از اسارت دردناکِ قوم در آن سرزمین. این هم شهادتی دیگر دربارهٔ نیروی انجیل برای آشتی دادنِ قوم‌ها است. برخی از محققان حتی بر این باورند که این بخش از انجیل متی پشتوانه‌ای مهم برای نخستین مأموریت مسیحی در اسکندریهٔ مصر شد.

### *آغاز خدمت عیسی*

در انجیل متی، عیسی خدمتش را در جلیل، در «نواحی زبولون و نفتالی» (۴:۱۳) آغاز می‌کند. بنا بر نوشتهٔ متی این تحقق نبوت اشعیا بود:

> «دیار زِبولون و نَفتالی، راه دریا، فراسوی اردن، جلیلِ ملت‌ها؛ مردمی که در تاریکی به‌سر می‌بردند، نوری عظیم دیدند، و بر آنان که در دیار سایهٔ مرگ ساکن بودند، روشنایی درخشید.» (متی ۴:۱۵-۱۶؛ نقل‌قول از اشعیا ۹:۱ ۲)

عیسی خدمتش را در «جلیل غیریهودیان» آغاز می‌کند و بعدها فقط متی در انتهای انجیلش می‌نویسد که عیسی و فرشتگان، شاگردان را به بازگشت به جلیل رهنمون می‌شوند (۲۶:۳۲؛ ۲۸:۷) تا فرمان آخر برای رفتن به‌سوی «همهٔ قوم‌ها» را در آنجا دریافت کنند (۲۸:۱۸-۲۰). در انجیل متی عیسی زندگی و خدمت خود را در «عرصهٔ کارزار» آغاز می‌کند و به پایان می‌رساند، که نماد آن مصر و جلیل است، نه اورشلیم که مرکز یهودیت و مکاشفه و جایگاه معبد بود.

### *در انجیل متی فیض خدا فراتر از قوم اسرائیل می‌رود*

متی گلچینی مفصل از آموزه‌های مسیح را در کتابش گردآوری می‌کند که آشکارا نشان می‌دهند قوم اسرائیل نمی‌توانند در برابر قوم‌های بی‌ایمان، مفروض بگیرند که بر پادشاهی

(خدا) حقی دارند. در مَثَل کارگران تاکستان (متی ۲۰:۱-۱۶)، که تنها در انجیل متی آمده، آنانی که دیر به تاکستان می‌رسند مزدی برابر با کسانی می‌گیرند که «تمام روز زیر آفتاب سوزان زحمت کشیده بودند» (آیهٔ ۱۲). در مَثَل دو پسر (۲۱:۲۸-۳۲) هم که باز تنها در انجیل متی ثبت شده، پسری که در ابتدا سرکشی کرده بود، در انتها به‌خاطر فرمانبرداری مورد ستایش قرار می‌گیرد. اگرچه مَثَل باغبانان شروری که تاکستانی را اجاره کرده بودند (۲۱:۳۳-۴۳) در اناجیل همنظر نیز یافت می‌شود، اما فقط متی است که جمع‌بندی عیسی را می‌نگارد که در مورد قوم اسرائیل کاربرد دارد: «پادشاهی خدا از شما گرفته و به قومی داده خواهد شد که میوهٔ آن را بدهند» (۲۱:۴۳). در مَثَل جشن عروسی (۲۲:۱-۱۴)، بی‌اعتنایی بیش از حدِ دعوت‌شدگان سبب گردید که صاحب عروسی به خدمتکاران دستور دهد به گوشه و کنار خیابان‌ها بروند و کسانی را که در آغاز دعوت نداشتند به میهمانی بیاورند. موارد مشابه این را می‌توان در مَثَل ده باکره (۲۵:۱-۱۳)، مَثَل قنطارها (۲۵:۱۴-۳۰)، و مَثَل گوسفندان و بزها (۲۵:۳۱-۴۶) مشاهده کرد.

همچنین متی به ذکر گزارش‌هایی از شفا گرفتن غیریهودیان از عیسی می‌پردازد، از جمله شفای خدمتکار افسر رومی (۸:۵-۱۳) و دو مرد دیوزدهٔ اهل ناحیه جدریان (۸:۲۸-۳۴). روشن است که متی علاقهٔ ویژه‌ای به یادآوری این نکته دارد که چگونه فیض خدا پهنه‌ای فراتر از قوم اسرائیل و عهد خاصِ خدا با ایشان را در بر می‌گیرد.

### *آیت یونس نبی*

در متی ۱۲ از عیسی می‌خواهند آیتی اعجازآمیز به آنان نشان دهد. پاسخ رمزگونهٔ او سالیان سال مسیحیان را دچارسردرگمی ساخته است. عیسی چنین پاسخ داد:

> «نسل شرارت‌پیشه و زناکار آیتی می‌خواهند! اما آیتی بدیشان داده نخواهد شد، جز آیت یونس نبی. زیرا همان‌گونه که یونس سه شبانه‌روز در شکم ماهیِ بزرگی بود، پسر انسان نیز سه شبانه‌روز در دل زمین خواهد بود. مردم نینوا در روز داوری با این نسل بر خواهند خاست و محکومشان خواهند کرد، زیرا آنها در اثر موعظهٔ یونس توبه کردند، و حال آنکه کسی بزرگتر از یونس اینجاست.» (۱۲:۳۹-۴۱)

سه روز ماندن یونس در شکم ماهی با سه روز سپری کردن عیسی در قبر مقایسه می‌شود. درست همان‌گونه که یونس، به تعبیری «از مردگان برخاست» تا انجیل را برای غیریهودیان موعظه کند، عیسی هم از مردگان بر خواهد خاست، و انجیل را به‌واسطهٔ رسولان به قوم‌های دیگر موعظه خواهد کرد. توجه به این نکته حائز اهمیت است که این سخن عیسی هم به سه روز ماندنِ یونس در شکم ماهی اشاره داشت و هم به مأموریت پس از آن در میان غیریهودیان، که به نجات نینوا انجامید. به همین ترتیب، اشارات موازی نه تنها به قیام عیسی، بلکه به اعلان متعاقب انجیل به قوم‌ها، که همانند نینوای قدیم، در شمار بسیار به پیام پاسخ خواهند داد، یهودیان را شگفت‌زده کرد.

### *سخنان مشکل‌آفرین عیسی*

در انجیـل متی دو عبارت وجود دارد که اغلب آنها را به‌طـور مجزا از دیگر بخش‌ها و برای نشـان دادن بی‌رغبتیِ عیسی برای مأموریت در میان قوم‌ها بازگو می‌کنند. مورد نخست در باب ۱۰ انجیل متی است، آنجایی که عیسی دوازده شاگرد را همراه با رهنمودهایی راهی مأموریت می‌کند: «نزد غیریهودیان مروید و به هیچ‌یک از شـهرهای سامریان داخل مشوید، بلکه نزد گوسفندانِ گمشدهٔ قوم اسرائیل بروید.» (۱۰:۵-۶)

مورد دوم هم به‌طور مشـخص در متی ۱۵ قرار دارد، هنگامی که عیسی به منطقهٔ صور و صیدون کناره می‌جوید. وقتی زنی کنعانی نزد عیسـی می‌آید و درخواست می‌کند دخترش را شـفا بخشد، او هیچ پاسـخی به زن نمی‌دهد. وقتی شاگردانش عیسی را تحت فشار قرار می‌دهند، او بدیشـان می‌گوید که: «تنها برای گوسفندان گم‌گشـتهٔ بنی‌اسرائیل فرستاده شده است» (۱۵:۲۴). وقتی زن مستقیماً به دامان عیسی می‌آویزد، به زن می‌گوید: «نان فرزندان را گرفتن و پیش سگان انداختن روا نیست.» (۱۵:۲۶)

در برخورد با این دو عبارت مهم اسـت که آنها را در زمینهٔ بزرگتر خدمت عیسی در نظر بگیریـم. از ظواهر امر چنین برمی‌آید که مأموریت دوازده شـاگرد محدود بوده، چون هنوز برای مأموریت در میان قوم‌ها زمان به کمال نرسـیده بوده اسـت. حتی پولس رسول، که در ماهیت مأموریت و رسالتش در میان قوم‌ها جای بحث نیست، این را فهمیده بود که نخست بایـد انجیل را میان یهودیان موعظه کند (رومیان ۱:۱۶). کلیسـا هرگز نباید فراموش کند که ما همگی از رَحِمِ قوم اسـرائیل به دنیا آمده‌ایم. ما، شاخه‌های وحشی، به درخت *آنان* پیوند زده شـده‌ایم. در مورد عبارت نخستین، وقتی عیسی ایمان افسر رومی را دید، فرمود: «آمین، به شما می‌گویم، چنین ایمانی حتی در اسـرائیل هم ندیده‌ام» (۸:۱۰)، عبارتی که به‌نوعی با اعتراف افسر رومی پای صلیب، پیوند می‌یابد: «به‌راستی او پسر خدا بود!» (۲۷:۵۴). مشکل بتوان از انجیل متی چنین برداشـت کرد که پیام این کتاب رد مأموریت جهانی بوده اسـت. اتفاقاً برعکس، پیام متی تأییدی است بر این حقیقت که عیسی نخست برای تحقق بخشیدن به امیدهای یهود آمده اسـت و تنها پس از فرارسیدن زمان مقتضی است که درِ مأموریت در میان قوم‌های دیگر به‌طور کامل گشوده می‌شود.

گفتگوی مذکور در متی ۱۵ میان عیسـی، شـاگردان و زن کنعانی را زمانی می‌توانیم به بهترین وجه ممکن درک کنیم که آن را در قالب مکالمه‌ای کاملاً الاهیاتی بشـنویم. توجه به این نکتهٔ مهم ضروری اسـت که این زن عیسی را با عنوان کامل یهودی‌اش خطاب می‌کند: «سـرور من، ای پسـر داوود، بر من رحم کن!» (۱۵:۲۲). چرا باید زنی بیگانه او را با لقب کاملاً یهودی و عنوان مسـیحایی‌اش، یعنی پسر داوود مخاطب قرار دهد؟ بینِ خطاب کردن عیسی با این القاب ستایش‌آمیز و حضور او در بیرون از سرزمین اسرائیل پیوندی وجود دارد و توجه را «به غیرعادی بودنِ درخواست کمک از سوی یک غیریهودی از ماشیح یهود جلب می‌کنـد.» بدین‌ترتیب، این رویارویی فرصتی مغتنم برای طرح این پرسـش واضح الاهیاتی محسـوب می‌شـد: آیا غیریهودیان می‌توانند وعده‌های یهود را به‌طور کامل دریافت کنند؟

سؤال زن کاملاً شخصی بود، اما در ضمن، پرسشی بزرگتر را پیرامون جایگاه غیریهودیان در حضور عیسای ناصری مطرح می‌سازد.

پاسخ عیسی آشکار می‌سازد که وی برای اولویتِ عهدیِ قوم یهود حرمت قایل بود. نبوت‌های یهود باید نخست تحقق یابند، سپس نوبت به مأموریت در میان دیگر قوم‌ها فرامی‌رسد. قصد عیسی از بیانِ «اول خوراک دادن به فرزندان و بعد به سگان»، اهانت نبود. در اینجا منظور سگانِ وحشی و درنده‌ای که در پی تکه نانی زباله‌ها را زیر و رو می‌کنند نیست، بلکه منظور سگ‌هایی است که همراه صاحبان‌شان کار می‌کنند. عیسی خاطرنشان می‌سازد که هرچند انسان به هر دو خوراک می‌دهد و از آنها مراقبت می‌کند، اما مرسوم این است که اول به فرزندان غذا می‌دهند و بعد به سگان. موضوع اصلی در اینجا، زمان‌بندی و اولویت در ترتیب است. با این‌حال، زن با دادن پاسخ زیرکانه‌ای عیسی را شگفت‌زده می‌سازد: «بله، سرورم، اما سگان نیز از خرده‌هایی که از سفرهٔ صاحب‌شان می‌افتد، می‌خورند» (۲۷:۱۵). این پاسخ خردمندانه به عیسی نشان می‌دهد که آن زن می‌دانست که موقعیت غیریهودیان *از گذشته* چنین بوده که از خرده‌های سفرهٔ یهودیان می‌خورده‌اند. برای مثال، از زمان اهالی نینوای باستان تا دورهٔ افسر رومی که در متی ۵:۸-۱۳ مشمول برکت عیسی شد، مشهود است که وضع بر همین منوال بوده است. درخواست زن نکته‌ای را که در کنه سراسر انجیل متی پنهان بوده آشکار می‌نماید. غیریهودیان همواره از خردهٔ سفرهٔ یهودیان ارتزاق کرده‌اند، اما آیا کار به همین جا ختم می‌شود؟ غیریهودیان همیشه «زیر میز» بوده‌اند، اما آیا آنان در پادشاهی خدا در کنار ابراهیم، اسحاق و یعقوب «دور میز» نخواهند نشست؟

زن کنعانی به کسی می‌ماند که شما برای صرف غذا به خانه دعوتش می‌کنید، اما او یک ساعت زودتر در میهمانی حاضر می‌شود. شما در مقام میزبان، از زود آمدنِ میهمان خود غافلگیر می‌شوید، اما به مجردی که صدای در را می‌شنوید، با روی گشاده به پیشواز او می‌روید. عیسی هم به همین ترتیب ایمان او را به رسمیت می‌شناسد. او صدای کوبیدنِ در را می‌شنود. از برنامهٔ مأموریت در میان غیریهودیان در آیندهٔ نزدیک خبر دارد، و در نتیجه درخواست وی را اجابت کرده، دختر زن کنعانی را شفا می‌دهد. در زمینهٔ متن خدمت شفای عیسی می‌بینیم که او از پیش اعلان کرده بود که شفای بیماران توسط وی تحقق نخستین سرود خادم در کتاب اشعیا است، که به تفصیل در متی ۱۸:۱۲–۲۱ بازنویسی شده است، و با این اعلان به اوج می‌رسد: «نام او مایهٔ امید برای همهٔ قوم‌ها خواهد بود.» زن کنعانی بیگانه، به عیسی امید بسته بود و نمی‌بایست ناامید از درگاهش رانده می‌شد. پس به‌جای اینکه این آیات به موضوع مأموریت در میان غیریهودیان خدشه‌ای وارد کند، در واقع شهادتی است بر قطعیت مأموریت مسیحی در میان قوم‌های دیگر در آیندهٔ نزدیک.

### *آخر زمان در انجیل متی*

متی در فصل‌های ۲۴و۲۵ انجیل خود پنجمین و آخرین گفتمان اصلی عیسی را ثبت کرده است. تمرکز این گفتمان بر زمان‌های آخر است. عیسی پس از بحث کردن در مورد

نشانه‌های پرآشوب بسیاری، از قبیل جنگ، قحطی، زمین‌لرزه، انبیای دروغین و افزایش شرارت، که قرار است در پایان جهان روی دهند، شاگردانش را تشویق می‌کند که «تا پایان پایدار بمانند.» سپس در آیهٔ ۱۴، عیسی اعلان می‌کند: «و این بشارت پادشاهی در سراسر جهان اعلام خواهد شد تا شهادتی برای همهٔ قوم‌ها باشد. آنگاه پایان فرا خواهد رسید.» اشارهٔ فراگیر به انجیل پادشاهی، مشخصهٔ «سیر حرکت از خدمت عیسی به خدمت شاگردان پس از قیام اوست.» آیهٔ ۱۴ عبارتی خوشبینانه نسبت به نتیجهٔ نهایی است، زیرا عیسی از مأموریت کامل و جهان‌شمول کلیسایش در میان «همهٔ قوم‌ها» پرده برمی‌دارد. همهٔ قوم‌ها خداوندی عیسای مسیح را اعلام خواهند کرد. باید همهٔ جهان شاهد موعظهٔ انجیل باشند، که با توجه به زمینهٔ متن آیات فصل مزبور، این هم یکی دیگر از نشانه‌های زمان آخر خواهد بود. البته این همان رویداد واپسین نخواهد بود که بازگشت مسیح یا Parousia را سبب خواهد شد. برخلاف آنچه گاه در ادبیات و اشعار میسیونری می‌خوانیم، موعظهٔ انجیل نمی‌تواند روز بازگشت مسیح را «بشتاباند» یا «پادشاه را بازگرداند.» این نقض آشکار *مأموریت الاهی* است، که بر ابتکار عمل خدا در مکشوف ساختن «آیات و نشانه‌هایی» که با زمان آخر و بازگشت پسرش همراهند، تأکید می‌ورزد. با وجود این، برخاستن ندای موعظهٔ انجیل در سراسر جهان و خطاب به هزاران گروه تازه از مردمان، یکی از «نشانه»‌های برجسته و مهم نزدیک شدن بازگشت مسیح است.

### *فرمان بزرگ در متی*

در پرتو این بررسی اجمالیِ درون‌مایه‌های نامبرده در انجیل متی، باید روشن باشد که فرمان آخر از سوی عیسی به شاگردانش (۱۸:۲۸-۲۰) طبیعتاً از درون زمینهٔ بزرگتر این انجیل سرچشمه می‌گیرد. عیسی به جلیل، همان جایی که مأموریت خود را از آنجا آغاز کرده بود، بازگشته و با این کارش نشان می‌دهد که یک دور کامل را طی کرده و به‌عبارت بهتر دوره‌ای را به کمال رسانده است. آر. تی. فرانس، پژوهشگر انجیل متی به‌درستی متوجه شده است که در آخرین فرمانی که عیسی به شاگردانش می‌دهد، «بسیاری از محوری‌ترین درون‌مایه‌های انجیل به نقطهٔ اوج و کمال خود می‌رسند.»

متی ۱۷:۲۸ مواجهه‌ای بسیار انسانی از ملاقات عیسی با یازده شاگرد در جلیل را به تصویر می‌کشد. جان ویلیام استدلال می‌کند که این مواجهه، بزرگترین ظهور عیسی پس از قیامش در میان عده‌ای بوده است و باید همانی باشد که پولس از آن چنین یاد می‌کند: «یک‌بار بر بیش از پانصد تن از برادران ظاهر شد که بسیاری از ایشان هنوز زنده‌اند، هر چند برخی خفته‌اند» (اول قرنتیان ۶:۱۵). در دورهٔ چهل روزه میان قیام و صعود عیسی مقطع دیگری وجود ندارد که در آن فرصت ملاقات با این شمار بسیار امکان‌پذیر بوده باشد، و جلیل هم نیرومندترین و طبیعی‌ترین پایگاه برای انجیل محسوب می‌شده است. آنانی که در جلیل گرد آمده بودند خداوند قیام‌کرده را پرستش کردند، اما عده‌ای شک کردند، زیرا در تلاش بودند تا معانی ضمنی رویدادهای چند هفتهٔ اخیر را درک کنند. این یکی از درون‌مایه‌های مهم

در اناجیل به‌شمار می‌رود، که از گزارش کردنِ صادقانهٔ تردیدها و ترس‌های اولیهٔ شاگردان خجل نیستند (مرقس ۸:۱۶ و۱۳؛ لوقا ۳۷:۲۴–۳۸؛ یوحنا ۲۴:۲۰–۲۵). این امر بر ابتکار عمل خدا در پرده‌برداری از مأموریت در میان قوم‌ها تأکید می‌کند.

عیسی شاگردان را خطاب قرار داده می‌فرماید: «تمامی قدرت در آسمان و بر زمین به من سپرده شده است» (متی ۱۸:۲۸). این عبارت در مباحث مطرح شده پیرامون فرمان مذکور در انجیل متی اغلب نادیده گرفته می‌شود. ما دوست داریم سراغ خود مأموریت برویم، و نسبت به بنیان الاهیاتیِ کل مأموریت، که بر شالودهٔ آن بنا شده است، غفلت می‌ورزیم. فرمان مذکور در آیات ۱۹–۲۰ بر شالودهٔ درک اولیه از هویت عیسی و آنچه پیش از رویارویی با شاگردانش در جلیل انجام داده، استوار شده است. فرمان دادن به شاگردان با تأکید بر حضور عیسی، و اقتدار الاهیِ مستلزم آن آغاز می‌شود و پایان می‌پذیرد. به‌عبارت دیگر، وجود عیسی بر *کار* کلیسا مقدم است، نکته‌ای که کلیساهای وظیفه‌گرا به آسانی فراموش می‌کنند. عیسی، کاملاً جدا از هر واکنش انسانی یا ابتکار عمل کلیسایی، دریافت‌کنندهٔ همهٔ قدرت در آسمان و بر زمین است. سخنان عیسی اشاره‌ای صریح به فصل هفتم کتاب دانیال است، آنجایی که پسر انسان را به حضور قدیم‌الایام می‌آورند. دانیال نبی می‌گوید: «حکومت و جلال و پادشاهی به او داده شد، تا تمامی قوم‌ها و ملت‌ها و زبان‌ها او را خدمت کنند» (دانیال ۱۴:۷). همین عبارت است که فرستادن عیسی را در زمینهٔ متن *مأموریت الاهی* جای می‌دهد. این پدر است که اقتدار و قدرت و جلال را به عیسی اِعطا فرموده است. این پدر است که مقدر فرموده تا همهٔ قوم‌ها در نهایت عیسای مسیح را به‌عنوان خداوند پرستش کنند (فیلیپیان ۹:۲-۱۱). بدین‌ترتیب، این فرمان در زمینه‌ای آخرشناختی جای می‌گیرد.

در جلیل است که پرستش آخرشناختیِ قوم‌ها زمان حال را نیز در بر می‌گیرد. عیسی شاگردان را به مثابه پیشاهنگان این خبر خوش می‌فرستد. بدین‌ترتیب، گسیل داشتن شاگردان از سوی عیسی در آیات ۱۹و۲۰ را باید در چارچوب بزرگتری از اقدام و ابتکار عمل پدر درک کرد. از همین‌رو است که همهٔ عبارات مربوط به فرمان بزرگ را باید در چارچوب مفهومی گسترده‌تر، یعنی پدر فرستنده، مورد ملاحظه قرار داد.

عیسی در آیات ۱۹و۲۰ الف می‌فرماید: «پس بروید و همهٔ قوم‌ها را شاگرد سازید و ایشان را به نام پدر، پسر و روح‌القدس تعمید دهید و به آنان تعلیم دهید که هرآنچه به شما فرمان داده‌ام، به‌جا آورند.» این بخش از فرمان حول فرمان اصلیِ «شاگردسازی» سازمان یافته، که تنها جملهٔ امری در کل عبارت است. در واقع، این تنها باری است که متی در سراسر انجیل خود فعل «شاگرد ساختن» را در وجه امری به‌کار می‌برد. سه اصل دیگر، فرمان «شاگردسازی» را احاطه و تقویت می‌کنند: رفتن، تعمید دادن و تعلیم دادن. این سه فعل توصیفی هستند و کلیسایی را مد نظر دارند که در حضور خداوند قیام‌کرده، با سه خصیصهٔ مداوم «رفتن، تعمید دادن و تعلیم دادن» مشخص خواهد بود. عیسی از شاگردان خود انتظار دارد که با رفتن، تعمید دادن و تعلیم دادن، اجتماع آخرشناختی‌ای را که با عنوان کلیسا شناخته می‌شود، تکثیر کنند.

عبارت «همهٔ قوم‌ها»[1] در کتاب‌های میسیونری معاصر به‌طور قابل ملاحظه‌ای مورد توجه قرار گرفته است. دانلد مک گاوران (۱۸۹۷-۱۹۹۰) و رالف وینتر[2] (متولد ۱۹۲۴) در نوشته‌های خود به‌طور ویژه بر معنای دقیق این عبارت متمرکز شده‌اند. کتاب «پل های خدا» اثر دانلد مک گاوران که در سال ۱۹۵۴ انتشار یافت، و کتاب دیگرش «درک رشد مسیحی» که در پی آن منتشر شد، توجه همگان را از مکان‌ها به گروه‌های قومی معطوف کرد و تحولی انقلابی در اندیشهٔ میسیونری پدید آوَرد. رالف وینتر در سال ۱۹۷۴ در نخستین کنگرهٔ بشارت جهانی در لوزان، مقاله‌ای ارائه کرد که باید آن را نقطهٔ عطفی در میسیون مسیحی دورهٔ معاصر قلمداد نمود. عنوان مقالهٔ او چنین بود: «بالاترین اولویت: بشارت میان-فرهنگی». تأکید نوشتهٔ وینتر بر وجود هزاران گروه قومی بود که هنوز به دور از دسترس کلیسا به‌سر می‌برند و دسترسی به آنها بدون ابتکار عملی میان-فرهنگی امری محال خواهد بود. این تمرکز بر گروه‌های قومی، که در فصل ۱۲ با جزئیات بیشتری بدان خواهیم پرداخت، بر بازشناسی فرمان عیسی در متی ۲۸ مبتنی است که فرمود: «همهٔ قوم‌ها» را شاگرد سازید.[3] واژهٔ ethnē به هیچ واحد مستقل جغرافیایی یا سیاسی اشاره نمی‌کند، بلکه روی گروه‌های اجتماعی و قومیِ ملت‌ها انگشت می‌گذارد. بهترین معادل این واژه نیز همان اصطلاح «گروه‌های قومی» است. اصطلاح مزبور از این لحاظ حائز اهمیت است که یادآور لحن به‌کار رفته در عهد ابراهیمی است، آنجایی که خدا وعده می‌دهد که همهٔ «خاندان‌های بزرگ» یا «گروه‌های قومی» مشمول برکت شوند.

نکتهٔ جالب و مهم دیگر این است که عیسی فرمان خود را با تأکید فردگرایانه، چنانکه معمولاً تفسیر می‌شود: «رفته همهٔ افراد قوم‌ها را شاگرد سازید»، صادر نمی‌کند، بلکه فرمان او مهیب و جامع است: «قوم‌ها را شاگرد سازید.» به بیان دیگر، تمامی آنچه را که هویت اجتماعی و قومی ما را به‌عنوان ملت‌ها تشکیل می‌دهد باید تحت خداوندی عیسای مسیح قرار دهیم. به قول اندرو والز: «تمایزات ملی، چیزهایی که مشخصات هر ملت را در بر می‌گیرد، وجدان جمعی و آیین‌های مشترک، و فرایندهای روانی و الگوها و روابط مشترک، همه و همه در قلمرو شاگردی جای می‌گیرند.» مسیح باید در هر آنچه که قومیت انسان‌ها را تشکیل می‌دهد، دیده شود. فرمان بزرگ چیزی بیش از فراخواندن اشخاص برای بشارت دادن در مقیاسی جهانی است. این کار دعوت از شاگردان عیسی برای به‌وجود آوردنِ «جماعت‌هایی فرمانبردار در میان قوم‌های گوناگون» است. عیسی به‌عنوان خداوند قیام‌کرده سخن خود را با این وعده به پایان می‌برد که حضورش همواره با جماعت خواهد بود، که این خود علامت مشخصهٔ شاگردان اوست. (متی ۲۸:۲۰)

1. Panta ta ethnē; 2. Ralph Winter

۳. اگر عیسی می‌خواست بر واحدهای جغرافیایی یا سیاسی، و نه قوم‌ها، تأکید کند، طیف گسترده‌ای از واژگان در اختیار داشت تا از آنها بهره گیرد، از جمله: Agros (مر ۱۴:۵؛ لو ۱۲:۹؛ ۲۶:۲۳)، chōra (لو ۸:۲؛ ۱۳:۱۵)، apodēmeo (مت ۳۳:۲۱؛ ۱۴:۲۵-۱۵؛ مر ۱:۱۲؛ لو ۱۳:۱۵؛ ۹:۲۰)، basileia (مت ۱۷:۴؛ ۲۰:۵؛ مر ۱۵:۱؛ لو ۲۷:۹؛ یو ۳۶:۱۸) یا gē (مت ۱۹:۶؛ ۲۴:۱۱؛ ۳۵:۲۴؛ مر ۲۸:۴؛ ۳۱:۱۳؛ لو ۲۳:۲۱؛ یو ۴:۱۷). به‌نظر می‌رسد که بهره‌گیری از واژهٔ ethnē برای پرهیز از اشاره به هویت‌های جغرافیایی و سیاسی بوده که سده‌ها بر نوشته‌ها و خطابه‌های مأموریت‌شناختی سایه افکنده است.

## انجیل مرقس: موعظهٔ انجیل به همهٔ خلایق، در میانهٔ تحمل رنج

### *درون‌مایه‌های انجیل مرقس*

گرچه انجیل مرقس به‌عنوان دومین انجیل عهدجدید رسمیت یافته است، اما اکثریت محققین زمان نگارش آن را پیش از انجیل متی می‌دانند. از این‌رو، انجیل مرقس حاوی چندین درون‌مایهٔ مرتبط با مأموریت جهان‌شمولی است که به انجیل متی نیز راه یافته است، مواردی از قبیل: مَثَل باغبانان شرور (مرقس ۱۲:۱-۱۲)؛ نبوت آخرشناختی مذکور در مرقس ۱۳ که در آن گفته شده نخست باید انجیل به همهٔ قوم‌ها موعظه شود (مرقس ۱۳:۱۰)؛ خدمت عیسی در نواحی جلیل (مرقس ۷:۲۴-۳۰؛ ۸:۲۸-۳۴)، و اقرار به ایمان از سوی افسر رومی در پای صلیب (مرقس ۱۵:۳۹). مرقس همچنین با ذکر نمونه‌ای از مأموریت جهانی دست به پیش‌بینی می‌زند، آنجایی که زنی ظرف مرمرینِ حاوی عطر گرانبهای خود را شکسته، روغن آن را بر سر عیسی می‌ریزد و از سوی عیسی مورد تقدیر قرار می‌گیرد. عیسی می‌فرماید: «در تمام جهان، هر جا انجیل موعظه شود، کار این زن نیز به‌یاد او بازگو خواهد شد.» (مرقس ۱۴:۹)

هر چهار انجیل گزارش پاکسازی معبد توسط عیسی را ثبت کرده‌اند (متی ۲۱:۱۲-۱۳؛ مرقس ۱۱:۱۵-۱۷؛ لوقا ۱۹:۴۵-۴۶؛ یوحنا ۲:۱۳-۱۶). با وجود این، مرقس در گزارش خود در مورد پاکسازی معبد نمونه‌ای دیگر از مأموریت جهانی را می‌گنجاند. مرقس تنها انجیل‌نگاری است که عبارت پایانیِ نقل‌قولی از اشعیا ۵۶:۷ را در کتاب خود می‌آورد: «خانهٔ من به خانهٔ عبادت برای تمامی قوم‌ها مسمّی خواهد شد.»[1] مرقس به یادمان می‌آورد که اشعیا در زمینهٔ متن آیات مربوطه نبوت می‌کند که قوم‌هایی که «به خداوند تمسک جسته‌اند» (اشعیا ۵۶:۶) مورد استقبال و لطف الاهی قرار خواهند گرفت. در پی این اعلان از سوی اشعیا که معبد «به خانهٔ عبادت برای تمامی قوم‌ها مسمّی خواهد شد» (اشعیا ۵۶:۷)، عبارت تأکیدیِ دیگری می‌آید مبنی بر اینکه خداوند قادر متعال نه تنها رانده‌شدگان قوم اسرائیل را جمع خواهد کرد، بلکه می‌فرماید «بعد از این دیگران را با ایشان جمع خواهم کرد، علاوه برآنانی که از ایشان جمع شده‌اند» (اشعیا ۵۶:۸). چنانکه در فصل ۴ دیدیم، درون‌مایهٔ گردآمدنِ قوم‌ها یکی از مضامین اصلی در عهد نخستینِ خدا با ابراهیم است.

انجیل مرقس به‌خاطر تأکیدش بر رنج و جفا مشهور است. محققان بسیاری بر این باورند که مرقس این انجیل را طی دورانی نوشته که نرون کلیسا را جفا می‌داد و مسیحیان را به‌خاطر آتش‌سوزی عظیمی که در سال ۶۴ م. شهر رُم را در کام خود فرو برد، مقصر می‌دانست. انجیل مرقس به ما یادآوری می‌کند که مأموریت در بطن عداوت و مخالفت انجام می‌شود.

---

۱. عموم محققین عهدجدید حذف عبارت «برای همه قوم‌ها» از سوی متی و لوقا را تلاش این نگارندگان در جهت کم‌اهمیت جلوه دادن مأموریت جهانی دانسته‌اند. حال آنکه، معبد نماد قوم اسرائیل است که در زیر داوری خدا قرار دارد، نه مکانی که به‌طور طبیعی قوم‌ها در آن گرد هم آیند. در این دیدگاه، خود مسیح و در رابطه با وی، کلیسا معبد جدید به‌شمار می‌روند.

## *فرمان بزرگِ بی‌نام و نشان انجیل مرقس*

قدیمی‌ترین دست‌نوشته‌های به‌دست آمده از انجیل مرقس در آیهٔ ۸:۱۶ به پایان می‌رسند، که بنا بر عقیدهٔ عموم هم به‌لحاظ الاهیاتی و هم زبان‌شناختی، خاتمه‌ای غیرطبیعی و ناگهانی به‌نظر می‌رسد. فقدان خاتمهٔ طبیعی در قدیمی‌ترین دست‌نوشته‌ها، و نیز این واقعیت که ویژگی سبک و واژگانِ دو خاتمهٔ متأخرتر، یعنی ۹:۱۶-۲۰ و ۹:۱۶-۱۰، با خصوصیات سبک و واژگان مرقس همخوانی ندارند، تردیدهای جدی در مورد اصالت فرمان بزرگ و مذکور در پایان انجیل مرقس، چنانکه ما امروزه در دست داریم، به‌وجود آورده است.[1] برخی از محققان متقاعد شده‌اند که مرقس ۸:۱۶ نمایانگر خاتمهٔ اصلیِ انجیل مرقس است. همچنین ممکن است خاتمهٔ اصلی انجیل مرقس گم شده باشد و خاتمه (یا خاتمه‌های) کنونی نتیجهٔ تلاشی باشد که کلیسای اولیه برای بازسازی گزارش اصلی به‌عمل آورده است. شایان توجه است که مرقس آماده‌سازی شاگردان توسط عیسی برای مواجهه با ظهورهای پس از قیام را ثبت کرده است. در مرقس ۲۸:۱۴ عیسی می‌گوید: «پس از آنکه برخاستم، پیش از شما به جلیل خواهم رفت.» بنابراین، عجیب به‌نظر می‌رسد که مرقس به‌کلی ظهور رویدادهای قیام را از انجیل خود حذف کرده باشد.

بدین‌ترتیب، آنچه داریم، خاتمه‌ای بی‌نام و نشان در انتهای انجیل مرقس است که آخرین فرمان خداوندمان را در بر می‌گیرد. این واقعیت که کلیسای اولیه تصمیم به بازسازیِ مؤخرهٔ احتمالاً گمشده گرفت، بر درک آنان از اهمیت فرمان بزرگ به‌عنوان نقطهٔ اوج مناسب انجیل صحه می‌گذارد. بنابراین، اگرچه واقفیم که این قطعه بعدها به متن اصلی افزوده شده، لیکن ملاحظاتی چند در مورد متن با تأکید بر درون‌مایه‌های موجود در انجیل مرقس ارائه خواهیم داد.

نخست آنکه، تنها فعل امری که می‌توان در بخش خاتمه یافت، «اعلان کنید» یا «موعظه کنید» است (۱۵:۱۶). این متن به کلیسا دستور می‌دهد که خبر خوش را به «همهٔ خلایق» اعلان کند. این نکته به‌طور خاص شایان توجه است، زیرا اعلان کردن و موعظه کردن، در واقع یکی از اصلی‌ترین درون‌مایه‌های انجیل مرقس است. یحیی به تعمید توبه موعظه می‌کند (۴:۱). مرقس هیچ روایتی از تولد عیسی ارائه نمی‌دهد، اما در عوض اولین اشاره به موعظهٔ عیسی در جلیل را به‌دست می‌دهد مبنی بر اینکه «خبر خوشِ خدا را اعلام می‌کرد» (۱۴:۱). مرقس همچنین می‌نویسد که عیسی «در کنیسه‌های ایشان موعظه می‌کرد» (۳۹:۱) و به شاگردانش می‌گوید که باید به آبادی‌های مجاور بروند «تا در آنجا نیز موعظه کند» (۳۸:۱).

---

۱. برای مثال، خاتمهٔ مزبور نه در نسخهٔ سینایی آمده است نه در نسخهٔ واتیکانی. خاتمهٔ کوتاه‌تر انجیل مرقس را می‌توان در برخی از دستنوشته‌های یونانی، لاتین، سریانی و قبطی یافت. در این خاتمه چنین می‌خوانیم: «اما آنان مختصراً هرچه را که بدیشان گفته شده بود برای پطرس و همهٔ آنهایی که با او بودند بازگو کردند. پس از این، خود عیسی به‌وسیلهٔ ایشان اعلان پیام قدسی و ماندگار نجات ابدی را از شرق تا غرب فرستاد.» با این‌حال، در پایان‌بندی کوتاه‌تر واژه‌ها و عبارات بسیاری وجود دارند که هرگز در انجیل مرقس به‌کار نرفته‌اند، از قبیل: «مختصراً» (suntomōs)، «اطرافیان پطرس» (tois peri tou Petrou)، «گفته شد» (exēggeilan)، «پس از این» (meta tauta)، «شرق» (anatolēs)، «تا» (achri)، «غرب» (duseōs)، «ارسال شد» (exapesteilen)، «قدسی» (hieron)، «ماندگار»، (aphtharton) «اعلان» (kērugma)، و «نجات» (sōterias).

مرقس دو بار اشـــاره می‌کند که عیسی شـــاگردان خود را برای موعظهٔ انجیل فرستاد (۱۴:۳؛ ۶:۷-۱۲). پس هرچند ما صدور فرمان اصلی مأموریت از ســـوی عیسی را در انجیل مرقس نداریم، اما تأکید بر موعظه کردن از درون‌مایهٔ اصلیِ انجیل مرقس نشأت می‌گیرد.

دوم اینکـــه، انجیل مرقس نیز مانند انجیل متی، فرمان را در زمینه‌ای آخرشـــناختی جای داده، هشـــدار می‌دهد که هرکس ایمان بیاورد «نجات خواهد یافت»، اما هرکس ایمان نیاورد «محکوم خواهد شـــد» (۱۶:۱۶). سراسر انجیل مرقس در تنشی آخرشناختی شکل گرفته که این را می‌توان در تأکیـــد نگارنده بر پایان جهان، ویرانی معبد، و آغاز جفا بر واعظان انجیل، مشاهده کرد. (۱:۱۳-۲۷)

ســـرانجام اینکه، متن بر این فرض مبتنی است که آیات و نشانه‌های اعجازآمیز با موعظهٔ انجیل در سراســـر جهان همـــراه خواهند بود، از جمله بیرون راندن دیوها، ســـخن گفتن به زبان‌ها، دســـت گذاشتن بر بیماران برای شـــفا، و مصون بودن از خطر مارها و سموم. انجیل مرقس، در کنار همهٔ گزارش‌هایی که از خدمت عیســـی ارائه می‌دهد، بر خدمت اعجازآمیز عیســـی تأکید می‌ورزد. با این‌حال، مرقس به‌طور مشخص علاقه‌مند به نشان دادن این نکته است که خدمت اعجازآمیز عیسی، از طریق خدماتی چون اخراج دیوها (۳:۱۵؛ ۶:۱۳) و شفا دادن بیماران (۶:۱۳)، در زندگی شاگردان تداوم می‌یابد.

نکتهٔ مهم در بررســـی کلیِ خاتمهٔ بی‌نام و نشان، درک این موضوع است که هرچند لحن گفتار آن مرقسی نیست، اما درون‌مایه‌های اصلی آن با انجیل مرقس سازگارند. مرقس کلیسا را اجتماعی آخرشناختی می‌بیند که به‌طرزی فراطبیعی و به‌وسیلهٔ مسیح قیام‌کرده قدرت یافته و با انجیلی جهانی تجهیز شـــده تا آن را به کل دنیا اعلان کند. بدین‌ســـان، اگرچه نمی‌توانیم به کلمات دقیق عیســـی، چنانکه مرقس در ابتدا نوشته شـــده بوده، دست یابیم، اما می‌توانیم بفهمیم که پیام کلیِ خاتمهٔ ناشناسِ مرقس با شناختی که کلیسا از خود داشت، به‌عنوان نهادی قوت‌یافته و دارای مأموریتی جهانی، همخوان است.

## انجیل لوقا-اعمال: شهادت‌های جامع و نیرومند از اعمال عظیم خدا

### *انجیل لوقا و شهادت جامع و نیرومند*

مهم است که در مورد هر دو فرمانی که لوقا در انجیل لوقا ۲۴:۴۵-۴۹ و اعمال ۱:۷-۸ ارائه کرده، در کنار بررســـی آنها در زمینهٔ گسترده‌تر *مأموریت الاهی*، در زمینهٔ بزرگتر نوشته‌هایش نیز تأمل کنیم. در درک لوقا از مفهوم کلیســـا، مأموریت پیش‌روندهٔ پیروان عیسی از مرکزیت برخوردار اســـت. گواه این مدعا به‌طور خاص، این واقعیت اســـت که او تنها انجیل‌نگاری اســـت که در دنبالهٔ انجیل خود کتاب دومی هم می‌نویســـد که ما آن را با نام اعمال رسولان می‌شناســـیم، و ادامهٔ داستان را پی می‌گیرد تا نشـــان دهد که پس از قیام، چگونه پیام انجیل در روز پنتیکاســـت و در شهادتِ پیش‌روندهٔ کلیســـا، همچنان گسترش می‌یابد. دیوید بوش به‌درستی متوجه این نکته شده، می‌نویسد: «شیوهٔ اصلیِ لوقا که می‌کوشد به‌وسیلهٔ آن الاهیاتِ خود را دربارهٔ مأموریت تبیین کند، نگاشـــتن دو کتاب است، نه بسنده کردن به یک کتاب.»

انجیل لوقا شـــهادت می‌دهد که تبدیل کلیسا از فرقه‌ای متمایز در بطن یهودیت به جنبشی که غیریهودیان به‌طور فزاینده‌ای در آن نقش داشتند، آغاز شده است.

لوقا هم در انجیلش و هم در کتاب اعمال رسولان صاحب‌منصبی رومی به نام تئوفیلوس را طرف خطاب قرار می‌دهد (لوقا ۱:۳؛ اعمال ۱:۱)، و در سراسر هر دو کتاب نامبرده مشهود اســـت که لوقا مخاطبان عمدتاً غیریهودی را مد نظر داشته اســـت. بدین‌ترتیب، لوقا داستان انجیـــل را در پرتو حضور پررنگ و رو به رشـــد غیریهودیان در کلیســـا بازگو می‌کند. او بر تعاملات بین عیســـی با غیریهودیان، زنان، فقیران، و کسانی چون خراج‌گیران و سامریان، که به حاشـــیه رانده شـــده بودند، تأکید می‌ورزد. ما کار را با کاوش در چند درون‌مایهٔ برگزیده در انجیل لوقا آغاز می‌کنیم تـــا فرمان‌های آخر را در زمینهٔ متن قرار دهیم. در اینجا تمرکز ما بر انجیل لوقا و فرمان ســـرآغاز کتاب اعمال خواهد بود که در حکم پلی اســـت که انجیل را به کتاب اعمال پیوند می‌دهد. کتاب اعمال را در فصل ۱۴ به‌طور مبســـوط بررســـی خواهیم کرد.

### *تقدیم عیسی در معبد*

لوقا تنها انجیل‌نگاری است که روایت مراسم تقدیم عیسی در معبد را ثبت می‌کند. تقدیم کودک و قربانی کردن به نیابت از او عملی مرســـوم در اطاعت از شـــریعت یهود بود که در لاویان ۱۲ آمده است. شگفت‌انگیز زمانی است که شمعون، یهودیِ دیندار و پارسا، با هدایت روح‌القدس برخاسته به صحن معبد می‌رود و کودک را برکت می‌دهد. در این دعای معروفِ شـــمعون قویاً بر مأموریت جهانیِ آتی در میان غیریهودیان تأکید شـــده است. شمعون اعلان می‌کند که خداوند هم‌اکنون می‌تواند «خادمش را به ســـلامت مرخص فرماید»، زیرا چشمان او نجات خداوند را دیده اســـت (۲:‏۲۹–۳۰). ســـپس اظهار می‌دارد که عیسای نوزاد همان نوری اســـت که «برای آشکار کردن حقیقت بر دیگر قوم‌ها و جلالی برای قوم تو اسرائیل» پا به جهان گذاشته است. (۲:‏۳۲)

### *خدمت آماده‌سازی یحیای تعمیددهنده*

نه تنها هر چهار انجیل به شرح خدمت یحیای تعمیددهنده در جهت مهیا ساختن راه برای خدمت عیسای مسیح پرداخته‌اند، بلکه همهٔ آنها به‌طور خاص از اشعیا ۴۰ نقل‌قول کرده‌اند. بـــا وجود این، اناجیل متی، مرقس و یوحنا در ثبت و ضبط نبوت اشـــعیا کاملاً جانب ایجاز را رعایت کرده، یحیی را «نـــدای آن که در بیابان فریاد برمی‌آورد: "راه را برای خداوند آماده کنید! مسیر او را هموار سازید!"» معرفی کرده‌اند (متی ۳:۳؛ مرقس ۱:۳؛ ر.ک. یوحنا ۱:‏۲۳)، که نقل‌قولی اســـت از اشـــعیا ۴۰:‏۳.[1] لیکن، تنها لوقاست که اشـــعیا ۴۰:‏۳–۵ را به‌طور کامل بازنویســـی می‌کند. این قطعه نه فقط شامل مضمون آشنای پر شدن همهٔ دره‌ها و پست شدن

---

۱. باید به این نکته توجه داشـــت که اناجیل به هنگام نقل‌قول از اشـــعیا ۴۰:‏۳، همگی اشـــارهٔ کلی اشـــعیا به «خدا» را به «خداوند» برمی‌گردانند که منظورشان مشخصاً همان عیسی است.

همهٔ کوه‌ها و تپه‌ها، راست گشتن راه‌های کج، و هموار گشتن مسیرهای ناهموار است، بلکه این گفته را هم در خود دارد که «تمامی بشر نجات خدا را خواهند دید.» لوقا به‌واسطهٔ این نقل‌قول، بر اظهارات شمعون دربارهٔ «آشکار کردن بر همهٔ ملت‌ها» صحه می‌گذارد، و روزی را پیش‌بینی می‌کند که «تمامی بشر» نجات خدا را خواهند دید.

## *مأموریت جامع*

لوقا می‌نویسد که خدمت عیسی در کنیسه‌ای واقع در ناصرهٔ جلیل آغاز شد. عیسی طومار اشعیای نبی را در دست گرفته چنین می‌خواند:

> روح خداوند بر من است، زیرا مرا مسح کرده تا فقیران را بشارت دهم و مرا فرستاده تا رهایی را به اسیران و بینایی را به نابینایان اعلام کنم، و ستمدیدگان را رهایی‌بخشم، و سال لطف خداوند را اعلام نمایم. (لوقا ۴:‏۱۸-۱۹؛ به نقل از اشعیا ۶۱:‏۱-۲)

سپس با حالتی شورانگیز اعلان می‌کند: «امروز این نوشته، هنگامی که بدان گوش فرامی‌دادید، جامهٔ عمل پوشید» (۴:‏۲۱). لوقا با این روش دستور کار خود را برای درک مأموریت عیسی تبیین می‌کند. عیسی با همین یک نقل‌قول، ادعای رؤیایی جامع را بیان می‌کند که همه چیز، از جمله قدرت رهانندگی در زمینهٔ اقتصادی (فقیران)، سیاسی (اسیران و ستمدیدگان)، و جسمانی (کوران) را دارد. این دغدغه برای عدالت و دیدگاهی جامع به نجات، از درون‌مایه‌های برجستهٔ انجیل لوقا به‌شمار می‌رود. لوقا در موعظهٔ عیسی در مکان هموار، چنین می‌آورد: «خوشا به حال شما که فقیرید» حال آنکه متی در موعظهٔ بالای کوه می‌نویسد: «خوشا به حال فقیران در روح.» لوقا در برابر تلاش‌های غرب برای کاملاً روحانی جلوه دادنِ تأکید او بر فقیران و ستمدیدگان، ایستادگی می‌کند. خدمت عیسی به‌راستی نشان‌دهندهٔ خبر خوش به کسانی است که از لحاظ اقتصادی فقیرند. در عباراتی که منحصراً در انجیل لوقا آمده‌اند، می‌خوانیم که چگونه او «گرسنگان را به چیزهای نیکو سیر کرده اما دولتمندان را تهی‌دست روانه ساخته است» (لوقا ۱:‏۵۳). می‌بینیم در حالی که مرد توانگر در درد و رنج دست‌وپا می‌زند، چگونه ایلعازر فقیر در آغوش ابراهیم آرامش می‌یابد (لوقا ۱۶:‏۱۹-۳۱). لوقا در عبارتی که در دیگر اناجیل همنظر نیز آمده، حکایت عیسی و جوان ثروتمند را بازگو می‌کند که به وی فرمود: «آنچه داری بفروش و بهایش را میان تنگدستان تقسیم کن.» (۱۸:‏۲۲)

لوقا به کرات عیسی را در همبستگی با محرومان و طردشدگان جامعه به تصویر می‌کشد؛ کسانی چون زنان (۱۳:‏۱۰-۱۷)، خراجگیران و گناهکاران (۵:‏۲۹-۳۱؛ ۱۵:‏۱-۳۲؛ ۱۹:‏۱-۱۰)، و سامریان (۱۰:‏۳۰-۳۷؛ ۱۷:‏۱۱-۱۹). بسیاری از این متون فقط در انجیل لوقا آمده‌اند، مانند شفا دادن زن افلیج، حکایت سامری نیکو و پسر گمشده. فقط لوقا است که شرح می‌دهد چگونه عیسی ده جذامی را شفا بخشید و تنها جذامی سامری بود که برای سپاسگزاری بازگشت. (۱۷:‏۱۷)

گرچه نباید از عینیت خدمت عیسی در انجیل لوقا صرفاً برداشت روحانی کنیم، جدا کردن غیرطبیعیِ «اعلان انجیل» و «خدمات اجتماعی» نیز اشتباه است. «ویلیام لارکین»[1] متوجه نکتهٔ سودمندی شده است مبنی بر اینکه از چهار مصدری که عیسی در سرآغاز خدمت خود از اشعیا ۶۱ نقل‌قول می‌کند، سه تای آنها به موعظه کردن مربوط می‌شوند: «بشارت دادن[2] به فقیران؛ اعلام کردن[3] رهایی اسیران و بینایی نابینایان به ایشان؛ و اعلام کردن[4] سال لطف خداوند.» وانگهی، در انجیل لوقا روشی که بیش از همه برای رهایی اسیران از اسارت به‌کار برده شده، رهانیدن مردمان از اسارت دیوهاست. در انجیل لوقا، خدمت به معنای واقعی کلمه جامع است، یعنی کل زندگی بشر را اعم از مادی و معنوی در بر می‌گیرد. هنگام بررسی فرمان عیسی در انتهای انجیل لوقا، آنجا که ما را فرامی‌خواند تا «شاهدان این امور باشیم»، حتماً باید این نکته را به یاد آوریم. شهادت ما باید از چشم‌انداز گسترده‌ای قابل فهم باشد.

## *دومین اعطای فرمان در انجیل لوقا*

بر اساس اناجیل همنظر، یکی از لحظات مهم در خدمت عیسی اعزام دوازده شاگرد، دو به دو به مأموریت جلیل است (متی ۱۰:۱-۴۲؛ مرقس ۶:۷-۱۳؛ لوقا ۹:۱-۶). این مأموریت در جلیل انجام می‌شود و صراحتاً گفته شده که خاص یهودیان است (متی ۱۰:۵). روشن است که نمادپردازی دوازده شاگرد با دوازده قبیلهٔ اسرائیل مرتبط است. لوقا تنها انجیل‌نگاری است که روایت اعزام شاگردان به مأموریت دوم و بزرگتری در خلال خدمت عیسی را ثبت کرده است.[5] در لوقا ۱۰:۱ آمده که «خداوند هفتاد تن دیگر را نیز تعیین فرمود و آنها را دو به دو پیشاپیش خود به هر شهر و دیاری فرستاد که قصد رفتن بدانجا داشت.» در اینجا یک مشکل مهم در ارتباط با شمار شاگردانی که به این مأموریت اعزام شدند، در متن وجود دارد. در برخی دست‌نوشته‌ها هفتاد، و در برخی دیگر هفتاد و دو ذکر شده است. شواهد مربوط به متن به‌طور مساوی و به نفع هر دو روایت تقسیم شده‌اند، و به همین دلیل است که در ترجمه‌های امروزی کتاب‌مقدس شاهد تفاوت در رقم مزبور هستیم. مشکل به‌طور کلی به نمادپردازی این عدد برمی‌گردد. طیف گسترده‌ای بر این باورند که اهمیت این عدد در نمادپردازی ملت‌های جهان نهفته است. پس از توفان بزرگ (پیدایش ۶-۹) و پیش از عهدی که خدا با ابراهیم بست (پیدایش ۱۲)، فصلی وجود دارد که به توصیف شاخه شاخه شدنِ فرزندان و اخلاف نوح اختصاص یافته است (پیدایش ۱۰). این فصل فهرستی نسبتاً بلند از نام‌ها است، از این‌رو خوانندگان معاصر کتاب‌مقدس اغلب با بی‌اعتنایی از کنارش می‌گذرند. با وجود این، فصل مهمی است که به‌طور سنتی آن را با عنوان «لوح ملت‌ها» می‌شناسند. اگر تعداد فرزندان و اخلاف (ملت‌ها) را در این فهرست بشمارید، به عدد هفتاد می‌رسید. ضرورتی در پافشاری بر

---

1. Willian Larkin Jr.; 2. Evangelizomai; 3. kērussō; 4. kērussō

۵. همچنین لوقا تنها انجیل‌نگاری است که می‌نویسد عیسی «فرستادگانی» را پیشاپیش خود به روستایی سامری‌نشین فرستاد (۹:۵۱-۵۶). با این‌همه، از آنجایی که اهالی روستا روی خوش نشان ندادند، و عیسی و شاگردان در نهایت وارد آن نشدند، نمی‌توان از آن به‌عنوان مأموریتی جداگانه یاد کرد.

فراگیر بودن فهرســت همهٔ قوم‌های شناخته‌شدهٔ جهان آن روز وجود ندارد. مهم این است که این فهرست *نماد* همهٔ ملت‌های جهان است. تفاوت در عدد دقیق ناشی از اختلاف میان نسخهٔ عبری پیدایش ۱۰ و ترجمهٔ یونانیِ هفتاد (سپتواجنت) این متن است که در زمان مسیح به‌طور فراگیر مورد اســتفاده بوده است. در ســپتواجنت تغییراتی جزئی در تقسیم‌بندی واژه‌ها وجود دارد، که باعث شــده شمار اخلاف نوح در لوح ملت‌ها به هفتاد و دو برسد، نه هفتاد، چنان که در متن عبری آمده است. از آنجا که در متن انجیل لوقا شاهد این تفاوت مربوط به متن هستیم، ارتباط میان پیدایش ۱۰ و لوح ملت‌ها برجسته شده است. بدین‌ترتیب، عدد به‌کار رفته در اینجا «پیش‌بینی مأموریت بعدی به‌سوی همهٔ ملت‌های روی زمین است.»

سخنان آغازین عیســی هنگام اعزام شــاگردانش به مأموریت، گویای این است که یک مأموریت پیش‌رونده و جهانی در شرف تکوین است: «محصول فراوان است، اما کارگر اندک. پس، از مالکِ محصول بخواهید کارگران برای درو محصول خود بفرســتد» (۲:۱۰). عنوان الاهیِ «مالک محصول» که تنها در اینجا و متی ۳۸:۹ یافت می‌شــود، در قرار دادن مأموریت دوم در زمینــهٔ بزرگتر *مأموریت الاهی* نقش برجســته‌ای دارد. «مالک محصول» اصطلاحی اســت که خداوند ما به *خدای پدر* نســبت می‌دهد. عیسی به ما می‌گوید که به حضور مالک محصول دعا کنیم و از *او* بخواهیم تا «کارگران بفرســتد.» این گفته، خدمت عیســی مبنی بر اعزام به مأموریت را در زمینهٔ بزرگتر مالک محصول، که فرستندهٔ نهایی است، جای می‌دهد. همچنین پیش‌بینی می‌کند که خــدای پدر، به‌عنوان مالک محصول، مأموریت اعزام کارگران برای درو محصول جهان را آغاز می‌کند، که البته اعزام هفتاد شــاگرد در حکم نوبر محصول این مأموریت است. عیســی در مورد مأموریت در میان غیریهودیان خوشبین است، و حتی اظهار می‌دارد که غیریهودیان ســاکن صور و صیدون نســبت به اسرائیل بیشتر و بهتر به این مأموریت واکنش نشــان می‌دهند (۱۰:۱۳-۱۴). با وجود این، انجیل لوقا جزئیات بیشتری از خــودِ مأموریت در اختیار ما قرار نمی‌دهد. تنها به ما می‌گوید که هفتاد (یا هفتاد و دو) تن با شادی بازگشتند و گفتند: «سرور ما، حتی دیوها هم به نام تو از ما اطاعت می‌کنند» (۱۷:۱۰)، که نشان‌دهندهٔ تداوم خدمت عیسی در خدمت شاگردان است.

### *تأکید بر روح‌القدس*

ســاختار میسیون‌شناسیِ تثلیثی به کسانی که میســیون‌های مسیحی را بررسی می‌کنند تا موضوع را در زمینهٔ *مأموریت الاهی* تبیین کنند، یاری می‌رساند. به منظور تحقق بخشیدن به این تلاش، باید همهٔ میسیون‌ها را در چارچوب تثلیث ببینیم. پدر فرستنده است، یعنی همان مالک محصول؛ پســر مجسم نمونه‌ای اســت از مظهر مأموریت در جهان؛ و روح‌القدس نیز حضــور الاهی و نیروبخش برای کل مأموریت اســت. بنابراین، در درک زمینهٔ مأموریت در انجیل لوقا، خیلی مهم است که تأکید ویژه‌ای را که نویسنده بر خدمت روح‌القدس می‌گذارد، نشان دهیم، نقشی که در مأموریت‌ها، چه در انجیل لوقا چه در اعمال رسولان، نمودی کامل دارد، لیکن در سراسر انجیل لوقا نیز حاضر است.

نخست آنکه، لوقا بیش از دیگر انجیل‌نگاران بر پر شدن افراد از روح‌القدس تأکید می‌ورزد، کسانی چون یحیای تعمیددهنده (۱:۱۵)، مریم (۱:۳۵)، الیزابت (۱:۴۱)، زکریا (۱:۶۷)، شمعون (۲:۲۵)، و خودِ عیسی (۳:۲۲؛ ۴:۱۴ و ۱۸). دوم اینکه لوقا همداستان با متی، مخالفت و جفایی را که در نتیجهٔ انجام مأموریت بر شاگردان عیسی وارد خواهد شد، و طی آن شاگردان را «نزد والیان و پادشاهان» (متی ۱۰:۱۸)، یا «به کنیسه‌ها و به حضور حاکمان و صاحب‌منصبان می‌برند» (لوقا ۱۲:۱۱)، پیش‌بینی می‌کند. در هر دو مورد، آنان نیازی به آمادگی برای دفاع نخواهند داشت، چون به قول لوقا: «در آن هنگام روح‌القدس آنچه را که باید بگویید به شما خواهد آموخت» (لوقا ۱۲:۱۲).[1] در همین زمینهٔ جفا است که عیسی به شاگردانش هشدار می‌دهد «هرکه به روح‌القدس کفر گوید، آمرزیده نخواهد شد» (لوقا ۱۲:۱۰). سوم اینکه، لوقا هم در ثبت سخنان یحیای تعمیددهنده در این مورد که عیسی «با روح‌القدس و آتش تعمید خواهد داد» (متی ۳:۱۱؛ مرقس ۱:۸؛ لوقا ۳:۱۶؛ ر.ک. یوحنا ۱:۳۳)، با اناجیل دیگر همداستان می‌شود. با این‌حال، تنها لوقا است که این وعدهٔ یحیی را با نزول روح‌القدس پس از قیام و صعود مسیح به آسمان، ربط می‌دهد. لوقا سخنان عیسی را درست پیش از صعودش به آسمان در انجیلش چنین آورده است: «زیرا یحیی با آب تعمید می‌داد، اما چند روزی بیش نخواهد گذشت که شما با روح‌القدس تعمید خواهید یافت» (اعمال ۱:۵). مضمون مشترک در همهٔ این ارجاعات، رابطهٔ روح‌القدس با آشکار کردن *مأموریت الاهی* است.

## *مأموریت جهانی در انجیل لوقا*

لوقا به‌خاطر علاقهٔ ویژه‌اش به غیریهودیان شهرتی گسترده دارد. وی نه تنها شرح خدمت عیسی در بیرون از چارچوب قومی اسرائیل را می‌نگارد (لوقا ۸:۲۶-۳۹؛ ۹:۵۱-۵۶)، بلکه نگاهی ویژه به غیریهودیانی دارد که با حُسن نیت به مسیح واکنش نشان می‌دهند. برخی از این متن‌ها را پیش‌تر و در زمینهٔ متن انجیل متی بررسی کردیم، از جمله رویارویی عیسی با افسر رومی، که در موردش فرمود: «چنین ایمانی حتی در اسرائیل هم ندیده‌ام» (۷:۹؛ ر.ک. متی ۸:۱۰). متی و لوقا، هر دو، غیریهودیان صور و صیدون (متی ۱۱:۲۱-۲۲؛ لوقا ۱۰:۱۴) و اهالی نینوای سوریه (متی ۱۲:۴۱؛ لوقا ۱۱:۲۹-۳۲) را به‌عنوان کسانی که در روز داوری نسبت به قوم اسرائیل لطف و مساعدت بیشتری خواهند دید، به تصویر می‌کشند. متی و لوقا گرد آمدن غیریهودیان را پیش‌بینی کرده‌اند: «بسیاری از شرق و غرب خواهند آمد و در پادشاهی آسمان با ابراهیم و اسحاق و یعقوب بر سر یک سفره خواهند نشست» (لوقا ۱۳:۲۹؛ ر.ک. متی ۸:۱۱). در نقطهٔ مقابل آن بسیاری از بنی‌اسرائیل «محروم خواهند شد.» (لوقا ۱۳:۲۸)

با وجود این، چندین گزارش دیگر در ارتباط با همین درون‌مایه وجود دارد که ویژهٔ انجیل لوقا است. لوقا روی ایمان «نعمان سوری» (۴:۲۷)، ایمان «بیوه‌زن ساکن شهر صرفه

---

۱. متی می‌گوید: «گوینده شما نیستید، بلکه روحِ پدر شماست که به زبان شما سخن خواهد گفت.» (متی ۱۰:۲۰)

در ســرزمین صیدون» (۲۶:۴)، و وفای ســامری در مَثَل سامری نیکو (۱۰:۲۵-۳۷) انگشت می‌گذارد. لوقا تنها انجیل‌نگاری اســت که در حکایت جشــن عروســی، به دعوت دوم از کســانی که به میهمانی دعوت نداشتند، اشــاره می‌کند. در نخستین دعوت، خادم «فقیران و معلولان و کوران و لنگان» را به ضیافت می‌آورد (۱۴:۲۱). در دعوت دوم، ارباب خادمش را دوباره بیرون می‌فرستد تا «به جاده‌ها و کوره‌راه‌های بیرون شهر» برود «... تا خانه‌ام پر شود» (۱۴:۲۳). چنانکه در بالا اشــاره کردیم، فقط لوقا است که از سامری قدرشناس، در میان ده جذامی شــفایافته، یاد می‌کند که برای سپاسگزاری بازمی‌گردد (۱۷:۱۱-۱۹). لوقا که انجیل خود را برای غیریهودیان می‌نویســد، می‌خواسته بر واکنش توأم با حُسن نیت غیریهودیان به خدمت عیســی تأکید ورزد. در واقع، لوقا تنها انجیل‌نگاری است که با بیانی نبوتی زمان میان ظهور و بازگشت مسیح را «دوران غیریهودیان» می‌نامد. (۲۱:۲۴)

## فرمان بزرگ در انجیل لوقا

در پرتو این بررسی خلاصه در مورد درون‌مایه‌های کلیدی انجیل لوقا، آخرین فرمان در لوقا ۲۴:۴۶-۴۹ و سرآغاز کتاب اعمال (۱:۷- ۸) را بررسی خواهیم کرد.

فرمان بزرگ در انجیل لوقا، در اورشلیم در شب پس از قیام داده می‌شود، بنابراین، زمانش به‌طور قابل‌ملاحظه‌ای پیش‌تر از فرمان مذکور در انجیل متی است، که در جلیل و چند هفته پس از قیام اعطا می‌گردد.[1] اما در مقابل، فرمانی که در کتاب اعمال (۱:۷-۸) صادر می‌شــود، در میان فرمان‌هایی که در اناجیل دیگر ذکر شــده‌اند، پس از همه و در بیت‌عنیا اعطا می‌شود، آن‌هم درســت پیش از صعود مســیح.[2] ویژگیِ یکی‌کنندهٔ هر دو فرمان مذکور در لوقا، تأکید بر قدرت مطلق خدا در مأموریت‌هاســت. ابتکار عمل و کنش کلیسا را تنها می‌توان از روزنهٔ *مأموریت الاهی* مشاهده کرد. این تأکید به سه طریق اصلی مشهود می‌شود.

### *مأموریت‌های مذکور در انجیل لوقا در زمینهٔ متن مأموریت الاهی*

نخســت آنکه، لوقا تأکید می‌کند که اگر خدا پیشــگام نشود، شــاگردان از درک فرمان ناتوانند. فرمان مذکور در انجیل لوقا پس از ظاهر شــدن عیسی بر پیروانش در راه عمائوس، آن هم اندک‌زمانی پس از قیامش اعطا می‌شــود. آنها همگــی در راهند، اما متن می‌گوید که در کمال شگفتی، شاگردان «او را نشــناختند زیرا قدرت تشخیص از ایشان گرفته شده بود» (۲۴:۱۶). این وضعیت آن‌قدر ادامه می‌یابد تا زمانی که عیســی نان را پاره می‌کند، و در این

۱. با این حال باید خاطرنشــان ســاخت که یکی از خصوصیات انجیل لوقا این است که همهٔ رویدادها را در یک روایت فشرده از روز قیام جمع می‌کند. چنین به نظر می‌رسد که لوقا از روز قیام ناگهان به زمان صعود می‌پرد و همهٔ رویدادهای دورهٔ چهل روزه را در یک جمع‌بندی منفرد و چشمگیر ارائه می‌کند.

۲. جان ونهام برای ایجاد انطباق میان تفاوت مکان صعود در لوقا و اعمال، چنین نظر می‌دهد که صعود مســیح در «کوه زیتون» به وقوع پیوست که «بر سر راه بیت‌عنیا» قرار دارد. هنگامی که بر فراز قله کوه زیتون می‌ایستید، بیت‌عنیا در چشم اندازتان قرار دارد. (John Wenham, Easter Enigma, 121)

هنگام است که «چشمان ایشان گشوده می‌شود و او را می‌شناسند» (۳۱:۲۴). لوقا تأکید می‌کند که شناخت ایشان در نتیجهٔ مکاشفهٔ الاهی بود. همین مورد یک‌بار دیگر، زمانی که عیسی بر شاگردان ظاهر می‌شود، به‌طرز چشمگیری در همان شب تکرار می‌گردد. شاگردان هم نمی‌توانند او را بشناسند و با خود می‌پندارند که شبح دیده‌اند (۳۷:۲۴). اندکی بعد، وقتی او «ذهن ایشان را روشن ساخت تا بتوانند کتب مقدس را درک کنند» (۴۵:۲۴)، سرانجام شروع به فهمیدن می‌کنند. فعل «گشوده شدن» (dianoigō/διανοίγω) هم در ۳۱:۲۴، وقتی چشمان دو شاگرد در راه عمائوس گشوده می‌شود، به‌کار رفته و هم در ۴۵:۲۴، آنجا که ذهن شاگردان بازمی‌شود. مردم حقیقت انجیل را زمانی درمی‌یابند که نخست خودِ خدا پرده از آن بردارد. کاربرد فعل «گشوده شدن» (διανοίγω) برای توصیف باز شدن چشم یا ذهن انسان به منظور درک کلام خدا، یا شناختن هویت عیسی، تنها در انجیل لوقا یافت می‌شود. تنها جای دیگری که با همین واژه روبه‌رو می‌شویم، باز هم پای لوقا در میان است، منتها این بار زمانی است که می‌خواهد نشان دهد چگونه خدا دل لیدیه را «گشود» تا به پیام پولس پاسخ مثبت بدهد (اعمال ۱۴:۱۶). این درون‌مایه در مأموریت لوقا در کتاب اعمال نیز مشهود است. در اعمال ۷:۱ عیسی می‌گوید: «بر شما نیست که ایام و زمان‌هایی را که پدر در اختیار خود نگاه داشته است بدانید.» در اینجا تأکید بر اقدام خدا در آشکار کردن مأموریتش در زمانی است که خود صلاح می‌داند.

دوم اینکه، لوقا بر شهادت کلیسا به‌عنوان تحقق (و تداوم) عهدعتیق به‌شدت پای می‌فشارد. عیسی بر شاگردان هراسان خود ظاهر شده، دست‌ها و پاهای خود را بدیشان نشان می‌دهد و در برابر دیدگان آنها تکه‌ای ماهی کباب‌شده می‌خورد تا هر پندار یا تصور را در مورد واهی یا خیالی‌بودنش از بین ببرد. سپس می‌فرماید: «این همان است که وقتی با شما بودم، می‌گفتم؛ اینکه تمام آنچه در تورات موسی و کتب انبیا و مزامیر دربارهٔ من نوشته شده است، باید به حقیقت پیوندد» (لوقا ۴۴:۲۴). این گفته یک نمونه قبلی دیگر هم دارد که هنگام ظاهرشدن عیسی در راه عمائوس، زمانی که او با دو شاگرد همراه می‌شود، بر زبان می‌آورد. عیسی آن دو را به همین روش پند داده می‌گوید: «ای بی‌خردان که دلی دیرفهم برای باور کردن گفته‌های انبیا دارید!... سپس از موسی و همهٔ انبیا آغاز کرد و آنچه را که در تمامی کتب مقدس دربارهٔ او گفته شده بود، برای‌شان توضیح داد.» (لوقا ۲۵:۲۴و۲۷)

درون‌مایهٔ تحقق، حتی در زمینهٔ فرمان‌ها نیز ادامه پیدا می‌کند. در حقیقت، یکی از خصیصه‌های منحصربه‌فرد در هر دو فرمان مذکور در لوقا، فقدان حالت دستوری است، که جایش را لحن تحقق و پیشگامی خدا گرفته است. در انجیل لوقا، شهادت کلیسا در آینده، در حکم تحقق وعده‌هایی قلمداد می‌شود که در عهدعتیق داده شده بود، درست نظیر مورد خدمت مسیح که تحقق کتب مقدس بود. در انجیل لوقا فرمان با این عبارت عیسی آغاز می‌شود: «نوشته شده است» (۴۶:۲۴). سپس عیسی از زندگی خود و نیز شهادت کلیسا، در زمینهٔ تحقق، سخن می‌گوید.

> نوشته شده است که مسیح رنج خواهد کشید و در روز سوم از مردگان بر خواهد خاست. و به نام او توبه و آمرزش گناهان به همهٔ قوم‌ها موعظه خواهد شد و شروع آن از اورشلیم خواهد بود. شما شاهدان این امور هستید. (۲۴:۴۶-۴۸)

شاگردان به‌عنوان شاهدانِ اقدام خدا در تحقق بخشیدن به وعده‌های عهدعتیق، و بارزترین آنها عهد ابراهیمی، در میان همهٔ ملت‌های جهان، تصویر شده‌اند. شهادت کلیسا به‌طرزی قاطع در چارچوب *مأموریت الاهی* و اقدام الاهی در جهت تحقق بخشیدن به وعده‌هایش قرار داده شده است. در فرمان مذکور در اعمال، شهادت شاگردان به‌عنوان اقدام خدا در، و از طریق، ایشان تصویر شده است: «قدرت خواهید یافت و در اورشلیم و تمامی یهودیه و سامره و تا دورترین نقاط جهان، شاهدان من خواهید بود» (اعمال ۱:۸). این لحنی نبوتی است که قرار است کلیسا در آینده به آن جامهٔ عمل بپوشاند.

سومین روشی که لوقا برای قرار دادن فرمان‌های مذکور در کتابش در زمینهٔ چارچوب بزرگتر اقدام الاهی به‌کار می‌برد، تأکیدش بر ناتوانی شاگردان در انجام مأموریت، بدون قدرت روح‌القدس است. چنانکه در بالا اشاره کردیم، در فرمان‌های مذکور در دو کتاب لوقا هیچ امری در «اعزام» شاگردان در کار نیست. این روح‌القدس است که فرستاده می‌شود. عیسی به‌جای آنکه به شاگردان فرمان رفتن بدهد، به آنان می‌فرماید: «در شهر بمانید تا آنگاه که از اعلی با قدرت آراسته شوید» (۲۴:۴۹). او در شب پس از قیام نیز همین نصیحت را به آنان می‌کند که تکرارش در کتاب اعمال آمده است: «اورشلیم را ترک مکنید، بلکه منتظر آن وعدهٔ پدر باشید که از من شنیده‌اید. زیرا یحیی با آب تعمید می‌داد، اما چند روزی بیش نخواهد گذشت که شما با روح‌القدس تعمید خواهید یافت» (اعمال ۱:۴-۵). در انجیل لوقا و اعمال رسولان، روح‌القدس عامل شتاب‌دهنده، راهنما و نیروی پیش‌برنده در مأموریت‌ها است.

### *دامنه فرمان در انجیل لوقا و اعمال رسولان*

فرمان بزرگ مذکور در اناجیل لوقا و متی در این مشترکند که در روایت لوقا تأکید بر دامنهٔ جهانی این فرمان است. در انجیل متی شاگردان فرمان می‌گیرند تا «همهٔ ملت‌ها را شاگرد سازند.» انجیل لوقا موعظهٔ توبه و آمرزش گناهان «همهٔ ملت‌ها» را پیش‌بینی می‌کند. چنانکه پیش‌تر نیز بررسی کردیم، واژهٔ ethnē بر گروه‌های قومی و اجتماعی دلالت می‌کند، نه «ملت‌های» مدرنِ جغرافیای کنونی. این امر حائز اهمیت است چون یادآور لحن به‌کار رفته در عهد ابراهیمی مذکور در پیدایش ۲۲:۱۶-۱۸ است.

گاه به‌نظر می‌رسد که کتاب اعمال از زبان قوم‌گرایانه، و مبتنی بر «گروه‌های قومی» در فرمان‌های دو انجیل متی و لوقا، دور می‌شود. عبارت «اورشلیم و تمامی یهودیه و سامره و تا دورترین نقاط جهان» (اعمال ۱:۸) را اغلب نوعی پیش‌رویِ جغرافیایی قلمداد می‌کنند که از اورشلیم، یعنی مرکز انتشار انجیل آغاز می‌شود و رفته‌رفته دامنهٔ آن به بیرون گسترش پیدا

می‌کند تا اینکه در نهایت به دورترین نقاط جهان می‌رسد. با وجود این، چنانکه در فصل ۱۴ کتاب با جزئیات ذکر خواهد شد، برداشت مزبور درک درستی از عبارت بالا نیست. پیشرفت مأموریت‌شناختی در انطاکیه، که شرح آن در اعمال ۱۹:۱۱–۲۰ آمده است، نشان می‌دهد که این پیشـــرفت نه صرفاً پیش‌روی جغرافیاییِ فرمان، بلکـــه پیش‌روی *قومی و میان–فرهنگی* است. عبارت «دورترین نقاط جهان» در اعمال ۸:۱ را باید با زدن گریزی به سرود دوم خادم که در فصل ۴ کتاب مورد بررســـی قرار گرفت، درک کنیـــم؛ آنجایی که نبوت با این عبارت پایان می‌پذیرد: «تا اقصای زمین نجات من خواهی بود» (اشعیا ۶:۴۹). زمینهٔ متن نبوت اشعیا به ماشـــیح دلالت دارد که «نور همهٔ قوم‌ها» اســـت، و ســـبک بیان «اقصای زمین» هم بیشتر خصیصه‌ای در توازی شعر عبری است، تا ارائهٔ چارچوب جغرافیاییِ جدید. چه در عهدعتیق چه در عهدجدید، فرمان‌ها اساساً *مردمان* را دربرمی‌گیرند، نه *مکان‌ها* را.

### *شاهدان اعمال عظیم خدا*

آخرین درون‌مایهٔ اصلی که از بطـــن فرمان‌های مذکور در انجیل لوقا و اعمال برمی‌آیند، تأکید بر کلیســـا به‌عنوان شاهدان است. واژهٔ «شـــاهد» در فرمان‌های مذکور در لوقا و اعمال منحصربه‌فرد است. در واقع، کلیسا به‌عنوان جماعتی از شاهدان، یکی از درون‌مایه‌هایی است کـــه انجیل لوقا را با اعمال پیوند می‌دهد (لوقا ۱۳:۲۱؛ ۴۸:۲۴؛ اعمال ۸:۱ و ۲۲؛ ۳۲:۲؛ ۱۵:۳؛ ۳۲:۵؛ ۳۹:۱۰ و ۴۱؛ ۳۱:۱۳؛ ۲۲:۱۵؛ ۲۶:۱۶). شـــاهد کسی است که در مورد آنچه که دیده و شـــنیده شهادت می‌دهد. در زمینهٔ متن انجیل لوقا و اعمال، شهادت رسولان در وهلهٔ نخست بر ســـه چیزی دلالت می‌کند که ایشـــان دیده و تجربه کرده بودند: رنج‌های مســـیح، قیام او از مردگان، و فراهم شـــدن آمرزش در نام او، که از طریق توبه میســـر می‌شود. بدین‌ترتیب، محتوای «شـــهادت» مذکور در کتاب اعمال دقیقاً با سه موردی که مسیح در فرمان مذکور در انجیل لوقا دربارهٔ‌شـــان ســـخن گفته بود، همخوانی دارد. عیسی فرمود که آنان «شاهدان این امور» خواهند بود (لوقا ۴۸:۲۴). و کتاب اعمال وفاداری ایشـــان را در شهادت دادن دربارهٔ اعمال عظیم خدا نشـــان می‌دهد. با این همه، کتاب اعمال این را هم نشان می‌دهد که اعمال عظیم خدا با قیام مســـیح متوقف نمی‌شود، بلکه در روز پنتیکاست و آشکار شدن *مأموریت الاهی* در حیات کلیســـا تداوم می‌یابد. کلیسا شـــاهد همیشگی اعمال عظیم خدا، برای «همهٔ قوم‌ها» است.

## انجیل یوحنا: فرستنده‌ای که می‌فرستد

انجیل یوحنا به منظور ترغیب بی‌ایمانان به تأیید خداوندی عیســـای مســـیح نوشته شده و از این‌رو، تماماً در چارچوبی مأموریتی تدوین شـــده است. یوحنا می‌نویسد: «اینها نوشته شـــد تا ایمان آورید که عیسی همان مســـیح، پسر خداست، و تا با این ایمان، در نام او حیات داشته باشـــید» (یوحنا ۳۱:۲۰). روش‌شناسی ما در زمینهٔ اناجیل همنظر مبتنی بر این بوده که درون‌مایه‌های گوناگونی را در انجیل برجســـته کنیم که نشـــان‌دهندهٔ محوریت جهانی بودنِ

مأموریت در ساختار کلی انجیل هستند. این کار دو نتیجه دارد. نخست اینکه، نمی‌گذارد عبارات مربوط به فرمان بزرگ از زمینهٔ بزرگتر انجیل، که این عبارات از درون آنها سرچشمه گرفته‌اند، جدا شوند، و بدین‌سان از وسوسهٔ استفاده از آنها برای اثبات نظرات جلوگیری می‌شود. دوم اینکه، نشان می‌دهد که حکم اعزام به مأموریت، و همهٔ فعالیت‌های بالقوهٔ میسیونری که از آن نشأت می‌گیرند، به‌شکل تنگاتنگی با چارچوب بزرگتر ابتکار عمل خدا در *مأموریت الاهی* تنیده شده‌اند.

همین روش‌شناسی را می‌توان به آسانی در مورد انجیل یوحنا نیز دنبال کرد. در واقع، بسیاری از معروف‌ترین عبارات جهان‌شمول در عهدجدید را می‌توان در انجیل یوحنا یافت. برای نمونه، این یوحنا است که در پیشگفتار انجیلش اظهار می‌دارد که عیسی «آن نور حقیقی که بر *هر انسانی روشنایی می‌افکَند* به‌راستی به جهان می‌آمد» (۹:۱، تأکید از نویسنده است). انجیل یوحنا است که آیه‌ای در خود دارد که مارتین لوتر آن را «انجیل کوچک» می‌نامید و احتمالاً مشهورترین آیه در عهدجدید به‌شمار می‌رود: «زیرا خدا *جهان را آنقدر محبت کرد* که پسر یگانهٔ خود را داد...» (۱۶:۳، تأکید از نویسنده است). یوحنا در انجیل خود شرح می‌دهد که خودِ عیسی هویتش را به‌عنوان ماشیح موعود بر زنی سامری مکشوف می‌سازد (۲۱:۴-۲۶) و بسیاری از سامریان «به او ایمان می‌آورند» (۳۹:۴). یوحنا در گفتاری عمیقاً جهان‌شمول، سخنان عیسی را ثبت می‌کند: «گوسفندانی دیگر نیز دارم که از این آغل نیستند» (۱۶:۱۰). نمونه‌های دیگر بسیاری نیز می‌توان ارائه داد. با وجود این، ضمن بررسی انجیل یوحنا قصد داریم تنها بر یک درون‌مایه که کل انجیل یوحنا را تحت‌الشعاع قرار داده، و در واقع مضمونی محوری است که فرمان بزرگ از آن سرچشمه گرفته، تمرکز کنیم. درون‌مایهٔ مورد نظر، پدری است که می‌فرستد.

### پدر فرستنده در انجیل یوحنا

درک یوحنا از مأموریت را در وهلهٔ نخست می‌توان در کاربرد او از فعل «*فرستادن*» دریافت. سراسر انجیل یوحنا پیرامون پدری شکل گرفته که یحیای تعمیددهنده را می‌فرستد، عیسی را می‌فرستند، روح‌القدس را می‌فرستد، و در نقطهٔ اوج داستان، کلیسایش را می‌فرستد. فعل فرستادن در انجیل یوحنا دربرگیرندهٔ دو معنی است، یکی درونی و دیگری بیرونی. به‌لحاظ درونی، «به معنای رابطهٔ شخصی» است؛ یعنی فرستادگان از سوی کسی فرستاده شده‌اند. به‌لحاظ بیرونی، حاوی این معنای تلویحی است که فرستاده «برای انجام مقصودی فرستاده می‌شود.» یحیای تعمیددهنده فرستاده شد تا شاهدی بر رسیدن زمان ظهور ماشیح باشد: «مردی آمد که از جانب خدا فرستاده شده بود؛ نامش یحیی بود» (۶:۱). یحیای تعمیددهنده زمانی که به توصیف مأموریتش می‌پردازد، به هر دو جنبه از فرستادن اشاره می‌کند:

> «من خود نیز او را نمی‌شناختم، اما همان که مرا فرستاد تا با آب تعمید دهم، مرا گفت: "هر گاه دیدی روح بر کسی فرود آمد و بر او بمانْد، بدان همان است که با

روح‌القدس تعمید خواهد داد.» و من دیده‌ام و شهادت می‌دهم که این است پسر خدا.» (یوحنا ۳۳:۱-۳۴)

یحیی خودش را کسی می‌بیند که شخصاً از سوی خدای پدر فرستاده شده، و هدفش هم شهادت دادن بر این واقعیت است که عیسی پسر خدا است. یحیی «آن نور نبود، بلکه آمد تا بر آن نور شهادت دهد» (۸:۱). در انجیل یوحنا ده بار از هدف از مأموریت یحیای تعمیددهنده چنین توصیف شده که او فرستاده شد تا بر مسیح شهادت دهد (۷:۱ [دو بار] و ۸ و ۱۵ و ۱۹ و ۳۲ و ۳۴؛ ۲۶:۳ و ۲۸؛ ۳۳:۵).

وقتی عیسی بر صحنهٔ تاریخیِ انجیل یوحنا گام می‌گذارد، همان سبک بیان یوحنا را به‌کار برده، اعلام می‌کند که از سوی پدر فرستاده شده است. عیسی همانند یحیای تعمیددهنده از واژهٔ «فرستاده»، به هر دو مفهوم شخصی و مأموریتی بهره می‌گیرد. صمیمیت میان پسر و پدر، و مفهوم هدف و مأموریتی که عیسی برای انجامش فرستاده شده، به‌طور مرتب در انجیل یوحنا تکرار می‌شود. بهترین راه برای درک کامل محوریت این درون‌مایه در انجیل یوحنا، خواندن نمونه‌های متعدد از لحظات کلیدی در خدمت عیسی است، که همگی به فرمان آخر او منجر شدند:

- «خوراک من این است که ارادهٔ فرستندهٔ خود را به‌جا آورم و کار او را به کمال رسانم.» (۳۴:۴)
- «هرکه کلام مرا به گوش گیرد و به فرستندهٔ من ایمان آورد، حیات جاویدان دارد.» (۲۴:۵)
- «زیرا از آسمان فرود نیامده‌ام تا به خواست خود عمل کنم، بلکه آمده‌ام تا خواست فرستندهٔ خود را به انجام رسانم.» (۳۸:۶)
- «تعالیم من از خودم نیست، بلکه از اوست که مرا فرستاده است.» (۱۶:۷)
- «من از جانب خود نیامده‌ام. او که مرا فرستاده، حق است.» (۲۸:۷)
- «اندک زمانی دیگر با شما هستم، و سپس نزد فرستندهٔ خود می‌روم.» (۳۳:۷)
- «آن که مرا فرستاد، برحق است و من آنچه را از او شنیده‌ام، به جهان بازمی‌گویم.» (۲۶:۸)
- «او که مرا فرستاد، با من است. او مرا تنها نگذاشته.» (۲۹:۸)
- «تا روز است باید کارهای فرستندهٔ مرا به انجام رسانیم.» (۴:۹)
- «هرکه به من ایمان آوَرَد، نه به من، بلکه به فرستندهٔ من ایمان آورده است. هرکه بر من بنگرد، بر فرستندهٔ من نگریسته است.» (۴۴:۱۲-۴۵)
- «هرکه مرا پذیرفت، فرستندهٔ مرا پذیرفته است.» (۲۰:۱۳)
- «این همه را به سبب نام من با شما خواهند کرد، زیرا فرستندهٔ مرا نمی‌شناسند.» (۲۱:۱۵)
- «اکنون نزد فرستندهٔ خود می‌روم.» (۵:۱۶)

## *فرمان بزرگ در انجیل یوحنا*

همهٔ این آیات در فرمان بزرگ مذکور در انجیل یوحنا ۲۱:۲۰ به نقطهٔ اوج می‌رسند. این آخرین بار از چهل باری است که عنوان «فرستاده»، آن‌گونه که در انجیل یوحنا به عیسی اطلاق می‌گردد، به‌کار برده می‌شود.[1] زمینهٔ اعطای فرمان بزرگ در انجیل یوحنا و انجیل لوقا یکی است، پشت درهای بسته در اورشلیم، در شبانگاه پس از قیام. عیسی در اینجا نیز همچون در انجیل لوقا، برای تسلی شاگردان نخست این سخنان را بر زبان می‌آورد: «سلام بر شما!» و در پی آن دست‌ها و پاهایش را بدیشان می‌نمایاند. با وجود این، فقط یوحنا است که این کلمات را از فرمان عیسی به شاگردان در انجیل خود ثبت کرده است: «سلام بر شما! همان‌گونه که پدر مرا فرستاد، من نیز شما را می‌فرستم.» (۲۱:۲۰)

عیسی، که خود در جایگاه فرستاده قرار دارد، اکنون برای تداوم بخشیدن به مأموریت پدر در جهان، کلیسا را می‌فرستد. فرمان بزرگ عیسی در انجیل یوحنا واجد سه خصیصهٔ مهم است که باید حتماً مورد ملاحظه قرار بگیرند. نخست آنکه، مأموریت کلیسا پیشامدی تازه نیست، بلکه تداوم خدمت عیسی است که باید عمل رهایی‌بخش پدر را که با فرستادن عیسی به جهان آغاز شده بود، به‌گونه‌ای پیش‌رونده پی بگیرد. عمل رهایی‌بخش پدر با خدمت عیسی به پایان نمی‌رسد، بلکه تازه در پنتیکاست، در حیات کلیسا، و در نهایت در خلقت تازه آشکار می‌شود. پیش‌تر، عیسی شاگردان را برای فرستادنِ نهایی آماده کرده بود، که در دعای کهانت اعظم او به بارزترین شکل نمود می‌یابد. عیسی چنین دعا می‌کند: «همان‌گونه که تو مرا به جهان فرستادی، من نیز آنان را به جهان فرستاده‌ام» (۱۸:۱۷).[2] عیسی قبلاً وعده داده بود که شاگردانش حتی «کارهایی بزرگتر از اینها» خواهند کرد (۱۲:۱۴). اکنون، در این ظهور پس از قیام، عیسی درست به همان ترتیبی که خودش زمانی به جهان فرستاده شده بود، شاگردان را به جهان می‌فرستد.

دوم اینکه، در انجیل یوحنا مأموریت کلیسا به‌روشنی در چارچوبی تثلیثی قرار گرفته است. پدر فرستنده است. عیسی، که خود فرستاده است، کلیسا را می‌فرستد. روح‌القدس هم بدیشان بخشیده می‌شود تا حضور، هدایت و قوت او را برای انجام مأموریت به آنها عطا کند. یوحنا می‌نویسد که عیسی بر آنان می‌دمد و می‌گوید: «روح‌القدس را بیابید» (۲۲:۲۰). درست همان‌گونه که هنگام آفرینش پدر روح خود را در بشر دمید (پیدایش ۷:۲)، عیسی نیز روح‌القدس را بر شاگردانش می‌دمد تا نشانه و آیتی از خلقت تازه باشد. لزومی ندارد با نمادین یا نیمه‌کاره جلوه دادنِ اعطای روح‌القدس در اینجا و مقایسهٔ آن با اعمال ۲، چنانکه برخی می‌کنند، بین قیام و روز پنتیکاست جدایی بیفکنیم. هر دو گزارش بخش‌های جدایی‌ناپذیر

---

۱. چهل ارجاع مورد بحث عبارتند از: یوحنا ۳۴:۳؛ ۳۴:۴؛ ۲۳:۵–۲۴ و ۳۰ و ۳۶–۳۸؛ ۲۹:۶ و ۳۸ و ۴۴ و ۵۷؛ ۱۶:۷ و ۱۸ و ۲۸ و ۲۹ و ۳۳؛ ۱۶:۸ و ۱۸ و ۲۶ و ۲۹ و ۴۲؛ ۴:۹؛ ۳۶:۱۰؛ ۴۲:۱۱؛ ۴۴:۱۲ و ۴۵ و ۴۹؛ ۱۶:۱۳ و ۲۰؛ ۲۴:۱۴؛ ۲۱:۱۵؛ ۵:۱۶؛ ۳:۱۷ و ۸ و ۱۸ و ۲۱ و ۲۳ و ۲۵؛ و ۲۱:۲۰.

۲. همچنین ن.ک. یوحنا ۳۸:۴.

رویداد روز قیام هستند، که برای نگارندگان انجیل نه فقط یک روز، بلکه واقعیتی متداوم و عظیم در زندگی کلیسا بوده است.

سوم آنکه، این فرمان شالوده‌ای است که خدمت اعزام (فرستادن) به مأموریت‌های کنونی از سوی کلیسا بر آن استوار می‌شود. درست همان‌گونه که عیسایی که به جهان فرستاده شده، خودْ تبدیل به فرستنده می‌شود، ما نیز که برای پیگیری خدمت عیسی به جهان فرستاده شده‌ایم، کارگرانی برای درو محصول می‌فرستیم. چنانکه عیسی فرمود: «هرکه فرستادهٔ مرا بپذیرد، مرا پذیرفته، و هرکه مرا پذیرفت، فرستندهٔ مرا پذیرفته است» (یوحنا ۲۰:۱۳). عیسی فرستاده شد تا آمرزش گناهان را از سوی پدر برای آنانی که توبه کنند، و در عین‌حال داوری عادلانهٔ او را بر ناتوبه‌کاران اعلام کند. به همین ترتیب، به کلیسا نیز اقتدار داده شده است تا کارگران به مزرعه بفرستد تا آمرزش پدر را در ازای توبه، و داوری او را در برابر امتناع از توبه و ایمان آوردن، اعلام کنند. (یوحنا ۲۳:۲۰)

## نتیجه‌گیری

این بررسی که دربارهٔ آخرین فرمان عیسای مسیح در هر چهار انجیل ارائه شد، آشکار می‌سازد که فرمان بزرگ در واقع دارای جنبه‌های گوناگون است. تنها با گوش سپردن به پیام متمایز هر یک از آنها است که می‌توانیم مبنای الاهیاتیِ جامعی برای طیفی گسترده از اعمال رهایی‌بخش، که کلیسا در آنها نقش فعال دارد، و ما آنها را مأموریت می‌خوانیم، به‌دست آوریم. متی بر نقش شاگردی و تأسیس کلیسا در میان همهٔ گروه‌های قومی و فرهنگی موجود در جهان تأکید می‌کند. گرچه ما کلمات اصلی و اولیهٔ مرقس در باب فرمان مذکور را در اختیار نداریم، اما نسخه‌ای که به دست ما رسیده با تأکید مرقس بر پایمردی در ستمدیدگی و نقش محوریِ اعلان انجیل همخوان است. فرمان مذکور در لوقا بر اهمیت قدرت گرفتن از روح‌القدس و مأموریت‌های جامع همچنانکه به اعمال عظیم و پیش‌روندهٔ خدا شهادت می‌دهیم، پافشاری می‌کند. فرمان بزرگ به روایت یوحنا هم بر نقش کلیسا در فرستادن تأکید دارد. در مجموع، فرمان‌های مندرج در اناجیل، از ابتکار اولیهٔ پدر در مأموریت‌ها سخن می‌گویند. در انجیل متی، پدر همهٔ اختیار را به عیسی اعطا می‌کند. در انجیل لوقا، کلیسا فقط به اموری تحقق می‌بخشد که پدر وعده‌اش را داده است. در انجیل یوحنا پدر پسر را می‌فرستد و پسر هم به نوبهٔ خود، کلیسا را می‌فرستد. بدین‌ترتیب، همهٔ فرمان‌های بزرگ در زمینهٔ بزرگتر *مأموریت الاهی* و وعدهٔ نخستین خدا به ابراهیم قرار می‌گیرند که بر مبنای آن، خدا «همهٔ قوم‌های روی زمین» را برکت خواهد داد. (پیدایش ۱۸:۲۲)

قسمت ب

آفرینش، مکاشفه،
و واکنش انسان به حاکمیت خدا

# ۶

# الاهیاتِ فرهنگیِ مبتنی بر «خلقت تازه» و تثلیثی

اگرچه واژهٔ فرهنگ یکی از پیچیده‌ترین واژه‌ها در زبان انگلیسی است اما این دشواری مانع نشده که این واژه در فرهنگ غرب تبدیل به یکی از فراگیرترین واژه‌ها در مباحثات رایج شود. اگر با دقت گوش کنید، خواهید شنید که این واژه برای توصیف طیف گسترده‌ای از پدیده‌های گوناگون به‌کار می‌رود. آنانی که از نظام آموزشی خشنود نیستند، اغلب از آن به‌عنوان «فرهنگ واماندگی» نام می‌برند. صلح‌جویان از اشاعهٔ «فرهنگ صلح» می‌گویند. آنانی که جامعهٔ غرب را بیش از اندازه مادی‌گرا می‌دانند، دربارهٔ «فرهنگ مصرف‌گرایی» داد سخن می‌دهند. از زمان رویداد یازدهم سپتامبر برخی آشکارا نگرانی خود را از فرورفتن جهان غرب در کام «فرهنگ ترس» ابراز می‌کنند. شبانان مسیحی جماعت‌های خود را به «شرکت فعالانه در فرهنگ» ترغیب می‌کنند.

در کمال شگفتی، فرهنگ را می‌توان به روش‌های متضاد هم به‌کار برد. گاهی این واژه را به‌طور گسترده‌ای برای توصیف کلیه اجزای تمدن به‌کار می‌برند. برای مثال، شنیدن عباراتی چون «فرهنگ آسیایی» و «فرهنگ غربی» از زبان مردم، آن‌هم به‌صورت مفرد، امری معمول است؛ گویی ساکنان هر کدام از این مناطق، همگی نمود فرهنگیِ مشترک و یکسانی دارند. ظهور تکنولوژی حتی عده‌ای را به جایی رسانده که کل جهان را آستانهٔ ورود به «فرهنگی جهانی» توصیف می‌کنند. در مواقعی دیگر، این واژه را برای تعریف ویژگی‌های خاص، منحصربه‌فرد و حتی عجیب و غریب گروهی از مردم به‌کار می‌برند. مثلاً، انسان‌شناسان از «کُم هن»[1] یک بشقاب برنج سرد که با عصارهٔ صدف مزه‌دار شده و خوراک اهالی

1. Com hen

ویتنام مرکزی است، به‌عنوان «خوراک فرهنگی» ویژهٔ آن مردم یاد می‌کنند. با ظهور پدیدهٔ جهانی‌شدن، به‌نظر می‌رسد که ما بیش از پیش متوجه تفاوت‌های فرهنگی‌مان می‌شویم و اکنون دیگر تعاریف جدیدی چون «چندفرهنگ‌گرایی»، «میان-فرهنگی»، و «حساسیت فرهنگی» اصطلاحات رایجی به‌شمار می‌روند. برای گروهی، ظهور چندفرهنگ‌گرایی مهمترین دستاورد زمانهٔ ما محسوب می‌شود. برای عده‌ای دیگر، چندفرهنگ‌گرایی به این معنی است که می‌توانند با قدم زدن به مسافت یک بلوک از آپارتمان خود، پیتزا، غذای تایلندی، بوریتوس مکزیکی و سوشی ژاپنی پیدا کنند.

جالب اینجا است که به‌رغم همهٔ حرف‌هایی که پیرامون فرهنگ زده می‌شود، بسیاری از مسیحیان هرگز به‌طور واقعی دربارهٔ به‌وجود آوردن *الاهیاتی فرهنگی* نیندیشیده‌اند. اگرچه در کتاب‌های بسیاری در زمینهٔ میسیون مسیحی و دیگر کتاب‌های درسی بارها به فرهنگ اشاره کرده‌اند، اما هیچ چشم‌اندازی الاهیاتی از این مفهوم در اختیار خواننده قرار نمی‌دهند. اگر مسیحیان پیرامون فرهنگ چیز متمایزی دارند که بشود آن را در میان گذاشت، وجود چنین الاهیاتی ضروری است و باید تأثیر آن روی دیدگاه‌های ما در مورد میسیون‌شناسی آزموده شود. بنابراین، هدف این بخش از کتاب ارائه الاهیات فرهنگی است. ما کار خود را با بررسی کتاب کلاسیک «مسیح و فرهنگ»، نوشتهٔ ریچارد نیبور[1] آغاز می‌کنیم. این کتاب که بر اندیشهٔ مسیحی در زمینهٔ فرهنگ بیشترین تأثیر را داشته، در سدهٔ بیستم نوشته شده است. در پی آن نقدی بر آرا و فرضیات و روش‌شناسی نیبور روانهٔ کتابفروشی‌ها شد، و پس از آن هم مقاله‌ای در باب الاهیات تثلیثی برای جهان پسا-مسیحی بیرون آمد.

## مسیح و فرهنگ، نوشتهٔ ریچارد نیبور

«مسیح و فرهنگ»، کتاب برجستهٔ ریچارد نیبور از سال ۱۹۵۱، یعنی زمان انتشارش تاکنون تأثیرگذارترین کتاب در شکل دادن اندیشهٔ مسیحی پیرامون فرهنگ بوده است. نیبور فرهنگ را چنین تعریف می‌کند: «محیطی تصنعی و ثانوی که انسان آن را بر محیط طبیعی منطبق می‌کند. این محیط زبان، عادات، نظرات، باورها، آداب و رسوم، سازمان‌های اجتماعی، دست‌ساخته‌های موروثی، فرایندهای تکنیکی و ارزش‌ها را در بر می‌گیرد.» نیبور در ادامه به معرفی سه علامت مشخصهٔ فرهنگ می‌پردازد. نخست، استدلال می‌کند که فرهنگ همیشه پدیده‌ای *اجتماعی* است. همواره با «تشکیلات جمعی انسان‌ها» سروکار دارد، نه با زندگی خصوصی ما. دوم، فرهنگ *دستاوردی بشری* است. منظور نیبور این است که فرهنگ ماحصل زیست‌شناسی یا طبیعت نیست بلکه همیشه «ثمرهٔ تلاش و هدف‌مندی بشر است.» و سرانجام، فرهنگ همواره با «تحقق دنیوی و مادی ارزش‌ها» در ارتباط است. نیبور به‌درستی اظهار می‌کند که مسیحیان در نحوهٔ نگاه خود به فرهنگ، موضع‌گیری‌های گوناگونی دارند، و نکتهٔ عمده و اصلی کتاب او هم پژوهش در مورد پنج موضع‌گیری است که واکنش مسیحی به فرهنگ را شکل داده‌اند.

1. Richard Niebuhr

نیبور در نمونه‌شناسی کلاسیک خود در ارتباط با آنچه که انجیل و فرهنگ را به‌لحاظ تاریخی پیوند داده است، پنج موضع‌گیری را برمی‌شمارد. در یک‌سوی این طیف، *«مسیح در برابر فرهنگ»* قرار دارد که نمایانگر موضع‌گیری دفاعی است که در وهلهٔ نخست هویت کلیسا را به‌لحاظ فرهنگی به‌عنوان نهادی ناسازگار و مخالف به تصویر می‌کشد. این تصویری از کلیسای «در تبعید» است، مانند جنبشی خرده‌-فرهنگی[1] در میان دنیایی سقوط‌کرده. به‌نظر نیبور، برای این دیگاه نسبت به فرهنگ از سراسر تاریخ می‌توان نمونه‌هایی ذکر کرد: از ترتولیان گرفته تا *قانون سنت بندیکت*، منونایت‌ها، و لئو تولستوی. برای جدا کردن انجیل مسیح از فرهنگ گناه‌آلود باید مرزی متمایزکننده وجود داشته باشد، «زیرا گناه اساساً در بستر فرهنگ لانه می‌کند.» در سوی دیگر این طیف، *«مسیحِ فرهنگ»* جای می‌گیرد که در مورد رابطهٔ انجیل و فرهنگ بر دیدگاهی غیرنقادانه و سازشکارانه دلالت می‌کند. این تصویری از کلیسا در مرکز حیات فرهنگی است. نیبور می‌گوید آنانی که به این دیدگاه باور دارند، «میان کلیسا و دنیا، قوانین اجتماعی و انجیل، اعمال الاهی فیض و تلاش انسانی، اخلاقیات نجات و اخلاقیات محافظه‌کاری اجتماعی یا پیشرفت، هیچ تنش بزرگی احساس نمی‌کنند.» تنشِ میان مسیح و فرهنگ محو می‌شود، چون حضور فراگیر خدا حتی در میان فرهنگ تمدن بشری نیز قابل تشخیص است. نیبور خاطرنشان می‌سازد که این موضع‌گیری بیشتر مورد توجه پیروان لیبرالیسم پروتستان است که وی به شایستگی عبارت کارل بارت را در موردشان به کار می‌برد: «پروتستانتیسم فرهنگ.»[2]

نیبور در ادامهٔ کار خود سراغ سه موضع‌گیری میانی می‌رود که در وسط طیف فوق جای می‌گیرند و در مجموع به آنها عنوان «کلیسای وسط» را اطلاق می‌کند. موضع‌گیری *«مسیح برتر از فرهنگ»* هم در تلاش برای پرهیز از گرفتن موضعی غیرنقادانه و سازشکارانه در قبال فرهنگ است و هم می‌کوشد تا از رد کردن فرهنگ به‌طور کامل خودداری کند. این موضع‌گیری از موضع‌گیریِ «مسیح فرهنگ» انتقاد می‌کند زیرا نتوانسته توضیحی برای چگونگی فراگیری گناه در نهادهای انسانی ارائه کند. با این‌حال، موضع‌گیریِ «مسیح در برابر فرهنگ» را هم به سبب انجام ندادن کاری جدی برای پر کردن شکاف میان مسیح و فرهنگ، به باد انتقاد می‌گیرد. این موضع‌گیری سوم رویکردی تلفیقی اتخاذ کرده، که در آن انجیل بهترین خصوصیات فرهنگ را تعالی و ارزش می‌بخشد و آن‌دسته را که در تضاد با انجیل هستند رد می‌کند. نیبور کلمنت اسکندرانی[3] را نمایندهٔ این دیدگاه می‌داند، به‌ویژه به‌خاطر دیدگاهش که می‌گوید فرد مسیحی نخست باید «بنا بر معیار فرهنگی خوب، انسانی خوب» باشد. مسیح بر بنیاد فرهنگ عامه بنا می‌کند و «در ارزانی داشتنِ چیزهایی که انسان با تلاش خود توانایی دسترسی به آنها را ندارد، بهترین محصولات فرهنگی را به‌عنوان ابزار لازم به‌کار می‌گیرد.» اصلی‌ترین هوادار این نظریه، توماس آکوئیناس[4] الاهی‌دان سده‌های میانی است، که عقل و ایمان را تلفیق می‌کند. از نظر آکوئیناس، به تنش میان مسیح و فرهنگ نمی‌توان با «یا این-یا آن»، بلکه باید با «هم این-هم آن» پاسخ گفت.

1. Subcultural; 2. Culture-Protestantism; 3. Clement of Alexandria; 4. Thomas Aquinas

موضع‌گیری چهارم نیبور، «*مسیح و فرهنگ در تعارض*» است که فرهنگ را پدیده‌ای خنثی می‌داند که بازتاب تنشی ژرف‌تر و اساساً دوگانه میان خدا و بشریت است. بشریت گناه‌آلود و سقوط‌کرده، در جامعه نمودهای فرهنگیِ فاسد بار می‌آورد. بشریت نجات‌یافته در جامعه نمودهای فرهنگی خداپسندانه به‌جود می‌آورد. خط و مرز را بیش از آنکه میان انجیل و فرهنگ بکشیم، باید در دل انسان‌ها ترسیم کنیم. میان خدا و انسان تنشی در جریان است. نیبور متوجه این دیدگاه در آراء مارسیون[1] می‌شود، اما این دیدگاه بزرگترین نمود خود را در الاهیات لوتر در باب دو پادشاهی می‌یابد. پادشاهی خدا، پادشاهی فیض و رحمت است، حال آنکه پادشاهی این جهان، پادشاهی غضب و خشونت. مسیحیان همواره باید با اطاعت هر دو را تأیید کنند.

سرانجام، نوبت به نمونه‌شناسیِ «*مسیح، دگرگون‌کنندهٔ فرهنگ*» می‌رسد که از نظر نیبور رویکردی «تبدیل‌کننده» به فرهنگ است. این دیدگاه فرهنگ را خیر و مثبت می‌شمارد و این نکته را که فرهنگ به دو پارهٔ خوب و بد تقسیم می‌شود، نمی‌پذیرد. به‌زعم آگوستین، بدی چیزی نیست جز انحراف خوبی، و هیچ واقعیت بنیادینی ندارد. این موضع‌گیری را می‌توان از نگرش مثبتش به فرهنگ، به‌عنوان بازتابی از آموزهٔ آفرینش، بازشناخت. انجیل به‌طرز خوشبینانه‌ای در جایگاهی «فرا-فرهنگی» و «اَبَر-فرهنگی» قرار می‌گیرد که می‌تواند با گسترش دادن پادشاهی خدا در پهنهٔ فرهنگ و بازسازی آن مطابق مقصود اولیهٔ خدا، فرهنگ را برهاند و دگرگون سازد. بهترین نمایندهٔ این دیدگاه آگوستین است، و پس از وی ژان کالون و رؤیایش در مورد دگرگون ساختن ژنو قرار دارد. آگوستین، کالون و همهٔ آنانی که رویکرد «تبدیلی» به فرهنگ دارند، در تکاپو «برای نفوذ یافتنِ انجیل به همهٔ شئونات زندگی» هستند.

باید اقرار کنیم که بسیار مدیون ریچارد نیبور هستیم. کتاب مسیح و فرهنگ او برای سالیان دراز، خوانندگان گوناگونی از همهٔ طیف‌های الاهیاتی داشته است. نیبور چارچوبی شفاف و منطقی ارائه کرد که به چندین نسل از دانشجویان مسیحی توانایی بخشید پیرامون فرهنگ و رابطه‌اش با انجیل مسیح به‌طرزی هدفمند و از منظری تاریخی، بیندیشند. با این‌حال، در درک نیبور از فرهنگ، و تحلیل پنج‌بخشی او چند اشکال عمده وجود دارد. این فصل از کتاب بر آن است تا برخی از اشکالات تحلیل سنتی نیبور را در معرض دید خواننده قرار دهد، و به‌جای آن، مدلی تثلیث-محور برای درک فرهنگ ارائه کند.

## *فراتر از مسیح و فرهنگ*

در درک نیبور چهار اشکال بنیادین وجود دارد. نخست آنکه، *درک نیبور از فرهنگ بر شالودهٔ انسان‌شناسی سکولار (غیردینی) بنا شده است*. نیبور در تعریف فرهنگ، اعتراف می‌کند که فقط می‌تواند «تعریفی غیرحرفه‌ای» از آن ارائه دهد، «زیرا در خود جسارت نمی‌بیند که وارد مقوله‌ای شود که از سوی انسان‌شناسان حرفه‌ای مطرح شده است.» در حقیقت، نیبور هنگام بحث پیرامون فرهنگ، بر ارائهٔ «تعریف پدیدهٔ فرهنگ، *بدون تفسیری*

1. Marcion

*الاهیاتی*» پافشاری می‌کند. از آنجایی که وی فرهنگ را «محصول ذهن و دست بشر» می‌داند، ناخواسته یا ندانسته فرهنگ را سکولاریزه کرده، نوعی دوگانگیِ غیرکتاب‌مقدسی میان فعالیت فرهنگی انسان از یک‌سو، و مسیح از سوی دیگر، به‌وجود می‌آورد. او مسیح و فرهنگ را «دو واقعیت پیچیده» برمی‌شمارد که در «گفتگوی بی‌انتها» با یکدیگرند.

بنیان سکولار درک نیبور از فرهنگ بدین‌معنا است که او در سراسر روش خود مسیح و فرهنگ را در جایگاه دو کلیت یا نیروی کاملاً جداگانه قرار داده است. اما آفرینندهٔ فرهنگ بشری خدا است و همو است که پیوسته آن را با اقدام رهایی‌بخش خود حفظ می‌کند و بدین‌ترتیب فرهنگ بشری با دیدگاه کتاب‌مقدس در مورد خدا همخوان است. این انشقاق باعث بروز اشکالات جدی الاهیاتی می‌شود که نیبور هرگز نمی‌تواند آنها را به‌طور کامل حل کند. جسم گرفتن مسیح و پنتیکاست، و همچنین اقدامات رهایی‌بخش خدا در کلیسایش، همه در *درون فرهنگ* واقع می‌شوند و به‌طور کامل *جزو فرهنگند*. مسیح همچون اصلی انتزاعی حضور ندارد، بلکه «به‌طور کامل جسم می‌پوشد و به‌عنوان یک مرد یهودی اهل مدیترانه در سدهٔ نخست میلادی پا به عرصهٔ فرهنگ می‌گذارد.» برای مانع‌تراشی میان مسیح و فرهنگ، باید جایگاه خدا را تا طبقه‌بندی «اَبَر-فرهنگی» پایین آوَرد، که شاید برای برخی از متألهین اسلامی پذیرفتنی باشد، اما از منظر الاهیات مسیحی دشوار می‌توان آن را پذیرفت. طبقه‌بندی کردن خدا جدای از فرهنگ چیزی نیست جز انکار آشکار تجسم، که به موجب آن عیسی به‌عنوان انسان منحصربه‌فرد پا به عرصهٔ تاریخ و فرهنگ بشری نهاد. در واقع، این نوع قرار دادن خدا در یک طبق‌بندیِ اَبَر-فرهنگی نه تنها درکی نادرست از مکاشفهٔ مسیح، بلکه از کل مکاشفه است. دیدگاه مسیحی در مورد مکاشفه آن است که خدا خود را از طریق همهٔ خصوصیات زبان و فرهنگ بر بشر آشکار نموده است. ما برخلاف مسلمانان بر این باور نیستیم که کتابی حاوی مکاشفهٔ الاهی، بدون تماس با فرهنگ و تجربهٔ بشری، از آسمان نازل شده است.

قرار دادن خدا در طبقه‌بندیِ اَبَر-فرهنگی همچنین به ناحق روح‌القدس را از کلیسا جدا می‌کند، حال آنکه کلیسا در بستر واقعی و تاریخی، برای ادامهٔ زندگی بر مبنای انجیل، از روح‌القدس نیرو می‌گیرد. داده‌های الاهیاتی نیبور تنها در تأملات تاریخی بر اختلاف‌نظرهای درونیِ میان مسیحیان خلاصه می‌شود، مثلاً اینکه چگونه می‌شود به مسیح ایمان داشت و در عین‌حال با «ارزش‌های دنیا» که ساختهٔ تمدن بشری است، سر کرد. بدین‌ترتیب، برداشت نیبور از فرهنگ با الاهیات مسیحی چندان سازگاز نیست.

دوم اینکه، *کل دیدگاه نیبور به فرهنگ با پیش فرض چارچوب حاکمیتِ مسیحی همراه است*. این نکته هستهٔ مرکزی نقد جان یودر[1] از نیبور در مقالهٔ «نحوهٔ استدلال ریچارد نیبور»، و کریگ کارتر[2] در کتاب روشنگرانه‌اش «بازاندیشی پیرامون مسیح و فرهنگ: دیدگاهی پسا-حاکمیت مسیحی» را تشکیل می‌دهد. نیبور کتاب خود را در گرماگرم دوران پروتستانتیسم نو-لیبرال به رشتهٔ تحریر درآورد، وقتی هنوز کلیسای پروتستان بر زندگی

1. John Yoder; 2. Craig Carter

عامهٔ مردم آمریکا مسلط بود. او کتابش را پیش از گسستگیِ فرهنگ غربی و فروپاشیِ اتحاد دولت و کلیسا[1] و ظهور مجموعهٔ سرگیجه‌آوری از «الاهیات حاشیه‌ای» نوشت.[2] کارتر خاطرنشان می‌سازد که در کتاب نیبور، جهان مسیحیت امری بدیهی و مسلم انگاشته شده و «این پیش‌فرض در نظر گرفته شده که جهان مسیحیت امری واقعی و همیشگی، و در کل چیز خوبی است.» پروتستانتیسم لیبرال در نقطهٔ اوج نفوذ فرهنگی خود قرار داشت، و به‌نظر کارتر کتاب نیبور «توجیهی برای رهبری فرهنگیِ آن [پروتستانتیسم لیبرال- م.] و دعوتی برای تداوم بخشیدن به آن» بود.

همچنین کتاب نیبور هنگامی پدیدار شد که مسیحیان محافظه‌کار مشتاق به چالش کشیدن استیلای لیبرالیزم پروتستان در عرصهٔ عمومی بودند و کلیسای کاتولیک هم از طریق شورای واتیکان دوم[3] در صدد تجدید قوا برای ورود به عرصهٔ اجتماع بود. بدین‌ترتیب، بیشتر سنت‌های مسیحی در آمریکای شمالی در مورد نقش کلیسا در جامعه رویکردی خوشبینانه داشتند. بنابراین، کتاب نیبور را باید از منظر آنانی خواند که نقشی مؤثر در بطن زندگی عامه بر عهده داشتند. با فروپاشی دورهٔ حاکمیت مسیحی، ازهم‌گسیختگی کلیسای غربی، و پیدایش غربِ پسا-مسیحی، دیدگاه نیبور به‌عنوان یک روش ماندگار برای رویارویی با مبحث فرهنگ در سدهٔ بیست‌ویکم، به‌طور فزاینده‌ای با اشکال روبه‌رو شد.

سوم آنکه، *قدرت و انسجام استدلال نیبور مستلزم داشتن دیدگاهی تک-فرهنگی است، از این‌رو در بستر چند-فرهنگیِ سدهٔ بیست‌ویکم به‌طور فزاینده‌ای مجاب‌کنندگی خود را از دست می‌دهد.* نیبور در زمانی می‌زیست که اکثریت آمریکائیان هنوز جامعهٔ خودشان را یکدست و همگن می‌دیدند. تصویر آمریکا به‌عنوان یک «دیگ درهم‌جوشِ» فرهنگیِ بزرگ، هنوز جای خود را به تصویر «سالاد مخلوط» نداده بود. ادبیات آن زمان بی‌محابا آمریکا را «سرزمینی موعود» تلقی می‌کردند که بیش از آنکه مردم را تشویق به حفظ ویژگی‌های فرهنگی‌شان کند، همگونی‌های فرهنگی[4] آنان را تحسین می‌کرد. تصویر مهاجرانی که در جستجوی شروعی تازه، در حال گذشتن از جزیرهٔ اِلیس[5] و از زیر پای مجسمهٔ آزادی هستند، هنوز در روح و روان آمریکائیان همچون تصویری ارزشمند باقی مانده است. جنبش حقوق مدنی در ایالات متحده (۱۹۵۴–۱۹۶۸) *پس از* آن که نیبور کتاب مسیح و فرهنگ را منتشر کرد، به‌وقوع پیوست. آن زمان بود که آمریکائیان با این واقعیت آزاردهنده روبه‌رو شدند که برای بسیاری از بردگانی که به سواحل این سرزمین آورده شدند، آمریکا در حکم سرزمین موعود نبوده است. خلاصهٔ مطلب اینکه ایالات متحدهٔ دههٔ ۱۹۵۰ از تنوع فرهنگیِ ایجاد شده در درون این کشور، آگاهیِ چندانی نداشت و تغییر جدیِ ناشی از این تنوع فرهنگی را هم،

---

1. Corpus Christianum

۲. اصطلاح «Hyphenated Theologies» به ظهور اندیشه‌های الاهیاتی به‌خصوصی (که غالباً برای نامگذاری خود از علامت خط تیره یا هایفن پس از یک پیشوند و سپس پسوند الاهیات، استفاده می‌کردند) اشاره می‌کند که نمایانگر جهت‌گیری آنها است. نمونه‌هایی از قبیل: الاهیات فمینیستی، الاهیات سیاه، الاهیات رهایی‌بخش و غیره.

3. Vatican II; 4. e pluribus unum; 5. Ellis Island

که موجب تصویب قانون اصلاح مهاجرت پس از سال ۱۹۶۵ شد، هنوز تجربه نکرده بود. با تصویب این قانون بود که تنوع قومی در آمریکای شمالی به‌شدت تغییر کرد.

«تک-فرهنگ‌گراییِ» نیبور به‌طور خاص در بحث او دربارهٔ فرهنگ مشهود است. او سخن خود را به‌درستی و با خاطرنشان ساختن این نکته آغاز می‌کند که حتی با وجودی که ما باید فرهنگ را به‌عنوان مفهومی کلی درک کنیم، اما عملاً «در اَشکال خاصی پدیدار می‌شود.» با این‌حال، وی می‌گوید که یک شخص مسیحی در غرب «نمی‌تواند دربارهٔ حل مشکل مزبور مطابق معیارهای غربی بیندیشد.» این سخن فرض را بر این قرار می‌دهد که غرب بازتاب دیدگاه فرهنگیِ واحدی است که همهٔ ما به‌طور مشترک از روزنهٔ آن به مقولهٔ فرهنگ می‌نگریم و تجربه‌اش می‌کنیم. نیبور جهانی را به تصویر می‌کشد با فرهنگ‌های بسیار، حال آنکه هیچ‌یک از آنها چند-فرهنگی نیستند. وی از منظر خود، در هستهٔ مرکزی جامعه‌ای تک-فرهنگی زندگی می‌کند. نیبور بر این باور است که ارزش‌های فرهنگی را یک گروه واحد و غالب و مسلط بر هستهٔ مرکزیِ فرهنگ، می‌آفریند و حفظ می‌کند. او می‌گوید که «جامعهٔ به‌خصوص یا طبقهٔ به‌خصوصی در جامعه وجود دارد که مایل است خود را محور و منشاء ارزش تلقی کند، و در پی صلاح جامعه است، هرچند با ادعا کردن موقعیتی ویژه برای خودش به‌عنوان نمایندهٔ چیزی جهانی، دست به توجیه این تلاش می‌زند.» وقتی نیبور واژهٔ فرهنگ را به‌کار می‌برد، به مفهومی ضمنی اما ارزشمند از فرهنگی والا اشاره دارد که در آن ارزش‌های معینی در هنر، ادبیات، و فلسفه وجود دارند و یک طبقهٔ غالب به نفع خود و باقی اقشار جامعه، مسئولیت پیش‌برد و پاسداشت آن ارزش‌ها را بر عهده می‌گیرد. امروزه، این ایده در زمینهٔ درک فرهنگ نه تنها بیش از اندازه کوته‌بینانه تلقی می‌شود، بلکه آن را مخرب نیز می‌شمارند چون از دیگران شأن و منزلت ابراز عقیده و ارزش‌های‌شان را سلب می‌کند. بدین‌ترتیب، تحلیل فرهنگی نیبور در یک جامعهٔ چند-فرهنگی و پسامدرنِ واقعی که در آن دیگر هیچ طبقهٔ خاصی از مرکزیت و تسلط بر ارزش‌های مشترک برخوردار نیست، رنگ می‌بازد.

چهارم اینکه، *برداشت نیبور از فرهنگ در چارچوبی آخرشناختی، که آینده را موجودی می‌بیند که نطفه‌اش در نظام زمان حال بسته شده، نمی‌گنجد.* نکته‌ای که در پیام مسیح از محوریت اصلی برخوردار است اعلان نفوذ پادشاهی خدا است: «پادشاهی خدا نزدیک شده است» (مرقس ۱۵:۱). نفوذ حاکمیت خدا معانی ضمنیِ خاصی دارد که کل واقعیت انسان را در بر می‌گیرد. در واقع، جدای از آن هیچ چیز را نمی‌توان درک کرد یا توضیح داد. فرمانروایی خدا رویدادی نیست که صرفاً در آینده به وقوع بپیوندد، بلکه رویدادی است که از هم‌اکنون *در این جهان* آغاز شده است. نیبور هرگز دریافتی رسا از روح‌القدس به‌عنوان حضور نیروبخش خدا که خلقت تازه را وارد نظام کنونی می‌کند، به‌دست نمی‌دهد. در عوض، دیدگاه غیردینی (سکولار) وی از فرهنگ، که خدا را در طبقه‌بندیِ اَبَر-فرهنگی جای می‌دهد، نگرش آخرشناختی را که قرار است در بطن و مرکز اندیشهٔ مسیحی جای داشته باشد، به‌کلی می‌رباید. برای نمونه، نیبور می‌گوید که «فرهنگ در همهٔ اَشکال و گونه‌هایش با تحقق دنیوی و مادیِ ارزش‌ها در ارتباط است.» وی در ادامه اقرار می‌کند که حتی با وجودی

که همهٔ ارزش‌ها کاملاً مادی‌گرایانه نیستند، اما در جامعهٔ مدرن باید آنها را در بستر بزرگتر کثرت‌گرایی درک کرد. نیبور می‌گوید:

> پادشاهی خدا میان همهٔ ارزش‌های موجود جای دارد- هرچند نه به‌عنوان تنها مروارید گرانبها. عیسای مسیح و پدر، انجیل، کلیسا، و حیات جاودانی می‌توانند جایگاه خود را در مجموعهٔ فرهنگی بیابند، اما تنها به‌عنوان عناصری در یک کثرت‌گراییِ عظیم.

وقتی نیبور از کثرت‌گرایی سخن می‌گوید، برخلاف آنچه که امروزه گاه از این واژه برداشت می‌شود، منظورش تنوع قومی و فرهنگی نیست. قصد نیبور از به‌کار بردن کثرت‌گرایی، اشاره به تنش میان مسیحیانی است که «زیر اقتدار مسیح» زندگی می‌کنند و دیگرانی که فقط «تفسیرهایی اقتصادی یا زیست‌شناختی از فرهنگ» را می‌پذیرند. با وجود این، درک نیبور از فرهنگ بر این نکته اصرار دارد که حتی این نوع کثرت‌گرایی باید در نهایت در سیر پیشرفت بشر در خودشکوفایی هدف مشترک بیابد تا تأکید بر وعدهٔ آخرشناختیِ خلقت تازه. نیبور می‌گوید:

> خودِ فرهنگ گواه بر این است که جانوران را می‌توان برای خیر و صلاح بشر اهلی یا قربانی کرد، و بنا به ضرورت یا دلخواه و به‌خاطر حفظ و پیشرفت زندگی بشر خدا یا خدایان را مورد پرستش قرار دارد. و منظور از همهٔ این آراء و آرمان‌ها این است که بشر به شکوفایی برسد.

بدین‌سان، تنها آخرت‌شناسیِ ارائه‌شده توسط نیبور کاملاً تحقق‌یافته است، که در چارچوب تنگی از خودشکوفایی بشر ارائه شده است. به‌زعم نیبور جستجو برای یافتن آنچه که «به خیر و صلاح انسان است»، «کار بارز فرهنگ» است و همین پروژهٔ او را بیشتر سودمندگرایانه نشان می‌دهد تا کاملاً کتاب‌مقدسی.

در پایان، اگر می‌خواهیم دربارهٔ چالش‌های بستر چند-فرهنگی مستعمراتی و پسا-حاکمیت مسیحی گفتگویی مؤثر داشته باشیم، به الاهیاتی نیازمندیم که بیشتر کتاب‌مقدسی باشد. متأسفانه، کلیسا در کل نتوانسته یک دیدگاه مسیحی برجسته و مشخص از فرهنگ ارائه دهد، و زندگی کلیسا تا حد زیادی بازتاب گرایش‌های فرهنگی جامعهٔ بزرگتری است که در آن قرار گرفته، و کلیسا پیش‌فرض‌هایی ضمنی جامعه را دربست پذیرفته است. یک الاهیاتِ غافل از فرهنگ یا ناآگاه از آن نیز می‌تواند بر اقدامات میسیونری تأثیراتی زیانبار داشته باشد، خواه پیشگام آن غرب باشد خواه جهانِ اکثریت. اکنون زمان آن رسیده که مدل جایگزین دیگری را پیشنهاد کنیم.

## دیدگاه تثلیثی به فرهنگ

در سال ۱۹۵۴ آلفرد کروبر[1] و کلاید کلاکهان[2] در مقاله‌شان زیر عنوان «فرهنگ: بررسی نقادانهٔ مفاهیم و تعاریف»، ۱۶۴ تعریف گوناگون از فرهنگ ارائه دادند. امروزه شمار تعاریف

1. Alfred Krober; 2. Clyde Kluckhohn

منتشرشــده و متمایز از فرهنگ نسبت به زمان انتشار مقاله در سال ۱۹۵۴، تقریباً دو برابر شده است. واضح اســت که یکی از چالش‌ها در درک فرهنگ نیز همین شمار بالای تعاریف برای آن است، چنانکه یکی از نویسندگان هر چیزی را از «پرورش خوک تا پیکاسو و از آماده کردن خاک برای کشــاورزی تا شکافتن اتم» به فرهنگ ربط داده است. بنابراین، برای تبیین الاهیاتی تثلیثی از فرهنگ باید با دقت بســیار پیش برویم. ما طرح پیشنهادی خودمان را در سه مرحله گسترش می‌دهیم. نخســت، به‌طور خلاصه ظهور مفهوم مدرن فرهنگ و نحوهٔ بیان آن توسط انسان‌شناســان را بررسی می‌کنیم. بسیاری از شــناخت‌های مهمی که رهاورد علوم اجتماعی هســتند، می‌توانند در درک ما از فرهنگ به یاری‌مان بیاینــد. دوم، این مطلب را می‌کاویم که دیدگاه مســیحی تا چه اندازه می‌تواند با دیگر دیدگاه‌ها همپوشانی داشته باشد و در عین‌حال خصایص ویژهٔ خود را نیز حفظ کند. همزمان با آموختن از علوم اجتماعی، باید متوجه باشــیم که تفاوت‌های بنیادینی در روش‌شناســی و اصول انسان‌شناسیِ فرهنگی وجود دارد که باید آنها را به‌عنوان یک رشــتهٔ علمی درک کرد. باید این تفاوت‌ها را تشخیص دهیم و وجوه تمایز درک مسیحی از مقولهٔ فرهنگ را به‌طور دقیق و رسا تبیین کنیم. سرانجام، شرحی گسترده از یک مدل تثلیثی ارائه خواهیم داد، و در پی آن مدل «خلقت تازه» را برای کار فرهنگی پیشنهاد خواهیم کرد.

## مفاهیم انسان‌شناختیِ فرهنگ

خاســتگاه مفهوم امروزی فرهنگ را اغلب، اندیشمند آلمانی «یوهان گوتفرید فون هردر»[1] می‌دانند که همزمان با امانوئل کانت می‌زیســت. هردر مجذوب «ناهمگونی جوامع بشری» و «تنوع محض در تجربهٔ بشــری» بود. گرچه هردر کار خود را با علاقه‌ای ساده به درک جوهر، ذات یا خصیصــهٔ مفهوم آلمانی بودن، آغاز کرد، اما خیلی زود کارش به‌نوعی وقف عارفانه به اصل تنوع فرهنگی کشید. او تنوع در میان همهٔ انواع جوامع را می‌ستود، زیرا بر این باور بود که طبیعت انســان «میل به تنوع را در نهاد ما به ودیعه گذاشته است.» هردر را پیشتاز این مفهوم یا نظریه می‌دانند که می‌گوید در درون جوامع ویژگی‌هایی وجود دارد که سبب «تعلق اعضای آن جوامع به یکدیگر» می‌شود. از نظر هردر، هر فرهنگی هویت خود را از طریق تجارب مشترک جامعه، یا تودهٔ مردم[2] پیدا می‌کند. این جامعه است که روش اندیشیدن مردم، نظام ارزش، نحوهٔ پوشش، سخن گفتن، حس زیبایی‌شناسی و حساسیت‌های اخلاقی، و غیره را تعیین می‌کند.

برای هردر، مفهوم فرهنگ به‌طور تنگاتنگی به هویت ملی یا تمدنی منحصربه‌فرد پیوســته اســت. یک ملت به خانواده‌ای بزرگ و گسترده می‌ماند که زبان و تاریخچه‌ای مشترک دارد. از آنجایی کــه هر یک از نمودهای فرهنگ با زندگی مردم به‌خصوصی که «ویژگی ملی» واحدی را به نمایش می‌گذارند، درهم‌تنیده است، او معتقد بود که هر کشوری باید از «آمیختگیِ ناگزیر ملیت‌های گوناگون تحت لوای یک فرمانروا» پرهیز کند. بدین‌ترتیب، هردر به‌رغم شیفتگی‌اش به خصوصیات هویتِ فرهنگی، آشــکارا مفهوم امروزی چند-فرهنگ‌گرایی را رد می‌کند. در یک کلام، او علاقمند *جهانی* با تنوع فرهنگی بود، نه *جامعه‌ای* با فرهنگ‌های متنوع.

1. Johann Gottfried Von Herder; 2. Volk

ظهـــور واژهٔ فرهنگ، به‌عنوان اصطلاحی فنی برای توصیف هویت مشـــترک جمعی در اندیشـــه و رفتار را اغلب به ادوارد تایلر[1] انسان‌شـــناس پیشتاز بریتانیایی اواخر سدهٔ نوزدهم نسبت می‌دهند. تایلر در سال ۱۸۷۱ کتابی پیشرو و ابتکاری با عنوان *«فرهنگ بدوی»*[2] منتشر کرد. هنوز بســـیاری از انسان‌شناســـان از این کتاب به‌عنوان نقطهٔ آغاز استفاده می‌کنند. او در کتابش فرهنگ را چنین تعریف می‌کند:

> فرهنگ، کلیّت پیچیده‌ای اســـت شامل دانش، باورها، هنر، قانون، اخلاقیات، رسوم، و هر استعداد و عادت دیگری که انسان برای عضویت در جامعه کسب می‌کند.

درک تایلر از فرهنگ ابعاد مختلفی دارد که هنوز هم نفوذ خود را بر انسان‌شناسان معاصر حفظ کرده‌اند. نخســـت آنکه، فرهنگ *خصیصهٔ جهانیِ جوامع بشری* است. هیچ جامعه‌ای را نمی‌توان یافت که عاری از فرهنگ باشـــد. زمانی بود که واژهٔ فرهنگ را به‌طرز کوته‌بینانه‌ای برای دلالت بر مردمی «بافرهنگ» به‌کار می‌بردند که برای هنر و ادبیات قدر و منزلت والایی قایل‌اند. واژهٔ انگلیســـی Culture (فرهنگ) که از فعل لاتین Colere (کشـــت کردن یا رهنمود دادن) و اســـم Cultus (کشاورزی یا آموزش) گرفته شـــده، ذهن مردم را به‌سوی چنین تعبیر کوته‌بینانه‌ای کشـــانده است. این تعبیر اغلب میان فرهنگ و طبیعت دوگانگی کاذبی به‌وجود آورده کـــه برخی تمدن‌ها، یا گروه‌های درون‌جوامعِ به‌خصوص، را مترقی و برخی دیگر را بدوی یا ابتدایی شمرده اســـت. با وجود این، تایلر به پایه‌ریزی این شناخت که فرهنگ یک ویژگی جهانی است که همهٔ جوامع بشری از آن بهره‌مندند، کمک کرد.

دوم اینکـــه، *فرهنگ‌ها متفاوتند* چون تجارب، زبان و تاریخ مشـــترک آنها با هم متفاوت است. انسان‌شناسان در این مورد که آیا ویژگی‌های یکدست‌کنندهٔ فرهنگیِ معینی وجود دارند که در میان همهٔ فرهنگ‌ها مشـــترک باشند، اختلاف‌نظر دارند، اما جملگی اتفاق‌نظر دارند که در جهان هزاران فرهنگ متمایز و قابل تشخیص از یکدیگر وجود دارد. سوم آنکه، فرهنگ *با الگوهای رفتاری آموخته‌شده قابل شناسایی است* و در مجموع این الگوهای رفتاری از طریق وراثت زیست‌شناختی به ما انتقال نمی‌یابد. تعریف تایلر بر «عادات اکتسابی» دلالت می‌کند و همین مبنایی است برای وجه تمایزی مهم که وی میان «وراثت زیست‌شناختی و رفتارهای اجتماعیِ اکتسابی» قایل است. برای مثال، کودکی که در خانواده‌ای چینی تولد یافته اما تمام عمر در نیجریه و زیر دست والدینی نیجریایی بزرگ می‌شود، بدون شک در جامعهٔ نیجریایی و مطابـــق با روش آنان پـــرورش می‌یابد، و همچون یک بومی اهل نیجریه بزرگ می‌شـــود. بدین‌ترتیب، اصطلاح فرهنگ دربرگیرندهٔ یک «کلیّت پیچیده» اســـت که همه چیز را شامل می‌شود به‌جز چیزهایی که از طریق ژنتیک قابل انتقالند.

ســـرانجام اینکه، هر فرهنگی *پویا*، *ســـازگاری‌پذیر* و *تغییرپذیر* است. گرچه فرهنگ در مجموع نیرویی تثبیت‌کننده در جامعه اســـت، اما وقتی اعضای جامعـــه خود را با واقعیات جدید یا مفید وفق می‌دهند، فرهنگ‌ها نیز توانایی تغییر و سازگاری می‌یابند. همهٔ فرهنگ‌ها

1. Edward Tylor; 2. Primitive Culture

به‌طور یکسان مساعد تغییر نیستند، و یقیناً هیچ دو فرهنگی را نمی‌توان یافت که به یک شیوهٔ مشـــابه تغییر کنند. اما از آنجایی که فرهنگ به تجربهٔ بشر، دانش روز، تحولات اجتماعی، و به‌طور بالقوه به تعامل با فرهنگ‌های دیگر وابســـته است، پس فرهنگ‌ها همواره و به مرور زمان در معرض تغییر و تعدیل قرار دارند.

انسان‌شناســـان حتی اگر در مورد اینکه کدامیک از عناصر درونی فرهنگ بیشترین تأثیر تعیین‌کننده را در شـــکل‌گیری هویت فرهنگـــی دارند، به بحث ادامه دهنـــد، در مجموع با رویکرد تایلر در مورد «شیوهٔ زندگی» گسترده موافقند. برخی روی فرایندهای تاریخی تمرکز می‌کنند و برخی روی شکل‌گیریِ ادراک ذهنی، حال آنکه برخی دیگر بر زبان و نمادها تأکید می‌گذارند.[1] وانگهی، امروزه انسان‌شناسان برخی از دیدگاه‌های سدهٔ نوزدهمی تایلر را، نظیر باورش به اینکه فرهنگ یک پدیدهٔ مشخصاً بشری است، رد می‌کنند. با این‌همه، حاشیه‌های گستردهٔ دیدگاه‌های تایلر کماکان امروز هم قواعد خود را شکل می‌دهند.

کوتاه سخن اینکه، انسان‌شناسان مســـیحی برداشتی انسان‌شناسانه از فرهنگ را به‌عنوان نقطهٔ شروع برای درک خود از فرهنگ اقتباس کرده‌اند. برای نمونه، پاول هیبرت[2] انسان‌شناس مسیحی نامدار، فرهنگ را چنین تعریف می‌کند:

> نظامی کمابیش منســـجم از عقاید، احساســـات، و ارزش‌ها و الگوهای مرتبط با آنها و تولیدات مشـــترک یک گروه از مردم که اندیشه و احساس و اعمال‌شان را سازماندهی می‌کنند و سامان می‌بخشند.

این تعریف می‌تواند به آسانی از سوی بســـیاری از انسان‌شناسان سکولار پذیرفته شود. روش‌شناسیِ میسیون‌شناسان[3] مسیحی عبارت است از بهره‌گیری از علوم اجتماعی به‌عنوان نقطهٔ آغازی مشترک و ســـپس تعدیل آن در مواقعی که با هنجارهای کتاب‌مقدسی متعارض اســـت. در مورد کارایی این روش میان میسیون‌شناسان بحثی دیرپا و جدی در جریان است، کـــه پرداختن به آن از حوصلهٔ این بخش از کتاب خارج اســـت. با وجود این، فارغ از وجود دیدگاه‌های مختلف در مورد ســـازگاری نسبی میان قواعد میسیون‌شناسی و علوم اجتماعی، نکتهٔ مهم این است که ما چهار حوزهٔ اصلی را که درک رایج انسان‌شناسانه از فرهنگ در آنها با درک مسیحی تعارض دارد، بازشناسیم.

## دیدگاه‌های مسیحی دربارهٔ فرهنگ

نخست، *مســـیحیان تصریح می‌کنند که خدا خاستگاه و نگاهدارندهٔ هر دو جنبهٔ مادی و اجتماعی فرهنگ است*. خدا بنا به ماهیت تثلیثی‌اش، ذاتاً وجودی است اهل رابطه، و موهبت رابطهٔ انســـانی که در همان بدو آفرینش به بشـــر بخشید، بازتاب حضورش در خودِ آفرینش است. باور مسیحی به واقعیت عینیِ خدا، مبنای تمایز انسان‌شناسیِ مسیحی و سکولار است،

---

۱. این تأکیدهای متفاوت را گاهی با سه عبارت «آنچه می‌اندیشند، آنچه می‌کنند، و دست‌افزارهای تولیدی‌شان» مشخص می‌کنند.
2. Paul Hiebert; 3. Missiologists

خدایی که فراتر از همهٔ فرهنگ‌های بشـــری است و با این‌حال صلاح دیده خود را بر انسان، که او را به صورت خود آفریده، و نیز در خصوصیات فرهنگی، مکشوف کند.

از آنجایی که رشـــتهٔ انسان‌شناسی به بررسی بشـــر در درون یک نظام طبیعی بسته محدود اســـت، عموماً خدا نادیده گرفته و انکار می‌شـــود یا با او به‌عنوان تصویری زودگذر از ساختار اجتماعی بشـــر برخورد می‌کنند. برای مثال، دانلد هورن[1] جامعه‌شناس، در کتاب فرهنگ عامه خوانندگان را فرامی‌خواند تا «شک‌گرایی روشنفکرانه» را پیشه کنند، و به موجب آن «"واقعیاتی" بیافرینند که توجه‌شـــان را از بی‌معنا بودنِ هســـتی منحرف سازد.» از نظر هورن، فرهنگ هرگز نمی‌تواند بالاتر از چارچوب‌های طرح‌ریزی‌شـــدهٔ اجتماعی قرار بگیرد، و دلیل سادهٔ او برای اســـتدلالش این اســـت که «هیچ امر فراطبیعی‌ای وجود ندارد.» جف لوئیس،[2] انسان‌شناس، با هورن همداســـتان است و استدلال می‌کند که مسیحیت به‌طور مشخص به دلیل توانایی‌اش در فراهم کردن «تسلی اجتماعی» برای کسانی که منکوب و لگدمال شده بودند، پا به عرصهٔ وجود نهاد. کاملاً پیداست که این دیدگاه اساساً مخالف مفهوم واقعیت از دیدگاه مسیحیت است.

دوم، *مســـیحیان تصریح می‌کنند که گناه واقعیتی عینی اســـت که در آموزهٔ ســـقوط ریشه دارد و برای جامعهٔ بشـــری، هم در ابعاد فردی و هم جمعی، دارای تبعاتی بوده اســـت.* برای مســـیحیان، گناهکار بودن انســـان، که در هویت مشـــترک همهٔ ما در عصیان آدم ریشه دارد، معضلی جهان‌شمول است که تبعاتش همهٔ فرهنگ‌های جهان را گرفته است. کتاب‌مقدس از یک‌سو بر نیکو بودن آفرینش صحه می‌گذارد و به زیبایی و پیچیدگی فرهنگ‌های بشری اعتبار می‌بخشد، و از ســـوی دیگر بر تأثیرات پردامنهٔ گناه، که باعث بیگانگی ما از خدا، از یکدیگر و از خود آفرینش شده، اذعان می‌کند. بنابراین، فرهنگ‌های بشری، همزمان نشانه‌ای از طرح خلاقانه خدا و در عین‌حال تجلی‌گاه گناه بشرند، که در برابر قانون خدا قد علم کرده است.

در مقابل، انسان‌شناســـان به نداشتن آموزهٔ گناه مشهورند. به مجردی که خدا به مقام یک ســـاختار اجتماعی نزول می‌کند، آنگاه دیگر جایگاهـــی فرا-فرهنگی، فرامادی (متافیزیکی) برای فرض کردن آموزهٔ گناه باقی نمی‌ماند. البته این بدان مفهوم نیســـت که انسان‌شناســـان در صدد درک معنایی که باور به روایت آفرینش-ســـقوط-نجات می‌تواند در بطن ســـاختار دینیِ یک فرهنگ داشـــته باشد، نیستند. با این‌حال، نکته اینجا است که کل مبحث با دقت در چارچوب ذهنی یک نظام بسته نگاه داشته می‌شود. کلیفورد گیرتز[3] در کتابش با عنوان «تفسیر فرهنگ‌ها» توجه قابل‌ملاحظه‌ای را به کشف چیزی اختصاص می‌دهد که آن را «دیدگاه دینی» در درون فرهنگ‌هـــا می‌نامد. با وجود این، برای گیرتز این امر صرفاً یک ســـاختار اجتماعی دیگر است که باید دوشادوش دیدگاه علمی، دیدگاه زیبایی‌شناسانه و یا دیدگاه مبتنی بر عقل سلیم مورد بررسی قرار بگیرد.

سوم، *مســـیحیان تصریح می‌کنند که خدا خود را در بستر فرهنگ بشری مکشوف کرده اســـت.* مکاشفهٔ خدا در خلاء فرهنگی و جدا از ویژگی‌های فرهنگ به‌وقوع نمی‌پیوندد. خدا خود را بر مردان و زنان به‌واسطهٔ زبان انسان و اَشکال فرهنگی گوناگون در بسترهای فرهنگی

1. Donald Horne; 2. Jeff Lewis; 3. Clifford Geertz

خاص مکشوف کرده است. روایات کتاب‌مقدسی در میان فرهنگ‌های بسیار متنوع جهان مدیترانه‌ای روی می‌دهند. دعوت از ابراهیم در فرهنگ‌های باستانی اور و کلده روی می‌دهد و هویت او نیز در همین فرهنگ‌ها شکل می‌گیرد. بعدها خدا خود را در بطن فرهنگ مصری بر فرزندان ابراهیم آشکار ساخت. پسر خدا در عیسای ناصری جسم گرفت، آن هم در محیطی که فرهنگ‌های یهودی و یونانی سدهٔ یکم میلادی بر آن ناحیه حاکم بودند.

در مسیحیت مکاشفه هم بُعد عینی دارد و هم بُعد ذهنی. به‌لحاظ عینی، مکاشفه نمایانگر عمل اراديِ خدا در آشکار ساختن خود است. سوژهٔ مکاشفه خودِ خداست، و این فقط از ابتکارعمل فیاضانهٔ او سرچشمه می‌گیرد. مکاشفه *خطاب به* ما صورت می‌گیرد، نه *از سوی* ما. با این تعبیر، مکاشفهٔ خدا نمایانگر پیامی فرا-فرهنگی است که خاستگاهی بیرون از همهٔ فرهنگ‌ها دارد. با این‌حال، مکاشفه بُعد ذهنی هم دارد. خدا در بطن وقایع خاص و از طریق افراد به‌خصوصی که کاملاً در فرهنگ‌های بشری جای دارند، خود را بر ما مکشوف می‌سازد. انسان‌ها مکاشفهٔ خدا را در بستر فرهنگ‌های خاص دریافت کرده، بر آن شهادت می‌دهند. حتی بنیادی‌ترین باور مسیحی، یعنی اینکه «عیسی خداوند است»، تنها به‌واسطهٔ زبانی خاص که گوینده آن را در بستر فرهنگی خاصی به‌کار می‌برد، معنا می‌یابد. وانگهی، مفهوم این باور را باید در بطن واقعیات گوناگون فرهنگی به‌کار گرفت و کاوش کرد. بدین‌ترتیب، مکاشفه به‌طور همزمان وقوعی عینی و تجربه‌ای ذهنی است. از یک‌طرف، بدین‌معنا است که عمل آزاد خدا در مکشوف کردن خود می‌تواند از سوی دریافت‌کنندگان مکاشفه مورد سوءبرداشت و تحریف قرار بگیرد. از طرف دیگر، بدین‌معنا است که مکاشفهٔ خدا پیوسته مبنایی عینی برای داوری یا تصدیق همهٔ فرهنگ‌ها است. ژان کالون مکاشفه را با کسانی مقایسه می‌کند که دید ضعیفی دارند و برای دیدن نیازمند عینکند تا توان دیدنِ خدا، جهان و خودشان را به‌روشی کاملاً نوین به‌دست آورند. انسان‌شناسان سکولار منکر واقعیتِ عینی مکاشفهٔ الاهی می‌شوند، یعنی هم مکاشفهٔ کلام خدا و هم مکاشفهٔ غاییِ خدا در تجسم عیسای مسیح. این نمایانگر یک مرزبندی بنیادگرایانه است که انسان‌شناسی مسیحی را از انسان‌شناسی سکولار جدا می‌سازد.

چهارم، *مسیحیان تصریح می‌کنند که در آینده فرهنگی آخرشناختی پدیدار خواهد شد که با عنوان خلقت تازه شناخته می‌شود، و هم‌اکنون در زمان حاضر نفوذ کرده است.* برای مسیحیان، قیام عیسای مسیح نشانهٔ نقطهٔ پایان روایت نجات نیست، بلکه نقطهٔ آغاز نظامی کاملاً نوین است. انسان‌شناسان سکولار می‌توانند ظهور یک واعظ دوره‌گرد یهودی در سدهٔ یکم را که اخلاقیات جدیدی را با پیام محبت و فداکاری وعظ می‌کرد، بفهمند و بپذیرند. در انسان‌شناسی جایگاهی معرفت‌شناختی برای تعلیمی جدید وجود دارد، تعلیمی بنیادستیز که پیروانی را به‌سوی خود جذب کند و نحوهٔ تفکر، رفتار و بینش مردمان را نسبت به جهان دگرگون سازد. با این‌همه، ادعای مسیحی فراتر از این چیزها است. مسیحیان مدعی هستند که تاریخی نوین و رو به آینده از هم‌اکنون آغاز شده است. برای این ادعا هیچ مشابه تاریخی یا فرهنگی وجود ندارد، بنابراین، فراتر از اندازه‌ای است که مطالعات انسان‌شناختیِ سکولار یارای کنار آمدن با آن را داشته باشد.

عیسای مسیح، به‌عنوان خداوند قیام‌کرده، نوبر این خلقت تازه است. همهٔ آنانی که در مسیح هستند، در این واقعیت آخرت‌شناختی شریک و سهیمند، واقعیتی که آغاز شده اما هنوز به کمال نرسیده است. از این‌رو است که پولس رسول اظهار می‌دارد: «پس اگر کسی در مسیح باشد، خلقتی تازه است» (دوم قرنتیان ۵:۱۷). مسیحیان از این نظر متمایزند که فرهنگ را در چارچوب آخرشناختیِ بزرگتری تفسیر می‌کنند. ما در فرهنگی که در آن متولد شده‌ایم و شاید در دیگر فرهنگ‌هایی که اقتباس کرده‌ایم، حضور کامل داریم. با وجود این، می‌توانیم همصدا با پولس رسول این را هم بگوییم که «ما اهل آسمانیم» (فیلیپیان ۳:۲۰). پولس صرفاً به هویتی که در آینده و پس از مرگ و رحلتش به آسمان خواهد داشت، اشاره نمی‌کرد. پولس خوب می‌فهمید که هویتش به‌عنوان یک شهروند آتیِ آسمان از هم‌اکنون هویت کنونی او، و از جمله شهروندی امپراتوری روم، را هم شکل داده است (اعمال ۱۶:۳۷-۳۸؛ ۲۲:۲۷-۲۸). با این‌حال، این نکته نیز روشن است که این واقعیت تازه هنوز به‌طور کامل متجلی نشده است. از این‌رو، ما همچنان به زندگی همزمان در بستر هر دو واقعیت ادامه می‌دهیم.

این چهار واقعیت در مورد خدا، گناه، مکاشفه و خلقت تازه همگی برای تبیین انسان‌شناسی مسیحی دلالت‌های چشمگیری دارند. با وجود این، در رشتهٔ انسان‌شناسی سکولار بصیرت‌های بسیاری وجود دارد که ما می‌توانیم با بهره‌گیری از آنها به غنای هرچه بیشتر تفکر میسیون‌شناختی بیفزاییم. برای مثال، درک ما از سازوکار نظریهٔ ارتباطات میان-فرهنگی و سازگاری فرهنگی، غنای خود را تا حد زیادی مرهون بصیرت‌های رشتهٔ انسان‌شناسی است. انسان‌شناسان تفاوت‌های ارزشمند میان جوامع هوادار برابری انسان‌ها و جوامع مبتنی بر پیوندهای خویشاوندی را به ما آموخته‌اند، که به نوبهٔ خود به مبلغین مسیحی امکان و توانایی بخشیده تا مرزهایی را درنوردند که بدون این آموخته‌ها راه یافتن به آن قلمروها ناممکن می‌بود. نمونه‌های زیادی می‌توانیم برای این مورد ارائه دهیم، و در حقیقت فصل‌های ۱۱-۱۳ کتاب حاوی شواهد فراوانی است که من آنها را مدیون رشتهٔ انسان‌شناسی در طیفی گسترده هستم. دغدغهٔ اصلی من این است که آیا انسان‌شناسی سکولار، حتی به‌رغم ایجاد تغییرات و تعدیل‌های ضروری از سوی مسیحیان در آن، به‌راستی می‌تواند *شالوده‌ای* بسنده در اختیار ما بگذارد تا انسان‌شناسی مسیحی را بر آن بنا کنیم، یا نه.

به نظرم روش سازنده‌تر این است که شالوده‌ای کاملاً *الاهیاتی* برای انسان‌شناسی ایجاد کنیم و وقتی این شالوده ایجاد شد، با خیال آسوده بصیرت‌های بسیاری را که سودمند تشخیص می‌دهیم، از انسان‌شناسیِ سکولار وارد این چارچوب کتاب‌مقدسی کنیم. در «غارت کردن مصریان» (خروج ۳:۲۲؛ ۱۲:۳۶) هیچ اشکالی وجود ندارد. من فقط می‌خواهم اطمینان حاصل کنم که رشتهٔ انسان‌شناسی رنج و زحمتی را که بنا بوده ما متحمل شویم بر دوش کشیده است، تا ما مسیحیان ناگزیر نباشیم برای پرهیز از پیش‌فرض‌های سفسطه‌آمیز و کوته‌بینانه‌ای که در جهان‌بینیِ بستهٔ انسان‌شناسی وجود دارند، دست و پا بزنیم. این کار آسان نیست، و مستلزم آن است که خدای تثلیث و *مأموریت الاهی* را در بطن میسیون‌شناسی خود، و حتی در میان عملی‌ترین حیطه‌های آموزش و آماده‌سازی میسیونری، حفظ کنیم.

مابقی این فصل به ترسیم خطوط اصلی الاهیاتِ فرهنگ که مبنایی برای اندیشیدن پیرامون انسان‌شناسی از منظر مسیحی باشد، اختصاص خواهد یافت.

## چارچوبی تثلیثی برای شکل دادن به الاهیات فرهنگ

پیش‌فرض این کتاب بر این است که ما نمی‌توانیم واقعیت‌های عظیم کیهانی یا فرهنگی خاص را که در آنها به‌سر می‌بریم، جدای از خدای تثلیث درست درک کنیم. تثلیث صرفاً معمایی متافیزیکی نیست که دل‌مشغولی الاهی‌دانان برجسته باشد، بلکه روزنه‌ای است که سرانجام واقعیت از طریق آن آشکار و درک می‌شود. در نهایت، همهٔ واقعیت در خودِ خدا ریشه دارد و از وجود خودِ او سرچشمه می‌گیرد، و پولس هم به‌درستی به این نکته اشاره کرده است: «در اوست که زندگی و حرکت و هستی داریم.» (اعمال ۲۸:۱۷)

مشکل تاریخیِ مسیحیان مغرب‌زمین در به‌کار بردن تثلیث در رشته‌های عملی چون میسیون‌شناسی، این است که نخستین تصویر تاریخیِ ارائه‌شده در ارتباط با تثلیث، از سوی شوراهای کلیسایی است که آموزهٔ تثلیث را برای نخستین‌بار تشریح و تبیین کردند. دغدغهٔ اصلی این شوراها یافتن پاسخی برای این پرسش بود که آیا عیسای مسیح، و بعدها، روح‌القدس خدا بودند یا «به طبقه‌ای پایین‌تر از ذات الاهی» تعلق داشتند. در یک کلام، کانون توجه ایشان بر هستی‌شناسی و واقعیت درونیِ وجود خدا متمرکز بود، نه بر کاربردهای عملیِ آموزهٔ تثلیث. زبان فنی‌ای که کلیسا بدان نیازمند بود تا خود را از چالش‌های بدعت‌آمیز (نظیر منوفیزیت‌ها، آریانیسم، و غیره)[1] جدا سازد، در مواقعی مسیحیان را از کار الاهیاتیِ پیشرونده در جهت کاربردی کردنِ کاملِ آموزهٔ مزبور در زندگی و کار کلیسا می‌ترسانید. اما وقتی تثلیث را درست بفهمیم، درمی‌یابیم که نباید آن را صرفاً واسطه‌ای مفهومی بدانیم که می‌توان از طریق آن فرهنگ را درک کرد، زیرا تثلیث از شهادت زنده و محبت‌آمیز خدا در مورد مشارکت ما در آفرینشش به‌عنوان اعضای فرهنگ‌های به‌خصوص سخن می‌گوید، که از جلال و حضورش برخوردارند.

### *پدر به‌عنوان منشاء، رهاننده، و هدف نهاییِ فرهنگ*

شهادت کتاب‌مقدسی در چارچوب گزارش آفرینش آسمان‌ها و زمین (پیدایش ۱) و شرح آسمان جدید و زمین جدید (مکاشفه ۲۱) قرار گرفته است. بدین‌ترتیب، کل تاریخ و فرهنگ بشر در محدودهٔ اقدامات خلاقانه و نگاهدارندهٔ خدا جای می‌گیرند. در آفرینشِ نخست، خدا مرد و زن را در باغ عدن قرار می‌دهد تا در آن کار کنند و از آن مراقبت نمایند (پیدایش ۱۵:۲). آنان فرا خوانده می‌شوند تا «بارور و کثیر شوند» و «زمین را پر سازند و بر آن تسلط یابند» (۲۸:۱). همهٔ ویژگی‌های فرهنگ از قبیل زبان، نمادها، ارتباط، خویشاوندی، استقرار جمعیت، اهلی‌سازی، و کار معنادار، به شکل بذر در عدن حضور دارند. تحولات

---

۱. Monophysitism- «عقیده به تک‌ذات بودنِ عیسی»؛ Arianism «اعتقاد اینکه عیسی نه پسر واقعی خدا بلکه فرزندخواندهٔ اوست»؛ Adoptionism «اعتقاد به فرزندخوانده شدن عیسی در تعمید، قیام و صعود.»

بعدی نظیر شهرنشینی، صنعتی‌شدن، شکل‌گیری دولت، و حتی جهانی‌شدن، همه دنبالهٔ پیچیدهٔ همین فرهنگ اولیه به‌شمار می‌روند. پولس بعدها اهمیت عدن را در درک تاریخ بشر مورد توجه قرار داده، می‌گوید: «او همهٔ اقوام بشری را از یک انسان پدید آورد تا در سرتاسر زمین ساکن شوند؛ و زمان‌های تعیین شده برای ایشان و حدود محل سکونتشان را مقرر فرمود.» (اعمال ۲۶:۱۷)

بدین‌ترتیب، کتاب‌مقدس خدا را بانی فرهنگ بشر می‌داند. خدا وجودی بیرون از فرهنگ نیست که هرازگاه در فرایند مستقل تاریخ بشر پا نهد یا مداخله کند. در عوض، کتاب‌مقدس خدا را به‌عنوان کسی معرفی می‌کند که صمیمانه درگیر کار جهان است. سرایندهٔ مزمور می‌گوید: «زمین و همهٔ موجوداتش از آنِ خداوند است، جهان و همهٔ ساکنانش» (مزمور ۱:۲۴). پولس می‌گوید که خدا «خود را بدون شهادت نگذاشت؛ او با فرستادن باران از آسمان و بخشیدن فصل‌های پُربار، بر شما احسان نموده، خوراک فراوان به شما ارزانی می‌دارد و دل‌هایتان را از خرّمی لبریز می‌کند.» (اعمال ۱۷:۱۴)

چنانکه در بالا خاطرنشان ساختیم، گناه نقشه و هدف اصلی خدا برای آفرینش را خدشه‌دار نمود، و اثرات گناه را نه تنها در افراد بلکه در سراسر نظام‌های فرهنگی نیز می‌توان مشاهده کرد. در این زمینه، رنه پادیلا[1] می‌گوید:

> مشکل بشر در جهان تنها به این خلاصه نمی‌شود که او گناهانی فردی می‌کند یا به وسوسه‌هایی شریرانه تن می‌دهد. بلکه مسئله این است که او زندانیِ نظامی بسته و مبتنی بر عصیان علیه خدا شده است، نظامی که او را در وضعیتی قرار می‌دهد تا هر چیز نسبی را مطلق و هر چیز مطلقی را نسبی تلقی کند، نظامی که بسندگیِ سازوکارش انسان را از زندگی جاودان محروم می‌سازد و مشمول داوری خدا می‌گرداند.

نتیجه این می‌شود که کل آفرینش در سودای آزادی از این اسارت «ضجه می‌زند.» خلاصهٔ کلام اینکه، نه تنها فرد فرد انسان‌ها، بلکه کل جهان بشری در انتظار نجات به‌سر می‌برند. آنچه برای درک ما از «*مأموریت الاهی*» اهمیت اصلی دارد این است که خودِ خدا پا پیش گذاشته و برای نجات کل جهان دست به عملی ابتکاری زده است. یکی از خطرات اندیشهٔ پسا-روشنگری که آن را در فصل ۴ کتاب بررسی کردیم، گرایش به محدود ساختن اقدام رهایی‌بخش خدا، و نگریستن به آن فقط از دریچهٔ نجات فردی است. با این‌حال، چنانکه در فصل‌های ۴ و ۵ کتاب بررسی کردیم، در بطن و مرکز عهد ابراهیمی و همچنین عبارات شامل فرمان بزرگ، این نکته تصریح شده که *مأموریت الاهی* برکت دادن به همهٔ گروه‌های انسانی (پیدایش ۳:۱۲) و شاگرد ساختنِ همهٔ قوم‌ها (متی ۱۸:۲۸-۲۰) است. نقطهٔ اوج این وعده در خلقت تازه تحقق می‌یابد.

چنانکه در فصل ۵ بررسی کردیم، خدا، خدایی فرستنده است. با وجود این، باید تصریح کرد که خواه خدای پدر انبیا، عیسای مسیح و روح‌القدس را به جهان بفرستد خواه کلیسا را،

1. René Padilla

در هر صورت هدف غاییِ او جذب کردن همهٔ مردمان و فرهنگ‌ها، و کل جهان هستی، به سهیم شدن در حیات الاهی او است. از این‌رو است که تاریخ بشر در مکاشفهٔ خلقت تازه به اوج می‌رسد. یوحنا در رؤیای مکاشفه‌ای خود در کتاب مکاشفه نگاهی گذرا به زمان آخر می‌اندازد. یوحنا ارواحِ بی‌جسم یا گروهی کلی از نجات‌یافتگان را نمی‌بیند. بلکه او مردان و زنانی «از هر ملت و طایفه و قوم و زبان... که هیچ‌کس آنان را نمی‌توانست شماره کند و همه پیش تخت و در پیشگاه بره ایستاده بودند» پیش روی خود می‌بیند (مکاشفه ۹:۷). خلاصه اینکه، یوحنا مردان و زنانی را می‌بیند که با همهٔ خصوصیات فرهنگی خودشان در آنجا حضور دارند. آنان همگی در فرهنگ خلقت تازه سهمی دارند. آسمان جدید و زمین جدید از جلال خدا پر می‌شود. یوحنا به ما می‌گوید که ملت‌های روی زمین «در نور آن سلوک خواهند کرد» و «فرّ و شکوه قوم‌ها به آنجا آورده خواهد شد» (مکاشفه ۲۱:۲۳-۲۶). هر فرهنگی روی زمین سرانجام به‌نواسطهٔ مکاشفهٔ خلقت تازه مورد ارزیابی و داوری قرار خواهد گرفت و رهایی خواهد یافت.

## تجسم پسر در فرهنگ بشری

اعتقادنامهٔ رسولان و اعتقادنامهٔ نیقیه مستقیماً از تولد مسیح سراغ مصائب او می‌روند: در اعتقادنامهٔ رسولان چنین آمده: «(عیسی) از مریم باکره متولد شد. او در حکومت پنطیوس پیلاطس رنج کشید.» در اعتقادنامهٔ نیقیه نیز آمده است: «او به‌خاطر ما آدمیان و برای نجات ما از آسمان نزول کرد، و به‌واسطهٔ روح‌القدس از مریم باکره جسم گرفت و انسان شد. او در حکومت پنطیوس پیلاطس رنج کشید و مصلوب شده، مرد و مدفون گردید.» در هر دو اعتقادنامه، زندگی عیسی که مابین تولد و مصائب او قرار دارد، به‌طرز عجیبی نادیده گرفته شده است. البته برای اعتقادنامه‌ای که هدفش تمرکز بر مهم‌ترین عناصر تاریخ نجات است، این چندان تعجب‌آور نیست. نیز، برخی حتی به غلط استدلال کرده‌اند که اناجیل اساساً روایاتی از مصائب مسیح هستند، منتها با مقدمه‌هایی طولانی. اما اعتقادنامه‌ها نباید ما را به این نتیجه‌گیری رهنمون شوند که زندگی عیسی به‌لحاظ الاهیاتی فاقد اهمیت است. از دیدگاه میسیون‌شناختی باید به اهمیت الاهیاتی سراسر زندگی عیسی به‌عنوان کسی که در فرهنگ بشری مشارکت کامل داشت، وقوف بیابیم.

پیش از این نشان دادیم که الاهیات فرهنگ باید با آموزه‌های آفرینش و خلقت تازه، که هر دو از ابتکارعمل پدر ناشی می‌شوند، مرتبط باشد. همچنین، بسیار مهم است که الاهیات فرهنگ با مسیح‌شناسیِ کتاب‌مقدسی رابطهٔ درستی داشته باشد. در رویارویی با چالش‌های عدیده‌ای که به واقعیت تجسم مسیح حمله‌ور شده بودند، شورای کالسدون در سال ۴۵۱ م. موضع کتبی دقیقی اتخاذ کرد که موضع‌گیریِ راست‌دینی (ارتودوکسی) در مورد مسیح‌شناسی است.[۱] از یک‌سو، کالسدون بر دو طبیعت جداگانه که آمیخته یا در اثر اتحاد سرکوب نشده‌اند،

۱. متن کامل اعتقادنامهٔ کلسدون بدین قرار است: «ما به پیروی از پدران مقدس یک صدا اعتراف می‌کنیم که پسر واحد و یگانه، خداوند ما عیسای مسیح، دارای الوهیت و انسانیت کامل است، حقیقتاً خدا و حقیقتاً انسان است و دارای جان و

تأکید می‌ورزید. حفظ کردن دو طبیعت جداگانه به مسیح‌شناسیِ کتاب‌مقدسی امکان می‌دهد که بر الوهیت کامل و ازلی و ابدی مسیح صحه بگذارد، بدون اینکه در مورد تأکید صریح بر تجسمی واقعی و تاریخی که به موجب آن پسر خدا پا به عرصهٔ تاریخیِ خاصی می‌گذارد، کوتاه بیاید. عیسی یک نیمه‌خدا نیست. او نه فرشته‌ای عالی‌رتبه است و نه انسانی که او را به مرتبهٔ خدایی رسانده باشند. کالسدون اعلان می‌کند که عیسی کاملاً خدا و کاملاً انسان است، بدون اینکه سازش و کوتاه‌آمدنی در کار باشد. از سوی دیگر، کالسدون بر این پا می‌فشارد که دو طبیعت جداگانه، در واقع در وجود یک شخص واحد متحد شدند. شورا تصریح نمود که طبیعت انسانی مسیح مستقل از اتحاد با شخصیت الاهی، وجود نمی‌یابد.

مسیح‌شناسی کالسدون برای تبیین الاهیات فرهنگ، واجد معانی ضمنی مهمی است. پافشاری بر اتحاد راستین میان دو طبیعت الاهی و انسانی در وجود یک شخص، کلیسا را از بیش از حد روحانی کردنِ موضوع تجسم و قطع کردن ارتباط پسر خدا از تجربهٔ انسانی مصون نگاه می‌دارد. همچنین متضمن دیدگاهی والا نسبت به آفرینش و فرهنگ بشری است. همچنین اهمیت کل زندگی عیسی را به ما یادآوری می‌کند، نه فقط تولد و مصائب او را. وسوسه و گرسنگی مسیح در بیابان (متی ۴:۱-۲)، حضور وی در جشن عروسی در قانا (یوحنا ۲:۱)، و لذت بردنش از غذا در خانهٔ متی (متی ۹:۱۰) و زکی (لوقا ۱۹:۵) همگی به‌لحاظ الاهیاتی اهمیت می‌یابند.

از زندگی عیسی دو مفهوم ضمنی می‌توان نتیجه گرفت که هر دو برای تبیین الاهیات فرهنگ اهمیتی حیاتی دارند. نخست اینکه، زندگی عیسی به‌عنوان کسی که عیناً در تاریخ واقعی آشکار شد، *تأیید خدای پدر بر حرمت فرهنگ بشری* است. به این مسئله نباید به‌مثابه کاربرد فرعیِ تجسم نگریست، بلکه باید در مرکز درک ما از منظور تدوین‌کنندگان اعتقادنامهٔ کلسدون از تصدیق هویت عیسی به‌عنوان خدای کامل و انسان کامل، قرار بگیرد. در تجسم، تاریخ پسر خدا به طرقی خاص با تاریخ انسان تلاقی می‌یابد. برخی به وجودی غیرشخصیت‌مند قائل بودند[1] – یعنی باور به اینکه عیسی صورت انسانی به خود گرفت، اما نه یک شخصیت انسانیِ خاص. با وجود این، همچنان که اندرو والز خاطرنشان ساخته: «تجسم فقط بدین‌معنا نیست که خدا انسان شد، بلکه او انسانی *خاص* شد.» تجسم کلی وجود

---

بدنی ناطق است. او با خدای پدر همذات (Homoousios) است، و همچنین با ما به‌عنوان انسان همذات (Homoousios) است. او در همه چیز به جز گناه شبیه ما انسان‌ها است. او به‌لحاظ الوهی، از ازل مولود پدر بود و به‌لحاظ انسانی، به‌خاطر ما آدمیان و نجات‌مان، از مریم باکره، مادر خدا (Theotokos) همچون انسان به دنیا آمد. همین مسیح، پسر، خداوند، فرزند یگانه، در دو طبیعت شناخته می‌شود که اختلاط و آمیزش نمی‌یابند، تغییر نمی‌کنند، و از هم جدا نمی‌شوند. تمایز دو طبیعت به هیچ وجه، بر اساس اتحاد دو طبیعت مخدوش نمی‌شود، بلکه ویژگی‌های متمایزکنندهٔ هر دو سرشت، محفوظ می‌ماند. هر دو طبیعت، در یک شخص اتحاد می‌یابند. این طبیعت‌ها منشعب و تقسیم به دو شخص نمی‌شوند، بلکه با هم وجود پسر، فرزند یگانه، خدا، کلام، خداوند عیسای مسیح را تشکیل می‌دهند. انبیاء قدیم نیز به همین‌سان، در مورد او تکلم کردند و عیسای مسیح خداوند نیز به همین‌سان، به ما تعلیم داد و این تعلیم به همین شکل، توسط اعتقادنامهٔ پدران مقدس به ما رسیده است.»

1. Anhypostasis

ندارد. عیسی در زمانی خاص وارد تاریخ و فرهنگ مردمانی خاص شد. عیسی زبان زمان خودش را آموخت و بدان سخن گفت، و به‌طور کامل وارد خصوصیات فرهنگ یهودی، که در آن پرورش یافته بود، شد. عیسی از همان غذایی می‌خورد که معاصرانش می‌خوردند. در جشن عروسی شرکت می‌کرد. می‌خندید و می‌گریست. او به‌راستی روی شن‌های کنار دریای جلیل قدم می‌زد. عیسی مانند آواتار (تجسد)های موقتی و ناپایدار هندوئیسم نیست. عیسی به‌طور کامل بر صحنهٔ تاریخ ما قدم می‌گذارد و با زندگی کردن در تاریخی خاص و مشارکت در فرهنگی خاص، نمونه‌ای عالی از مقصود خدای پدر از یک انسان کامل، می‌شود. زندگی عیسی برای همهٔ فرهنگ‌ها الگویی می‌گذارد تا دریابند که انسانیت کامل و راستین به چه معناست. بنابراین، تجسم نه تنها مکاشفه‌ای *از سوی خدا* برای بشریت، بلکه مکاشفه‌ای است *از سوی بشریت* برای بشریت. در عیسای مسیح است که ما مفهوم *انسان کامل* بودن را فرامی‌گیریم. به قول دوان فریزن:[1] «در عیسی است که ما خدا، و نیز انسانیت خود را به روشن‌ترین شکل ممکن، می‌یابیم.»

زندگی عیسی نه تنها بر انسانیت ما صحه می‌گذارد، بلکه ما را تشویق می‌کند تا بر خصوصیات غنی تاریخ‌های فرهنگی خود نیز صحه بگذاریم. در دوران معاصر، برخی الاهی‌دانانی این بحث را مطرح کرده‌اند که به‌خاطر ماهیت وعظ‌گونهٔ[2] اناجیل نمی‌توانیم دربارهٔ عیسای تاریخی چیز زیادی دریابیم. دیگران میان تاریخ واقعی[3] و تاریخ نجات[4] دست به جداسازی ناروایی زده‌اند. در مواقعی اونجلیکال‌ها نیز به شیوه‌هایی سخن گفته‌اند که خدا را از تاریخ جدا می‌سازد، به‌ویژه با پیش‌فرض‌هایی مبنی بر اینکه انجیل در ساحت وجودیِ غیرفرهنگی جای دارد یا اینکه اهمیت واقعی کار عیسی را باید در فعل و انفعالات آسمانی و جدای از تاریخ جست. با وجود این، در عیسای مسیح است که کلام خدا و دنیا، زمان و ابدیت تلاقی می‌یابند و تعالی و ذات، زمینهٔ مشترک می‌یابند. بنابراین، تجسم نمایانگر پذیرش فرهنگ بشری از سوی خدا است.

دوم آنکه، زندگی عیسی چنانکه به‌طور عینی در وجود عیسای ناصری مکشوف شده، *مبنایی برای نقد فرهنگی* فراهم می‌کند. پافشاری اعتقادنامهٔ کالسدون بر جدایی دو طبیعت، مبنایی الاهیاتی برای نقد فرهنگی در اختیار ما قرار داده است. تجسم اقدام نهایی برای مبادلهٔ فرهنگی است. با تبدیل الوهیت به انسانیت، خدا بدون سازشکاری وارد دنیای سقوط‌کرده می‌شود. همین واقعیت که خدا وارد تاریخ بشر شد ما را از نومیدی اخلاقی کامل بازمی‌دارد، حتی زمانی که هر روزه گناه‌آلود بودنِ جهان را به یاد می‌آوریم. همین حضور مسیح این وعده را به ما یادآوری می‌کند که «به‌واسطهٔ نسل تو همهٔ قوم‌های زمین برکت خواهند یافت» (پیدایش ۱۸:۲۲). از این جهت است که باید الاهیات کتاب‌مقدسی از فرهنگ ظهور کند و دیگر فرهنگ‌های دوسِتیک[5] و دیدگاه‌های جدایی‌باور را، که فضای کافیِ فرهنگی برای تجلی

---

1. Duane Friesen; 2. Kerygmatic; 3. Historie; 4. Geschichte

۵. Docetic- هوادار بدعت دوستیزم، از ریشهٔ یونانی dokein= «به نظر رسیدن». پیروان این بدعت بر این باور بودند که عیسی به‌راستی جسم نپوشیده و جلوه‌ای شبح‌گونه داشته، و تنها به‌نظر می‌رسیده که جسم انسانی دارد.- م.

خلقت تازه در جهان کنونی بازنمی‌کنند، کنار بزند. اتحاد حقیقی خدا و انسان در شخصی واحد، ردیه‌ای است کامل علیه روحانیت‌زدایی از فرهنگ.[1] لیکن، به مجردی که این سخن گفته شد، باید در صدد حراست آن از افتادن در دام الوهیت بخشیدن به فرهنگ[2] نیز برآییم- که هیچ مبنایی برای نقد باقی نمی‌گذارد. این واقعیت که عیسی دو طبیعت متمایز داشت که آمیخته نمی‌شدند، بدین‌معنا است که خدای ازلی و ابدی که فراتر از همهٔ فرهنگ‌های انسانی است، بدون اینکه ساحتش آلوده به فساد یا ناپاکی شود، پا به قلمرو فرهنگی بشر نهاده است. چنانکه یوحنا می‌گوید: «کلام، انسان خاکی شد و در میان ما مسکن گزید. و ما بر جلال او نگریستیم، جلالی درخور آن پسر یگانه که از جانب پدر آمد، پر از فیض و راستی.» (یوحنا ۱۴:۱)

هر فرهنگی نمونه‌هایی از بیگانگی انسان از خدا و ستیزه‌جویی نسبت به حاکمیت الاهی را در خود دارد. هولوکاست در قلب اروپای مسیحی، قساوت‌های پل پات[3] و خِمِرهای سرخ در کامبوج بودایی، نسل‌کشی‌های هولناک قومی در رواندا و بالکان، و اعمال تروریستی در فاجعهٔ یازدهم سپتامبر، همه شواهدی کافی بر عمق شرارت در جهان است. اما قصور فرهنگ فقط در اعمال شرورانه، که هرازگاه در برابر دیدگان ما بر صفحهٔ تلویزیون ظاهر می‌شوند، خلاصه نمی‌گردد. فاجعه آنجایی عمیق‌تر می‌شود که نظام‌های فرهنگی برای تبلیغ سوداگرانه، محروم ساختن فقرا و ستمدیدگان، و جایگزین کردن منفعت‌طلبانهٔ مصرف‌گراییِ مدرن به‌جای ارزش‌های جاودانی، دست به تبانی می‌زنند.

مسیحیت می‌داند که در پَس رد کردنِ خدا توسط دنیا، نیروهایی روحانی وجود دارند. این نیروهای روحانی هم دشمن خدا هستند و هم دشمن بشریت. «تمامی دنیا در آن شرور لمیده است» (اول یوحنا ۱۹:۵). «خدای این عصر ذهن‌های بی‌ایمانان را کور کرده است» (دوم قرنتیان ۴:۴). بنا به گفتهٔ رنه پادیلا: «جدای از ایمان، انسان‌ها زیر استیلای روح این عصر[4] قرار دارند که رئیس قدرت هوا کنترلش را در دست دارد» (افسسیان ۲:۲). به همین خاطر است که پولس می‌گوید: «زیرا ما را کُشتی گرفتن با جسم و خون نیست، بلکه ما علیه قدرت‌ها، علیه ریاست‌ها، علیه خداوندگاران این دنیای تاریک، و علیه فوج‌های ارواح شریر در جای‌های آسمانی می‌جنگیم.» (افسسیان ۱۲:۶)

در بستر مسیحیتِ پس از روشنگری[5] کشمکش با شرّ یا امری شخصی و محدود به قلب هر شخص محسوب شده، یا از فرهنگ بیرون رانده و به قلمرویی گذرا و نادیدنی فرستاده شده است. تجلیِ فراگیر شرّ در ساختارهای فرهنگی گوناگون، و از جمله افول خانواده، رشد مصرف‌گرایی، خودپرستی،[6] قدرت سیاسی، نقش پول، و جدیدترین آراء در حیطهٔ فلسفه و دانش، همه گواه بر این مدعا هستند که «تمامی دنیا در آن شرور لمیده است.» (اول یوحنا ۱۹:۵)

انسان‌شناسی سکولار فاقد توانایی تشخیص اهمیت فرهنگیِ عصیان انسان و شیطان علیه خدا است. از آنجایی که رشتهٔ میسیون‌شناسی تا حد زیادی بر پایهٔ انسان‌شناسیِ سکولار شکل گرفته، آن هم به همان اندازه ناتوان از درک گستره و ژرفای عصیان بشر است که در

1. Secularization of Culture; 2. Divinization of Culture; 3. Pol Pot; 4. Zeitgeist; 5. Post- Enlightenment; 6. Egoism

همهٔ شئونات فرهنگیِ انسانی رسوخ کرده است. وانگهی، به‌خاطر کارکرد رشتهٔ انسان‌شناسی در درون نظامی بسته، هیچ بنیان درستی برای اندیشیدن در مورد یک چارچوب آخرشناختی وجود ندارد که دیدگاه مسیحی نسبت به فرهنگ را شکل دهد.

خلاصه اینکه، واژگان دقیق و به‌کار رفته در اعتقادنامهٔ کالسدون از آنچه که دوان فریزن مسیح‌شناسیِ «مجسم» نامیده، نگاهبانی می‌کند. او به‌درستی متوجه می‌شود که «ما نیازمند مسیح‌شناسی‌ای هستیم که بتواند تصویری روشن از مسیح ارائه دهد. مسیحی که از کالبد شکل‌گیری فرهنگی بیرون نیست، بلکه برای ارزیابی نحوهٔ برخورد ما با ویژگی‌های فرهنگ به اندازهٔ کافی حضوری عینی و ملموس دارد.»

اکنون سراغ مؤلفهٔ سوم در ساختار یک چارچوب تثلیثی برای الاهیات فرهنگ می‌رویم.

## روح‌القدس به‌عنوان عامل خلقت تازه

از آنجایی که انسان‌شناسی سکولار در درون نظامی بسته عمل می‌کند، تأکیدش بر این است که تغییر و تحول فرهنگی فرایندی است بی‌پایان و بدون هدفی نهایی. ریموند ویلیامز، انسان‌شناس، وقتی اظهار می‌دارد که فرایند فرهنگی «پایان مشخصی ندارد... و هرگز نمی‌توان پنداشت که زمانی، سرانجام بیابد و به کمال برسد»، بر همین نکته تأکید می‌ورزد. بنا کردن بر چنین شالوده‌ای اغلب انسان‌شناسان مسیحی را از درک اهمیتِ تأکید بر شناخت فرهنگ در بستری آخرشناختی محروم ساخته است. با این‌حال، کارل بارت خاطرنشان می‌سازد که الاهیات فرهنگ باید به‌طور طبیعی از بطن آخرشناسی ما بیرون بیاید. تاریخ بشر در حال حرکت به‌سوی نقطهٔ پایان است. انسان‌شناسان سکولار از جمله پاول لِمن[1] چنین استدلال کرده‌اند که فرهنگ گفتگویی پیش‌رونده میان جوامع است، بدین‌مضمون که چه چیزی از ما انسان می‌سازد. مسیحیان تا جایی می‌توانند با این ارزیابی موافق باشند، ولی ما باید اصرار بورزیم که ورای پروژهٔ انسانی، این خدا است که در تاریخ عمل می‌کند و به کار ادامه می‌دهد، و در پایان نیز او سخنگوی نهایی است.

در پدیدهٔ تجسم، عیسای مسیح درِ زمان آخر را می‌گشاید؛ خلقت تازه به عرصهٔ نظام کنونی نفوذ می‌کند. خلقت تازه نمایانگر هدف آخرشناختی همهٔ فرهنگ‌ها است. ما مایلیم به زمان آخر به‌عنوان پدیده‌ای که طلایه‌دار دنیایی غیرمادی است، فکر کنیم. حال آنکه خلقت تازه دنیایی کاملاً نوین است که حتی دارای ویژگی‌های مادیِ عمیق‌تری است، یک واقعیت فرهنگی تازه که دستخوش فساد و فنا نیست. آفرینش کنونی و همهٔ تجلیات گوناگون فرهنگ، مثل تابلوهای راهنما، به خلقت تازه اشاره می‌کنند. اِن. تـی. رایت می‌گوید که آفرینش به جهانی اشاره می‌کند «مادی‌تر، استوارتر، و در کل واقعی‌تر. یک کل که در آن واقعیتِ مادی ژرف‌ترین معنای خود را بازمی‌یابد، دنیایی پر از معرفت جلال خدا، چنان که آبها دریاها را می‌پوشانند.»[2] خلقت تازه را باید به‌عنوان ظهور فرهنگی جدید و نهایی فهمید. خلقت تازه نه ضد تاریخ است نه فراتاریخ؛ بلکه اساساً و عمیقاً تاریخی است. خلقت تازه همهٔ تجلیات

---

1. Paul Lehman; 2. N. T. Wright, *Evil and the Justice of God* (London: SPCK, 2006), 75.

فرهنگی زمین را در بستری آخرشناختی قرار می‌دهد، و به‌طور همزمان از روحانیت‌زدایی[1] و الوهیت بخشیدن[2] به فرهنگ‌های بشری پرهیز می‌کند.

در روز پنتیکاست، روح‌القدس به‌عنوان عامل خلقت تازه فرود آمد. روح‌القدس همچنان به فراخواندن ما به‌سوی همهٔ واقعیات نظام آینده ادامه می‌دهد. «انفجار شادمانی» که کلیسا در رویدادهای قیام و پنتیکاست تجربه کرده، ما را پیش می‌راند و به ما نیرو می‌بخشد تا در بطن دنیایی سقوط‌کرده، شاهدان خلقت تازه باشیم. روح‌القدس به تعلیم دادنِ زندگی و اخلاقیاتِ خلقت تازه به کلیسا ادامه می‌دهد، تا اینکه ما خودمان دگرگونی پیشرونده را تجربه کنیم. ما می‌آموزیم آنچه را که میروسلاو ولف[3] «طرد و پذیرش»[4] می‌نامد، به‌کار ببندیم. ما به‌طور فزاینده می‌آموزیم که بدی را در جهان تشخیص دهیم، نامگذاری کنیم، و از آن دوری گزینیم. با این‌حال، به‌طور فزاینده این را هم می‌آموزیم که وقتی نشانه‌های توبه را در مردمان و ملت‌ها، و پدیدار شدن خلقت تازه را می‌بینیم، چگونه آغوش خود را برای‌شان بگشاییم. سرانجام اینکه، چون ایمان داریم که زمان آخر آغاز شده اما هنوز به‌طور کامل تحقق نیافته، این را هم تشخیص می‌دهیم که جهان به دشمنی با حاکمیت خدا ادامه خواهد داد، و از این‌رو ما باید در عین‌حال که مشتاقانه تحقق کامل خلقت تازه را به هنگام بازگشت پرجلال عیسای مسیح انتظار می‌کشیم، آمادهٔ شریک شدن در رنج‌های مسیح در این جهان نیز باشیم.

# مدل فرهنگ بر مبنای خلقت تازه

## بازنگری و نقد دیگر مدل‌ها

به منظور قرار دادن مدل «خلقت تازه» در بستر مناسب، باید بفهمیم که این مدل با مدل‌های سنتی، که در کتاب‌های درسی میسیونری ارائه شده‌اند، چه تفاوت‌هایی دارد. بیشتر کتاب‌هایی که در این زمینه به رشتهٔ تحریر درآمده‌اند از یکی از رویکردهای زیر پیروی می‌کنند.

### *رویکرد رویارویی فرهنگ الف با فرهنگ ب*

این رویکرد مواجههٔ میسیونری را به تصویر می‌کشد که اساساً محدود به رویارویی میان دو فرهنگ بشری است. برای مثال، میسیونری از آمریکا راهی سنگال می‌شود و در آنجا به‌عنوان میسیونر زندگی می‌کند. در اینجا تنش میان هنجارهای فرهنگ آمریکایی و هنجارهای فرهنگ سنگالی است. میسیونر، به‌عنوان «حامل خبر خوش» تشویق می‌شود تا حد ممکن خود را تعدیل و با محیط پیرامون سازگار کند و خود را از نظر فرهنگی به‌صورت یکی از اهالی فرهنگ مورد نظر درآورد. میسیونر نه برای جدا کردن سنگالی‌ها از فرهنگ‌شان، بلکه برای همانند شدن با آنها تلاشی جانانه می‌کند تا از این رهگذر محیطی پذیراتر و همدلانه‌تر برای رساندن پیام انجیل فراهم کند.

1. Secularization; 2. Divinization; 3. Miroslav Volf; 4. Exclusion and embrace

### رویکرد سه فرهنگ

این رویکرد میسیون مسیحی را به‌عنوان درگیری میان سه فرهنگ جدا از هم به تصویر می‌کشد. دو فرهنگ نخست، مانند مدل پیش به فرهنگ رسانندهٔ پیام انجیل و فرهنگ دریافت‌کننده خلاصه می‌شوند. با این‌حال، رویکرد مزبور اذعان می‌کند که مکاشفهٔ کتاب‌مقدسی نمایانگر یک هنجار فرهنگی سومی نیز هست که به معیاری برای ارزیابی فرهنگی تبدیل می‌شود. در این مدل، فرم‌ها، نمادها، سنت‌ها و اعمال فرهنگی با کتاب‌مقدس مورد ارزیابی و سنجش قرار می‌گیرند و بر مبنای آن تأیید یا رد می‌شوند.

### *رویکرد انجیل فراتر از فرهنگ*

این رویکرد اهمیت هر دو فرهنگ انتقال‌دهنده و گیرنده را کوچک می‌شمارد. در عوض، تمرکز اصلی را بر انجیل می‌گذارد که از هر فرهنگی متعالی‌تر است. نقش میسیونر رساندن پیام فرافرهنگی انجیل در محیطی جدید است. انجیل نه کالبدی فرهنگی دارد نه در جستجوی داشتن آن است، زیرا انجیل برتر و متعال‌تر از هر فرهنگی است. تنوع این رویکرد مستلزم پذیرش کالبد فرهنگی خاصی در گذشته است، که تبدیل به معیاری تطبیقی برای همهٔ فرهنگ‌های دیگر می‌شود. وقتی زبان، مراسم عبادی، یا تدوین آموزه‌ایِ کالبد فرهنگیِ مطلوب پذیرفته شود، آنگاه انجیل با موفقیت دریافت می‌شود و اشاعه می‌یابد.

### *نقد رویکردها*

برای نقد این سه مدل نخست باید به زمینه‌ای که هر یک از مدل‌های مذکور در آنها شکل گرفته‌اند نگاهی بیندازیم. در حقیقت، هر مدل پیرامون یک حقیقت اصلی ساخته و پرداخته شده است. مدل نخست به‌درستی به ما یادآور می‌شود که به‌جای بیرون کشیدن مردم از پیوندهای فرهنگی‌شان، باید به‌عنوان یک شاگرد فروتن وارد فرهنگ‌شان شد. مدل دوم به‌درستی به ما پند می‌دهد که میسیونر به‌راستی با بیش از دو فرهنگ مواجه می‌شود. ما باید با همهٔ جلوه‌های فرهنگی که با آن رویاروی هستیم، به شیوهٔ کتاب‌مقدسی بیندیشیم. مدل سوم هم به‌طرزی خردمندانه به ما یادآوری می‌کند که انجیل معیار داوری هر فرهنگی به‌شمار می‌رود.

با وجود این، مدل‌های مذکور با مشکلات دیگری نیز دست به گریبانند که موجب می‌شود حضور یک مدل جایگزین دیگر ضروری بنماید. ما کار خود را با نقد هر یک از مدل‌های بالا آغاز کرده، سپس مدلی جایگزین پیشنهاد می‌کنیم. مدل نخست، یعنی «رویارویی فرهنگ با فرهنگ» هرگز پا را از مرزهای شناخته‌شده در کتاب‌های درسی سکولار در مورد ارتباط میان-فرهنگی فراتر نمی‌گذارد. بیشتر اصول یاد شده در جلوه‌های گوناگون این مدل کاملاً معتبرند، اما آیا مسیحیان در مورد رویارویی‌های میان-فرهنگی حرف دیگری برای گفتن دارند؟ آیا هیچ عنصر منحصراً مسیحی دیگری برای رساندن پیام انجیل در بستری میان-فرهنگی وجود ندارد؟ مشکل دوم این مدل آن است که در سدهٔ نوزدهم ظهور کرد، و

برداشتی تک‌فرهنگی دارد که تنش میان فرهنگ «میزبان» و فرهنگ «میهمان» را شکل می‌دهد. این مدل در مورد فرهنگ آمریکایی یا غربی به‌صورت پدیده‌ای منفرد سخن می‌گوید، با این پیش فرض که در آمریکا یا غرب، یک برداشت معین از فرهنگ غالب، و نیز فرهنگی میزبان و یکپارچه وجـــود دارد. با این‌همه، با ظهور چند-فرهنگ‌گرایی، به‌عنوان پدیده‌ای جهانی و رو به افزایش، دیگر مشکل بتوان بدین‌طریق دربارهٔ مقولهٔ فرهنگ سخن گفت.

مدل «سه فرهنگ» از درک این نکته که جلوه‌های فرهنگی را نمی‌توان به آسانی به‌عنوان «خوب» یا «بد» طبقه‌بندی کرد، قاصر اســـت. این رویکرد ســـلیقه‌ای در محیط کلاس درس پذیرفتنی به‌نظر می‌رسد، اما در برخوردهای فرهنگی، به‌طور فزاینده‌ای مشکل‌ساز می‌شود. نخســـت آنکه، برای هر بیگانهٔ فرهنگی، دسترسی به معنا و اهمیتِ بسیاری از جلوه‌های یک فرهنگ ناممکن اســـت. دوم اینکه، گناه‌آلود بودن انســـان و نیروهای روحانی‌ای که در برابر خدا صف‌آرایی کرده‌اند، دیگر جایی از فرهنگ را دست‌نخورده نگذاشته‌اند. حتی جلوه‌های فرهنگی که می‌توان آنها را «خوب» قلمداد کرد، اغلب با موشـــکافی دقیق معلوم می‌شود که وارونه جلوه داده شـــده‌اند. بدین‌ترتیب اســـت که آنچه در آفرینش «نیکو» اعلام شده بود، می‌تواند به‌راحتی به شیئی برای پرستش دروغین تبدیل شود. سوم آنکه، ظاهراً این مدل فقط رویارویی‌های فردی با افراد دیگر را در درون فرهنگ متصور می‌سازد، بدین‌ترتیب از درک تأثیر نظام‌های فرهنگی بزرگتر و سازوکارهایی که همهٔ ما در آنها سهم داریم، قاصر است.

مدل «انجیل فراتر از فرهنگ» قادر به تشـــخیص این نیســـت که انجیل، مانند خودِ پدیدهٔ تجســـم، باید در کالبد فرهنگ جسم بپوشـــد. انجیل فاقد فرهنگ[1] نمی‌تواند از یک موضع مناسب خنثی وارد یک فرهنگ شـــود. آنانی که انجیل را به دیگران می‌رسانند، این کار را با هویت خودشـــان انجام می‌دهند، و دریافت‌کنندگان پیام انجیل نیز آن را با هویت خودشـــان دریافت می‌کنند. هیچ مکان خنثایی برای مســـیحیان وجـــود ندارد. وانگهی، انجیل هرگز در بستری آرمانی شـــکل نگرفته که اکنون بتوان آن را در محیط‌های جدید باز تکرار کرد. وقتی چنین دیدگاهی به‌کار گرفته شـــود، حتی اگر فرهنگی در گذشتهٔ بسیار دور را متصور گردد، ناگزیر به نوعی امپریالیزم فرهنگی مبدل می‌شود.

## ویژگی‌های کلیدی مدل خلقت تازه

با در نظر داشتن این نقدها، چندین معیار در اختیارمان قرار می‌گیرد که برای پدید آوردن مدلی جدید ضروری می‌نمایند. نخســـت اینکه، مدل ما باید مبنایی الاهیاتی داشـــته باشد، و بازتاب دیدگاهی منحصراً مسیحی باشد. تعامل فرهنگی باید کاملاً در بستر تعبیری طبیعی از الاهیات مسیحی درک و استوار شود، و به‌ویژه در درک ما از تثلیث، آفرینش، مسیح‌شناسی، کلیساشناسی و آخرشناسی. دوم آنکه، باید گناه و نبرد روحانی را جدی بگیرد، و در عین‌حال مشـــتاقانه در جستجوی یافتن راه‌هایی باشد که خلقت تازه در نظام کنونی نمایان شود. سوم اینکه، باید آگاه باشد که انجیل در بطن خصوصیات فرهنگیِ قابل شناسایی جسم می‌پوشد.

1. Acultural

طرح کلی مدل «خلقت تازه» برای درک فرهنگ باید بر پایهٔ چارچوبی تثلیثی که شالوده‌اش قبلاً ریخته شده است، بنا شود. از آنجایی که خدای پدر منشاء، رهاننده و هدف غایی فرهنگ است، ما برآنیم تا نیکویی طرح و مقصود اولیه‌ای را که خدا برای فرهنگ در نظر داشت گرامی بداریم. چنانکه پیش‌تر خاطرنشان ساختیم، همهٔ جلوه‌های فرهنگ بشری با ابتکارعمل پدر در آفرینش و خلقت تازه شکل می‌گیرند. از آنجایی که خدای پدر هم خاستگاه و هم هدف غایی کل فرهنگ است، ما این مبحث را در ابتکار رهایی‌بخش از سوی خدای پدر جای داده‌ایم. سپس خدای پدر، خدای پسر را می‌فرستد تا در بستری تاریخی در فرهنگ جسم بپوشد، و مبنایی هم برای صحه گذاشتن بر فرهنگ و هم برای نقد آن فراهم آوَرَد. سرانجام، روح‌القدس که عامل خلقت تازه است وارد صحنه می‌شود و مسئولیت توانمندسازی و نیرو بخشیدن به کلیسا را برای ادامهٔ حیات بر اساس واقعیات خلقت تازه در زمان حال، بر عهده می‌گیرد. خلقت تازه را باید به‌عنوان فرهنگی نهایی درک کرد، که در آن کل آفرینش معنا و مقصود غایی خود را پیدا می‌کند.

در مدل خلقت تازه چندین مؤلفهٔ کلیدی وجود دارد که برای ساختن فرهنگ بر این شالوده، به‌کار می‌آیند. نخست، به‌عنوان مسیحیان، هویت *فرهنگی اولیهٔ ما در خلقت تازه نهفته است*. این واقعیت ارتباط ما را با فرهنگ بومی یا فرهنگی که پذیرفته‌ایم، قطع نمی‌کند زیرا می‌توانیم نشانه‌های ظهور حاکمیت خدا را در هر فرهنگی ببینیم. همچنین به عمق گناه در هر فرهنگی واقف هستیم. این به ما مبنایی الاهیاتی برای رد این مفهوم می‌دهد که انجیل از طریق فرهنگی «مسیحی» به فرهنگی «غیرمسیحی» منتقل می‌شود. دیدگاه «خلقت تازه» ما را از بند طرز فکر مبتنی بر حاکمیتِ مسیحی، که اغلب مبلّغ حس برتری فرهنگی و نیز غلبه‌گرایی بر فرهنگ بومی است، می‌رهاند.

مدل «خلقت تازه» همچنین ایجاب می‌کند که ما تأکید خود را بر زمینه‌مندسازی و سازگاری فرهنگی، که در تربیت میسیونر، در بستری بزرگتر، به‌شدت بر آن تأکید می‌شود، بگذاریم. از آنجایی که لامین سانه به‌درستی اصطلاح «عقدهٔ تقصیر غربی» را در مورد میسیونرهای غربی به‌عنوان عاملان فرهنگ به‌کار برده، به‌شدت احساس می‌کنیم که تا حد ممکن باید خودمان را از هرگونه حس غلبه‌گرایی فرهنگی دور کنیم. از این‌رو، تمرکز غالب بر نیاز به سازگاری با فرهنگ میزبان گذاشته شده است. با این‌حال، اگرچه این رهنمود اهمیت دارد، لیکن ما اغلب از تأکید بر اینکه نخستین تعهد و وفاداری ما بر این است که به‌صورت مسیح متشکل گردیم و سفیران خلقت تازه باشیم، غافل می‌مانیم. نفوذ خلقت تازه در زمان حال، هرچند در نهایت در خدمت ارزشگذاری و پرورش فرهنگ قرار می‌گیرد، اما به‌طور ناگزیر نیرویی ضد-فرهنگی است.

مدل «خلقت تازه» تنش ضروری میان واقعیت‌های جهانی خلقت تازه و ویژگی‌های فرهنگی را که ما در آن زندگی می‌کنیم از نو احیا می‌سازد. اندرو والز نام این تنش را «*اصل زائر*»[1] و «*اصل بومی‌سازی*»[2] گذاشته است. اصل زائر بر هویت ما در عیسای مسیح و ریشه

1. Pilgrim Principle; 2. Indigenizing Principle

داشتن‌مان در واقعیت‌های آخرشناختیِ خلقت تازه تأکید می‌ورزد. اصل بومی‌سازی به ما یادآور می‌شود که انجیل به‌راستی ویژگی‌های خاصی را به درون زندگی فرهنگی سرایت می‌دهد. دعوت به سازگاری فرهنگی امری ضروری است، و ما همواره باید مراقب امپریالیسم فرهنگی باشیم و با آن مقاومت کنیم. با وجود این، ما باید جرأت از دست رفته را بازیابیم و دوباره به عاملان قدرت خلاقهٔ نبوتی تبدیل شویم تا از آنچه تحت حاکمیت عیسای مسیح بر فرهنگ امکان‌پذیر است، تصوری داشته باشیم. عیسی مدل تجسم فرهنگی است. او به‌عنوان آدم دوم، به‌طور کامل در درون خصوصیات فرهنگ زمان خود جسم گرفت. با این‌حال، وقتی او جهان را به توبه فراخواند، عامل تحولی بنیادین شد و واقعیات خلقت تازه پا به نظام کنونی گذاشتند. کلیسایی که شهادت می‌دهد، جماعتی است که توبه و ایمان آوردن به مسیح مشخصهٔ آن است، و ما همهٔ ملت‌ها را به توبه کردن و ایمان آوردن به خبر خوش انجیل فرامی‌خوانیم چون پادشاهی خدا نزدیک شده است (مرقس ۱۵:۱). همچنین عیسی ما را نسبت به واقعیت‌های نبرد روحانی، که در برابر ظهور حاکمیت خدا بر جهان، عَلَم مخالفت برافراشته است، بیدار می‌کند.

دوم، ما متوجه هستیم که *معنای غایی را تنها می‌توان در خدای تثلیث یافت*. کلیفورد گیرتز، یکی از انسان‌شناسان پیشرو در سدهٔ بیستم، بر آن است که هدف نهایی فرهنگ، معنا است. او فرهنگ را تا اندازه‌ای چنین تعریف می‌کند: «الگویی از معانی که طی تاریخ انتقال پیدا کرده است.» مسیحیان قبول دارند که خدا معنای ابدی را در فرهنگ به ودیعه گذاشته است. کار او صرفاً این نیست که افراد را نجات دهد و ناگهان آنها را از درون فرهنگ بیرون بکشد. او قوم‌ها را به توبه فرامی‌خواند (لوقا ۴۷:۲۴) و از طریق کلیسایش همهٔ قوم‌ها را شاگرد می‌سازد (متی ۱۹:۲۸). مسیحیان در «داستانی مشترک» سهیم‌اند، که بخشی از روایتی بزرگتر در «*مأموریت الاهی*» است، که ما همهٔ مردمان و فرهنگ‌ها را به ورود بدان فرامی‌خوانیم. کل جهان هستی به‌واسطهٔ عامل روح‌القدس سرانجام به پیروی از حاکمیت و پادشاهی عیسای مسیح، و به ستایش و جلال خدای پدر گردن خواهد نهاد. ما یک تکلیف فرهنگی داریم که بخشی از تکلیف بشارتی‌مان به‌شمار می‌رود. «نجات یافتن» بسیار فراتر از یک عبارت حقوقی در ارتباط با پارسا شمرده شدن ما در پیشگاه خدا است؛ نجات یافتن، تحقق فزایندهٔ واقعیت به‌عنوان ثمرهٔ خلقت تازه‌ای است که هم‌اکنون به فرهنگ کنونی ما نفوذ کرده است. همهٔ خصوصیات فرهنگ باید معنای غایی و نهایی خود را در خدای تثلیث بیابند. به‌جای عملکرد «سلیقه‌ای» که اجزای فرهنگ را به خوب و بد تقسیم می‌کند، ما تصدیق می‌کنیم که همهٔ ویژگی‌های فرهنگ، وقتی زیر حاکمیت عیسای مسیح آورده شوند، یا بهبود می‌یابند، یا نابود می‌شوند یا جائی دوباره پیدا می‌کنند.

سوم، *کلیسا تشکیلات یا جماعتی است که در مورد خلقت تازه به همهٔ فرهنگ‌ها شهادت می‌دهد*. ما به‌عنوان کلیسا فراخوانده شده‌ایم تا آینده را در زمان حال زندگی کنیم. حتی پیش از آنکه میسیونرهای مسیحی پا به فرهنگ بومی تازه‌ای بگذارند، باید بدانند که ما *از پیش* در دو فرهنگ سهیم هستیم. هم به‌طور کامل در فرهنگ یا فرهنگ‌هایی که در آن متولد

شده‌ایم، شریکیم و هم به‌طور فزاینده واقعیات خلقت تازه را تجربه می‌کنیم و در آن شریک می‌شویم. این دو فرهنگ طوری مهر و موم نشده‌اند که از یکی به دیگری چیزی سرایت نکند، بلکه هر دو مدام در بده-بستان (گفتمان) قرار دارند. و اما، فرهنگ خلقت تازه همیشه در خدمت تحول فرهنگی قرار دارد. وقتی به دلیل جابه‌جایی فرهنگی یا صرفاً به‌خاطر واقعیت‌های چند-فرهنگ‌گراییِ موجود، با فرهنگ‌های جدید مواجه می‌شویم، به بازتاباندنِ این بده-بستان میان فرهنگِ خلقت تازه و جلوه‌های گوناگون فرهنگی که ما را احاطه کرده، ادامه می‌دهیم.

در عین‌حالی که به تصدیق ضرورت تحول شخصی از طریق انجیل ادامه می‌دهیم، این را هم در نظر داریم که واقعیت خلقت تازه در زمان حال نهایتاً باید در *جوامع* جسم بپوشد. مدل‌های سنتی فرهنگ همچنان مدل سدهٔ نوزدهم را تداعی می‌کنند که در آن میسیونری انجیل را با فرد دیگری در میان می‌گذارد. این مدل جدید اذعان می‌نماید که انجیل باید در جوامع جسم بپوشد. این ما را قادر می‌سازد تا در برابر فشار طاقت‌فرسای شخصی کردنِ انجیل ایستادگی کنیم و از انشعابات اجتماعی و سیاسی که بی‌گمان با پیروی مسیح به‌عنوان یک جامعه در بطن دنیای سقوط‌کرده بروز می‌کند، دوری گزینیم. از این‌رو است که تأسیس کلیسا باید در مرکز درک و دریافت ما از مفهوم اعلان انجیل در جهان قرار بگیرد. تنها کلیسا می‌تواند به نقشهٔ اولیهٔ خدا در زمان آفرینش جامهٔ عمل بپوشاند. چنانکه سایمون چان خاطرنشان نموده، کلیسا صرفاً نهادی در درون فرهنگی بزرگتر نیست، بلکه خودْ فرهنگ است. متأسفانه، درک سنتی ما از فرهنگ غالباً باعث غفلت ما یا به‌کلی نادیده گرفتن نقش کلیسا از سوی ما می‌شود. در بهترین شکل به کلیسا نقشی *ابزاری* در وعظ انجیل به یک فرهنگ داده می‌شود. اما کلیسا نقشی بس بزرگتر و *هستی‌شناختی* در توان بخشیدن به آفرینش برای دیدن هدف نهایی خود دارد که این هدف از پیش در جماعتی زنده جسم پوشیده است.

## نتیجه‌گیری

چکیدهٔ مطلب اینکه، مدل «خلقت تازه» در جستجوی تغییر دادن درک ما از تعامل فرهنگی در بطن چارچوبی بزرگتر و تثلیثی است. این کار از چند مزیت متفاوت برخوردار است. نخست آنکه، بحث ما پیرامون فرهنگ را در بستر «*مأموریت الاهی*» نگاه می‌دارد. دوم اینکه، درک ما را از فرهنگ‌های بشری در چارچوبی الاهیاتی، و نه صرفاً سکولار، جای می‌دهد. روشن است که آموزه‌های آفرینش، مسیح‌شناسی، کلیساشناسی، و آخرشناسی همگی در دریافت کلی ما از فرهنگ نقش به‌سزایی دارند، امری که نباید نادیده گرفته شود. سرانجام اینکه، با ربط دادن کل فرایند فرهنگی به ظهور خلقت تازه، امکان می‌یابیم تا موضعی مناسب فراهم آورده نبوت‌گونه دست به نقد بزنیم و با شور و شوق جسم پوشیدن انجیل را در موقعیت‌های بالقوه، جدید و بی‌شمار جهانی جشن بگیریم.

# ۷

# رویکردی اونجلیکال به الاهیات ادیان

هرگاه کلاس آموزش تایپ مقدماتی دورهٔ دبیرستان در سال ۱۹۷۴ را به یاد می‌آورم، احساس خاصی به من دست می‌دهد. در آن زمان که این کلاس را می‌گذراندم، هیچ فکر نمی‌کردم که چه مدت زیادی از عمرم را قرار است در حال تایپ کردن بگذرانم. در آن زمان ابزار تایپ همین ماشین‌های دستی بودند که کار کردن با آنها مستلزم تلاش، زمان‌بندی و مهارتی قابل‌ملاحظه بود. فراگیری تایپ معمولاً با «ردیفی از کلیدها که انگشتان شخص در حالت عادی روی آنها قرار می‌گیرد» آغاز می‌شود، کلیدهای حروفی که بیش از همه در کار تایپ مورد استفاده قرار می‌گیرند. کلیدهایی که کمتر کاربرد دارند در جاهایی دورتر تعبیه شده‌اند. یکی از علائمی که از همه کمتر کاربرد داشت، علامت @ بود که در قسمت بالا و سمت چپ صفحهٔ کلید قرار داشت. این کلید بسیار به‌ندرت مورد استفاده قرار می‌گرفت و برخی از ما نمی‌دانستیم که این نشانه چرا روی صفحهٔ کلیدها تعبیه شده است. با وجود این، با ظهور ایمیل، این علامت که از یکی از مغفول‌ترین و مرموزترین علائم روی صفحهٔ کلید، به یکی از متداول‌ترین و پرکاربردترین علائم تبدیل شد.

این قضیه شبیه تحول رابطه میان مسیحیت و مذاهب غیرمسیحی است. طی تاریخ دراز حاکمیتِ مسیحی، ادیان دیگر دور و خارج از دسترس بودند. البته تنوع مذهبی در جهان امری قدیمی است؛ با این‌حال، آگاهی مسیحیان غربی از دین‌های دیگر عموماً به داستان‌های رمزآمیز و عجیب و غریبی محدود می‌شد که از سرزمین‌های دوردست به گوش‌شان رسیده بود. با ظهور جهانی‌شدنِ اوضاع، روند مهاجرت نیز در جهان تغییر یافت و پدیدهٔ چند-فرهنگ‌گرایی سر برآورد. مسیحیت در دل باورهای غیرمسیحی رشد چشمگیری یافت،

و وقایع پیرامون حادثهٔ یازده سپتامبر در آمریکا، رابطهٔ میان مسیحیت و دین‌های دیگر را به یکی از مهمترین موضوعات در اغلب مباحث مسیحی تبدیل کرد. مساجد اسلامی، معابد هندو، و مراکز ذن مدیتیشن را اکنون در هر شهر بزرگ جهان غرب می‌توان یافت. با فروپاشی حاکمیتِ مسیحی و ظهور کثرت‌باوریِ نسبی‌گرایانه، پست‌مدرنیته، و تنوع فرهنگی، اکنون ما روی دریایی از نظام‌های فکری، که هر یک مدعی حقیقتند، شناور و سرگردانیم.

غم‌انگیز اینکه، برنامه‌های بسیاری از مدارس دینی و الاهیاتی در واکنش به این وضعیت جدید کُند عمل کرده‌اند. واقعاً شگفت‌آور است که دانشجویان رشتهٔ الاهیات در غرب ساعات بی‌شماری را صرف آموختنِ مطالب الاهیدانان آلمانی می‌کنند که کمتر شناخته شده‌اند، و یا حتی اکنون دیگر زنده هم نیستند و هواداران اندکی هم در سطح جهان دارند. با این‌حال وجود بیش از یک میلیارد مسلمان را که نمایندهٔ یکی از سهمناکترین چالش‌های پیش روی مسیحیان هستند، به‌کلی نادیده می‌گیرند. بسیاری از مدارس دینی و الاهیاتی هنوز مطالعه روی دینی به‌جز مسیحیت را به‌عنوان یکی از واحدهای درسی خود، لازم نمی‌بینند. مطالعهٔ دین‌های دیگر عموماً به‌صورت واحد اختیاری ارائه می‌شود، بنابراین، هنوز، و در سدهٔ بیست‌ویکم، پی به اهمیت و ضرورت آموزش ادیان در رشته‌های خدمات مسیحی نبرده‌اند. به‌طور سنتی، این دروس را کسانی مطالعه می‌کنند که خود را برای خدمت میسیونری آماده می‌کنند و یا علاقمند به مطالعهٔ آکادمیک ادیان هستند. اما واقعیت این است که حتی یک میسیونر نیز که می‌خواهد برای خدمت در کانزاس آماده شود دیگر نمی‌تواند این موضوعات را نادیده بگیرد. در حقیقت، شواهد رو به افزایش نشان می‌دهند که امروزه آن‌دسته از کسانی که به رهبری مسیحی علاقه دارند باید الاهیاتی رسا و نیرومند از دین‌های مختلف داشته باشند و این باید بخشی اصلی از آموزش الاهیات ایشان باشد.

رشتهٔ میسیون‌شناسی از دیرباز متوجه ضرورت الاهیات ادیان بوده است. لیکن، من این گسستگی را برجسته می‌کنم زیرا بسیار مهم است که الاهیات هرچه بیشتر میسیون‌شناختی شود و میسیون‌شناسی هرچه بیشتر الاهیاتی. البته امروزه، میسیون‌شناسی به‌عنوان یکی از منابع اصلی برای احیای الاهیاتی جهانی به‌کار می‌رود، و در مقام یک رشته سرانجام بیشتر در الاهیات ریشه می‌دواند.[۱] اینها تحولاتی مثبت و خوشایند هستند. از این‌رو هدف این فصل از کتاب جستار در خطوط کلی یک الاهیات ادیان با رویکردی اونجلیکال در ارتباط با خدمت در سطح جهان است.

پس از بحث پیرامون موضوعات مقدماتی، فصل حاضر وارد سه بخش اصلی می‌شود. نخست، در این فصل با جستاری در مورد چهار الاهیات ادیان که از همه متداول‌ترند کار را آغاز می‌کنیم. دوم، هر یک از این چهار موضع‌گیری را نقد خواهیم کرد. و در نهایت، طرح‌های کلی یک الاهیات ادیان مناسب را ترسیم خواهیم نمود.

---

۱. اکنون به یاد یکی از عبارات خردمندانهٔ اندرو والز افتادم که در خلال مطالعاتم در دورهٔ دکتری در دانشگاه ادینبورگ چنین گفت: «تحقیقات الاهیاتی به یک رنسانس در زمینهٔ مطالعات میسیون‌شناسی نیاز دارد.»

# ملاحظات اولیه

در ابتدای این بررسی، دو موضوع می‌بایست مورد پژوهش قرار بگیرند. نخست اینکه، میان الاهیات فرهنگ و الاهیات ادیان چه رابطه‌ای وجود دارد؟ دوم آنکه، در بستر چارچوب میسیون‌شناسی تثلیثی، چرا الاهیات ادیان در ذیل سرفصل بزرگتر خدای پدر جای می‌گیرد؟

## الاهیات فرهنگ و الاهیات ادیان

دین، به‌عنوان جلوه‌ای از تجربیات بشری، بنا به ضرورت، در بیرون از بستر فرهنگی خاص وجود ندارد. در میان دیگر چیزها، دین با آراء و عقاید، نمادها، احساسات، ارزش‌ها، و الگوهای رفتاری سروکار دارد. از این‌رو، پر واضح است که دین هم مانند همهٔ جلوه‌های دیگر رفتار انسان در زمرهٔ شاخص‌هایی قرار می‌گیرد که فرهنگ را تعریف می‌کنند و دریافتی از آن به دست می‌دهند. بنابراین، از این منظر، الاهیات ادیان را می‌توان به‌مثابه زیرمجموعه یا ملاحظه‌ای ویژه از الاهیات فرهنگ ارزیابی کرد. با وجود این، من به دو دلیل فصلی از کتاب خود را به شکل‌گیریِ الاهیات ادیان اختصاص داده‌ام. اولاً، مسیحیت مدعی است که مبنای اعلان پیام مسیحی خاستگاهی فرا-فرهنگی است. خدای پدر منشاء همهٔ مکاشفات است، خواه مکاشفات یافت‌شده در آفرینش، خواه مکاشفهٔ فرستادن عیسای مسیح به جهان، و خواه مکاشفهٔ متون کتاب‌مقدس. اما ادعای مشابه دیگری نیز وجود دارد؛ مسلمانان هم ادعا می‌کنند که قرآن از سوی الله فرستاده شده و این کتاب فراتر از همهٔ خصوصیات فرهنگ عربی یا هر فرهنگ دیگری است. این امر موضوعات مهمی را در ارتباط با نحوهٔ برداشت ما از مکاشفهٔ فرا-فرهنگی که وارد بسترهای خاص فرهنگی می‌شود، مطرح می‌سازد و لازم است به‌طور جداگانه بدان پرداخته شود. ثانیاً، ادبیاتی که در سی سال اخیر از بطن جامعهٔ الاهیات مسیحی بیرون آمده انواع مختلفی از الاهیات ادیان را پیشنهاد کرده‌اند. این امر بسیار متمایز از ادبیات انسان‌شناختی است، که بیشتر بر درک و دریافت ما از تحلیل فرهنگ‌های بشری سایه افکنده است. برای ارائهٔ پاسخی مناسب به این قضیه، یک بررسی جداگانه لازم است، اگرچه این دو موضوع با هم مرتبط نیز هستند.

## تعیین جایگاه در میسیون‌شناسیِ تثلیثی

مکاشفهٔ کتاب‌مقدسی دو ادعای محوری را در ارتباط با خدای پدر مطرح می‌سازد که در تعیین جایگاه الاهیات ادیان از اهمیت ویژه‌ای برخوردارند. نخست اینکه، خدای پدر خاستگاه غایی آفرینش است و از این‌رو خداوند حاکم بر همهٔ موجودات به حساب می‌آید. یهوه صرفاً به‌عنوان خدای حاکم بر قوم اسرائیل مورد توجه قرار نمی‌گیرد، بلکه او فرمانروای نهایی همهٔ آفرینش و هرچه در آن است به‌شمار می‌رود. برای مثال، ارمیای نبی می‌گوید: «آه ای خداوند یهوه، اینک تو آسمان و زمین را به قوت عظیم و بازوی بلند خود آفریدی

و چیزی برای تو مشکل نیست» (ارمیا ۱۷:۳۲). به همین ترتیب، سرایندهٔ مزمور می‌گوید: «زمین و همهٔ موجوداتش از آن خداوند است، جهان و همهٔ ساکنانش» (مزمور ۱:۲۴). از دیدگاه کتاب‌مقدس، هیچ فرهنگ یا جامعهٔ بشری بیرون از حوزهٔ حاکمیت خدا قرار ندارد. یکی از اظهارات بنیادین مسیحیت نیز همین فرمانرایی و پادشاهی خدا است. هرآنچه در بطن فرهنگ جای می‌گیرد، از جمله دین و ادعاهایی که در تأیید یا انکار وجود، شخصیت و کار خدا مطرح می‌سازد، سرانجام باید در پیشگاه دیوان داوری خدای پدر تأیید یا رد شود. مسیحیت نیز به‌عنوان یک دین از این قاعده مستثنی نیست، و مانند هر دین دیگری هم می‌تواند بازتاب حاکمیت خدا باشد و هم می‌تواند به نیروهای فرهنگی بزرگتر بپیوندند و در برابر فرمانروایی خدا قد علم کند.

دوم آنکه، خدای پدر خاستگاه همهٔ مکاشفه است. مکاشفه به معنای دقیق کلمه یعنی «کشف حجاب کردن» یا «آشکار کردن» چیزی که پیش از این پنهان بوده است. در درک مسیحی، مکاشفه هدیه‌ای از سوی خدا و اقدامی است که او با اختیار آزاد خود در جهت آشکار کردن ذاتش انجام می‌دهد. کتاب‌مقدس دربارهٔ مکاشفه چندان از جنبهٔ نظری- به‌عنوان آموزه‌ای معرفت‌شناختی که تشریح‌کنندهٔ چگونگی *شناخت* ما از چیزها است- وارد بحث نمی‌شود، بلکه این کار را بیشتر از جنبهٔ عملی مورد توجه قرار می‌دهد. خدا حقایق مربوط به خود و بشریت را آشکار می‌سازد تا او را بشناسیم و به مقاصد رهایی‌بخشش پی ببریم تا، در یک کلام، برداشتی از «*مأموریت الاهی*» به‌دست آوریم.

مکاشفه در طیفی گسترده از اَشکال گوناگون در آفرینش، در رویدادهای تاریخی، در تجسم مسیح و در کتاب‌مقدس اتفاق می‌افتد. بسیاری از الاهیدانان، به منظور درک بهتر مکاشفه، میان مکاشفهٔ عام (یا طبیعی) و مکاشفهٔ خاص تمایز قایل شده‌اند. مکاشفهٔ عام نمایانگر آن دسته از مواردی است که خدا برای آشکار نمودن خود در جهان هستی انجام داده و *برای همگان قابل دسترس* است. دو نمونهٔ برجستهٔ مکاشفهٔ عام نظم حاکم بر آفرینش (مزمور ۱:۱۹) و وجدان انسان (رومیان ۱۴:۲-۱۵) است، زیرا هر دو در اختیار همهٔ انسان‌ها قرار داده شده است. مکاشفهٔ خاص نمایانگر مواردی است که خدا در آنها خود را بر افرادی خاص، در زمانی خاص و با توجه به مقاصد رهایی‌بخشی که در نظر دارد، آشکار می‌کند. مکاشفهٔ خاص برای همگان قابل دسترس نیست. از نمونه‌های مکاشفهٔ خاص می‌توان مواردی چون شریعت یهود، تجسم عیسای مسیح، و کتاب‌مقدس را برشمرد.

رابطهٔ میان مکاشفهٔ عام و مکاشفهٔ خاص برای تبیین الاهیات ادیان امری حیاتی است. در میان مسیحیان طیفی از دیدگاه‌های بسیار متفاوت در مورد رابطهٔ میان مکاشفهٔ عام و خاص وجود دارد. در یک سوی این طیف، برخی معتقدند که مکاشفهٔ خاص چیزی بیش از نمادگراییِ خاص و دربردارندهٔ جزئیات مکاشفهٔ عام، که همهٔ جهانیان می‌شناسند، نیست. در سوی دیگر طیف، هم برخی تأکید می‌ورزند که شناخت حقیقی تنها در مسیح و کتاب‌مقدس یافت می‌شود و همهٔ ادعاهای دیگر در ارتباط با شناخت، کاذبند. بعداً دیدگاه خود را در این زمینه مورد بررسی قرار خواهم داد، اما نکتهٔ مورد نظر آن است که محوریت مکاشفه در

شکل‌گیری ادیان بحث را در بطن درک جامع‌تر ما از خدای پدر به‌عنوان منشاء همهٔ مکاشفه، قرار می‌دهد.

## الگوی کلاسیک و فراتر از آن

در سال ۱۹۸۲، آلن ریس[1] کتابی با عنوان *«مسیحیان و کثرت‌گرایی دینی»* منتشر کرد که در آن اظهار کرده بود که همهٔ الاهیات ادیان بر اساس سه الگوی کثرت‌گرایی[2] شمول‌گرایی[3] و انحصارگرایی[4] عمل می‌کنند. این چارچوب را بعدها نویسندگان نامداری چون پاول نیتر[5] کاتولیک و جان هیک[6] پروتستان به‌کار بردند و عامه‌پسند کردند. گرچه نخستین کسانی که این الگو را به‌کار بردند کثرت‌گراها بودند، اما به‌سرعت مورد استفادهٔ نویسندگانی از هر طیف الاهیاتی قرار گرفت، حتی اگر با نحوهٔ دقیق بیان آن مشکل داشتند. اونجلیکال‌ها بسیار دیرتر وارد بحث «الاهیات ادیان» شدند و در این سال‌های اخیر، دغدغه‌هایی چند پیرامون هدف این الگو مطرح ساختند، و حتی به کرات شیوهٔ بیان آن را نابسنده دانسته‌اند.

پل نیتر در کتابی که همین اواخر منتشر کرده سیستم نامگذاری هر یک از موضع‌گیری‌ها را تغییر داده، موضع‌گیری چهارمی را هم به این طیف می‌افزاید. او برای موضع‌گیریِ انحصارگرا نام جدید «مدل جایگزینی»[7] را برگزیده است و موضع‌گیری شمول‌گرا را هم «مدل تحقق»[8] می‌نامد. مهمترین تفاوت برای اونجلیکال‌ها در آن است که نیتر در مدل «جایگزینی» فرقی جزئی گذاشته، میان «جایگزینی مطلق»[9] که مقدمتاً آن را به بنیادگرایان، اونجلیکال‌ها و پنتیکاستی‌ها نسبت می‌دهد، و «جایگزینی نسبی»[10] که به نو-اونجلیکال‌ها منتسب می‌داند (این دسته از نگاه او نسبت به ایدهٔ حضور خدا در دیگر دین‌ها بازترند و تکیهٔ بیشتری بر قدرت مکاشفهٔ عام می‌گذارند) تمایز قایل می‌شود. برای مثال، او از هرولد نتلند[11] به‌عنوان محققی اونجلیکال و مصداق مدل «جایگزینی نسبی» نقل‌قول می‌کند. نیتر برای کثرت‌گرایی هم نام «مدل تقابل»[12] را برمی‌گزیند. با این‌حال، نیتر در کمال شگفتی به نقد هیک پرداخته، نسبیت‌گرایی ذاتی را تحلیلی سطحی و تقلیدی واپس‌گرایانه در جهت یافتن زمینهٔ مشترک میان ادیان جهان برمی‌شمارد. مدل چهارمی که نیتر پیشنهاد می‌کند، «مدل پذیرش»[13] است، که مقدمتاً از پست‌مدرنیسم، پست‌لیبرالیسمِ جرج لیندبک[14] و نظریهٔ چندگانگی نجات در نوشته‌های مارک هایم[15] نشأت می‌گیرد.

اگرچه من کوشیده‌ام تا در درون الگوی سه‌گانه کار کنم و در آن اصلاحات ایجاد نمایم، اما فکر می‌کنم که اکنون باید به رشد نفوذ اندیشهٔ پست‌مدرنیسم در این مباحث اذعان کنم. از این‌رو، پا را فراتر از الگوهای سه‌گانهٔ کلاسیک نهاده، چهار دیدگاه اصلی و همچنین وجوه اختلاف آنها را با دیدگاه اونجلیکال، که بسیار مورد نیاز است، تحلیل می‌کنم. به منظور شفافیت، در سرفصل‌ها هم نامگذاری سنتی را به‌کار می‌برم و هم نامگذاری‌های اخیر نیتر

1. Alan Race; 2. Pluralism; 3. Inclusivism; 4. Exclusivism; 5. Paul Knitter; 6. John Hick; 7. Replacement Model; 8. Fulfilment Model; 9. Total Replacement; 10. Partial Replacement; 11. Harold Netland; 12. Mutuality Model; 13. Acceptance Model; 14. George Lindbeck; 15. Mark Heim

را. با وجود این، در همین ابتدای کار باید اقرار کنم که هیچ‌یک از این چهار الگو به‌طور دقیق نمایانگر موضع‌گیری‌ها نیستند، بلکه بیشتر تفاوت‌های جزئی میان دیدگاه‌ها را که در این طیف گسترده وجود دارند، نشان می‌دهند.

## انحصارگرایی یا جایگزینی/ الگوی جایگزینی نسبی

الاهیات محافظه‌کارانهٔ ادیان عموماً در جرگه‌ای طبقه‌بندی می‌شوند که به انحصارگرایی یا خاص‌نگری معروفند. موضع‌گیری انحصارگرایانه سه امر بی‌چون‌وچرا دارد. نخست، انحصارگرایان به اقتدار منحصربه‌فرد عیسای مسیح به‌عنوان اوج مکاشفه و معیاری که همهٔ عقاید دیگر را باید با آن نقد کرد، باور دارند. انحصارگرایان برای نشان دادن این مطلب که عیسی صرفاً فروغی از دیگر فروغ‌های موجود در جهان دینی نیست، به آیاتی از قبیل اعمال ۱۲:۴، یوحنا ۶:۱۴ و اول یوحنا ۱۱:۵-۱۲ استناد می‌کنند؛ او *تنها* فروغ است. آنانی که مسیح را ندارند، همان کلماتی شامل حال‌شان می‌شود که پولس رسول به‌کار می‌برد: «بی‌امید و بی‌خدا در این جهان به سر می‌بردید» (افسسیان ۱۲:۲). دوم، انحصارگرایان بر این باورند که ایمان مسیحی حول مرکزیت اعلان مرگ و قیام تاریخی عیسای مسیح، به‌عنوان رویدادی تعیین‌کننده در تاریخ بشر شکل گرفته است (اعمال ۳۱:۲-۳۲). کلام خدا می‌فرماید که «خدا در مسیح جهان را با خود آشتی می‌داد» (دوم قرنتیان ۱۹:۵) و «صلحی که با ریخته شدن خون وی بر صلیب پدید آورد» (کولسیان ۲۰:۱). سوم، اعتقاد انحصارگرایان بر این مطلب است که نجات از طریق توبه و ایمان به کار مسیح بر صلیب تحقق می‌پذیرد؛ بدین‌ترتیب، هیچ‌کس بدون توبهٔ صریح و ایمان آوردن بر مبنای شناخت از مسیح نمی‌تواند رستگار شود (یوحنا ۱۶:۳-۱۸و۳۶؛ مرقس ۱۵:۱۶-۱۶).

مشهورترین دفاع سازش‌ناپذیر از موضع‌گیری انحصارگرا را هندریک کریمر در کتاب برجستهٔ خود «پیام مسیح در جهانی غیرمسیحی» به عمل آورد. کریمر بحث این کتاب را در سال ۱۹۳۸ و در جریان همایش میسیونری که در شهر مدرس هندوستان برگزار شده بود مطرح کرد. اثر کریمر به تفسیری کلاسیک در مورد موضع‌گیری انحصارگرا تبدیل شد. او در کتاب خود از چیزی دفاع می‌کرد که آن را «ناپیوستگی بنیادستیزانه»[1] میان ایمان مسیحی و باورهای همهٔ دیگر ادیان می‌نامید. کریمر از جدا کردن مکاشفه به طبقه‌بندی‌های عام و خاص امتناع کرد، چون به‌زعم او این کار، راه را برای در نظر گرفتن امکان مکاشفه‌ای بیرون از اعلان انجیل مسیح هموار می‌ساخت.[2] برای کریمر تجسم عیسای مسیح نمایانگر «لحظهٔ تعیین‌کننده در تاریخ جهان» است. عیسای مسیح مکاشفهٔ تعیین‌کنندهٔ خدا است که

1. Radical Discontinuity

۲. خوار شمردن مکاشفهٔ عام از سوی کریمر، ناشی از تأثیر آشکار نظرات کارل بارت بود. با این‌حال، در اینجا می‌خواهم مَثَلی از آ. جی. هاگ (A. G. Hogg) نقل کنم که در نامه‌ای به لزلی نیوبیگین (Leslie Newbigin) نوشته: «ماتادور مدرنیسم برای فیصله دادن به کار نره‌گاو نظریه بارت، او را به درون فروشگاه چینی فروشی می‌کشاند و باعث شکستن اشیاء باارزش بسیاری می‌شود. بی‌گمان نگرش درست به مکاشفهٔ عام یکی از شاخصه‌هایی است که شوربختانه نو-ارتودوکسی بارت عاری از آن است.»

به تنهایی با کل نژاد بشـر رودررو می‌شود و یک سـروگردن بالاتر از همهٔ تلاش‌های دیگر دین‌ها و فلسفه‌ها برای «درک تمامیت وجود» قد برمی‌افرازد. حملهٔ کریمر به آنچه که او «نسـبیت‌گرایی فراگیر»[1] می‌نامد، شامل برچیدن هرآن چیزی می‌شـود که از شکاف عظیم موجود میان خدا و نژاد بشـر بر جای مانده است. این کار مسـتلزم جدایی کامل طبیعت و فیض، یا خرد و مکاشفه از یکدیگر است.

نمـود امروزی‌تـر موضع‌گیری انحصارگرا را شـاید بتـوان در کتاب «آیا عیسـی تنها نجات‌دهنده اسـت؟» به قلم ران نش[2] یافت. نش برخلاف کریمر تمایز میان مکاشفهٔ عام و خاص را می‌پذیرد، اما این استدلال را مطرح می‌کند که مکاشفهٔ عام «نقش پاسخگو شمردن انسـان به‌لحاظ قضایی در برابر خدا را به نمایش می‌گذارد.» نش از دیدگاه‌های بیش از اندازه خوشـبینانه در مورد نیروی نجات‌دهندگی مکاشـفهٔ عام پرده برمی‌دارد، اما به‌روشنی نشان نمی‌دهد که مکاشفهٔ عام چگونه می‌تواند در دریافت مکاشفه خاص به شخص کمک کند و یا او را آماده این دریافت نماید.

چنانکه پل کریمر تشـخیص داده، در جرگهٔ دیدگاه انحصارگرا برخی متقاعد نیستند که حفظ کردن سه ویژگی بی‌چون‌وچرا باعث چنین موضع‌گیری مبتنی بر ناپیوستگیِ بنیادستیزانه از دیگر دین‌ها و ارزیابیِ سراسر منفی از آنها را ایجاب کند. این دیدگاه‌ها در ارتباط با نقش و کارکرد مکاشفهٔ عام، بیشتر به خوشبینی گرایش دارند. با وجود این، برخی از انحصارگرایان در عین‌حال که اذعان دارند نجات از طریق هندوئیسـم، بودیسم یا اسلام میسر نمی‌شود، و مکاشـفهٔ عام توان لازم و کافی برای نجات انسـان را ندارد، بر این باورند که خدا از طریق مکاشـفهٔ عام حقایقی دربارهٔ خودش و بشریت در دسترس همگان قرار می‌دهد که برخی از آنها در باورهای دیگر ادیان نیز یافت می‌شوند، و هر جا که با مکاشفهٔ کتاب‌مقدسی همخوان و سازگار باشند، سـبب ایجاد نقاط پیوسـتگی می‌گردند. جرالد مک‌درموت[3] در کتابش با نام «آیا اونجلیکال‌ها می‌تواننـد از دین‌های جهان چیزی بیاموزند؟» و هرولد نتلند در کتاب «رویارویی با کثرت‌گرایی دینی» از این دیدگاه دفاع کرده‌اند. این دیدگاه حقیقت مسـیحی را به‌کلی جدا از حقایق دیگری که احیاناً می‌توان از طریق مکاشفهٔ عام یافت، نمی‌بیند. با وجود این، بر آن است که ادیان دیگر در نهایت قاصرند و چون مرکزیت مکاشفهٔ مسیح و کار او بر صلیب را قبول ندارند، نمی‌توانند اسباب نجات را فراهم کنند. وانگهی، انحصارگرایان بر این اصرار دارند که پیام کتاب‌مقدسـی همگان را به اقدام صریح در جهت توبه و ایمان به مسیح فرامی‌خواند، پیام و تجربه‌ای که در ادیان غیرمسیحی وجود ندارد.

برخی از پایبندان به این سه ضرورت بی‌چون‌وچرا همچنین به دفاع از موضعی برخاسته‌اند که بنا به سـنت، «الاهیات تحقق» نامگذاری شده، و در اواخر سـدهٔ نوزدهم به‌وجود آمده اسـت، هرچند مفهوم آن به زمانی بسیار دورتر یعنی سـدهٔ دوم و شخصیتی چون ژوستین شـهید و کاربرد خلاقانـهٔ او از مفهوم *لوگوس*، بازمی‌گردد. این کاربـرد از *تحقق* را نباید با کاربردی که همین اواخر از سـوی نیتر برای توصیف شـمول‌گرایی وضع شده، و کمی بعد

1. Omnipresent Relativism; 2. Ron Nash; 3. Gerald McDermott

بدان خواهیم پرداخت، اشتباه بگیرید. برخلاف کریمر، هدف حاکم بر «الاهیات تحقق» نشان دادن پیوستگی میان فلسفه‌ها یا ادیان بشری و دین فراطبیعیِ مسیحیت است. الاهیدانان «تحقق» در عین‌حال که بر مکاشفهٔ نهایی مسیح صحه می‌گذارند، عمل خدا از طریق فلسفه و ادیان غیرمسیحی به‌منظور آماده ساختن مردم برای شنیدن و واکنش نشان دادن به انجیل را نیز نادیده نمی‌گیرند.

«الاهیات تحقق» در سدهٔ نوزدهم و زمانی پدیدار شد که همگان شیفتهٔ به‌کار بردن نظریات داروین در باب تطور[1] دانش، جامعه‌شناسی، دین و اخلاقیات بودند.[2] در نوشته‌های مکس مولر[3] (۱۸۲۳-۱۹۰۰)، مفهوم «تحقق» همهٔ ادعاهای مسیحیت پیرامون مکاشفه را زدود، و خاستگاه دین را تبلور تجربهٔ جهانی بشر دانست. همهٔ ادیان به ترتیب از فروتر تا فراتر، دین‌های توحیدی و نقطهٔ اوج آنها مسیحیت در مراحل متعدد شمرده شدند.

با این‌حال، محققان و میسیونرهایی هم بودند که مفهوم «تحقق» را در چارچوبی اونجلیکال پذیرفتند. مشهورترین محققی که دست به چنین کاری زد، مونی‌یر ویلیامز[4] (۱۸۱۹-۱۸۹۹) از آکسفورد بود. ویلیامز بحث برتری تاریخی مسیحیت را به‌عنوان دینی که از سوی ذات الوهیت مکشوف شده، مطرح کرد. او بر این باور بود که در طول زمان همهٔ ادیان دیگر جهان در تماس با حقیقت انجیل مسیح فرو خواهند پاشید. با این‌حال، وی نگرشی مثبت‌تر نسبت به ادیان جهان اتخاذ کرده، استدلال می‌کند که مسیحیت البته پیروز خواهد شد اما نه به‌خاطر آنکه همهٔ ادیان را *تکذیب کرده*، بلکه چون آنها را *تحقق بخشیده است*. استدلال وی بر این نکته استوار است که همهٔ ادیان آشکارکنندهٔ غرایز، امیال، و آرزوهای خدادادی و جهان‌شمول هستند که در انجیل مسیح جامهٔ تحقق پوشیده‌اند. جامعهٔ میسیونری، به‌ویژه در هندوستان، که از سوی هندوئیسم با مقاومت سرسختانه روبه‌رو شده بود، در سال‌های آغازین سدهٔ بیستم به نظریات الاهیات تحقق چسبید و با جدیت هرچه تمامتر در آنها کاوش کرد.

برجسته‌ترین و رساترین نمود «الاهیات تحقق» حاصل تلاش‌های میسیونری در هندوستان هستند، آثاری نظیر کارهای تی. اس. اسلیتر[5] (۱۸۴۰-۱۹۱۲) و اثرش «هندوئیسم برتر در پیوند با مسیحیت»، و جی. ان. فارکوار[6] (۱۸۶۱-۱۹۲۹)، صاحب کتاب برجستهٔ «تاج هندوئیسم» به تاریخ انتشار ۱۹۱۳. فارکوار و اسلیتر دو تن از نخستین محققانی بودند که با نگارش کتاب‌های برجسته، مشتاقانه به مقایسهٔ آموزه‌های هندوئیسم با آموزه‌های مسیحیت پرداختند و درون‌مایهٔ تحقق را در آثار خود نمایان ساختند. فارکوار می‌خواست برای هندوها پلی صلح‌جویانه به‌سوی مسیحیت بسازد، با این استدلال که همهٔ شخصیت‌ها و آرمان‌های برجسته در هندوئیسم والاترین نمود تحقق نهایی خود را در مسیحیت یافته‌اند. او درون‌مایهٔ

---

۱. «تطور» ترجمهٔ واژهٔ Evolution است که در میان مردم به عنوان «تکامل» متداول شده- م.

۲. چارلز داروین (۱۸۰۹-۱۸۸۲) کتاب مشهور خود «در زمینه خاستگاه گونه‌ها از طریق گزینش طبیعی» را در سال ۱۸۵۹ منتشر ساخت. هربرت اسپنسر (۱۸۲۰-۱۹۰۳) نشان داد که چگونه تطور را باید در همهٔ حوزه‌های وجودی بشر به‌کار گرفت.

3. Max Müller; 4. Monier Monier-Williams; 5. T. E. Slater; 6. J. N. Farquhar

تحقق را بر ادعای مسیح مندرج در متی ۱۷:۵ گذاشت، همو که نیامده بود تا منسوخ یا نابود کند، بلکه تا تحقق بخشد.

با انتشار کتاب کریمر با عنوان «پیام مسیحی در جهانی غیرمسیحی» در سال ۱۹۳۸، بن‌مایهٔ تحقق در میان اونجلیکال‌ها به‌طرزی گسترده رو به خاموشی نهاد. وی در این کتاب دوباره موضعی سخت‌تر و سازش‌ناپذیرتر نسبت به ادیان جهان اقامه کرده بود. در جناح لیبرال، ظهور پیشروندهٔ پیش‌فرض‌های مبتنی بر اصالت عقل، بیشتر اونجلیکال‌ها را به همگرایی تشویق می‌کرد. با وجود این، ایدهٔ ارزیابیِ اساساً مثبت از ادیان جهان بدون صرف‌نظر کردن از برتری مسیحیت، نمودهای تازهٔ خود را در دومین نگرش عمده نسبت به ادیان جهان، یعنی شمول‌گرایی پیدا کرد.

## الگوی شمول‌گرایی یا مدل تحقق نو

شمول‌گرایی بر دو موضع‌گیریِ «بی‌چون‌وچرایِ» انحصارگرایان صحه می‌گذارد. بدین‌ترتیب، شمول‌گرایان بدون هیچ قید و شرطی می‌پذیرند که عیسای مسیح مکاشفهٔ قطعی و معتبر خدا است. علاوه بر آن، ایشان مرکزیت کار مسیح بر صلیب را که بدون آن هیچ‌کس نمی‌تواند نجات بیابد، می‌پذیرند. آنچه موضع شمول‌گرایان را از موضع انحصارگرایان جدا می‌سازد، دیدگاه‌های خاص آنان در ارتباط با دسترسی جهانی به انجیل و ضرورتِ کسب شناختی شخصی از عیسای مسیح و واکنش نشان دادن به آن است. شمول‌گرایان از متن‌هایی چون یوحنا ۱۶:۳ و دوم پطرس ۹:۳ چنین استدلال می‌کنند که محبت جهانی خدا نسبت به دنیا و اشتیاق او برای نجات دادن همهٔ انسان‌ها تلویحاً بدین‌معنا است که همه باید به نجات *دسترسی* داشته باشند. استوارت هَکِت[1] یکی از مدافعان الگوی شمول‌گرایی، این بحث را در کتاب خود «بازسازی ادعای مکاشفهٔ مسیحی» مطرح نموده، اظهار می‌دارد که اگر برای هر انسانی رستگاری در عیسای مسیح از طریق صلیب به‌طور عینی فراهم شده، پس «هر فرد باید شخصاً بتواند واجد شرایط دریافت آن تمهیدات (نجات) باشد.» به‌عبارت دیگر، تمهیدات پیش‌بینی‌شدهٔ جهانی مستلزم دسترسی جهانی است. بنابراین، از آنجایی که اکثر مردمان جهان دسترسی مداوم به پیام مسیحی ندارند، شمول‌گرایان بر این باورند که این دسترسی از طریق مکاشفهٔ عام، تمهیدات خدا در طول تاریخ، و حتی از طریق ادیان دیگر، میسر است. آنان تصریح می‌کنند که کار مسیح بر صلیب *به‌لحاظ* هستی‌*شناختی* برای نجات ضروری بود، اما *به‌لحاظ معرفت‌شناختی* ضرورتی ندارد. به‌عبارت دیگر، شما برای برخورداری از عمل فیض عیسای مسیح، نیازی ندارید که شخصاً دربارهٔ او شناختی پیدا کنید. احتمالاً رساترین شریح این دیدگاه را می‌توان در سند شورای واتیکان دوم کاتولیک‌ها، با عنوان *اساسنامهٔ کلیسا* یافت که اعلام می‌کند:

> همچنین آنانی می‌توانند نجات ابدی را حاصل کنند که به‌واسطهٔ هیچ قصوری از جانب خودشان، انجیل مسیح یا کلیسایش را نمی‌شناسند، با این‌حال از سر صدق و بی‌ریایی

1. Stuart Hackett

خدا را می‌جویند و به لطف او برانگیخته شـــده، با اعمال‌شـــان می‌کوشند تا بر اساس آنچه وجدان‌شان به آنها می‌گوید، ارادهٔ او را به‌جا آورند.

شـــمول‌گرایان عموماً برای نشـــان دادن این مطلب که ایمان و حتی نجات را می‌توان در میان غیریهودیان نیز یافت، به نمونه‌هایی از کارهای خدا در بیرون از عهد با اســـرائیل اشاره می‌کنند. نمونه‌های کتاب‌مقدسی که این دســـته اغلب به‌کار می‌گیرند عبارتند از ملکیصدق (پیدایش ۱۴)، راحاب (یوشـــع ۲)، اهالی نینوا (یونس ۳)، ملکهٔ سبا (اول پادشاهان ۱۰)، و کرنیلیوس (اعمال ۱۰) و غیره. همچنین شـــمول‌گرایان به سخنان پولس مبنی بر اینکه خدا «خود را بدون شهادت نگذاشت» (اعمال ۱۷:۱۴) و اینکه در مورد ملل غیریهودی گفته شده که «عمل شریعت بر دل‌شان نگاشته شده است» (رومیان ۱۵:۲)، بسیار استناد می‌ورزند. آنان این گواهی را چیزی فراتر از یک «آمادگی برای دریافت مکاشفهٔ خاص و پاسخ دادن بدان»[1] تفسیر می‌کنند. ایشـــان آن را یک گواهی نجات‌بخش و مستقل می‌بینند، چون مسیح مردمان را نه تنها منحصراً از طریق کلیســـا، بلکه به‌صورت گمنام و به روش‌های مخفی بی‌شـــمار از طریق آفرینش، تاریخ و شـــهادت ادیان جهان، به‌ســـوی خود جذب می‌کند. خلاصه اینکه، فیض نجات‌بخش به‌واســـطهٔ مکاشفهٔ عام، و نه فقط مکاشـــفهٔ خاص، دست به میانجی‌گری می‌زند.

اعتقاد به دسترســـیِ جهانی به انجیل و تأثیر گســـتردهٔ مکاشـــفهٔ عام موجب شـــده که شمول‌گرایان میان مسیحی و ایماندار تمایزی قایل شوند. هر دو به‌واسطهٔ کار کامل مسیح بر صلیب نجات یافته‌اند. با این‌حال، مســـیحیان نسبت به این حقیقت شناخت آشکار دارند، در صورتی که ایماندارانِ سایر ادیان مسیح را تلویحاً تجربه کرده‌اند و حتی خبر ندارند که مسیح ایشان را نجات داده است. معروف‌ترین هوادار شمول‌گرایی، کارل رانر الاهیدان کاتولیک بود که تعلیم می‌داد ادیان غیرمســـیحیان اگرچه حاوی خطاها و اشتباهاتی هستند، اما خدا از آنها به‌عنوان مجرایی اســـتفاده می‌کند تا میانجی فیض و رحمت او باشند و در نهایت کار مسیح را به انجام رســـانند. مبنای تقسیم‌بندیِ آشکار-تلویحی یا هستی‌شناختی-معرفت‌شناختی به خودِ یهودیان بازمی‌گردد. رانر استدلال می‌کند که یهودیان ایماندارِ عهدعتیق، حتی با وجودی که امکان آن را نداشـــتند که آشکارا دربارهٔ مسیح شناختی به‌دست آورند، اما به‌واسطهٔ مسیح با خدا آشتی داده شـــدند. برای مثال، پولس این بحث را مطرح می‌کند که مسیح بنی‌اسرائیل را در حین سرگردانی‌شان در بیابان همراهی می‌کرد (اول قرنتیان ۴:۱۰)، هرچند ایشان توان آن را نداشـــتند که از این حقیقت آشکارا آگاهی داشته باشند. اگر این استدلال را تعمیم دهیم، در مورد مردمان پراکنده در هر گوشه و کنار جهان نیز مصداق می‌یابد، یعنی با اینکه به‌لحاظ تقویمی پس از مســـیح زندگی می‌کنند، اما به‌لحاظ معرفت‌شـــناختی زندگی‌شان چنان است که گویی مســـیح هنوز نیامده است. به‌طور خاص برای همین مردمان است که شمول‌گرایان امیدوارند. چندین شـــخصیت پیشرو پروتستان هم از سعهٔ صدر نمایان در سند واتیکان دوم

1. Preparatio Evangelica

پیروی کرده با تعدیل‌هایی چند، بر شمول‌گرایی مهر تأیید کامل زده‌اند. دو تن از برجسته‌ترین پروتستان‌های مدافع شمول‌گرایی، عبارتند از جان سندرز[1] نویسندۀ کتاب «هیچ نامی دیگر»، و کلارک پیناک[2] نویسندۀ «گستردگی در رحمت خدا».

## الگوی کثرت‌گرایی یا مدل متقابل

کثرت‌گرایی هر سه ضرورت بی‌چون‌وچرای انحصارگرایان را رد می‌کند. کثرت‌گرایانی چون پل نیتر، ویلیام کنتول اسمیت[3] دبلیو. ای. هاکینگ[4] و جان هیک بر این باورند که هر یک از ادیان جهان راه‌های دسترسی مستقلی برای نجات فراهم می‌کنند. کشمکش ادیان دربارۀ حقیقت را می‌توان از طریق تغییر موضع آنها از سطح حقیقت عینی و هنجارین به حقیقت تجربی و ذهنی، مصالحه داد. جان هیک در اثر خود «تفسیری از دین»[5] می‌نویسد که ادیان جهان صرفاً «برداشت‌ها و مفاهیم ذهنی متفاوتی از "حقیقت" را به طرق مختلف و عمدۀ بشری به‌دست می‌دهند، و واکنش‌های متفاوتی نیز بدان ابراز می‌دارند.» او در ادامه می‌گوید که همۀ ادیان جهان چیزی فراهم می‌کنند که وی آن را چنین می‌نامد: «فضاهای نجات‌شناختی» یا «راه‌هایی که مردان و زنان نجات/ آزادی/ کمال نهایی را طی آن می‌یابند.» پس مسیحیت تنها یکی از دین‌های بسیار است و فاقد هر ادعای منحصربه‌فرد در ارتباط با حقیقت نهایی یا دارای اقتدار می‌باشد. به عقیدۀ کثرت‌گرایان، مسیحیت ضرورتاً پیشرفته‌ترین دین نیست، و تحقق دین‌های دیگر هم نمی‌باشد. در یک کلام، همۀ ادعاهای منحصربه‌فرد بودنِ مسیحیت در فرایند نسبیت‌گراییِ بنیادستیزانه‌ای رنگ می‌بازد.

گوردون کاوفمنِ[6] کثرت‌گرا، بدون تعارف اظهار می‌دارد که دیدگاه‌های انحصارگرایان به بت‌پرستی می‌انجامد و باعث می‌شود باورهای دیگر جدی گرفته نشوند. او می‌گوید: «ما باید راه‌هایی برای نسبی کردن و گشودنِ نظام نماد پایه‌ای خود بیابیم.» جان هیک در موافقت با کاوفمن، ادعای مسیحی انحصار نجات را یک «اسطوره» می‌خواند که باید از بنیاد مورد بازسازی قرار گیرد و از آن معنایی شخصی اتخاذ شود، نه واقعیتی تاریخی. استدلال ایشان آن است که دیدگاه‌های مسیح‌محور مسیحیان را باید به نفع دیدگاهی خدامحور با گرایشی جهانی کنار گذاشت تا همۀ ادیان در این بازی مشارکتی برابر داشته باشند.

کثرت‌گرایان برخلاف انحصارگرایان و شمول‌گرایان، پشتیبانی کتاب‌مقدسی از دیدگاه‌شان را ضروری نمی‌دانند، چون به‌زعم آنها این کار به مسیحیت یک نوع حکمیت کردن بر دیگر ادیان واگذار می‌کند. عهدجدید شاید برای مسیحیان از اقتدار برخوردار باشد، اما برای مسلمانان قرآن دارای اقتداری مستقل است، و به همین ترتیب وداها برای هندوها مرجع اقتدار است و الی‌آخر. از نظر کثرت‌گرایان، تنها معیار سنجش جهانی تجربۀ انسان است، نه یک متن یا نوشتۀ مقدس. در مخالفت با همین نگرش بود که کریمر و بسیاری از پیروانش، به‌کل مکاشفۀ عام را خوار شمردند. کثرت‌گرایان در نقطۀ مقابل راه افراط پیموده

1. John Sanders; 2. Clark Pinnock; 3. William Cantwell Smith; 4. W. E. Hocking; 5. An Interpretation of Religion; 6. Gordon Kaufman

یا یک‌جا منکر مکاشـــفهٔ خاص می‌شوند یا به‌طور جدی آن را تا سطح مکاشفهٔ عام از طریق آگاهی دینیِ جهانی پایین می‌آورند.

## الگوی پست‌مدرن یا مدل پذیرش

چنانکه در بالا خاطرنشان کردیم، این دیدگاه چهارم به‌لحاظ سنتی در طبقه‌بندی الگوهای ســه‌گانهٔ انحصارگرایی، شـــمول‌گرایی و کثرت‌گرایی جا نمی‌گیرد. مـــدل پذیرش بر ادعای پست‌مدرنیســـم صحه می‌گذارد، مبنی بر اینکه حقایق جهان‌شمول وجود ندارند و پافشاری بر وجود چنین حقایقی گســـتاخی است. نیز این دیدگاه به‌خوبی اعتراف می‌کند که دین‌های جهان به‌راســـتی از بنیان با یکدیگر تفاوت *دارند* و باید از گفتن این که همهٔ آنها در ســـطحی عمیق‌تر یکی هســـتند، به‌کلی دســـت برداریم. به قول جورج لیندبـــک، هر دینی برای خود چارچوبی جامع برای درک دیدگاهش از واقعیت ارائه می‌دهد و هر تلاشی در جهت مقایسه یا یافتن زمینه‌های مشترک با ادیان دیگر کاری است که به کوچک کردن آن دین می‌انجامد.

پل نیترِ به‌عنوان تمثیلی برای درک رویکرد پذیرش، این جملهٔ مشـــهور روبرت فراست را وام می‌گیرد که می‌گوید: «پرچین‌های خوب، روابط همســـایه‌ها را هم خوب می‌کند.» نیتر می‌گوید: «ادیان قرار اســـت روابط همسایه‌ها را خوب کنند. هر دینی برای خود حیاطِ پشتی دارد. هیچ فضای "مشترکی" وجود ندارد که همگی در آن با هم سهیم باشند. پس برای حفظ همســـایگی، بگذارید که هر دینی مواظب حیاط پشتی خودش باشد و آن را پاکیزه و مرتب نگاه دارد.» وقتی ما با همســـایگان‌مان حرف می‌زنیم، باید این کار را از پشت نرده‌های حیاط خودمان انجام دهیم، بدون اینکه بکوشـــیم برای یافتن وجوه مشترک احتمالی، پا به محدودهٔ حیاط آنها بگذاریم. "گفتگو" که در مدل کثرت‌گرا/ پذیرشـــی نقشـــی محوری دارد، تا حد «مبادلهٔ داستان‌ها» تنزل می‌یابد، بدون جستجو برای یافتن وجوه مشترک یا حقایق جهانی. به اعتقاد لیندبک گفتن اینکه «جوهر پیام همهٔ ادیان "محبت" اســـت... همان‌قدر مبتذل است که بگوییم همهٔ زبان‌ها گفتاری هستند.»

مارک هایـــم، در کتاب «نجات‌ها: حقیقت و تفاوت در ادیـــان» برای نتیجه‌گیری منطقی خود مدل پذیرش را برمی‌گزیند. هایم اســـتدلال می‌کند که دیدگاه پست‌مدرنِ مدل پذیرش بدین‌معنا است که شاید ما به‌راســـتی چندین هدف، چندین نجات، و چندین خدا داریم که ادیان گوناگون به آنها مرتبط هســـتند. هایم می‌خواهد این نکته را در مبحث آموزهٔ کلاسیک تثلیث مطرح ســـازد. از آنجایی که مســـیحیان به کثرت در ذات خدا باور دارند، به‌زعم هایم شـــاید کثرت ادیان هم بتواند با گوناگونی روابطی که میان انسان و خدا وجود دارد سازگار و مجوزی باشد برای آنچه که وی «حقایق همجوار» و «کمالات موازی» می‌نامد. از طریق مدل پذیـــرش، پیرو هر دینی می‌تواند بر خاص و منحصربه‌فـــرد بودنِ ایمان خود تأکید کند، زیرا خدا خود را نه به‌طور عمومی، بلکه در خصوصیات دینیِ گوناگون مکشـــوف می‌سازد. مثال مکتـــب کثرت‌گرا مبنی بر اینکه راه‌های مختلف به یک قله ختم می‌شـــوند، در مدل پذیرش جای خود را به مثال راه‌های مختلف به قله‌های متفاوتی ختم می‌شوند، می‌دهد. عیسی، بودا،

شیوا و الله همه منجیانی جهانی هستند، زیرا هیچ‌یک مکاشفه‌ای عالم‌گیر یا منحصربه‌فرد ارائه نمی‌دهند، بلکه همگی بازتاب تنوع بی‌کران ذات الوهیتند.

# ارزیابی چهار موضع‌گیری

ارزیابی خود را با نقد چهار موضع‌گیری که هم‌اکنون رئوس کلی آنها را بررسی کردیم، آغاز می‌کنیم و سپس پاره‌ای اشکالات موجود در الگوی بزرگتر را که به‌واسطهٔ آن این موضع‌گیری‌ها به هم مرتبط می‌شوند، مورد کاوش قرار می‌دهیم.

## ارزیابی الگوی پست‌مدرن یا مدل پذیرش

مدل پذیرش در ظاهر امر به‌نظر می‌رسد که یک دور کامل را طی کرده، به موضع‌گیری انحصارگرا برمی‌گردد، چراکه راه را برای مسیحیان مهیا می‌سازد تا زبان انحصارگرایی و دقت در جزئیات خاص را از نو احیا کنند. با این‌حال، یک بررسی دقیق‌تر آشکار می‌سازد که هرچند این زبان احیا شده، اما چندین ناکارایی عمده را که در ذات مدل پذیرش جا خوش کرده است، می‌پوشاند. نخست آنکه، *این مدل با ارائهٔ تعریفی دوباره از حقیقت به‌عنوان روایاتی که به‌لحاظ اجتماعی شکل می‌گیرند، به‌طور عینی مکاشفه را به‌عنوان مبنای حقیقت رد می‌کند.* برای مثال، این مدل به‌طور همزمان ادعاهای منحصربه‌فرد میسحیت و اسلام را می‌پذیرد و ما را از اندیشیدن به اینکه یکی از مجموعه ادعاها باید درست باشد و دیگری نادرست، بازمی‌دارد. پس هر دو باید درست باشند. با این‌حال، یک بررسی موشکافانه آشکار می‌سازد که این ادعا تنها به‌واسطهٔ ارائهٔ تعریفی مجدد و بنیادستیزانه از حقیقت ممکن است. برای نمونه، ادعای مرکزی مسیحیت این است که خدا در عیسای مسیح جسم گرفت (یوحنا ۱۴:۱). در اسلام، چنین ادعایی برابر با کفرگویی است و کسی که چنین باوری داشته باشد مرتکب شرک شده است (سورهٔ ۱۱۱:۱۷؛ ۳۵:۱۹)، که گناهی کبیره و نابخشودنی است. حال، از دیدگاه حقیقت عینی، یا خدا در عیسای مسیح جسم گرفته، یا خیر. پاسخ پست‌مدرن این است که باید حقیقت را به‌صورت تمثیلی، که به‌لحاظ اجتماعی شکل گرفته، از نو قالب‌ریزی کرد. واژهٔ *حقیقت* تنها بر ترکیبی لفاظانه و خیالی دلالت می‌کند و نمی‌توان آن‌گونه که مسیحیان از این واژه استفاده می‌کنند، آن را به مکاشفه ربط داد. از این‌رو است که این مدل نمی‌تواند حتی احتمال یا امکان وجود حقایق مشترک میان ادیان را بررسی کند. هیچ حقیقت مشترکی وجود ندارد که بشود آن را شناسایی کرد؛ همهٔ آنچه که ما در اختیار داریم روایاتی فردی، و داستان‌هایی مشترکند که به‌طور مستقل در دریای مباحثهٔ دینی شناورند.

دوم اینکه، *این مدل دیدگاهی بسیار ضعیف نسبت به تاریخ دارد.* برخی از فلسفه‌ها و ادیان خود را مجبور و ملزم به داشتن دیدگاهی قوی نسبت به تاریخ نمی‌کنند. برای نمونه، یکی از ذن بودیست‌های معروف می‌گوید: «اگر بودا را در راه ملاقات کردید، باید او را بکشید.» نکتهٔ این عبارت، گذشته از تکان‌دهنده بودنش این است که تاریخمند بودنِ بودا

اصلاً اهمیتی ندارد. آنچه اهمیت دارد، تعلیم یا *دارما*[1] است که وی به جهان داده است. در نقطهٔ مقابل آن، مسیحیت (همچون یهودیت و اسلام) بر رویدادهای به‌خصوص تاریخی که تکرارناپذیر و از این‌رو منحصربه‌فردند، بنا شده است. مثلاً، مسیحیان اظهار می‌کنند که قیام عیسای مسیح رویدادی است که در تاریخ واقعی به‌وقوع پیوسته است. اگر مسیح به‌لحاظ تاریخی از مردگان برنخاسته بود، پس همهٔ آن فداکاری‌های پرشور، ایمان پاک و بی‌ریا، و پرستش‌هایی که نثار عیسی شده، یک‌باره عبث و بیهوده می‌شوند. به همین‌خاطر است که پولس می‌گوید: «اگر مسیح برنخاسته، ایمان شما باطل است و شما همچنان در گناهان خود هستید» (اول قرنتیان ۱۵:۱۷). اما مدل پذیرش بر بنیاد شک‌گراییِ پست‌مدرن نسبت به تاریخ استوار شده است. تاریخمندیِ واقعیِ تجسم یا قیام مسیح از سوی پیروان پست‌مدرنیسم با تردید روبه‌رو می‌شود.

یکی از اشکالات عمدهٔ وارد بر پست‌مدرنیسم این است که جهانی می‌آفرینند که در آن هر چیزی ممکن است، اما هیچ چیز قطعی نیست. تاریخ، از نگاه پست‌مدرن پیوسته دستخوش تغییر می‌شود چون هرگز نمی‌تواند از سلسلهٔ حدس و گمان‌ها و غرض‌ورزی‌ها در امان بماند. از این‌رو، ادعاهای منحصربه‌فرد ادیان در کنار یکدیگر همزیستی می‌یابند چون هیچ‌یک از آنها را نمی‌توان با تاریخ رد یا اثبات کرد. جورج لیندبک به معضلی که طرح پیشنهادی پست‌مدرن برای دیدگاه مسیحی نسبت به تاریخ به‌وجود آورده، اقرار می‌کند. وی می‌گوید که قدری طول می‌کشد تا مسیحیان مدل او را بپذیرند، چون مسیحیت «به‌طرز عجیبی بین زمانی قرار دارد که قبلاً به‌لحاظ فرهنگی رسمیت داشته، اما هنوز کاملاً از رسمیت نیفتاده است.» منظور او این است که مسیحیت هنوز از تاریخ جدا نشده است.

با وجود این، مسیحیت را نمی‌توان از تاریخ جدا کرد و باز مدعی شد که آنچه هنوز باقی مانده، مسیحیت است. ایمان رسولی نه تنها ریشه در تاریخ دارد، بلکه یک *فرجام* تاریخی، یک هدف آخرشناختی را اعلان می‌کند که کل تاریخ در جهت رسیدن به آن در حال حرکت است. زمان آخر چیزی در ورای تاریخ نیست بلکه تجلی کامل تاریخی نوین است که هم‌اکنون در زمانِ حال نفوذ کرده است.

سرانجام اینکه، *حالت بنیادستیزانه‌ای که در سرشت این مدل وجود دارد، به نسبیت‌گراییِ لگام‌گسیخته‌ای منجر می‌شود*. با فروپاشیدن دو اصل حقیقت و تاریخ، دیگر کشف هر مبنایی برای ارزیابی یا داوری میان ادعاهای گوناگون ادیان جهان، امری ناممکن می‌شود. چگونه کسی می‌تواند تصمیم بگیرد که مسلمان باشد، یا مسیحی، یا شیطان‌پرست، یا بدون اعتقاد؟ حتی لیندبک تصدیق می‌کند که در این‌صورت گزینهٔ پیش رو «امری کاملاً غیرعقلایی است، موضوعی ناشی از هوس خودسرانه یا ایمان کور.» او به لزوم کشف چیزی اعتراف می‌کند که خود آن را «هنجارهای جهان‌شمولِ منطقی بودن» می‌نامد، اما با بی‌ریایی اذعان می‌دارد که بعید است بتوان در میان باورهای متعدد، بر سر چنین هنجارهایی به توافق متقابل رسید. خود این واقعیت که مدافعان مدل پذیرش به‌دنبال چنین هنجارهایی می‌گردند، نشان می‌دهد

1. Dharma

که روح روشنگری، و یا شـاید حاکمیتِ پنهان مسیحیت آنان را از باور کردنِ پیام خودشان بازمـی‌دارد. زمانی که «هنجارهای جهان‌شـمولِ منطقی بودن» یافت شـوند، بنا به تعریف، لحظهٔ پایان برای مدل پذیرش رقم خواهد خورد. این هنجارها خود حلّالی فلسـفی هستند که خودشـان را هم حل خواهند کرد. شـاید کثرت‌گرایان راه‌های متعدد را بپذیرند، اما آنان دست‌کم هنوز قلهٔ *واحدی* را در ذهن مجسم می‌سازند و اذعان دارند که برخی از جنبش‌های دینی نمایان‌گر خصوصیاتی هستند که مردم را به‌جای رساندن به قله، از کوه *پایین* می‌کشند. برای کثرت‌گرایان ادیانِ *بسیار* ضرورتاً به معنای هر دینی نیست. با وجود این، پست‌مدرنیسمِ مدل پذیرش به حسـاب خود، رشـته‌ای بی‌انتها از کوه‌ها را مجسـم می‌کند که هر کدام از دیگری مستقل‌اند. در اینجا ما هستیم و یک فرم رادیکال از نسبیت‌گرایی در میان جزیره‌های متعددی از خودمختاریِ دینی.

## ارزیابی الگوی کثرت‌گرایی یا مدل متقابل

موضع‌گیری کثرت‌گرا اشـکالات بسـیاری دارد. نخسـت اینکـه، *کثرت‌گرایی ادعاها و اعمال واقعی کسـانی را که به اجرای احکام دینی پایبندند، جـدی نمی‌گیرد.* برای مثال، مسلمانان و مسـیحیان دیندار به‌رغم تفاوت‌هاشان به یک اندازه از تلاش کثرت‌گرایی برای نسـبی کردنِ خصوصیات ادعاهای دینی‌شـان در زحمت می‌افتند. کثرت‌گرایان به شیوه‌ای کاملاً پدرسـالارانه ادعای *دیدن ماورای* باورها و اعمال ادیان را می‌کنند، آن هم با ژرف‌بینیِ چنانی که در خود آن ادیان نیز به چشـم نمی‌خورد. به‌زعم کثرت‌گرایان، پیروان راستین این ادیـان اکثراً آگاهی ندارنـد که ادعاهای فرابودی آنها در واقع چیزی نیسـت جز فرافکنی و برداشت‌های انسانی از بشریت خودشان. با وجود این، چه اطمینانی وجود دارد مبنی بر اینکه کثرت‌گرایان چشم‌اندازی ارشمیدسـی یافته‌اند که همهٔ ادیان دیگر را از فراز آن می‌نگرند؟ آیا جز این است که خود کثرت‌گرایی یک موضع به‌خصوص است که از عصر روشنگری و فلسفهٔ کانت مشتق شده؟

دوم آنکه، *«خدای» کثرت‌گرایان آن‌چنان گنگ و مبهم اسـت که نمی‌توان او را شناخت و در واقع وجودی ناشناختنی اسـت.* جان هیکِ کثرت‌گرا به زور مسیحیان را به رها کردنِ دیدگاهی مسـیح‌محور نسبت به واقعیت فراخوانده اسـت. و به جایش موضعی خدامحور و آن‌چنـان مبهم اتخاذ می‌کند که حتی خودش هـم نمی‌تواند واژهٔ *خدا* را برای توصیف آن واقعیـت غایی به‌کار ببرد، مبـادا باعث رنجش ادیان ناباورمند به خدا، همچون بودیسـم و تائوئیسـم شـود، زیرا موضع‌گیری وی ایجاب می‌کند به همهٔ ادیان از زاویه‌ای برابر بنگرد. نتیجه این می‌شـود که «واقعیت» از نگاه هیک (کـه وی ترجیح می‌دهد آن را واقعیت غایی بنامد) چنان گسترده است که هم ادیان خداباوری چون یهودیت و اسلام را در بر می‌گیرد و هم ادیان خداناباوری مانند بودیسم و تائوئیسم را. «واقعیت» هیک هم مفهوم شخصیت‌مند از خدا را در عیسای مسیح پوشش می‌دهد و هم مفهوم غیرشخصت‌مند از خدا را در نیرگونای[1]

1. Nirguna

برهمنِ هندوئیسم. فضای مه‌آلودی که تعاریف هیک به‌وجود می‌آورد، تصویری ناشناخته و ناشناختی از «خدا» و در عین حال «نا-خدا» به ما ارائه می‌دهد که نمی‌توانیم تعریفی درست از آن به‌دست آوریم، چون به گفتهٔ نِتلند «واقعیت مزبور به خودیِ خود حاصل ادراکی نیست که مستقیماً از تجربهٔ دینی برآمده باشد بلکه بیشتر حاصل تجربهٔ محدود بشری در یکی از بی‌شمار تجلیاتِ مشروط تاریخی و فرهنگی است.»

سوم اینکه، *موضع‌گیری کثرت‌گرا در نهایت بر ذهنی بودن تجربهٔ بشری مبتنی است، نه بر ادعاهای عینیِ راستین.* تجربهٔ بشری داور نهاییِ تمامیِ حقیقت است. بدین‌ترتیب، مکاشفه به‌عنوان مکاشفه رنگ می‌بازد. برای مثال، الوهیت مسیح یک حقیقت عینی نیست که ما را به واکنش در برابر خود فرابخواند؛ بلکه صرفاً نمودی ذهنی از برداشتی است که شاگردان از عیسی داشتند، و می‌تواند بر ما تأثیر بگذارد یا نگذارد، چون برداشت هر انسانی از حقیقت متفاوت است. برای نمونه، هیک در همان نوشته‌های اولیه‌اش می‌کوشد تا تعریفی گنگ از نجات به‌عنوان «تحول از خودمحوری به حقیقت‌محوری» ارائه دهد. اما این تعریف از نجات زیر آتش الاهیدانان فمینیست تاب نیاورد، که استدلال می‌کردند که فقدانِ نجات را به‌مثابه خودمحوری و خودنمایی خواندن مشخصاً ارزیابیِ مردانه‌ای است. بنا به استدلال ایشان، زنان نجات خود را بیشتر در خودفرافکنی و ابراز وجود می‌یابند. هیک اعتراف می‌کند که نجات زن شاید به‌راستی نقطهٔ مخالف نجات مرد باشد. این‌گونه ذهنیت‌گراییِ افسارگسیخته، که می‌خواهد ذهنیت‌گراییِ متغییر تجربهٔ بشری را جایگزین الاهیات کتاب‌مقدسی کند، که بر اطمینان از مکاشفهٔ الاهی استوار است، به عقیدهٔ من دفاع‌ناپذیر می‌باشد. از نظر کثرت‌گرایان دغدغهٔ دین، دیگر مقولهٔ حقیقت به‌عنوان حقیقت نیست، بلکه پاسخ دادن به بازار عرضه و تقاضا است. کثرت‌گرایان مسئلهٔ حقیقت را منتفی می‌دانند. جورج سامنر می‌گوید: «عمامه و چرخ دعا و مانترا و غیره همه ترجیح مصرف‌کنندگانند.»

در حقیقت، کلارک پیناک از این هم فراتر رفته می‌گوید که خودِ اصطلاح *کثرت‌گرا* برچسبی نادرست و غیردقیق برای این موضع‌گیری است. وی خاطرنشان می‌سازد که «یک کثرت‌گرای حقیقی تفاوت‌های ادیان گوناگون جهان را می‌پذیرد و نمی‌کوشد اصل و منشاء آنها را مشترک قلمداد کند. بهتر است ایشان نام خود را نسبیت‌گرا بگذارند.»

## ارزیابی الگوی شمول‌گرایی یا مدل تحقق جدید

موضع‌گیری شمول‌گرایی را باید به‌خاطر تأکید شدیدش بر مرکزیت عیسای مسیح و لزوم بی‌چون‌وچرای مرگ و قیام او به منظور نجات، ستود. و نیز شمول‌گرایی هوشیارانه نشان می‌دهد که چگونه خدا در زندگی آنانی که بیرون از دایرهٔ عهد به‌سر می‌برند کار کرده است؛ کسانی چون راحاب و نعمان و بسیار کسان دیگر. دیدگاه مثبت نسبت به رابطهٔ میان مکاشفهٔ عام و خاص، از جداییِ کامل طبیعت و فیض، چنانکه در آثار کریمر به چشم می‌خورد، خوشایندتر است. در این مورد به‌خصوص، شمول‌گرایان ضرورتاً از شاخص‌های تاریخ و سنت مسیحی بیرون نمی‌افتند. در حقیقت، توماس آکوئیناس با گفتن: «فیض طبیعت را نه

منسوخ، بلکه کامل می‌کند»[1] از رویکردی بازتر نسبت به مکاشفهٔ عام، دفاع کرده است. با این حال، شمول‌گرایان دیدگاه‌های اضافی دیگری هم دارند که به‌روشنی انحراف از ایمانِ تاریخی مسیحی به‌شمار می‌رود.

نخست آنکه، *تلاش شمول‌گرایان برای جداسازیِ ضرورت هستی‌شناسانهٔ کار مسیح از واکنش معرفت‌شناسانهٔ توبه و ایمان با مسیحیت اصیل در تضاد است.* شمول‌گرایان در به‌کارگیری داده‌های کتاب‌مقدسی ممکن است بسیار گزینشی عمل کنند. برای مثال، آنان اغلب عبارتی را از دوم پطرس ۹:۳ نقل می‌کنند که می‌گوید خدا «نمی‌خواهد کسی هلاک شود»، اما دنبالهٔ آیه را نقل نمی‌کنند، که می‌گوید خدا «می‌خواهد همگان به توبه گرایند.» واضح است که خواست نجات‌بخش و جهان‌شمول خدا با واکنش انسان به این خواست مرتبط است. شمول‌گرایان سخنان قدرتمند پولس را در ارتباط با جهان‌شمول بودنِ مکاشفه در رومیان ۱۸:۱۰ نقل می‌کنند که می‌گوید «صدای» مکاشفه «در تمامی زمین پیچیده»، اما به تصریح پولس بر اینکه «هرکه نام خداوند را بخواند، نجات خواهد یافت» (رومیان ۱۳:۱۰)، هیچ اشاره‌ای نمی‌کنند که در همان زمینهٔ متن قرار دارد. پولس در ادامهٔ سخن خود زنجیره‌ای به‌وجود می‌آورد که حلقهٔ آغازینش فرستادن کلیسا و وعظ شاهدان است، و حلقهٔ پایانی آن هم شنوندهٔ وعظ است، که ایمان می‌آورد و نام خداوند را می‌خواند (رومیان ۱۴:۱۰–۱۵). شمول‌گرایان می‌خواهند پیوند میان این حلقه‌های زنجیر را بگسلند و استدلال می‌کنند که کلیسای شاهد برای ایمان آوردن ضروری نیست، یعنی ایمان نجات‌بخشِ تلویحی می‌تواند جدا از شناختِ آشکار عیسای مسیح وجود داشته باشد. با این‌همه، اگر موضع‌گیری شمول‌گرا حقیقت داشت، دیگر از اهمیت مأموریت مسیحی کاسته می‌شد، زیرا بدین‌معنا می‌بود که ادیان غیرمسیحی (تلویحاً) نسبت به شهادت کلیسا در دنیا، مردمان بیشتری را نزد پاهای مسیح آورده‌اند.

دوم اینکه، *برای شمول‌گرایان استدلال آوردن در این باره که هدف همهٔ ایمان‌های اصیل به‌طور تلویحی خود مسیح است، تأکید را از واکنش شخصی به مسیح برداشته، بر تجربهٔ ایمان، صرف‌نظر از اینکه هدف ایمان کیست یا چیست، می‌گذارند.* در این دیدگاه، هندویی که به کریشنا ایمان دارد، یا بودیستی که به نذر هجدهم آمیتابای بودا باور دارد، یا مسیحیِ ایماندار به عیسای مسیح، به‌طور برابر از نجات بهره‌مند می‌شوند. دست کشیدن از پرستش کریشنا و پرستیدن مسیح مستلزم رویگردانی از کریشنا نیست، بلکه صرفاً وضوح بیشتری است که در هدفِ مورد پرستش انجام گرفته، چون در حقیقت در همهٔ این احوال، مسیح بوده که پرستیده می‌شده. پل نیتر دربارهٔ شمول‌گرایی می‌گوید: «هدف کلیسا نجات دادن مردمان و به‌طور کامل گذاشتن آنها در مسیری نوین نیست، بلکه زدودن مه و غبار است تا مردمان بتوانند با وضوح بیشتری ببینند و با ایمنی بیشتری طی طریق کنند.»

اما در اعمال ۲۱:۲۰ پولس می‌گوید: «نیز به یهودیان و یونانیان هر دو، اعلام داشته‌ام که باید با توبه به‌سوی خدا بازگردند و به خداوند ما عیسای مسیح ایمان آورند.» اگر هنگامی که

1. Gratia non tollit sed perficit naturam

وینفریث[1] در سال ۷۵۴ م. با دین فریجیایی مواجه شد، کثرت‌گرایان هم حضور داشتند، به او چه توصیه‌ای می‌کردند؟ آیا به او چنین مشورت می‌دادند که قربانی‌های انسانی که تقدیم نیورد[2] خدای زمین می‌شوند، فقط نمادها یا نمونه‌هایی از بره خدا هستند؟ آیا به‌راستی ثور[3] نام دیگر عیسای مسیح بود؟ هدف این نیست که انکار کنیم برخی مردمان در عهدعتیق خارج از عهد یهود ایمان داشتند، افرادی چون یترون، نعمان و راحاب، بلکه مهم اینجا است که هدف ایمان آنها صراحتاً خدای اسرائیل بود، نه خدایان بومی که سابقاً می‌پرستیدند. سخنرانی معروف پولس در اعمال ۱۷ را نباید به‌عنوان تدوین الاهیات نجات‌بخشِ طبیعی تلقی کرد، بلکه پولس آرزوهای نیمه‌کارهٔ این مردمانِ استثنائاً مذهبی را دست‌مایه قرار داده، آنها را به‌سوی هدف پرستشی صحیح هدایت می‌کند.

سوم آنکه، *موضع‌گیری کثرت‌گرا به‌اشتباه نجات‌شناسی را از آخرشناسی جدا می‌کند.* کثرت‌گرایی مدعی است که برای پرسش «چه کسی می‌تواند نجات بیابد؟» پاسخ «امیدوارکننده‌تر»ی دارد که طیف گسترده‌تری را در بر می‌گیرد. با وجود این، پاسخ کثرت‌گرایان روی جستجوگری صادق جدا از کلیسا متمرکز است، جماعتی رهاننده که واقعیات خلقت تازه را در زمان حال و در جماعت متبلور می‌کند. تنها از طریق تقلیل‌گرایی[4] شدید الاهیاتی می‌توان نجات کتاب‌مقدسیِ عهدجدید را با سرنوشتِ فردیِ شخصی خداجو برابر انگاشت. کارل رانر در پاسخ به این اتهام استدلال می‌کند که کلیسا و آیین‌های مقدس در جماعاتی که در مکان‌هایی چون معبد یا مسجد گرد می‌آیند، به‌طرز اسرارآمیزی متبلور می‌شود. بدین‌ترتیب، رانر فقط عده‌ای از *مسیحیان* بی‌نام و نشان را معرفی نمی‌کند، بلکه خیل کثیری از جماعت‌های بی‌نام و نشان، کتاب‌های مقدس بی‌نام و نشان، و آیین‌های مقدس بی‌نام و نشان را معرفی می‌نماید. راه‌حل رانر شاید به اتحاد مجدد نجات‌شناسی و آخرشناسی کمک کند، اما این کار تنها به بهای ربودن هر مفهومی از آخرشناسی تمام خواهد شد، چراکه رانر در تحلیل نهایی خود نمی‌تواند میان جامعهٔ هندو یا مسلمان و جامعهٔ مسیحی تمایزی قایل شود.

سرانجام اینکه، *«مسیحیان بی‌نام و نشان» خواندنِ هندوها یا مسلمانان یا بودایی‌ها مدت‌ها است که از سوی پیروان این سنت‌ها اهانت تلقی شده است.* این نوعی خودبرتربینی است که ادعا کنید به‌عنوان یک بیگانه نسبت به پیروان دینی خاص، درک و برداشت بهتر و ژرف‌تری از آن تجربهٔ دینی دارید، که بر فهم خود آنان از اعمال و باورهاشان غالب است. ارباب‌مآبانه رفتار کردن است که به هندوی دینداری که کریشنا را می‌پرستد بگویید که او در واقع مسیح را پرستش می‌کند، اما فعلاً و موقتاً در شکافی معرفت‌شناختی گرفتار شده است. آیا بودائیان یا هندوها نمی‌توانند این پاسخ را به ما برگردانند که شما مسیحیان در واقع «بودایی‌های بی‌نام و نشان» یا «هندوهای بی‌نام و نشان» هستید؟ در حقیقت، گروه‌های بودایی و مسلمانی هستند که این ادعا را مطرح کرده‌اند.[5]

1. Wynfrith; 2. Njord; 3. Thor; 4. Reductionism

۵. این ادعا از سوی چند گروه اسلامی در اندونزی و نیز از سوی هندو راماکریشنا (Hindu Ramakrishna) مطرح گردیده، که مدعی است هندوئیسم دربرگیرندهٔ همهٔ ادیان جهان است.

## ارزیابیِ انحصارگرایی یا مدل جایگزینی/جایگزینی نسبی

نقطهٔ قوت موضع‌گیری انحصارگرا در این است که به اقتدار کلام خدا، محوریت منحصربه‌فرد عیسای مسیح، و ضرورت مرگ و قیام او باور دارد. همچنین انحصارگرایی دعوت به توبه و لزوم بازگشت به‌سوی عیسای مسیح را همچون هدف ایمان علنی، جدی می‌گیرد. انحصارگرایی بر اصول اعتقادی کلیدی اعلان تاریخی مسیحیت، چنانکه در قاعده‌بندی‌هایِ اعتقادی قدیمی به ما تحویل داده شده‌اند، صحه می‌گذارد. اِشکال کار انحصارگرایی زمانی برملا می‌شود که، در کوشش برای حفظ قطعیت این حقایق، خود را در معرض چندین خطای بالقوه قرار می‌دهد.

نخست آنکه، *انحصارگرایی به سبب میل به تأکید بر مرکزیت مکاشفهٔ خاص و ادعاهای منحصربه‌فرد مسیح، ممکن است از درک فعالیت خدا در دورهٔ پیش از مسیح، به‌طور کامل غافل شود*. قبول داشتن اینکه عیسای مسیح نقطهٔ اوج مکاشفهٔ خدا از ذات خود است، یک چیز است و گفتن اینکه عیسای مسیح *تنها* مکاشفه از سوی خدا است، به‌کلی چیز دیگری است. از آنجایی که همهٔ مکاشفات در مجموع و نهایتاً به مسیح اشاره دارند، نیازی نیست که انحصارگرایان از سوی اشارات و نشانه‌هایی که خدا در آفرینش و وجدان بشر نهاده تا بر او شهادت دهند، احساس خطر کنند. خدا در مکشوف ساختن خود منفعل یا بخیل نیست، بلکه چه در پهنهٔ پرهیبت جهان هستی، چه در زوایای مخفی و تاریک دلی جویای خدا، و چه در اعماق ذهن اندیشمند انسان از خود «رد پایی» گذاشته تا بشر به جستجوی یافتن پاسخ پرسش‌های بنیادین که ذهن فیلسوفان و الاهیدانان همهٔ اعصار را متوجه خود ساخته، برآید. از این لحاظ، دیدگاه انحصارگرای تعدیل‌شده‌ای که نیتر به‌عنوان جایگزینیِ نسبی معرفی می‌کند، بسیار بهتر است.

دوم اینکه، *انحصارگرایان گاه موضع دفاعی به خود گرفته و از بررسی پرسش‌ها و اعتراضاتی که از سوی دیگر ادیان مطرح می‌شوند، امتناع ورزیده‌اند*. مسیحیان اولیه با دلیری انجیل را در محیطی اعلان می‌کردند که انواع گیج‌کننده‌ای از مکاتب فکری، آیین‌های رمزآمیز، پرستش امپراتور و غیره در برابرشان صف‌آرایی کرده بودند. به بیان ساده‌تر، اگر بازیکنان در مکان امن خود و پشت درهای بسته می‌ماندند، نمی‌توانستند در مسابقه‌ای که جریان داشت شرکت کنند. اعتقادنامه‌های تاریخی مسیحیت سنگرهایی نیستند که ما خودمان را پشت آنها پنهان کنیم، بلکه مبنایی برای اعلان جهانی انجیل هستند.

سوم آنکه، *انحصارگرایان اغلب و بدون اینکه ضرورتی داشته باشد ادیان غیرمسیحی و متون مقدس آنها را از مابقی فرهنگ جدا کرده‌اند*. این کار سهواً باعث ایجاد جدایی نه تنها میان مکاشفهٔ عام و خاص، بلکه میان آموزه‌های آفرینش و نجات‌شناسی شده است. نتیجهٔ آن هم چیزی است که اندیشمند عصر روشنگری گاتهُلد لسینگ[1] (۱۷۲۹–۱۷۸۱) آن را «خندق زشت» نامیده، که ویژگی‌های مکاشفهٔ خاص و تاریخ را از معرفتِ عام نسبت به خدا، که

1. Gotthold Lessing

ریشه در آفرینش و ضمیر بشر دارد، جدا می‌کند. با وجود این، حقایق بی‌شماری در مورد مکاشفهٔ عام و خاص وجود دارد که رد پای آنها را در متون مقدس و جهان‌بینی‌های دیگر ادیان می‌توان بازجست.

## بازبینی و ارزیابی الگوی کلاسیک و تفصیلی

### اشکالات ساختاری

الگوی کلاسیک سه اِشکال ساختاری عمده دارد که نامگذاری جدید نیتر نتوانسته به‌قدر کافی از بزرگی آنها چیزی بکاهد.

نخست، موضع‌گیری‌های الگوهای مورد بحث اصولاً در چارچوبی *نجات‌شناختی* به هم متصل شده‌اند. به‌عبارت دیگر، هدف از به‌وجود آمدن موضع‌گیری‌های گوناگون، پاسخ دادن به پرسش‌هایی است نظیر «چه کسی می‌تواند نجات یابد؟» و «سرنوشت کسانی که پیام انجیل را نشنیده‌اند چیست؟» اگرچه اینها پرسش‌هایی مهم به‌شمار می‌روند، اگر به تنهایی مطرح شوند به‌لحاظ الاهیاتی از ارزش و اهمیت‌شان کاسته می‌شود چون آموزهٔ نجات را از چارچوب بزرگتر آفرینشی و آخرشناختی، که آموزهٔ نجات در کتاب‌مقدس از آنها ناشی می‌شود، جدا می‌کنند.

دوم، الگوهای مورد بحث یا در جهت تأیید سنت‌های دینی به‌خصوص موضع‌گیری کرده‌اند، یا در جهت نفی آنها. انحصارگرایان و شمول‌گرایان به برتری نهایی *دین* مسیحی اعتقاد دارند، در حالی که کثرت‌گرایان و پست‌مدرنیست‌ها ادیان جهان را بیشتر بازیکنانی هم‌سطح می‌بینند که در میدان بازی هستند. این دیدگاه به‌طور خاص در توصیف پل نیتر از اونجلیکال‌ها در مدل جایگزینی کلی یا نسبی (انحصارگرایی) مشهود است. نیتر می‌گوید که مدل جایگزینی همگان را به «نوعی از رقابت مقدس میان دین‌های بسیار فرامی‌خواند... چنین رقابتی در دنیای ادیان به همان اندازه طبیعی، ضروری و مفید است که در دنیای تجارت. اگر شما کالای (دین) خود را فقط «به خوبی» کالای دیگران معرفی کنید، فروش چندان جالبی نخواهید داشت... پس باید دین‌های کاملی ارائه دهیم!» با وجود این، دیدگاه اونجلیکال بر این باور استوار نیست که مسیحیت *به‌عنوان* یک *دین* از همهٔ دیگر ادیان برتر است. بلکه اونجلیکال‌ها معتقد هستند که عیسای مسیح نقطهٔ اوج مکاشفهٔ خدا است. کلیسای مسیحی در مواقعی به اعلان خبر خوش عیسای مسیح وفادار بوده است. با این‌حال، مسیحیت هم مانند هر دین دیگری در مواقعی به‌واسطهٔ نیروهای فرهنگی خود را همرنگ جامعه کرده و مانند هر دین دیگری جلوه‌ای از عصیان بشر شده است. این لزلی نیوبیگین بود که بر پایهٔ رومیان ۲:۳–۳ به یاد ما آورد که «این پاسداران مکاشفهٔ خدا بودند که پسر خدا را بر صلیب کردند.»

سوم، *الگوی سنتی از دل پروژهٔ روشنگری سر برمی‌آورد و به‌طور کامل کلیسای جهانی اکثریت را، که درک و تجربهٔ بسیار متفاوتی با کثرت‌گرایی دینی دارد، نادیده می‌گیرد.*

روشنگری طلایه‌دار شک‌گرایی پیرامون حقیقت دینی بود که تا امروز نیز ادامه دارد. تعریف امانوئل کانت، فیلسوف آلمانی (۱۷۲۴-۱۸۰۴) در مورد روشنگری بسیار معروف است: «سر برآوردن انسان از ناپختگیِ تحمیلیِ خود بر خویشتن.» کانت کوشید تا اخلاق عقلانیِ جهان‌شمول را که زمینه را برای ظهور دین طبیعی هموار می‌ساخت، بنا کند. او هر ادعای انحصاری بر مبنای مکاشفهٔ خاص را رد کرد و همین در را به روی نوعی نسبیت‌گراییِ افراطی در ارتباط با دین گشود. از نظر او دین چیزی بیش از یکی از هزاران جایگزینِ مشروع برای توجیه و تفسیر دینِ طبیعیِ زیربنایی نیست، که بخشی از تجربهٔ جهان‌شمول بشر است. کانت به‌جای آنکه ذهن را آیینه‌ای بینگارد که جهان عینی را بازمی‌تاباند، به معرفی ماهیت ذهنیِ کل شناخت پرداخت؛ به‌اصطلاح «واقعیت» چیزی بیش از ساختهٔ ذهن نبود. به‌زعم دیوید ولز، کانت بود که فروپاشی «تمایز دیرین میان ذهنیت و عینیت» را پی افکند.[1]

دیدگاه روشنگری را در آثار رنه دکارت، فیلسوف فرانسوی (۱۵۹۶-۱۶۵۰) نیز می‌توان مشاهده کرد. دکارت معتقد بود که تنها منبع شناخت، قیاس منطقی است. گفتهٔ مشهور وی: «می‌اندیشم، پس هستم»، نشان می‌دهد که از نظر دکارت شناخت با کسی آغاز می‌شود که می‌اندیشد و شک می‌کند، نه کسی که خدایی را می‌پذیرد که خود را در کتاب‌مقدس مکشوف کرده است. با پیشرفت روشنگری، پشتیبانی از باور سنتی مسیحی مبنی بر دریافت عینی حقیقت که به‌صورت گزاره‌ای و قابل اعتماد در کتاب‌مقدس مکشوف شده، ناممکن می‌نمود.

این با ظهور کلیسای جهانِ اکثریت، که به‌عنوان واقعیت در میانهٔ کثرت‌گرایی دینی سر برآورده، منافات دارد. جورج سامنر به‌درستی خاطرنشان می‌کند که کثرت‌گرایی دینی در غرب به «علامت بیماریِ معرفت‌شناختی در ابعادی گسترده‌تر برای مسیحیت غربی» تبدیل شده است. در مقابل، کثرت‌گراییِ دینی در جهان اکثریت به محیط و حال و هوای سدهٔ نخست میلادی نزدیکتر است. مسیحیت جهانی، به‌عنوان یک قاعده، به‌لحاظ الاهیاتی بیشتر محافظه‌کار، و کمتر فردگرا است، و نسبت به اکثر محققان غربی، برای تعامل با پیروان سرسپردهٔ ادیان عمدهٔ دنیا تجربهٔ بیشتری دارد. من به‌عنوان کسی که بیست سال در آسیا خدمت کرده‌ام، متوجه شده‌ام که مسیحیان جهانِ اکثریت به‌رغم آنکه در محیط کثرت‌گرایی دینی زندگی می‌کنند، اغلب به ادیان به‌عنوان فرصتی واقعی برای اعلان عیسای مسیح می‌نگرند تا «مصنوعات دینیِ قابل مقایسه.»

## رویکرد روح‌القدس‌شناختی اِیمِس یونگ[2]

رویکرد جایگزین دیگر به الگوی کلاسیک از منظر محافظه‌کارانه را اِیمِس یونگ، الاهیدان پنتیکاستی از دانشگاه ریجنت پیشنهاد کرده است. یونگ در کتاب‌هایش، «تمییز روح» (ارواح)، «ورای تنگنا»، و «میهمان نوازی و آن دیگری»[3] رویکردی را پیشنهاد کرده

---

1. David Wells, God in the Wasteland: The Reality of Truth in a World of Fading Dreams (Grand Rapids:Eerdmans, 1994), 104; 2. Amos Yong's Pneumatological Approach; 3. Discerning the Spirit(s), Beyond the Impasse, Hospitality and the Other

که می‌توان آن را تا حد زیادی رویکرد الاهیاتی ادیان از جنبهٔ روح‌القدس‌شناختی دانست. یونگ با این سخن آغاز می‌کند که روشی که کثرت‌گرایان برای تبیین الاهیات ادیان به‌عنوان زیرمجموعهٔ یک آموزهٔ کلی در مورد خدا پیش گرفته‌اند، زیادی خوش‌بینانه است. به همین ترتیب تبیین الاهیات ادیان به‌عنوان زیرمجموعهٔ آموزهٔ نجات‌شناسی نیز بیش از حد بدبینانه است. از این گذشته، یونگ استدلال می‌کند که هر الاهیاتِ دینی که بر اساس طبقه‌بندی‌های مسیح‌شناختی تبیین شده باشد، ممکن است ما را در جهت تضعیف کردن ادعاهای ادیان دیگر، در وضعیتی کاملاً *دفاعی* قرار دهد. و تأثیر برخوردی تهاجمی که به‌طور خاص اعتراف می‌کند «کلام انسان خاکی شد» (یوحنا ۱۴:۱) از آن هم کمتر است؛ پس باید آن را با «فروریختن روح بر تمامی بشر» (اعمال ۱۷:۲) که جنبهٔ جهان‌شمول دارد، تعدیل کرد. در عوض یونگ الاهیاتی پیشنهاد می‌کند که پیرامون روح‌القدس‌شناسی شکل گرفته است. یونگ به این باور رسیده که غفلت از آموزهٔ روح‌القدس در الاهیات غربی، به برداشتی بیش از اندازه منفی از کار روح‌القدس در اعتقادات غیرمسیحی منجر شده است. در مقابل، یونگ به اشارهٔ استعاری آیرینیوس به پسر و روح‌القدس به‌عنوان «دو دست پدر» استناد می‌کند. یونگ به کاوش در این امر می‌پردازد که ما چگونه می‌توانیم تشخیص دهیم که «دست» روح‌القدس ممکن است حضور و عملکرد خدا را در ادیان غیرمسیحی بگستراند.

یونگ سه معیار (حضور الاهی، عدم حضور الاهی و فعالیت الاهی) پیشنهاد می‌کند که می‌توانند توان تشخیص حضور خدا و کار او، و یا طرد حضور و اعمال شیطانی و مخرب را به کلیسا ببخشند. یونگ در تازه‌ترین نوشته‌هایش تأکید می‌کند که روح‌القدس به مسیحیان توانایی می‌بخشد که با تعامل مثبت به‌عنوان میزبان در جهانی با ادیان بسیار، «میهمان‌نوازیِ خدا» را عملاً جامهٔ تحقق بپوشانند. او با اشاره به سخن گفتن مردم به زبان‌های گوناگون در روز پنتیکاست، به ما یادآوری می‌کند که حتی اگر کسی از یک دین دیگر به زبانی به اصطلاح بیگانه سخن می‌گوید، روح‌القدس می‌تواند به ما قدرت عطا کند که حضور و کار خدا را در ادیان دیگر بفهمیم و تمییز دهیم.

نقطهٔ قوت پیشنهاد یونگ در این است که رویکرد روح‌القدس‌شناختی وی بحث را در چارچوب الاهیاتی بزرگتری مطرح می‌کند. کار روح‌القدس در آفرینش به یونگ امکان می‌دهد تا نسبت به مکاشفه دیدگاهی نیرومندتر اتخاذ کند. او برای نشان دادن آنکه پدران کلیسای اولیه الاهیات ادیان خود را در چارچوبی بزرگتر از الگوی کلاسیک تبیین کرده بودند، از نوشته‌های آباء کلیسا، همچون آیرینیوس، کلمنت و ژوستین شهید عباراتی نقل می‌کند. همچنین رویکرد روح‌القدس‌شناختی یونگ به وی امکان می‌دهد تا در جستجو برای تشخیص کار خدا در فرهنگ بشری، و از جمله روایات مذهبیِ مردمانی که به صورت خدا آفریده شده‌اند، به طرح پرسش‌هایی بزرگتر بپردازد.

طرح پیشنهادی یونگ، به‌رغم تحولات مثبتی که ایجاد کرده، سه نقطه ضعف عمده دارد. نخست اینکه، به اندازهٔ کافی مسیح‌محور نیست. نیّت اصلی یونگ این بوده که الاهیات دینیِ تثلیثی و کامل‌تری ارائه دهد که روح‌القدس‌شناسی *نقطهٔ آغاز* آن باشد. یونگ خاطرنشان

می‌سازد که «هر الاهیات دینی از دیدگاه مسیحی که با روح‌القدس‌شناسی آغاز می‌شود، باید در نهایت با عنصر مسیح‌شناختی نیز روبه‌رو شود و آن را در بر بگیرد.» وی در ابتدای طرح پیشنهادی خود با «کنارگذاشتنِ، دست‌کم موقتیِ، مسئلهٔ نجات‌شناختی» موافقت می‌کند. با این‌حال، چنانکه پروژه‌اش جلو می‌رود، به‌نظر می‌رسد که او دیگر هیچگاه به‌طور کامل به محوریت مسیح‌شناسی و نجات‌شناسی بازنمی‌گردد. در واقع، یونگ مسیح‌شناسی را عامل تحمیل «قیود جزمی» بر الاهیات خود در مورد دین می‌داند. در حالی که یونگ با اطمینان کامل مسیح‌شناسی را مفروض می‌انگارد، در صیانت از الاهیات خود در برابر ذهن‌گرایی[1] به اندازهٔ کافی صریح و بی‌پرده نیست. در انتها، پیروزی یا شکست نظریهٔ یونگ منوط به ارائهٔ مجموعهٔ قابل اعتمادی از معیارها است که بتواند به کلیسا توانایی تمییز حضور روح‌القدس را از حضور ارواح شیطانی و مخرب بدهد؛ حضوری که باید آن را در زندگی و اندیشهٔ پیروان باورهای غیرمسیحی جست. متأسفانه، معیارهای سه‌گانهٔ وی چنان گنگ و مبهمند که نمی‌توان با اطمینان گفت که مطالبات این پروژهٔ مبهم چیست. حتی خود یونگ اعتراف می‌کند که «تمییز ارواح همواره و به ذات خود امری گنگ خواهد بود.» وی همچنین، به‌درستی اعتراف می‌کند که هیچ فعالیت دینی‌ای را نمی‌شود به‌طور شسته‌رفته به‌عنوان الاهی، انسانی یا شیطانی طبقه‌بندی کرد.

دوم آنکه، پیشنهاد او همچنان راهی برای گذر به فراسوی یک گفتمان میان سنت‌ها و ساختارهای دینی مادی و ملموس، فراهم نمی‌کند. چنانکه بعداً نشان خواهیم داد، الاهیات دین از منظر اونجلیکال باید تنش میان مسیح و همهٔ ادیان را نشان دهد. نمی‌تواند طرحی باشد که، به‌رغم همهٔ سخاوتش، به‌طور ناگزیر نشان دهد که اونجلیکال‌ها معتقد به برتری دین مسیحیت هستند.

سوم اینکه، طرح پیشنهادی یونگ هم مانند الگوی کلاسیک، به حد کفایت شیوه‌های مختلف کثرت‌گراییِ دینی را که کلیسای جهانی نایل به درک و تجربهٔ آنها شده، به حساب نمی‌آورد. یونگ مصمم می‌ماند که الاهیاتِ نوینی در مورد ادیان بیابد تا اونجلیکال‌ها را توانمند سازد تا در پروژهٔ بزرگتر روشنگری حرفی برای گفتن داشته باشند. لیکن، با توجه به تغییر جهت عمده‌ای که در نقطهٔ ثقل مسیحیت رخ داده، فقط رسیدگی به مخاطبان غربیِ اندک کافی نیست.

## رویکردی اونجلیکال به الاهیات ادیان

طرحی که من در صدد پیشنهاد آن هستم با بازنگریِ پنج معیار یا محکی که هر الاهیاتِ اونجلیکال در مورد دین را باید با آنها سنجید، آغاز می‌شود. پس از بررسی معیارها، به ارائهٔ نمونه‌ای خواهم پرداخت که نشان می‌دهد چگونه می‌توان یک الاهیات دین از منظر اونجلیکال را به ترتیبی که با این پنج معیار همخوانی داشته باشد، شکل داد.

1. Subjectivism

## پنج معیار در تبیین الاهیات دین از منظر اونجلیکال

### *توجه به اصطلاحاتی که به‌کار می‌بریم*

نخست، باید معانی عناوین یا اصطلاحاتی را که برای نامگذاری مواضع گوناگون به‌کار می‌بریم، هم از لحاظ توصیفی و هم از لحاظ کارایی، بفهمیم. یعنی هر واژه یا عبارتی که برای توصیف یک موضع به‌کار می‌رود، باید دقیق و برای پیروان موضع مزبور، پذیرفتنی باشد. متأسفانه، موضع‌گیری‌ها در گفتگوهای میان-دینی، اغلب به‌صورتی مضحک درآمده‌اند. تعهد خالصانه به همراه موضع‌گیری‌های واقعی ضروری است. وانگهی، موضع‌گیری‌ها نباید صرفاً توصیف‌کنندهٔ چیزهایی باشند که ما فقط ذهناً به آنها باور داریم، بلکه باید بازتاب اعمال و زندگی ما در ارتباط با آنانی باشد که به ادیان غیرمسیحی تعلق دارند. به‌عبارت دیگر، الاهیات دین باید جهت‌گیریِ اخلاقی و ارتباطی داشته باشد، نه صرفاً توصیفی و آموزه‌ای.

### *حفظ چارچوب تثلیثی همراه با تمرکزی مسیح‌شناختی*

دوم، الاهیات دین باید بخشی از الاهیات بزرگتر تثلیثی باشد. تنها چند محقق الاهیاتِ دین را در چارچوبی تثلیثی ارائه کرده‌اند، اما مهم است که این الاهیات مسیح‌محور نیز باشد. در تحلیل نهایی، مسیح‌شناسی است که تنها مبنای عینی و واقعی را برای ارزیابی ادعاها در مورد حقیقت فراهم می‌کند، خواه این ادعاها خاستگاهی مسیحی (گفتگوی درون-دینی) داشته باشند، خواه در پاسخ به ادعاهای متداول دیگر ادیان (گفتگوی میان-دینی) مطرح شده باشند.

### *اعلان حقیقت کتاب‌مقدسی*

سوم، الاهیات دین از منظر اونجلیکال باید حقیقت انجیل را اعلان کند. در سال‌های اخیر، شمار فزاینده‌ای از اونجلیکال‌ها دیگر به منحصربه‌فرد بودن پیام انجیل اعتمادی ندارند. همچنین از به‌کار بردن واژهٔ *انحصارگرایی* خودداری می‌کنند، چون این واژه مجموعه‌ای از معانی منفی گوناگون را با خود یدک می‌کشد. از این گذشته، ما به‌طور فزاینده‌ای خودمان را با خوی نسبیت‌مآبانهٔ فرهنگ وفق داده‌ایم. هرچند، چنانکه در این طرح پیشنهادی آشکار خواهد شد، من توصیه نمی‌کنم که واژهٔ *انحصارگرایی* را کماکان حفظ کنیم. گزینش من ناشی از تلاش برای کاستن از «رسواییِ انحصار» نیست، بلکه خواسته‌ام نامی مناسب‌تر ابداع کرده باشم، بدون آنکه لبه‌های تیز پیام انجیل را کُند کنم.

باید آگاه باشیم که ما اکنون انجیل را در محیطی اعلان می‌کنیم که در آن نسبیت صرفاً یک طرح نظری نیست، بلکه امری بدیهی شمرده می‌شود. یکی از خسارات ناشی از ظهور گفتگوی میان-دینی در دورهٔ معاصر غیاب واژهٔ *راستی* است، چنانکه در درک مکاشفهٔ کتاب‌مقدسی تصریح شده است. امروزه، تنش فزاینده میان تحمل و عدم تحمل است، نه میان راستی و دروغ. چنانکه در فصل ۱ کتاب بررسی کردیم، اونجلیکال‌ها در مورد انتقال از

مرکز زندگی فرهنگی به حاشـــیه‌ها، چنان که باید به بحث و گفتگو ننشسته‌اند. از این‌رو، در عین‌حال که به‌طور کامل درگیر واقعیات جهانی هستیم، باید زبان راستی را به‌کار ببریم، حتی اگر از موضع تبعید باشد.

### *جای دادن بحث در یک زمینهٔ الاهیاتی بزرگتر*

چهارم، الاهیات دین از منظر اونجلیکال باید در زمینهٔ کتاب‌مقدســـی و الاهیاتیِ بزرگتر جای داده شود. از این سخن من چنین تعبیر نکنید که قصد دارم سه ضرورتِ قطعی را (یعنی منحصربه‌فرد بودن عیســـای مسیح، محوریت مرگ و قیام او، و لزوم واکنش روشن و صریح از طریـــق توبه و ایمان)، که مورد تأیید موضع انحصارگرای ســـنتی اســـت، نادیده بگیرم. با این‌حال، سه ضرورت مزبور را باید در زمینه‌ای بزرگتر که دربرگیرندهٔ آموزهٔ آفرینش، مکاشفه (عام و خاص)، انسان‌شناســـی، تثلیث، مسیح‌شناســـی، روح‌القدس‌شناسی، کلیساشناسی، و آخرشناســـی اســـت تشـــریح کرد. این کار در عین‌حال الاهیات دین را از افتادن در ورطهٔ فردگرایی یا تقلیل‌گرایانیِ الاهیاتی حفظ می‌کند.

### *بازشناسی بُعد جهانی کثرت‌گرایی دینی و مسیحیت جهانی*

پنجم، الاهیات دین از منظر اونجلیکال باید در زمینه‌ای از درک و برداشت‌های متفاوت از کثرت‌گرایی دینیِ کنونی در جهان، تبیین شود. در غرب، جهانی شدن، مهاجرت، و فروپاشی دورهٔ حاکمیت مسیحی موجبات ظهور شـــکلی خاص از کثرت‌گراییِ دینی مدرن را فراهم کرده که به‌طور قطع نسبیت‌گرایانه اســـت. کثرت‌گرایی دینی صرفاً یک واقعیت توصیفی از دنیای ما نیست، بلکه «کشمکشـــی میان علایق و منافع متداول است.» کثرت‌گرایی دینی در غرب به‌طور کلـــی تمام همّ خود را وقف این کرده که همـــهٔ مباحثات دینی را زیرمجموعهٔ انسان‌شناســـی قرار دهد، که با پروژهٔ روشنگری همخوان اســـت. اَبَرالگوی پست‌مدرن در عین‌حال که اتکای روشـــنگری به منطق، و مفهوم پیشـــرفتِ ناگزیر را رد می‌کند، مکاشفه را نیز مردود می‌شـــمارد. با وجود این، در جهان اکثریت، کثرت‌گرایی دینی بیشتر یک واقعیت توصیفی است. مسیحیان در جهانِ اکثریت، به زندگی دوشادوش پیروان راستینِ دیگر ادیان خو گرفته‌اند، و توانســـته‌اند برتریِ هنجارین مسیح را در میان این محیط کثرت‌گرا به‌روشنی بیان کنند. امروزه الاهیات دین باید از منظر کلیســـای جهانی بیان شود، نه از دیدگاه جماعت رو به کاهش فضلای نهضت روشنگری.

### **تدوین الاهیات دین بر مبنای الگوی کلاسیک با توصیفی نو**

لزومی ندارد الاهیات دین از منظر اونجلیکال به‌کلی از الگوی کلاســـیک که در سطحی گسترده متداول است دست بشـــوید، لیکن افزودن موضع چهارم به این الگو، آن‌هم از منظر پست‌مدرن، چنانکه نیتر پیشنهاد کرده، هم مفید است و هم حائز اهمیت. مهم است که الگوی کلاســـیک یا الگوی اصلاح‌شدهٔ آن حفظ شود، زیرا این الگو نقطهٔ آغازی است بر چگونگی

شکل‌گیری بحث. با این‌حال، این «الگو» مستلزم بازنگری است. ما کارمان را نخست با نگاهی به نامگذاری این الگو به‌عنوان یک کلیت، آغاز می‌کنیم. با رعایت معیار اول، واژگانی توصیفی ارائه می‌دهیم، و همزمان برای یافتن هر چیز آموزنده از عملکردهای کارآمد هر یک از موضع‌ها کاوش می‌کنیم. سپس، تنها روی دیدگاه سنتی اونجلیکال متمرکز خواهیم شد و نشان خواهیم داد که چگونه اصول بر جای مانده می‌توانند در جهت تقویت الاهیاتِ دین از منظر اونجلیکال به ما یاری برسانند.

نخست اینکه، رویکرد اونجلیکال به الاهیات دین باید *دربرگیرندهٔ اصطلاحاتی دقیق‌تر و توصیفی‌تر باشد و در عین‌حال مشخص کند که در بده-بستان رویاروییِ میان-دینی، از هر موضع‌گیری چه عملکرد کارآمدی را می‌توانیم بیاموزیم*. در راستای حفظ اصل اول، من تغییراتی را در شیوهٔ توصیف هر یک از الگوها پیشنهاد کرده‌ام. با این کار، صمیمانه در جستجو برای ابداع عبارتی بوده‌ام که نه تنها به‌لحاظ توصیفی دقیق باشد، بلکه هواداران آن موضع بتوانند موضع خود را بشناسند و اثبات کنند. بدین‌ترتیب، باید نام «انحصارگرایی» را خاص‌نگریِ مکاشفه‌ای[1] گذاشت. واژهٔ «*خاص‌نگری*» بر برتری عیسای مسیح پای می‌فشارد و از واژه انحصارگرایی دقیق‌تر است. برخی از انحصارگرایی چنین برداشت کرده‌اند که ما قصد داریم خود را منحصر از دیگران بشماریم، در حالی که تمرکز بر منحصربه‌فرد بودن و برتریِ عیسای مسیح است. همچنین اصطلاح «*خاص‌نگری*» در برابر طرح‌های پیشنهادی دیگری که مسیح‌محورند اما به طرفداری از مسیحِ کیهانی قید تاریخمندیِ تجسم او را می‌زنند- و اغلب با اعلان رسالتی دربارهٔ عیسای مسیح ارتباطی ندارند- از دیدگاه اونجلیکال محافظت می‌کند. واژهٔ «*مکاشفه‌ای*» بر اهمیت مکاشفه (هم در کلام خدا و هم در عیسای مسیح) در دیدگاه اونجلیکال تأکید می‌ورزد. الاهیات دین از منظر اونجلیکال هرگز نمی‌تواند از طبیعت هنجارین مکاشفهٔ کتاب‌مقدسی یا برتریِ نهایی عیسای مسیح صرف‌نظر کند.

شمول‌گرایی را باید به مثابه *شمول‌گراییِ جهانی* تلقی کرد. این اصطلاح بر گسترهٔ جهانیِ نهفته در ادعای شمول‌گرایی تأکید می‌کند و حتی لزوم معرفت‌شناختیِ واکنش انسان نسبت به پیام انجیل را رد می‌کند. عملکرد کارآمد شمول‌گرایی این است که به همهٔ ما یادآوری می‌کند که دامنهٔ مکاشفهٔ خدا فراتر از مرزهای مکاشفهٔ کتاب‌مقدسی را هم درمی‌نوردد. ژان کالون، اصلاح‌گر دینی، خاطرنشان ساخت که «خدا به همهٔ انسان‌ها تا حدی شناخت الوهیتش را اعطا فرموده، و یاد آن را پیوسته تجدید می‌کند و هرازگاهی بدان وسعت می‌بخشد.» در چنین بستری، کالون به «حس الاهی»[2] و «منشاء دین»[3] جهانی اشاره می‌کند. آگوستین هم به همین ترتیب، در کتاب «اعترافات» خود از «خاطرهٔ مهرآمیز» خدا که حتی در بی‌ایمانان هم نهفته است، سخن می‌گوید. اگرچه باید مراقب باشیم که نگذاریم مکاشفهٔ عام مکاشفهٔ خاص را فروببلعد، نباید از این حقیقت بنیادین هم صرف‌نظر کنیم که میان این دو مکاشفه پیوستگی وجود دارد، و حتی در مواجهه با دیگر ادیان، خدا خود را بدون شاهد نگذاشته است.

1. Revelatory Particularism; 2. Sensus Divinitatis; 3. Semen Religionis

نام کثرت‌گرایی را باید کثرت‌گرایی گفتگویی[1] گذاشت، که بازتابِ نفع تعامل در رویارویی با دیگر ادیان با آزاداندیشی و فروتنی است. گاهی اونجلیکال‌ها نسبت به گفتگوی میان‌دینی و در برخورد با پرسش‌ها و اعتراض‌های صادقانهٔ دیگر ادیان، بیش از اندازه محتاطند. جرالد مک درموت نویسندهٔ اونجلیکال، در کتاب آیا اونجلیکال‌ها می‌توانند از ادیان دیگر جهان چیزی بیاموزند؟ با خبرگی نشان داده که چیزهای بسیاری هست که ما می‌توانیم در رویارویی با پیروان ادیان دیگر جهان از آنها بیاموزیم.

سرانجام اینکه، مدل «پذیرش» پست‌مدرن نیتر را هم باید پست‌مدرنیسم روایتی[2] نامید. اگرچه جهان‌بینی پست‌مدرن عمدتاً با مکاشفهٔ کتاب‌مقدسی تناقض دارد، اما تأکید کارآمدش بر روایت بسیار مفید است. اونجلیکال‌ها اغلب پیام کتاب‌مقدس را با فهرستی کوتاه از گزاره‌های آموزه‌ای برابر دانسته‌اند، و با این کار میان اعلان ما در مورد مسیح و هزاران روشی که انجیل با زندگی ما تلاقی می‌یابد، جدایی بی‌مورد ایجاد کرده‌اند. ما باید روایات دینی اشخاصی را که با آنها روبه‌رو می‌شویم جدی بگیریم، حتی زمانی که در صدد ربط دادن آنها با اَبَرروایتِ بزرگتر انجیل هستیم.

خلاصه اینکه، متأله اونجلیکال باید توانایی در بر گرفتن خصوصیات مثبت و کارآمد هر یک از مواضع را داشته باشد. ما باید «میهمان‌نوازی» آزادانه را که ویژگی کثرت‌گراها است در الاهیات خود لحاظ کنیم. باید از اشتیاق شمول‌گرایان برای دیدن اینکه خصوصیات «*مأموریت الاهی*» از مأموریت و شهادت کلیسا در جهان فراتر است، چیزها بیاموزیم. باید در اعلان انجیل به دیگران، به اهمیت کتاب‌مقدسی و شخصیِ روایت توجه کنیم.

چهار اصل باقی‌مانده در مورد موضع اونجلیکال اِعمال خواهد شد، که *خاص‌نگریِ مکاشفه‌ای* نامگذاری شده است.

دوم آنکه، *خاص‌نگریِ مکاشفه‌ای باید در بستری تثلیثی تبیین شود.* کاربرد معیار دوم به ما یادآوری می‌کند که انجیل مسیحی بدون آموزهٔ تثلیث قابل درک نیست، زیرا آموزهٔ تثلیث هم شالودهٔ مباحث الاهیات مسیحی به‌شمار می‌رود و هم هدف آن. این عملی‌ترین راه برای نگاه داشتن همهٔ بحث‌های درون-دینی و میان-دینی در یک چارچوب گستردهٔ الاهیاتی است که غنای پیام مسیحی را نشان می‌دهد.

خدای پدر منبع کل مکاشفه است. همین امر خاص‌نگری را با آموزهٔ آفرینش پیوند می‌دهد و کمک می‌کند دیدگاهی قوی نسبت به مکاشفهٔ عام داشته باشیم. می‌توانیم تصدیق کنیم که هر مذهبی، به جهات گوناگون، مفهوم «عمل خاموش خدا»[3] را در خود دارد.[4] ادیان بازتاب کار خدا در دل انسان و جستجوی انسان برای یافتن خدا هستند. آنها همچنین بازتاب تلاش بی‌پایانِ بشر برای گریز از خدا، حتی زیر پوشش فعالیت دینی، هستند. طبق مشاهدهٔ کالوین شنک[5] دین بشر بازتاب دو چیز است: «فریاد او برای کمک و تلاشش برای

1. Dialogic Pluralism; 2. Narrative Postmodernism; 3. The silent work of God; 4. J. H. Bavinck, The Church Between Temple and Mosque: A Study of the Relationship Between the Christian Faith and Other Religions (Grand Rapids: Eerdmans, 1966), 200.; 5. Calvin Shenk

پارساشمردنِ خود.» اصلاحگران با خردمندی درون‌مایهٔ «شریعت و انجیل» را در مورد ادیان دیگر به‌کار برده، خاطرنشان نمودند که خدمت دیگر ادیان، در راستای تحقق یکی از مقاصد اصلی «شریعت» است؛ یعنی اینکه می‌توانند چنان پرسش‌های مأیوس‌کننده و بی‌پاسخی در زندگی پیروان‌شان بیافرینند که ایشان به انجیل فیض خدا روی بیاورند.

خدای روح‌القدس، به‌عنوان عامل خلقت تازه به ما کمک می‌کند تا خاص‌نگری مکاشفه‌ای را در زمینه‌ای آخرشناختی جای دهیم. برای مسیحیان، نجات چیزی فراتر از آموزهٔ پارساشمردگی است. نجات یعنی به‌طور کامل شریک شدن در خلقت تازه، که هم‌اکنون در نظام کنونی پدیدار شده است. چنانکه در فصل ۶ بررسی کردیم، این حقیقت همهٔ جنبه‌های فرهنگ را در بر می‌گیرد.

سرانجام، در بطن تثلیث‌باوری عیسای مسیح قرار دارد، که نقطهٔ اوج مکاشفهٔ خدا و معیار نهایی است که به‌واسطهٔ آن همه چیز مورد سنجش و داوری قرار می‌گیرد. به‌جای مقایسه کردن و رودررو قرار دادن مسیحیت با دیگر ادیان، ما همهٔ ادیان، و از جمله مسیحیت را، با مکاشفهٔ عیسای مسیح می‌سنجیم، که تجسم خلقت تازه است. از این‌رو است که هم تثلیثی و هم مسیح‌محور بودنِ الاهیات دین از منظر اونجلیکال اهمیت دارد.

این برای انجام گفتگوی میان–دینی، که اغلب آموزه‌ها یا تجربیات روحانی میان دو دین را با هم مقایسه می‌کند، دربردارندهٔ معانی ضمنی مهمی است. برای مثال، در بحث و گفتگوی هندو و مسیحی پیرامون آموزهٔ کارما، تنها پاسخ قابل‌فهم از سوی فرد مسیحی این خواهد بود که آموزهٔ کارما را به اعلان مسیحی فیض، که در عیسای مسیح یافت می‌شود، ربط بدهد. در گفتگوی مسلمان و مسیحی در مورد مکاشفه از منظر قرآن و کتاب‌مقدس، اگر فرد مسیحی خاطرنشان نسازد که برای مسیحیان مهمترین شکل مکاشفه آن است که در خودِ عیسای مسیح تجسم یافته، از وزن الاهیات مسیحی کاسته است. در یک کلام، تثلیث، و به‌ویژه عیسای مسیح محوری است که همهٔ آموزه‌های پیام مسیحی پیرامونش گرد می‌آیند. منحصربه‌فرد بودنِ مسیح امری حیاتی است چون مسیحیت همواره ادعا کرده که خدا در تاریخ مداخله‌ای بسیار خاص کرده است، و آن «یورش وجود بی‌زمان به محدودهٔ زمان است، که به موجب آن ذات الوهیت جسم انسانی گرفت.»[1] خدایی که همیشه «فاعل» (غیرعینی) است و هرگز «مفعول» (عینی) نبوده، داوطلبانه و برای مدتی خود را در جایگاه موجودی «عینی» قرار داده، تا انسان‌ها بتوانند او را ببینند، لمس کنند و مورد مشاهده قرار دهند. از این‌رو، مسیح نمایان‌کنندهٔ مکاشفهٔ غایی و نهایی کل تثلیث است. زندگی و خدمت عیسی توسط خدای روح‌القدس تقویت می‌شد و عیسی چنین فرمود: «کسی که مرا دیده، پدر را دیده است.» (یوحنا ۹:۱۴)

سوم اینکه، *خاص‌نگری مکاشفه‌ای اظهار می‌دارد که کتاب‌مقدس در درک ما از اینکه خدا خود را آشکار کرده است، نقشی مرکزی دارد.* خدا نه تنها با جسم گرفتن کلام، بلکه با کلامی که در کتاب‌مقدس مکتوب است، بشریت سقوط‌کرده را مورد خطاب قرار داد.

1. Richard Holloway, Signs of Glory (London: Darton, Longman and Todd, 1982), 5.

خاص‌نگریِ مکاشفه‌ای بدون هیچ قید و شرطی تصریح می‌کند که «تمامی کتب مقدس الهام خداست» و از این‌رو «برای تعلیم و تأدیب و اصلاح و تربیت در پارسایی سودمند است» (دوم تیموتائوس ۳:۱۶). اصل سوم تأکید می‌کند که همهٔ نگرش‌هایی که از منظر مکاشفهٔ عام صورت می‌پذیرد، یا همهٔ ادعاهای خاص دیگر ادیان، باید با مکاشفهٔ کتاب‌مقدسی، و شخص و کارهای عیسای مسیح آزموده شوند. باور راسخ به مکاشفهٔ شخصی و گزاره‌ای تنها راه مطمئن برای جلوگیری از افتادن ما در ورطهٔ نسبیت‌باوری، شکاکیت‌های بی‌پایان بشری، یا از همه بدتر، این تصور است که ادیان چیزی نیستند جز ترجیح عملگرایانه و مشتری‌پسند در آشفته بازار دینیِ جهان. چنانکه پیش‌تر نیز اشاره کردیم، تنها کافی نیست که بگوییم خاص‌نگریِ مکاشفه‌ای سه ضرورت قطعی را تصدیق می‌کند. الاهیات دین از منظر اونجلیکال باید در چارچوبی بزرگتر که کل شهادت کتاب‌مقدسی[1] را در بر می‌گیرد، تبیین شود. وانگهی، باید همواره به خاطر داشته باشیم که انجیل خبر خوشی است که باید آن را اعلان کرد. ما خوانده شده‌ایم تا حتی در زمینهٔ گفتگوی میان-دینی هم شاهدان عیسای مسیح باشیم.

چهارم آنکه، *خاص‌نگریِ مکاشفه‌ای موضع الاهیات دین از منظر اونجلیکال را در بستر مأموریت الاهی جای می‌دهد.* برای مراعات اصل چهارم تنها راه این است که از درون لنز «*مأموریت الاهی*» نگاه کنیم تا مطمئن شویم که الاهیاتی که دربارهٔ دین تدوین می‌کنیم به‌طور کامل با چارچوب کلی الاهیات کتاب‌مقدسی در پیوند است. آنچه که در «*مأموریت الاهی*» نقش محوری دارد درک این مطلب است که خدا به‌واسطهٔ گفتار و کردار مشغول مأموریتی برای رهانیدن و برکت دادن همهٔ قوم‌ها است. با این تعبیر، سخن کوین ونهوزر درست است که می‌گوید خودآشکارسازیِ خدا اساساً نمایشی الاهی[2] است. به‌عبارت دیگر، مکاشفه جدا از فرهنگ و بافت بشری نازل نمی‌شود، چنانکه اسلام ادعا دارد. قضیه این است که خدا وارد روایات انسانی می‌شود و در آنها مداخله می‌کند و از این رهگذر زمینه‌ای *نمایشی، مأموریتی* شکل می‌گیرد.

انجیل بزرگترین داستان نمایشی است که تاکنون نوشته شده است. نمایش الاهی با آفرینش و واکنش انسان به قانون خدا- که آن را سقوط می‌خوانیم- آغاز می‌شود. خدا نیز در واکنش به سقوط انسان، زمینهٔ نجات او را از طریق بستن عهد با ابراهیم فراهم می‌آورد، که البته این عهد برکت دادن همهٔ قوم‌ها را شامل می‌شود. صحنهٔ نمایشی که خدا در آن خود را آشکار می‌سازد صحنهٔ تاریخ بشر است، که کالون از آن با عنوان «تئاتر جلال خدا»[3] یاد کرده است. خودِ خدا بازیگر اول این نمایش است، چه در آفرینش، چه در نجات و چه در خلقت تازه. خدا عمل می‌کند و سخن می‌گوید، و تاریخ بشر و از جمله تاریخ و روایات دینی، همه واکنشی به اعمال و گفته‌های خدا هستند. رهانیدن قوم اسرائیل از مصر به‌دست خدا تنها نمونه‌ای است در مقیاسی کوچک از آنچه خدا برای کل بشریت و در سطحی عمیق‌تر، قصد انجامش را دارد. ونهوزر خاطرنشان می‌سازد که وقتی پردهٔ نمایش الاهی بالا رفت، تنش‌های

1. Canonical; 2. Theo-Dramatic; 3. Theatrum Gloriae Dei

نمایشـــی بسیار، تشـــخیص دادنِ این را که چگونه خدا به وعدهٔ برکت دادن به همهٔ قوم‌ها از طریق ابراهیم وفا می‌کند، دشـــوار می‌ساخت. مرگ و قیام مسیح نمایان‌کنندهٔ راه‌حل همهٔ این تنش‌ها اســـت. گناه و مرگ مقهور می‌شـــوند، خلقت تازه آغاز می‌گردد، و خدا برای تداوم نمایش نقشهٔ نجاتش، روح‌القدس را می‌فرستد. الاهیات دین از منظر اونجلیکال همواره باید در زمینه‌ای بزرگ‌تر، یعنی نمایش «*مأموریت الاهی*»، جای داده شود.

و سرانجام اینکه، *خاص‌نگری مکاشفه‌ای باید هم اونجلیکال باشد و هم کاتولیک (جامع)*. اونجلیکال بدین‌معنا که متعهد به مرکزیت مســـیح، مسیحیت راستین و تاریخی، و ضرورت اعلان انجیل در گفتار و کردار باشد و جهان را به توبه و ایمان فرابخواند. ایمان اونجلیکال به ما کمک می‌کند که مرکزیت انجیل را به یاد داشته باشیم. با این‌حال ما کاتولیک هستیم، بدین تعبیر که با همهٔ اعضای بدن مســـیح در سراسر جهان اتحاد داریم. پایبندی شدید به کلیسای جهانی، مادامی که حول محوریت مسیح و اصل انطباق با نص کلام خدا[1] قرار داشته باشد، به کل کلیســـا نیرو می‌بخشد. ما معتقدیم که «برای درک کامل *یگانه* انجیل، گفتگو میان قدیسانِ *بسیار*، امری ضروری است.»[2] معیار پنجم به ما یادآوری می‌کند که اگر فرضیات فلسفیِ حاکم بر نهضت روشنگری حاکم نشوند، کل کلیســـای جهانی می‌تواند نسبت به چگونگی تبیین ایمان مســـیحی در بافت کثرت‌گرایی دینی تجارب و دیدگاه‌های گوناگونی ارائه دهد. ظهور کلیسای جهانی نمایانگر فرصتی منحصربه‌فرد برای احیای جامعیت[3] کتاب‌مقدسی است، که بنا بر اعتقادنامهٔ رسولان، یکی از نشانه‌های کلیسای راستین می‌باشد.

## نتیجه‌گیری

حفظ الگوی کلاســـیک با این اصلاحات به ما امکان می‌دهد کـــه به مباحث میان-دینی مطابـــق الگویی قابل‌فهم برای همه، ادامه دهیم. با وجود این، نامگذاری دقیق‌تر چهار موضع، وقتی با طرح کلی و جامع مبتنی بر موضع خاص‌نگریِ مکاشـــفه‌ای همراه شـــود، به تقویت تعاملات اونجلیکال در گفتگوهای میان-دینی کمک می‌کند، تصویری روشـــن‌تر از شهادت عمومی ما در بطن کثرت‌گرایی دینی به‌دســـت می‌دهد، و به ما امکان می‌دهد تا با شـــهادت کلیسای جهانی در سراسر تاریخ و در سراسر دنیا هم‌آوا بمانیم.

---

1. Canonicity; 2. Kevin J. Vanhoozer, The Drama of Doctrin: A Canonical-Linguistic Approach to Christian Theology (Louisville: Westminster John Knox, 2005), 42.; 3. Catholicity

بخش سوم

خدای پسر:
تجسم رهایی‌بخشِ
«مأموریت الاهی»

قسمت الف

# تاریخ میسیون مسیحی همچون بازتابی از تجسم خدا

# ۸

# نقاط عطف در تاریخِ میسیون مسیحی تا پیش از ۱۷۹۲

اوید[1] یکی از نخستین نویسندگانی اســـت که در کتاب خود دگردیسی‌ها[2] به ثبت اسطورهٔ باستانی نارسیسوس[3] پرداخته اســـت. بنا بر روایت اوید، نارسیسوس پس از رویارویی با اِکو[4] به‌ســـوی رودخانه‌ای می‌گریزد و در کنار آن زانو می‌زند تا از آب رودخانه بنوشـــد. اما در حین نوشیدن ناگهان چشـــمش به تصویر خودش در آب می‌افتد و عاشق خودش می‌شود. هربار که می‌خواهد از آب رودخانه بنوشد، بازتاب سیمایش مزاحم این کار می‌شود. از این‌رو نارسیسوس از نوشیدن خودداری می‌کند و چنان مشتاقانه به تصویر خود خیره می‌شود تا اینکه می‌میرد.

اســـطورهٔ نارسیســـوس را نویســـندگان و هنرمندان امروزی گوناگونـــی همچون کیتز[5] داستایفســـکی، فروید و حتی باب دیلن[6] برای برجســـته‌نماییِ طبیعت ویرانگر نارسیسیسم (خودشـــیفتگی- م.) به‌کار برده‌اند. امروزه، آینه جزو متداول‌ترین اشیاء در دنیا است. از آنها برای تماشای تصاویر دور از طریق تلسکوپ و یا در کارناوال‌ها برای خنداندن مردم به‌خاطر دیدن تصاویر کاریکاتور از خودشان، می‌توان استفاده کرد. هر روزه مردم سراسر جهان برای مرتب کردن سر و وضع ظاهری خودشان به آینه نگاه می‌کنند.

بنا به تعریف فرهنگ "وبســـتر"، آینه شیئی است با ســـطحی صاف و صیقلی که تصویر اشـــیاء را با وضوح و شـــفافیت بازتاب می‌دهد. از دیدگاه الاهیاتی، نخستین و مهمترین آینه را می‌تـــوان در گزارش آفرینش آغازین یافت. کتاب پیدایش می‌گوید که خدا مرد و زن را به صورت خود آفرید. یعنی اینکه ما به‌گونه‌ای طراحی شـــده‌ایم کـــه بازتابی، یا آینه‌ای از خدا در نظام آفرینش باشـــیم. پس از سقوط بشر، آینهٔ صورت خدا در ما مخدوش و کدر شد. در

1. Ovid; 2. Metamorphoses; 3. Narcissus; 4. Eco; 5. Keats; 6. Bob Dylan

رویداد تجسم است که خدا در وجود عیسای مسیح وارد تاریخ ما می‌شود. در مسیح است که ما تصویر خدای پدر را به‌طور کامل می‌بینیم. عیسی نمونه‌ای کامل از خدا را در جسم انسانی به نمایش می‌گذارد.

تاریخ میسیون مسیحی را می‌توان به یک آینه یا بازتاب‌دهندهٔ تصویر تشبیه کرد. درست همان‌گونه که خدا در عیسای مسیح وارد تاریخ شد تا به ما نشان دهد که خدا چگونه است، کلیسا هم موظف است تجلی و بازتاب خود حضور خدا در جهان باشد. خلاصه اینکه، تاریخ میسیون مسیحی بازتابی است از تجسم مسیح. نقش کلیسا صرفاً آوردن پیامی مشخص نیست، بلکه جسم *پوشانیدن* به آن پیام است؛ حضور ما باید بازتاب تجسم مسیح و نویددهندهٔ آمدن خلقت تازه باشد. بی‌گمان از مواردی که ما نیت خدا را در مورد کلیسا در دنیا تحریف کرده‌ایم، می‌توانیم نمونه‌های بی‌شماری یاد کنیم. مانند آینه‌های کج و معوج کارناوال‌ها که تصاویر را تغییر شکل یافته نشان می‌دهند، ما هم گاهی فقط کاریکاتوری زننده از عیسای مسیح به جهان بازتابانیده‌ایم. با این‌همه، خدا در مشیت الاهی خود کلیسا را برگزیده و به جهان فرستاده تا شاهد جلال او و نجاتی باشد که در عیسای مسیح یافت می‌شود.

این امر حیاتی است که هر کسی که دعوت خدا را برای میسیونر شدن احساس می‌کند یا سودای مطالعهٔ دورهٔ میسیون‌شناسی را در سر دارد، باید تسلط عمیق بر تاریخ میسیون مسیحی داشته باشد. تاریخ میسیون مسیحی را نباید با تاریخ کلیسا اشتباه گرفت. در فصل نخست به بررسی اهمیت تمایز میان تاریخ *کلیسا* و تاریخ *مسیحیت* پرداختیم. تاریخ کلیسا به ناچار با گروه به‌خصوصی از مسیحیان در ارتباط است که در میراث جغرافیایی یا اعتقادی ویژه‌ای مشترکند. نگارش تاریخ مسیحی بسی دشوارتر است، چون می‌خواهد در تجربهٔ کل کلیسا در سطح جهان به کاوش بپردازد. بازگو کردن تاریخ میسیون مسیحی هم معضلات مشابه دشواری‌های تاریخ کلیسا را دارد. چهار گرایش وجود دارد که هرازگاه برای درک کلیسا از تاریخ میسیون مسیحی مزاحمت ایجاد کرده‌اند.

نخست اینکه، ما اغلب دچار «نزدیک بینی تاریخی»[1] می‌شویم. منظور این است که بیشتر تمایل داریم جنبش‌های مسیحی اتفاق افتاده در زمانی پیش از یکصد سال گذشته را نادیده بگیریم. به همین‌خاطر است که بسیاری از پروتستان‌ها ظاهراً چنین فکر می‌کنند که مأموریت مسیحی در سدهٔ هجدهم و با ویلیام کِری آغاز شده است. دوم اینکه، ما به‌خاطر «کوته‌نظری فرقه‌ای»[2] مقصریم. کوته‌نظری فرقه‌ای یعنی اینکه ما تاریخ میسیون مسیحی را تنها از پَس عینک آن بخش از کلیسا می‌بینیم که دست بر قضا بدان تعلق داریم. این امر بسیاری از ما را بدان‌سو رهنمون می‌شود که دربارهٔ مأموریت مسیحی تنها با شاخص‌های مثلاً لوتری یا باپتیستی بیندیشیم، و بدین‌ترتیب اهمیت دیدگاه برتر مسیحیت جهانی را فراموش می‌کنیم و از دامنهٔ دیدمان نسبت به «*مأموریت الاهی*» کاسته می‌شود. سوم اینکه، برخی تاریخ میسیون مسیحی را حرکت در «مسیری یک‌طرفه»[3] می‌بینند. تصوری که از مأموریت مسیحی در ذهن دارند بدین‌گونه است که همیشه این حرکت از غرب به جهان غیرغربی جریان دارد. این

1. Historical Myopia; 2. Denominational Parochialism; 3. Singular Direction

همان چیزی است که در فصل نخست کتاب زیر عنوان الگوی «رسیدگی غرب به سایر نقاط جهان» به آن اشــاره کردیم. ما خودمان را دریافت‌کنندگان اقدام پیشگامانهٔ مأموریت مسیحی نمی‌بینیم و اغلب از اهمیت اقدامات پیشــگامانهٔ میسیونری که از جهان اکثریت برمی‌خیزند، غافلیم. و سرانجام اینکه، اغلب یک «روحیهٔ ضدتاریخی»[1] وجود دارد که بر گروهی در کلیسا تأثیر گذاشــته و این تأثیر به شیوه‌های گوناگون بروز یافته است. برای مثال، این نگرش رایج است که تاریخ خسته‌کننده و بی‌ربط اســت چون آنچه که «واقعاً اهمیت دارد» چیزی است که هم‌اکنون دارد اتفاق می‌افتد. همچنین عــده‌ای در واکنش به فرقه‌گرایی جدایی‌خواهانه، صحبــت از این می‌کنند که باید میان یک قوم که تاکنون انجیل را نشــنیده‌اند رفت و پیام را «درســت همانند آنچه که در کتاب اعمال روی داد» موعظه کرد. به‌نظر می‌رسد که این افراد متوجه نیســتند که به هر جهت، بیش از دو هزار سال تاریخ مسیحی دیدگاه غالب بر اکثریت غیرمسیحیان را نسبت به پیام مســیحی شکل داده است. ما نمی‌توانیم وانمود کنیم که تاریخ وجود ندارد و مستقیماً از سدهٔ یکم به سدهٔ بیست‌ویکم بجهیم. انجیل از *میان* تاریخ به دست ما رسیده است، نه از *کنار* تاریخ.

فصل‌های ۸ و۹ و ۱۰ کتاب قصد ندارند تاریخ گســترده و پیچیدهٔ میســیون مســیحی را خلاصه کنند. تاریخ میســیون دربرگیرندهٔ اقدامات پیشگامانهٔ بی‌شماری است که در سراسر جهان صورت گرفته‌انــد و احتمالاً فقط خدا می‌داند که مهمترین این اقدامات کدامیک بوده اســت. هدف این فصل‌ها ارائهٔ مقاطع کلیدی یا نقاط عطف اصلی در تاریخ میسیون است و بس. با داشتن چنین پهنهٔ گسترده‌ای از تاریخ پیش روی‌مان، تنها می‌توانیم به نیم‌نگاهی گذرا بسنده کنیم، با این امید که چشم‌اندازی از تاریخ به‌دست آوریم که ارزشمند و سودمند باشد.

این فصل تمرکز خود را بر هفت نقطهٔ عطف کلیدی در تاریخ مأموریت مســیحی تا پیش از ۱۷۹۲، یعنی ســالی که به‌طور سنتی سرآغاز مأموریت مســیحی امروزی نامیده می‌شود، خواهد گذاشت. این هفت نقطهٔ عطف به دلیل اهمیت‌شان در شکل دادن به درک ما از پویایی جنبش جهانی مســیحی، از میان هزاران گزینهٔ بالقوه برگزیده شــده‌اند. روش کلی‌ای که در پیش خواهیم گرفت، برجســته‌نمایی مختصری از آن دورهٔ تاریخی و سپس بیان علت حیاتی بودن آن رویداد برای درک ما از مأموریت مسیحی خواهد بود.

## شاگردانی گمنام از قبرس و قیروان

بررســی ما بنا به ضرورت از سال‌هایی آغاز می‌شــود که فرمان بزرگ مسیح به شاگردان ابلاغ می‌گردد و میسیون در میان غیریهودیان شکل می‌گیرد. انسان وسوسه می‌شود تا در این مقطع تاریخی روی پولس رســول متمرکز شود، که به «رسول غیریهودیان» (رومیان ۱۱:۱۳؛ غلاطیان ۲:۸) مشــهور بود و احتمالاً بزرگترین میســیونر در تاریخ کلیسا به‌شمار می‌رود. با این‌همــه، من تصمیم گرفته‌ام روی گروهی کوچک از شــاگردانی گمنــام از اهالی قبرس و قیروان تمرکز کنم. اینان نخستین کسانی بودند که انجیل را میان غیریهودیانی که هیچ پیشینهٔ

1. Antihistorical Mood

آشـــنایی[1] با یهودیت نداشتند بردند. این نخستین میســیونرها پیش *از* نخستین سفر بشارتی پولس، انجیل را به غیریهودیان موعظه کردند. خدا ایشان را به‌کار گرفت تا مهمترین پیشروی میسیون‌شناختی در کل کتاب اعمال رسولان را در دامان‌شان بپروراند.

گاه این نکته به آسانی فراموش می‌شود که جنبش مسیحی در ابتدا به‌صورت یک جنبش مســیحایی[2] و در درون شاخهٔ نســبتاً کوچکی از یهودیت ســدهٔ یکم آغاز شد. همین اولین مســیحیان یهودی‌تبار بودند که به پرســتش عیسای مسیح، ماشــیح موعود یهود پرداختند. ترجمه‌پذیری فرهنگی و زبان‌شناختی انجیل، که ما امروزه بدان اذعان داریم، در آن زمان تنها در حد یک بذر بود. عیسی به شاگردان خود فرمان داده بود تا «همهٔ قوم‌ها را شاگرد سازند.» بر اســاس منطق درونی انجیل، اگر عیسی همان کسی اســت که ادعا می‌کند، پس اهمیتش بسیار فراتر از دیوارهای یهودیت است. با این‌حال، حقیقت مزبور ناآزموده باقی ماند. عیسی انتظارات یهود و نبوت‌های یهود را تحقق بخشید، اما آیا او پاسخی برای ژرف‌ترین آرزوهای غیریهودیان نیز بود؟ آیا انجیل برای بت‌پرســتان هم «خبر خوش» به‌شمار می‌رفت؟ نخستین آزمون بزرگ در حدود ســال ۳۷ م. و در شهر انطاکیه، یعنی تنها چند سال پس از قیام مسیح به‌وقوع پیوست.

در کتاب اعمال چنین آمده که آزاری عظیم بر ضد کلیســا و در ارتباط با شهادت استیفان آغاز شــد (اعمال ۱:۸). این آزار موجب پراکندن ایمانداران از پایگاه اصلی‌شــان، اورشلیم به نقاطی دورتر همچون فینیقیه، قبرس و انطاکیه شــد. اعمال می‌نویســد که این ایمانداران پراکنده شــده «کلام را فقط به یهودیان اعلام می‌کردند و بــس» (۱۹:۱۱). با وجود این، در اعمال ۲۰:۱۱ چنین می‌خوانیم: «اما در میان ایشــان تنی چند از اهالی قپرس و قیروان بودند که چون به انطاکیه رســیدند، با یونانیان نیز سخن گفتند و عیسای خداوند را به آنان بشارت دادند.» خداوند این نخستین میسیونرها را برکت داد و «گروهی بسیار ایمان آورده، به خداوند گرویدند» (اعمال ۲۱:۱۱). این خاســتگاه کلیسای انطاکیه اســت، که چند سال بعد پولس رسول را به سفر بشارتی بزرگش گسیل داشت (اعمال ۱:۱۳–۳).

در مورد این پیشروی میسیون‌شــناختی در میان غیریهودیان، سه نکتهٔ بسیار مهم وجود دارد که باید پیرامون‌شــان قدری بیشتر بیندیشیم. نخست آنکه، *آزاری که در اورشلیم بر ضد مسیحیان برپا شد، به رویارویی میان این ایمانداران یهودی‌تبار گمنام و بت‌پرستان غیریهودی انطاکیه شتاب بخشــید*. اگرچه بیش از اندازه جنبهٔ آرمانی دادن به آزار و جفا درست نیست، لیکن باید متوجه باشیم که خدا در سراسر تاریخ از جفا برای پیشرفت «*مأموریت الاهی*» بهره گرفته است.

دوم اینکه، *ما حتی نام این ایمانداران را هم نمی‌دانیم*. تنها چیزی که می‌دانیم این اســت که آنها «تنی چند از اهالی قپرس و قیروان بودند.» این افراد رسول نبودند. آنها در اورشلیم از

---

۱. اصطلاح «پیشــینهٔ آشنایی» با یهودیت را برای افراد خداترسی همچون کورنیلیوس و خواجه‌سرای حبشی که مسیحی شده بودند به‌کار می‌برم. این غیریهودیان از پیش با یهودیت آشنایی داشتند و مانند آنان منتظر ظهور ماشیح بودند.

2. Messianic

یاران صمیمی پطرس، یعقوب و یوحنا به‌شمار نمی‌رفتند. جایگاهی که آنها در جنبش نوپای مسیحی داشتند، *حاشیه‌ای* بود. پس از پیشروی چشمگیر مسیحیت در میان غیریهودیان در انطاکیه، «این خبر به کلیسای اورشلیم رسید» (اعمال ۲۲:۱۱). رهبری کلیسا در اورشلیم بود، در حالی که انطاکیه خط مقدم کار خدا محسوب می‌شد. در سراسر تاریخ میسیون مسیحی، می‌بینیم که خدا اقدام ابتکارانهٔ خود را نه همیشه از مرکز جنبش مسیحی، که غالباً از حاشیه آغاز می‌کند.

سوم آنکه، *پیشروی در میان غیریهودیان در انطاکیه بود که به شورای معروف اورشلیم، که شرحش در فصل ۱۵ اعمال آمده، انجامید.* تا زمانی که شمار غیریهودیان اندک مانده بود، یهودیان به طرق گوناگون آنها را به انطباق با شئونات اکثریت یهودی‌تبار، که خواهان حفظ هویت یهودی خود بود، وا می‌داشتند. با این‌همه، بالا رفتن تعداد غیریهودیان رهبری کلیسا را در سال ۴۹ م. وادار به برگزاری شورای اورشلیم کرد. برخلاف آنچه گاه می‌اندیشیم، شورای اورشلیم جلسه‌ای متشکل از رهبران یهودی برای تصمیم‌گیری در مورد اینکه آیا غیریهودیان می‌توانند پیرو مسیح شوند یا نه، نبود. اتفاقاً برعکس، تا زمان برگزاری شورای مزبور دیگر هیچ‌کس نمی‌توانست منکر شمار بالای غیریهودیانی شود که به خداوند عیسی گرویده بودند. شورا تنها به‌خاطر بحث بر سر موضوع *شرایط* ورود غیریهودیان به کلیسا تشکیل شد. آیا باید از غیریهودیان بخواهند تا به «یوغ تورات (شریعت)» گردن بنهند، یا اینکه آنان می‌توانند با *شرایط فرهنگی خودشان* سر کنند. تصمیم شورای اورشلیم به سود یگانگی بدن مسیح و در عین‌حال به رسمیت شناختن فرهنگ‌ها و شیوه‌های زندگی گوناگون، در چارچوب شاخص‌های اخلاق مسیحی، تمام شد. خلاصه اینکه، کلیسا ترجمه‌پذیری فرهنگی انجیل را پذیرفت و در را به روی تجلیات فرهنگیِ بی‌شمار و بالقوه‌ای که همگی می‌توانند اصالتاً مسیحی شوند، گشود. به استثنای خوانندگان مسیحیِ یهودی‌تبار این کتاب، همهٔ مسیحیانی که این صفحات را می‌خوانند، مدیون همین نخستین مسیحیان گمنامی هستند که با خبر خوش عیسی از اولین مرز فرهنگی گذشتند. ما مسیحی هستیم چون کسی دیگر پا جای پای «تنی چند از اهالی قبرس و قیروان» گذاشتند؛ همان کسانی که انجیل را برای غیریهودیان بت‌پرست موعظه کردند و «عیسای خداوند را به آنان بشارت دادند.»

## موعظهٔ انجیل توسط تومای رسول در هندوستان

در فصل ۵ کتاب عبارات مربوط به فرمان بزرگ را که نقطهٔ اوج گزارش‌های انجیل به‌شمار می‌روند، بررسی کردیم. یوحنا این واژه‌های نیرومند حاکی از فرمان بزرگ عیسی به شاگردانش را در انجیل خود ثبت کرده است: «همان‌گونه که پدر مرا فرستاد، من نیز شما را می‌فرستم» (یوحنا ۲۱:۲۰). با وجود این، یوحنا می‌نویسد که توما در آن شب با آنها نبود (۲۴:۲۰). وقتی توما شنید که مسیح بر شاگردان ظاهر شده، گفت که تا خود نشان میخ‌ها را در دست‌هایش نبیند و انگشت خود را بر جای میخ‌ها نگذارد و دستش را در سوراخ پهلویش ننهد، ایمان نخواهد آورد (۲۵:۲۰). به سبب همین گفته‌ها بود که توما به «تومای شکاک»

معروف شـد. به‌نظر می‌رسد کلیسا گاهی فراموش کرده که یک هفته بعد، وقتی خود توما خداوند قیام‌کرده را دید، نیرومندترین اظهارات دربارهٔ الوهیت مسیح را به زبان آورد که در میان دیگر رسولان همتا نداشت: «خداوند من و خدای من!» (۲۸:۲۰).

گرچه پیرامون خدمات همهٔ رسولان روایات مهمی وجود دارد، لیکن ما برای دومین مقطع مورد بررسی‌مان تنها روی مأموریت تومای رسول در هندوستان، که ساموئل مافِت[1] مورخ میسیون مسیحی آن را یکی از «قدیمی‌ترین و نیرومندترین روایات در تاریخ کلیسا» نامیده، متمرکز می‌شویم. قدیمی‌ترین روایت ثبت‌شده از مأموریت توما به هندوستان را می‌توان در کتاب آپوکریفای *اعمال توما* یافت، که در حدود سال‌های آغازین سدهٔ سوم میلادی نوشته شده است. *اعمال توما* لحظه‌ای مهیج را ثبت کرده است، یعنی هنگامی که یازده رسول همگی در اورشلیم گرد می‌آیند و جهان شناخته‌شدهٔ آن زمان را به مناطق گوناگون تقسیم می‌کنند. سپس ایشان قرعه می‌اندازند تا معلوم شود که هریک باید به کدام ناحیه برود. قرعهٔ هندوستان به توما می‌افتد. بنا بر این روایت، توما لب به اعتراض می‌گشاید که به سبب «ضعف جسمانی‌اش» توانایی مسافرت کردن ندارد. با این‌حال، مسیح در رؤیایی بر او ظاهر شده، وعده می‌دهد که همراهش خواهد بود. سرانجام توما با کشتی و در امتداد یکی از معتبرترین راه‌های بازرگانی، رهسپار هندوستان می‌شود و در سال ۵۲ م. به مقصد می‌رسد. وی انجیل را در نقاط گوناگون هندوستان موعظه می‌کند و سرانجام به شهادت می‌رسد و وی را در نزدیکی چنای[2] امروزی به خاک می‌سپارند.

اگرچه *اعمال توما* را کتابی ساختگی می‌دانند که دیدگاهی بیش از اندازه خیالی در مورد توما ارائه می‌دهد، اما بسیاری از پژوهشگران مبنای تاریخی هستهٔ اولیهٔ گزارش را می‌پذیرند. روایت غربی هم حاوی شماری از ارجاعات تأییدکننده از سوی نویسندگان دیگری همچون افرایم،[3] گریگوری نازیانزوسی، امبروز[4] و جروم[5] است. همچنین شواهد باستان‌شناختی و نیز یک روایت مستقل هندی از هندوستان به‌دست آمده که شرح و شمار دقیق کسانی را که از بیماری‌ها و ناخوشی‌های گوناگون شفا یافته‌اند و گزارش جزء به جزء کسانی را که به مسیحیت گرویده‌اند، با ذکر کاست[6] یا طبقهٔ اجتماعی آنها، به ترتیب زمانی فهرست کرده است. این منابع توصیفی دقیق از موقعیت زمانی پیرامون شهادت توما به‌دست می‌دهند. طبق روایت هندی، شهادت توما در سومین روز از ماه کارکاداکام[7] ( = جولای) سال ۷۲ م. به‌وقوع پیوست، یعنی تقریباً شش سال پس از شهادت پولس رسول بنا بر روایتی دیگر. توما با گروهی از برهمن‌های طبقهٔ ممتاز که برای انجام قربانی راهی معبد الاههٔ کالی[8] بودند، دیدار می‌کند. آنها تلاش می‌کنند تا توما در مراسم قربانی شرکت کند، ولی چون او خودداری می‌ورزد، آنها هم «نیزه‌ای را در تنش فرو می‌کنند.»

جزئیات دقیق این گزارش‌های سنتی، که در موردشان نمی‌توان با قطعیت سخن گفت، به اندازهٔ هستهٔ اصلی روایت که مدعی است توما انجیل را در سدهٔ نخست میلادی به هندوستان برده، مهم نیستند. این تصویر از تاریخ مأموریت مسیحی از سه جهت برای بررسی ما اهمیت

1. Samuel Moffett; 2. Chennai; 3. Ephraim; 4. Ambrose; 5. Jerome; 6. Caste; 7. Karkadakam; 8. Kali

دارد. *نخست آنکه، روایت توما بر میسیون مسیحی چندسویهٔ[1] کلیسای اولیه تأکید می‌کند.* این روایت شامل کهن‌ترین گزارش مستند از کلیسا در آسیای آن‌سوی مرزهای امپراتوری روم است. اگرچه مسیحیت در آسیا زاده شد، اما سموئل مافت خاطرنشان می‌سازد که چون فلسطین سدهٔ یکم زیر فرمانروایی روم قرار داشت، تاریخ کلیسا تبدیل به تاریخ کلیسای غرب می‌شود. سفرهای بشارتی پولس، چنانکه در اعمال رسولان نیز ثبت شده، شرح حرکت انجیل به غرب است. هیچ روایت موازی دیگری وجود ندارد که در کنار کتاب اعمال داستان پیشروی انجیل در شرق را روایت کند. از این‌رو، از میان مسیحیانی که کتاب اعمال را می‌خوانند، تنها اندک‌شماری آگاهند که در همان مقطع زمانی که اعمال ۱۹ موعظهٔ پولس در افسس را شرح می‌دهد، تومای رسول هم سرگرم موعظه کردن در هندوستان است. کتاب اعمال قصد ندارد تصویری جامع و کامل از کل اولین میسیون مسیحی در میان غیریهودیان ارائه کند، بلکه بیشتر می‌خواهد بر گسترش انجیل در بستر امپراتوری روم تأکید بگذارد. درک این نکته برای دانشجویان دورهٔ میسیون مسیحی حائز اهمیت است که گسترش انجیل از همان آغاز چندسویه بوده است.

دوم اینکه، *روایت توما همچنین بر اهمیت تشخیص لایه‌های چندگانهٔ روایت مسیحی، که غالباً در مسیحیت آسیایی نمایان هستند، صحه می‌گذارد.* روایت رسولی توما چیزی نیست جز یک سلسله اقدامات پیشگامانه در هندوستان. در پی تومای رسول، تومای قانایی و مسیحیان سریانی از راه رسیدند و اینان بودند که در سدهٔ چهارم مراسم پرستش کلیسایی شرقی را با خود آوردند. چند صد سال پس از آن پیشتازان برجستهٔ کلیسای کاتولیک خدمت خود را در هند آغاز کردند که نخستین آنها فرانسیس خاویر[2] بود که در سال ۱۵۴۲ وارد آن سرزمین شد. اولین میسیونرهای پروتستانی که پا به خاک هندوستان گذاشتند، میسیونرهای لوتری تسیگنبالگ[3] و پلوتشاو[4] بودند که در سال ۱۷۰۶ وارد این کشور شدند. اینها همه نمونه‌هایی از سنن مسیحی هستند که همگی تا به امروز در هندوستان به همزیستی در کنار یکدیگر ادامه می‌دهند. در زمان‌های مختلف و در مکان‌های متفاوت، جلوه‌های گوناگونی از مسیحیت وارد هندوستان شدند، و همهٔ آنها به طرق گوناگون نه تنها با سنن هندو، که با سنن مسیحی دیگر به تعامل پرداختند.

سوم اینکه، حضور مسیحیت در هند باستان، نشان می‌دهد که *سخن گفتن از هندوئیسم به‌عنوان دین «بومی» هندوستان چندان هم واقع‌بینانه نیست.* در برخی از گزارش‌های مربوط به هندوستان آمده که مسیحیت در هند جنبشی است که با حضور استعماری بریتانیا در این کشور مقارن شده است. با وجود این، باید به خاطر داشت که قدیمی‌ترین صور دینیِ هندوئیسم کنونی، برگرفته از آریاییانی است که از بیرون از هندوستان بدان سرزمین مهاجرت کرده بودند. در هند گروه‌های قومی بسیاری هستند که سده‌ها پیش از حضور بریتانیایی‌ها مسیحی بودند. برای مثال، در سال ۱۶۵۳ میان مسیحیان تومای قدیس در جنوب غربی هندوستان رویدادی به‌وقوع پیوست که به سوگند صلیب کونان[5] معروف است. رهبران هندی

1. Multidirectional; 2. Francis Xavier; 3. Ziegenbalg; 4. Plutschau; 5.Coonan

ســوگند خوردند که هرگز کاتولیک نشــوند، چون ایمان بومی آنان بر مسیحیت ارتودوکس شرقی مبتنی بود.

در جمع، روایت توما به ما یادآوری می‌کند که هرچند تومای رسول ممکن است یک هفته دیرتر از دیگر رســولان به قیام عیسای مســیح ایمان آورده باشد، اما راهی یکی از بزرگترین میسیون‌های مسیحیِ میان-فرهنگیِ سدهٔ یکم شد.

## داستان دو راهب، آلوپن و آگوستین

سومین نقطهٔ عطف تاریخی ما اقدامات پیشگامانهٔ دو میسیونر را در کنار هم قرار می‌دهد. این دو تن در ســدهٔ هفتم از ســوی دو گروه متفاوت از راهبان برای خدمت میسیون به دو نقطهٔ مختلف از جهان گسیل شدند و روند میســیون را شتاب بخشیدند. داستان نخست به دوران زمامداری پاپ گریگوری بزرگ مربوط می‌شــود. گریگوری را مســیحیان کاتولیک رومی به‌عنوان یکی از پاپ‌های میســیونر بزرگ می‌شناسند و تجلیل می‌کنند. بنا به قول «بید مقدس»[1] (۶۷۲-۷۳۵ م.) مورخ بندیکتی، گریگوری به چند جوان با موهای بلوند و چشمان آبی برخورد که در بازار برده به فروش گذاشــته شــده بودند. وی از ایشان موطن اصلی‌شان را جویا شــد و چون شنید که آنان آنگل[2] (مردمان بومی انگلستان- م.) هستند، جملهٔ مشهور «آنها آنگل نیستند، فرشــته‌اند»[3] را بر زبان آورد. همین امر باعث شد که وی در سال ۵۹۶ م. آگوســتین قدیس اهل کانتربوری[4] را به مأموریتی در قلمرو پادشــاهی آنگلو-ساکســون‌ها اعزام کند. آگوستین به‌رغم بی‌میلی شــدیدش به این سفر، به همراه چهل راهب دیگر روانهٔ ســفر شد و در ســال ۵۹۷ به مقصد رسید و از سوی اتلبرت[5] پادشــاه کنت، که با شاهزاده خانمی مســیحی از اهالی گل (فرانســه امروزی- م.) به نام برتا[6] ازدواج کرده بود، به گرمی مورد اســتقبال قرار گرفت. طی یکسال بعد، نه تنها خود پادشــاه، بلکه تقریباً ده هزار تن از ساکسون‌ها تعمید گرفتند. با این‌حال، آگوســتین عمیقاً نگران سطحی بودنِ ایمان آنان و نیز طیف گسترده‌ای از آداب و رسومی بود که این نوایمانان با خود به کلیسا می‌آوردند. پاسخی که پاپ گریگوری بزرگ در ســال ۶۰۱ م. به این نگرانی داد، به یکی از نامه‌های کلاسیک در زمینهٔ تاریخ میسیونری تبدیل شد.

مهمترین بخش این نامه به قرار زیر است:

> معابد بت‌پرستیِ این مردم را لازم نیست ویران سازید، تنها به ویران کردن بت‌هایی که در آنها می‌یابید بسنده کنید... اگر معابد خوش‌ساخت باشند، چه فکری از این بهتر که از خدمت‌رسانی به شریر بازداشته شوند، و برای پرستش خدای حقیقی به‌کار روند... و از آنجایی که مردم عادت دارند وقتی جمع می‌شــوند برای شــیاطین گاوهای بسیار قربانی کنند، ظاهراً منطقی به‌نظر می‌رسد که جشنواره‌ای برای این منظور ترتیب دهید تا مردم گاوکُشی را طی آن انجام دهند. مردم باید بیاموزند که گاوان‌شان را نه به افتخار

1. Venerable Bede; 2. Angles; 3. non Angli, sed Angeli; 4. St. Augustine of Canterbury; 5. Ethelbert; 6. Bertha

شـــریر، بلکه به افتخار خدا و برای ارتزاق خودشان سر ببرند؛ وقتی خوب خوردند و سـیر شدند، آنگاه باید در پیشگاه کســی که این همه نعمات را برای‌شان تدارک دیده شکر به‌جا آورند. اگر به ایشان اجازهٔ ابراز این شادمانی را بدهیم، راه شادمانی باطنی را بهتر خواهند یافت... شکی نیست که ریشه‌کن کردن یک‌بارهٔ همه این عادات زشت از وجود کسانی که دل‌های سخت‌شده دارند امری ناممکن است، و درست بدان می‌ماند که مردی عزم بالا رفتن از کوهی بلند را می‌کند؛ رسیدن به قلهٔ کوه به تندی امکان‌پذیر نخواهد بود، بلکه باید این کار را گام به گام و پله پله انجام داد.

این نامه تصویری عالی از وضعیت مأموریت مســیحی در دوره‌های قدیم می‌دهد. نشان می‌دهد که چگونه قدمت چالش‌های مربوط به زمینه‌مندسازی، نیروی ترجمه‌پذیری انجیل، و نیازهای شبانیِ نوایمانان به قدمت خودِ انجیل هستند.

با این‌همه، پیش از آنکه روی این نامهٔ به یادگار مانده از سدهٔ هفتم میلادی تأمل کنیم، باید از انگلســتان در غرب سفری کنیم به چین در شرق. در سال ۱۶۲۳ عده‌ای کارگر در نزدیکی شهر شیان[1] پایتخت باســتانی دودمان تانگ[2] سرگرم کندن زمین بودند که ناگاه پیکرهٔ یادبود بزرگی از جنس ســنگ آهک به بلندای سه متر سر از خاک به‌در آورد. سنگ‌نوشته‌ای که در زیر می‌خوانید، بیانگر داســتان میسیون نســتوری اعزام شده به چین است که سرپرستی آنها را راهبی به نام آلوپن[3] در ســال ۶۳۵ م. بر عهده داشت. آنچه در زیر می‌آید گزیده‌ای است از سنگ‌نوشتهٔ روی سنگ یادبود نستوری.

برای تحقق بخشیدن به شــریعت قدیم، چنانکه به بیست‌وچهار حکیم گفته شده بود، او (یعنی ماشیح) تعلیم داد که بر اساس نقشــهٔ بزرگ خودش، چگونه می‌توان هم بر خانواده و هم بر قلمروهای پادشــاهی فرمان راند. او با پایه‌گذاری تعلیم جدیدِ ملایم خود که در ســکوت و از طریق روح‌القدس، شــخص دیگر تثلیــث، انجام می‌گیرد، ظرفیتی را در بشــر برای درستکاری به‌واسطهٔ ایمان درست به‌وجود آوَرد؛ و با تدوین معیارهایی مبتنی بر هشــت فضیلت اصلی، غبار را از طبیعت انسان زدود و شخصیت راستین را به کمال رســاند... او حیات را پدید آوَرد و موت را برانداخت... او منازل تاریکی را پاکسازی کرد. در نتیجه، همهٔ تمهیدات شریرانهٔ ابلیس با شکست و نابودی مواجه شــد. او (ماشیح) آنگاه سوار بر زورق رحمت، پاروزنان به‌سوی قصر نور فراز رفت... وســایل بزرگ تبدیل (یا تخمیر شدن) گسترده شدند، و دروازهٔ مُهروموم‌شدهٔ زندگی مبارک گشوده گردید... شریعت او شستشو با آب و روح، و بدین‌ترتیب پاکیزه شــدن از همهٔ اوهام بیهوده اســت... خادمان او صلیب را به‌عنوان نشانه‌ای بر دوش گرفته‌اند. آنان به هر جایی که خورشید می‌درخشد سفر کرده می‌کوشند تا کسانی را که آن‌سوی حصارند (یعنی گمشده‌اند) با یکدیگر متحد سازند.

1. Xián; 2. T'ang; 3. Alopen

جالب اینجا است که سفر آگوستین اهل کانتربوری به میان ساکسون‌ها و سفر آلوپن به دربار چین تنها چهل سال فاصلهٔ زمانی داشتند. آشنایی کلی ما با پهنهٔ میسیونری غربی، اغلب گسترش چشمگیر انجیل در امتداد جادهٔ ابریشم توسط راهبان نستوری را در سایه قرار می‌دهد. این امر به‌طور ویژه در مورد مسیحیان نستوری صدق می‌کند، چون نستوریوس[1] در شورای افسس در سال ۴۳۱ م. محکوم شد. نستوریوس و پیروانش با عباراتی همچون «خدا مصلوب شد» و «خدا رنج کشید» و اشاراتی که به مریم به‌عنوان «مادر خدا» می‌شد چندان راحت نبودند. این امر منجر به کشمکش‌هایی بر سر شیوهٔ دقیق توصیف رابطهٔ میان انسانیت و الوهیت مسیح و چگونگی ارتباط هر یک از آنها با طبیعت و شخصیت او شد. در نهایت کار به جدایی و اخراج نستوری‌ها – که در شرق با عنوان کلیسای آشوری شرق شناخته می‌شوند – کشید. نستوری‌ها به مجرد اخراج شدن به میسیونرهای بزرگی تبدیل شدند و سفرهایی را به مکان‌های دوردست سامان داده انجیل را بدان سرزمین‌ها بردند. امروزه تقریباً همگان موافقند که آن میسیونرهای اولیه هرچند به جمله‌بندی‌های خاصی که نهایتاً در سال ۴۵۱ م. به تدوین بیانیهٔ کالسدونی انجامید، معترض بودند، اما تا اندازهٔ زیادی اعتقاداتی راستین داشتند.

از کار این دو گروه از راهبان که سرپرستی یکی از آنها با آگوستین بود و رهبری دیگری با آلوپن، می‌توان دو درس مهم آموخت. نخست اینکه، ما باید متوجه تعهد عمیق این میسیونرهای اولیه به ترجمه‌پذیریِ فرهنگی انجیل باشیم. نامهٔ به‌جای مانده از گریگوری بزرگ و سنگ‌نوشتهٔ یادبود میسیون نستوری، هر دو نشان‌دهندهٔ تأملی ژرف در ارتباط با زمینه‌مندسازی انجیل هستند. نامهٔ گریگوری بزرگ پایه‌گذار سه اصل زمینه‌مندسازی است که امروز هم راهنمای میسیونرها هستند. یکی اینکه، او اصل سازگاری[2] را در ارتباط با صور فرهنگی پایه‌گذاری می‌کند. وی به آگوستین می‌گوید که معابد خوش‌ساخت را ویران نسازد، بلکه تنها به پاکسازی آنها از لوث بت‌هایی که در آنها می‌یابد، بسنده کند. بدین‌ترتیب می‌توان معابد بت‌پرستان را گرفته از آنها به‌عنوان پرستشگاه مسیحی استفاده کرد. دوم اینکه، او اصل مبادله[3] را در رابطه با آداب و رسوم بت‌پرستان پایه‌گذاری می‌کند. گریگوری بزرگ با خردمندی درمی‌یابد که تنها محکوم کردن قربانی‌های بت‌پرستی، که نقشی محوری در زندگی دینی ساکسون‌ها بازی می‌کرد، کافی نیست. راهنمایی وی به آگوستین آن است که به نوایمانان بگوید دست از قربانی کردن برای بت‌ها بردارند و یک آیین دیگر را که به نوایمانان مسیحی اجازه می‌داد حیواناتشان را برای ستایش خدا قربانی کنند، جایگزین آن کند. شاید مسیحیان بر سر اینکه راهکار گریگوری درست و شایسته بوده یا نه با هم اختلاف عقیده داشته باشند، اما مهم تشخیص اصل به‌کار رفته و موقعیتی است که میسیونرهای بی‌شماری طی سده‌ها با آن روبه‌رو بوده‌اند. و سرانجام، گریگوری اصل تبدیل تدریجی[4] را پایه‌گذاری می‌کند. او درک می‌کند که جامعهٔ ساکسون یک‌شبه عوض نخواهد شد، از این‌رو آگوستین را تشویق می‌کند که بگذارد گذشت زمان کار خودش را بکند و روح‌القدس در زندگی این

---

1. Nestorius; 2. Adaptation; 3. Exchange; 4. Gradual Transformation

نوایمانان عمل نماید. شـــاید چند نسل طول بکشـــد تا ساکسون‌ها زیر انضباط کامل ایمان و آداب مسیحی قرار بگیرند.

جنبش نســـتوری هم نشان می‌دهد که نســـتوریان یک انجیل غربی را بر چینی‌ها تحمیل نکردند و هیچ پافشـــاری به خرج ندادند که ایشـــان حتماً باید انجیل را به شیوهٔ نستوری‌ها فرابگیرنـــد. دودمان تانگ در دوره‌ای فرمانروایی می‌کردند که آموزه‌های کنفســـیوس و بودا در اوج شـــکوفایی بودند. میسیونرهای نستوری حقایق انجیل را به روشی با چینی‌ها در میان گذاشتند که با درک دینی رایج چینی‌ها نزدیکی بیشتری داشت. با این‌حال، به‌رغم استفاده از زبان و اصطلاحاتی که به گوش غربی‌ها عجیب و غریب اســـت، با خواندن کل سنگ‌نوشته می‌توان فهمید که راهبان نســـتوری واقعاً خود را وقف تفهیم انجیل مسیحی به چینی‌ها کرده بودند.

و اما درس دوم. چنانکه هنگام شـــرح مأموریت توما‌ی رسول به هندوستان اشاره کردیم، *باید متوجه قدمت مســـیحیت در آسیا باشیم*. میســـیونرهای کاتولیک و پروتستان بعدها پس از رســـیدن به چین کشـــف کردند که پیام انجیل *پیش از آنها* به آن ســـرزمین رسیده است. این یادآوری برای ایجاد ارتباط میان *مأموریت الاهی* و عامل میســـیونری مهم اســـت. گاهی میســـیونرها به اشـــتباه خود را در نقش «آورندگانِ انجیل» به میـــان گروه قومی به‌خصوصی می‌بیننـــد. با وجود این، یکی از مهمترین درس‌هایی که می‌توان از *مأموریت الاهی* فراگرفت، تشـــخیص تقدم الاهی در امر میسیون مسیحی است. این میســـیونرها نبودند که انجیل را به چین آوردند؛ خدا بود که میسیونرها را به چین آورد. پس از گرویدنِ چشمگیر ساکسون‌ها به مســـیحیت، آگوستین در جستجو برای یافتن مکانی مناسب برآمد تا در آنجا کلیسایی بسازد. در کمال ناباوری، ملکه برتا آگوســـتین را به ویرانه‌های یک کلیســـای مسیحی، که چند سده پیش‌تر ساخته شده بود، برد. گمان بر این است که انجیل را برای نخستین‌بار احتمالاً سربازان گمنام امپراتوری روم، که به مســـیحیت گرویده بودند، به انگلستان آوردند. انجیل نه فقط از طریق میسیونرهایی که مأموریت رسمی دارند، بلکه از طریق ایمانداران بی‌شماری که به همه جا می‌روند و شاهدان مژدهٔ انجیل عیسای مسیح هستند، نیز منتشر می‌شود.

## ریموند لول و چالش اسلام

درک کامل این واقعیت که گسترش سریع اسلام نوظهور در سدهٔ هفتم میلادی چه تأثیری بر روح و روان مسیحیان در ســـده‌های میانی[1] داشت، برای ما کاری دشوار است. محمد در سال ۶۳۲ م. مرد. لشکریان مسلمان ظرف چهار سال از آن تاریخ، دمشق و انطاکیه را تصرف کردند. تا سال ۶۳۸ م. آنها تا پای دیوارهای اورشلیم پیش آمده بودند و پس از تنها چهار ماه محاصره، این شهر نیز به چنگ مســـلمانان افتاد. در اندک زمانی شهرهای قیصریه (۶۴۰ م.)

۱. ســـده‌های میانی (قرون وسطا) عموماً به دوره‌ای اطلاق می‌شود که مابین زمامداری پاپ گریگوری بزرگ در واتیکان (در قرن ششم میلادی) و تسخیر کنستانتینوپل (قسطنطنیه) به دست مسلمانان در سال ۱۴۵۳ قرار دارد. دیگران سده‌های میانی را تا سرآغاز اکتشافات دریایی پرتغالی‌ها و اسپانیایی‌ها هم امتداد می‌دهند.

و اسکندریه (۶۴۲ م.) هم سقوط کردند. سپاهیان اسلام سرانجام پا به خاک اروپا گذاشتند و بیشتر نواحی اسپانیا را تسخیر کردند و اگر شارل مارتل[1] در نبرد تور[2] در سال ۷۳۲ م. جلوی آنها را نگرفته بود، حتماً تا عمق بیشتری در اروپا پیشروی می‌کردند. با این‌حال، اسلام به گسترش خود در شمال و شرق آفریقا و در دل آسیا ادامه داد. تنها ظرف چند سده، خلافت اسلامی از اسپانیا در غرب تا شمال آفریقا، خاور میانه و بخش‌هایی از آسیای میانه گسترش یافت. گرچه امپراتوری بیزانس پیش از سال ۱۴۵۳ یعنی زمان سقوط کنستانتینوپل به دست مسلمانان، هنوز پابرجا بود، اما تهدید اسلام مایهٔ نگرانی و دغدغهٔ فکری این امپراتوری در طول سده‌های میانی به‌شمار می‌رفت.

واکنش مسیحیان به ظهور اسلام بیشتر ما را به یاد یک سلسله کارزارهای نظامی از سوی دولت‌های مسیحی غرب بر ضد اسلام می‌اندازد که به جنگ‌های صلیبی معروفند. هفت کارزاری که عموماً با نام «صلیبی» شناخته می‌شوند، مابین سال‌های ۱۰۹۵ تا ۱۲۵۰ میلادی روی دادند. علل جنگ‌های صلیبی پیچیده است و طیفی را در بر می‌گیرد که یکسرش میل به نگاهبانی از زایران سرزمین مقدس بود، و سر دیگرش جستجو برای یافتن منابع جدید ثروت برای تأمین نیاز به تقویت نیروی رو به کاهش دستگاه پاپ. با وجود این، هدف درازمدت آن شکست دادن سپاهیان مسلمان و بازپس‌گیری سرزمین مقدس بود، چراکه جهان مسیحیت ادعای مالکیت ازدست‌رفتهٔ این سرزمین را داشت. هم از جنبهٔ نظامی و هم از جنبهٔ روحانی، جنگ‌های صلیبی یک ناکامی تمام‌عیار بود. در حقیقت، خاطرهٔ بد جنگ‌های صلیبی حتی تا امروز به ارائهٔ اطلاعات منفی در مورد مسیحیت ادامه می‌دهد.

با این‌حال باید توجه داشت که جنگ‌های صلیبی صرفاً داستان واکنش مسیحیان به اسلام طی سده‌های میانی نبود. چهارمین تمرکز ما بر نقطهٔ عطف تاریخی در میسیون مسیحی، بررسی زندگی و خدمت ریموند لول[3] (۱۲۳۲-۱۳۱۵ م.) است، که به‌عنوان پدر دفاعیات مسیحی در برابر کلام اسلامی[4] شناخته می‌شود. لول در خلال یکی از چشمگیرترین و پرآشوب‌ترین دوره‌ها در تاریخ پا به جهان گذاشت. در دورهٔ زندگی او، اسپانیا آزادی خود را از سلطهٔ اسلام به‌دست آورد. او در همان دهه‌های آغازین عمرش، شاهد برآمدن ترکان عثمانی، شکست ناخوشایند هفتمین جنگ صلیبی، و پایه‌گذاری نخستین کالج دانشگاه آکسفورد بود.

لول بنا به گفتهٔ خودش، در جوانی مردی بی‌بندوبار بود و حتی پس از ازدواج دست از هرزگی برنداشته، همزمان درگیر چندین رابطهٔ نامشروع بود. وی در دربار مسیحی آراگون[5]- شهری که در آن بزرگ شده بود- شاعری معروف و موسیقیدانی چیره‌دست به‌شمار می‌رفت. با این‌حال، پس از دریافت رویایی تکان‌دهنده از مسیح، در سی‌وچند سالگی با تمام وجود به مسیح ایمان آورد و خود را وقف پیروی از او کرد.[6] وی از رویکرد همراه با انزجار و خصمانه مسیحیان نسبت به مسلمانان که در آن روزگار بر همگان چیره بود، سخت برآشفته

---

1. Charles Martel; 2. The Battle of Tours; 3. Raymond Lull; 4. Islamic Apologetics; 5. Aragon

۶. لول داستان گرویدن خود به مسیح را در کتابش، «درخت محبت» بازگو کرده است.

می‌شد. وی از اینکه هیچ نویسندهٔ مسیحی حاضر نشده بود نسبت به چالش‌های فلسفی مطرح شده از سوی فیلسوفان نامدار اسلامی همچون ابن سینا (۹۸۰-۱۰۳۷ م.) و ابن رشد (۱۱۲۶-۱۱۹۸ م.) پاسخی بدهد، احساس نگرانی می‌کرد. لول تصمیم گرفت زندگی خود را وقف یافتن راهی برای اعلان مؤثر انجیل به مسلمانان کند.

مجموعه آثار نوشتاری لول، با نزدیک به سیصد اثر چاپ شده، بسیار عظیم‌اند و طیف گسترده‌ای از موضوعات گوناگون از قبیل نظریه‌های سیاسی، شعر، ریاضیات، دانش، فلسفه و الاهیات را در بر می‌گیرند. لول از همان ابتدای دست بردن به نگارش، به لزوم داشتن دفاعیات مسیحی که به‌طور ویژه و مستقیماً به سوءبرداشت‌ها و ایرادهای اسلامی در مورد مسیحیت پاسخ دهد، پی برد. لول نُه سال از زمان خود را صرف فراگیری زبان عربی و مطالعهٔ دقیق فلسفه و الاهیات اسلامی کرد. وی در نهایت یک اثر چندجلدی در زمینهٔ دفاعیات تثلیثی نوشت که زیر عنوان «هنر عام غایی»[1] شناخته می‌شود و در آن به ایرادات مسلمانان به مسیحیت پاسخ داده و شیوه‌ای برای گفتمان با مسلمانان ارائه کرده که گاه از آن با عنوان شیوهٔ لولی[2] یاد می‌شود. لول متقاعد شده بود که رویارویی نظامی که نمونه‌اش جنگ‌های صلیبی بود، اشتباه است. به باور وی به‌جای برخورد نظامی باید مسلمانان را با محبت مورد خطاب قرار داد، نه با نفرت، و با نیروی منطق باید به نبرد با ایشان پرداخت، نه با جنگ‌افزار.

لول همچنین متوجه لزوم پرورش و بسیج نسل جدیدی از راهبان شد که می‌بایست به‌عنوان میسیونر به سرزمین‌های مسلمان بروند. او پاپ و شاهان جهان مسیحیت را به بنیان نهادن صومعه‌هایی برای فراگیری زبان عربی و دیگر زبان‌هایی که مسلمانان جهان بدان‌ها گفتگو می‌کردند، فراخواند؛ با این هدف که راهبانی به «شیوهٔ» او آموزش یافته، به جهان اسلام فرستاده شوند و مردمان را به‌سوی مسیح هدایت کنند. لول چنین نوشت:

من شهسواران بسیاری را می‌بینم که با سودای فتح سرزمین مقدس با نیروی نظامی یا زور شمشیر، راهی آن دیار می‌شوند؛ اما ایشان به‌جای تحقق بخشیدن به این هدف، در نهایت تیشه به ریشهٔ خودشان می‌زنند. بنابراین، به باور من فتح سرزمین مقدس باید به ترتیبی صورت پذیرد که خود مسیح و رسولانش سرلوحهٔ کارشان قرار داده بودند؛ با محبت، با دعا، با اشک‌ها، و با تقدیم نمودن جان‌مان. به‌نظر می‌رسد که مالکیت «مزار مقدس» را با نیروی وعظ بهتر می‌توان تأمین نمود تا زور شمشیر. از این‌رو بگذارید راهبان به‌سان شهسواران مقدس رهسپار سرزمین مقدس شوند... و حقیقت مصائب مسیح را به بی‌ایمانان اعلان کنند.

سرانجام لول توانست پشتیبانی لازم برای انجام این نقشه را از پاپ ژان بیست‌ویکم بگیرد. لول اصرار داشت هرکس که به شیوهٔ او آموزش ببیند، باید *پذیرای شهادت مسیحی* باشد. با توجه به کشمکش‌های جاری با اسلام در آن زمان، این امر درک هشیارانهٔ لول را از خطرات احتمالی میسیون مسیحی در میان مسلمانان نشان می‌دهد. لول دست‌کم چهار سفر میسیونری به شمال آفریقای اسلامی انجام داد. بدین‌ترتیب او می‌توانست دفاعیات خود را از مسیحیت به رهبران مسلمان ارائه دهد. با این‌حال، متحمل طرد، بدرفتاری و زندان‌های

1. Ars Generalis Ultima; 2. Lullian method

درازمدت نیز شد. سرانجام، در هشتادوچند سالگی، در الجزایر برای جماعتی از مسلمانان موعظه کرد و در همان‌جا نیز سنگسار شد. زندگی‌نامه‌نویسان قدیم بر سر اینکه آیا وی در نتیجهٔ این سنگسار درگذشت و پیکرش را به اسپانیا آوردند و به خاک سپردند، یا اینکه به‌شدت مجروح شد و یک سال پس از بازگشتش به اسپانیا درگذشت، با هم اختلاف‌نظر دارند.

لول از چند جهت در تاریخ میسیون مسیحی فردی حائز اهمیت است. نخست آنکه، *لول به‌لحاظ تشخیص اثرات سوء و بلندمدتِ رویارویی‌های نظامی جهان مسیحیت با اسلام، از زمان خود جلو بود.* وی در مقالهٔ خود با عنوان «گفتاری در باب روش گرواندن بی‌ایمانان» (۱۲۹۲ م.) بدون هیچ پرده‌پوشی به نکوهش جنگ‌های صلیبی پرداخته از آنها به‌عنوان شکستی تلخ یاد می‌کند. اکنون در زمانهٔ ما، جهان غرب یک‌بار دیگر درگیر پیکار نظامی درازآهنگی با اسلام شده است. در گرماگرم «نبرد با تروریسم»، جامعهٔ مسیحی باید تلاش کند تا روش‌های محبت‌آمیز به‌منظور رساندن خبر خوش عیسای مسیح به مسلمانان بیابد.

دوم اینکه، *لول به نقش دفاعیات در میسیون مسیحی و لزوم پاسخگویی به ایراداتی که بر ضد مسیحیت اقامه می‌شود، واقف بود.* حتی با وجودی که پاره‌ای از استدلال‌های وی در «هنر عام غایی» پیوستگی و انسجام کافی ندارند، لیکن عمیقاً به تدوین دفاعیاتی پی برده بود که جوابگوی موضوعات خاصی باشد که در اسلام مهم هستند.

سرانجام اینکه، *لول متعهد به بسیج و تجهیز میسیون‌های مسیحی بود.* موفق‌ترین میسیونرهای تاریخ آنانی هستند که در ضمن تجهیزکنندگان خوبی نیز بوده‌اند و زندگی و رؤیای خود را در دیگران گسترش داده‌اند. لول متوجه شده بود که با شماری اندک از مسیحیان نمی‌توان به ساختارهای دینی، فرهنگی و الاهیاتی اسلام واکنش نشان داد، بلکه این امر نیازمند توجه و تلاش متمرکز ده‌ها هزار مسیحی است.

خدمت و پژوهش‌های علمی لول القاب بسیاری برای او به ارمغان آورده، از جمله دکتر روشنگر،[1] پدر دفاعیات مسیحی در برابر اسلام، و پدر میسیون مسیحی در میان مسلمانان. با وجود این، شاید مهمترین و ماندگارترین لقب او «رسول محبت در دوران نفرت» باشد.

## از قرارداد میان پاپ و اسپانیا (۱۴۹۳) تا فرمان پاپ به ترویج مسیحیت در دنیا (۱۶۲۲)

پنجمین نقطهٔ عطف تاریخی ما نه بر یک فرد به‌خصوص، که بر یک دورهٔ پرنفوذ در تاریخ میسیون‌های مسیحی در کلیسای کاتولیک متمرکز است. وقتی کریستوف کلمب از سفر دریایی معروف خود به دنیای جدید، به اسپانیا بازمی‌گشت کشتی‌اش با وزش باد از مسیر اصلی منحرف شد و در لیسبون، پایتخت پرتغال پهلو گرفت. ژان دوم پادشاه پرتغال فرصت را مغتنم دید تا ادعای مالکیت پرتغال بر همهٔ سرزمین‌های اکتشافی توسط کلمب را مطرح

1. Doctor Illuminatus

کند. ایجاد مسیری بی‌خطر برای رفتن از غرب به آسیا، در جایی که قوای اسلامی کنترل راه‌های سنتی مشرق‌زمین را در دست داشتند، امری بس حیاتی به‌شمار می‌رفت. فردیناند و ایزابل، پادشاه و ملکهٔ اسپانیا برای حل مناقشهٔ به‌وجود آمده، سفیرانی به رُم فرستادند. در تاریخ ۴ مه ۱۴۹۳ پاپ الکساندر ششم فرمانی پاپی صادر کرد که طی آن، و بر اساس طول جغرافیایی، یک خط مرزی میان متصرفات اسپانیا و پرتغال کشیده شد: «یکصد لیگ[1] به‌سوی غرب و جنوب» از آزورس[2] و جزایر کیپ ورده.[3] این خط که در امتداد اقیانوس اطلس قرار داشت، پادروادو[4] (قیمومت) لقب دارد که اساساً قیمومت یا سرپرستی غرب را برای اسپانیا و شرق را برای پرتغال به رسمیت می‌شناخت. یک سال پس از این فرمان، خط مزبور ۳۷۰ درجه به سمت غرب جابه‌جا شد و پرتغالی‌ها هم در دنیای جدید جای پایی برای خود پیدا کردند و اجازه یافتند برزیل را مستعمرهٔ خود کنند، و به همین دلیل است که امروزه برزیلی‌ها به زبان پرتغالی سخن می‌گویند. پاپ الکساندر ششم یک پاپ سکولار و اهل زد و بند[5] بود که بیشتر به گردآوری ثروت و قدرت علاقه داشت تا انتشار انجیل. با وجود این، فرمان قیمومت برای بشارت انجیل در سطح جهان و درک ما از میراث جنبش میسیون مسیحی امروزی، دارای تبعات ضمنی مهمی بود.

پادروادو (قیمومت) پرسش‌های مهمی در ارتباط با رابطه میسیون مسیحی و استعمار به‌وجود می‌آورد. معمولاً اعتقاد بر این است که میسیون‌های مسیحی چیزی جز پیش‌قراولان امپریالیسم استعماری و سیاست مستعمراتی نبودند، که زیر نقاب تقدس الاهی عمل می‌کرد. امروزه، کلیساها اغلب بار سنگینی از احساس گناه به‌خاطر همهٔ اقدامات میسیونری که پیش‌تر انجام گرفته بر دوش می‌کشند، و بیشترش هم به سبب میسیون‌های مسیحی است که «بوی ناخوشایند تبانی با قدرت‌های استعماری را به خود گرفته بودند» و به همکاران امپریالیسم تبدیل شده، مردم مستعمرات را به زور مسیحی می‌کردند. با وجود این، «لامین سانه» مورخ دانشگاه ییل، در کتاب «ترجمهٔ پیام: تأثیر میسیونر بر فرهنگ» می‌نویسد که ما باید حواس‌مان باشد که این داوری کلی را دربست و بدون نقد نپذیریم. سانه استدلال می‌کند که دو انگیزش متمایز در طول تاریخ میسیون‌های مسیحی، و از جمله در دورهٔ کشورگشایی‌های استعماری، وجود داشته است که دوشادوش هم عمل کرده‌اند. وی این دو انگیزش را در دو عبارت «میسیون مسیحی و ترجمه» و «میسیون مسیحی به‌عنوان نفوذ فرهنگی» خلاصه می‌کند. اولی انگیزش میسیونری است که زبان‌های محلی را می‌آموزد و در جستجوی راهی برای بومی‌سازی موفق انجیل برمی‌آید. دومی انگیزشی است که زبان بیگانه را تحمیل می‌کند و صرفاً فرم‌های دینی فرهنگ غربی را تکرار می‌نماید. سانه می‌گوید، در حالی که هر دو حضور داشته‌اند، میسیون مسیحی در مقام ترجمه، «شیوهٔ کارکرد غالب» بوده است.

میسیونرهای کاتولیک رومی که زیر فرمان قیمومت عمل می‌کردند، خود را در جدال پیوسته با مقامات غیرروحانی می‌یافتند. برای مثال، وقتی مقامات فرمانی صادر کردند که

---

۱. League = واحد اندازه‌گیری قدیمی برابر با ۴/۸ کیلومتر یا حدوداً سه مایل.-م.
2. The Azores; 3. Cape Verde Islands; 4. Padroado; 5. Nepotistic

طی آن همهٔ تعالیم دینی باید به زبان کاستیلی انجام گیرد، میسیونرها از همکاری سر باز زدند. جنبش میسیونری و حرکت استعماری از نظر زمانی مقارن شدند، اما هر یک حرکتی جداگانه بودند. البته، نمونه‌هایی شرم‌آوری هم وجود دارد از میسیونرهایی که همشکل مقامات غیرروحانی شده، در صدد انجام میسیون مسیحی به‌عنوان «نفوذ فرهنگی» برآمده‌اند. با این‌حال، ما باید در برابر تقلیل‌گرایی، که همهٔ میسیون‌های مسیحی را با یک چوب می‌راند، ایستادگی کنیم. برای روشن شدن این مطلب، من دو میسیونر را برگزیده‌ام که نمایانگر موازنه‌ای هستند در نقطهٔ برابر دیدگاه رایج نسبت به میسیون‌های مسیحیِ سدهٔ شانزدهم که می‌گوید آنها چیزی نیستند جز «استعمارطلبی از طریق دعا.»

بارتولومه د لاس کاساس[۱] (۱۴۸۴-۱۵۶۶) در سال ۱۵۰۲ به جزیرهٔ هیسپانیولا[۲] در دریای کارائیب مهاجرت کرد. او به محض رسیدن به مقصد از مشاهدهٔ رفتار ستمکارانهٔ مقامات مستعمراتی با سرخپوستان بهت‌زده شد. بارتولومه را سرانجام به مقام کشیش دومینیکن منصوب کردند و به یکی از منتقدان پَروپا قرص عملکردهای استعماری تبدیل شد. نیکلاس دِ اواندو[۲] فرماندار هیسپانیولا،[۳] تازه نظامی موسوم به اِنکومینداس[۴] ابتکار کرده بود که از قرار در ازای ارائهٔ آموزش‌های مسیحی به سرخپوستان، آنها را به‌عنوان برده در اختیار مهاجران اسپانیایی می‌گذاشت. لاس کاساس با دقت ظلم فاتحان اسپانیایی[۵] را ثبت کرد و همهٔ تلاش خود را نه تنها برای احقاق حقوق مردمان بومی، بلکه برای برانگیختن یک مناظرهٔ الاهیاتی مهم در زمینهٔ نگرش‌های مسیحی نسبت به حقوق بشر به‌کار بست. لاس ساکاس به تبیین حقوق طبیعی انسان- که از زمان خودش بسیار جلوتر بود- پرداخت، و همین تلاش‌ها بود که عنوان «پشتیبان سرخپوستان» را در سال ۱۵۱۶ برای او به ارمغان آورد.

السـاندرو والینیانو[۶] در یک خانوادهٔ اشرافی ایتالیایی چشم به جهان گشود و در سال ۱۵۶۶ به انجمن عیسی (ژزوئیت‌ها) پیوست. وی را در سال ۱۵۷۳ به مقام مدیرکل خدمات ژزوئیتی در شرق منصوب کردند، و خلاصه او به‌عنوان معمار میسیون ژزوئیت در آسیا شناخته می‌شود. او سفرهای منظمی را به هندوستان و چین انجام داد، اما توجهش به‌طور خاص روی ژاپن متمرکز شده بود (۱۵۷۹-۸۲؛ ۱۵۹۸-۱۶۰۳). از طریق مشاهدهٔ مسیحیت در ژاپن بود که وی برای نخستین‌بار در اثرش، موسوم به «آداب مربوط به میسیونرهای ژاپن»[۷] که در سال ۱۵۸۱ انتشار یافت، دست به تدوین میسیون‌شناسیِ خودش زد. والینیانو در سیاست چندین اصل مهم را پایه گذاشت که هنوز در آگاهی‌رسانی میسیونری کاربرد دارند. شاید ذکر چند نمونه در اینجا خالی از لطف نباشد: نخست، او میان فرهنگ اروپایی و مبانی ایمان مسیحی تمایز قایل شد. دوم، به‌خاطر تنش‌های میان اسپانیا و پرتغال در خلال دورهٔ پس از قیمومت،[۷] وی روی معضلاتی انگشت گذاشت که وقتی به دولت بر کار میسیونری حاکمیت بدهند، ناگزیر بروز می‌یابند. وی بر لزوم عدم وابستگی میسیون مسیحی در آسیا به دولت پرتغال تأکید ورزید. سوم، وی اصل کشورگشایی فاتحان اروپایی را که به‌نوعی دنبالهٔ

---

1. Bartolomé de las Casas; 2. Nicolas de Ovando; 3. Hispaniola; 4. Encomiendas; 5. Conquistadors; 6. Alessandro Valignano; 7. Il Ceremoniale per I Missionari del Giapponne; 7. Post-Padroado

جنگ‌های صلیبی بود، و نیز عملیات نظامی را برای بازپس‌گیری سرزمین‌های مسیحیِ پیشین و تصرف‌شده توسط مسلمین، مردود می‌دانست. چهارم، او میسیونرهای خودش را تشویق می‌کرد تا هرجا ممکن است، آداب و رسوم فرهنگی ژاپنی را تأیید کنند و حتی انتصاب کشیشان ژاپنی را تشویق می‌کرد.[۱]

با گذشت زمان و ظهور کلیساهای جدید، میسیونرها بی‌پرده از ناخشنودی‌شان در مورد وابستگی‌شان به قدرت‌های استعماری، که صرفاً منافع اقتصادی مد نظرشان بود، سخن می‌گفتند. شکست ناوگان دریایی اسپانیا در سال ۱۵۸۸ نشانهٔ پایان سلطهٔ نظامی و سیاسی اسپانیا در اروپا بود. با افول قدرت اسپانیایی‌ها و پرتغالی‌ها، دستگاه پاپ تصمیم گرفت نقش اصلی نظارت بر کار میسیونری را به کلیسا بازگرداند. پاپ گریگوری پانزدهم، چنانکه پیش‌تر دیدیم، از این جهت نام گریگوری را برای خود برگزیده بود که با علاقه به خدمت‌رسانی از طریق میسیون مسیحی عجین شده بود. گریگوری پانزدهم شاخهٔ ویژه‌ای در کلیسا به‌وجود آورد که منحصراً وقف کار سازماندهی و نظارت بر میسیونرهای کلیسای کاتولیک رومی بود. این ادارهٔ ویژه چنین نام گرفته بود: جماعت مقدس ترویج ایمان[۲] یعنی اداره‌ای مقدس برای نظارت بر امر ترویج ایمان.[۳]

فرمان پاپ که در ۶ ژانویهٔ ۱۶۲۲ صادر شد، بدین قرار بود:

> به نام مسیح. پدر مقدس ما در مسیح، گریگوری پانزدهم که با مشیت الاهی پاپ شده‌اند، در سال ۱۶۲۲، در روز ششم ژانویه، نظر به اعتقاد راسخ‌شان به اینکه مهمترین وظیفه‌شان در منصب شبانی ترویج ایمان مسیحی از طریق مردانی است که باید به معرفت و عشق به خدای حقیقی رسیده باشند، جماعتی متشکل از سیزده کاردینال و دو اسقف اعظم، به همراه یک منشی بنیان نهاده‌اند، که همگی قابل اعتمادند و فرمان دارند بر امر ترویج ایمان نظارت کنند.

نخستین منشی *جماعت ترویج ایمان*، فرانچسکو اینیولی[۴] بود. او پیش‌نویس‌هایی مهم در امر تجهیز و راهبرد میسیونری تدوین کرد، که هنوز هم در زمان ما از اهمیت ویژه برخوردارند. تا پیش از *جماعت ترویج ایمان*، میسیونرها را اغلب بدون نقشه یا راهبرد

---

۱. سموئل مافت، مورخ میسیون مسیحی خاطرنشان می‌سازد که پافشاری والینیانو بر فراگیری زبان ژاپنی از سوی میسیونرهای ژزوئیت و سخن گفتن به این زبان و نیز اهمیت انتصاب کشیشان ژاپنی، برخلاف دیدگاه‌های فرانسیسکو کابرال (Francisco Cabral) بود که مقام ارشد مقیم در میسیون ژاپن به‌شمار می‌رفت. این نشان‌دهندهٔ خرد و پایمردی والینیانو به‌رغم مخالفت‌های موجود است، حتی اگر این مخالفت‌ها از جانب همکار ارشدش در میسیون باشد.

2. The Sacred Congregation of the Propaganda Fide

۳. جماعت مقدس ترویج ایمان را نباید با انجمن تبلیغ ایمان (The Society for the Propagation of the Faith) که در سال ۱۸۲۲ م. به دست پولین- ماری ژاریکو (Pauline-Marie Jaricot) در لیون فرانسه پایه‌گذاری شد، و یکی از چهار انجمن میسیونری امروزیِ وابسته به پاپ است، اشتباه گرفت.

4. Francesco Ingoli

به سـرزمین‌های دوردست می‌فرستادند. ادارهٔ تازه‌تأسـیس در واتیکان به هماهنگ کردن و اندیشیدن دربارهٔ موضوع راهبرد کلی کلیسا در زمینهٔ مسیون مسیحی کمک‌های شایانی کرد.

این دوره از میسـیون‌های مسیحی کلیسای کاتولیک به سـه دلیل حائز اهمیتند. نخست آنکه، برخلاف بسیاری از پیش فرض‌های رایج، *خیلی از میسیونرهای کاتولیک رومی نسبت به چالش‌های زمینه‌مندسازی حسـاس بودند.* این میسیونرهای اولیه عمیقاً در اندیشه بودند که چگونه می‌توان به بهترین شکل ممکن انجیل را در فرهنگی تازه ریشه‌دار کرد. بسیاری از میسیونرها در برابر اربابان قدرتمند مستعمراتی ایستادگی می‌کردند و بیش از آنچه گاه تصور می‌شود، خود را وقف «میسیون از طریق ترجمه» می‌نمودند.

دوم اینکه، این دوره نمایانگر *پیشـرفتی مهم در رشـتهٔ نوپای میسیون‌شناسی*، به‌ویژه در حیطهٔ پژوهش و آموزش میسیون‌شـناختی اسـت. *جماعت ترویج ایمان* علاقمند به منابع قابل‌ملاحظه‌ای برای به‌دست آوردن اطلاعات درست پیرامون وضعیت مسیحیت در سراسر جهان و معضلات خاص هر یک از زمینه‌های مطرح‌شده بود. این جماعت منصبی از کشیشان رسولی[1] به‌وجود آورد، که مستقیماً به رُم پاسخگو بود و مجبور نبود به اسپانیا یا پرتغال رجوع کند. یک مرکز آموزش ویژه با عنوان «انجمن میسـیون‌های خارجی»[2] هم به منظور پرورش میسیونرهای کاتولیک در فرانسه تأسیس شد.

و سـرانجام، *میسیونرهای کاتولیک رومی بر بسیاری از میسیونرهای بعدی پروتستان که راهی آسیا بودند، تأثیری شگرف گذاشتند.* برای مثال، هادسن تیلور درس‌های مثبت زیادی از میسـیونرهای ژزوئیت کلیسای کاتولیک، همچون ماتئو ریچی[3] (۱۵۵۲-۱۶۱۰)، که پیش از وی به چین رفته بود، گرفت.

## کنت نیکلاس فن تسینندورف و میسیون موراویایی

ادبیات رایج میسـیونری اغلب از ویلیـام کِری با عنوان پدر جنبش میسـیونری مدرن پروتسـتان یاد می‌کند. در فصل ۹ کتاب بررسـی خواهیم کرد که چرا ویلیام کِری در تاریخ میسیون مسیحیِ مدرن نقشی چنین محوری دارد. با این‌حال، باید بدانیم که جنبش میسیونری پروتستان در کل پیش *از* ویلیام کِری آغاز شد.

جنبش میسیونری موراویایی[4] در سده‌های هفدهم و هجدهم و از درون جنبشی برخاست کـه به جنبش زهدگرایی[5] معـروف بود. زهدگرایی یک جنبش بیـداری روحانی بود که بر پرستش شخصی، مطالعهٔ کتاب‌مقدس، وعظ و نقش عموم ایمانداران[6] تأکید داشت. بسیاری از درون‌مایه‌های کلیدی زهدگرایی را می‌توان در اثر کلاسیک فیلیپ جیکوب اسپینر[7] (امیال پارسـایانه)[8] یافت، که در سـال ۱۶۷۵ منتشر شد. تأثیرات گسـترده و فراگیر زهدگرایی بر مسـیحیت فراتر از آنند که در حوصلهٔ ایـن فصل بگنجند. با وجود ایـن، باید به این نکتهٔ

1. Vicars Apostolic; 2. Société des Missions Étrangères; 3. Matteo Ricci; 4. The Moravian Missionary Movement; 5. Pietism; 6. The laity

۷. Philip Jacob Spener– وی در سال ۱۶۳۵ چشم به جهان گشود و در سال ۱۷۰۵ درگذشت.

8. Pia Desideria

مهم توجه داشت که جنبش اصلاح دینی پروتستان در سدهٔ شانزدهم هیچ میسیونری به بار نیاورد.[۱] پس از گذشت دو سده و با پیدایش جنبش زهدگرایی بود که نخستین میسیونرهای پروتستان، یعنی بارتولومئو تسیگنبالگ[۲] و هنری پلوتشاو[۳] پا به میدان نهادند و از طریق میسیونِ دانمارکیِ- هالهِی[۴] راهی هندوستان شدند. با این‌همه، موراویاییها و تلاش‌های کنت نیکلاس فن تسینسندورف[۵] برای تجهیز میسیونرها، هدف بررسی تاریخی ما از این برههٔ زمانی است، چون موراویاییها نمایندهٔ نخستین جنبش میسیونری عمدهٔ پروتستان به‌شمار می‌روند.

کنت نیکلاس فن تسینسندورف (۱۷۰۰-۱۷۶۰) تحت تأثیر زهدگرایی پرورش یافته بود. عمدهٔ سال‌های نخستین زندگی وی در هالهِی آلمان و زیر نفوذ آگوست فرانکه، یکی از شخصیت‌های برجستهٔ سال‌های آغازین زهدگرایی سپری شد. تسینسندورف، که نجیب‌زاده‌ای ثروتمند و آلمانی بود، در سال ۱۷۲۲ ملک بزرگی در برتلزدورف[۶] (در شرق آلمان) خرید تا بتواند پناهندگان مسیحی بوهمیا[۷] و موراویا (جمهوری چک امروزی) را که به‌خاطر ستمگریِ کلیسای رسمی بر ایشان گریخته بودند، در آن ملک جای بدهد.

گرچه کلیسای موراویان تا سال‌های ۱۷۴۰ هنوز به فرقه‌ای جداگانه تبدیل نشده بود، اما پیشینهٔ آن به سدهٔ چهاردهم و جنبش هوسی[۸] بازمی‌گردد که نام خود را وامدار بنیانگذارش، یان هوسِ[۹] جدایی‌اندیش است. جان هوس که اغلب از او به‌عنوان پروتستان پیش از عصر اصلاح دینی یاد می‌کنند، یکی از نخستین منتقدان سوءاستفاده‌های متداول در کلیسای کاتولیک رومی در آن زمان، به‌شمار می‌رفت. در نهایت پیروان هوس جنبشی را شکل دادند که با عنوان اتحاد برادران[۱۰] شناخته شد، و به‌عنوان یکی از نخستین جنبش‌های اعتراضی (پروتستان) به حیات خود ادامه داد. با این‌حال، جنبش مزبور غالباً مورد آزار و اذیت قرار می‌گرفت و اصولاً زیرزمینی بود. در سال ۱۷۲۲، برادران به املاک تسینسندورف پناهنده شدند. شمار پناهندگان در نهایت به‌قدری زیاد شد که به بیش از سیصد تن رسید، که در میان آنان چند آلمانی زهدگرای جدایی‌اندیش نیز حضور داشتند که به برادران پیوسته بودند. ایشان نام این اجتماع تازه را هرنهوت[۱۱] گذاشته بودند که معنی‌اش «دیدبانگاه خداوند» بود.

در تاریخ ۱۳ آگوست ۱۷۲۷، روح‌القدس به‌طرز قدرتمندی بر اجتماع مزبور نازل شد و موجب بیداری ژرفی در میان برادران گردید. بسیاری از کسانی که در آنجا بودند، رویداد مزبور را چیزی شبیه واقعهٔ پنتیکاست توصیف کردند که حسی نیرومند از یگانگی، میل به دعا، اشتیاق روحانی و سرسپردگی تازه به عیسای مسیح با خود به همراه آورده بود. طی چند

---

۱. ژان کالون کوشید تا میسیونرهایی را برای خدمت به مستعمراتی‌های فرانسوی در مقام کشیش نظامی (قاضی عسکر)، به برزیل روانه کند. با این‌حال، نمی‌توان آنان را در کل به‌عنوان نخستین میسیونرهای پروتستان پذیرفت، زیرا کشور از پذیرش آنها سر باز زد و ضمناً قصد ایشان هم گذر از مرزهای فرهنگی و رساندن انجیل به گروه‌های قومی دیگر نبود.

2. Bartholomew Ziegenbalg; 3. Henry Plutschau

۴. هاله (Halle) شهری در ایالت زاکسونی- آنهالت (Saxony- Anhalt) آلمان.

5. Nicolas von Zinzendorf Count; 6. Berthelsdorf; 7. Bohemia; 8. Hussite Movement; 9. John Hus; 10. Unitas Fratrum; 11. Herrnhut

سال، «اتحاد برادران» که اکنون دیگر موراویائیان[1] نامیده می‌شد، تحت هدایت، برنامه‌ریزی و تجهیز تسینسندورف، که در سال ۱۷۳۷ به‌عنوان اسقف کلیسا دستگذاری شده بود، به نیرویی عمده برای بشـــارت انجیل در جهان تبدیل شد. موراوی‌ایی‌ها در نهایت صدها میسیونر را به همهٔ نقاط جهان، از جزایر دریای کارائیب گرفته تا آمریکای شـــمالی و جنوبی، قطب شمال، آفریقا، خاور میانه و هندوستان فرستادند.

ما از این نخستین جنبش میسیونری پروتستان چند درس مهم می‌توانیم بگیریم. نخست آنکـــه، *موراویایی‌ها عمیقاً متعهد به دعا برای بشـــارت دادن انجیل به جهان بودند*. انگیزش چشـــمگیری که خدا در تاریخ ۱۳ آگوســـت ۱۷۲۷ در میان ایشان به‌وجود آورد، چنان ژرف بود که زنجیرهٔ دعا ایجاد کردند و به نوبت دعا می‌کردند تا این زنجیره هیچگاه قطع نشـــود. موراویایی‌هـــا «دیوار دعا» را بر امر بشـــارت دادن انجیل به جهـــان متمرکز کرده بودند. این زنجیرهٔ دعا بیست‌وچهار ساعت شبانه روز، هفت روز هفته، برای مدت بیش از یکصد سال ادامه داشت! باید به خاطر داشته باشیم که دهه‌های متمادی پس از آن، زمانی که میسیونرهای پیشـــگام و نامداری همچون ویلیام کِری و ادونیرام[2] و آن جادسن[3] به‌ترتیب به هندوستان و برمه رسیدند، این جلســـهٔ دعا هنوز پابرجا بود. «سدهٔ باشکوه» میسیون مسیحی پروتستان از بطن همین دعاهای پرشـــور و حرارت موراویایی‌ها در هرنهوت زاده شـــد. برای جای دادنِ همهٔ تلاش‌ها و تجهیزهای میســـیونری در *مأموریت الاهی* هیچ راهی بهتر از تعهد داشتن به دعا نیست.

دوم اینکه، موراویایی‌ها نخســـتین گروه مدرن از مسیحیان بودند که کاملاً دریافته بودند که *فعالیت میســـیونری وظیفهٔ همهٔ مســـیحیان اســـت*، نه فقط گروه معدودی از متخصصان برگزیده. موراویایی‌ها به‌خاطر پیشینهٔ آزار و جلای وطن به سرزمینی دیگر به‌عنوان پناهجو، به بی‌خانمانی و مسافرت عادت داشتند. از این‌رو، میسیونرهای بسیار خوبی پرورش دادند. چارلز رابینسن، گزیدهٔ کلاسیکی در مورد میسیون مسیحی موراویایی دارد که در آن به همین نکته اشاره کرده است:

> برادران موراویایی طی بیســـت سال خدمت میســـیونری، بیش از اقدامات میسیونری انگلیکن‌ها و پروتستان‌ها طی دو سده، خدمت کردند. کامیابی شگفت‌آور آنها تا اندازهٔ زیادی مرهون این واقعیت بود که از همان آغاز، تشخیص داده بودند که بشارت انجیل به جهان مبرم‌ترین تکلیفی است که بر دوش کلیسای مسیحی نهاده شده، و اینکه انجام این تکلیف جزو «امور عادی» اجتماع مزبور است.

از جنبهٔ الاهیاتی، این وقف و تعهد نســـبت به تجهیز کامل تنها به ســـبب کلیساشناســـی موراویایی ممکن بود، چون بر نقش محوریِ عامهٔ ایمانداران تأکید می‌کرد و از دلبستگی‌های فرقه‌ای و از وابستگی کلیســـا به دولت می‌کاست؛ چیزی که در اروپای آن زمان امری کاملاً رایج بود. تعهد تسینســـندورف به تجهیز و آماده‌سازی کل جنبش نیز عامل دیگری بود که از

1. Moravians; 2. Adoniram; 3. Ann Judson

وی یک پیشتاز در زمینهٔ تشویق و ترغیب واعظان، مبشران، بانیان کلیسا، معلمان و شبانان زن ساخت. میسیون مسیحی زهدگرایانهٔ موراویایی به یک مسلک رهبانی سیار شبیه بود، اما آنها به‌جای یک روحانی مجرد، کل خانواده را به‌عنوان الگوهایی از اجتماع مسیحی به مأموریت می‌فرستادند.

سوم آنکه، *موراویایی‌ها میسیونرهایی متکی به خود (از لحاظ مالی) بودند*. خیلی پیش‌تر از متداول شدن اصطلاح حرفه‌ای و سدهٔ بیستمیِ «خیمه‌دوزان»[1] موراویایی‌ها دریافته بودند که برای تأمین نیازهای مالی و تدارکاتی به منظور بقا، به یک نیروی میسیونری حرفه‌ای نیاز هست. اگر قرار بود که کلیسا از میسیونرهای تمام‌وقت پشتیبانی کند، ۹۰ درصد اعضای کلیسا ناگزیر بودند در شهر و روستای خود بمانند و آن‌قدر پول به‌دست بیاورند که بتوانند از میسیونرها حمایت مالی کنند. در عوض، موراویایی‌ها سرمایه‌گذاری روی نیروی میسیونری غیررسمی را برگزیدند که برای تأمین نیازهاشان از راه پیشه و تخصص، کاملاً متکی به خود باشند. استفن نیل[2] می‌گوید که یکی از ویژگی‌هایی که موجب تمایز میسیونرهای موراویایی از دیگر میسیونرها می‌شد، این بود که ایشان «مردمانی ساده، روستایی و پیشه‌ور بودند.»

نخستین میسیونری که هرنهوت اعزام داشت، به نمونه‌ای برای دیگر میسیونرهای پس از خود تبدیل شد. لئونارد دوبر[3] (۱۷۰۶-۱۷۶۶) برای رسیدن به هرنهوت، ۳۱۵ مایل را پیاده طی کرده و سرانجام در سال ۱۷۲۵ به آنجا رسیده بود. پیشهٔ او، که از پدرش به ارث برده بود، سفالگری بود. وقتی در هرنهوت به‌سر می‌برد، رویداد بیداری روحانی سال ۱۷۲۷ را تجربه کرد. لئونارد هم مانند بسیاری از برادران عاشق موسیقی بود و با رهبری گروه کُر و تصنیف سرودهای روحانی، که نمایانگر نفوذ فزایندهٔ زهدگرایی در اجتماع موراویایی بود، بدیشان خدمت می‌کرد. بعدها تسینسندورف مردی آفریقایی را که سابقاً برده بود و آنتون[4] نام داشت و مسیحی شده بود، به اجتماع موراویایی معرفی کرد. آنتون برادران را برای گسیل میسیونر به میان برده‌های آفریقایی به چالش کشید. دوبر پس از یک شب بی‌خوابی و دعا، خود را متعهد به خدمت میسیونری در میان بردگان آفریقایی دید. دوبر در تاریخ ۲۱ آگوست ۱۷۳۲، از سوی هرنهوت مأموریت یافت تا رهسپار جزیرهٔ مالاریاخیزِ سنت توماس در دریای کارائیب شود؛ جایی که قرار بود به بردگان آفریقایی خدمت کند. او را به همراه نجاری به نام دیوید نیچمان[5] فرستادند و ناگزیر بود نان بازوی خود را بخورد. دوبر برای گذشتن از مراحل گوناگون و مناصب متعدد به‌عنوان میسیونر، شیخ اعظم[6] و بعدها اسقف کلیسای موراویایی، مسیری طولانی را طی کرد.

و سرانجام اینکه، *موراویایی‌ها به‌خاطر فرستادن میسیونرها به نقاط دشوار برای کار کردن در میان مردمان مطرود* معروف هستند. کار در میان بردگان سنت توماس نمونه‌ای است از تعهد موراویایی‌ها به خدمت به جوامع نادیده گرفته شده. از آنجایی که خود موراویایی‌ها جماعتی به حاشیه رانده و ستمدیده بودند، نسبت به دیگر مردمان مهاجر و رنج‌کشیده بار قلبی احساس می‌کردند. این تعهد اغلب به بهای جانبازی بزرگی تمام می‌شد. برای نمونه،

1. Tentmakers; 2. Stephen Neill; 3. Leonhard Dober; 4. Anton; 5. David Nitschmann; 6. General Elder

از هجده میسیونری که در کل از سوی هرنهوت برای خدمت به بردگان به سنت توماس فرستاده شدند، نیمی ظرف شش ماه جان سپردند.

اگرچه کلیسای موراویایی هیچگاه بزرگ نبوده، اما تأثیری بس بزرگتر از ابعادش به‌جا گذاشته است. رهبران مسیحی صاحب‌نفوذی همچون جان وسلی و ویلیام کِری نقش سازنده‌ای را که موراویایی‌ها در تکوین شخصیت روحانی ایشان داشته‌اند، ستوده‌اند. نهادهای شخصی و ادبی بسیاری وجود دارند که با مأموریت مسیحی موراویایی از طریق کار میسیونری پیوریتن‌های نیوانگلند، مرتبطند.[1] موراویایی‌ها، به‌عنوان نخستین جنبش میسیونری پروتستان همچنان به کسانی که پس از ایشان به خدمت میسیون مسیحی پرداختند و رد گام‌های ایشان را دنبال کردند، الهام و آگاهی می‌بخشند.

## خاستگاه‌های شگفت مسیحیت کره‌ای

کره به‌رغم آنکه یکی از واپسین کشورهای آسیایی است که پیام انجیل را دریافت کرده، اما به یکی از جذاب‌ترین و نامعمول‌ترین خاستگاه‌های هر کلیسایی در جهان تبدیل شده است. تاریخ «پادشاهی هرمیت»[2] با تهاجمات متعدد و دوره‌های انزوای کره و قطع ارتباط با خارج همراه است. کره اغلب مورد هجوم قرار می‌گرفت، زیرا مهاجمان این سرزمین را دروازهٔ فتح چین می‌دانستند. یکی از مهمترین یورش‌ها در سال ۱۵۹۲ روی داد، یعنی زمانی که سپاه تویوتومی هیده یوشی[3] ژاپن برای درهم‌کوبیدن مقاومت کره‌ای‌ها نُه مرتبه به این کشور تاخت و تاز کرد. بسیاری از کره‌ای‌ها را اسیر و روانهٔ اردوگاه‌های اسرا در ژاپن کردند، جایی که کره‌ای‌ها با کشیشان ژزوئیت، که در آن زمان مجوز خدمت در ژاپن داشتند، مواجه شدند.

مردم اغلب تصور می‌کنند ژاپن مکانی کاملاً بسته و به دور از پیام انجیل بوده است. حقیقت این است که میان فرمان نابودی بزرگ[4] که در سال ۱۶۱۴ توسط ایاسو[5] صادر شد، تا رسیدن کشتی‌های توپدار متیو پری[6] به سواحل ژاپن در سال ۱۸۵۳، ژاپن در انزوای کامل به‌سر می‌برد و هیچ تماسی با بیرون نداشت، و هزاران مسیحی در خلال این سال‌ها شهید شدند.[7] با این‌حال، تا پیش از سال ۱۶۱۴ مواقعی بود که ژزوئیت‌ها برای خدمت در ژاپن از آزادی قابل‌ملاحظه‌ای برخوردار می‌شدند، و در همین دوره‌ها بود که ژاپنی‌های بسیاری به مسیح ایمان می‌آوردند. به‌قول سموئل مافت، در طی سال‌های ۱۵۹۵–۱۵۹۶، ۱۳۷ میسیونر ژزوئیت در ژاپن مشغول خدمت بودند. ایشان تا سال ۱۶۰۹ بیش از ۲۲۰ هزار مسیحی ژاپنی

---

۱. برای مثال، ارتباط کاتن مادر (Cotton Mather)، رهبر پیوریتنیسم بوستون، با آگوست فرانکه که در بطن جنبش میسیونری زهدگرایانه قرار داشت، و با تسیگنبالگ، نخستین میسیونر پروتستان، گاه نادیده گرفته می‌شود. دیگر برخوردهای شخصی، همچون دیدار جیلبرت تننت (Gilbert Tennent) با کنت نیکلاس فن تسینسندورف در نیویورک، سرنخ مهمی در مورد ارتباط این نیروهای میسیونری به دست ما می‌دهد.

2. The Hermit Kingdom; 3. Toyotomi Hideyoshi; 4. the Great Edict of Annihilation; 5. Ieyasu; 6. Matthew Perry

۷. در سال ۱۵۸۷ به ژزوئیت‌ها دستور دادند کشور را ترک کنند، اما به سبب گفتگوهای محتاطانه‌ای که الساندرو والینیانو انجام داده بود، ژزوئیت‌ها اجازه یافتند تا مادامی که در امور سیاسی دخالت نکنند، در ژاپن بمانند.

را زیر مراقبت خویش داشتند. به برآورد مافت، تا هنگام صدور فرمان نابودی بزرگ، شمار مسیحیان ژاپن به رقمی میان ۰۰۰/ ۳۰۰ تا ۰۰۰/ ۵۰۰ تن رسیده بود. با وجود این، آنچه اغلب نادیده گرفته می‌شود، ارتباط این مسیحیان با کره‌ای‌هایی است که در اردوگاه‌های اسرا در ژاپن زندانی بودند. برای نمونه، یکی از میسیونرهای ژزویت به نام پدر فروا[1] (۱۵۹۷-۱۵۳۲) که تحت حمایت دولت پرتغال خدمت می‌کرد، در سال ۱۵۹۶ چنین گزارش کرده که تنها درناگاساکی، دستِ‌کم سیصد کره‌ای زندانی ژاپنی‌ها هستند. جالب اینجا است که در آن زمان هیچ مسیحی شناخته‌شده‌ای در کره وجود نداشته است، و کره‌ای‌ها در درون زندان‌های ژاپنی به مسیح گرویدند. در واقع، حضور مسیحیان کره‌ای در اردوگاه‌های اسرا در ژاپن، طی گزارش‌های مربوط به آزاری که در پی فرمان سال ۱۶۱۴ بر مسیحیان وارد آمد، تأیید شده است. گزارش‌های ژاپنی یکصد زندانی کره‌ای را نشان می‌دهند که به‌خاطر ایمان‌شان به مسیح، دوشادوش ژاپنی‌ها کشته شدند. از آنجایی که مرزهای کره به روی میسیونرهای خارجی بسته بود، ضرورت داشت کره‌ای‌های تبعیدشده‌ای که در ژاپن اسیر بودند، این خدمت را به انجام برسانند. از بازی‌های روزگار اینکه، کره‌ای‌ها حتی پیش از اینکه در خود کره مسیحی شناخته شده‌ای وجود داشته باشد، به‌خاطر ایمان‌شان به مسیح شهید شدند.[2]

نفوذهای دیگر به کره از راه چین صورت گرفت. در حدود سال ۱۷۷۰ م. چونگ تو-ون[3] سفیر کره در چین، «تیانژو» یا «آموزهٔ راستین خداوند آسمان»[4] اثر ماتئو ریچی[5] را با خود به کره آورد. این کتاب و دیگر آثار به‌تدریج از چین و در خلال همان سال‌ها به درون کشور نفوذ کردند. یک پژوهشگر جوان کره‌ای به نام یی پیوک[6] یکی از عوامل جنبش عقلانی‌ای بود که زیر عنوان مکتب شیلهاک[7] (مکتب فراگیری عملی) شناخته می‌شد. مکتب شیلهاک یک جنبش نو-کنفسیوسی بود که در تکاپو برای بازگرداندن عملگرایی اندیشهٔ کنفسیوسی به‌جای فلسفه‌بافی نظری بود. پیروان مکتب شیلهاک علاقه داشتند از جهان غرب بیاموزند و نسبت به مطالعهٔ اندیشه‌هایی که در بیرون از کره جریان داشت، باز بودند. این پژوهشگران در سال ۱۷۸۳ از یی سانگ-هونگ[8] یا لی سئونگ-هون[9] پسر سفیر خواستند تا هنگامی که در دربار امپراتوری چین حضور دارد، به دیدار میسیونرهای کاتولیک برود و از آنها همه چیز را دربارهٔ مسیحیت فرابگیرد. یِی بیست‌وهفت ساله تحت آموزش ژزوئیت‌ها به فراگیری مسیحیت پرداخت و پیش از بازگشت به کره، در پکن تعمید گرفت. زمانی که یی در سال ۱۷۸۴ به کره بازگشت، اکنون با نام تعمیدی پیتر لی سئونگ- هون، ادبیات مسیحی را نیز همراه خود از چین آورد، و این ادبیات در میان اعضای مکتب شیلهاک دست به دست

---

1. Father Fróis

۲. به یک کشیش ژزوئیت اسپانیایی به نام گرگوریو د سسپدس (Gregorio de Cespedes ۱۶۱۱-۱۵۵۱) اجازه داده شد تا به مسیحیان ژاپنی در کره خدمت کند، اما وی مجاز به برقراری ارتباط با کره‌ای‌ها نبود. شاید تنها کره‌ای‌هایی که وی توانست با ایشان دیداری داشته باشد، زندانیان جنگی کره‌ای بودند که به‌عنوان برده فروخته شده و از ژاپن بازگشته بودند. به هر روی، گرگوریو د سسپدس نخستین غربی شناخته‌شده‌ای است که پا به خاک کره نهاد.

3. Chong tu-won; 4. Tianzhu or True Doctrine of the Lord of Heaven; 5. Matteo Ricci; 6. Yi Pyok; 7. Shilhak school; 8. Sang-Hung; 9. Lee Seung-Hun

می‌گشت. ایشان به این نتیجه رسیدند که مسیحیت برای کره سودمند است چون مبنای اقتدار را بر شایستگی گذاشته، نه اصل و نسب، و در ضمن اصول اخلاقیات مسیحیت در تضاد عمده با اخلاقیات کنفسیوس قرار نداشت. پیتر لی یک ایماندار کره‌ای، به نام لی پیوک را تعمید داد و نام تعمیدی «ژان- باپتیست» (یحیای تعمیددهنده) را برای او برگزید. این دو با هم شروع به تعمید دادن دیگران و انتصاب کشیشان کردند. از اینجا بود که میسیونرهای کاتولیک رومی اجازهٔ انتشار انجیل را در کره یافتند.

در مورد پدیدآمدنِ مسیحیت کره‌ای سه نکتهٔ مهم و قابل‌توجه وجود دارد که برای درک ما از پدیدآییِ مسیحیت جهانی حائز اهمیت حیاتی هستند. نخست آنکه، *کره یکی از معدود کشورهایی است که کلیسایش در بیرون از مرزهای آن و توسط تبعیدیانی که در زندان به‌سر می‌بردند، تأسیس شد.* دوم اینکه، *میسیونرهایی که وارد کره شدند نه خارجی بلکه کره‌ای بودند، که بیرون از خاک کره به مسیح ایمان آورده و سپس به‌عنوان مبشران انجیل به کشور مادری‌شان بازگشته بودند.* و سوم آنکه، *یکی از قدیمی‌ترین مدارک مستند پیام مسیحی، یک نوشتهٔ مسیحی چینی است نه نوشته‌ای که انجیل را با اصطلاحات غربی شرح داده باشد.* از آنجایی که کره امروزه به یکی از مسیحی‌ترین کشورهای آسیا تبدیل شده و اکنون بزرگترین کلیساهای جهان در آن وجود دارد، مهم است که خاستگاه‌های غیرمعمول مسیحیت کره‌ای را، که به‌واسطهٔ خادمان بومی و اصطلاحات بومی زاده شد، به خاطر بسپاریم. اگر بهترین تعریف از *مأموریت الاهی* رسیدن انجیل پیش از خود میسیونرها باشد، در این صورت کلیسای کره یکی از بهترین نمونه‌ها است.

## نتیجه‌گیری

این هفت مقطع از فعالیت‌های میسیونری تا پیش از ۱۷۹۲ تنها نگاهی گذرا است به برخی از نقاط عطف برجسته در تاریخ میسیون مسیحی. همهٔ درس‌هایی که از این مقاطع می‌گیریم در مجموع بر اهمیت نگریستن به میسیون مسیحی از دریچه *مأموریت الاهی* تأکید دارند. تاریخ میسیون مسیحی نشان می‌دهد که خدا به قولی که به ابراهیم داده بود- اینکه همهٔ ملت‌ها را برکت دهد- پایبند است. تجسم همانا جامهٔ عمل پوشیدن این وعدهٔ برکت است و در عین‌حال بزرگترین نمونه از تعهد خدا به همهٔ قوم‌های روی زمین. هر تلاش میسیونری از زمان آمدن مسیح به بعد کوششی، هرچند ناقص، بوده برای بازتاباندن تجسم خدا در عیسای مسیح. اگر تاریخ میسیون را درست درک کنیم، دیگر هر عامل و نقشهٔ انسانی و نگرش‌های کوت‌بینانه و فرقه‌ای در مورد میسیون مسیحی رنگ می‌بازند. در نهایت، همهٔ میسیون‌ها باید پرتویی از «*مأموریت الاهی*» باشند.

# ۹

# «سدهٔ پرشکوه» میسیون‌های مسیحی ۱۹۱۰-۱۷۹۲

یونانیان باستان برای زمان دو واژهٔ متفاوت داشتند. نخستین واژه، *کرونوس*[1] بود که واژهٔ کرونولوژی[2] (گاهشماری) از آن گرفته شده است. این واژه به «زمانِ ساعت» اشاره می‌کند که در تاریخ قابل اندازه‌گیری است و زمانی معلوم می‌شود که مثلاً شخصی بگوید: «نبرد واتِرلو در تاریخ ۱۸ ژوئن سال ۱۸۱۵ میلادی به‌وقوع پیوست.»[3] واژهٔ دیگری که یونانیان برای زمان به‌کار می‌بردند، *کایروس*[4] است، که بیشتر جنبه‌ای کیفی داشت تا صرفاً کمی. *کایروس* به زمان تعیین‌کننده و مناسب دلالت می‌کند. برای نمونه، عیسی ما را می‌خواند تا «نشانه‌های زمان‌ها» را تشخیص دهیم (متی ۱۶:۳). وقتی او ظهور پادشاهی خدا را اعلان می‌کند، می‌گوید: «*زمان* به کمال رسیده و پادشاهی خدا نزدیک شده است» (مرقس ۱:۱۵). در هر دوی این نمونه‌ها، عیسی واژهٔ *کایروس* را به‌کار می‌برد، که نشان می‌دهد او به یک مقطع گاهشماری صِرف اشاره نمی‌کند، بلکه منظورش یک زمان تعیین‌کننده در تاریخ الاهی است که طی آن خدا اهدافش را در جهان اجرا می‌کند.

پل تیلیش[5] الاهیدان نامدار سدهٔ بیستم بر اهمیت واژهٔ *کایروس* در تبیین دیدگاه مسیحی به تاریخ تأکید می‌ورزد. تیلیش استدلال می‌کند که لحظات *کایروس* «بارها و بارها در تاریخ کلیسا تکرار شده است.» در زمان او، چالش اصلیِ زمان این بود که کلیسا در برابر ظهور نازیسم چه واکنشی باید از خود نشان دهد. تیلیش به‌عنوان مسیحیِ آلمانی، پیش از هر چیز

1. Chronos; 2. Chronology

۳. دلینگ می‌گوید که درک غالب از *کرونوس* «اندازهٔ معینی از زمان» است.

4. Kairos; 5. Paul Tillich

«زمانِ» نازی‌ها را قد برافراشتن در برابر «*کایروس*» عیسای مسیح می‌دید. تیلیش نتیجه می‌گیرد که تنها راه برای تشـــخیص یک لحظهٔ *کایروس*، زمانی است که لحظهٔ مزبور با آنچه که وی «*کایروسِ بزرگِ*» همهٔ زمان‌ها می‌نامد، آزموده شود؛ یعنی جسم گرفتنِ عیسای مسیح. به‌زعم تیلیش همهٔ تاریخ کشمکشی است میان «تجربیات مخدوش‌شده‌ای شیطانی از *کایروس*» که «به‌شکلی گریزناپذیر به خود-ویرانی» منتهی می‌شود، و «*کایروسِ بزرگِ*» مسیح، که از طریق تجســم خلقت تازه را آغاز کرده است. اگرچه ظهور پادشاهی خدا واقعیتی همیشه‌حاضر در تاریخ اســت، لیکن می‌بینیم که همهٔ دوره‌های تاریخی مانند هم نیســتند. نتیجه‌گیری تیلیش این اســت که «تاریخ با ضرباهنگی یکنواخت حرکت نمی‌کند، بلکه نیرویی پویا اســت که گاه از آبشــارها فرومی‌ریزد و گاه در زمینی پســت و هموار حرکت می‌کند... پادشاهی خدا همیشه حاضر، اما تجربهٔ نیروی تکان‌دهندهٔ تاریخش همیشهٔ محسوس نیست.» در واقع، در تاریخ بشر لحظات *کایروس* رویدادهایی کمیابند و صد البته، «*کایروسِ بزرگِ*» عیسای مسیح رویدادی کاملاً بی‌همتا است.

در پرداختن به این تأملات تاریخی، مهم اســت که میان *کرونوس* و *کایروس* تمییز قایل شــویم. در فصل ۸ خاطرنشان کردیم که میسیون‌های مســیحی پدیده‌هایی فراتر از آنند که بتوان تمام وقایع تاریخی آنها را در جداول گاهشمار گنجانید. در عوض، ما در صدد برجسته کردن هفت لحظهٔ کلیدی در طول تاریخ میســیون‌های مسیحی اولیه برآمدیم تا چشم‌اندازی نسبی بیابیم و پا به دورهٔ معاصر بگذاریم.

این فصل بر دوره‌ای متمرکز خواهد شــد در خلال سال‌های ۱۷۹۲ و ۱۹۱۰ میلادی، که از نگاه من نمایانگر یکی از همین دوره‌های *کایروس* در طول تاریخ کلیسا به‌شمار می‌روند.[۱] این دوره از انتشــار کتاب «پژوهش»[۲] توســط ویلیام کِری[۳] تا کنفرانس ۱۹۱۰ ادینبورگ، که آن را نخســتین همایش میســیونری جهانی می‌دانند، امتداد می‌یابد.[۴] در خلال این دوره، که تقریباً با ســدهٔ نوزدهم همزمان است، نوکیشان مسیحی بیشتری از گروه‌های قومی جدید، و متنوع‌تری از هر دورهٔ تاریخیِ پیشــین پا به عرصهٔ تاریخ کلیسا گذاشتند. تا پیش از آن هرگز چنان شــمار کثیری از مسیحیان به‌سوی اقصا نقاط جهان به راه نیفتاده بودند تا انجیل را میان مرزهای فرهنگی متعدد ببرند و با قوم‌های گوناگون در میان بگذارند.

از نظرگاه خود که به عقب بنگریم، حتی می‌توانیم با روشــنی بیشتری ببینیم که این زمان برای کلیسای غرب لحظه‌ای *کایروسی* بوده است. سدهٔ بیستم شاهد عفول چشمگیر کلیسای

---

۱. این دوره از نظر تاریخی با دوره‌ای مطابقت دارد که از ظهور انقلاب فرانسه در سال ۱۷۸۹ تا آغاز جنگ جهانی اول در سال ۱۹۱۴ طول کشید. این سده‌ای «اروپایی» بود، چه از لحاظ امور جهانی و چه از لحاظ شهادت کلیسا در سراسر دنیا.

2. An Enquiry

۳. میســیونر باپتیست انگلیســی، متولد ۱۷۶۱-۱۸۳۴، و بنیان‌گذار انجمن میسیونری پروتستان، که به «پدر میسیون‌های مسیحی امروزی» مشهور است- م.

۴. عنوان کامل کتاب برجســتهٔ کِری چنین است: «*پژوهشی در تکالیف مسیحیان برای بهره‌گیری از ابزار به منظور گفتگو با بت‌پرســتان: که در آن موقعیت دینی ملل گوناگون جهان، موفقیت اقدامات گذشــته، و عملی بودنِ اقدامات آتی مورد ملاحظه قرار می‌گیرند.*»

غرب و در عین‌حال صعود چشمگیر کلیسا در جهان اکثریت بود. بذرهایی که در سدهٔ نوزدهم کاشته شده بودند، حتی اکنون در سدهٔ بیست‌ویکم هم میوه‌های بسیار بار می‌آورند. چه کسی باور می‌کرد که در چنین زمانی کوتاه دنیای انگلیسی‌زبان، که قرن‌ها مرکز اعزام میسیونر به سراسر جهان بود، اکنون پذیرای میسیونرهای تازه‌نفس از مراکز آفریقایی، آسیایی و آمریکای لاتینِ مسیحی- که در سدهٔ نوزدهم حوزهٔ کار میسیونرهای غربی بودند- باشد؟ دیدن این صحنه که دریافت‌کنندگان انجیل اکنون آورندگان انجیل به غرب شده‌اند و آنچه را که غرب به فراموشی سپرده، به آن یادآوری می‌کنند، بسیار تکان‌دهنده است. مَثَلی آفریقایی در میان اهالی «آکان» در جنوب غنا رواج دارد که می‌گوید: «مادر، دختربچهٔ دندان درنیاورده را خوراک می‌دهد تا وقتی خود در پیری دندانش ریخت، دختر به او غذا بدهد.» شاید در این مَثَل درسی برای ما نهفته باشد. در این فصل قصد آن نداریم که از پیشوایی غرب در اعزام میسیون‌ها تجلیل کنیم، بلکه می‌خواهیم به یک دورهٔ *کایروس* ویژه در تاریخ بپردازیم، که تمام کلیسا را در جایگاه امروزی آن قرار داد.

در فصل ۸ اذعان کردیم که نگارش حتی چکیده‌ای سرسری از تاریخ میسیون‌های مسیحی محال است. به یاد مطلبی از استفن نیل[1] افتادم که در دیباچهٔ کتاب ارزشمندش پیرامون تاریخ میسیون‌های مسیحی نوشته و در آن اقرار کرده که گنجاندن کل تاریخ میسیون‌های مسیحی در یک مجلد کاری بس دشوار است. به‌زعم نیل، او بدین‌خاطر توانسته از عهدهٔ این مهم برآید که «عزم خود را برای حذف مطالب بسیاری جزم کرده بوده!» به همین ترتیب، هدف ما این نیست که گزارشی مبسوط و مفصل از این دورهٔ برجسته، که کنت اسکات لاتورت[2] مورخ تاریخ معاصر کلیسا آن را «سدهٔ پرشکوه» نامیده، ارائه دهیم. بلکه هدف پررنگ کردن درون‌مایه‌ها یا روندهای کلیدی است که بتوانند در تبیین چارچوبی برای مشاهدهٔ تصویر بزرگی از *مأموریت الاهی* که در خلال این لحظهٔ *کایروسِ* چشمگیر در تاریخ مسیحیت جهان آشکار شد، به ما کمک کنند. در ادامه روی میسیون‌های مسیحی پروتستان متمرکز خواهیم شد، چون در مقایسه با دیگر بخش‌های کلیسا، این زمانی پرجنب‌وجوش برای امدادرسانی میسیونری پروتستانتیسم به‌شمار می‌رود. این فصل، به‌جای تمرکز کردن روی افراد کلیدی، بر پنج درون‌مایهٔ معین، که به *کایروس* «سدهٔ پرشکوه» شکل و نیرو می‌بخشند، متمرکز خواهد شد.

## «براندازیِ» مقدس: تولد انجمن میسیونری پروتستان

یکی از گیج‌کننده‌ترین عجایب در تاریخ میسیون‌های مسیحی، دلیل مشهور شدن ویلیام کِری به‌عنوان «پدر میسیون‌های مسیحی امروزی» است. گاه از این‌سو و آن‌سو می‌خوانیم یا می‌شنویم که کِری نخستین میسیونر دورهٔ معاصر بود یا اینکه نخستین میسیونر پروتستان یا حتی نخستین میسیونر باپتیست بود. لیکن، هیچ‌یک از این گفته‌ها درست نیستند. ما پیش‌تر جنبش میسیونری برجستهٔ موراویایی را بررسی کردیم، که شش دهه پیش از ظهور کِری

1. Stephen Neill; 2. Kenneth Scott Latourette

به‌وقوع پیوست و میسیونرهایی را به سراسر جهان، و از جمله هندوستان اعزام کرد. نخستین میسیونر باپتیست (و نخستین میسیونر ایالات متحده) یک آمریکایی آفریقایی‌تبار بود به نام جورج لیل[1] شبان کلیسای باپتیست نخستین کلیسای آفریقایی در ساوانای جامائیکا، که در سال ۱۷۸۳ خدمت میسیونری خود را میان بردگان آفریقایی آغاز کرد. پیش از آنکه کِری به عزم هندوستان راهی سفر شود، لیل کلیسای باپتیست آفریقایی کینگستون را با بیش از پانصد عضو تأسیس کرده بود.

حتی آنانی که با گاهشماری تاریخ میسیون‌های مسیحی آشنا هستند، هنوز گاهی از کِری به‌عنوان «پدر» یاد می‌کنند. این چند دلیل دارد: یکی طول مدت خدمتش در هندوستان (چهل‌ویک سال)، دیگری تعهدش به ترجمهٔ کتاب‌مقدس، و شاید هم علت دیگرش انگلیسی‌زبان بودنش باشد. با این‌حال، وقتی کِری در نوامبر ۱۷۹۳ پا به خاک هندوستان گذاشت، فریدریش شوارتس[2] میسیونر پروتستان آلمانی در حال سپری کردن چهل‌وسومین سال از کل چهل‌وهشت سال خدمتش در هندوستان بود. وانگهی، نخستین میسیونرهای پروتستان، تسیگنبالگ و پلوتشاو در سال ۱۷۱۵ و کمتر از یک دهه پس از ورودشان به هندوستان، عهدجدید را به زبان تامیلی ترجمه کرده بودند. پیش از کِری چند میسیونر انگلیسی‌زبان نامدار هم بودند، مانند جان الیوت[3] (۱۶۰۴–۱۶۹۰) و دیوید برینرد[4] (۱۷۱۸–۱۷۴۷). خلاصه اینکه، با براندازی بر گاهشماری میسیون‌های مسیحی، مشکل بتوان کِری را به‌عنوان «نخستین» یا «پدر» میسیون‌های مسیحی امروزی در نظر گرفت. با این‌همه، به همین خاطر است که تاریخ میسیون‌های مسیحی را نه از چشم‌انداز *کرونوس*، بلکه باید از منظر *کایروس* نگریست.

ویلیام کِری را می‌توان پدر میسیون‌های مسیحی دانست، اما نه به‌خاطر دلایلی که معمولاً برای آن ارائه می‌شود. ویلیام کِری پدر میسیون‌های مسیحی است چون به درون لحظهٔ *کایروس* گام نهاد، لحظه‌ای که انگیزه‌ای برای بنیانگذاری ده‌ها *انجمن* میسیونری داوطلبانه شد و صدها میسیونر تازه‌نفس را به کارزار میسیون مسیحی فرستاد، که حاصلش بسیج و تجهیز بزرگترین میسیون‌های مسیحی در تاریخ بود. با وجود این، برای ارج نهادن کامل به نقش انجمن میسیونری داوطلبانه در «سدهٔ پرشکوه»، باید در سالیان آغازین زندگی کِری و تحولاتی که منجر به بنیانگذاری انجمن میسیونری باپتیست در سال ۱۷۹۲ توسط او شد، تأملی بکنیم.

ویلیام کِری در تاریخ ۱۷ آگوست ۱۷۶۱ در انگلستان چشم به جهان گشود. در نخستین سال‌های زندگی‌اش چیز خاصی وجود ندارد که نشان دهد خدا به طریقی چشمگیر کِری را به‌کار گرفته باشد. او از خانواده‌ای بسیار فقیر برآمد و زادگاهش روستایی کوچک بود. به گونه‌ای به بیماری پوستی مبتلا بود که نمی‌توانست برای مدتی طولانی در معرض نور خورشید بماند، از این‌رو به پیشهٔ پینه‌دوزی روی آورد. او به «باپتیست‌های خاص»[5] تعلق داشت که در آن زمان به‌خاطر پیروی نکردن از آرای کلیسای رسمی، مورد نفرت

1. George Liele; 2. Friedrich Schwartz; 3. John Eliot; 4. David Brainerd; 5. Particular Baptists

بودند.[1] کِری از هر لحاظ، اعم از اقتصادی، اجتماعی و مذهبی، نمایندهٔ حاشیه‌نشینان جامعه‌اش بود. با این‌حال، در مشیّت خدا کِری مسیحی شد، و او را برای شبانی یک کلیسای باپتیست کوچک دستگذاری کردند. ما نخست به غیرت کِری نگاهی گذرا می‌اندازیم؛ زمانی که همخدمتی‌های خود را به چالش کشید تا یکی از جلسات ماهیانهٔ خود را به این پرسش اختصاص دهند: «آیا فرمان بزرگی که خداوندمان عیسای مسیح به شاگردانش داد هنوز هم در روزگار ما کاربرد دارد؟» سرانجام، این بحث بدان انجامید که کِری کتابی هشتادوهفت صفحه‌ای نوشت و در سال ۱۷۹۲ آن را منتشر کرد، که بعدها به تأثیرگذارترین رسالهٔ میسیونری که تا آن زمان به زبان انگلیسی نوشته شده بود، تبدیل گردید. بررسی دقیق عنوان کتاب حائز اهمیت است. کِری نام کتاب خود را «پژوهشی در تکالیف مسیحیان برای بهره‌گیری از شیوه‌هایی به منظور گفتگو با بت‌پرستان» گذاشت. چنین نامی طویل، با عنوانی توصیفی، در آن زمان برای یک کتاب چندان غیرمعمول به شمار نمی‌رفت.

عنوان رسالهٔ کِری به سه بخش اصلی تقسیم می‌شد. بخش نخست، *پژوهشی در تکالیف مسیحیان*، بیانگر موانع تاریخی و الاهیاتی‌ای است که کِری در تبدیل شدن به میسیونر با آن روبه‌رو بود. به‌لحاظ الاهیاتی، کالوینیسم افراطی[2] بسیاری را به داشتن این باور متقاعد کرده بود که گرویدن جهان به مسیح از سوی خود خدا و بدون دخالت هر عامل انسانی، نظیر شهادت دادن کلیسا، انجام می‌پذیرد. به‌لحاظ تاریخی، این اعتقاد در سطحی گسترده وجود داشت که رسولان اولیه در همان زمان خود، با رفتن به کل جهان فرمان بزرگ را «به انجام رساندند.» کِری در رسالهٔ خود فضای قابل‌ملاحظه‌ای را به تشریح این سوءتفاهمات اختصاص داد. بخش بعدی عنوان، *به منظور گفتگو با بت‌پرستان*، بیانگر پایبندی سفت و سخت کِری به انجیل عیسای مسیح و لزوم شنیدن آن از سوی مردم و ابراز واکنش آنها به پیام انجیل است. *بت‌پرست* خواندن کسانی که به انجیل ایمان ندارند، به گوش شنوندگان امروزی مایهٔ تحقیر و اهانت‌آمیز به‌نظر می‌رسد. با وجود این، در آن دوره *بت‌پرست* واژه‌ای کلی و توصیفی برای کسانی بود که هرگز انجیل را نشنیده بودند، و حاوی بار معنایی امروزی نبود. کِری در کتاب خود شماری نمودار مفصل وارد کرد که نشان می‌دادند غیرمسیحیان در کدام قسمت‌های جهان ساکنند، شمار تقریبی‌شان چقدر است، و در حال حاضر چه دینی دارند.

بخش *میانی* عنوان کتاب بیش از همه نادیده گرفته شده، و با این‌حال به‌طرز مستدلی مهمترین بخش آن محسوب می‌شود. بخش میانی این عبارت است: *«استفاده از امکانات»*. این عبارت کوتاه دربرگیرندهٔ نبوغ خیره‌کنندهٔ ویلیام کِری است و به‌طرز جذابی دلیل معروف شدن وی به‌عنوان پدر میسیون‌های مسیحی امروزی را توضیح می‌دهد.

---

۱. باپتیست‌های خاص برخلاف باپتیست‌های عام (General Baptists) به کفارهٔ محدود باور داشتند، یعنی اینکه مسیح تنها برای برگزیدگان مرد. باپتیست‌های خاص به مرور زمان با کالوینیسم افراطی (Hyper Calvinism) پیوندهایی پیدا کرد، که در توجیه اکراه هم‌خدمتی‌های کِری از پذیرش دیدگاه خدمتی وی کمک می‌کند.

2. Hyper Calvinism

اندرو والز این‌گونه نتیجه می‌گیرد که عبارت «استفاده از امکانات» از سوی کِری، بر «مسئولیت‌پذیری مسیحیان... در قبال جستن *امکانات مناسب*، برای انجام دادن وظیفه‌ای که خدا به ایشان محول نموده است» انگشت می‌گذاشت. به بیانی دیگر، *ساختاری* دیگر لازم بود تا به پروتستان‌ها امکان بدهد که از میسیونرها پشتیبانی کنند. کاتولیک‌ها در زمینهٔ فراهم آوردن امکان ائتلاف در سطحی گسترده، که همبستگی نامیده می‌شود و بر نیازهایی خاص از قبیل خدمت به جوانان، میسیون‌های مسیحی، امور خیریه، و غیره متمرکز است، تاریخی طولانی دارند. در فصل ۸ کتاب بررسی کردیم که برای مثال چگونه پاپ همایش ترویج ایمان[1] را تشکیل می‌دهد تا بتواند ساختاری به‌وجود آوَرَد که به‌واسطهٔ آن بتوان میسیونرها را به کارزار فرستاد، سیاست‌ها و راهبردها را تعیین کرد، و بر امور میسیونری نظارت نمود. امروزه بسیاری با موسسهٔ خیریه و میسیونری مادر ترزا، که یک انجمن همبستگی، و وقف خدمت به فقیرترین فقراست و اکنون در بیش از یکصد کشور انجام وظیفه می‌کند، آشنا هستند و آن را تحسین می‌کنند. اصلاحگران ایدهٔ انجمن‌های همبستگی را وارد مقولهٔ کلیساشناسی و اصلاح دینی نکردند. از این‌رو، پروتستان‌ها نه تنها به دلایل *الاهیاتی*، بلکه به دلایل عمیقاً ساختاری، طی دو سدهٔ نخست از زمان پیدایی‌شان هیچ میسیونری را به مأموریت اعزام نکردند.

گرچه کتاب «پژوهش» کِری مملو از الاهیات و تاریخ است، اما این خصیصه دلیل ماهیت بنیادین رسالهٔ کِری نیست. برای مثال، آدریان ساراویا[2] الاهیدان سدهٔ شانزدهم، پیش‌تر از کِری در اواخر سدهٔ هجدهم، به اکثر مباحث الاهیاتی و تاریخیِ مطرح شده توسط کِری، اشاره کرده بود. همان‌گونه که اندور والز خاطرنشان می‌سازد، مشکلی که میسیون‌های مسیحی پروتستان با آن روبه‌رو بودند، «این واقعیت ساده بود که کلیسا در شکل سازمان‌یافته‌اش در آن زمان، خواه اسقفی، یا مشایخی و خواه از نوع جماعتی‌اش، نمی‌توانست به‌طرزی مؤثر دست به اعزام میسیون‌های مذهبی به کشورهای بیگانه بزند.» اصلاً ساختاری برای این منظور وجود نداشت. «روشن شد که اموری نه چندان کوچک، بلکه در واقع امور بزرگی همچون بشارت به کل جهان هستند که خارج از ظرفیتِ» ساختارهای راکدِ کلیساشناختی زمانه قرار دارند.

کِری، به‌عنوان یک پروتستان هیچ ساختاری در اختیار نداشت تا از آن رهنمود بگیرد. پس وی پیشنهاد تشکیل یک انجمن میسیونری را داد که تا حد زیادی مبتنی بر الگوی انجمن‌های بازرگانی غیردینی بود، که بنا به مقاصد تجاری سازماندهی شده بودند. کِری چنین می‌نویسد:

> شرکتی را تصور کنید متشکل از مسیحیان جدی، خادمان و افراد خصوصی، که خود را زیر پوشش یک انجمن سازماندهی کرده‌اند، و در خصوص آیین‌نامهٔ برنامهٔ خود قواعدی تدوین می‌کنند، و در خصوص اشخاصی که قرار است به‌عنوان میسیونر استخدام شوند، و راه‌های تأمین هزینه‌های این شرکت و غیره.

1. Propaganda Fide; 2. Adrian Saravia

این یک ساختار کاملاً غیردینی بود- یعنی در صورت ظاهر کاملاً غیرالاهیاتی، که در واقع یکی از مهمترین تحولات الاهیاتی در پروتستانتیزم به‌شمار می‌رفت. شگفت‌آورتر از همه اینکه پروتستان‌ها هرگز واقعاً به دلالت‌هایِ *الاهیاتیِ* کلیساشناسیِ اصلاحات دینی نمی‌اندیشیدند. دلالت‌هایی چنان انعطاف‌پذیر که به انجمن‌های داوطلب، که اکثراً غیر روحانی هم بودند، اجازه دهد روی تکالیفی خاص متمرکز شوند. اندرو والز در ادامه می‌گوید: «تا آن زمان هرگز *الاهیاتی* برای انجمن داوطلب وجود نداشت. انجمن داوطلب یکی از مذاح‌های الاهیاتی خدا است، که به موجب آن قوم خود را هر زمان که خودشان را بیش از اندازه جدی می‌شمارند، به ریشخند می‌گیرد.» رهبری کلیسا به همان اندازه با جنبش میسیونری مخالفت می‌کرد که ساختار در برابر اقدام میسیونری ایستادگی نشان می‌داد. با وجود این، این انجمن‌های غیرکلیسایی به‌تدریج نه تنها دست به استخدام نیروهای جدید به‌عنوان میسیونر زدند، بلکه در نهایت مبالغ هنگفتی پول هم برای برآوردن نیازهای آنان و پشتیبانی از خدمات‌شان گرد آوردند. یک نوع ساختار نوین در میان کلیساهای پروتستان پا به عرصهٔ ظهور نهاد، که بدون قصد یا عمد قبلی پایگاه تازه نیرومندی به‌وجود آورد. انجمن میسیونری نمایندهٔ نوعی «براندازیِ مقدس» از جانب کلیسایی سرکش بود. دلالت این پدیده برای خدمت ایماندارانِ معمولی، مثلاً فرصت دادن به بانوان برای به‌کارگیری عطایای‌شان به‌طور میان-فرهنگی، و دستیابی به اهداف خاصِ مسیحی در سرزمین‌های دوردست، بی‌شمار بود.

هنوز چند سالی از پیشنهاد تشکیل یک انجمن میسیونری توسط کِری نگذشته بود که بیش از ده انجمن میسیونری جدید در هر دو سوی اقیانوس اطلس کار خود را آغاز کردند. تولد انجمن میسیونری یک ساختار همبسته به‌وجود آورد که به هزاران نفر توان خدمت میسیون مسیحی تمام‌وقت در مکان‌هایی با فرهنگ‌های دیگر را بخشید. ویلیام کِری نمونه‌ای درخشان از خدمت میسیونری است، اما به‌خاطر این نیست که وی را «پدر میسیون‌های مسیحیِ امروزی» می‌دانند. شهرت کِری بدین سبب است که به کلیسا پیشنهاد «استفاده از امکانات» برای گسیل شدن به جهان را داد، یعنی پیشنهاد به‌وجود آوردن یک ساختار نوین که واکنش فرمانبردارانه را امکان‌پذیر سازد. از زمان فراخوانی که چهل سال پیش از آن جاناتان ادواردز برای شرکت در دعایی هماهنگ برای بشارت به جهان داده بود، مسیحیان بسیاری الهام گرفته بودند. بسیاری دیگر با خواندن خاطرات روزانهٔ دیوید برینرد و رویارویی با باری که وی برای گمشدگان احساس می‌کرد، عمیقاً تحت تأثیر قرار گرفته بودند. اما در همین مقطع، این الهام می‌بایست همچون ساختاری تشکیلاتی متبلور می‌شد تا فرمانبرداری را ممکن سازد. انجمن میسیونری باپتیست، انجمن میسیونری لندن، انجمن میسیونری کلیسا، انجمن رسالات دینی[1] انجمن کتاب‌مقدس بریتانیا و خارج، هیئت آمریکایی مأموریت‌های مسیحی در کشورهای بیگانه، و هیئت میسیونری باپتیست آمریکایی تنها چند نمونهٔ

1. Religious Tract Society

انگشت‌شمار از نخستین انجمن‌هایی هستند که در ظهور این دورهٔ درخشان و برجسته از میسیون‌های مسیحی پروتستان نقش داشتند.[۱]

ساختار انجمن میسیونری نه تنها آغازگر «سدهٔ پرشکوه» بود، بلکه به خدمت عمدهٔ خود در اعزام میسیونرها در سراسر این دوره ادامه داد. این ساختار نشان داد که انعطاف‌پذیر است و می‌تواند با عوض شدن زمان و دیدگاه جدید خود را وفق دهد. برای نمونه، در سال ۱۸۵۳، درست در میانهٔ «سدهٔ پرشکوه»، هادسن تیلور[۲] زیر پوشش یکی از انجمن‌های میسیونری موسوم به انجمن بشارتی چین، راهی این کشور شد. تیلور پس از چند سال، نسبت به نادیده گرفته شدن نواحی داخلی چین و نیز لزوم تجهیز و بسیج نسلی کاملاً جدید از میسیونرها احساس مسئولیت شدیدی کرد. انجمن‌های میسیونری آن زمان عمدتاً از افرادی تشکیل شده بودند که به طبقهٔ تحصیل‌کرده و ممتاز جامعه تعلق داشتند، و این افراد نسبت به رفتن به نواحی روستایی و مالاریاخیز چین تمایلی از خود نشان نمی‌دادند. تیلور در رویای تأسیس انجمنی میسیونری بود که از طبقهٔ کارگر، و حتی کسانی که تحصیلات رسمی نداشتند، تشکیل شده باشد. او می‌خواست میسیون مسیحی را از خود محل کارزار اداره کند، که به معنای نداشتن پشتیبانی از کلیسای فرستنده، و اتکا به مردمی بود که برای تأمین احتیاجات مالی‌شان، با ایمان و توکل به خدا زندگی می‌کردند. از این گذشته، خواست دیگر وی این بود که این میسیونرهای جدید را به کار خدمت در نواحی داخلی چین اختصاص دهد. بدین‌ترتیب، تیلور در سال ۱۸۶۵ میسیون درون‌مرزیِ چین[۳] را بنیان نهاد.[۴] موفقیت این میسیون چنان چشمگیر بود که تیلور تا سال ۱۸۹۵ میلادی ۶۴۱ میسیونر تازه را به مأموریت فرستاده بود، یعنی رقمی بیش از کل نیروی میسیونری پروتستان، وقتی که او نخستین‌بار پا به خاک چین نهاده بود. از این مهمتر، تیلور ثابت کرده بود که ساختار انجمن میسیونری قابلیت سازگاری کامل با شیوه‌های نوینِ بسیج نیرو را دارد. نتیجهٔ کار او موج عظیم دیگری از انجمن‌های میسیونری جدید، مانند میسیون آفریقای شمالی (۱۸۸۱)، میسیون درون‌مرزی آفریقا (۱۸۹۵)، و میسیون داخلی سودان (۱۸۹۸) بود، که روش‌های نوین تجهیز میسیونرها را شکل دادند، میان‌فرقه‌ای بودند، و خود را وقف رفتن به مناطقی کرده بودند که پیش از آن میسیونر دیگری به آنها نرفته بود.

امروزه، وقتی دانشجویی وارد دفتر کارم می‌شود و به من می‌گوید که علاقمند است میسیونر شود، کاتالوگی به دست او می‌دهم. در این کاتالوگ اسامی همهٔ نمایندگی‌های میسیونری آمریکای شمالی، که بسیاری از آنها خدماتی بسیار ویژه و متمرکز دارند، یافت

۱. رشد انفجاری انجمن‌های میسیونری سراسر اروپا را دربرگرفت، که آغازکنندهٔ آن انجمن برلین در آلمان و میسیون بازل در سوئیس بودند. تنها طی چند سال، در همهٔ کشورهای اروپای غربی انجمن‌های میسیونری تأسیس شد. استفن نیل می‌نویسد که تا پایان سدهٔ هجدهم، «تقریباً هر فرقه‌ای برای خود انجمن میسیونری داشت که از طریق آن میسیونرهایی را اعزام و پشتیبانی می‌کرد.»

2. Hudson Taylor; 3. China Inland Mission

۴. امروزه میسیون درون‌مرزیِ چین، OMF (Overseas Missionary Fellowship) یا مشارکت میسیونری ماورای بحار نامیده می‌شود.

می‌شود. این کاتالوگ بیش از ششصد صفحه است و صدها سازمان میسیونری را فهرست‌وار در خود دارد. انجمن‌های میسیونری با هم «سدهٔ پرشکوه» را امکان‌پذیر ساختند و کماکان بزرگترین منبع برای تجهیز میسیون‌های مسیحی در جهان هستند. با نگاهی به گذشته، فراخوان کِری به «استفاده از امکانات» جرقه‌ای بود که یکی از لحظات *کایروس* بزرگ را در تاریخ کلیسا برافروخت، یعنی تولد انجمن میسیونری پروتستان.

## ترجمه‌های کتاب‌مقدس به زبان‌های محلی

مسیحیت تنها دین جهان است که منابع اصلیِ مکتوبش به زبانی غیر از زبان بنیانگذار آن دین نوشته شده است. چنین چیزی در میان هیچ‌یک از ادیان دیگر جهان شنیده نشده است. محمد عرب‌زبان بود و قرآن هم به عربی است؛ کاهنان برهمن هند به زبان سانسکریت سخن می‌گفتند و اوپانیشادها هم به همین زبان نوشته شده‌اند. عیسی آرامی زبان بود، با وجود این، دست‌نوشته‌های اولیهٔ مسیحیت که تعالیم عیسی را ثبت و ضبط کرده‌اند، نه به آرامی که به یونانی «کُینه»[1] یعنی زبان غیریهودیان هلنیستی نوشته شده‌اند. این خود شهادتی برجسته در مورد ترجمه‌پذیریِ پیام مسیحی است که در مقدس‌ترین متون ما محفوظ مانده است. مسیحیان معتقدند که انجیل قدرت خود را حتی در گویش‌های محلی هزاران زبان دیگر هم به‌طرزی شیوا و فهم‌پذیر جاری می‌سازد. «لامین سانه» این بحث را مطرح می‌کند که ترجمه کردن انجیل از واژگان آرامی و عبری به یونانی به‌طور همزمان هم ریشه‌های یهودی را برای عامه فهم‌پذیر ساخت و هم رنگ و بوی فرهنگ‌های غیریهودی را از آنها نزدود. به بیان دیگر، انجیل از درون ریشه‌های یهودی سربرآورد و از همان ریشه‌ها تغذیه کرد، اما می‌توان آن را به اَشکال زبانی و فکریِ بیگانه با بافت و زمینهٔ اولیه آن توضیح داد. این بدان معنا است که انجیل را می‌توان به اَشکال زبانی جدید بیان کرد، و در عین‌حال محتوای آن را که نیرویی دگرگون‌کننده است همچنان حفظ نمود. بدین‌ترتیب، ترجمهٔ کتاب‌مقدس به زبانی محلی *تأکید الاهیاتیِ* مهمی است بر ترجمه‌پذیریِ انجیل مسیحی. این دقیقاً در نقطهٔ مقابل ادعای مسلمانان قرار دارد که قرآن را ترجمه‌ناپذیر می‌دانند و می‌گویند کلام الله را فقط باید به زبان عربی اعلام کرد. به همین ترتیب، کاهنان هندو به‌طور سنتی تعلیم داده‌اند که مانتراهای هندوئیسم باستان، اگر به زبانی محلی ترجمه و به زبان رانده شوند قدرت خود را از دست خواهند داد.

متأسفانه اهمیت الاهیاتیِ ترجمه‌پذیریِ کلام خدا همواره از سوی کلیسا به رسمیت شناخته نشده است. در اواخر سدهٔ چهارم، پاپ داماسکوس یکم[2] جروم را به‌خاطر بازنگری برخی از ترجمه‌های قدیمی‌تر لاتین مورد اتهام قرار داد. در نهایت جروم، بیشتر با بهره‌گرفتن از دست‌نوشته‌های یونانی، کل کتاب‌مقدس را به زبان لاتین ترجمه کرد. ترجمهٔ لاتینِ جروم، معروف به وولگات، نسخهٔ رسمی و مجاز کتاب‌مقدس برای کلیسای کاتولیک رومی شد. کلیسا در برابر ترجمهٔ کتاب‌مقدس به زبان‌های محلی ایستادگی کرد و سرانجام

1. Koine; 2. Damascus I

رویکردش را این‌گونه ارتقا داد که تنها سه ترجمه از کتاب‌مقدس اجازهٔ انتشار دارند؛ سه زبانی که کتیبهٔ بالای صلیب مسیح به آنها نوشته شده بود (یعنی عبری، یونانی و لاتین؛ ن.ک. یوحنا ۱۹:۲۰). اکنون که خیل ترجمه‌های گوناگون کتاب‌مقدس در دسترس همگان است، مشکل بتوان تصور کرد که چگونه ویلیام تیندیل[1] (۱۴۹۴-۱۵۳۶)، که نخستین ترجمهٔ کامل از کتاب‌مقدس را از زبان‌های اصلی به زبان انگلیسی انجام داد، مجبور بود این کار را در خفا انجام دهد و کتاب‌مقدس‌های چاپ‌شده‌اش را از آلمان به انگلستان و اسکاتلند قاچاق کند. وقتی عهدجدید «تیندل» انتشار یافت، کاردینال ولسی[2] این اثر را محکوم کرد و فرمان بازداشت تیندل را صادر نمود. عاقبت او را دستگیر و زندانی کردند، به جرم ارتداد مورد محاکمه قرار دادند، و به کیفر تلاشش او را در آتش سوزاندند.

یکی از مهمترین پیروزی‌های دوران اصلاح دینی از نو برقرار کردن اصل زبان‌شناختیِ ترجمه‌پذیریِ کتاب‌مقدس بود. ترجمهٔ آلمانی کتاب‌مقدس توسط مارتین لوتر (۱۵۲۲-۱۵۳۴) نه تنها یک اثر ادبی برجسته در تاریخ زبان آلمانی به‌شمار می‌رفت، بلکه به‌لحاظ الاهیاتی از جانب کل کلیسا سخن می‌گفت. این اثر صحنه را برای آنچه که در زمان ما به آن ظهور چشمگیر ترجمه‌های کتاب‌مقدس به زبان‌های محلی به دست میسیونرهای پروتستان می‌گویند، آماده کرد. میسیونرهای کلیسای کاتولیک، همچون الساندرو والینیانو[3] که ما در فصل ۸ کتاب رویش تمرکز بیشتری کردیم، آموختن زبان محلی را ترویج می‌کرد و حتی کتاب‌های آموزشی دینی به زبان محلی نوشته بود. با این‌حال، ترجمهٔ کتاب‌مقدس به زبان‌های محلی یکی از مهمترین ویژگی‌ها برای بازشناسیِ خدمات میسیونری پروتستان‌ها شد.

پدیدار شدن عهدجدید به زبان تامیلی، نشان‌دهندهٔ اهمیت جایگاهی است که پروتستان‌ها برای ترجمهٔ کتاب‌مقدس به زبان محلی قایل بودند. میسیونرهای کلیسای کاتولیک رومی سده‌ها پیش از پروتستان‌ها پا به خاک هندوستان گذاشته بودند، با وجود این، هرگز حتی یک ترجمهٔ محلی از کتاب‌مقدس از زیر قلم‌شان بیرون نیامد. یکی از نام‌آورترین میسیونرهای ژزوئیت که در جنوب هند و در میان تامیل‌ها خدمت می‌کرد، روبر دو نوبیلی[4] (۱۵۷۷-۱۶۵۶) بود. دو نوبیلی صد سال پیش از میسیونرهای پروتستان به هند آمده بود. او نخستین میسیونر اروپایی بود که زبان سانسکریت را آموخت و در زبان تامیلی، و از جمله ظرایف قالب‌های شعری زبان تامیلی متخصص شد. دو نوبیلی همچنین عمیقاً پایبند به همرنگ شدن با جماعت بود، و خود را کاملاً با شیوهٔ زندگی، پوشش، خوراک، و شیوه‌های تعلیمی کاهنان برهمن آن روزگار وفق داده بود. با این‌حال، دو نوبیلی هرگز عهدجدید را به زبان تامیلی ترجمه نکرد. در مقابل، برای دو میسیونر پروتستان، بارتولومیو تسیگنبالگ و هنری پلوتشاو این کار در صدر برنامه‌هاشان قرار گرفت. آنان در سال ۱۷۰۶ به هندوستان رسیدند و تسیگنبالگ توانست در سال ۱۷۱۵ عهدجدید تامیلی را منتشر کند، یعنی کاری را که کاتولیک‌ها در دو سدهٔ پیش از آن موفق به انجامش نشده بودند، ظرف کمتر از ده سال به انجام رساند.

1. William Tyndale; 2. Cardinal Wolsey; 3. Alessandro Valignano; 4. Robert de Nobili

عهدجدید تامیلی تسیگنبالگ نمایانگر نوبر صدها ترجمه جدیدی است که به دست میسیونرهای پروتستان انجام پذیرفت. ویلیام کِری عمر خود را منحصراً وقف ترجمهٔ کتاب‌مقدس کرد. در نوامبر ۱۸۲۱ دفتر ثبت میسیونری آمریکایی[1] گزارشی از کار ترجمهٔ میسیون سرامپور[2] که کِری یکی از اعضایش بود، ارائه داد. در این گزارش آمده که کِری ترجمهٔ کل کتاب‌مقدس را به پنج زبان جداگانهٔ هند، یعنی بنگالی، سانسکریت، هندی، اوریا و ماراتی به اتمام رسانده است. گزارش مزبور همچنین افزوده که عهدجدید به پانزده زبان دیگر و بخش‌هایی از کتاب‌مقدس علاوه بر آن پانزده زبان به شش زبان دیگر ترجمه شده است. کِری در اواخر دوران طولانی خدمتش در هندوستان نامه‌ای به تاریخ ۳۱ دسامبر ۱۸۲۷، به روبرت رالستن[3] نوشت، که در آن به تعهدش نسبت به ترجمهٔ کتاب‌مقدس اذعان می‌کند. کِری می‌نویسد:

> ترجمهٔ کلام خدا به زبان‌های شرقی، کاری است که از آغاز فعالیت میسیون اکثر اوقات توجه مرا به خود اختصاص داده، و من خدا را متبارک می‌خوانم که این کار، در چند ویرایش پیاپی تصحیح شده و اکنون می‌توانم آن را به کلیساهای هندوستان بسپارم. بدین‌ترتیب این کتاب به زبان‌های اصلی این کشور ترجمه شده و کار قابل اعتمادی از آب درآمده است.

تعهد نسبت به ترجمهٔ کتاب‌مقدس یکی از معیارهای اصلی میسیون‌های مسیحی «سدهٔ پرشکوه» است. ذکر چند نمونهٔ دیگر به روشن‌تر شدن موضوع کمک بیشتری خواهد کرد. روبرت موریسون[4] (۱۷۸۲-۱۸۳۴) در سال ۱۸۰۷ وارد چین (کانتون) شد. وی تا سال ۱۸۲۳ کل کتاب‌مقدس را به زبان چینی ترجمه و منتشر کرد. ادونیرام جادسن[5] (۱۷۸۸-۱۸۵۰)، میسیونر پیشتاز و نام‌آور آمریکایی در سال ۱۸۱۲ راهی برمه شد و ترجمهٔ کل کتاب‌مقدس به زبان برمه‌ای را تا سال ۱۸۳۴ به اتمام رساند. تعهد نسبت به ترجمهٔ کتاب‌مقدس به زبان‌هایی کشیده شد که مردمان مغرب‌زمین حتی نام‌شان را هم نشنیده بودند. برای مثال، روبرت مافت[6] (۱۷۹۵-۱۸۸۳) بیش از چهل سال از عمر خود (۱۸۲۶-۱۸۷۰) را وقف مردم کورومن[7] (بوتسوانای امروزی) کرد و در خلال سال‌های ۱۸۴۰ و ۱۸۵۷، کل کتاب‌مقدس را به زبان سچوانا[8] برگرداند. اینها فقط نمونه‌هایی انگشت‌شمار از کارهای بی‌شماری است که در زمینهٔ ترجمه و در دسترس قرار دادن کتاب‌مقدس به زبان‌های محلی انجام پذیرفته است. تنها در خلال «سدهٔ پرشکوه»، عهدجدید یا کل کتاب‌مقدس به بیش از چهارصد گروه زبانی تازه ترجمه شد. این تعهد نسبت به ترجمهٔ کتاب‌مقدس در زمان کنونی نیز ادامه دارد. در حال حاضر، عهدجدید یا کل کتاب‌مقدس به ۱۵۷۳ زبان در دسترس است. از این تعداد زبان که بگذریم، دست‌ِکم یک کتاب از کتاب‌های کلام خدا به ۸۳۵ زبان دیگر ترجمه شده‌اند.

---

1. Serampore; 2. American Missionary Register; 3. Robert Ralston; 4. Robert Morrison; 5. Adoniram Judson; 6. Robert Moffat; 7. Kuruman; 8. Sechuana

به قول سانه، یک ارزیابی اجمالی از تلاش‌های میسیونری پروتستان‌ها در خلال سال‌های ۱۷۹۲ تا ۱۹۱۰ تأیید می‌کند که «کار ترجمهٔ آنان، زبان‌های مادری را محور اصلیِ میسیون مسیحی قرار داده است.» بی‌گمان، مهمترین میراثی که از تلاش‌های مؤکد میسیونرهای این دوره بر جای مانده، این است که میلیون‌ها انسان اکنون می‌توانند کلام خدا را به زبان‌های خود بخوانند یا بشنوند. تصمیم ویلیام تیندل مبنی بر کمک به آشناییِ «پسری کشاورز» با کتاب‌مقدس، رؤیایی است که کار جمعیِ هزاران میسیونر به آن جامهٔ عمل پوشاند. این هدف اساسی نمایانگر دغدغهٔ اصلی در امر بشارت است که میسیونرها را بر آن داشت تا هستی و زندگی خود را بر سر ترجمهٔ کتاب‌مقدس بگذارند. با این‌حال، میسیونرهای مزبور از طریق اقدام به ترجمهٔ کتاب‌مقدس، منشاء خیریت‌های دیگری نیز شدند که شاید کسی از آنها خبر نداشته باشد. نخست اینکه، ترجمهٔ کتاب‌مقدس به ابزار نیرومندی برای تأیید فرهنگ و هویت بومی تبدیل شد. ترجمهٔ کتاب‌مقدس خودآگاهی بومی را به جنبش واداشت، و مبنایی زبان‌شناختی فراهم آورد تا ملی‌گرایی پرورش یابد و عناصر فرهنگیِ محلی تقویت شوند. ترجمه، چنانکه از مفهومش پیدا است، پدیده‌ای بس فراتر از زبان بود، زیرا خودِ زبان ابزاری حیاتی برای اظهار هویت فرهنگی است. بسیاری از سکولاریست‌ها به‌طور کلیشه‌ای میسیونرها را اشخاصی می‌بینند که بی‌دعوت و بدون اعلان قبلی وارد حوزهٔ میسیون می‌شوند و سپس از طریق تحمیل ارزش‌های فرهنگی غرب، «دست به تخریب فرهنگ بومی» می‌زنند. اما واقعیت این است که تعهد میسیونر نسبت به ترجمهٔ کتاب‌مقدس به زبان محلی برای این بوده که میسیونرها اغلب (حتی بدون اینکه خود بدانند) عاملان صیانت فرهنگی و تقویت عناصر بومی بوده‌اند.

دوم اینکه، ترجمهٔ کتاب‌مقدس خود بزرگترین گواه بر «مأموریت مسیحیِ ترجمه» است تا «مأموریت مسیحیِ تضعیف فرهنگی.» اگر میسیونری از طریق زبانی بیگانه صرفاً قالب‌های دینیِ بیگانه را به بومیان تحمیل کند، خودْ آموزگار و عامل اصلی تغییر باقی می‌ماند. لیکن، اگر میسیونر متعهد به ترجمهٔ کتاب‌مقدس به زبان محلی باشد، آنگاه بومیان به افراد کارشناس تبدیل می‌شوند و میسیونر در جایگاه شاگرد قرار می‌گیرد.

سوم اینکه، ترجمه‌پذیری کلام خدا به‌لحاظ زبان‌شناختی بنیانی برای انتقال کامل فرهنگی و الاهیاتیِ پیام مسیحی فراهم می‌کند. به‌عبارت دیگر، به مجرد اینکه کلام خدا به متنی در زبان محلی تبدیل شود، آنگاه این امر به‌طور طبیعی در مورد جماعت ایماندار جدیدی شهادت می‌دهد که متعلق به فرهنگی ویژه هستند، و دیگر با فرهنگ اولیه‌ای که پیام انجیل از طریق آن بدیشان منتقل شده، پیوندی ندارند. اکنون نوکیشان مسیحی بی‌آنکه لازم باشد به میسیونری بیگانه به‌عنوان واسطه متوسل شوند، می‌توانند کتاب‌مقدس را برای رویارویی با چالش‌ها و فرصت‌های خاص خودشان به‌کار ببرند. در نهایت، با ظهور کلیساهای بومی، آنان قادر خواهند بود برای درک و تکثیر پیام کتاب‌مقدس، چارچوب‌های الاهیاتی خود را تبیین کنند. اگر میسیونرها ترجمه‌پذیری کتاب‌مقدس به‌لحاظ زبان‌شناختی را نادیده می‌گرفتند، هیچ‌یک از اینها میسر نمی‌شد و تازه زمینه هم برای گونه‌ای تضعیف فرهنگی فراهم می‌گردید.

میـــراث ترجمهٔ کتاب‌مقدس را نمی‌تـــوان به‌عنوان یک پیروزی به هیـــچ فرد یا فرقه‌ای منسوب دانست. این جنبش اصلاحات دینی بود که تصحیح الاهیاتی را موجب شد، که این هم به نوبهٔ خـــود یکی از دوره‌های *کایروس* بزرگ را در تاریخ کلیســـا به‌وجود آوَرد. تعهد پروتســـتان‌ها به ترجمهٔ کتاب‌مقدس به ظهور صدها ترجمهٔ جدید انجامید، که مبنایی برای بیان مسیحیت به زبان‌های بومی در سراسر جهان فراهم ساخت.

## میراث زنان میسیونر

ویبیا پرپتوا[1] که در ســـال ۲۰۳ م. در کارتاژ به شهادت رسید، احتمالاً مشهورترین شهید زن در تاریخ کلیسای اولیه است. او را پس از دستگیری به زندان افکندند، و در همان‌جا بود که او در مورد رنج‌هایی که (حتی از ســـوی پدرش) متحمل شـــد تا شاید از ایمانش دست بشوید، و رؤیاهای چشمگیر متعددی که در زندان دید و نهایتاً به شهادتش منجر شد مطالبی نوشت. در واقع، شرح شهادت پرپتوا را شاهدان عینی به پایان گزارش وی افزوده‌اند. گزارش پرپتوا که به «مصائب پرپتوا و فلیســـیتاس»[2] معروف است، به‌لحاظ تاریخ کلیسا اهمیت دارد چون این نوشته به‌نوعی فراتر از شرح تاریخیِ شهادت مسیحیان در صدر مسیحیت می‌رود. نخست آنکه، این گزارش همچون گنجینه است، زیرا عموماً آن را قدیمی‌ترین نوشتهٔ یک زن مسیحی در تاریخ کلیســـا می‌دانند. پرپتوا داستان خود را به شیوهٔ خود بازگو می‌کند. نگاهی گذرا به زندگی درونی یک زن مســـیحی در ســـده‌های آغازین ظهور مسیحیت که قرار است به‌زودی شهید شود فوق‌العاده اســـت، به‌ویژه از آن جهت که پرپتوا مطالبی را با خواننده در میان می‌گذارد که تجربه‌کردن‌شان برای یک زن امری منحصربه‌فرد است. برای مثال، او زنی بیست‌ودو ســـاله بود که به هنگام دستگیری هنوز داشـــت به نوزادش شیر می‌داد. او اندوه و نگرانی عاطفی خود را به‌خاطر جدایی از نوزاد شـــیرخوارش با جزئیات شـــرح داده، در عین‌حال روایتی شـــخصی از درد سینه‌هایش به‌خاطر شـــیر ندادن به بچه، به دست می‌دهد. کلِ این گزارش شـــگفت منحصربه‌فرد بودن وقایع از منظر یک زن را به ما یادآوری می‌کند. همچنین خواندن گزارش پرپتوا به یادمان می‌آورد که کلیسا تا چه حد به زن به‌عنوان موجودی فرعی و وابسته به مرد نگریسته، حال آنکه زن به سهم خود در تاریخ ایفاگر نقش اصلی بوده است.

دوم اینکه، پرپتوا نمادی دلخراش از بهای شـــاگردی است، حتی در رویارویی با اعضای خانـــواده و دیگرانی که او را تشـــویق می‌کردند بـــرای خدایان قربانی کنـــد و پس از آن به مسئولیت‌های پیشـــین خود به‌عنوان همسر و مادر بازگردد. داســـتان زمانی قابل‌ملاحظه‌تر می‌شود که درمی‌یابیم پرپتوا زنی تحصیل‌کرده و از طبقهٔ اشراف است و دوشادوش کنیزکی برده به نام فلیســـیتاس شهید می‌شود. فلیســـیتاس در هنگام دستگیری باردار بود و در زندان وضع حمل نمود. پرپتوا و فلیســـیتاس را به میدان مسابقات برده، شکنجه دادند و سرانجام به دست جلاد سپردند تا سر از تن‌شان جدا کند. داستان پرپتوا و فلیسیتاس و محبت عمیقی که

1. Vibia Perpetua; 2. The Passion of Perpetua and Felicitas

به عیسای مسیح داشتند، حسی از احترام در خواننده برمی‌انگیزد، محبتی که فراتر از مرزهای اجتماعی و فرهنگی است که معمولاً چنین زنانی را از هم جدا می‌سازد.

و سرانجام آنکه، پرپتوا از اهالی شمال آفریقا است، که در آن زمان به مرکز اصلی ایمان مسیحی تبدیل شده بود. پرپتوا در خلال یکی از آن لحظات *کایروس* برجسته زندگی می‌کرد، روزگاری که امپراتوری روم با موج سرکش ایمان مسیحی دست به گریبان شده، همهٔ توان خود را برای تاخت و تاز به آن بسیج کرده بود. امروزه، شمال آفریقای اسلامی یک‌بار دیگر به یکی از بزرگترین عرصه‌ها در زمینهٔ میسیون‌های مسیحی بدل شده است. مسیحیان بار دیگر در شمال آفریقا، حتی در میان کلیسایی کوچک اما در حال رشد، مورد آزار و ستم قرار می‌گیرند و به شهادت می‌رسند. این ما را به یاد فراز و نشیب‌های تاریخ می‌اندازد.

خاطرهٔ پرپتوا در تار و پود حیات کلیسا تنیده شده، و از بسیاری جهات زنان میسیونری که زندگی خود را بر سر انتشار انجیل می‌گذارند، میراث پرپتوا را جاودانی می‌سازند. نقش زنان در میسیون‌های مسیحی داستانی پیچیده است که نتیجه‌گیری‌های عمومی و کلی‌گویی‌های سطحی در این مورد را نقض می‌کند. از یک‌سو، کار میسیون‌ها، همچون دیگر جلوه‌های خدمت مسیحی در سدهٔ نوزدهم، روی عاملیت مرد متمرکز شده بود. ولنتاین کانینگام[۱] زمانی در ارتباط با عملکرد و دورنمای انجمن میسیونری لندن، در مورد واژهٔ «میسیونر» گفته بود: «این واژه نامی مردانه است که تنها به عامل مردانه، عمل مردانه و محیط خدمت مردانه، اطلاق می‌گردد.» تاریخ‌نگاری میسیون مسیحی در «سدهٔ پرشکوه» اغلب در مورد کار زنان در این حیطه خاموش مانده است، و تنها در سی سال آخر این دوره است که تاریخ میسیون‌ها قفل سکوت را از لب گشوده است. از سوی دیگر، عرصهٔ کارزار میسیون مسیحی فرصت‌هایی برای خدمت زنان فراهم ساخت که در همان کشورهایی که این زنان را به مأموریت می‌فرستادند، به‌ندرت برای همگان قابل تصور بود. همچنین کار میسیون مسیحی یکی از معدود شغل‌ها در سدهٔ نوزدهم بود که زمینهٔ سفرهای زنان را به دور دنیا فراهم نمود.[۲] در دوره‌ای زنان در حوزهٔ فعالیت مسیونری به‌عنوان مبشر، معلم، پاسخگوی پرسش‌های دینی، مدیر و حتی بانی کلیسا خدمت می‌کردند.

نتیجه‌گیری کلی و گسترده در مورد نقش زنان در میسیون‌های مسیحی به سبب تنوع تجربهٔ زنان در حوزهٔ عمل میسیون دشوار است. زنان پروتستان به‌عنوان میسیونر با انگلیکن‌های انگلیسی، اصلاح‌شده‌های هلندی،[۳] زهدگرایان سوئیسی،[۴] لوتری‌های نروژی، و باپتیست‌های آمریکایی و غیره مشغول خدمت شدند. همهٔ این گروه‌ها دیدگاه‌های بسیار متفاوتی در مورد اختیارات روحانی و نقش زنان، و نیز رویکردهای گوناگونی پیرامون مقولهٔ زناشویی و عملکردهای اجتماعی و فرهنگی تأثیرگذار بر نقش زنان در میسیون مسیحی

---

1. Valentine Cunningham

۲. یادآوری این نکته حائز اهمیت است که در سدهٔ نوزدهم، حتی شغل‌های «غیرروحانی» نظیر سربازی یا کاوشگری، مشاغل زنانه به‌شمار نمی‌رفتند.

3. Dutch Reformed; 4. Swiss Pietists

دارند. با وجود این، اگر روی نقش زنان پروتستان در میسیون‌های مسیحی در سراسر دورهٔ بین سال‌های ۱۷۹۲-۱۹۱۰ تمرکز کنیم، چندین روند گسترده و شایان توجه می‌بینیم. ما این روندها را در زیر سه عنوان مورد بررسی قرار خواهیم داد: تجهیز و پشتیبانی، کارکنان متخصص، و میسیونرهای پیشرو.

## تجهیز و پشتیبانی

چنانکه پیش‌تر خاطرنشان ساختیم، تولد انجمن میسیونری پروتستان ساختاری جداگانه (انجمن) به‌وجود آورد، که از ساختار سنتی و نیروی حاکمیت تثبیت‌شدهٔ کلیسا در سدهٔ نوزدهم متمایز بود. رهبری در انجمن میسیونری تنها به کسانی که در کسوت روحانیت بودند، محدود نمی‌شد. اندرو والز استدلال می‌کند که انجمن میسیونری داوطلبانه نخستین ساختار در تشکیلات پروتستان بود که اهمیت واقعیِ مسیحیان عادی[1] را برتر از سطح حوزهٔ کلیسایی یا جماعتی قرار داد. این برای زنانی که درگیر خدمت بودند نیز پیامدهای ضمنی شگرفی در پی داشت. حتی با وجودی که ساختار رسمی انجمن بر اساس رهبریِ مردانه بنا شده بود، اما زنان هم در جلسات هماهنگی، استخدام میسیونرها، گردآوری کمک‌های مالی، بسیج ایمانداران برای دعا، و در مواقعی، تعلیم پیرامون میسیون‌های مسیحی، اغلب نیروی حیاتی انجمن به‌شمار می‌رفتند.

در اوایل این دوره زنان به‌عنوان همسران میسیونرهای اعزامی به مأموریت، ایشان را همراهی می‌کردند. برای مثال، زمانی که هیئت آمریکایی نخستین تیم پنج نفرهٔ میسیونرهایش را در سال ۱۸۱۲ اعزام کرد، دو تن از میسیونرها، یعنی ادونیرام جادسن و سموئل نیوول[2] از پیش متأهل بودند. با وجود این، زمانی که به محل مأموریت رسیدند، زنان سخت درگیر کار میسیون شدند. مثلاً، آن جادسن[3] در زبان برمه‌ای خبره شد و گروهی از زنان برمه‌ای را که هر هفته دور هم جمع می‌شدند برای دعای هفتگی و بررسی کتاب‌مقدس سازمان دهی کرد. بعدها، زمانی که خانم آن برای مرخصی به ایالات متحده بازگشت، تاریخچه‌ای الهام‌بخش دربارهٔ میسیون برمه‌ای نوشت، که برای استخدام میسیونرهای جدید مفید واقع شد. با این‌همه، در خلال این مرحله، زنان را به‌عنوان میسیونر به رسمیت نمی‌شناختند.

## کارکنان متخصص

با رشد و گسترش کار میسیون‌ها، انواع پست‌های تخصصی جدید به‌وجود آمد که لازم بود کسانی آنها را اداره کنند. برای نمونه، برای کار در بیمارستان‌ها و مدارس وابسته به میسیون‌ها به پرستاران و معلمان نیاز بود. در میسیون‌های وابسته به کلیسای کاتولیک، این وظایف را به‌طور سنتی راهبه‌های میسیونر انجام می‌دادند. در مقابل، میسیون‌های پروتستان شدیداً نسبت به اعزام زنان مجرد به‌عنوان میسیونر اکراه داشتند. چنانکه در آینده خواهیم دید، این نگرش تا سال ۱۸۶۵ همچنان ادامه داشت. راه‌حل جایگزین پروتستان‌ها استخدام

1. Laymen; 2. Samuel Newell; 3. Ann Judson

همســـران میســـیونرها برای انجام وظایف تخصصی ویژه بود. این یک تحول مهم به‌شمار می‌رفت، چون اکنون برای نخستین‌بار زنان شخصاً در چارچوب میسیون‌های مسیحی واجد مشاغل رسمی و حقوق ماهیانه می‌شدند که مستقیماً به کار شوهران‌شان مرتبط نبود.

## میسیونرهای پیشرو

سال ۱۸۶۵، یعنی درست میانهٔ «سدهٔ پرشکوه» را اغلب نقطهٔ عطفی در تاریخ زنان میسیونر می‌دانند. این همان ســـالی است که هادسن تیلور میســـیونر درون‌مرزی چین را پایه‌گذاری کرد. این میســـیون در استخدام میسیونرها و خدمت میسیونری تغییر جهتی چشمگیر داد که برای زنان پیامدهای ضمنی مهمی داشـــت. تیلور به‌عنوان یکی از اعضای کلیســـای برادران، اعتقاد چندانی به دســـتگذاری نداشت و از این‌رو مشتاق بود تا جایی که امکان دارد خادمین غیررسمی را به‌عنوان میسیونر تجهیز و بسیج کند. تیلور نخستین رهبر پروتستان یک میسیون بود که مســـتقیماً زنان را به‌عنوان میسیونرهای تمام‌وقت استخدام کرد. از آنجایی که میسیون درون‌مرزی چین «میسیون ایمان» بود، هیچ دغدغه‌ای برای پشتیبانی مالی نداشت؛ در صورتی که همین مســـئله یکی از موانع اصلی در به رســـمیت شـــناختن زنان به‌عنوان میسیونرهای تمام‌عیار در دیگر فرقه‌ها بود. راندا سِمپل[1] مورخ میسیون‌های مسیحی روی این تغییر عمده که توسط هادسن تیلور به‌وجود آمد انگشت گذاشته می‌نویسد که دستِ‌کم وقتی در میسیون درون‌مرزی چین مســـئلهٔ استخدام میســـیونر به میان آمد: «میان کاندیداهای مرد و زن و نیز میـــان خادمانِ زنِ مجرد و متأهل تفاوتی وجود نداشـــت.» زنان مجرد از همان آموزش‌هایی بهره‌مند می‌شـــدند که مردان. زنان نه تنها مجاز به وعظ کردن بودند، بلکه اصلاً از آنها چنین انتظـــاری می‌رفت. جذب نیرو از میان طبقهٔ کارگر، یعنی مردان و زنانی که آماده بودند با اتکا به ایمان زندگی کنند و با چالش‌های تازه روبه‌رو شوند، از همان آغاز به بخشی از ویژگی‌های میســـیون‌ها تبدیل شد. تیلور میســـیون درون‌مرزی چین را در حالی پایه‌گذاری کرد که برای مرخصی در انگلستان به‌سر می‌برد و پس از سپری کردن دورهٔ مرخصی خود، در سال ۱۸۶۵ به همراه نخســـتین تیم پانزده نفره از میسیونرهای تازه استخدام شده به چین بازگشت، که از این میان هفت نفرشان زنان مجرد بودند.

بســـیاری از انجمن‌های جدید میســـیونریِ «ایمان» هم که از میسیون درون‌مرزی چین هادســـن تیلور الهام گرفته بودند، فعالانه زنان را به‌عنوان میســـیونرهای تمام‌عیار به خدمت گرفتند. سازمان‌های میسیونری از قبیل میسیون شـــمال آفریقا، اتحادیهٔ میسیونری انجیل، و گروه میسیون الجزایر همگی برای خدمت میان‌فرهنگی به تجهیز و بسیج زنان بیش از مردان همت گماشتند. در واقع، بنیانگذار گروه میســـیون الجزایر، لیلاس تروتر[2] هنرمند–میسیونر نامدار اعزامی به جهان اسلام، و نخستین زن پروتستانی بود که یک انجمن میسیونری را بنیان نهاد و هدایتش را به دست گرفت.

1. Rhonda Semple; 2. Lilas Trotter

تلاش‌های پیشـــتازانهٔ تیلور به منظور تجهیز و گســـیل مســـیونرهای زنِ مجرد را دیگر انجمن‌های اصلی قدیمی پی گرفتند. برای مثال، در ســـال ۱۸۶۶ انجمن میســـیونری لندن به یک ســـازمان امدادرسانی موسوم به «هیئت بانوان» اجازه داد دواطلبان زن را آموزش دهند و در حوزهٔ فعالیت‌شـــان به کار بگمارند.» در همان سال، انجمن تبلیغ انجیل[1] ساختاری کمکی به‌وجود آوَرد که به «جمعیت بانوان»[2] موســـوم گردید و وظیفه‌اش فقط جذب و اســـتخدام میسیونرهای زن بود. جزوهٔ تبلیغاتی که SPG بعدها برای استخدام زنان به‌کار گرفت، چندین دلیل برای لزوم حضور زنان در حوزهٔ کار میسیونری برمی‌شمارد. جزوهٔ مزبور، خیلی عادی نیاز به مهارت‌های تخصصی را برمی‌شـــمارد... به‌ویژه در رشـــته‌های پزشکی، پرستاری و آموزگاری. با این‌حال، با پدیدار شـــدن طلیعهٔ آنچه که امروز به «بشارت به دوستان» موسوم گردیده، SPG بر مهارت‌های روابطِ زنان نیز پافشـــاری نمـــود. در جزوه آمده که «زنان باید برای کار بشارت به خارج از کشـــور نیز اعزام شوند، آن‌هم نه صرفاً به‌عنوان بازدیدکنندگان ناحیه‌ای، بلکه به‌عنوان دوست- باید بر اهمیت دوستی با زنان تحصیل‌کرده تأکید شود، به‌ویژه در چین، ژاپن، هندوســـتان و غیره.» چیزی نگذشت که در پی این انجمن‌های امدادرسانی، انجمن‌های میســـیونری هم انحصاراً خود را وقف تجهیز زنان کردند. تا پایان سدهٔ نوزدهم، تنها در ایالات متحده بیش از چهل انجمن میسیونری زنان مشغول به فعالیت بودند، و تا سال ۱۹۱۰، یعنی پایان «ســـدهٔ پرشکوه» در میسیون‌های پروتستان شمار زنان از مردان بیشتر شده بود.

کمتر زنی اســـت که مانند شـــارلت «لوتی» مون[3] (۱۸۴۰-۱۹۱۲)، کـــه گاه او را «قدیس پشتیبان» میسیون‌های باپتیست نیز می‌نامیدند، امکانات و شرایط تازهٔ یک میسیونر زن مجرد پیشتاز را یک‌جا داشته باشـــد. لوتی و خواهرش در مدرسه‌ای دخترانه واقع در کارترزویل[4] جورجیا معلم بودند. زمانی که درها برای فعالیت زنان مجرد به‌عنوان میســـیونر گشوده شد، لوتی در یکی از انجمن‌ها نام‌نویسی کرد، پذیرفته شد و در سال ۱۸۷۳ به‌عنوان یک میسیونر کلیسای باپتیســـت جنوبی[5] وارد چین گردید. پس از دوازده سال خدمت در چین، آن‌هم در سمت‌های نسبتاً سنتی، لوتی تصمیم گرفت از تنگژو[6] به شهر پینگتو[7] که در نواحی مرکزی‌تر چین قرار داشـــت و برای رســـیدن به آن باید بیش از یکصد مایل را طی می‌کرد، نقل مکان کند. لوتی در این شـــهر کار خود را آغاز کرد. این نخســـتین باری بود که یک زن مجرد کار میســـیونری جدیدی را در خاک چین شروع می‌کرد. مون ســـرانجام گرویدن صدها چینی به خداوند را به چشـــم خود دید، و خدمتش به تأســـیس بیش از سی کلیسای نوبنیاد چینی انجامید. طی بیســـت سال، هزاران نوایمان تعمید گرفتند و در میان مراکز باپتیست، پینگتو به بزرگترین مرکز بشارت انجیل در سراسر چین تبدیل شد. لوتی مون به‌طور خستگی‌ناپذیری کار می‌کرد، ماه‌های مدیدی از سال را صرف انجام کار بشارت در روستاها می‌نمود و مابقی وقت خود را هم به پرورش دادن میســـیونرهای تازه‌کار و نوشتن مقاله‌های تأثیرگذار و ارائهٔ

1. Society for Propagating the Gospel= SPG; 2. Ladies Association; 3. Charlotte "Lottie" Moon; 4. Cartersville; 5. Southern Baptist; 6. Tengzhou; 7. Pingtu

آراء و نظریاتش اختصاص می‌داد، که این نوشته‌ها در مجله‌های میسیون باپتیست جنوبی در ایالات متحده منتشر می‌شدند. او زنان باپتیست جنوبی را تشویق به سازماندهی انجمن‌های میسیونری برای تأمین سرمایه و استخدام میسیونرهای بیشتر کرد. مون در سال ۱۸۸۷ در مجلهٔ میسیون خارجی[1] مقاله‌ای نوشت و در آن پیشنهاد کرد که یکشنبهٔ پیش از کریسمس برای تقدیم هدایای ویژه به میسیون‌ها در نظر گرفته شود. امروزه این هدایای سالیانه به هدایای کریسمس لوتی مون معروف است و هنوز بزرگترین هدایای سالیانه در طول تاریخ است که برای میسیون‌های مسیحی گردآوری می‌شود. مبلغ سالیانهٔ این هدایا به بیست میلیون دلار بالغ می‌گردد.

لوتی هم مانند سلف دیرینش پرپتوا، زندگی خود را وقف انجیل کرد. در پایان عمر لوتی معلوم شد که وی در دوران قطحی، که سراسر چین را در آن زمان فرا گرفته بود، جیرهٔ غذایی خود را به مسیحیان چینی می‌داده است. پزشکان دریافتند که ایثار لوتی او را شدیداً دچار سوءتغذیه کرده بود، پس وی را سوار کشتی کرده به میهنش بازگرداندند تا مورد مداوا قرار بگیرد. با این‌حال، او در شب کریسمس سال ۱۹۱۲، در حالی که هنوز در کشتی بود، درگذشت. نخستین هدایای کریسمس کفاف تجهیز و اعزام سه میسیونر جدید را به چین داد. امروزه، داستان زندگی او در کنار هدایای کریسمس ویژه میسیون‌های مسیحی، الهام‌بخش بسیاری برای استخدام و پشتیبانی از هزاران میسیونر جدید است. وانگهی، مردان و زنانی هم هستند که همچنان از وقف و ایثار او الهام می‌گیرند. گرچه لوتی مون قد کوتاهی داشت، اما سایه‌ای بسیار بلند و مؤثر بر کل جنبش میسیونری دورهٔ معاصر افکنده است.

## ابتکار بومی: تأسیس کلیسا در «سدهٔ پرشکوه»

مسیحیت مبتنی بر دوران حاکمیتِ مسیحی، که کلیسای رسمی تثبیت‌شده را در دامان خود پرورش داد، به یکی از میراث‌های باقی‌مانده از مسیحیت اروپایی تبدیل شده است. با وجود این، یکی از درس‌های مهم تاریخ میسیون‌های مسیحی در «سدهٔ پرشکوه» این بود که مدل حاکمیت مسیحی بیرون از اروپا بی‌حاصل بود. در خلال سده‌های گذشته، ژزوئیت‌ها با الهام از آرمانشهر[2] توماس مور، تصمیم به ایجاد روایتی دیگر از جامعهٔ مسیحی در آمریکای لاتین گرفتند، اما این تنها به دلیل مهاجرت سیل‌آسای اروپائیان به این نقطه از جهان بود. برای میسیونرهایی که تازه پا به چین، ژاپن، هندوستان، خاور میانه و آفریقا گذاشته بودند، گونه‌ای نوین از کلیساشناسی لازم بود تا بدیشان بصیرت لازم را ببخشد.

در فصل ۸ کتاب، بررسی کردیم که میسیون‌های پروتستان چگونه از بطن تلاش‌های زهدپیشگان مخالف کلیسای انگلستان[3] متولد شدند، کلیساهایی همچون موراویایی‌ها و باپتیست‌ها که بر توبه و ایمان فردی و کلیساشناسی‌ای تأکید می‌کردند که از قید حاکمیت دولتی، که از دیدگاه ایشان به‌حق مورد ظن قرار داشت، آزاد بود. حتی زمانی که کلیساهای تثبیت‌شدهٔ اروپا و کلیساهای پروتستان عمدهٔ ایالات متحده تازه وارد عرصهٔ میسیون

1. Foreign Mission Journal; 2. Utopia; 3. Pietistic Nonconformists

مسیحی شدند، نخستین انجمن‌های میسیونری، نظیر هیئت آمریکایی میسیون‌های مسیحی در کشورهای بیگانه (ABCFM)، و انجمن میسیونری کلیسا (CMS)، انجمن‌هایی داوطلبانه با جمعیت‌های آزاد بودند.[1] واقعیت‌های ملموس حوزهٔ فعالیت میسیونری موجب برانگیختن پیشرفت‌های مهمی در کلیساشناسی پروتستان شد.

در میان کسانی که بیش از همه به کلیساهای انگلیکن و پروتستان کمک کردند تا دربارهٔ میسیون‌شناسی نهفته در زیر شور و حرارت اعزام هیئت‌های میسیونری، بیشتر بیندیشند، دو تن از میسیونرهای سیاستگذار شامخ سدهٔ نوزدهم بودند: روفوس اندرسن[2] (۱۷۹۶-۱۸۸۰) از ABCFM و هنری ون[3] (۱۷۹۶-۱۸۷۳) از CMS. به‌زعم اندرسن و ون مردمانی که مسیح را نمی‌شناسند، باید انجیل را بشنوند، و برای این دو ایمان آوردنِ فردی امری مهم به‌شمار می‌رفت. با این‌حال، با خردمندی بسیار این را هم می‌فهمیدند که در بلندمدت نه این ایمان آوردن‌ها چندان خواهند پایید و نه جنبش‌های میسیونری موفق خواهند بود، مگر اینکه بر اصل تأسیس کلیسای بومی تأکید شود. ون و اندرسن نویسندگانی پرکار بودند، با صدها میسیونر نامه‌نگاری داشتند و مسئولیت نگارش ده‌ها کتاب راهنمای خط‌مشی نیز با آنها بود. در ضمن آنها شخصیت‌هایی بحث‌انگیز بودند که همواره کارشان مورد نقد قرار می‌گرفت. برای روفوس اندرسن نوشتن مطالبی از این دست کاری دوراندیشانه بود، بدین‌شرح که میسیونرها نباید «برای انتقال فرقه‌های مسیحیتِ حاکم بر اروپا که برای سرزمین‌های بت‌پرستان سرشار از عجایب است، اقدام کنند، دستِ‌کم تا زمانی که کلیساهای نو-بنیاد بتوانند روی پاهای خود بایستند و تفاوت فرقه‌های گوناگون را تشخیص دهند»؛ اما دیگران آن را عملی بنیادستیزانه قلمداد می‌کردند. در عوض، وی نخستین قهرمان پدیده‌ای بود که خودش آن را «کلیسای بومی» نامگذاری کرده بود.

ون و اندرسن به اشاعهٔ نظریهٔ تأکید بر تأسیس کلیساهای مولد ادامه دادند، و نظریه آنها حول این اصل شکل گرفته بود که کلیساهای تازه‌تأسیس «خود-گردان، خود-پشتیبان و خود-گستر» باشند. مفهوم این «سه خود» هنوز هم میسیون‌شناسی را غنا می‌بخشد و هنوز هم به‌عنوان معیاری برای سنجش بومی بودن کلیسا به‌طور گسترده به‌کار می‌رود، هرچند اصطلاح «خود-گستر» بعدها به «خود-تکثیری» اصلاح شد.[4] این خط‌مشی، خودگردانی در ارتباط با ساختارهای کلیساشناختی را تشویق و اتکا به منابع مالی خارجی را تقبیح می‌کند. ون و اندرسن هر دو متقاعد شده بودند که اتکا به میسیونرهای خارجی و منابع مالی خارجی

---

۱. گرچه ABCFM و CMS به ترتیب به جماعتی‌ها و انگلیکن‌ها خدمت می‌کردند، اما با بزرگتر شدن اختلافات انجمن‌های فرستندهٔ هیئت‌های میسیونری، به‌خاطر کار غیرفرقه‌ای‌شان شناخته می‌شدند. «جمعیت آزاد» محدود به آنانی بود که عمل تعمید را برای کودکان انجام می‌دادند.

2. Rufus Anderson; 3. Henry Venn

۴. میسیون‌شناسان کنونی غالباً از لزوم افزودن یک «خود» چهارم نیز سخن می‌گویند که دربرگیرندهٔ تبیین الاهیات بومی (Self-Theologizing) و میسیون‌سازی بومی (Self-Missionizing) است. دیگر میسیون‌شناسان، از جمله خود نگارنده، معیار «سه خود» را نقد کرده‌اند. با این‌همه، تردیدی نیست که مفهوم مزبور تأثیر عمیقی بر میراث میسیون‌شناسی بر جای نهاده است و در سطح گسترده بسیاری آن را برای تقویت مقولهٔ کلیسای بومی به‌کار می‌برند.

در دراز مدت جلوی رشـــد کلیسای بومی را می‌گیرد. بنابراین، آنان همهٔ انرژی خود را وقف پرورش و دستگذاری شبانان بومی کردند که برای حمایت ناگزیر بودند به نوکیشان مسیحی بومی متکی باشند.[۱] اندرسن از همان سال ۱۸۴۱ این مورد را مطرح کرد که هزینهٔ حمایت از بیســت‌وپنج خانوادهٔ میسیونر از آمریکا برابر است با هزینهٔ مورد نیاز برای «آموزش یک‌هزار شبان بومی و حمایت از دویست شبان بومی.»

از السالندرو والنیانو که بگذریم، ون و اندرسن نخستین میسیونرهای سیاستگذار *پروتستان* بودند، و نوشـــته‌ها و رهنمودهای مبسوط‌شان در ارتباط با خط‌مشی میسیون‌ها تأثیر عمیقی بر جای نهاد، به نحوی که ده‌ها انجمن میســیونری خط‌مشــی‌های ایشان را اقتباس کردند و کتاب‌های‌شان را مورد مطالعه قرار دادند.

تعهد روزافزون نســبت به تأسیس کلیســـا در حوزهٔ فعالیت میسیون (و نه تنها بشارت)، و صف‌آرایی سرســـام‌آور گروه‌های پروتستان که مشـــغول کار میسیون مسیحی شده بودند، دســـت به دســـت هم داده به مرور زمان به ایجاد تنوعی گیج‌کننده از کلیساهای تأسیس شده در حوزهٔ میسیون انجامیدند. برخی از کلیســـاهای نوبنیاد را تعمداً به‌عنوان کلیسای «دختر» تأسیس کردند تا از نظر مالی و کلیساشناختی به کلیسای «مادر» در غرب، وابسته بماند. دیگر کلیساهای نوبنیاد همچون جمعیتی ملی و نوین، با میزان متفاوتی از وابستگی و ارتباط (اعم از الاهیاتی یا تشکیلاتی) بر اساس کلیساشناسی هئیت اعزامی، سازماندهی شدند. اما در این میان جنبش‌های نوپای مسیحی دیگری هم بودند که به‌نحوی خودشان را به‌صورت کلیساهای بومیِ خودگردان سازماندهی کردند که از لحاظ تشکیلاتی دیگر به کلیسای میسیونرها وابسته نباشـــند. تحلیل جزء به جزء رشد انفجاری کلیساها و فرقه‌ها در خلال «سدهٔ پرشکوه» امری ناممکن اســـت. با وجود این، برای اینکه درکی هرچند اندک از میزان تلاش‌های میسیون‌ها برای تأســیس کلیساهای جدید داشته باشیم، آماری را که دو میسیون‌شناس به نام‌های دیوید بارت[۲] و تاد جانسن[۳] بر اساس اسناد و مدارک ارائه کرده‌اند، در اینجا می‌آوریم: ظهور ۱۴۸۸ فرقهٔ جداگانه یا جنبش کلیســـایی در خلال سال‌های ۱۷۹۲ تا ۱۹۱۰. این آمار نمودار صدها هزار نوایمان مسیحی در سراسر دنیاست.

تنها یک بررسی پیرامون پراکندگی جغرافیایی مسیحیان در سال ۱۷۹۲ و ۱۹۱۰ می‌تواند بســیار گویا باشد. در حالی که رشد خیره‌کنندهٔ مســیحیت در جهان اکثریت در سدهٔ بیستم تحقق یافت، اما نباید فراموش کرد که بذرهای این رشـــد در سدهٔ نوزدهم کاشته شده بود، و چنانکه در فصل ۱ کتاب بررسی کردیم، بدون این بذرهای کاشته‌شده ما امروز نمی‌توانستیم شاهد تغییر مرکزیتِ جهانیِ مسیحیت باشیم. در سال ۱۷۹۲، ۹۸٪ همهٔ مسیحیان پروتستان در

---

۱. پاول هریس بر این باور است که انگیزهٔ اندرسن از قطع کمک‌های مالی خارجی به شبانان بومی، بیشتر پس‌انداز کردن پول بوده تا تعهد به ایجاد رهبریِ بومیِ مستقل. در عین حال، اندرسن به‌عنوان یک مدیر میسیون، به‌طور مرتب بر مزایای اقتصادی میسیون‌شناســـی خود تأکید می‌کند. به‌نظر نگارنده، نمی‌توان نوشته‌های اندرسن را خواند و به‌خاطر علاقهٔ قلبی و صمیمانه‌اش به پیشبرد کار انجیل در جهان عمیقاً وی را مورد تحسین قرار نداد.

2. David Barrett; 3. Todd Johnson

جهان غرب زندگی می‌کردند. تا پایان سدهٔ نوزدهم، تنها می‌شد گروه‌هایی کوچک اما پرجنب و جوش از مسیحیان را در بسیاری از کشورهای سراسر کرهٔ زمین یافت. ۱۷۶۰۰۰ مسیحی در نیجریه در سال ۱۹۰۰، یا ۹۲۰۰۰ مسیحی در تانزانیا شاید امروزه شمار قابل‌ملاحظه‌ای برای مسیحیان آفریقا به‌نظر نرسد، زیرا امروزه در نیجریه بیش از ۶۴ میلیون و در تانزانیا ۲۰ میلیون مسیحی زندگی می‌کنند. اما نکته در اینجا است که کلیساهای متعدد بسیاری در سطح گسترده تأسیس شدند. البته، همیشه هم این‌گونه نبوده که مسیحیت در پی زحمات میسیونرهای «سدهٔ پرشکوه» به رشد خود ادامه دهد و کامیاب باشد. برای نمونه، مراکش در پایان سدهٔ نوزدهم ۳۰۰۰۰ مسیحی داشت، اما از آن زمان به بعد شمار مسیحیان در مراکش به‌عنوان درصدی از کل جمعیت آن کشور، رو به کاهش نهاده است.

با این‌همه، وقتی به عقب برگشته با دیدی گسترده به «سدهٔ پرشکوه» نگاه می‌کنیم، باید اذعان کنیم که این دوره به‌راستی یک لحظهٔ *کایروس* برای تأسیس کلیسا در سراسر جهان بوده است. تا پیش از این دوره در تاریخ، هرگز این همه کلیسا در مکان‌های متعدد پدیدار نشده بود. اگر ترجمه‌پذیریِ زبان‌شناختی انجیل را، که موجبات ترجمهٔ کتاب‌مقدس به همهٔ زبان‌ها را فراهم ساخت، بذر بینگاریم، آنگاه ترجمه‌پذیری فرهنگی انجیل، که سبب به‌وجود آمدن کلیساهای بومی شد، به‌مثابه میوه خواهد بود.

## همکاری جهانی: تولد «مسیحیت جهانی»

پنجمین و واپسین درون‌مایه‌ای که در درک *کایروس* «سدهٔ پرشکوه» به ما کمک می‌کند، نخستین همایش جهانی میسیونری است، که در ۱۴-۲۳ ژوئن ۱۹۱۰ در ادینبورگ اسکاتلند برگزار شد. بسیاری آن را بااهمیت‌ترین همایش میسیونری در سدهٔ بیستم می‌دانند، و در تاریخچهٔ میسیون‌های مسیحی این همایش از جایگاه والایی برخوردار است. در سپتامبر و اکتبر ۲۰۱۰ در آفریقای جنوبی دو همایش بین‌المللی برگزار شد، که هر دو به مناسبت یادبود یکصدمین سال همایش ۱۹۱۰ تشکیل شده بودند، و هدف از آنها تأکید بر اهمیت فزایندهٔ همایش ۱۹۱۰ در تاریخچهٔ میسیون‌های مسیحی بود.

جوّی را که منجر به برپایی همایش ادینبورگ در سال ۱۹۱۰ شد می‌توان با کتاب جان مات[1] زیر عنوان بشارت دادن به دنیا در این نسل[2] خلاصه کرد. جان مات (۱۸۶۵-۱۹۵۵) یکی از تجهیزکنندگان خستگی‌ناپذیر میسیون‌های مسیحی بود، که جنبش دانشجویان داوطلب را در سال ۱۸۸۸ پایه‌گذاری کرد و تا سال ۱۹۲۰ ریاست آن را بر عهده داشت و در کنار آن به‌عنوان دبیر سیار YMCA (۱۸۸۸-۱۹۱۵) نیز خدمت می‌کرد. هزاران دانشجو از طریق این جنبش‌ها نجات یافتند و برای خدمت میان‌فرهنگی به انبوه انجمن‌های میسیونری پیوستند. مات در دوران خدمتش تقریباً دو میلیون مایل سفر کرد و معلومات دست اول بسیاری دربارهٔ کار میسیون‌ها در سراسر جهان به‌دست آورد. مات به این باور رسید که با

1. John Mott; 2. The Evangelization of the World in This Generation

همکاری بهتر و تفکر راهبردی، می‌توان در یک نسل بشارت انجیل را به کل جهان رساند.[۱] این اندیشه به انتشار کتاب مات در سال ۱۹۰۰ انجامید، که موجی از خوشبینی نسبت به «تحقق» فرمان بزرگ در آن نسل به راه انداخت.[۲] همچنین کتاب مزبور بر لزوم همکاری بیشتر در میان نمایندگی‌های میسیون‌های متعدد و داشتن اندیشه‌های راهبردی‌تر پیرامون کل اقدام متهورانهٔ میسیونری تأکید کرده بود. مردم بیش از پیش و به‌نحوی فزاینده نسبت به ضرورت گردآوری اطلاعات بیشتر در مورد وضعیت آن زمان مسیحیت در سراسر جهان و لزوم همکاری هرچه بیشتر برای فایق آمدن بر موانع موجود در بشارت جهانی، هشیار شدند.

پیش از آن تاریخ دو همایش بزرگ برگزار شده بود؛ یکی در سال ۱۸۸۸ در لندن و دیگری در سال ۱۹۰۰ در نیویورک، که پذیرای نمایندگانی از طیف گسترده‌ای از انجمن‌های میسیونری، به منظور تبادل «دانسته‌های میسیونری» در مورد دنیا و هم‌اندیشی بر سر خط‌مشی‌ها و راهکارهای میسیونری بود. با وجود این، به‌رغم بزرگی و موفقیت به‌دست‌آمده در همایش نیویورک، تصمیم بسیاری از رهبران بر این قرار گرفت که برپایی همایشی فراگیرتر ضرورت دارد؛ همایشی که هدفش نه برپایی یک گردهمایی الهام‌بخش برای ایمانداران، بلکه کنفرانسی کاری باشد که به‌طور ویژه روی فرصت‌ها و چالش‌های پیش رو برای انجام میسیون‌های مسیحی در جهان غیرمسیحی متمرکز شود.[۳] قرار شد که هدف کمیتهٔ هماهنگی برگزاری همایش ۱۹۱۰ ادینبورگ، حمایت از «تلاشی متحد برای یافتن طرح‌ها و شیوه‌های اقدام میسیونری به منظور پژوهش جستجوگرانه و رسیدگی به تجارب میسیونری از همهٔ نقاط جهان» باشد. جان. آر. مات به ریاست این کمیته منسوب شد. مات همایش جهانی میسیونری ۱۹۱۰ را چنین توصیف کرده است: «نخستین کوشش در جهت بررسی نظام‌مند و دقیق مشکلات میسیونری جهان.»

از منظر سدهٔ بیست‌ویکم، شاید بتوان به آسانی ادعای «جهانی بودن» این همایش را بیش از اندازه متهورانه برشمرد. از دیدگاه امروزی نمایندگان مزبور بیش از حد سفیدپوست، غربی، پروتستان و پیروزمندگرا[۴] بودند. از اینها گذشته، هرچند همایش مورد بحث ۱۴۰۰ نماینده را گرد هم آورد، اما اکثریت عظیمی از آنها بریتانیایی یا آمریکایی بودند. از نمایندگان

---

۱. برای آن دسته از خوانندگانی که ممکن است با مقولهٔ میسیون‌شناسی آشنایی چندانی نداشته باشند یادآوری این مطلب لازم است که واژهٔ «*بشارت دادن*» تنها به قرار دادن انجیل در *دسترس* مردم دلالت می‌کند، نه اینکه ضرورتاً همه به پیام انجیل لبیک بگویند، یا اینکه کلیسا در آن میان پابرجا بماند. در فصل ۱۲ کتاب پیرامون این موضوع به‌طور مفصل بحث خواهیم کرد. می‌گویند که جان مات کسی بود که در تاریخ جهان تا آن زمان بیشترین رکورد سفر را به خود اختصاص داده بود.

۲. دیوید بوش حال و هوای میسیونری در آن روزگار را چنین خلاصه می‌کند: «عملگرا، هدفمند، فعال، ناشکیبا، دارای اعتمادبه‌نَفْس، راسخ، و پیروزمند.»

۳. همایش جهانی میسیونری نیویورک بین ۱۷۰ تا ۲۰۰ هزار نفر را به خود جذب کرد و بزرگترین گردهمایی در تاریخ دینی آمریکا شد. اما این همایش، یک گردهمایی عامه‌پسند بود، و در آن رئیس‌جمهور مک‌کینلی و سپس تئودور روزولت، که در آن زمان فرماندار نیویورک بود، سخنرانی کردند. بنجامین هریسن رئیس‌جمهور سابق ایالات متحده نیز رئیس افتخاری این همایش بود.

4. Triumphalistic

کلیسای کاتولیک رومی یا ارتودوکس شرقی در آن همایش هیچ خبری نبود، گرچه تعدادی تنها به‌عنوان ناظر حضور داشتند.[1] وانگهی، از میان ۱۴۰۰ نماینده، تنها هفده تن از جهان اکثریت (یا جهانِ غیرمسیحی) بودند. در مورد خوشبینی و پیروزمندگرایی حاکم بر همایش باید یادآور شویم که ویژگی «سدهٔ پرشکوه» همین خوشبینی افراطی بود که تا هنگام وقوع دو جنگ جهانی، در کل جهان غرب شیوع فراوان داشت.

با این‌حال، از منظر سدهٔ بیستم، این همایش با دقت و وسواس بسیار طرح‌ریزی شده بود و قرار بود رویدادی فراگیر و جهانی در تاریخ باشد. گذشته از دعوت کردن نمایندگان کلیساها، به‌رغم مباحث بالقوهٔ پایان‌ناپذیر الاهیاتی و اختلاف‌های کلیساشناختی‌شان، برای همهٔ انجمن‌های میسیونری صاحب‌نام که درگیر خدمت به غیرمسیحیان بودند نیز دعوت‌نامه‌هایی فرستاده شد.[2] در این دعوت‌نامه‌ها از انجمن‌ها خواسته شده بود تا بر حسب تناسب بزرگی تشکیلات و دامنهٔ کار سازمان میسیونری خود نمایندگانی به همایش بفرستند. بدین‌ترتیب، گرچه اکثر نمایندگان اروپایی بودند، اما به معنای دقیق کلمه از سراسر جهان راهی این همایش شده، با خود کوله‌باری از تجربیات فراوان و دست اول از حوزهٔ فعالیت میسیون مسیحی آورده بودند.

از آنجایی که همایش جهانی میسیونری در ادینبورگ فرصت‌های رسمی و غیررسمی برای دیدار نمایندگان و بحث و تبادل‌نظر با یکدیگر پیرامون وضعیت کلیسای جهانی را فراهم کرده بود، اشتباه است که گستردگی همایش را بر پایهٔ سخنرانی‌های عمومیِ ارائه شده در آن اندازه‌گیری کنیم. این همایش، یک کار حقیقی و کنفرانسی مشورتی بود و تأثیر نفوذ و نگرش کسانی که از دنیای اکثریت آمده بودند سایهٔ بزرگی بر آن افکنده بود. در واقع، در پایان همایش، نمایندگان خطاب به «اعضای کلیسای مسیحی در سرزمین‌های غیرمسیحی» پیش‌نویس نامه‌ای رسمی را آماده کردند. در این نامه از طرف نمایندگان گفته شده بود که: «در هم‌اندیشی و مشورت ما هیچ عاملی مفیدتر از آرای اعضای کلیساهای خودتان نبوده است.» علاوه بر این، گرد هم آوردن تجارب گروهی دست اول و میان‌فرهنگی توسط نمایندگان حاضر از دنیای اکثریت، تا پیش از آن تاریخ سابقه نداشت. دبلیو. اچ. تی. گیردنر[3] یکی از نمایندگان حاضر در همایش ۱۹۱۰ و نویسندهٔ گزارشی دست اول از همایش، اعلام کرد که همایش مزبور «به‌راستی همایشی جهانی» بوده چون نمایندگان حاضر در آن «از هر گوشهٔ جغرافیایی جهان به این شهر باستانی آمده... و از نژادها، ملت‌ها، زبان‌ها، سنت‌ها، طبقات و تخصص‌های گوناگون بودند.» از دیدگاه ما، این عبارت اغراق‌آمیز به‌نظر می‌رسد، اما از

---

۱. از یکی از ناظران کاتولیک همایش ادینبورو جملهٔ معروفی به یادگار مانده که وقتی از وی پرسیدند: «یک کاتولیک رومی در میان این شمار کثیر از پروتستان‌ها، چه احساسی دارد؟» در پاسخ گفته بود: «ما چند شیر ناآرام هستیم که ما را در کنام پروتستان‌ها افکنده‌اند.»

۲. در آن زمان، شماری از انجمن‌های «میسیونری» بودند که در طیف گسترده‌ای میان فقرای دنیای بشارت‌شنیده خدمت می‌کردند.

3. W.H.T. Gairdner

ویژگی این همایش و کیفیت تجربیاتی که حاضران از آن به‌دست آوردند، چشم‌اندازی به ما ارائه می‌دهد.

همایش بر مبنای ترتیب موضوعی سازماندهی شده بود، و هر روز به یکی از موضوعات زیر اختصاص یافته بود:

۱. بردن انجیل به همهٔ نقاط غیرمسیحی جهان
۲. کلیسا در حوزهٔ فعالیت میسیونری
۳. آموزش در ارتباط با مسیحی کردن حیات ملی
۴. پیام میسیونری در ارتباط با جهان غیرمسیحی
۵. آمادگی میسیونرها
۶. مبدأ گسیل میسیون‌ها
۷. میسیون‌ها و دولت‌ها
۸. همکاری و ارتقای وحدت

این هشت موضوع یا درون‌مایه بر نحوهٔ نگرش ما به مهمترین موضوعات و دغدغه‌های میسیون‌ها در آن روزگار نور می‌افکند.[1] موضوعات یکم، چهارم و ششم به‌طرز خیره‌کننده‌ای نشان می‌دهند که دنیا در یک سدهٔ گذشته تا چه اندازه عوض شده است. در سال ۱۹۱۰ تقسیم کردن جهان به قلمرو «مسیحی» و «غیرمسیحی» امری پذیرفتنی به‌نظر می‌رسید، که در این تقسیم‌بندی غرب نمایندهٔ «جهان مسیحی» و «دنیای اکثریت» نمایندهٔ «جهان غیرمسیحی» قلمداد می‌شد. امروزه، چنین فرضی دیگر قابل دفاع نیست. موضوع دوم (کلیسا در حوزهٔ فعالیت میسیونری) بازتاب تشنگی شدید برای یافتن اطلاعات دقیق و درست پیرامون وضعیت کلیسا در دنیای اکثریت است. موضوعات سوم و پنجم آشکارکنندهٔ ارزش آموزش بلندمدت در میسیون‌های پروتستانند. موضوعات چهارم و هفتم بر اهمیت درک چالش‌ها و مشکلاتی که به‌وسیلهٔ پیروان هندوئیسم، بودیسم و اسلام بروز می‌کند، و نیز بافت‌های سیاسی که دین در آنها تنیده شده است و به‌شدت بر فعالیت‌های میسیونری تأثیرگذارند، تأکید می‌کنند. موضوع آخر نیز بر لزوم همکاری و همدستی میان همهٔ ما که در مورد نقش‌مان در اجرای *مأموریت الاهی* به درکی جمعی رسیده‌ایم، متمرکز شده است.

همایش جهانی میسیونری ۱۹۱۰ در ادینبورگ به‌درستی و از روی شناخت و بصیرت کامل به این نتیجه رسید که: «خدا مبدأ نهایی میسیون‌های مسیحی است.» این کار ازآن‌/و

۱. در مقام مقایسه، همایش ۲۰۱۰ ادینبورگ که به مناسبت یکصدمین سالگرد همایش میسیونری جهانی تشکیل شده بود، به‌لحاظ طراحی ساختاری مشابه همایش ۱۹۱۰ داشت. با این‌حال، موضوعاتی که در این همایش مطرح شدند عبارت بودند از: بنیان‌های میسیون‌ها، مأموریت مسیحی در میان دین‌های دیگر، مأموریت مسیحی و پسامدرنیته، مأموریت مسیحی و قدرت، گونه‌های اشتغال به خدمت میسیونری، آموزش و ساختار الاهیاتی، اجتماعات مسیحی در بافت‌های معاصر، مأموریت مسیحی و وحدت- کلیساشناسی و مأموریت مسیحی، و روحانیتِ مأموریتِ مسیحی و شاگردسازیِ اصیل.

است که از طریق کلیسای *او* انجام می‌پذیرد. مات در جمع‌بندی خود می‌گوید: «خدا همواره در سکوت و آرامش مشغول انجام کار بوده است، اما طرح‌هایی بی‌نهایت بزرگ‌تر از اینها دارد. در ارادهٔ او نیست که حرکت تأثیرگذاری که از جانب او آغاز شده، به‌خاطر این شب تار از ادامه بازماند. در عوض ما هستیم که باید آن را به سراسر دنیا برسانیم.»

از منظر ۲۰۱۰، و برگشتن و نگریستن به همایش جهانی میسیونری ۱۹۱۰ ادینبورگ، چند ویژگی کلیدی دربرگیرندهٔ میراث آن همایشند. نخست آنکه، همایش ۱۹۱۰ ادینبورگ مبدع ساختار و تشکیلاتی کاملاً نوین برای اندیشیدن در مورد مسیحیت در دنیا بود. همایش مزبور با تمرکز روی نمایندگانی که از انجمن‌های میسیونری آمده بودند، به‌جای تمرکز بر خودِ کلیساها، توانست کسانی را که شخصاً درگیر فعالیت میسیونری بودند و چالش‌های پیش روی کلیسا در آن زمان را درک می‌کردند، گرد هم آورد. از آنجایی که آن یک همایشِ «کاری» بود نه رویدادی انگیزشی یا الهامی، از نمایندگان خواسته شده بود تا پیش از حضور در همایش مطالعه و آمادگی کافی پیرامون موضوعات پیش رو به‌دست آورند. از این‌رو، آنانی که به همایش آمدند برای درگیر شدن به‌طور جدی با موضوعات مهم آمادگی لازم را داشتند.

دوم اینکه، همایش ۱۹۱۰ ادینبورگ اگر نگوییم زادگاه، دستِ‌کم نشانهٔ رنسانسی اصیل در مطالعات میسیونری بود. این همایش به طیف کاملی از کارهای تحقیقاتی انگیزش لازم را که می‌توانست به کار میسیون‌های مسیحی بیاید، بخشید. برای مثال، مطالعات تجربی که می‌توانست اطلاعات، گرایش‌ها و راهبردهای موثقی ایجاد کند، از این مقطع مورد استفاده قرار گرفت. یکی از گزارش‌هایی که در همایش مطرح شد «اطلس آماریِ میسیون‌های مسیحی» بود، که طلایهٔ دایرةالمعارف مسیحی جهان و اطلس جهانی مسیحیت است. چندین مجلهٔ مهم، از قبیل بررسی بین‌المللی میسیون‌ها (IRM) و جهان اسلام کار خود را از همین همایش آغاز کردند. IRM نخستین نشریهٔ بین‌المللی میسیون‌شناسی کلیسای جهانی به‌شمار می‌رود. جهان اسلام هم نشان‌دهندهٔ یکی از کاربردهای مهم میسیون مسیحی در حیطهٔ عملی و نظری در ارتباط با چالش‌های پیش رو با اسلام است.

سرانجام اینکه، طی ده روز همایش، درک و شناختی فزاینده نسبت به این حقیقت به‌وجود آمد که مسیحیت به‌راستی جنبشی جهانی است. همایش ادینبورگ را خیلی‌ها سرآغاز جنبش کلیسای جهانی می‌دانند، که نطفهٔ جنبش‌های تأثیرگذار جهانی همچون شورای بین‌المللی میسیونری و جنبش لوزان در آن بسته شد. سراسقف ویلیام تمپل گفتهٔ مشهوری دارد مبنی بر اینکه ظهور کلیسای جهانی «واقعیت بزرگ و نوین عصر ما» شد. اندرو والز نیز همین احساس را با زبانی دیگر بیان می‌کند: «در ادینبورگ بود که مسیحیت غربی، یا دستِ‌کم مسیحیت پروتستان غربی، نگرشی روشن نسبت به کلیسا پیدا کرد که از خودش بزرگ‌تر بود.» دیگر هرگز کلیسای غرب نمی‌تواند جدا از وقایع پرجنب و جوش جاری در مسیحیت بومی در سراسر جهان، به جنبش مسیحی صادقانه بیندیشد. همایش ۱۹۱۰ ادینبورگ به‌راستی یک لحظهٔ *کایروس* در تاریخ مسیحیت جهان به‌شمار می‌رفت. آن همایش یکی از کنایه‌های تاریخ

اســت، مبنی بر این که در همایشی در قلب اروپای قدیم، کلیسا برای نخستین‌بار نگاهش به مسیحیتی دوخته می‌شود که قرار است جهانی و پسا-غربی باشد.

## نتیجه‌گیری

این فصل روی پنج درون‌مایهٔ کلیدی متمرکز شــد: تولد انجمن میسـیونری پروتستان، تعهد نســبت به ترجمهٔ کتاب‌مقدس به زبان‌های محلی، پیدایش نقش زنان در میسیون‌های مســیحی، اهمیت تأسیس کلیســا، و آگاهی فزاینده نسبت به مسیحیت جهانی. هیچ‌یک از این درون‌مایه‌ها به خودی خود نمی‌توانند نمایانگر جنب و جوش «ســدهٔ پرشــکوه» باشند. با این‌حال، در مجموع بر درون‌مایه‌هایی تعریف‌شــده و برخی از مقاطع برجســتهٔ کلیسای مسیحی در خلال سال‌های ۱۷۹۲ تا ۱۹۱۰ انگشت می‌گذارند، که به‌حق یکی از دوره‌های کایروس بزرگ در تاریخ میسیون‌های مسیحی جهان محسوب می‌شود.

# ۱۰

# شکوفایی جهان مسیحیت، از ۱۹۱۰ تا کنون

بیشتر ما به طیف گسترده‌ای از ترجمه‌های جدید و ویژه از کتاب‌مقدس، که هم‌اکنون در همه جا در دسترس‌اند، عادت کرده‌ایم. زمانه‌ای که ترجمهٔ "کینگ جیمز" تنها ترجمهٔ کتاب‌مقدس برای مخاطبان انگلیسی‌زبان به‌شمار می‌رفت، دیگر سپری شده و جای آن را ده‌ها ترجمهٔ جدید، همراه با تفسیر و بررسی کتاب‌مقدس و با تمرکز خاص روی موضوعات ویژه، گرفته‌اند. امروزه می‌توانیم ترجمه‌های گوناگون و کتاب‌مقدس‌های تفسیری ویژهٔ کودکان، نوجوانان، فمنیست‌ها، جنوبی‌ها و غیره را هم بخوانیم. بنابراین، جای تعجب نیست که خواننده به ترجمه‌ای جدید و قابل‌ملاحظه از کتاب‌مقدس نیز فکر کند. به‌جای کتاب‌مقدسی که فقط به یک زبان نوشته شده، کتاب‌مقدسی را تصور کنید که توانایی چشمگیری برای بازتاباندن زبان‌های مسیحیان سراسر را جهان دارد، یعنی متناسب با شمار مسیحیان و زبان‌هایی که صحبت می‌کنند.

اگر چنین کتاب‌مقدسی قرار بود در دست شرکت‌کنندگان مسیحی حاضر در همایش میسیونری جهانی در ادینبورگ در سال ۱۹۱۰باشد، بی‌گمان بیشتر قسمت‌هایش به زبان انگلیسی و پاره‌ای هم به دیگر زبان‌های اروپای غربی می‌بود. با این‌حال، یک سده پس از آن همایش، یعنی در سال ۲۰۱۰، همان کتاب‌مقدس طوری دیگری ترجمه می‌شد. مثلاً این کتاب‌مقدسِ خیالی را از فصل ۱ پیدایش تا فصل ۳ یوشع به زبان اسپانیایی می‌خواندید، زیرا اکنون پرگویش‌ترین زبان در جهان مسیحیت به‌شمار می‌رود. سپس، آن کتاب‌مقدسِ خیالی انگلیسی می‌شد و از فصل ۴ یوشع تا اول پادشاهان ۶ ادامه می‌یافت، و پس از آن در کمال ناباوری زبان کتاب‌مقدس چینی می‌شد و از اول پادشاهان ۶ تا دوم تواریخ ۱۴ به این زبان

می‌بود. سپس زبان ترجمه مرتباً تغییر می‌کرد تا اینکه به عهدجدید می‌رسیدیم که بخش‌های عمده‌اش به زبان‌های کره‌ای، هندی و زنگباری می‌بود. تا کتاب مکاشفه، کتاب‌مقدسِ خیالی همچنان و آیه به آیه زبان عوض می‌کرد و تقریباً همهٔ زبان‌های رایج مسیحیان جهان (۲۲۵۱ زبان) را دربرمی‌گرفت. من نمی‌دانم که چنین کتاب‌مقدسی تا چه اندازه می‌تواند سودمند باشد، اما به هر روی به‌طرزی خیره‌کننده درون‌مایهٔ اصلی این فصل از کتاب را نشان می‌دهد: ظهور مسیحیت پرشور و طراوت در بسیاری از نقاط گوناگون جهان. گسترهٔ جهانی کلیسای عیسای مسیح در اینجا به‌عنوان مهمترین تحول در تاریخ کلیسای سدهٔ بیستم مورد توجه قرار می‌گیرد.

در فصل یکم کتاب پاره‌ای از آمار پراکندگی مسیحیت در جهان را بررسی کردیم تا زمینه را برای بیان لزوم بازاندیشی در چگونگی اظهارنظر و اقدام عملی در حیطه میسیون مسیحی جهانی در سدهٔ بیست‌ویکم، فراهم کنیم. هدف این فصل افکندن پرتویی تاریخی بر ظهور و شکوفایی مسیحیت در مقام جنبشی جهانی است. چنانکه در بررسی میسیون مسیحی دوران پیش از ۱۷۹۲ (فصل ۸) و دوره‌ای که از ۱۷۹۲ تا ۱۹۱۰ ادامه داشت (فصل ۹) شاهد بودید، یک بررسی جامع و کامل از دورهٔ کنونی، یعنی از ۱۹۱۰ تا کنون، آن‌هم در یک فصل و بدون ارائهٔ آمار و داده‌های پیوسته، امکان‌پذیر نیست. از این‌رو، برای گرفتن بهره‌ای از عظمت و روح میسیون مسیحی در سدهٔ بیستم، بر هفت روایت یا تصویر کوتاه از مسیحیت جهانی متمرکز می‌شویم. این نمونه‌ها از آفریقا، آمریکای لاتین، خاور میانه، سه نقطه از آسیا و اروپا گرفته شده‌اند. داستان‌هایی که در پی می‌آیند، به بررسی موارد زیر می‌پردازند: ۱) رشد جنبش پنتیکاستی در آمریکای لاتین، ۲) کلیساهای مستقل آفریقایی در کشورهای آفریقاییِ پایین صحرای بزرگ، ۳) مسلمانانی که در مسجد پیرو مسیح هستند، ۴) میسیونرهای اهل جنوب هند که در میان هندوهای شمال هند خدمت می‌کنند، ۵) جنبش «کلیسای خانگیِ» ثبت‌نشده در چین، ۶) جنبش میسیونری کره‌ای، و ۷) کلیساهای پرشور اروپایی که در دورهٔ پسا-مسیحی اروپا پدیدار شده‌اند. هر داستان نمونه‌ای است از داستان بزرگتر مسیحیت جهانی.

## جنبش پنتیکاستی در آمریکای لاتین

نخستین داستان ما از مسیحیت جهانی بر جنبش پنتیکاستی آمریکای لاتین، به‌عنوان نمایندهٔ پدیده‌ای بزرگتر و جهانی در عالم مسیحیت متمرکز می‌شود. این داستان دارای چند جنبه است که بر اهمیت آن در درک مسیحیت جهانی امروز تأکید می‌کنند.

### رشد جنبش پنتیکاستی جهانی

نخستین جنبهٔ مورد بحث این است که جنبش پنتیکاستی سریع‌الرشدترین جنبش مسیحی در تاریخ به‌شمار می‌رود، و با داشتن نیم میلیارد پیرو، پس از کلیسای کاتولیک رومی پرشمارترین فرقهٔ مسیحیت است. در سدهٔ پانزدهم بود که میسیونرهای کاتولیک برای نخستین‌بار و پس از "پادروادو" (حکم قیمومتی که پاپ برای تقسیم سرزمین‌های تازه

کشف‌شدۀ جهان آن روز میان دو قدرت اسپانیا و پرتغال صادر کرده بود- م.) پا بر خاک آمریکای لاتین نهادند و از آن زمان به بعد آمریکای لاتین به یکی از یکپارچه‌ترین مناطقِ زیر نفوذ کلیسای کاتولیک در جهان تبدیل شد. میسیونرهای پروتستان تا اواخر سدۀ نوزدهم به آمریکای لاتین راه نیافتند و جنبش پنتیکاستی هم در دهه‌های آغازین سدۀ بیستم به این سرزمین‌ها وارد شد. با وجود این، تنها پس از گذشت هفتادوپنج سال از حضور جنبش پنتیکاستی در آمریکای مرکزی و جنوبی، پنتیکاستی‌ها اکنون «سه‌چهارم کل پروتستان‌های آمریکای لاتین را تشکیل می‌دهند.» این امر به دلیل اکثریت عمدۀ رشد کلیسای «پروتستان»، یا «مستقل» یا «بومی» در آمریکای لاتین، حائز اهمیت است. در سال ۱۹۶۲ مجلۀ تایم اعلام کرد که جنبش پنتیکاستی «سریع‌الرشدترین کلیسا در نیمکرۀ غربی» است. دیوید استال[1] با قدری تأمل بر رشد جنبش پنتیکاستی آمریکای لاتین، که سه برابر رشد جمعیت در این منطقه است، پیش‌بینی می‌کند که «تا سال ۲۰۱۰ میلادی اونجلیکال‌ها یک‌سوم کل جمعیت» آمریکای لاتین را تشکیل خواهند داد و اکثریت قاطع این مسیحیان اونجلیکال، پنتیکاستی خواهند بود. حتی پنی لرنو[2] روزنامه‌نگار کاتولیک هم گفته که «در هر ساعت چهارصد تن از اهالی آمریکای لاتین به جنبش پنتیکاستی می‌گروند.» شنیدن انتقاداتی از قبیل «جنبش پنتیکاستی رودخانه‌ای است به پهنای یک مایل و به ژرفای یک اینچ» چندان هم غیرعادی نیست. اگرچه این پدیده دغدغه‌ای مهم است، لیکن ما نمی‌توانیم زندگی پرشور این شاخۀ نورسته از مسیحیت در آمریکای لاتین را، که تقریباً بی‌همتا است و در مقایسه با جنبش پنتیکاستی در اروپای مرکزی در روزگار اصلاح دینی هم رشد بیشتری داشته، نادیده بگیریم. این تحول شایستۀ توجه است.

## جنبش پنتیکاستی و حاکمیت مسیحی

دوم اینکه، داستان جنبش پنتیکاستی آمریکای لاتین یک نمونۀ مفید معاصر از فروپاشی نظام حاکمیت مسیحی است که از سدۀ شانزدهم بر شئونات دینی و سیاسی آمریکای لاتین سایه افکنده بود. برای سده‌ها بشارت دادن در آمریکای لاتین به معنای فرایند فرهنگ‌پذیریِ[3] کلی بود، که به موجب آن مردم را مسیحی می‌کردند و وارد قلمرو تک-فرهنگیِ حاکمیت مسیحی می‌ساختند که در آن مردم رعایای مقامات مسیحی، اعم از کلیسایی و مدنی به‌شمار می‌رفتند. دیگر دوران اِعمال سلطۀ بلامنازع کلیسای کاتولیک بر آمریکای لاتین، و به‌ویژه در کشورهایی چون برزیل، شیلی و گواتمالا به‌سر آمده است. در چند کشور آمریکای لاتین اکنون شمار شبانان پنتیکاستی از شمار کشیشان کلیسای کاتولیک بیشتر شده است. تا سال ۲۰۱۰، در برخی کشورها شمار مسیحیان اونجلیکال که بیشترشان هم گرایش پنتیکاستی دارند، از شمار کاتولیک‌ها بیشتر خواهد شد.

با این‌همه، آمریکای لاتین فقط داستان برآمدن جنبش پنتیکاستی و برافتادن کاتولیسیسم رومی، یا وارد شدن پنتیکاستی‌ها به حریم امن قلمرو کلیسای کاتولیک نیست. درست مانند

1. David Stoll; 2. Penny Lernoux; 3. Acculturation

نمونهٔ اروپای دورهٔ اصلاح دینی، اصلاح نوینِ کاتولیکی هم از تب و تاب و هیجانی از درون خود کلیسای کاتولیک آغاز شد، که نتیجه‌اش تأکیدی دوباره بر بشارت و میسیون مسیحی بود. چنانکه جان گورسکی،[1] میسیون‌شناس کاتولیک خاطرنشان کرده، «بشارت در معنای اخص خود یعنی اعلان انجیل به‌منظور توانایی بخشیدن به دریافت‌کنندهٔ پیام برای رویارویی شخصی با مسیح زنده، که به توبه و ایمان آوردن و شاگردی منجر می‌شود. موضوعی که کلیسای کاتولیک تنها در نیم‌سدهٔ گذشته به اهمیت آن پی برد.» نکته در اینجا است که جنبش اصلاح دینی سرانجام به آمریکای لاتین رسید! درست همان‌گونه که اصلاح دینی پروتستان در اروپای سدهٔ شانزدهم، کلیسای حاکم را به چالش کشید و به پرورش نهال نورسته‌ای از مسیحیت یاری رساند و پای اصلاحات را به درون کلیسای رسمی زمانهٔ خود باز کرد، امروزه هم پنتیکاستی‌های [کاتولیک] در آمریکای لاتین جنبش‌های نوین مسیحی به راه می‌اندازند و درصدد احیای کاتولیسیسم رومی هستند، و در عین‌حال گفتمان‌های الاهیاتی نیز برپا می‌کنند که بازتاب بسیاری از مسیرهایی است که پیش‌تر جنبش اصلاح دینی پروتستان در اروپا پیموده بود.

با این‌حال، این جنبش صرفاً تکرار اصلاحات اروپایی یا دنباله‌رَویِ با تأخیر از آن نیست. کشمکش آمریکای لاتین دارای ویژگی‌های خاص و منحصربه‌فرد خود است، به‌ویژه در زمینهٔ تأکیدش بر روح‌القدس، که هیچ‌گاه در اصلاح دینی اروپایی موضوع بااهمیتی نبوده است. همچنین جنبش پنتیکاستی آمریکای لاتین متأثر از پدیدهٔ مدرن جهانی شدن[2] است. نظام یکپارچه و فراگیر زندگی دینی در این منطقه از جهان اکنون جای خود را به بازار دینی جدیدی داده و مردم می‌توانند در فضایی دموکراتیک دست به گزینش دینی بزنند. این «نیرویِ سومِ» مسیحیت، نوسازی[3] را به میان مسیحیان سراسر منطقه می‌آورد و طی فرایندی چشم‌انداز دِینی آن را دگرگون می‌سازد.

## تأثیر پنتیکاستی بر گفتمان الاهیاتی

سوم اینکه، الاهیات پنتیکاستی‌های آمریکای لاتین، گفتمان بشارتی سنتی در اروپا و آمریکای شمالی را با چندین چالش مهم روبه‌رو کرده است. این چالش‌ها در ارتباط با کار روح‌القدس در جهان و در زندگی ایمانداران‌اند، که برای درون‌مایهٔ بررسی ما از اهمیت ویژه برخوردارند. آمریکایی‌های لاتینی تا مدت‌ها تأکید داشتند که الاهیات سنتی اروپا و آمریکای شمالی بیش از اندازه ایستا است و اصلاً ارتباطی با مفهوم رنج و دشواری‌های اقتصادی مردمان آمریکای لاتین ندارد. وانگهی، پنتیکاستی‌ها احساس کرده بودند که بسیاری از جریان‌های اصلی الاهیات در آمریکای شمالی بیش از اندازه در موضوعات نظری غرق شده‌اند و در فرایند کار، از فوریت و ضرورت بشارتی که باید مژدهٔ انجیل را به جهانیان برساند، غافل مانده‌اند.

1. John Gorski; 2. Globalization; 3. La renovacion

زمان زیادی طول کشید تا مورخان و الاهیدانان آمریکای شمالی جنبش جهانی پنتیکاستی را جدی بگیرند و به نقد الاهیات آن بپردازند. تازه در سال ۱۹۶۸ بود که ویلیام مک‌لولین[1] فصلی از کتاب خود را با عنوان «آیا در عالم مسیحیت نیروی سومی هم وجود دارد؟» به دین در *آمریکا* اختصاص داد. وی جنبش پنتیکاستی را «تراوش‌هایی» زودگذر دانست و رد کرد. او پیش‌بینی کرد که «تظاهرات زهدگرایانهٔ مشتی معاند رانده به حاشیه نمی‌تواند به خودی خود به‌وجود آورندهٔ یک جنبش دینی بااهمیت در جهان مسیحیت باشد.» وی پا را از این هم فراتر نهاده گفت که جنبش پنتیکاستی «فاقد پوياییِ تازه‌ای است که بتواند جایگزین نظام قدیم شود و یا حتی بتواند برای آن تهدیدی جدی به‌شمار آید.» اما مک‌لولین از درک این نکته غافل بود که درست همان چیزی که پیش‌بینی کرده بود اتفاق نمی‌افتد، *دقیقاً اتفاق افتاد*! تا سال ۱۹۶۸ دورهٔ انتقال جهانی، هرچند در ظاهر نامحسوس، اما به‌وقوع پیوسته بود و جهان مسیحیتی که مک‌لولین باور داشت، خلع‌سلاح شده بود. انتقال به نرمی و بسیار چشمگیر صورت گرفته بود چون در همان زمان که پنتیکاستی‌ها در سراسر جهان سرگرم کشف دوبارهٔ شور و طراوت ایمان تاریخی مسیحی بودند، کلیساهای جریان اصلی تا حد زیادی این مطلب را رها کرده و میلیون‌ها عضو خود را از دست داده بودند، و بدین‌سان، به راندن خود به حاشیهٔ زندگی دینیِ آمریکایی شتاب می‌بخشیدند. اندرو والز به این نکته اشاره کرده می‌گوید: «برای یافتن چنین رکود عظیمی، باید چند سده به گذشته بازگشت، و در گوشهٔ دیگری از جهان به‌دنبال نمونه‌ای مشابه گشت.» اکنون نوبت ماست که فروتنانه بپذیریم که از کار خدا در میان برادران و خواهران پنتیکاستی‌مان در آمریکای لاتین خیلی چیزها باید بیاموزیم.

## کلیساهای مستقل آفریقایی در جنوب صحرای آفریقا

افول استعمار غرب در آفریقا با چنان شتابی صورت پذیرفت که هم استعمارگران را بهت‌زده کرد و هم استعمارشدگان را، بدین‌ترتیب که آفریقا استقلال دوبارهٔ خود را طی چند سال میان ۱۹۵۸ و ۱۹۶۴ به‌دست آورد. در آن زمان عموم انتظار داشتند که با افول استعمار، نرخ رشد مسیحیت نیز شدیداً و به‌سرعت کاهش یابد، زیرا بسیاری از آفریقائیان مسیحیت را دین استعمارگران می‌دانستند. با این‌حال، مقدر شده بود که نیمهٔ دوم سدهٔ بیستم میلادی، دورهٔ ظهور بیداری مسیحی کاملاً نوینی در آفریقا باشد. برای نمونه، در سه دههٔ آخر سدهٔ بیستم، درصد کل مسیحیان آفریقا از ۲۵٪ جمعیت به ۴۶٪ افزایش یافت که رقمی بالغ بر ۸/۴ میلیون نوایمان مسیحی در سال را شامل می‌گردد (یعنی ۲۳/۰۰۰ تن در روز). رشد خیره‌کنندهٔ کلیسا در آفریقا در تضادی زنده با چیزی قرار دارد که فیلیپ جنکینز آن را «اسطورهٔ مدرن» نامیده است، که ادعا می‌کند مسیحیت «به جهان سومِ منفعل یا بی‌میل صادر شده بود.»

بسیاری از این بیداری‌های روحانی مسیحی در آفریقا همچنان در درون کلیساهای کاتولیک، انگلیکن و کلیساهای پروتستانِ باقی‌مانده از دوران استعمار به‌وقوع پیوسته‌اند.

1. William McLoughlin

برای مثال، در سال ۱۹۵۵ کلیسای کاتولیک در سراسر قارهٔ آفریقا تنها ۱۶ میلیون عضو داشت، حال آنکه اکنون شمار اعضای آفریقایی کلیسای کاتولیک به ۱۵۰ میلیون تن می‌رسد. چنین برآورد می‌شود که این شمار تا سال ۲۰۲۵ به حدود ۲۳۰ میلیون تن خواهد رسید. انگلیکن‌های آفریقا هم شاهد رشدی مشابه بوده‌اند. برای نمونه، تنها در نیجریه اکنون شمار انگلیکن‌ها دارد به مرز تعداد انگلیکن‌های انگلستان، مهد سنتیِ کلیسای انگلیکن، می‌رسد. انتقال مرکز ثقل در درون کلیسای انگلیکن برای آیندهٔ این فرقه تبعات ضمنی مهمی دارد. مثلاً در کشمکش‌های درونی اخیر کلیسای اسقفی در ایالات متحده، کلیساهایی که مخالف جدا شدن از راست‌دینیِ تاریخی هستند اسقف خود را رها کرده در برابر اقتدار اسقف آفریقایی سر فرود آوردند. جنبش پروتستان نیز در آفریقا از رشد چشمگیری برخوردار بوده است. برای نمونه، در خلال سال‌های ۱۹۷۰ تا ۲۰۰۵، شمار متدیست‌ها از ۸۰/۰۰۰ تن به ۲ میلیون تن افزایش داشته است. در مقام مقایسه کافی است به این نکته اشاره کنیم که در خلال همان دورهٔ زمانیِ فوق‌الذکر، متدیست‌های کشور بریتانیا بیش از نیمی از اعضای خود (یعنی ۲ میلیون و ۹۹۶ هزار تن) و کلیسای متحد متدیست[1] در ایالات متحده ۶ میلیون تن از اعضای خود را از دست دادند. در مورد دوم، تعداد اعضای کلیسا از ۱۴ میلیون به ۸ میلیون کاهش داشت.

با این‌حال، من ترجیح داده‌ام بر رشد شکوفندهٔ کلیساهای مستقل یا بومی آفریقایی، که کار خود را در نخستین دهه‌های سدهٔ بیستم آغاز کردند، متمرکز شوم. در حالی که جنبش‌های مسیحی بومی در آفریقا طیف گسترده‌ای از کلیساها را در بر می‌گیرند، اما اغلب از آنها با عنوان کلی کلیساهای مستقل/ بومی/ نهادینه‌شدهٔ آفریقایی[2] یا AIC یاد می‌شود. در واقع، هیچ جنبش واحدی وجود ندارد که زیر عنوان AIC شناخته شود. این اصطلاحی کلی است که بیش از ۶۰ میلیون کلیسا، از ۱۰/۰۰۰ فرقه یا جنبش‌های کوچکتر متمایز آفریقایی را در بر می‌گیرد. هرولد ترنر[3] در جایی AIC را چنین تعریف کرده است: «کلیسایی که در آفریقا و به دست آفریقاییان، و در وهلهٔ اول برای آفریقاییان پایه‌گذاری شد.» با وجود این، توصیف مزبور قدری غلط‌انداز است و وجه مهمتری از ویژگی‌های کلیساهایی را که با عنوان کلیِ AIC شناخته می‌شوند، نادیده می‌گیرد. AIC نمایندهٔ یک دگرگونی نوین الاهیاتی و کلیساشناختی در درون مسیحیت آفریقایی است، که بر آیندهٔ مسیحیت در سراسر جهان تأثیری شگرف خواهد داشت. اندرو والز در جایی گفته: «آنچه در درون کلیساهای آفریقایی روی می‌دهد، در نسل بعد کلیت ترکیب تاریخ کلیسا را برای سده‌های آتی تعیین خواهد کرد.» بنابراین، «الاهیاتی که مشخصهٔ مسیحیتِ سدهٔ بیست‌ویکم است، ممکن است وابسته به چیزهایی داشته باشد که در ذهن مسیحیان آفریقایی روی داده است.» اگر مسیحیت آفریقایی به‌راستی اصلی‌ترین نمایندهٔ مسیحیت در سدهٔ بیست‌ویکم باشد، در این‌صورت باید این داستان به‌خصوص را شناخت و خوب درک کرد.

1. United Methodist Church; 2. African Independent/Indigenous/Instituted Churches; 3. Harold Turner

برای درک عظمت این جنبش، نخست به بررسی معنای کلیساهای «بومی» (البته در کنار دیگر اصطلاحاتی که برای توصیف این کلیساها به‌کار می‌رود) و علت ظهور آنها خواهیم پرداخت. سپس چند شیوهٔ متداول‌تر را که *کلیساهای بومی آفریقایی* برای همانندسازی با ساختار بزرگتر مسیحیت جهانی در پیش گرفته‌اند، مورد ارزیابی قرار خواهیم داد.

## ظهور AIC

یک کلیسای بومی بیانگر مسیحیتی است که با ساختارهای تاریخی و تشکیلاتی کلیساهای کاتولیک، ارتودوکس یا پروتستان پیوندی ضعیف دارد و یا اصلاً هیچ پیوندی ندارد و عموماً علامت مشخصهٔ آن جنبه‌های قومیتی یا فرهنگی است که بر ویژگی‌های بومی یا منطقه‌ای آن کلیسا تأکید می‌ورزند.

نخستین کلیسای بومی آفریقایی در عصر کنونی، در کشور سیرالئون در غرب آفریقا پایه‌گذاری شد. فری‌تاون[1] شهری بود که در سال ۱۷۸۷ بنیان نهادند تا برده‌های آزادشده و «پس‌گرفته‌شده» را که از کشتی‌های حمل برده به آب‌های نیمکرهٔ شمالی رهانیده و به فری‌تاون آورده شده بودند، در آن اسکان دهند. در نهایت ده‌ها هزار تن از برده‌های سابق، که به ۱۱۷ زبان گوناگون سخن می‌گفتند، در این شهر سکنا گزیدند. فری‌تاون با چنین تنوع زبانی و فرهنگی، احتمالاً یکی از چند-فرهنگی‌ترین شهرها در جهان آن روزگار به‌شمار می‌رفت. انجمن میسیونری کلیسا (CMS) کار میسیونری گسترده‌ای را در سیرالئون سامان داد و تحت رهبری هنری وِن دو تصمیم اتخاذ کرد که در ظهور مسیحیت بومی در آفریقا نقاط عطف مهمی به‌شمار می‌روند. نخست این که انجمن میسیونری کلیسا کالج فوراه بِی[2] را که نخستین مرکز آموزش عالی به سبک غربی در غرب آفریقا بود، در فری‌تاون تأسیس کرد. کالج فوراه بِی به‌عنوان «آتن آفریقا» شهرت یافته بود و مرکز مهمی برای پرورش رهبران آفریقایی آینده به‌شمار می‌رفت. برای مثال، نخستین دانشجویی که در این کالج نام‌نویسی کرد، سموئل آجای کروثر[3] (۱۸۰۸-۱۸۹۱) بود که سرانجام نخستین اسقف آفریقایی انگلیکن در تاریخ و میسیونری تأثیرگذار در سرزمین‌های نیجر شد.

تصمیم دوم آن بود که در سال ۱۹۶۱، انجمن میسیونری کلیسا در راستای دید و رؤیایی که هنری وِن برای «براندازیِ میسیون‌ها» داشت، تشکیلات شبانی بومی را پایه نهاد، که بعدها به کلیسای سیرالئون تغییر نام داد و کلیسایی «خود-گردان» شد. پیدایش یک کلیسای مستقل آفریقایی در سیرالئون الهام‌بخش چندین جنبش آفریقایی دیگر شد تا از کلیساهای خود جدا شده، کلیساهای مستقل تشکیل دهند. با این‌همه، شمار کل این کلیساها تا زمان ظهور ناسیونالیسم آفریقایی و استقلال سیاسی، نسبتاً اندک ماند. امروزه شمار مسیحیان آفریقایی که بخشی از جنبش مسیحی مستقل به حساب می‌آیند، چیزی میان ۴۰ تا ۸۶ میلیون تن در سراسر جهان برآورد می‌شود.

---

1. Freetown; 2. Fourah Bay; 3. Samuel Adjai Crowther

کلیساهای مستقل آفریقا در تلاش برای در میان نهادن منابع، ارتقای آموزش الاهیاتی در میان روحانیون، و شنیده شدن صدای‌شان از سوی کلیساهای غربی، برای دهه‌ها کوشیدند تا به شوراهای وفاق گوناگون پیوستند. با وجود این، پس از انکارهای پیاپی، کلیساهای مستقل آفریقا دست به ایجاد شوراهای وفاق خودشان زدند. در سال ۱۹۷۸ نخستین شورای وفاق قاره‌ای، با عنوان سازمان کلیساهای مستقل آفریقایی (با علامت اختصاری OAIC) تشکیل شد. این سازمان در شهر قاهره و در سایهٔ تلاش‌های اسقف مارکوس از کلیسای ارتودوکس قبطی مصر به‌وجود آمد. کلیسای قبطی در شکل‌گیری سازمان کلیساهای مستقل آفریقایی نقشی محوری داشت، زیرا همگان آن را یکی از قدیمی‌ترین کلیساهای آفریقایی می‌دانستند که هیچ پیوندی با استعمار نداشته است. بعدها، یعنی در سال ۱۹۸۵، سازمان کلیساهای مستقل آفریقایی به‌وسیلهٔ دولت کنیا به‌عنوان تشکیلاتی بین‌المللی برای خدمت‌رسانی به کل کلیسای آفریقا به ثبت رسید. واژهٔ «مستقل» جای خود را به واژهٔ «نهادینه»[1] داد تا بر پایه‌گذاری و رهبری این کلیساها به دست آفریقاییان تأکید شود، اما ادعای استقلال از کلیسای جهانی از آن سر نزند. تازه در سال ۱۹۹۸ بود که سرانجام از سازمان کلیساهای مستقل آفریقایی (OAIC) دعوت شد تا به عضویت شورای جهانی کلیساها و نیز به نمایندگیِ رسمی شورا در همایش کلیساهای آفریقا درآید. از آنجایی که برخی از این جنبش‌ها با ابتکار عمل میسیونرهای غربی به‌راه افتادند اما بعدها به‌طور کامل شکل بومی گرفتند، عده‌ای ترجیح می‌دهند از آنها با عنوان کلیساهای بومی آفریقایی یاد کنند. کاربرد واژه‌های گوناگون برای نامیدن این کلیساها حاکی از تنوع و پیچیدگیِ وجههٔ رو به ظهور مسیحیت آفریقایی است.

## علل پیدایش AIC

برای پیدایش کلیساهای بومی آفریقایی سه دلیل اصلی وجود دارد، هرچند نمی‌توان گفت که همهٔ این دلایل به یک اندازه در ظهور AIC نقش داشته‌اند. دلیل نخست اینکه، ظهور ملی‌گرایی در دورهٔ پسا-استعماری[2] لزوم تأسیس کلیساهایی را که رهبری آنها با خود آفریقاییان باشد، تشدید کرد. برخی از کلیساهای بومی آفریقایی بسیار ساختارمند و مبتنی بر سلسله‌مراتبند، در حالی که برخی دیگرشان بیشتر غیررسمی هستند و به رهبریِ روحانیون غیررسمی گرایش دارند. با وجود این، همهٔ کلیساهای بومی آفریقایی بر اهمیت رهبری آفریقایی در درون جنبش‌های مربوطه تأکید دارند. دلیل دوم آنکه، کلیساهای بومی آفریقایی در تکاپو برای بازتاباندن اَشکالِ فرهنگی آفریقایی هستند و به هویت و میراث خود می‌بالند. در پاره‌ای موارد تلاش‌هایی بی‌شائبه برای اصلاح آداب و شعائر سنتی آفریقایی صورت گرفت. در دیگر موارد، چنانکه در موضوع اندرز گریگوری بزرگ به آگوستین دیدیم، آداب و اعمال مسیحی جایگزین آداب بومی شد، تا به جداسازی آفریقاییان از آنچه که آداب و رسوم غیرمسیحی می‌دانستند، کمک کند. در هر دو مورد، این کلیساها آگاهی خود را نسبت به زمینهٔ فرهنگی بومی به نمایش گذاشتند.

1. Instituted; 2. Postcolonial

و سرانجام دلیل سوم اینکه، کلیساهای بومی آفریقایی بر درون‌مایه‌های تعلیمی یا اعمالی تأکید می‌ورزند که احساس می‌کنند در جلوه‌های گوناگون از مسیحیت وارداتی از غرب نادیده گرفته شده‌اند یا به‌نوعی دستخوش سوءبرداشت گردیده‌اند. این درون‌مایه‌ها اغلب بر تقدس فردی و نقش روح‌القدس در زندگی مسیحی تأکید بیشتر دارند. بسیاری از کلیساهایی که در درون جنبش کلیسای بومی آفریقایی گنجانده می‌شوند، خاطرنشان می‌سازند که میسیونرهای غربی روح جهان یا ارواح شـریر را چنان که باید، جدی نگرفته‌اند. ایشان غالباً روی خدمت عیسی انگشت گذاشـته، می‌گویند که شـفای فراطبیعی و رهایی از چیرگی دیوها شاخصهٔ خدمت عیسـی بود، حال آنکه تعبیر میسیونرها از بیماری، تعبیری علمی و خردگرایانه است و آنان بیشـتر به بیمارستان متکی هسـتند تا دعا. دیگران احساس می‌کنند که پیرامون طیف گسترده‌ای از موضوعات دیگر، از قبیل ازدواج (به‌ویژه چندهمسری) و موضوعات جنسیتی، واکنش مسیحی به فقر، و محیط زیست، شفافیت تعلیمی بیشتری لازم بوده است.

## طبقه‌بندی‌های گستردهٔ AIC

این جنبش‌های مسیحی بومی را به سبب بزرگی و تنوع تأکیدات‌شان، به آسانی نمی‌توان به دسته‌های کلی تقسیم‌بندی کرد. این جنبش‌ها را می‌شود به شیوه‌های گوناگون توصیف و نام‌گذاری کرد، از قبیل زهدگرا، قانون‌گرا، بنیادگرا، پرستشـی، مسیحایی، یا پنتیکاستی. برای مثال، آلن اندرسـن[1] متخصص برجسته در زمینهٔ کلیسـاهای بومی آفریقایی، آنها را با واژهٔ کثیرالاشـکل[2] مشـخص کرده، با این هدف که مفهوم تنوع در عیـن یگانگی را بیان نماید، که به موجب آن همگی در هویت آفریقایی وجه اشـتراک دارند. در کل، کلیسـاهای بومی آفریقایی به سه دستهٔ اصلی تقسیم می‌شوند: کلیساهای *ملی* یا اتیوپیایی،[3] کلیساهای *صهیونی* یا روح‌القدسی،[4] و در آخر هم کلیساهای مسیحایی.[5]

نخستین پژوهشگری که دست به طبقه‌بندی گونه‌های مختلف کلیساهای بومی آفریقایی زد، بنگت سـوندکلر[6] بود که در کتاب برجسـته‌اش «انبیای بانتـو در آفریقای جنوبی»[7] که در سـال ۱۹۴۸ انتشـار یافت، بدان پرداخته است. پژوهش‌های سـوندکلر دو گونهٔ اصلی از کلیسـاهای بومی آفریقایی را مشـخص کرده اسـت و آنها را چنین نامیده: «اتیوپیایی» و «صهیونی». این تقسـیم‌بندی که بعدها دیگر پژوهشـگران، همچون مارتینوس دانیل[8] آن را اقتباس کردند، به‌طور گسـترده و بر اسـاس اینکه جنبش‌های مزبور بر نقش پیوستهٔ نبوت و مکاشـفهٔ روح‌القدس تأکید دارند یا نه، میان آنها تمیز قایل می‌شـود. با این‌همه، رشد و تنوع در درون جنبش‌های صهیونی در نهایت به جایی انجامید که پژوهشگرانی چون آدریان هیستینگز[9] و اخیراً فیلیپ جنکینز به یک دسته‌بندی سوم نیز تحت عنوان کلیساهای «نبوتی» یا «مسیحایی» قایل شوند. اشتباه اسـت اگر میان این گروه‌ها به‌طور مطلق تمایز قایل شویم، زیرا همگی بر یکدیگر تأثیر گذاشـته‌اند، و در حقیقت، برخی از کلیسـاهای بومی آفریقایی

1. Allan Anderson; 2. Pluriformity; 3. Nationalistic or Ethiopian; 4. Zionist or Spirit; 5. Messianic; 6. Bengt Sundkler; 7. Bantu Prophets in South Africa; 8. Marthinus Daneel; 9. Adrian Hastings

به‌طور ارادی و خلاقانه جنبه‌های گوناگون این جنبش‌ها را به هم آمیخته‌اند. خواننده به هنگام بررسی این جنبش‌ها باید به آنها به دیدهٔ گرایش‌های گوناگون یا مشخصه‌های کلی بنگرد، نه مرزبندی‌های قطعی میان نهادهای کاملاً مجزا.

## کلیساهای ملی‌گرا یا اتیوپیایی

کلیساهای ملی‌گرا، که گاه عنوان کلیساهای اتیوپیایی نیز می‌گیرند، در واکنشی مشخص به حضور استعمارگران در آفریقا شکل گرفتند. اصطلاح *اتیوپیایی* از نام جنبشی گرفته شد که در اواخر سدهٔ نوزدهم پدید آمد، که در آن مسیحیان آفریقایی در اعتراض به تبعیض‌هایی که میسیونرهای سفیدپوست روا می‌داشتند و به‌واسطهٔ آن آفریقاییان را به رهبری کلیسا راه نمی‌دادند، از کلیساهای انگلیکن و متدیست بریدند. واژهٔ *اتیوپیایی* را نه تنها به این دلیل برگزیدند که پایداری اتیوپی در برابر استعمار غربی منجر به کامیابی شد، بلکه چون ایمان آوردنِ خواجه‌سرای حبشی (اتیوپیایی) و مذکور در اعمال ۸:۲۶–۴۰ نشان می‌دهد که آفریقایی‌ها انجیل را حتی پیش از اروپاییان، یعنی تا زمان ایمان آوردن لیدیهٔ مذکور در اعمال ۱۶:۱۱–۱۵، دریافت کردند. جنبش مورد بحث ما مزمور ۶۸:۳۱ را دستمایهٔ کار خود قرار داد: «حبشه شتابان دستانش را به‌سوی خدا دراز خواهد کرد.» این کلیساها در واقع در الاهیات، پرستش یا شیوهٔ ادارهٔ کلیساهای تأسیس‌شده توسط میسیون‌های خارجی، که عمدتاً انگلیکن یا متدیست بودند، تغییری به‌وجود نیاوردند. کلیساهای اتیوپیایی بیشتر هم و غم خود را صرف تشکیل کلیساهای خودگردان آفریقایی، با رهبری آفریقایی کردند. ایشان همچنین از آشفتگی سیاسی نهایت بهره را بردند تا آفریقاییان را از بازماندهٔ بندهای استعمار یا سلطهٔ غربی برهانند. وقتی سوندکلر نخستین‌بار اصطلاح کلیساهای اتیوپیایی را ابداع کرد، منظورش کلیساهای غیرنبوتی بود که بیشتر کنشگر سیاسی به‌شمار می‌رفتند، اما بعدها و به‌تدریج این اصطلاح معنایی گسترده‌تر یافت و طیف وسیعی از کلیساها را در بر گرفت که به بیان دقیق‌تر، بخشی از انشعاب‌های کلیساهای «اتیوپیاییِ» اصلی بودند.

یکی از نمونه‌های کلیسای اتیوپیایی، کلیسای کاتولیک اتیوپیایی صهیون[1] است که در سال ۱۹۰۴ م. توسط جیمز براندر[2] پایه‌گذاری شد. براندر در سال ۱۸۹۲ از کلیسای انگلیکن گسست و با کلیسای اتیوپیاییِ اصلی که بنیانگذار آن منگنا موکونه[3] بود، متحد شد. کلیسا در صدد برآمد تا با پیوستن به کلیسای اسقفی متدیست آفریقایی (AMEC) واقع در ایالات متحده، خود را به رسمیت شناسانده، در صورت امکان برای آموزش الاهیاتی منبع مالی مناسبی دست و پا کند. با وجود این، براندر در نهایت از یاری AMEC ناامید شد، و در سوم آوریل ۱۹۰۴ با چهل‌وپنج تن ایماندار در شهر پرتوریای آفریقای جنوبی رسماً کار کلیسای کاتولیک اتیوپیایی صهیون را آغاز کرد. این کلیسا متمایل به انجام آیین نیایش بود و تا اندازهٔ زیادی بیننده را به یاد میراث بازماندهٔ کلیساهای انگلیکن و متدیست می‌انداخت، زیرا اکثر اعضای آن از زمینهٔ دو کلیسای نامبرده بودند. سرانجام کلیساهای اتیوپیاییِ کاملاً مستقل و

1. Ethiopian Catholic Church in Zion; 2. James Brander; 3. Mangena Mokone

نوبنیاد بسیاری به‌وجود آمدند و با گذشت زمان، بیش از پیش و علنی‌تر به مخالفت با حضور اروپاییان در آفریقای جنوبی پرداختند.

مهمترین میراث برجای‌مانده از کلیساهای اتیوپیایی، نه وجه تمایزهای سازمانی یا تعلیمی، بلکه تأثیری است که بر ساختارهای عمدهٔ سیاسی گذاشتند و در نهایت به حیات استعمار در آفریقا پایان دادند. این امر به‌طور خاص در چالش‌های ایشان با آپارتاید آفریقای جنوبی مشهود است. هنی پرتوریوس[1] و لیزو جافتا[2] در کتاب خود «مسیحیت در آفریقای جنوبی: تاریخ سیاسی، اجتماعی و فرهنگی»، اسناد مربوط به دستِ‌کم هفت سازمان سیاسی در آفریقای جنوبی را آورده‌اند که در میان آنها، کلیساهای بومیِ اتیوپیایی از نقشی برجسته برخوردارند، و از جمله سازمانی که بعدها با علامت اختصاری ANC شناخته شد و نخستین سازمان ملیِ سیاسی برای مردم آفریقای جنوبی به‌شمار می‌رفت. همچنین گفته‌اند که کلیساهای اتیوپیایی تأثیری عمیق بر مارکوس گاروی جامائیکایی[3] و جنبش وی («بازگشت به آفریقا») و نیز جنبش راستافاریان[4] داشتند.

## کلیساهای صهیونی یا روح‌القدسی

کلیساهای صهیونی یا روح‌القدسی را می‌توان از روی تأکید شدیدشان بر حضور و قدرت روح‌القدس بازشناخت. در همان نخستین پژوهشی که پیرامون این جنبش انجام گرفت، سوندکلر نام این کلیساها را «صهیونی» گذاشت، چون «رهبران و پیروان این کلیساها خویشتن را آما-زیونی[5] یا صهیونی می‌خواندند.» از مشخصه‌های بارز جلسات آنان پرستش پرشور و نشاط است که اغلب در آنها از سرودهای آفریقایی، ضرباهنگ‌ها و آداب پرستشی بومی بهره می‌گیرند. این کلیساها به‌خاطر وعظ‌های قوی و کاربرد مؤثر شهادت شخصی به‌عنوان بخشی از جلسهٔ پرستشی معروفند.

در کمال شگفتی باید گفت که کلیساهای صهیونی اصالتاً آفریقایی نیستند، بلکه از فرقه‌های کاریزماتیک سدهٔ نوزدهم آمریکای شمالی، که بر شفا با ایمان و سخن گفتن به زبان‌ها پافشاری می‌کردند، منشعب شده‌اند. کاربرد واژهٔ *صهیون*، نه تنها اشاره‌ای روحانی به کوه صهیون در اورشلیم، بلکه اشاره‌ای است به شهر زاین (صهیون) در ایالت ایلینوی آمریکا. در همین شهر بود که جنبش کاریزماتیک آمریکایی برای نخستین‌بار بنیان گذاشته شد.[6] در سال ۱۹۱۰ م.، وقتی همایش جهانی میسیونری در ادینبورگ برگزار می‌شد، اِنجیناس بارناباس لکگانیاری[7] از خدا رؤیایی دریافت کرد که طی آن خدا به او رهنمود داد که کلیسای مسیحی صهیون (ZCC) را در آفریقای جنوبی تأسیس کند. ویژگی بارز کلیسای مسیحی صهیون تأکید بر شفای الاهی، آیین‌های تطهیر، ممنوعیت‌های خوراکی، رقص در روح، سخن گفتن به

1. Hennie Pretorius; 2. Lizo Jafta; 3. Jamaican Marcus Garvey; 4. Rastafarian; 5. Ama-Ziyoni

۶. شهر زاین (Zion City) را جان الکساندر داویی (John Alexander Dowie) در سال ۱۸۹۶ و بر اساس خداسالاری (Theocracy) بنیاد نهاد. این شهر در رویدادهای آغازین جنبش پنتیکاستی نقش بسیار تأثیرگذاری داشت و از همان آغاز میان این شهر و آفریقا پیوندهای مستحکمی استوار بود.

7. Engenas Barnabas Lekganuarie

زبان‌ها و نبوت کردن است. با وجود این، جنبش صهیونی طی ده سال به چندین شاخهٔ گوناگون تقسیم شد و بزرگترین موفقیت را در میان قبایل زولو و سوازی[1] به‌دست آورد و «تقریباً به دین ملی تبدیل شد.» می‌گویند که این کلیسا در سراسر جهان ۱۲ میلیون پیرو دارد، یعنی بزرگتر از نیروی کلیساهای متحد متدیست و پرزبیتری در ایالات متحده.

## کلیساهای مسیحایی یا نبوتی

کلیساهای مسیحایی یا نبوتی، اغلب در تأکید بر روح‌القدس با کلیساهای صهیونی وجه اشتراک دارند، اما وجه تمایزشان در این است که حول یک شخصیت برتر یا نبی شکل می‌گیرند. برعکس، کلیساهای صهیونی را عمدتاً خادمان پنتیکاستی رهبری می‌کنند، تا انبیا. در کلیساهای مسیحایی، اغلب به بانیان یا رهبران کلیسا نیروهای خاص، عطایای نبوتی، یا حتی یک نقش میانجی میان اعضا و مسیح، نسبت می‌دهند. با گذشت زمان این کلیساها به‌طور فزاینده‌ای به‌سوی رعایت سلسله‌مراتب و مقررات، بر اساس فهرست بلندی از منهیات (تابوها)، متمایل شده‌اند. پرستش در کلیساهای نبوتی با پرستش دیگر جنبش‌های پنتیکاستی در سراسر جهان مشابهت کامل دارد. شاید چشم‌گیرترین تفاوت این کلیساها با دیگر نمونه‌های پنتیکاست‌گرایی جهانی[2] این باشد که بسیاری از اعضای کلیساهای نبوتی برای رفتن به کلیسا و به‌عنوان نشانه‌ای از جدایی‌شان از دنیا، رداها یا جامه‌های سپید به تن می‌کنند.

جنبش‌های مسیحیِ آفریقاییِ برجسته‌ای در شمار این‌گونه کلیساها قرار می‌گیرند که در اینجا تنها به بررسی اجمالی سه نمونه از آنها بسنده می‌کنیم.

ویلیام وید هریس[3] (۱۸۶۵-۱۹۲۹ م.) اهل لیبریا، در رؤیا جبرائیل فرشته را دید که وی را برای موعظهٔ انجیل فرامی‌خواند. هریس با پای برهنه و ردای سپید بلندی بر تن، در حالی که تنها یک صلیب، یک کتاب‌مقدس و یک کاسه برای تعمید دادن حمل می‌کرد، از سال ۱۹۱۳ تا ۱۹۱۵ در غرب آفریقا و در امتداد ساحلی که امروزه لیبریا، ساحل عاج و غنا نامیده می‌شود، به موعظه پرداخت. وی مردم را به رها کردن بت‌هاشان، تقبیح ارواح شریر، و تعمید گرفتن فراخواند. چنین برآورد کرده‌اند که هریس بین ۱۰۰ تا ۱۲۰ هزار نومسیحی را در یک سال تعمید داد. هریس قصد تأسیس کلیسایی جداگانه را نداشت و در واقع پیروانش را هم تشویق می‌کرد منتظر میسیونرها بمانند و به کلیساهای میسیونری بپیوندند. با وجود این، بسیاری از کلیساهای «هریسی»[4] و از جمله اِگلیسا هریستی[5] و کلیسای دوازده حواری، به‌ویژه از میان روستاییان بی‌سواد سربرآوردند و کارشان رونق گرفت.

هنوز چند سالی از سلسله موعظات معروف هریس نگذشته بود که سایمون کیمبانگو[6] (۱۸۸۹-۱۹۵۱ م.) در سال ۱۹۱۸ و در رؤیایی خوانده شد تا به‌عنوان نبی و شفادهنده در کنگو خدمت کند. کیمبانگو در زمانی رؤیای مزبور را دید که آنفلوانزای همه‌گیر در آفریقای

1. Zulu & Swazi; 2. Global Pentecostalism; 3. William Wade Harris; 4. 'Harrist; 5. Eglisa Harrisiste; 6. Simon Kimbangu

مرکزی کشـــتار می‌کرد و از ظواهر امر پیدا بود که پزشـــکی غربی و سنتی، هر دو در یافتن درمانی برای این بیماری کشـــنده، درمانده شده‌اند. از طریق خدمت کیمبانگو شفای بیماران آغاز شـــد و تا ســـال ۱۹۲۱ جماعت بزرگی گرد خانهٔ او در ان‌کامبا[1] جمع شده بودند. میزان بالای جمعیت، به‌علاوه شـــایعه‌های دروغین مبنی بر اینکه کیمبانگـــو به پیروانش گفته که مالیات ندهند و اینکه او رؤیای ســـرنگونی فرمانروایی سفیدپوستان را دیده، دست به دست هم داده ســـبب شدند که زنگ خطر برای مقامات بلژیکی به صدا درآید. پس ایشان کیمبانگو را دســـتگیر و محکوم به اعدام کردند. به دلیل مداخلهٔ میســـیونرهای باپتیست که می‌دانستند ادعاهای مزبور دروغی بیش نیست، در نهایت در حکم او تخفیف دادند و وی باقی عمر خود را در زندان سپری کرد.

نخســـتین پیروان کیمبانگو باپتیست بودند و به‌رغم شایعاتی که بر ضد وی بر سر زبان‌ها بود، هیچ مخالفتی با کلیساهای میسیونری یا مقامات مستعمراتی بلژیکی نداشتند. با این‌همه، به مجردی که جنبش ناگزیر به اختفا و پیروانش پراکنده شـــدند، ایشـــان بدون قصد قبلی به مبشران سیار تبدیل شـــدند و جنبش را به‌شکلی بومی درآوردند که از کلیساهای میسیونری کاملاً متمایـــز بود. برخی از انبیای آنها در الاهیات خود بســـیار ارتودوکس بودند، در حالی که انبیای دیگر درست مانند انبیای ســـنتیِ احضارکنندهٔ ارواح[2] که به اِنگونزا[3] مشهور بودند عمـــل می‌کردند- اصولاً این قبیل کارها جزو فرهنگ کنگو به‌شـــمار می‌رفت. بعضی از این احضارکنندگان ادعا می‌کردند کـــه با روح کیمبانگو حرف زده‌اند، یا بر این باور بودند که به تعالیم سرّی عیسی که برای دیگر مسیحیان ناشناخته است، دسترسی دارند. بسیاری از کسانی که در جنبش کیمبانگویی شـــرکت داشـــتند، و از جملهٔ آنها کلیســـای رسمی عیسای مسیح ســـایمون کیمبانگوی نبی[4] که در سال ۱۹۵۹ اعتبار قانونی پیدا کرد، هنوز سایمون کیمبانگو را منجی آفریقا می‌دانند، و جالب اینجا اســـت که ادعا می‌شود این فرقه حدود هشت میلیون عضو دارد.

آخرین نمونه از کلیســـاهای نبوتی-الهامی کلیساهای آلادورا[5] هستند که علناً در نیجریه بنیانگذاری شـــدند. در ســـال ۱۹۲۰ م. و درست چند ســـالی پس از آنکه سایمون کیمبانگو خدمتش را آغاز کرد، گزارش‌هایی از ظهور انبیایی منتشـــر شـــد که در میان قبیله یوروبای[6] نیجریه پدیدار شـــده بودند. یکی از این انبیا به نام جوزف سادر[7] گروه دعایی را راه انداخت که آن را با عنوان انجمن سنگ گرانبها[8] می‌شناختند و مدافع الاهیات و روش پنتیکاستی بود. ایشان بهره‌گیری از پزشـــکی غربی را مردود می‌دانستند و بر قدرت دعا پافشاری می‌کردند. در پاسخ به دعوت خدا در رؤیا، انبیای دیگری همچون موزس اوریمولاده[9] جوزف بابالولا[10] و جوزایا اوســـیتلو[11] پا به میدان گذاشـــته شـــروع به موعظه دربارهٔ دعا، روزه و اهمیت نبرد روحانی کردند. این انبیا به تشـــکیل هزاران گروه دعا کمک به‌سزایی کردند. این جنبش دعا

1. N'Kamba; 2. Spirit-Animated; 3 Ngunza; 4. The official church of Jesus Christ of Prophet Simon Kimbangu; 5. Aladura; 6. Yoruba; 7. Joseph Sadre; 8. Precious Stone Society; 9. Moses Orimolade; 10. Joseph Babalola; 11. Josiah Ositelu

در ابتدا در درون کلیسای انگلیکن شکل گرفت، اما به‌تدریج شرکت‌کنندگان با مخالفت‌هایی روبه‌رو شده ناگزیر کلیسای انگلیکن را ترک گفتند و برای خود کلیسای مستقلی تأسیس کردند.

این کلیساها تحت عنوان کلیساهای *آلادورا*، که واژه‌ای یوروبایی است به معنای «قوم اهل دعا»، شهرت یافتند. امروزه کلیساهای آلادورای بسیاری وجود دارد، از جمله کلیسای کروبیم و سرافیم،[۱] کلیسای رسولی مسیح،[۲] کلیسای خداوند،[۳] و جماعت مقدس مسیح از آسمان.[۴] این کلیساها به‌طور فزاینده‌ای برای درک ما از تحولاتی که در مسیحیت اروپایی به‌وقوع می‌پیوندند، اهمیت می‌یابند، زیرا اکنون بیش از سیصد هزار از این جماعت‌ها در بریتانیا به‌سر می‌برند.

شایان توجه است که همگی این جنبش‌های نبوتی بلافاصله پس از همایش جهانی میسیونری ادینبورگ پا به عرصهٔ وجود نهادند و طی یکصد سال، به‌طور خیره‌کننده‌ای چشم‌انداز دینی آفریقا را دگرگون ساختند. حتی در این بررسی اجمالی نیز باید تصریح کرد که بزرگی و تنوع کلیساهای بومی آفریقایی بدین‌معنا است که نمی‌توان در مورد الاهیات و روش کلیساهای بومی در آفریقا نظری کلی و عمومی ارائه کرد. بسیاری از این کلیساها بازتاب راست‌دینیِ کتاب‌مقدسی، و اصولاً مسیح-محور هستند و برای کلام خدا جایگاه بالایی قایل‌اند. هنگام تأمل در مورد این جنبش‌ها یادآوری این نکته اهمیت دارد که گاهی روش‌ها یا مراسمی که نویسندگان غربی اعمال بدعت‌آمیز می‌خوانند، یا به‌لحاظ فرهنگی بر مسیحیت بی‌تأثیرند یا به‌نوعی احیای ویژگی‌های خاصی از مسیحیت کتاب‌مقدسی به‌شمار می‌روند که مسیحیت غربی آنها را نادیده گرفته است. البته نمونه‌های فراوانی از باورها، روش‌ها یا گرایش‌های شبه‌ارتودوکس و بدعت‌آمیز هم وجود دارد که با جلوه‌های مسیحیت آفریقایی درهم‌آمیخته‌اند. با این‌همه، دیگر نمی‌توانیم چشم و گوش‌مان را بر صداها و تجربیات مسیحیان آفریقایی ببندیم، زیرا آفریقا به‌زودی به مسیحی‌ترین قارهٔ روی زمین تبدیل خواهد شد.

## مسلمانانی که در مسجد از مسیح پیروی می‌کنند

در تأمل بر ظهور مسیحیت جهانی، طبیعی است که بخواهیم به‌طور خاص روی اَبَر-جنبش‌های بزرگ متمرکز شویم که میلیون‌ها نوگرویده به مسیح را در بر می‌گیرند. با این‌حال، باید به یاد داشته باشیم که همهٔ این جنبش‌های بزرگ وقتی کار خود را آغاز کردند، کوچک بودند و کارشان از رویدادهایی حاشیه‌ای شروع شد که در آن زمان نه مورد استقبال قرار گرفتند و نه کسی به اهمیت آنها اذعان داشت. برای نمونه، وقتی به سدهٔ بیستم نگاهی می‌اندازیم، احتمالاً می‌بینیم که ژرف‌ترین تحول در کلیسا ظهور جنبش جهانی پنتیکاستی بوده است، که در کنار جنبش‌های کاریزماتیک و نو-کاریزماتیک، اکنون حدود

1. The Church of the Cherubim and Seraphim; 2. Christ Apostolic Church; 3. Aladura; 4. The Holy Assembly of Christ from Heaven

۶۰۰ میلیون پیرو در سراسـر جهان دارد. با این‌حـال، و با وجود اینکه روح‌القدس به تازگی (یعنی در سال‌های ۱۹۰۴-۱۹۰۵) جنبش‌های پنتیکاستی ولز، خیابان آزوسا در ایالات متحده (۱۹۰۶-۱۹۰۹)، هندوسـتان (۱۹۰۶)، کره (۱۹۰۷)، چین (۱۹۰۸) و آفریقا (سـاحل عاج، غنا و نیجریه، ۱۹۰۸-۱۹۱۴) را به‌طور خاص لمس کرده بود، در همایش جهانیِ میسـیونری ادینبورگ که در سال ۱۹۱۰ م. برگزار شد، کسی به آن توجهی نکرد.

بنابراین، باید نسـبت به جنبش‌هایی که ممکن اسـت از نظر تعداد انـدک، اما نمایندهٔ پیشـرفت‌های راهبردی و بااهمیت باشـند و قابلیت تبدیل شدن به تحولات بزرگ در آیندهٔ جنبش مسیحی جهانی را دارند، قدری بیشتر توجه نشان دهیم. به همین دلیل داستان سوم ما از مسیحیت جهانی، بر جنبش مسیحی کوچک اما بااهمیتی متمرکز خواهد بود که در سکوت کامل در دنیای اسلام در حال شکل‌گیری است.

دیرزمانی اسـت که دنیای اسـلام را یکی از دشـوارترین مکان‌ها برای بشارت انجیل دانسـته‌اند. این تا اندازه‌ای به‌خاطر درک مخدوش مسلمانان از مسیحیان و انجیل در سراسر دنیای اسلام است. برای مثال، رابی باتلر[1] داستان یک مسلمان کویتی را بازگو می‌کند که وقتی از او پرسیدند از مسیحیان و مسیحیت چه می‌داند، در پاسخ گفته بود که مسیحی کسی است که در اشـاعهٔ بی‌بندوباری، پورنوگرافی و برنامه‌هـای تلویزیونیِ منحرف[2] و مانند آنها نقش دارد. باتلر در ادامه چنین توضیح می‌دهد که «برای یک مسلمان گفتن اینکه مسیحی شده برابر است با اینکه بگویند او مشـغول زندگی مخفیِ توأم با بی‌بندوباریِ اخلاقی شده است.» در یک کلام، باتلر دریافته که از نگاه مسلمانان مسیحی شدن یعنی وارد شدن به اجتماعی کافر و بی‌نماز. با این‌همه، و به‌رغم برداشت‌هایی که دربارهٔ مسیحیت وجود دارد، مسلمانان عموماً دیدگاهی بسیار مثبت نسبت به عیسای مسیح دارند، زیرا قرآن تعلیم می‌دهد که مسیح تولدی اعجازآمیز داشته، خودش معجزه کرده و پیامبری معصوم بوده است.

این دیدگاه‌های مثبت در مورد مسـیح، در کنار برداشت‌های شرم‌آور از واژه‌هایی چون مسیحی، *کلیسـا* و مسیحیت در درون جامعهٔ اسلامی به جایی کشـیده که برخی مسلمانان برآن شده‌اند تا بدون اینکه به کلیسا بپیوندند، و در حالی که همچنان اهل مسجدند، به مسیح ایمان بیاورند. برای نمونه، مؤسسـهٔ «پیشروان میسـیون»[3] روی زوج میسیونری به نام‌های آلِخاندرو و برتا اورتیس[4] انگشت گذاشته که در کشور آفریقایی بنین در تربیت چندین مورد از «مسجدهای عیسـی» نقش داشته‌اند. آنان مدعی هسـتند که در یکی دیگر از کشورهای اسلامی بیش از ۱۰۰/۰۰۰ مسلمان وجود دارد که در مسجد عیسی را پرستش می‌کنند.

ربط دادن پیام مسـیحیت به فرهنگ غربی از جانب مسـلمانان سبب شده تا تلاش‌های شدیدی برای زمینه‌مند ساختنِ پیام مسیحی در فرهنگ اسلامی و هندویی به عمل آید. عدم موفقیت در رسـاندن انجیل به مردمی که از زمینهٔ فرهنگی اسلامی هستند انتقادهای به‌جا و ضروری بیشـتری را در مورد مسیحیان برانگیخته اسـت. به‌تدریج روشن شده که بسیاری از مسـلمانان که در ظاهر در برابر انجیل مقاومت می‌کنند، در عمل آن را رد نمی‌کنند، بلکه

1. Robby Butler; 2. Sex in the City، Desperate Housewives; 3. Mission Frontiers; 4. Alejandro and Bertha Ortiz

فرم‌های غربی و مخدوش مسیحیت و کج‌فهمی در مورد آن را مردود می‌دانند، زیرا چنانکه در نمونه‌های بالا یادآور شدیم، مسلمانان این جلوه‌ها را زننده می‌دانند. این برداشت موجب برانگیختن تلاش‌های شدید برای در نظر آوردن و پیاده کردن شیوه‌هایی شده که از لحاظ فرهنگی برای معرفی مسیح به مسلمانان مناسب‌تر باشند و دیگر نیازی هم به فرستادن میسیونر خارجی به این جوامع نباشد.

معروف‌ترین چکیدهٔ طیف ارائه‌شده در مورد ایمانداران از زمینهٔ اسلامی در کل دنیای اسلام را می‌توان در کتابی یافت که جان تراویس[1] آن را در سال ۱۹۸۸ منتشر کرد و اکنون به مرجعی معیار برای بحث پیرامون زمینه‌مندسازی در فرهنگ اسلامی تبدیل شده است. طیف مزبور از C1 تا C6 را در بر می‌گیرد، که البته آخرین نقطه روی طیف مزبور، یعنی C6 طبقه‌بندی ویژهٔ ایمانداران ستمدیده و مخفی است و از موضوع بحث این فصل از کتاب خارج است. C مخفف جماعت‌های مسیح-محور[2] است. شماره‌های گوناگون هم بازتاب تفاوت‌ها بر مبنای سه حیطهٔ اصلیِ زبان، فرهنگ و فرم‌های دینی است که هم در زندگی اجتماعی و هم در پرستش‌هاشان به‌کار می‌برند، و سرانجام خود را با عنوان مسلمان یا مسیحی شناسایی می‌کنند.

C-۱ به «کلیسای سنتی که از زبانی دیگر استفاده می‌کند» اشاره دارد، یعنی زبانی غیر از زبان جمعیت بومیِ مسلمان. مثلاً کلیسایی که زبان عبادت اعضایش انگلیسی است، در جلسات روی نیمکت می‌نشینند و از آداب پرستش به سبک غربی پیروی می‌کنند.

C-۲ به «کلیسای سنتی که از زبان مردم جامعه استفاده می‌کند» اشاره دارد، یعنی کلیسایی که اعضایش به زبان جمعیت مسلمان، از قبیل عربی یا ترکی و غیره برای پرستش استفاده می‌کنند، و غیر از آن همه چیزش مانند کلیسای C-۱ است. تراویس استدلال می‌کند که اکثریت کلیساها در جهان اسلام یا در طبقه‌بندی C-۱ جای می‌گیرند یا C-۲، اما فقط گروه اندکی از ایمانداران از زمینهٔ اسلامی با کلیساهای نوع دیگر متحد شده‌اند.

C-۳ بر «اجتماعات مسیح-محوری که از لحاظ فرهنگی زمینه‌مند شده‌اند و از زبان عموم و فرم‌های فرهنگیِ خنثی و غیردینی استفاده می‌کنند» دلالت دارد. این کلیساها نه تنها زبان متداول در جامعهٔ اسلامی را می‌پذیرند، بلکه از فرم‌های فرهنگی غیردینی، همچون موسیقی، پوشاک و هنر بومی (محلی) نیز بهره می‌گیرند. با وجود این، کلیسای C-۳ آگاهانه در پی فیلتر کردن هر فرم دینی است که به‌طور خاص اسلامی است، نظیر روزه گرفتن در ماه رمضان.

C-۴ بر «اجتماعات مسیح-محوری که از لحاظ فرهنگی زمینه‌مند شده‌اند و از زبان عموم و فرم‌های فرهنگی و اسلامیِ مجاز از نظر کتاب‌مقدس استفاده می‌کنند» دلالت دارد. این کلیساها مانند کلیساهای C-۳ هستند، با این تفاوت که فرم‌های فرهنگی و دینی اسلامی را مادامی که در تضاد با کتاب‌مقدس نباشند و صراحتاً در کلام خدا منع نشده باشند، اقتباس می‌کنند. برای مثال، اصطلاحات اسلامی برای نامیدن خدا (الله) و دعا (صلات)، در طیف

1. John Travis; 2. Christ-Centered

C-۴ پذیرفته شـده‌اند. به همین ترتیب، کلیسای نوع C-۴ شعائری ظاهری را رعایت می‌کند که معمولاً نمادهای باور اسـلامی به‌شـمار می‌روند، مانند پرهیز از خوردن گوشت خوک، خودداری از نوشـیدن الکل، درآوردن کفش به هنگام ورود بـه عبادتگاه یا روزه گرفتن در مـاه رمضان. ایمانداران C-۴ معمولاً خود را با لقب مسـیحی معرفی نمی‌کنند، بلکه خود را «پیروان عیسای مسـیح» یا عضو *امت عیسی* می‌نامند یا عباراتی مشـابه به‌کار می‌برند. این پیروان عیسـی، به‌رغم زمینه‌مندسازی با فرهنگ اسـلامی، از سوی جامعهٔ اسلامی به‌عنوان مسلمان به رسمیت شناخته نمی‌شوند.

C-۵ به «اجتماعات مسـیح-محور "مسلمانان مسـیحایی" که عیسی را به‌عنوان خداوند و نجات‌دهندهٔ خود پذیرفته‌اند» اشـاره دارد. این دسـته از پیروان عیسی به‌لحاظ شرعی و اجتماعی در حیطهٔ اسلام باقی می‌مانند، خود را مسلمان می‌خوانند، و در واقع جامعهٔ اسلامی هم ایشان را به‌عنوان مسلمان به رسـمیت می‌شناسد. اینان شاخصه‌های الاهیات اسلامی را که آشکارا با ایمان کتاب‌مقدسی همخوانی ندارند، رد و یا در صورت امکان با زیرکی تفسیر می‌کننـد. تقریباً نیمی از ایمانداران C-۵ حتی اگر با دیگر ایمانداران این طبقه گردهمایی‌های کوچک هم داشته باشند، باز کماکان به حضور یافتن در مسجد ادامه می‌دهند. در نوشته‌های میسـیونری گاهی از این گردهمایی‌ها زیر عنوان «مساجد عیسی» یاد می‌شود. وانگهی، این مسـلمانان عاشق عیسی را که به‌طور کامل در جامعهٔ اسلامی باقی می‌مانند و به حضور خود در مسـجد ادامه می‌دهند، اغلب در زمرهٔ «جنبش‌های درون-گروهی» به‌شـمار می‌آورند. ایـن جنبش‌های درون-گروهی در سـال‌های اخیـر بحث قابل‌ملاحظـه‌ای را در محافل میسیون‌شناختی به‌راه انداخته‌اند و حتی در مجلات و روزنامه‌های غیرمیسیونری هم مقالاتی در این باره نوشته شده است.

من در آثار پیشین خود استدلال‌هایی را که در پشتیبانی از این «جنبش‌های درون-گروهی» متعلق به طبقه‌بندی C-۵ ارائه شـده است، تحلیل کرده و بر آنها نقدهای جدی وارد کرده‌ام. با وجود این، و به‌رغم دغدغه‌های من، روشـن است که مسلمانان در خواب و رؤیا با مسیح روبه‌رو می‌شـوند و به روش‌هایی بی‌سابقه در تاریخ خدمات کلیسـا در میان مسلمانان، به مسـیح می‌گروند. جنبش‌های کلیسـایی C-۴ نشـان داده‌اند که می‌توانند ایمانی پویا را در ایمانداران زمینهٔ اسـلامی تغذیه کنند، به‌طوری که با انجیل مسیحی منافاتی پیش نیاید و در عین‌حال کمترین خللی در هنجارهای غیرضروری فرهنگی ایجاد نشود. من طبقه‌بندی C-۵ را پلی گذرا و دوره‌ای انتقالی می‌بینم که به برخی از مسـلمانان توانایی خواهد بخشید تا از مرز اسلام گذشته، به یک هویت آشکار مسیحی پا بگذارند.

از این چشـم‌انداز مشـکل بتوان پیش‌بینی کرد که آیا ظهور آرام گروه‌های C-۴ و C-۵ در دنیای اسلام نوبر حرکت به‌سوی مسـیح در دنیای اسلام است که دیرزمانی انتظارش را می‌کشیدیم یا نه. ممکن است ده‌ها هزار تن در ملاءعام جزو جامعهٔ اسلامی باشند اما به‌تدریج دریابند که مهمترین بخش از هویت‌شان دیگر «مسلمان» نیست، بلکه با هویت عیسای مسیح و با همهٔ قوم خدا در سراسـر جهان گره خورده اسـت، و مشغول شناختن، خدمت کردن و

پیروی از عیسای مسیح به‌عنوان خداوند خود شوند. اگر چنین باشد، شاید از جنبش‌های C-۴ و C-۵ به‌عنوان شهادتی نیرومند از «*مأموریت الاهی*» در دنیای اسلام یاد کنند.

## میسیونرهای جنوب هندوستان به‌سوی شمال هندوستان

وقتی به میسیونرها می‌اندیشیم، اغلب به مسافرانی فکر می‌کنیم که برای موعظهٔ انجیل و تأسیس کلیسا از کشورهای دوردست غربی راهی سرزمین‌های دیگر می‌شوند. یکی از مهمترین تحولاتی که در تاریخ میسیون مسیحی در عصر حاضر به‌وجود آمده، ظهور روزافزون میسیونرهایی است که از آمریکای لاتین، آفریقا و آسیا هستند. تمرکز این تصویر چهارم از مسیحیت جهانی بر میسیونرهای هندی قرار گرفته که از جنوب هندوستان برخاسته، مرزهای فرهنگی و زبان‌شناختی را درمی‌نوردند تا انجیل را به شمال هندوستان برسانند.

در فصل ۸ همین کتاب نخستین ریشه‌های مسیحیت در هندوستان را مورد بررسی قرار دادیم و به خدمات تومای رسول پرداختیم که در سال ۵۲ م. وارد این کشور شد و بنا بر روایات سنتی، هفت کلیسا بنیان نهاد. این کلیساها تا زمان ورود گروهی از بازرگانان که سرپرستی آنها را تاجر ثروتمند سریانی به نام تومای قانایی بر عهده داشت، کوچک و به‌لحاظ فرهنگی در هندوستان مهجور مانده بودند. بازرگانان در سال ۳۴۵ م. در حوالی کرالا[1] رحل اقامت افکندند و چنان تأثیری بر این مسیحیان کلیسای مار توما (تومای قدیس) گذاشتند که ایشان سبک پرستش سریانی را اقتباس نمودند و زیر پوشش اقتدار پاتریارخ ارتودوکس شرق در انطاکیه درآمدند. وقتی میسیونرهای کاتولیک در اواخر سدهٔ پانزدهم از راه رسیدند، بر سر وفاداری مسیحیان تومای قدیس، میان شرق و غرب کشمکشی طولانی پدید آمد. بسیاری از آنها کاتولیک شدند، اما اکثریت به سنت ارتودوکس سریانی وفادار ماندند.

به‌رغم گذشت نزدیک به دو هزاره از حضور مسیحیان در جنوب غرب هندوستان، کتاب‌مقدس هرگز به زبان مالایالام[2] یعنی زبان ناحیه کرالا ترجمه نشده بود و این مسیحیان هیچ علاقه‌ای به بشارت انجیل، حتی به نزدیکترین همسایه‌های هندوی خود نشان نداده بودند. خلاصه اینکه، مسیحیت ایشان شکلی از مسیحیت فرهنگی بود و همچون یک «کاسْت مسیحی» جداگانه در درون اجتماع بزرگتر هندو عمل می‌کرد. این وضعیت در سال ۱۸۰۶ و با دیدار یک کشیش انگلیکن به نام کلودیوس بوکانن[3] که معاون کالج فورت ویلیام در کلکته بود، تغییر پیدا کرد. آرزوی بوکانن متحد ساختن انگلیکن‌ها و ارتودوکس‌های سریانی بود و رؤیای روزی را در سر می‌پروراند که این مسیحیان بتوانند از لحاظ روحانی احیا شوند و برای رساندن مژدهٔ انجیل راهی سراسر هندوستان گردند. وی به دیدار رهبران کلیسای سریانی رفت و موافقت ایشان را برای ترجمهٔ کتاب‌مقدس به زبان مالایالام جلب کرد و بحث‌هایی، هرچند ساده، دربارهٔ امکان اتحاد مطرح نمود. این تلاش‌ها به تأسیس میسیون CMS در کرالا انجامید.[4]

---

1. Kerala; 2. Malayalam; 3. Rev Claudius Buchannan

۴. تنش میان غرب و شرق در جنوب غربی هندوستان، تاریخی درازآهنگ و پرفراز و نشیب دارد. یکی از به یاد ماندنی‌ترین رویدادها با عنوان تعهد صلیب خمیده (The Pledge of Crooked Cross) یا Coonan Kurisu Sotyam است،

مدرسه‌ای تأسیس شد و در سال ۱۸۱۶، بنجامین بیلی[1] و همسرش به هندوستان رسیدند و مسئولیت ترجمهٔ کتاب‌مقدس به زبان مالایالام بر عهده ایشان گذاشته شد. در آن زمان هیچ فرهنگ واژگان (لغتنامه) یا کتاب دستور زبانی موجود نبود، و بر ترجمهٔ عهدجدید که در سال ۱۸۲۹ انجام گرفت، این نقد وارد بود که خواندنش دشوار، و بیش از اندازه به واژه‌های سانسکریت متکی است. با وجود این، پنج هزار نسخه‌ای که چاپ شده بود به‌سرعت فروش رفت، که نشان‌دهندهٔ تشنگی برای کلام خدا است. در سال ۱۸۳۹ یک میسیونر و زبان‌شناس آلمانی به نام هرمان گوندرت[2] در سایهٔ توجه و پشتیبانی میسیون بازل[3] به کرالا آمد. گوندرت نخستین فرهنگ واژگان و دستور زبان مالایالام را گردآوری و تألیف کرد و سرانجام هم ترجمه‌ای پاکیزه و آسان‌فهم از کتاب‌مقدس ارائه نمود. استفن نیل، کارشناس تاریخ هند استدلال کرده که «شاید هیچ رویدادی به اندازهٔ ترجمهٔ کتاب‌مقدس به زبان مالایالام، در احیای مسیحیان تومایی نقش نداشته است.» این گفته بر میراث عظیمی دلالت می‌کند که از «سدهٔ پرشکوه» برجای مانده، یعنی ترجمهٔ کتاب‌مقدس به زبان‌های بومی.

در دسترس بودن کتاب‌مقدس به زبان مالایالام موجب برانگیختن شماری از جنبش‌های بیداری در آن منطقه شد، که طی آن بسیاری از مسیحیان باورمند به سنت سریانی بیدار شدند. یکی از بااهمیت‌ترین این بیداری‌ها در سال ۱۸۵۹ به‌وقوع پیوست و رهبری آن را شخصی به نام ابراهام ملپان[4] (۱۷۹۶–۱۸۴۳ م.)، که به «مارتین لوتر مشرق‌زمین» معروف است، بر عهده داشت. ملپان استاد سریانی در کالج CMS کوتایام[5] بود. وی عمیقاً تحت تأثیر میسیونرهای انگلیکن و توجه‌شان نسبت به کتاب‌مقدس قرار گرفت. این امر به جایی انجامید که ملپان رهبری گروهی از اصلاحگران را در درون کلیسای ارتودوکس سریانی کرالا بر عهده گرفت تا «همه چیز را با کتاب‌مقدس محک بزنند» و هر رسم و آیینی را که کلام خدا مجاز ندانسته، رد کند. ملپان در شب جشن مارامومٍ[6] همانند مارتین لوتر عمل کرده، تمثال یکی از قدیسان را که برای این جشنِ معروف (و البته پرسود) به‌کار می‌رفت از روی دیوار برداشت و بر زمین انداخت و موجی از خشم در میان زائران برانگیخت. سپس اعلامیه‌ای صادر کرد که در آن بیست‌وسه عاملی را که باعث فساد در ایمان و زندگی کلیسا می‌شوند و وی آنها را غیرکتاب‌مقدسی می‌دانست برشمرده بود. وی به دفاع از بسیاری از اصول اونجلیکال، از قبیل اقتدار کتاب‌مقدس و پارساشمردگی به‌واسطهٔ ایمان، پرداخت. کلیسا اصلاحگران را اخراج، و ملپان را تکفیر کرد، و ایشان به‌تدریج کلیسایی مستقل را شکل دادند که به کلیسای

---

یعنی زمانی که هزاران تن تعهد کردند کاتولیک نشوند. با این‌حال، از ۲۰ /۰۰۰ تنی که ارتودوکس شرقی باقی مانده بودند، تقریباً ۴۰۰ تن دیگر کاتولیک شدند. *پادروادو* (قیمومت) به کار کلیسای کاتولیک در هندوستان لطمات جدی وارد ساخت، چراکه پرتغالی‌ها در گماشتن اسقفان برای نظارت بر کرالا کوتاهی کردند. برای نمونه، کرسی اسقف کوچین (Cochin) از سال ۱۷۷۸ تا ۱۸۱۸ خالی مانده بود. کشیش‌های رسولی (The vicars Apostolic) که پاپ آنها را برای گیر انداختن پرتغالی‌ها تعیین کرده بود، غفلت ورزیدند و به مقاومت در برابر مقامات پرتغالی در هندوستان پرداختند. وانگهی، از سوی کلیسای کاتولیک هیچ تلاشی در جهت پرورش روحانیون بومی صورت نگرفت و حتی تا میانهٔ سدهٔ نوزدهم بیش از بیست اسقف در هندوستان خدمت می‌کردند که همگی آنها اروپایی بودند.

1. Benjamin Bailey; 2. Herman Gundert; 3. Basel; 4. Abraham Malpān; 5. Kottayam; 6. Maramom

مار تومای مالابار معروف شد و رهبری‌اش با اسقفی دلسوز بود که مار توماس آتاناسیوس لقب داشت.

تأکید اونجلیکال بر موعظه، پارسا شمردگی به‌واسطهٔ ایمان، و اقتدار کتاب‌مقدس، طی سالیان به جایی انجامید که دستِ‌کم سی جنبش اصلاح دینی مجزا به‌وجود آمد، که کلیسای مار تومای مالانکارا[1] کلیسای اونجلیکال تومای قدیس در هند[2] و کلیسای پنتیکاستی هندی[3] از آن جمله بودند. در سدهٔ بیستم، شماری از این گروه‌ها شروع به گسیل میسیونر به میان جمعیت‌های بزرگ هندو در شمال هندوستان کردند. این جنبش میسیونری تا اندازهٔ زیادی از سوی میسیون‌شناسان مورد بی‌توجهی قرار گرفت، بدین‌خاطر که کمتر کسی می‌توانست به‌طور کامل موانع میان‌فرهنگیِ درون هندوستان را درک کند، و میسیون‌شناسان به‌طور کلی تنها آنانی را به رسمیت می‌شناختند که به‌عنوان میسیونر از هندوستان خارج شده بودند. با این‌حال، برای شخصی از جنوب هند، نقل مکان کردن به شمال مستلزم آموختن زبان و زمینه‌مندسازیِ فرهنگی است، چنانکه هر میسیونری که برای نخستین‌بار پا به سرزمینی بیگانه می‌گذارد، با آن روبه‌رو است. اگر تعریف میسیونر این باشد که: شخصی که از مرزهای فرهنگی گذر می‌کند تا انجیل را با دیگران در میان بگذارد (و نه کسی که تنها کشورش را ترک می‌کند)، در این صورت هندوستان پس از ایالات متحده، دومین کشوری است که بیشترین شمار میسیونر گسیل‌شده را با آمار ۴۱ /۰۴۶ تن دارد. اینان با انجیل مرزهای فرهنگی را در درون خاک هندوستان درنوردیده‌اند. شمار میسیونرهای کاملاً حمایت‌شده از سوی ایالات متحده ۴۴ /۳۸۴ تن است.

به‌جای بررسی این جنبش در ابعاد گسترده، من ترجیح داده‌ام که تنها بر یک نمونه از خدمات انجام گرفته در شمال هندوستان، که خود شخصاً شانس مشاهده‌اش را در بیست سال گذشته داشته‌ام، متمرکز شوم. تمرکز ما بر خدمت بهارات سوساماچار سامیتی[4] خواهد بود، که جورج چاوانیکامانیل[5] در سال ۱۹۸۷ آن را بنیان نهاد. جورج چاوانیکامانیل در سال ۱۹۴۸ در کرالا به‌دنیا آمد و در کلیسای ارتودوکس سریانی پرورش یافت. وی هنگامی که در کالج بود با تعالیم اونجلیکال آشنا شد و از او دعوت کردند تا به‌عنوان میسیونر به شمال هند برود. گرچه او برای آموختن الاهیات به ایالات متحده مهاجرت کرد، و پس از تحصیلات هم برای «وُرلد ویژن»[6] کار می‌کرد، اما هرگز دعوت برای خدمت در شمال هند را از یاد نبرد. وی سرانجام تصمیم به بازگشت به هندوستان گرفت و برای انجام خدمت میسیونری راهی شمال هند شد. روزی چاوانیکامانیل ماشین حسابی درآورد و پس از کمی حساب و کتاب، به این نتیجه رسید که حتی اگر می‌توانست روزانه برای ۵ /۰۰۰ تن موعظه کند، چیزی حدود سه سده طول می‌کشید تا انجیل را برای تک تک شهروندان هندوستان موعظه کند. تازه اینجا بود که وی به اهمیت افزودن بر کارگران برای درو محصول، که عیسی در انجیل متی ۳۷:۹ بدان اشاره کرده بود، پی برد. بنابراین، او تصمیم

1. Malankara Mar Thoma Church; 2. The St. Thomas Evangelical Church of India; 3. Indian Pentecostal Church; 4. Bharat Susamachar Samiti; 5. George Chavanikamannil; 6. World Vision

گرفت مدرسه‌ای برای آموزش و تجهیز صدها کارگر تازه‌نفس برای انجام خدمت تأسیس کند.

کالج الاهیاتی نوین[1] رسماً در ۱۹۸۹ گشایش یافت و بیش از بیست سال گذشته را صرف تجهیز و آموزش صدها خادم هندی، از شمال و جنوب هندوستان و تأسیس کلیساها در شمال هند کرده است. سازمان مسیحی دیگری به نام جماعت‌های اونجلیکال مسیحی[2] نیز که خواهرخواندهٔ این کالج به‌شمار می‌رود تأسیس شد تا از فارق‌التحصیلانی که تحصیلات‌شان بر تأسیس کلیسا متمرکز بود، حمایت و پشتیبانی کند. در کمتر از دو دهه فارغ‌التحصیلان کالج که اکنون در سازمان CEA کار می‌کردند، بیش از پانصد کلیسا در شمال هندوستان، و بیشتر در میان ایماندارانِ هندوتبار تأسیس کرده بودند. مرکز آموزش مرکزی در دهرا دون[3] اوتارچند[4] در شمال هندوستان توسط ده مرکز آموزش محلی حمایت می‌شود. این مراکز به لحاظ راهبردی در سرتاسر شمال هند پراکنده‌اند، و با هدف شاگردسازی، آموزش مستمر و نظارت راه‌اندازی شده‌اند. سازمان خدمات تأسیس کلیسا هم منابع قابل‌ملاحظه‌ای در راستای ارتقای عملی در هندوستان، و از جمله در مدرسه‌ها، یتیم‌خانه‌ها، مراکز سوادآموزی، مراکز فنی-حرفه‌ای، و طیف گسترده‌ای از دیگر خدمات، سرمایه‌گذاری کرده است. این سازمان، در کنار سازمان‌های خدماتی مشابه دیگر توسط هندی‌های جنوبی پایه‌گذاری شده است، و تأثیری ژرف بر رشد مسیحیت در منطقه‌ای که به «کمربند هندی»[5] معروف است و از دیرباز یکی از پرچالش‌ترین مناطق جهان در میسیون مسیحی به‌شمار می‌رفته، گذاشته است.

## جنبش کلیسای خانگی ثبت‌نشده در چین

### جنبش میهن پرستانهٔ سه خود[6]

یکم اکتبر ۱۹۴۹، روز پیروزی کمونیست‌ها در چین به رهبری مائو تسه-تونگ[7] و ظهور جمهوری خلق چین است. در نخستین سال فرمانروایی کمونیست‌ها، هزاران میسیونر خارجی ناگزیر به ترک خاک چین شدند. برآورد کرده‌اند که در سال ۱۹۴۹ تقریباً چهار میلیون مسیحی در سراسر کشور چین زندگی می‌کرده‌اند.[8] رهبری جدید کمونیست مخالفت آشکار خود را با همهٔ دین‌های خداباور[9] اعلام کرد و به‌جای آنها بر پرستش حکومت، و به‌ویژه مکتبی که پیرامون شخصیت مائو تسه-تونگ (که تنها عنوان سادهٔ ″رهبر مائو″ را داشت)، شکل گرفته بود، پای فشرد.

حزب کمونیست در سال ۱۹۵۱ ادارهٔ امور ادیان را برای نظارت و سرکشی بر آنچه که آخرین نفس‌های دین‌های خداباور در چین می‌نامید، دایر کرد. وقتی مرگ زودهنگام

---

1. The New Theological College; 2. Christian Evangelistic Assembhes; 3. Dehra Dun; 4. Uttarchand; 5. Hindi Belt; 6. The Three Self Patriotic Movement; 7. Mao Tse-tung

۸. آمار دقیق برآورد بالا از این قرار است: ۷۴۰/ ۲۷۴/ ۳ تن کاتولیک و ۰۰۰/ ۹۳۶ تن پروتستان.

9. Theistic

دین به‌وقوع نپیوست، دولت چین سیاست سختگیری و کنترل شدید را در پیش گرفت. کلیساهای پروتستان از سوی یک مقام رسمی دولت کنترل می‌شدند، که در نهایت زیر عنوان «جنبش میهن‌پرستانهٔ سه خود»[1] شناخته شد. TSPM اکثر کلیساها را بست و همهٔ شبانان چینی را وادار کرد اقرار کنند که مسیحیت در چین تا اندازهٔ زیادی ابزار دست امپریالیسم و تعرض غرب به چین بوده است. TSPM مدعی شد که میراث میسیون‌های پروتستان در چین کلیسایی بوده که نومیدانه به چندین فرقهٔ متعدد تقسیم شده است. TSPM به ظاهر در صدد یکپارچه کردن کلیسا تحت لوای «میهن‌پرستانهٔ» واحد بود. هر شبانی که از امضا کردن بیانیهٔ وفاداری میهن‌پرستانه به چین سر باز می‌زد، با خطر زندان و فلک‌شدن و سرافکندگی در ملاء عام روبه‌رو می‌شد. این بیانیه شامل تقبیح همهٔ جلوه‌های پروتستانتیسم، منهای آنهایی که TSPM پذیرفته بود و زیر کنترل ادارهٔ امور ادیان قرار داشت، می‌شد. مسیحیان کاتولیک هم مورد آزار قرار گرفتند و از سوی سازمان مشابهی که انجمن میهن‌پرستانهٔ کاتولیک[2] نامیده می‌شد، و جزیی از ادارهٔ امور ادیان به‌شمار می‌رفت، کنترل می‌شدند. با این‌حال، از آنجایی که حکومت اسقف‌های کاتولیک را وادار کرده بود که اقتدار پاپ را رد نمایند، پاپ پیوس دوازدهم در سال ۱۹۵۷ ایشان را تکفیر کرد.[3]

در خلال انقلاب فرهنگی (۱۹۶۶-۱۹۷۶)، مائو در دشمنی با مسیحیت گام‌های بلندتری برداشته دست به تخریب ساختمان کلیساها، مصادرهٔ دارایی کلیسا، و خلع ایمانداران از همهٔ حقوق قانونی‌شان زد. این بخشی از کارزار مائو بر ضد آن چیزی بود که وی «چهار کُهنه‌اش»[4] می‌نامید: عقاید کُهنه، فرهنگ کُهنه، رسوم کُهنه، و عادات کُهنه. نگرش پیروزمند-گرایانهٔ رهبران حزب کمونیست، که مدعی بودند مسیحیت در چین نابود شده است، در آگوست ۱۹۶۶ م. در تیتر اصلی روزنامهٔ صبح[5] به چاپ رسید، که با افتخار اعلام کرد: «پایان عمر مسیحیت در شانگهای.» اما بعدها کاشف به عمل آمد که اصلاً چنین قضیه‌ای صحت نداشته است.

در سراسر دهه‌های آغازین حاکمیت حزب کمونیست در چین، خدا شماری از مخالفان برجستهٔ چینی، همچون وانگ مینگدائو[6] (۱۹۰۰-۱۹۹۱)، آلن یوان[7] (۱۹۱۴-۲۰۰۵)، و موزس زیه[8] (تولد، ۱۹۱۸) را برانگیخت تا به انجیل وفادار مانده، با پایمردی از امضای بیانیه TSPM خودداری کنند. هر یک از این مردان دستِ‌کم دو دهه از عمرشان را در زندان سپری کردند و به‌خاطر ایمان‌شان به عیسای مسیح بارها از سوی مقامات حزبی چین مورد ارعاب، ضرب و شتم و بازجویی قرار گرفتند. از دیگر مخالفان نامداری که دهه‌ها از عمر خود را در زندان سپری کردند، می‌توان از واچمن نی[9] (۱۹۰۳-۱۹۷۲)، و سموئل لمب[10] (تولد، ۱۹۲۵)

1. Three Self Patriotic Movement, TSPM; 2. Catholic Patriotic Association

۳. میلیون‌ها مسیحی کاتولیک هستند که از پیوستن به CPA خودداری کردند و به‌جای آن در کلیساهای زیرزمینی به پرستش پرداختند. ایشان در سکوت وفاداری خویش را به کلیسای روم (واتیکان- م.) اعتراف کردند و به اقتدار پاپ احترام گذاشتند. دولت کمونیست هم یک ضلع سوم «میهن‌پرستانه» تحت عنوان RAB برای کنترل مسلمانان به‌راه انداخت، که انجمن اسلامی میهن‌پرستانهٔ چینی (Chinese Patriotic Islamic Association) نام گرفت.

4. Four Olds; 5. South China Morning Post; 6. Wang Mingdao; 7. Allen Yuan; 8. Moses Xie; 9. Watchman Nee
10. Samuel Lamb

یاد کرد. این رهبران با سیاسی شدن کلیسا نیز به مخالفت برخاستند و کتاب‌ها، جزوه‌ها و سرودهای مسیحی بسیاری نوشتند که به رشد و بالندگی شبکه‌های ثبت‌نشدهٔ کلیساهای خانگی کاملاً مستقل از TSPM کمک کردند.[1]

در بحبوحهٔ انقلاب کمونیستی در سال ۱۹۴۹، کمتر از یک میلیون پروتستان در چین زندگی می‌کردند. پس از پایان انقلاب فرهنگی، ادارهٔ امور ادیان بار دیگر به کلیساهایی که ثبت شده بودند، اجازهٔ برگزاری جلسات پرستشی علنی داد. در سال ۱۹۸۰ شورای مسیحی چین به‌عنوان یک سازمانی خدماتی وابسته به TSPM شکل گرفت تا به رفع معضلات اجتماعی، چاپ کتاب‌مقدس، و آموزش الاهیات بپردازد. امروزه کلیساهای TSPM به ۱۵ میلیون ایماندار پروتستان خدمت می‌کنند و CPA هم مدعی است که ۶ میلیون مسیحی کاتولیکِ ثبت‌شده دارد. با وجود این، و به‌رغم فرجه‌های کوتاهی که برای فضای باز پیش آمده، دشمنی دولت چین با مسیحیت ادامه دارد. بااهمیت‌ترین و چشمگیرترین رشد کلیسای چینی در کلیساهای خانگی ثبت‌نشده در مناطق روستایی بوده است. جالب اینجا است که تحمیل جدایی کلیسای چینی از نهادهای خارجی از سوی حکومت کمونیستی در عمل به تهییج بیشتر مسیحیت بومی، که برای هزینه‌های مالی، پرسنل یا ابتکار عمل به هیچ نهاد بیگانه‌ای وابسته یا با آن در ارتباط نبوده، کمک کرد. نتیجه این شد که در چین شمار بسیار زیادی کلیسای مستقل و ثبت‌نشده به‌وجود آمد، که از قرار معلوم در هر بخش از جامعهٔ چینی مشغول اثرگذاری است. در حالی که برآوردهای گوناگونی وجود دارد، امروزه به احتمال زیاد ۹۰ میلیون مسیحی در چین زندگی می‌کنند، و کلیسای این کشور را به یکی از سریع‌الرشدترین کلیساها در جهان تبدیل نموده‌اند. از این مسیحیان نوایمان چینی که بیشترشان را می‌توان در کلیساهای ثبت‌نشده یافت، زنجیره‌ای از میسیونرهای برجسته در حال به‌وجود آمدن است.

## بازگشت به جنبش اورشلیم

پیتر واگنر پیش‌بینی کرده بود که: «تا سال ۲۰۲۵ م. چین بیش از هر کشور دیگری میسیونر به کشورهای دیگر گسیل خواهد کرد.» این پیش‌بینی جسورانه بر پایهٔ دو واقعیت استوار بود: نخست، رشد خیره‌کنندهٔ کلیسای چینی؛ و دوم، مجاب شدن فزایندهٔ ده‌ها هزار تن مسیحی چینی به اینکه خدا ایشان را مقتدرانه خوانده تا در بشارت جهانی نقشی محوری ایفا کنند. این تحول به‌طرز شگفت‌آوری با وضعیت مناطق دیگر دنیا تفاوت دارد که در آنها پس از گذشت چندین نسل، رؤیای میسیونری هنوز در پس مرحلهٔ ابتدایی بشارت و تأسیس کلیسا در جا می‌زند.

---

۱. واچمن نی شبکه‌ای از کلیساهای خانگی را که به گلهٔ کوچک موسوم هستند، پایه نهاد. نی کتاب‌های زیادی منتشر کرد، از جمله **زندگی عادی مسیحی، مرد روحانی، و مسیح، دربرگیرندهٔ همه چیزهای روحانی**. سموئل لمب شبان یک کلیسای خانگی در گوانگژو بود که مسئولیت گرواندن هزاران چینی به‌سوی مسیح را برعهده داشت. لمب همچنین موعظه‌های خودش را از طریق نوار کاست پخش می‌کرد و برای پراکندن انجیل جزوه‌ها و سرودهای بسیاری نوشت. از آنجایی که وی آشکارا دست به سازماندهی کلیساهای ثبت‌نشده زد و پذیرای میهمانان خارجی بود، وی را مشوق تأسیس هزاران کلیسای خانگی دیگر می‌دانند.

این جنبش میسیونری در میان مسیحیان چینی عنوانی غیررسمی پیدا کرده: «جنبش بازگشت به اورشلیم» (BTJM). رد پای خاستگاه‌های جنبش بازگشت به اورشلیم را می‌توان در یکی از جنبش‌های مسیحی جستجو کرد که در خلال سال‌های ۱۹۴۲-۱۹۴۳ م. در مؤسسهٔ کتاب‌مقدس شمال غرب، واقع در استان شان‌شی[1] به‌وجود آمد. مارک ما[2] معاون مؤسسه، به اتفاق چند دانشجو برای گروه‌های قومی مسلمانی که در استان شینجیانگ[3] در شمال غرب چین زندگی می‌کردند، بار قلبی احساس کردند. هنوز زمان زیادی نگذشته بود که مارک ما و دیگر دانشجویان احساس کردند که سینجیانگ نه تنها حیطهٔ فعالیت میسیونری آنها است، بلکه زمینهٔ بالقوهٔ آموزشی خوبی هم برای انجام اقدامات عمدهٔ میسیونری دارد، زیرا در مسیر جاده باستانی ابریشم است و مستقیماً به قلب کشورهای مسلمان آسیای مرکزی راه دارد. استان چینی شینجیانگ با کشورهای مسلمان آسیای مرکزی، از قبیل قزاقستان، قرقیزستان، تاجیکستان، افغانستان و پاکستان هم‌مرز است. پس از دعا و روزه، مارک از خدا دعوتی مستقیم دریافت کرد تا «مأموریت را به کمال برساند و انجیل را به همهٔ جهان موعظه کند.» مارک ما خوب واقف بود که گسترهٔ فعالیت میسیونری نخست از اورشلیم آغاز و سپس به انطاکیه و اروپای غربی رسید و پس از آن به آمریکای شمالی کشیده شد و سرانجام به شهرهای بندری چین، نظیر شانگهای، ماکائو، و گوانگژو در سواحل شرقی و جنوبی چین رسید. خداوند به مارک و دیگران تفهیم کرد که این چرخه باید کامل شود، و انجیل می‌بایست مسیر خود را به‌سوی شمال غربی چین، سپس آسیای میانه و از آنجا به اورشلیم طی کند؛ یعنی به همان جایی بازگردد که فرمان بزرگ برای نخستین‌بار به مسیحیان داده شد. یکی از رهبران معاصر چینی این رؤیا را چنین تشریح می‌کند:

> ما باور داریم که انجیل هرچه نیز از اورشلیم دور شده باشد، باز باید مسیر چرخشی خود به دور دنیا را طی کند و یک‌راست به جایی بازگردد که از آن سفرش را آغاز کرده بود- یعنی اورشلیم! وقتی آتش انجیل، مدار خود را به دور کرهٔ زمین کامل کرد، آنگاه خداوند بازخواهد گشت! «زیرا جهان از معرفت جلال خداوند مملّو خواهد شد به نحوی که آبها دریا را مستور می‌سازد.» (حبقوق ۲:۱۴)

ایمانداران چینی از این واقعیت آگاه بودند که انجیل در جهت شرق نیز انتشار یافته و در واقع برای نخستین‌بار از طریق میسیونرهای نستوری و از راه آسیای میانه و در امتداد جادهٔ ابریشم به چین رسیده است. با این حال، به‌لحاظ وجود چندین نظریه این رؤیای میسیونری در جایگاهی درست قرار می‌گیرد. نخست اینکه، جنبش میسیونری در طول تاریخ همواره و اصولاً جهتی از شرق به غرب داشته است و این امر را نقشهٔ «مرکز گرانش» فصل ۱ کتاب نشان می‌دهد. دوم اینکه، جنبش میسیونری معاصر با هدف چین، هم در مورد کاتولیک‌ها و هم پروتستان‌ها، از شرق و جنوب شرق وارد آن کشور شدند، نه از غرب یا شمال غرب. در

1. Shaanxi; 2. Mark Ma; 3. Xinjiang

نهایت، کلیساهایی که به دست میسیونرهای نستوری و در امتداد جادهٔ ابریشم تأسیس شدند، با ظهور اسلام در سدهٔ هفتم همگی از بین رفتند.

نام این جنبش در اصل «گروه موعظهٔ انجیل در همه جا» بود.[۱] اما در ماه می ۱۹۴۶ رسماً با عنوان «گروه بشارتی بازگشت به اورشلیم» سازماندهی شد. این جنبش با رؤیای بازگشت به اورشلیم از چند مسیحی چینی آغاز شد و به‌تدریج همهٔ کشورهای اسلامی واقع در آسیای مرکزی و شمال آفریقا را هدف گرفت، تا در نقطهٔ اوج نوبت به خودِ یهودیان ساکن فلسطین برسد. در واقع، خودِ مارک مدعی است که خداوند با او صحبت کرده و گفته است که «دشوارترین حیطهٔ فعالیت در میان قوم خودم، یهود... است. نه بدین‌خاطر که دل‌های‌شان سخت است، بلکه چون من برای کلیسای چین سهمی از میراث کنار گذاشته‌ام.»

چند تن از این میسیونرهای پیشتاز، با فراگیری زبان و فرهنگ نواحی شمال غربی چین، راه خود را به‌سوی شینجیانگ هموار کردند.[۲] با وجود این، اقدامات این افراد با تحولات سیاسی در چین که سرانجام به روی کار آمدن کمونیست‌ها در سال ۱۹۴۹ انجامید، مقارن شد. کمونیست‌ها که با بی‌رحمی به مخالفت با همهٔ فعالیت‌های میسیونری برخاسته بودند، چندین تن از میسیونرهای پیشتاز را به زور زندانی کردند و جنبش به ناگزیر زیرزمینی شد. یکی از نخستین میسیونرهای پیشتاز مردی بود موسوم به سایمون ژاو[۳] که از بیش از چهل سال حبس در استان شینجیانگ جان به‌در برد. ژاو توانست «رؤیای اولیهٔ بازگشت به اورشلیم را زنده نگه دارد و آن را به رهبری کنونی شبکهٔ کلیساهای خانگی چین منتقل کند.» رؤیای مزبور اکنون به شماری از این شبکه‌ها سرایت کرده و در اوایل دههٔ ۱۹۹۰ م. آتش رؤیای بازگشت به اورشلیم را از نو شعله‌ور نموده است.

آنچه که پس از بیست سال از دوباره شعله‌ورشدنِ جنبش بازگشت به اورشلیم به‌طور فزاینده‌ای آشکار شده این است که این جنبش ساختارمند، تعریف‌شده و سازماندهی‌شده، چنانکه زیر یک چتر واحد دیوان‌سالارانه[۴] قرار داشته باشد، نیست. در عوض، جنبش بازگشت به اورشلیم بیشتر ادعایی مبتنی بر رؤیایی است که بسیاری از مسیحیان چینی در سراسر جهان بر آن صحه گذاشته‌اند، لیکن هیچ ارتباط رسمی‌ای سیان هواداران این جنبش به‌وجود نیاورده است. با این‌همه، برآیند نیروی این جنبش رو به رشد میسیونریِ برخاسته از چین به‌خوبی می‌تواند یکی از مهم‌ترین داستان‌های تاریخ میسیون مسیحی در سدهٔ بیست‌ویکم باشد.

## جنبش میسیونری کره‌ای

به‌رغم عمر نسبتاً کوتاهی که از حضور مسیحیت در کره می‌گذرد، چنانکه در فصل ۸ کتاب بررسی کردیم، مسیحیت کره‌ای رشد چشمگیری داشته است. در واقع، کرهٔ جنوبی

---

1. Bian Chuan Fuyin Tuan

۲. حتی با وجودی که ۹۲ درصد از مردم چین، هان (Han) هستند و ۳ درصد دیگر هم در هان‌ها جذب و هضم شده‌اند، باز در چین پنجاه و شش ملیت گوناگون و صدها گروه اقلیت قومی زندگی می‌کنند.

3. Simon Zhao; 4. Bureaucratic

را خیلی‌ها مهد جنبش رشد کلیسای امروزی می‌دانند و نمونه‌اش هم داستان شگفت‌انگیز کلیسای "انجیل کامل یوئیدو"[1] است که دکتر دیوید چو[2] آن را در سال ۱۹۵۸ و تنها با پنج نفر، در اتاق نشیمن کوچک خانه‌اش آغاز کرد؛ کلیسایی که اکنون مدعی است بیش از ۷۰۰ /۰۰۰ عضو دارد و یکی از بزرگترین کلیساها در جهان به‌شمار می‌رود. امروزه تنها در کرهٔ جنوبی بیش از ۱۵ میلیون مسیحی زندگی می‌کنند که به حدود ۴۷ /۰۰۰ کلیسا تعلق دارند، و همین کرهٔ جنوبی را به یکی از بااهمیت‌ترین مراکز مسیحیت در آسیا تبدیل کرده است. تمرکز ما در این بخش از نمونه‌ها بر جنبش میسیونری معاصر کره، که خود را یکی از سریع‌الرشدترین جنبش‌های میسیونری ملی در جهان شناسانده، خواهد بود.

انستیتوی پژوهش در میسیون مسیحی کره[3] بررسی‌های منظمی را روی جنبش میسیونری کره‌ای انجام داده است. این انستیتو در سال ۱۹۷۹ م. گزارش ۹۳ کره‌ای را که مشغول میسیون مسیحی در خارج از کشور بودند، به ثبت رساند. این آمار به‌طور ثابت سیر صعودی خود را حفظ کرده؛ بدین‌ترتیب که از ۱۱۷۸ میسیونر در سال ۱۹۸۹، به ۸۱۰۳ میسیونر در سال ۲۰۰۰ رسیده است. تا سال ۲۰۰۶ م. ۱۴ /۹۰۵ میسیونر کره‌ای در ۱۷۴ آژانس میسیونری گوناگون سرگرم خدمت بوده‌اند، که نشان می‌دهد شمار میسیونرها طی تنها بیست‌وهفت سال، ۱۰۶ برابر شده است. در حال حاضر میسیونرهای کره‌ای در ۱۶۸ کشور جهان، و عمدتاً در آسیا (۴۷٪)، و به‌ویژه در چین، فیلیپین و ژاپن حضور دارند. در این میان پایین‌ترین آمار مربوط به میسیونرهای کره‌ای در آمریکای لاتین و آفریقا است (با کمتر از ۸٪)؛ هرچند در سال‌های اخیر روند کار بر این قرار گرفته که میسیونرهای کره‌ای در همه جای جهان حضور داشته باشند. هم‌اکنون، کرهٔ جنوبی هر ساله در حدود یک هزار میسیونر تازه‌نفس را راهی میسیون مسیحی می‌کند و همین امر باعث شده که اندرو والز کره را «پدیدهٔ میسیونری قرن» بنامد.

گاه میسیونرهای کره‌ای را به‌خاطر تعداد بالای‌شان و نیز القای حس پیروزمندگرایی به‌خاطر موفقیت رشد کلیسا در کره، مورد انتقاد قرار می‌دهند. دیگران روی مقاومت آنان در برابر همکاری با میسیونرهای غیرکره‌ای و بیزاری‌شان از خدمت کردن در کنار آژانس‌های میسیونری بین‌المللی و علاقهٔ صِرف آنها برای خدمت کردن در آژانس‌هایی که مستقیماً توسط کشور کره بنیان گذاشته شده‌اند، انگشت می‌گذارند. با وجود این، اظهارنظرهای مذکور اغلب بدین‌سبب بیان می‌شوند که منتقدان نوپاییِ جنبش میسیونری کره‌ای را نادیده می‌گیرند. تنها یک بررسی اجمالی روی سازمان‌هایی که میسیونرهای کره‌ای طی بیست سال گذشته در آنها کار کرده‌اند آشکار می‌سازد که روال جاری میان میسیونرهای کره‌ای بیشتر به‌سوی همکاری است، نه عدم همکاری. وانگهی، شمار کره‌ای‌هایی که برای آژانس‌های میسیونری بین‌المللی کار می‌کنند، و نه توسط مدیریت کره‌ای اداره می‌شوند و نه در درون آن کشور هستند، رو به افزایش است. در نهایت، میسیونرهای کره‌ای توانایی خود را برای فراگیری، انطباق، و در مواقع ضروری، درخواست بخشایش، نشان داده‌اند.

1. Yoido Full Gospel Church; 2. Dr. David Cho; 3. The Korea Research Institute for Missions

برای نمونه، در جولای ۲۰۰۷، رسانه‌ها در سراسر جهان داستان سه میسیونر کره‌ای و بیست کارگر موقت کره‌ای را نقل کردند که چگونه طالبان آنها را در افغانستان ربودند و به مدت چهل‌وسه روز گروگان گرفتند، و سرانجام دو تن از کره‌ای‌ها را به قتل رساندند. به‌دنبال آن، گرچه همگان رباینده‌ها را محکوم کردند، اما بسیاری هم میسیونرهای کره‌ای را به‌خاطر رعایت نکردن احتیاط‌های لازم هنگام خدمت در کشوری اسلامی، به باد انتقاد گرفتند. کلیسای کره، در واکنش به رویداد مزبور جلسهٔ دعای توبه برگزار کرد و یک بیانیهٔ عذرخواهی به‌خاطر اشتباهاتی که میسیونرهای کره‌ای مرتکب شده بودند، صادر کرد.

اندرو والز با نگاهی به کلیت جنبش میسیونری کره، احتمالاً بهترین ارزیابی کلی را ارائه می‌دهد: «اکنون ملت بزرگ کره میسیون‌پرور است؛ در هر یک از قاره‌های جهان صدها میسیونر کره‌ای مشغول خدمتند و می‌توانیم انتظار داشته باشیم که صدها تن دیگر بر شمار آنها در سال‌های آینده افزوده شوند که از تاشکند تا تیمباکتو سرگرم موعظهٔ انجیل هستند، و در جاهایی خدمت می‌کنند که غربی‌ها مدت‌های مدید نتوانسته بودند بدانها راه یابند.» در حقیقت، داستان میسیون مسیحی در سدهٔ بیست‌ویکم را دیگر نمی‌توان بدون در نظر گرفتن شهادت رو به افزایش مسیحیان کره‌ای بازگفت.

## شور و حرارت مسیحیت اروپایی در دورهٔ پسا-حاکمیت مسیحی

فیلیپ جنکینز در کتاب «حاکمیتِ بَعدیِ مسیحی» مَثَلی را که در مورد روس‌ها به‌کار می‌برند در مورد مسیحیت نقل می‌کند. آنها می‌گویند: «مسیحیت هیچ‌وقت نه چنانکه به‌نظر می‌رسد ضعیف است، و نه چنانکه به‌نظر می‌رسد قوی است.» یقیناً این مَثَل در مورد مسیحیت اروپایی صادق است. انسان شاید به این فکر بیفتد که با ظهور کلیسای جهانِ اکثریت، فروپاشیِ حاکمیت کهن مسیحی، و ظهور فضای پسا-مدرن در اروپا، دیگر دو واژهٔ مسیحیت و اروپا شاید ضد و نقیض به‌نظر برسند. آنچه بر این واقعیت صحه بیشتر می‌گذارد، گزارش سازمانی[1] است که حکایت از ده گروه قومی دارد که بیشترین مقاومت را در برابر انجیل به خرج می‌دهند، و هر ده مورد گروه‌های قومی ساکن در اروپای غربی هستند. تیموتی اَش[2] پا را حتی از این نیز فراتر گذاشته، اروپا را «سکولارترین قارهٔ روی زمین» توصیف می‌کند؛ تحولی که می‌تواند «باعث افتخار ولتر باشد.»

با این‌حال، در اروپا دو تصویر وجود دارد که برای تکمیل این هفت پرده از مسیحیت سدهٔ بیست‌ویکم، باید به آنها نیز پرداخت. نخستین مورد ظهور کلیساهای پرحرارت مهاجران به اروپا است، که چهرهٔ مسیحیت را در درون اروپا دگرگون کرده و سبب ظهور مسیحیت پسا-غربی درست در قلب اروپا شده است. دومی هم تصویر خادمان و کشیشانی است که در کلیساهای قدیمی‌تر و در میانهٔ دورهٔ انتقال از حاکمیتِ مسیحی به دورهٔ پس از حاکمیتِ مسیحی، ایمان و وفاداری خود را حفظ کرده‌اند.

1. World Christian Trends; 2. Timothy Ash

## *ظهور کلیساهای مهاجران در اروپای غربی*

یکی از مهمترین تفاوت‌ها میان میسیونرهایی اعزام‌شده از آمریکای شمالی و آنانی که از جهان اکثریت فرستاده می‌شوند، تمرکز گروه دوم روی اروپا است. اکثریت آژانس‌های میسیونری آمریکای شمالی به‌طور سنتی روی قومیت‌هایی متمرکز می‌شوند که تاکنون انجیل بدیشان نرسیده است، به‌ویژه آنان که اصطلاحاً در درون پنجرهٔ ۴۰/ ۱۰ به‌سر می‌برند.[۱] در مقابل، میسیونرهایی که از آفریقا و آسیا می‌آیند همواره به تأسیس کلیسا در آمریکای شمالی و اروپا علاقه نشان داده‌اند.

ما معمولاً در مورد مناطق اصلیِ تحت حاکمیتِ مسیحی در زمان قدیم، به‌عنوان جایی که در آن کلیسای تازه‌ای تأسیس شود، فکر نمی‌کنیم. در واقع، اگر کسی در شهرهای اصلی اروپای غربی رانندگی کند، به آسانی ساختمان‌های بزرگ کلیساها را در مسیر خواهد دید که به‌خاطر پیری و تحلیل رفتنِ جماعت‌هاشان و هزینه‌های گزاف نگهداری از آن بناهای بزرگ، بسته شده‌اند.[۲] برای مثال، در دانمارک حتی با وجودی که ۸۳ درصد از جمعیت کشور اسماً وابسته به کلیسای دولتی لوتری هستند، اما تنها ۱ تا ۲ درصد از آنها به‌طور مرتب در جلسات کلیسایی شرکت می‌کنند. کلیسای اسکاتلند، کلیسای رسمی و دولتی این کشور، اکنون کمتر از ۵۰۰ /۰۰۰ تن عضو در کل کشور دارد. جورج کِری[۳] اسقف اعظم پیشین کانتربوری در سال ۲۰۰۵ خطابه‌ای با عنوان «ایمانی برای زمانه‌ای سردرگم و پرچالش» ایراد کرد و طی آن گفت که اگر کلیسای انگلستان یک انسان بود، «هر لحظه ممکن بود مجبور شوند برایش واپسین مراسم [خاکسپاری- م.] را اجرا کنند.» این اظهارات و آمار و ارقام اکنون دیگر عادی و پیش پا افتاده شده‌اند. با این‌حال، اگر شما در اروپا زندگی کنید، شاید آشکارترین نشانهٔ این معضل را بتوانید در تغییر کاربریِ بنای این کلیساها به مجتمع‌های مسکونی، تالارهای عمومی و تجارتخانه‌ها ببینید. برای نمونه، درست زیر برج قدیمی ادینبورگ، بر فراز تپه رویال مایل[۴] مکانی قرار دارد که پیش‌تر تالار اجتماع کلیسای اسکاتلند و مهد سابق کلیسای ناحیهٔ کوهستانی[۵] اسکاتلند بود. برج‌های نوک تیز آن را که مشرف بر ادینبورگ است، از هر نقطهٔ از شهر می‌شود دید. با این‌همه، امروزه کلیسا بسته شده و از ساختمان آن برای برگزاری

---

۱. «پنجرهٔ ده/ چهل» اصطلاحی است که برای نخستین‌بار لوئیس بوش (Luis Bush) در سال ۱۹۸۹ آن را ابداع کرد و برای توصیف منطقه‌ای در عرض جغرافیایی نیمکرهٔ شرقی به‌کار برد که میان ده درجهٔ شمالی تا چهل درجهٔ شمالی قرار دارد و بیشتر گروه‌های قومی که انجیل را هنوز دریافت نکرده‌اند، در این «پنجره» به‌سر می‌برند. این منطقه شامل شمال آفریقا، خاور میانه، و آسیای مرکزی تا خاور دور می‌شود.

۲. کلیسای انگلستان یک دایرهٔ ویژهٔ کلیساهای مازاد بر احتیاج دارد که مسئول امور مربوط به بستن، تخریب یا فروش یا نگهداری کلیساهای بلااستفاده است. در اسکاتلند هم یک سازمان خیریهٔ غیرانتفاعی هست با نام مؤسسه اعتباری کلیساهای مازاد بر احتیاج اسکاتلند، که به حفظ و نگهداری از کلیساهایی که برای پرستش عمومی بسته شده‌اند، اما به لحاظ تاریخی بناهای بااهمیتی به‌شمار می‌روند، کمک می‌کند.

3. George Carey; 4. Royal Mile; 5. Highland

جشنوارهٔ فرهنگی سالیانهٔ ادینبورگ استفاده می‌شود. صدها نمونه از این دست را می‌توان در سراسر بریتانیا و اروپای غربی نام برد.

با وجود این، شگفت‌آور است که بدانیم در میانهٔ افول فاحشِ کلیساهای رسمی دولتی، کلیساهای مهاجران با رشد چشمگیری در حال بزرگ شدن هستند و این رشد معمولاً پنهان از چشم کسانی که این آمار و ارقام ناخوشایند را اعلام می‌کنند، اتفاق می‌افتد. فیلیپ جنکینز برآورد می‌کند که اکنون تقریباً حدود ۱۵۰۰ میسیونر از ۵۰ کشور جهان تنها در خود بریتانیا خدمت می‌کنند. این میسیونرهای «تازه وارد» داستان‌های حیرت‌آوری دارند که خواندنش لطف و گیرایی بسیاری دارد. وقتی پای زندگینامهٔ یک میسیونر به میان می‌آید، ما اغلب به زندگینامه‌های میسیونرهایی می‌اندیشیم که از غرب راهی سرزمین‌های دوردست و قبایل بدوی شده‌اند. داستان مریلین لازلو[۱] در جنگل‌های گینهٔ نو یا داستان امی کارمایکل[۲] که دختربچه‌های یتیم را از زندگیِ روسپی‌گری در یک معبد هندی نجات داد، بیشتر با خصوصیات داستان‌هایی که ما آنها را «زندگینامه‌های میسیونری» کلاسیک می‌نامیم، جور درمی‌آیند. تصور زندگینامه‌های جدید سدهٔ بیست‌ویکمی، مانند زندگینامهٔ میسیونرهای آفریقایی که در مناطق شهری غرب کلیسا تأسیس کرده‌اند، برای ما دشوارتر است. با وجود این، داستان میسیونرهای آفریقایی، برزیلی، و کره‌ای که راهی اروپا می‌شوند، برگ تازه‌ای از تاریخ میسیونری و در حال گشوده شدن است.

یکی از این میسیونرها، یک خادم اهل نیجریه است به نام متیو اشیمولو[۳] که مرکز مسیحی بین‌المللی کینگزوی[۴] یا KICC را در سال ۱۹۹۲ و تنها با حدود صد تن عضو، در لندن بنیان گذاشت. امروزه، پرستشگاه اصلی آنان، که با عنوان «مرکز معجزه»[۵] شناخته می‌شود، گنجایش ۵۰۰۰ پرستنده را دارد (یعنی دو برابر گنجایش کلیسای وست‌مینستر) و هر یکشنبه، هفت جلسهٔ جداگانه در آن تشکیل می‌شود. در هفته تقریباً ۱۲ /۰۰۰ تن در KICC گرد می‌آیند و همگان آن را یکی از بزرگترین کلیساها در اروپا به‌شمار می‌آورند.

کلیساهای آلادورا، که پیش‌تر در بررسی خودمان پیرامون کلیساهای بومی/ مستقل آفریقایی (AIC) از آنها یاد کردیم، رؤیایی میسیونری دریافت کردند و اکنون به سراسر جهان میسیونر می‌فرستند و کلیسا تأسیس می‌کنند. برای مثال، کلیسای مسیحی فدیه‌شدگان خدا[۶] یا RCCG در سال ۱۹۵۲ و به دست جوزایا اولوفمی آکیندایومی[۶] در نیجریه پایه‌گذاری شد. او در اصل یکی از اعضای کلیسای آلادورای کروبیم و سرافیم بود. کلیسا به‌عنوان یک کلیسای میسیونری، گسترش خیره‌کننده‌ای داشت و مسیحیان آلادورا را از گوشه جهان به‌سوی خود کشید. یکی از کلیساهای RCCG که به خانه عیسی در لندن موسوم می‌باشد و در سال ۱۹۹۴ تأسیس گردید، ادعا می‌کند که هر هفته بیش از ۲۵۰۰ شرکت‌کننده را در خود جای می‌دهد. RCCG اکنون در بریتانیا، آلمان، فرانسه و ایالات متحده کلیساهایی دارد.

1. Marilyn Lazlo; 2. Amy Carmichael; 3. Matthew Ashimolowo; 4. Kingsway International Christian Centre; 5. Miracle Centre; 6. Redeemed Christian Church of God; 7. Josia Olufemi Akindayomi

میسیونرهای آفریقایی به‌خاطر آشنایی قبلی که به زبان‌های انگلیسی یا فرانسه دارند، بیشتر ترجیح می‌دهند پیام انجیل را به کشورهای استعمارگر سابق خود برسانند. با این‌حال، میسیونرهای آفریقایی را هم‌اکنون می‌توان در همهٔ کشورهای اروپای غربی یافت. کلیساهای بومی آفریقایی (AIC) برای نخستین‌بار در سال ۱۹۷۴ به آلمان وارد شدند، اما امروزه بیش از دویست کلیسای تازه تأسیس در بیشتر شهرهای بزرگ آلمان دارند. کلیسای عیسای مسیح سایمون کیمبانگو نبی[1] در کشورهای اسپانیا، پرتغال، فرانسه، آلمان، بلژیک، سوئیس و انگلستان، شعبه‌های متعدد دارد.

کلیساهای آفریقایی نمایندهٔ بزرگترین و مشهودترین بخش از «نو-مسیحیان» اروپا هستند. با این‌همه، در میان کلیساهای در حال رشد هندی، چینی، برزیلی، فیلیپینی و کره‌ای در اروپا هم می‌توان داستان‌های مشابهی با مقیاس کوچکتر پیدا کرد. در یک کلام، این کلیساها نمایندهٔ چهرهٔ جدید مسیحیت اروپایی هستند. دیگر کسی نمی‌تواند با بی‌قیدی عباراتی در باب افول مسیحیت در اروپا بر زبان براند، بدون اینکه به‌روشنی تصریح کند که منظورش «اقوام سفید و بومی» اروپا است. رشد فزایندهٔ جمعیت مهاجر نه تنها در این افول جایی ندارند، بلکه برعکس بیش از پیش کلیساهای پرشور و جدید بنا می‌کند.

## نگاه داشتن ایمان در اروپا

به دو دلیل، زیاده‌روی یا بزرگ‌نمایی خواهد بود اگر بگوییم که مشخصهٔ بارز مسیحیت اروپا صرفاً کلیساهای پربار و پرشور مهاجران است و بس، که در کنار کلیساهای تاریخیِ رو به موت به رشد خود ادامه می‌دهند. نخست اینکه، نشانه‌هایی وجود دارد دال بر اینکه اعضای نسل دوم و سوم کلیساهای مهاجر جذب کلیساهای جریان اصلی می‌شوند. جان سنتامو[2] اهل اوگاندا در سال ۲۰۰۵ به‌عنوان اسقف اعظم یورک، که خیلی‌ها آن را پس از منصب اسقف اعظم کانتربوری، بزرگترین جایگاه اسقفی در کلیسای انگلیکن می‌دانند، منصوب شد. وی در ضمن ایراد خطابهٔ انتصابش اعلام کرد که زمان آن رسیده که کلیسا «ایمان تازه را از مسیحیان آفریقا و آسیا بیاموزد.» در شهر کیف، ساندی آدلجا[3] شبان نیجریایی، شبانی یک جماعت پنتیکاستی ۳۰ /۰۰۰ نفری را بر عهده دارد که اکثریت آنها سفیدپوست هستند.

دوم آنکه، باید در پَس آمار و ارقام (خواه نشان‌دهندهٔ افزایش باشند خواه کاهش)، سلامت کلیسا را هم مورد ارزیابی قرار دهیم. من این فرصت را داشته‌ام که طی سال‌های ۱۹۹۵ تا ۱۹۹۸ و باز به مدت شش ماه در سال ۲۰۰۸، در اروپا زندگی کنم. در خلال این سال‌ها، ما در اسکاتلند زندگی می‌کردیم، و چندین بار ناگزیر به نقل مکان شدیم و همیشه دنبال کلیسایی بودم که بتوانم مسیر خانه تا محل خدمت را پیاده طی کنم. از این‌رو افتخار نصیبم شد تا پای منبر شبانان وفاداری همچون کوین اسکات[4] در ادینبورگ، پیتر گاردنر[5] در پَتهد،[6] مارک نیکلاس در گوربریج[7] و کِنِث برد[8] در نورث لیث[9] بنشینم. هیچ‌یک از این مردان، شبانان

1. The Church of Jesus Christ of the Prophet Simon Kimbangu; 2. John Sentamu; 3. Sunday Adelja; 4. Kevin Scott; 5. Pathhead; 6. Peter Gardner; 7. Gorebridge; 8. Kenneth Baird; 9. North Leith

کلیساهای بزرگ نبودند، و همگی در کلیساهای فرقه‌ای (کلیسای اسکاتلند و کلیسای اسقفی اسـکاتلندی) خدمت می‌کردند، یعنی به زبان آماری در معرض کاهش عضو بودند. با وجود این، هر یک از این مردان هر هفته با وفاداری کامل به موعظه انجیل می‌پردازند. در سـکوت دوره‌های آلفا را برگزار می‌کنند، جلسات بررسی کتاب‌مقدس ترتیب می‌دهند، و انجیل را با اعضای کلیسای خود در میان می‌گذارند. قطعاً یکی از ماندگارترین درس‌هایی که از صلیب عیسی می‌توان آموخت این است که خدا اغلب ژرف‌ترین کارهای خود را در ردای شکست به انجام می‌رساند.

وانگهـی، همهٔ آمار و ارقام مربوط به کاهش اعضای کلیسـاهای دولتـی در اروپا غالباً رشـد کلیساهای مسـتقل در اروپا را نادیده می‌گیرند و از آنها سخنی به میان نمی‌آورند. در سراسـر اروپا کلیساهای باپتیسـت، پنتیکاسـتی و میان‌فرقه‌ای[1] وجود دارند که بسیاری از آنها جماعت‌های در حال رشـدی هستند و کارشـان رونق دارد و از هر دو اجتماع سنتی و مهاجـر می‌توان در آنها یافت. برای نمونه، در ادینبـورگ و در میان بزرگترین جماعت‌های شـهر، مرکز مسیحی غیرفرقه‌ای کروبرها[2] دایر است که دی. ال. مودی[3] آن را در سال ۱۸۵۸ بنیاد نهاد و نیز نمازخانهٔ شـارلوت[4] که کلیسـای مستقل باپتیست است و در قلب شهر واقع شده اسـت. این کلیساها نشـان می‌دهند که در میانهٔ یک تبعید فرهنگی، که در آن کلیسا را غالباً نمادی منسـوخ از گذشـته تلقی می‌کنند، تا چه اندازه به عیسـای مسیح وفادارند. آنها می‌آموزند که در میان ویرانه‌های آوار حاکمیتِ مسـیحی و ظهور «حوزهٔ فعالیت میسیونری» در اروپا، چگونه می‌توانند میسـیونر باشند. ایشان رؤیایی نبوتی دارند که طی آن اروپا پس از آزمودن سکولاریسم و پی بردن به کم‌عمق بودن آن به‌سوی انجیل بازخواهد گشت و انجیل شنوندگان بهتری پیدا خواهد کرد.

## نتیجه‌گیری

این هفت تصویری که از مسـیحیت جهانی در سدهٔ بیست‌ویکم ارائه کردیم، تنها نگاهی بود کوتاه اما بااهمیت به آشکار شدن «*مأموریت الاهی*» در زمانهٔ ما. مادامی که مکاشفهٔ کاملی از خلقت تازه نداشته باشیم، بسیاری از این داستان‌های مهم را به‌طور کامل نخواهیم فهمید. تا آن زمان، آنچه می‌بینیم «چون تصویری است محو در آینه» (اول قرنتیان ۱۲:۱۳). با این‌حال، همین نگاه گذرا به ما کمک می‌کند تا تشـخیص دهیم که کلیسای عیسای مسیح تازه شروع به دریافتن رؤیای بزرگ و آخرشناختی یوحنای رسول کرده که در آن مردان و زنانی را از هر قوم و قبیله و ملت و زبانی می‌بیند که بره، یعنی خداوند ما عیسای مسیح، را پرستش می‌کنند.

---

1. Interdenominational; 2. Nondenominational Carrubers Christian Centre; 3. D. L. Moody; 4. Charlotte Chapel

قسمت ب

# ارتباط میان‌فرهنگی به‌عنوان بازتابی از تجسم

# ۱۱

# تجسم مسیح و ترجمه‌پذیریِ انجیل

در خـــلال جنگ جهانی دوم، در نبـــرد میان آلمانی‌ها و آمریکایی‌هـــا که به جنگ بالج[1] معروف است، چند آلمانی توانستند با پوشیدن اونیفورم‌های آمریکایی از محدودهٔ زیر کنترل متفقین بگذرند. تعیین اینکه آنها آمریکایی هســـتند یا نه همیشه هم کار آسانی نبود، بنابراین، نیروهای مســـلح آمریکایی برای شناسایی آمریکایی‌های حقیقی از روش قدیمیِ «شیبولِث»[2] استفاده می‌کردند. آنها از هر کس که بدو مظنون می‌شدند می‌پرسیدند برندهٔ پارسال مسابقات بیســـبال آمریکا چه تیمی بوده اســـت. اگر فرد مظنون پاســـخ را نمی‌دانست، بی‌درنگ او را به‌عنوان رزمندهٔ دشـــمن دستگیر می‌کردند. واژهٔ عبری *«شیبولِث»* به معنای «رودخانه» است. کاربرد امروزی این واژه در زبان انگلیســـی از داســـتان کتاب‌مقدس اقتباس شده است. پس از آنکه مردان جلعاد در نبردی بر طایفهٔ افرایم پیروز شـــدند، دیگر تشخیص اینکه چه کسی افرایمی اســـت تقریباً ناممکن شده بود، از این‌رو بسیاری از آنها توانستند بنهانی از رودخانه گذشته جان به‌در ببرند. با این‌حال، اهل جلعاد می‌دانستند که مردان افرایم به‌خاطر لهجه‌شان نمی‌توانند حرف «ش» را درست تلفظ کنند، بنابراین، جلعادیان بر گدار رودخانه به نگهبانی ایستادند و زمانی که کسی می‌خواست از آن عبور کند، از وی می‌خواستند واژه *«شیبولِث»* یا «رودخانه» را به زبان آورد، تا بگذارند به ســـلامتی از رود بگذرد. آنانی که به‌جای *«شیبولِث»* می‌گفتند «سیبولِث» کشته می‌شدند.

امروزه واژه شـــیبولِث به هر نوع گذرواژهٔ زبان‌شناختی اطلاق می‌شود که برای شناسایی یکی از اعضای «درون» یک گروه به‌کار می‌رود. اگر کسی نتواند گذرواژهٔ مورد نظر را بر زبان بیاورد، بیگانه محسوب می‌شود. طی سده‌ها، مسیحیان اغلب برای تشخیص اینکه چه کسی عضو حقیقی کلیسا است، شیبولِث‌هایی به‌وجود آورده‌اند. یکی از نخستین شیبولِث‌ها نشانهٔ

1. Battle of the Bulge; 2. Shibboleth

ماهی بود، که مسیحیان آن را در خلال دورهٔ جفا به‌کار می‌بردند تا از عدم نفوذ خبرچین‌های حکومت در میان‌شان اطمینان حاصل کنند. واژهٔ یونانیِ *ایکتوس*،[1] یعنی ماهی، که به‌عنوان گذرواژه به‌کار می‌رفت، یک شیبولِث بود که تنها مسیحیان راستین آن را می‌دانستند و در عین‌حال علامت اختصاری «عیسای مسیح، پسر خدا و منجی» نیز محسوب می‌شد.

استفاده از شیبولِث فی‌نفسه اشکالی ندارد، چون هر جنبشی برای تعریف حد و مرزهایش و تبیین صریح ارزش‌های اصیلش بدان نیاز دارد، زیرا باید از این رهگذر هویتش را شکل دهد. مشکل، شیوه‌ای است که ما در ساختن یا بیان شیبولِث‌ها به‌کار می‌بریم، که اغلب در بستر تاریخی خاصی شکل می‌گیرند و بحث‌هایی برمی‌انگیزند. برای مثال، مسیحیِ اهل هند که به اقتدار مطلق و نهایی کلام خدا ایمان دارد اما در بحث‌های داغی که در دههٔ ۱۹۸۰ پیرامون اقتدار کلام خدا میان اونجلیکال‌های آمریکایی در جریان بوده هیچ سهمی نداشته، احتمالاً نمی‌تواند اختلاف‌های جزئی را که به‌تدریج میان واژه‌هایی چون لغزش‌ناپذیری[2] و خطاناپذیری[3] به‌وجود آمده، دریابد. همچنین، زنای با محارم یا پورنوگرافی کودک، اعمالی شرارت‌آمیز و بسیار موحش‌اند که اونجلیکال‌ها، مانند مسیحیان دیگر فرقه‌ها، آنها را محکوم می‌کنند، اما هیچ‌یک از اینها به شیبولِث تبدیل نشدند، چون نتوانستند همچون سقط‌جنین میان ارزش‌های فرهنگی (آزادی گزینش در برابر قداست زندگی) تنش به‌وجود بیاورند.

این زمینه‌سازی بر چالش‌های خاصی تأکید می‌کند، چالش‌هایی که وقتی انجیل در زمینهٔ فرهنگی تازه‌ای اعلان می‌شود، اجزاء جدایی‌ناپذیر آنند. چنانکه بررسی خواهیم کرد، در میان گذاشتن انجیل بسیار چالش‌انگیزتر از آن است که مردم را به تکرار و تصدیق، یعنی دو شیبولِثی که هویت مسیحی خودِ ما را تعریف می‌کنند، واداریم. پیام انجیل جهانی است، و نیروی تبدیل‌کنندهٔ آن را برای هر فرهنگی روی زمین می‌توان به‌کار برد. هیچ فرد یا گروه قومی وجود ندارد که انجیل برای‌شان حاوی خبر خوش نجات نباشد. با این‌حال، نحوهٔ مؤثر انتقال انجیل به فرهنگ‌های گوناگون در طول تاریخ، پیوسته در سطح جهان انجام نگرفته است. دلیل آن در آینده روشن خواهد شد، به‌ویژه وقتی پیام‌رسانی میسیونری را از دریچهٔ دوربین تجسم مورد بررسی قرار می‌دهیم.

خدا کُنه تغییرناپذیری در جهان هستی است. با وجود این، وقتی تصمیم گرفت با بشریت ارتباط برقرار کند، در بستر متنوع زبان و فرهنگ بشر اقدام به انجام این مهم کرد. او خود را بر ابراهیم آشکار کرد و از طریق پیامبران به زبان‌هایی مشخص و به شیوه‌هایی که از لحاظ فرهنگی برای دریافت‌کنندگان مورد نظرش قابل درک و فهم باشد، سخن گفت. به همین ترتیب، بزرگترین مکاشفهٔ خدا از خود، یعنی تجسم، با همهٔ ویژگی‌هایش در یک زمان و فرهنگ به‌خصوص به‌وقوع پیوست. به قول اندرو والز، خدا در پدیدهٔ تجسم «در بخش‌های خاصی از واقعیت اجتماعی منزل گزید.» عیسی بدون اینکه از خدا بودنش دست بشوید، به‌طور کامل وارد چارچوب قضاوتِ یهودیان سدهٔ نخست میلادی شد. تجسم نمونهٔ

1. Ikthus; 2. Inerrancy; 3. Infallibility

اعلای آن چیزی است که ما *ترجمه‌پذیری انجیل* می‌نامیم. در زمینهٔ متن مورد بحث ما، ترجمه‌پذیری انجیل بر *توانایی انجیل در تشریح، دریافت، اقتباس و تکثیر خود در بافت‌های فرهنگیِ بالقوه و بی‌شمار* دلالت دارد. عیسی به خبر خوش جسم می‌پوشاند و نیز اینکه در تجسم، خبر خوش به‌طرز شگفت‌انگیزی در بستری ویژه رخ نمود.

آموختن شیوهٔ انتقال مؤثر انجیل به یک بافت فرهنگی جدید در بطن هر آمادگیِ میسیونریِ اصیل قرار دارد. باید بدانیم به چه نحو و چگونه مسیح را در زمینهٔ «بخش‌های خاصی از واقعیت اجتماعی» تازه بازتاب دهیم. با نگاهی به پشت سر و بررسی تاریخچهٔ میسیون‌های مسیحی، همچون در سه فصل گذشته، می‌بینیم که انجیل به‌طرز مؤثری در میان یهودیان دیندار، هلنیست‌های یونانی‌زبان، «بربرهای» مهاجم، زاهدان ایرلندی، روستائیان آلمانی، نخبگان عصر ویکتوریا، نیجریه‌ای‌های سپید-ردا و عارفان هندی پیام‌رسانی شد. این باید به ما دلگرمی ببخشد، زیرا نشان می‌دهد که ترجمه‌پذیری انجیل مسیحی فقط امیدی فرضی نیست، بلکه واقعیتی توصیفی است. کلیسا هم‌اکنون نیز به‌لحاظ قومی، فرهنگی و زبان‌شناختی متنوع‌ترین جنبش روی زمین است. این فصل کتاب بر آن است تا پیرامون ترجمه‌پذیری انجیل کندوکاو کند، آن‌هم از طریق درک این مطلب که تجسم می‌تواند مبنایی برای هر الاهیاتِ مبتنی بر ارتباط میسیونری فراهم آورد.

در حالی که نظریهٔ ارتباطات مدرن در آماده‌سازی میسیونرها اهمیت حیاتی دارد و باید در کنار نکات مختلف دیگری به‌کار گرفته شود، مهم است که آموزش در زمینهٔ ارتباط میسیونری بر *شالوده‌ای الاهیاتی* بنا شود. این فصل با آزمودن سه درس مهم که می‌توان از تجسم مسیح در مورد ارتباط میسیونری آموخت، این شالوده را فراهم می‌سازد. هر یک از درون‌مایه‌های مورد نظر با مقدمه‌ای همراه خواهد بود و سپس به‌عنوان مبنایی برای بررسی ویژگی‌های کلیدی ارتباط میسیونری مؤثر به‌کار خواهد رفت.

## درس اول: ارتباط میسیونری به‌عنوان ترجمه و کشف مجدد تجسم مسیح

ارتباط میسیونری مؤثر با یادآوری این نکته آغاز می‌شود که وظیفهٔ اصلی هر میسیونر معرفی عیسای مسیح است. درست همان‌گونه که تجسم نمایانگر اقدام خدا برای ارائهٔ ترجمانی از خود به زبان بشریت است، ارتباط مؤثر میسیونری هم اقدامی است بنیادین در جهت ترجمهٔ مجدد تجسم مسیح در بستری تازه. ممکن است زبان مکرم ما به هنگام سخن گفتن دربارهٔ مسیح با خودِ مسیح اشتباه گرفته شود. با این‌حال، یک مثال ساده نشان خواهد داد که ما نمی‌توانیم این دو را با هم برابر بدانیم. وقتی یحیای تعمیددهنده خواست اهمیت عیسی را برای شنوندگانش روشن سازد، چنین اظهار داشت: «این است برّه خدا که گناه از جهان برمی‌گیرد!» (یوحنا ۲۹:۱). این حقیقتِ محض به یحیی الهام شده است، اما در نهایت صراحت باید بگوییم که ناملموس است، مگر اینکه شنونده نخست مفهوم پسخ، نظام قربانی

یهود، و معنای *گناه* را درک کرده باشد. اگرچه ناآشناییِ شنونده با مفاهیم مذبور چیزی از حقیقت بودنِ سخن یحیی نمی‌کاهد، اما گوینده نتوانسته چنان که باید و شاید معنای مورد نظرش را به شنونده منتقل کند.

ممکن است کسی بگوید که سخن یحیی در گوش یک یهودی دیندار، همچون یکی از درخشان‌ترین اشارات صریح در مورد عیسی است. عبارت «برهٔ خدا» به زیبایی هرچه تمام‌تر هم یادآور پسخ است و هم یادآور نظام قربانی، که مفاهیم غنی فدیه، رستگاری الاهی و قربانی خونی را در یک جملهٔ کوتاه خلاصه کرده است. فلمینگ راتلج[۱] گفته‌ای به یاد ماندنی دارد که می‌خواهم در اینجا بدان اشاره کنم. وی می‌گوید که این مفاهیم به همان اندازه برای یک یهودی دیندار آشنا بودند که تبلیغات تلویزیونی برای آمریکائیان امروز. با وجود این، برای بت‌پرست هلنیستی که در مورد پسخ یا نظام قربانی یهود چیزی نشنیده بود و درکش از مفهوم گناه ناقص بود، بیان یحیای تعمیددهنده در مورد عیسای مسیح چندان مفهومی نداشت.

## سه راه‌حل ممکن

زمانی که مسیحیان اولیه با این بحران مواجه شدند، سه گزینه پیش روی خود داشتند، و این همان سه گزینه‌ای است که امروز هم کماکان انتقال انجیل با آن روبه‌رو است. گزینهٔ نخست این بود که نتیجه بگیرند که اهمیت عیسای مسیح تنها به یهودیان محدود می‌شده است. برای یهودیان، عیسای مسیح تحقق کامل آرزوهای مسیحایی‌شان بود، امید انبیای‌شان و بالاتر از همه، آنچه که ایشان را به‌عنوان قوم خدا تعریف می‌کرد. پس شاید عیسی تنها برای *آنان* «خبر خوش» بود. این همان گزینه‌ای است که من آن را «راه‌حل ابیونی»[۲] می‌نامم، که آن را از نام فرقهٔ کوچکی گرفته‌ام که در سدهٔ نخست میلادی پدید آمد و از مسیحیان یهودی‌تباری تشکیل شده بود که بشارت دادن به غیریهودیان را رد می‌کردند، و استدلال‌شان این بود که بر اساس کلام خدا ماشیح فقط تحقق‌دهنده و برآورندهٔ امید و آرمان یهود است.[۳] بدین‌سان، امروزه راه‌حل ابیونی توصیف‌کنندهٔ هر گروهی است که اصرار دارد دیگران باید اهمیت عیسی را در چارچوب منشاء فرهنگی و زبان‌شناختیِ معینی کشف و درک کنند.

گزینهٔ دوم، که هواداران بسیاری هم دارد، این است که نخست باید غیریهودیان را به‌سوی یهودیت سوق داد- یعنی به‌طور کامل آداب و رسوم، زبان، شریعت و آرزوهای یهود را به آنها آموخت- تا اینکه پس از آن به‌تدریج توانایی درک اهمیت مسیحایی عیسی را پیدا کنند. این گزینه «راه‌حل یهودی‌ساز»[۴] نامیده می‌شود، که امروزه گاهی در مجموع به آن عنوان راه‌حل تک-فرهنگی،[۵] یا به قول لامین سانه، میسیون از طریق اشاعه[۶] می‌دهند. غیریهودیان برای آنکه بتوانند اهمیت عیسی را درک کنند و قدرش را بدانند چاره‌ای جز این ندارند که

---

1. Fleming Rutledge; 2. Ebionite Solution

۳. از نظر ابیونی‌ها، حضور غیریهودیان «خداترس» در کلیسا تنها برای پر کردن شمار یهودیانی بود که ماشیح موعود را رد کرده بودند.

4. Judaizer Solution; 5. Monocultural Solution; 6. Mission by Diffusion

خود را با زبان، تاریخ، و فرهنگ یهودی تطبیق دهند. مثل اینکه گیاهی را در گلدانی بگذارند و به کسی بدهند تا نگاه دارد، با این پندار که گیاه مزبور برای ادامهٔ رشد به خاک اولیه نیاز دارد؛ به‌عبارت دیگر، این گیاه را نمی‌توان از خاکش درآورد و در جای دیگری کاشت. ایدهٔ کاشتن گیاه در خاک تازه از نظر پیروان این راه‌حل کاری بس پرمخاطره است. از دیدگاه ایشان، انجیل تنها در خاک یهودی رشد می‌کند و به بار می‌نشیند. شاید انجیل برای دنیا خبر خوش باشد، اما آن را فقط از طریق گذر از دروازهٔ فرهنگی یهودیت می‌توان تجربه کرد.

گزینهٔ سوم، و البته پرمخاطره‌ترین گزینه برای رسانندگان خبر خوش عیسای مسیح این بود که خود وارد چارچوب فرهنگی، زبان‌شناختی و اجتماعی گروه مورد نظر شوند و انجیل را از طریق اصطلاحات و مفاهیم آشنا برای دریافت‌کنندگان توضیح دهند. نام این گزینه، «راه‌حل چند-فرهنگی»[1] یا میسیون از طریق ترجمه[2] است. کلیسای اولیه، در شورای اورشلیم، که گزارش در فصل ۱۵ کتاب اعمال رسولان آمده، این گزینه را انتخاب کرد. برای عده‌ای پذیرش این گزینه دشوار بود چون ناگزیر به معنای ترک شیبولِث‌های مورد احترام (دستِ‌کم به‌طور موقتی) بود، زیرا ایمانداران کلیسای اولیه با این رویکرد می‌توانستند افراد برجسته‌ای را به درون خود راه دهند که در بستر فرهنگی-زبانی بزرگتری نسبت به هویت یهودی، از عیسای مسیح پیروی می‌کردند. وقتی پای اصطلاحاتی چون *ماشیح* و *برهٔ خدا* و *پسر داوود* به میان می‌آمد، یافتن راه‌های جدید برای صحبت کردن در مورد عیسی کار آسانی نبود، زیرا این اصطلاحات باید به اندازه‌ای معنادار می‌بودند که دریافت‌کنندگان بتوانند به کشف و تجربهٔ پیشرونده پیرامون اهمیت عیسای مسیح ادامه دهند. با این‌حال، درست در لابه‌لای صفحات عهدجدید می‌بینیم که مبشران اولیهٔ انجیل برای اعلان اهمیت و مفهوم عیسی به طریقی قابل‌فهم برای شنوندگان جدید و غیریهودی، زبان خود را با زبان آنان منطبق می‌کنند.

## نمونه‌هایی از راه‌حل چند-فرهنگی: میسیون از طریق ترجمه

اکنون زمان آن رسیده که چند نمونه از موعظه‌ها و تعالیم کلیسای اولیه خطاب به غیریهودیان را مورد بررسی قرار دهیم تا معلوم شود که آنان در پیِ اعلان انجیل در چارچوب فکری و زبان‌شناختی شنوندگان‌شان بوده‌اند، نه در صدد پافشاری بر اینکه غیریهودیان عیسی را در چارچوب یهودیت بیابند.

### *عیسی به‌عنوان ماشیح-عیسی به‌عنوان خداوند*

برای ایمانداران یهودی‌تبار اولیه، مؤثرترین و توصیفی‌ترین شیوهٔ اظهارنظر در مورد عیسی این بود که او را به‌عنوان «ماشیح» (عبری) یا «کریستوس» (یونانی)، به معنای مسح/تدهین‌شده، معرفی کنند. عنوان مزبور چکیدهٔ همهٔ امیدها و آرزوهای یهود را در خود داشت. با وجود این، درک این تصویر ذهنی (اگرچه کاملاً حقیقی) برای توصیف کامل آنچه که غیریهودیان در وجود عیسی می‌یافتند، نابسنده بود. برای غیریهودیان، ماشیح خواندن

1. Multicultural Solution; 2. Mission by Translation

عیســـی صرفاً تقلیدی از اعتراف پطرس در مورد عیسی بود که گفته بود: «تویی مسیح، پسر خدای زنده» (متی ۱۶:۱۶). آنها با اقرار به این جمله، شـــاید از آزمون شیبولِث پیروز بیرون می‌آمدند، اما به‌راســـتی اهمیت کامل عیسی را درنمی‌یافتند، چراکه ایشان در امیدهای نبوتی یهود در مورد ماشیح موعود، با آنان سهیم نبودند. عنوان ماشیح، با همهٔ غنایی که داشت، برای غیریهودیان حامل بار معنایی چندانی نبود.

راه‌حل راهبردی برای این مشکل، به‌طرزی زیرکانه در عهدجدید خود را نمایان می‌سازد. ما این را در پیام آن دســـته از شـــاگردان گمنامی می‌یابیم که از قبرس و قیروان آمده بودند و ذکرشـــان در اعمال ۱۱ رفته است. این شـــاگردان گمنام افتخار دارند نخستین کسانی خوانده شـــوند که انجیل را میان غیریهودیانی بردند که هیچ آشـــنایی قبلی با یهودیت نداشتند. لحظهٔ حســـاس در اعمال ۲۰:۱۱ فرامی‌رسد، وقتی لوقا می‌نویسد که ایشـــان «با یونانیان نیز سخن گفتند و عیســـای خداوند را به آنان بشـــارت دادند.» در اینجا انتقال بسیار مهمی از موعظه به عیسای مسیح به موعظه به عیسای خداوند می‌بینیم. گرچه شاگردان اولیهٔ عیسی یهودی بودند، اما متوجه شـــده بودند که عنوان *ماشیح* برای یونانیان بت‌پرست نمی‌تواند حاوی خبر خوش باشد. در عوض، آنها عنوان *کوریوس*[1] را جایگزینش کردند، که هرچند در سنت کتاب‌مقدسی کاربرد فراوان داشت، اما واژه‌ای هلنیستی بود که بت‌پرستان برای خدایان‌شان به‌کار می‌بردند. مخاطبان غیریهودی که تقریباً هیچ شـــناختی از کاربرد واژهٔ معادل عبریِ *خداوند* نداشـــتند، بیشـــتر با کوریوس ســـاراپیس[2] یا کوریوس آدونیس[3] مأنوس بودند، تا خداوند مکشوف در کتاب‌مقدس. اندرو والز خاطرنشان می‌سازد که به‌طور قطع برخی از برادران باید «از احتمالات تلفیق‌آمیز خود را کنار کشـــیده باشند.» با وجود این، والز در ادامه می‌افزاید که حتی این «عمل دلیرانهٔ ترجمهٔ متافیزیکی» کامیاب شد چون آنها آماده بودند که به مفهوم تازه در مورد هویت عیسی «شرح، کیفیت، ضمائم و تعریفی ببخشند که برای زبان و اندیشهٔ یونانی آشنا باشد.»

کسی که از شـــاگردان اولیه سرمشق گرفت پولس رســـول بود. در کتاب اعمال آمده که پولـــس کماکان به موعظه کردن در میان *یهودیان* مبنی بر ماشـــیح بودن عیســـی ادامه می‌داد (اعمـــال ۲۲:۹؛ ۳:۱۷؛ ۵:۱۸)، حـــال آنکه در موعظه کردن خطاب بـــه غیریهودیان از به‌کار بردن این عنوان پرهیز می‌کرد. وی در عوض، به شاگردان گمنام که از نخستین میسیونرهای یهودی‌تبار بودند تأســـی جســـته، عنوان «خداوند عیســـی» را در وعظ به غیریهودیان به‌کار می‌برد. (اعمال ۴۸:۱۳-۴۹؛ ۳۱:۱۶؛ ۵:۱۹و۱۷؛ ۲۱:۲۰)[4]

---

1. Kurios

۲. Kyrios Sarapis خدای یونانی-مصری خورشـــید بود. در نهایت او را به‌عنوان خداوند شـــفا و باروری می‌شناختند، و پرستش او در سراسر جهان مدیترانه‌ای جریان داشت.

3. Kyrios Adonis

۴. تا زمان نگارش نامه‌های پولس، اصطلاح مســـیح (کریســـتوس) از ســـوی غیریهودیان کاربرد گسترده پیدا کرده بود (پولـــس آن را ۲۷۰ بار به‌کار می‌برد). اما همچنان که هری هرتادو (Harry Hurtado) خاطرنشـــان می‌ســـازد، زمانی که غیریهودیان این واژه را به‌کار می‌بردند، برای‌شان در حکم یک نام بود تا عنوانی یهودی.

## نوشته‌های مقدس و مأخذهای بت‌پرستان

نمونـهٔ دوم را از اعمال ۱۶:۱۷-۳۴ گرفته‌ام، کـه در آن روایت دیدار پولس از آتن آمده، آنجا که وی را برای وعظ به آریوپاگوس دعوت کردند. مخاطبان او یونانی بودند، نه یهودی. از این‌رو، به‌جای آنکه از نوشته‌های مقدس و الهامیِ یهود، که خود با آنها انس و الفت بسیار داشـت، برای‌شان نقل قول کند، برای تأیید سخنانش از شـاعران یونانیِ خود آتنی‌ها شاهد می‌آورد. در آیهٔ ۲۸، وقتی پولس می‌گوید: «در اوسـت که زندگی و حرکت و هستی داریم»، از اپیمنیدس[1] شـاعر اهل کرت سدهٔ هفتم پیش از میلاد نقل‌قول می‌کند. و در همان آیهٔ ادامه داده می‌افزاید: «چنانکه برخی از شـاعران خود شما نیز گفته‌اند که از نسل اوییم...»، که این هم نقل‌قولی است از آراتوس،[2] شاعر اهل کیلیکیه.[3]

اپیمنیدس و آراتوس هر دو شـاعرانی بت‌پرسـت بودند که خدایان دروغین را پرستش می‌کردند. شـعر اپیمنیدس، که در اعمال ۱۷ نقل‌قول شـده، حاوی واژگانی است که از لبان مینوس،[4] پسـر زئوس بیرون می‌آید و در مقام سـتایش به زئوس تقدیم می‌شـود. مینوس می‌گوید: «اما تو نمرده‌ای؛ تو زنده‌ای و جاودانه خواهی پایید، *زیرا در توسـت که ما زندگی و حرکت و هسـتی داریـم*.» پولس این مطلب را که زئوس زنده اسـت و «جاودانه خواهد پایید» صراحتاً رد می‌کند، اما با دلیری آن را در مورد خداوند عیسی به‌کار برده، بت‌پرستان را فرامی‌خواند تا دست برآورده، فیض خدا را زندگی‌شان دریافت کنند.

نقل‌قول اولیه آراتوس هم در وصف و به افتخار زئوس سـروده شـده است. بیت اصلی شـعر بدین قرار است: «با زئوس اسـت که هر کس از ما به هر طریقی سروکار داریم، *چون ما نیز از نسـل او هسـتیم*.» با این‌حال، پولس بیت مزبور را برای این آورد تا نشـان دهد که کل بشریت در زیر فرمان خدای زندهٔ مکاشـفهٔ کتاب‌مقدسی است و اینکه او همهٔ جهان را به پس دادن حساب فرامی‌خواند و ایشـان را از طریق خداوند عیسی داوری خواهده نمود (اعمال ۲۸:۱۷-۳۱). این اسـاس الگوی کار پولس را تشـکیل می‌دهد، خواه از نوشته‌های مقدس یهود نقل‌قول کند، خواه از مأخذی متعلق به بت‌پرسـتان. او متن را از زمینه اولیه‌اش خارج کرده، در زمینه‌ای جدید یعنی مسیحی قرار می‌دهد.

حـال اگر فرض کنیم که پولس می‌خواسـت در زمان کنونی، نه دو هزار سـال پیش، و خطاب به مردمان امروزی هندوسـتان، نه مردم آتن، موعظه کند، چـه روی می‌داد؟ بیایید تصور کنیم که پولس می‌خواهد انجیل را برای هندوهای هندوستان وعظ کند، نه بت‌پرستان یونانی‌تبار امپراتوری روم. چه می‌شـود اگر به‌جای تصور کردن پولس بر فراز تپهٔ مریخ آتن، او را در شـهر مقدس بنارس و ایسـتاده بر کرانهٔ رود گنگ بینگاریم؟ اگر چنین می‌شد، این

---

1. Epimenides; 2. Aratus

۳. این نقل‌قول در فنومنای (Phaenomena) آراتوس و نیز در *سـرودی به پیشگاه زئوس* (Hymn to Zeus)، اثر کله‌آنتس (Cleanthes) آمده است.

4. Minos

صحنه به جهاتی برای پولس بسیار آشنا می‌بود. اگر شما بر فراز تپهٔ مریخ ایستاده باشید، تأثیرگذارترین چشم‌انداز در برابر دیدگان‌تان بنای بزرگ پارتنون،[1] معبد عظیم الاههٔ آتنا خواهد بود، که در مجاورت جنوب شرقی تپهٔ مریخ قد برافراشته است. به همین ترتیب، اگر پولس در بنارس بود و بر کرانهٔ رود گنگ می‌ایستاد، تأثیرگذارترین چشم‌انداز پیش رویش بنای کاشی ویشوانات،[2] معبد شیوا، خدای رودخانهٔ گنگ می‌بود.[3] اعتقاد بر این است که رود گنگ از موهای شیوا جاری می‌شود و اینکه هرکس در این آب‌های مقدس غوطه خورد، گناهانش شسته خواهند شد. هندوها سده‌ها است که از راه‌های دور آمده، رنج و زحمت زیارت این شهر، یعنی مقدس‌ترین شهر هندوستان را بر خود هموار می‌سازند. این درست مانند موقعیتی است که آتن در روزگار قدیم داشت.

در کلام خدا آمده که پولس در آتن ده‌ها مذبح مشاهده کرد که بر آنها نام خدایان نرینه و مادینهٔ گوناگون کنده شده بود، از جمله مذبحی که بر آن نقش: «تقدیم به خدای ناشناخته» را کنده بودند (اعمال ۲۳:۱۷). به همین ترتیب، اگر پولس در بنارس بود و در امتداد کرانهٔ رود گنگ قدم می‌زد، صدها زیارتگاه و معبد و مذبح می‌دید که به خدایان نرینه و مادینهٔ گوناگون[4] هندو تعلق دارند. پولس در آتن سرگرم مباحثه با گروهی از فیلسوفان اپیکوری و رواقی، دو مکتب عمدهٔ فکری آن زمان بود (۱۸:۱۷). اگر بنا بود او برای مدتی طولانی در بنارس رحل اقامت بیفکند، خیلی زود خود را در حال مباحثه با فیلسوفانی می‌یافت که در دانشگاه هندوی معروف بنارس تدریس می‌کنند. پیروان فیلسوفان بزرگ، سانکارا[5] و رامانوجا[6] هنوز دارند در مورد طبیعت خدا، واقعیت جهان، و بهترین راه رستگاری بحث می‌کنند. و سرانجام اینکه، مخاطبان هندوی پولس در بنارس به همان اندازه نسبت به وعده‌های یهود و انبیای عهدعتیق ناآگاه و بی‌اطلاع می‌بودند که «مردان آتنیِ» شنوندهٔ پیام او بر فراز کوه مریخ.

در چنین وضعیتی، آیا بعید به‌نظر نمی‌رسد که پولس رسول بخواهد با نقل‌قول کردن از نوشته‌های انبیای یهود، که برای مخاطبانش بیگانه بودند، انجیل را با هندوها در میان بگذارد؟ اگر قرار بود پولس برای مدتی دراز در شهر بنارس بگردد، متوجه می‌شد که هندوها هم مانند آتنی‌ها مردمانی بسیار مذهبی هستند. آنها هم به تجلیات ظاهری دین از قبیل قربانی، انکار نَفْس، زیارت، و غیره بسیار می‌بالند. برای هندوها یکی از مهمترین پیام‌ها این است که ظواهر دینی هیچ سودی ندارند، زیرا خدا به دل‌های ما نگاه می‌کند. احتمالاً پولس از متن مشهور برگرفته از اول سموئیل ۷:۱۶ نقل‌قول می‌کرد که می‌گوید: «خداوند مثل انسان نمی‌نگرد، زیرا انسان به ظاهر می‌نگرد و خداوند به دل.» اما به یقین می‌توانم بگویم که پولس رسول پس از آن برای تأیید این متن می‌گفت: «زیرا حتی شاعر خود شما توکارام هم گفته که "پوستهٔ نارگیل سخت، اما درونش بسیار عالی است. بنابراین،

1. Parthenon; 2. Kashi Vishwanath

۳. کاشی نام قدیمی شهر امروزی واراناسی (Varanasi) است، شهری که انگلیسی‌ها آن را بنارس می‌خوانند. «ویشوانات» هم یعنی «خداوند همگان».

4. Pantheon; 5. Sankara; 6. Ramanuja

به خاطر داشته باشید که پاکی درون هدف است... ارزش هر چیز بسته به کیفیت درونی آن است.“»

نقل کردن عبارتی نظیر این از توکارام به هیچ وجه شعر توکارام را تا حد یک نوشته الهامی بالا نمی‌برد، چنانکه نقل‌قول پولس از کرتیکای[1] اپیمنیدس در آن زمان چنین نکرد. چنین عبارتی تأییدی است بومی برای تقویت متن کتاب‌مقدسی، که به‌جای ایجاد حس بیگانگی میان آنان و مسیح، پیام عیسای مسیح را به جهان‌بینی هندوها وارد می‌کند.

## عیسی «*لوگوس*» خداست

نمونهٔ سومی که نشان می‌دهد نویسندگان و واعظان اولیهٔ مسیحی از قالب‌های فکری ویژه‌ای بهره می‌گرفتند تا در مورد انجیل با مخاطبان خود صحبت کنند، در نوشته‌های یوحنای رسول یافت می‌شود. یوحنا در سرآغاز دیباچهٔ انجیلش اظهار می‌دارد که عیسی *لوگوس* یا «کلام» است. واژهٔ *لوگوس* در جهان باستان پیوندهای آشنای بسیاری داشت، چنانکه تاریخ کاربرد فلسفی غنی آن به زمان هراکلیتوس[2] (۵۳۷-۴۷۵ ق. م.) بازمی‌گردد و فیلسوفان پیرو مکتب افلاتون و نیز رواقیون در نوشته‌های خود آن را به شیوه‌های گوناگون به‌کار برده بودند. گاه آن را «خِرَد فعال»[3] یا «اصل جان‌بخش»[4] ترجمه می‌کنند، که کل جهان هستی را قوام می‌بخشد. معاصران یوحنا متوجه بودند که *لوگوس* اصطلاحی فلسفی است که بر ظرفیت عقلانی یا «اصل مُوَلّد» دلالت دارد که در تمام طبیعت حاضر است. *لوگوس* را در سدهٔ نخست میلادی اصلی تلقی می‌کردند که جهان را می‌آفریند، بدان نظم می‌بخشد و نیروی جان‌بخش خود را از طریق کل ماده می‌گستراند.

اگر بخواهیم آن را از منظر خوانندهٔ امروزی توضیح دهیم، شاید دانستن این مطلب مفید باشد که چون اصطلاح *لوگوس* بر نیرویی غیرشخصی و فراگیر یا اصل جان‌بخش دلالت می‌کند، پس باید ریشهٔ معنایی آن به جهان‌بینی هندو نزدیکتر باشد تا جهان‌بینی یهودیت و مسیحیتِ راستدین (ارتودوکس). در یک کلام، نقطهٔ آغاز طبیعی برای اعلان پیام مسیحی برای خوانندهٔ امروزی می‌توانست این عبارت ساده باشد: «در آغاز کلام بود و کلام با خدا بود و کلام، خدا بود.» (یوحنا ۱:۱)

یوحنا در دیباچهٔ انجیل خود با استادی هرچه تمام‌تر اصطلاح فلسفی *لوگوس* را برای نقطهٔ آغاز گفتار خود به‌کار می‌برد، اما آن را به الوهیت مرتبط می‌سازد، یعنی آن کلامی که صادر شده بود همان است که هنگام پیدایش جهان نظم کل را پدید آوَرد. یوحنا وقتی می‌گوید: «*لوگوس انسان خاکی شد* و در میان ما مسکن گزید» (یوحنا ۱۴:۱)، خیلی دقت دارد که این اصطلاح را به‌درستی تغییر جهت داده با مکاشفهٔ کتاب‌مقدسی هم‌راستا سازد. *لوگوس* در کاربرد غیردینی‌اش، ممکن نبود انسان خاکی شود. یوحنا با اظهار اینکه *لوگوس* یا کلام، انسان خاکی شد، این ادعا را در توصیف انسانی واقعی مطرح می‌کند که در زمان معینی از تاریخ جسم گرفت. در واقع، همین عبارت «انسان خاکی شد»[5] بود که در زبان لاتین به

1. Cretica; 2. Heraclitus; 3. Active Reason; 4. Animating Principle; 5. Sarx Egeneto

اینکارناتس[1] ترجمه شد که هم‌ریشه با واژهٔ «تجسم»[2] در زبان انگلیسی است. یوحنا با تغییر جهت دادن به اصل *لوگوس* به‌سوی شرح آفرینش در کتاب پیدایش و جسم گرفتن عیسای مسیح، عیسی را با اصل رواقی‌ها یا افلاتونی‌ها یکی نمی‌شمارد، بلکه از این اصطلاح به‌عنوان نقطهٔ آغاز، و یک پل زمینه‌ای، برای فراخواندن شنوندگان غیریهودی‌اش به‌سوی جهان‌بینی مسیحی استفاده می‌کند.

## خطرات ذاتیِ ترجمه‌پذیری

پیش‌تر خاطرنشان ساختیم که چگونه تصمیم مسیحیان اولیه مبنی بر ترجیح دادنِ ترجمه‌پذیریِ میان‌فرهنگی بر راه‌حل ابیونی یا یهودی‌سازی، به آنان امکان داد تا نهال انجیل را در خاک بومی همهٔ فرهنگ‌ها بکارند. با وجود این، ترجمه‌پذیری در را به‌روی خطرات بالقوه‌ای نیز باز می‌کند و آن زمانی است که از مسیح «سوءترجمه»[3] شود. برای مثال، کاربردهای متعدد از مسیح‌شناسیِ *لوگوسِ* یوحنا در دورهٔ معاصر از اذعان به اهمیت مورد نظر او و مبنی بر اینکه با استفاده از عبارت «انسان خاکی شد» لوگوس را در تجسم تاریخی مسیح می‌نشاند، بازمانده‌اند. نویسندگانی چون جان هیک و ریموندو پانیکار[4] به نارِوا آیهٔ ۱ را از آیهٔ ۱۴ جدا کرده‌اند و در نتیجه با هدف فراهم کردن مدلی برای کثرت‌گرایی دینی، جسم گرفتن مسیح را انکار نموده‌اند- یعنی مسیح را از جسم خاکی جدا ساخته‌اند. به مجردی که از *لوگوس* مفهومی انتزاعی و غیرمجسم برداشت شود، آنگاه می‌توان آن را بدون چالش در ساختار قابل تصور هر دین دیگری نیز جای داد. با وجود این، تفکیک کردن یوحنا ۱:۱ از ۱۴:۱ یعنی به ناحق جدا کردنِ عیسای تاریخی از مسیح ایمانی، و نادیده انگاشتنِ آموزهٔ تجسم. در مقابل، یوحنا برای ترجمه‌پذیری انجیل به‌طرزی مؤثر الگوسازی کرده، نشان می‌دهد که چگونه می‌توان این کار را انجام داد به‌طوری که نسبت به بافت متن حساس باشد و در عین‌حال راستی خود را نسبت به عیسای مسیح و انجیل تاریخی مسیحی حفظ کند.

## گزارهٔ «هم این-هم آن»، نه «یا این-یا آن»

این سه نمونه که از نخستین مبشران انجیل ذکر کردیم، به ما کمک می‌کنند تا به اهمیت میسیون‌شناختی تجسم پی ببریم. تجسم نمونه‌ای غایی از ترجمهٔ یک وجود جهانی به یک وجود شخصی به‌دست می‌دهد. نمونه‌هایی که در این فصل از کتاب ارائه شده‌اند، نشان می‌دهند که کلیسای اولیه چقدر عمیق و مؤثر آموخته بود که مسیح را به شیوه‌های جدید بازبنمایاند.

تشخیص این نکته حائز اهمیت است که چالش یافتن شیوه‌های جدید برای سخن گفتن در مورد مسیح به هیچ روی از زبان قبلی که کاربران دیگر (یا قبلی) آن را برای بزرگداشت اهمیت غایی عیسای مسیح به کار برده‌اند، چیزی نمی‌کاهد. همچنان که یوحنا کرد، اعلان اینکه عیسی *لوگوس* خدا است، تلاشی جسورانه برای ایجاد ارتباط زمینه‌ایِ درست در مورد

1. Incarnates; 2. Incarnation; 3. Mistranslated; 4. Raimondo Panikkar

مفهوم مســیح با کسی است که نخستین ملاک و معیارش دنیای یونانی است. با این‌حال، کار او به هیچ وجه از این حقیقت که عیســی «برهٔ خدا است» چیزی نمی‌کاهد. مسیحیان، در هر نسلی که باشند، اجباری ندارند زبان پیشین را رها کنند، حتی اگر راه‌های جدیدی برای سخن گفتن دربارهٔ مسیح کشف کنند. این بدان‌خاطر است که وقتی کسی به مسیح می‌گرود، مشمول چیزی می‌شود که میسیون‌شناسان آن را «گذشتهٔ انطباق‌پذیر» تازه می‌خوانند. این یعنی آنکه ما در مســیح به کلیسای جهانی در سراسر کرهٔ زمین، و نیز در طول تاریخ، پیوند می‌خوریم، و با کســانی ارتباط می‌یابیم که با ما هم‌زبان و هم‌فرهنگ نیستند، لیکن همچون ما به اهمیت غاییِ عیسای مســیح پی برده‌اند. من حتی با وجودی که یهودی نیستم و در شهری بزرگ پرورش یافته‌ام، به اهمیت عیســی به‌عنوان «برهٔ خدا» اذعان یافتــه‌ام، گرچه هرگز نمی‌توانم همچون مســیحیانِ یهودی‌تبار اولیه به درک این مفهوم نایل شــوم. یا مثلاً وقتی آفریقایی‌ها از عیسی به‌عنوان «نیای نخســتین» یا «جد اعلا»یی تجلیل می‌کنند که همهٔ آرزوها و امیدهای‌شــان را تحقق بخشیده، هرچند سخن‌شــان گویای آن نیست که عیسی در عمل نیای آنان بوده، اما از نظر من این تکریم نه تنها از حقیقت مسیح چیزی نمی‌کاهد، بلکه آن‌را بیشتر نیز بسط می‌دهد. بنابرایــن، ترجمه‌پذیری همواره در دو جهت عمل می‌کند. مســیح بــه بافت یا زمینه‌ای تازه ترجمه می‌شود، و وقتی دریافت‌کنندگان معنا و اهمیت مسیح را در بستر تازه دریافت کردند و آن را درخور دیدند، آنگاه ما از وسعیت یافتن دیدگاه‌مان در مورد مسیح برکت خواهیم یافت.

به‌طور طبیعی، هر نســلی با این وسوســه روبه‌رو است که دیدگاه‌های خاص خودش را در مورد مســیح به‌هنجــار، و نمایانگر کلام آخری بداند که باید برای نســل پس از خود بر جای بگذارد، اما شــنیدن و پذیرفتن انجیل از ســوی مردمان جدید، همچنان موجب کشف دیدگاه‌های تازه می‌شــود. یاروســلاو پلیکان، در کتاب خود با نام «*عیسی از میان سده‌ها*» با دقت و سند اثبات کرده است که نسل‌های متفاوت به پرسش «عیسای مسیح کیست؟» چگونه پاسخ داده‌اند. او به ثبت هجده تصویر از مسیح طی سده‌ها پرداخته است. با این‌همه، تصاویر بیشــتری از مســیح باید مورد توجه قرار بگیرند. در روز پنتیکاست، همهٔ آنانی که گرد آمده بودند، عجایب خدا را به «زبان‌های خود» شــنیدند. خدا به زبان‌های محلی سخن می‌گوید. کوامه بدیاکو با ریزبینی به ما یادآور می‌شــود که پنتیکاســت تنها یک رویداد *جامعه‌شناختی* نیســت، بلکه یک وضعیت *الاهیاتی* است که تعهد همیشــگی خدا را نسبت به ترجمهٔ خبر خوش در مورد عیسای مسیح به زبان همهٔ فرهنگ‌های روی زمین، نشان می‌دهد.

این درون‌مایهٔ نخست اثبات می‌کند که انجیل را باید با ملاک و معیار گروه دریافت‌کننده بشــارت داد. این مســتلزم همانندســازی فرهنگی اســت، نه اینکه مردمان را از پیوندهای فرهنگی‌شان جدا کنیم و مصرانه از آنها بخواهیم مسیح را در قالب‌های فرهنگی *ما* بشناسند. این اصل با الاهیات فرهنگ که در فصل ۶ صحبتش را کردیم، پیوســته است. همچنین یکی از درس‌های اساسی تجسم است.

بــرای به‌کار بردن این اصــل، بگذارید به مثال اولیهٔ خودمان در مــورد اعلان یحیای تعمیددهنده در این باره که عیسی «همان برهٔ خدا است که گناه از جهان برمی‌گیرد»، بازگردیم.

قبلاً بررسی کردیم که پیش از آنکه بتوانیم عبارت «برهٔ خدا» را با دیگران در میان بگذاریم، باید نخست آن را به‌طرز قابل‌ملاحظه‌ای تشریح کنیم. شاید لازم باشد برای اعلان هرچه شفاف‌تر پیام در مورد شخص و خدمت عیسی از عبارات و تعابیر دیگر استفاده کنیم. در هر جا که ممکن باشد، به‌کار بردن مفاهیمی که از پیش در کتاب‌مقدس آمده‌اند یا در الاهیات مسیحی از جایگاهی برخوردارند، اولویت دارد؛ واژگانی نظیر «منجی» یا «رهاننده». با وجود این، گاه مفاهیم تازه‌ای در مورد عیسی، مانند «نیای بزرگ»[1] در آفریقا، «گوروی ابدی»[2] (استاد معنوی- م.) در هندوستان، یا چونگ تزو[3] (تجسم آرمان‌های کنفسیوسی) در چین به روش‌هایی به‌کار برده شده‌اند که با متن کتاب‌مقدس سازگاری داشته‌اند، اما در عین‌حال از ایده‌های بومی موجود نیز الهام یافته‌اند. البته روشن است که این امر برای اعلان درستِ اهمیتِ عیسی است و نباید آن را به‌عنوان اصلی پیشنهادی برای ترجمهٔ کتاب‌مقدس یا جایگزینیِ تصاویر آشنای کتاب‌مقدسی در نظر‌گرفت.

هر عنوانی که برای مسیح پیشنهاد می‌شود باید با محک کلام خدا و شهادت رسولان در مورد عیسی مورد آزمون قرار بگیرد، زیرا کلام خدا مکاشفه‌ای الاهی در مورد عیسای مسیح و گزارش عاری از خطای شاهدان و شنوندگانِ عینیِ اوست. بسیاری از تصاویری که طی سده‌ها به‌وجود آمده‌اند بازتاب بصیرت‌های اصیل و سودمند در مورد خداوند عیسای مسیح‌اند. با وجود این، چنانکه در مورد همهٔ استعارات صادق است، بدون توجه و شفاف‌سازی مداوم، هر یک از این تصاویر می‌توانند به‌طور بالقوه به انحراف کشیده شوند (چندان که در مورد کاربرد الاهیات لوگوس این انحراف از سوی هیک و پانیکار صورت گرفت). با این‌حال، حتی آن‌دسته از تأملات مسیح‌شناختی را که بتوانند از بوتهٔ آزمایش کلام خدا و گذشت زمان بیرون بیایند نمی‌توان دلیلی برای معلق ساختن تأملات و اکتشافات جدید دانست. اگر انجیل در یک قومیت واحد همچون یهودیت باقی مانده بود، ما هیچگاه نمی‌توانستیم از دیدگاه‌های مسیحیان هلنیستی بهره‌مند شویم. به همین ترتیب، از وقتی که انجیل به فرهنگ‌های دیگر در چین، هند، ژاپن، آفریقا، کره و سایر سرزمین‌ها ترجمه شده، ما نیز بیشتر به دیدگاه‌های تازه‌تری در مورد زیبایی و واقعیت عیسای مسیح دست یافته‌ایم.

بخش دوم آیه که می‌گوید: «گناه از جهان برمی‌گیرد»، بر نیاز جهانی به شنیدن در مورد مفهوم گناه در فرهنگ‌های مورد نظر تأکید دارد. انسان‌شناسان هرازگاهی می‌گویند که در جهان فرهنگ‌هایی وجود دارد که در آنها مفهوم گناه یافت نمی‌شود. برای مثال، راجر کیسینگ،[4] انسان‌شناس، به تقبیح میراث میسیونری پرداخته می‌گوید: «مفهوم گناه باید در کنار بیماری آبله، در ردیف مخرب‌ترین صادرات ما قرار بگیرد.» با وجود این، تعابیری از این دست فقط نشان می‌دهند که در درک مفاهیمی که در کتاب‌مقدس «گناه» ترجمه شده‌اند، چه سوء‌تفاهماتی وجود دارد.

---

1. Chief Ancestor; 2. Everlasting Guru; 3. Chüng-Tzu; 4. Roger Keesing

واژهٔ *گناه* بر اساس کاربرد امروزی آن عموماً برای توصیف گروهی از اعمال به‌کار می‌رود که دین (یا خدا) آنها را محکوم می‌کند اما جامعه قانونی بر ضد آنها وضع نمی‌کند. برای مثال، شاید زنا در زمرهٔ گناهان شمرده شود، اما قتل را جرم و جنایت می‌دانند. به‌عبارت دیگر، واژهٔ *گناه* معنای الاهیاتی نسبتاً محدودی گرفته است. با این‌همه، طیف لغوی واژهٔ گناه در کتاب‌مقدس بسی گسترده‌تر از این است. در واقع، کتاب‌مقدس برای انتقال مفهوم گناه از واژه‌هایی بهره می‌گیرد که ما آنها را «سکولار» می‌خوانیم. برای نمونه، در زبان عبری واژهٔ *خاتا*[1] به معنای «به هدف نزدن» است و در اصل وقتی به‌کار می‌رفت که سنگ پرتاب‌شده از فلاخن به هدف نمی‌خورْد. با این‌حال، کتاب‌مقدس واژهٔ مزبور را برای توصیف کسی به‌کار می‌بَرَد که از منظر قدوسیت خدا «به هدف نزده» است. واژهٔ عبری *آوار*[2] یعنی «از خط گذشتن»، و در اصل برای اشاره به گذشتن از خط به‌کار می‌رفته، اما کتاب‌مقدس آن را در مورد کسی به‌کار می‌برد که از شریعت یا فرمان خدا تجاوز می‌کند و از محدوده‌ای اخلاقی «می‌گذرد». واژه‌های دیگر از قبیل *آواه*[3] به معنای «خم کردن یا پیچاندن»، به همین ترتیب به‌کار گرفته شده‌اند. بنابراین، اگرچه در برخی از فرهنگ‌ها واژهٔ مشخص و متمایزی برای گناه وجود ندارد که منحصراً بر سرپیچی از فرمان خدا و عصیان در برابر او دلالت کند، اما هر فرهنگی برای خود واژه‌هایی دارد که می‌توان آنها را برای رساندن مفهوم گناه اقتباس کرد.

روبرت پریست،[4] انسان‌شناس مسیحی، حین کار در میان قوم آگوارانا-خیوارو[5] در پرو کشف کرد که آنها واژگانی بسیار متنوع دارند که می‌توان از آنها برای انتقال مفهوم گناه بهره جست؛ واژه‌هایی از قبیل Pegkegchau به معنای چیز زشت یا بدریخت؛ Tsuwat به معنای چیز پلید یا کثیف؛ Antuchu به معنای کسی که از گوش دادن خودداری می‌کند؛ و Tudau به معنای کسی که درگیر انواع تخطی‌های فرهنگی، همچون زنا یا کتک زدن همسر می‌شود، یا بد آشپزی می‌کند. روبرت پریست نشان می‌دهد که چگونه هر یک از این واژه‌ها را می‌توان برای رساندن مفهوم کتاب‌مقدسی گناه در قالب یک تخلف اخلاقی در برابر خدا به‌کار برد. با وجود این، به‌کارگیریِ چنین روش مؤثری برای انتقال پیام انجیل مستلزم صرف زمان و بردباری است، که ما را به درس دوم از تجسم در مورد ارتباط میسیونری مؤثر رهنمون می‌شود.

## درس دوم: ارتباط میسیونری به‌عنوان پاسخی به پرسش‌های بومی

یکی از چالش‌انگیزترین جنبه‌های میسیونر بودن آموختن این نکته است که دنیا را با دیدهٔ کسانی ببینیم که می‌خواهیم انجیل را بدیشان برسانیم. به همین‌خاطر است که آموختن زبان و سازگاری فرهنگی در زندگی میسیونر اهمیتی فراوان دارد و ویژگی ناگزیر او به‌شمار می‌رود.

1. Chata; 2. Avar; 3. Awah; 4. Robert Priest; 5. Aguarana-Jivaro

یکی از ارزش‌های پایدار یادگیری زبان پرورش دادن ظرفیت شخص برای خوب گوش دادن است. اکثر برنامه‌های آموزشی میسیونری تقریباً به‌طور کامل روی این متمرکز شده‌اند که به میسیونرها بیاموزند چه *بگویند*، و کلاً روی گوش‌دادن هیچ تأکیدی نمی‌کنند. با این حال، کسی که میسیونر شده خوب می‌داند که فراگیری خوب گوش دادن یکی از مهمترین اجزاء ارتباط مؤثر است. پیش از اینکه بتوانیم به‌طرزی مؤثر انجیل را با مردم در میان بگذاریم، باید آنها و جهان‌بینی‌شان را درک کنیم.

در ارتباط با نقش گوش دادن می‌توانیم دو درس مهم از تجسم فرابگیریم. نخست اینکه، عیسی پیش از اعلان و تعلیم دربارهٔ پادشاهی خدا، سی سال از عمر خود را صرف پرورش یافتن و زندگی در فرهنگ زادگاهش کرد. او حتی با وجودی که پسر خدا بود، هیچ راه دیگری را جایگزین رشد و بالیدن در فرهنگ و تبدیل شدن به یکی از اعضای آن نکرد. دوم اینکه، میان دو مقطع تولد و تعمید عیسی، که سرآغاز خدمت عمومی او است، تنها اشارتی که به او داریم در سن دوازده سالگی‌اش در معبد است. با نگاهی اجمالی به عیسای نوجوان، او را در حال موعظه کردن به کسی یا آموزش دادن به بزرگترها نمی‌یابیم. بلکه چیزی که در ارتباط با او نگاه ما را به خود جلب می‌کند، *گوش دادن* و پرسیدن است. در لوقا ۲:‏۴۶ چنین آمده: «پس از سه روز، سرانجام او را در معبد یافتند. در میان معلمان نشسته بود و به سخنان ایشان گوش فرا می‌داد و از آنها پرسش‌ها می‌کرد.»

وقتی ما وارد فرهنگی جدید می‌شویم، همواره وسوسه می‌شویم به‌سرعت سر اصل مطلب رفته انجیل را به مردم آن برسانیم و فرض را بر این می‌گذاریم که پرسش‌های‌شان همان‌ها است که خود داشتیم، و می‌توانیم بر پایهٔ شناخت‌مان از انجیل برای‌شان «پاسخ‌هایی» آماده کنیم. با این‌همه، وقتی انجیل مرزهای فرهنگی تازه‌ای را درمی‌نوردد، در برخورد آن با مردمان جدید پرسش‌های تازه‌ای هم مطرح می‌شود که احتمالاً ما هیچ پاسخ آماده‌ای برای آنها نداریم. بنابراین، الاهیات ما برآیند مهمترین پرسش‌هایی است که در مورد کلام خدا مطرح می‌شود و تأمل در کلام خدا و اندیشیدن پیرامون این است که کتاب‌مقدس چه پاسخ‌هایی برای آنها دارد. بررسی یک کتاب الاهیات نظام‌مند روشن می‌سازد که مطالب آن همهٔ چیزهایی نیست که کتاب‌مقدس تعلیم می‌دهد. بلکه مطالب کتاب چکیدهٔ پرسش‌هایی است که ما با آنها روبه‌رو شده‌ایم و در پذیرفتن انجیل از سوی ما نقش مهمی داشته‌اند. برای نمونه، به‌رغم این واقعیت که کتاب‌مقدس به موضوعاتی از قبیل دیوزدگی و خوراک قربانی بت‌ها اشاره می‌کند، اکثر پرسش‌هایی که ممکن است به‌طور طبیعی در این مورد بروز کنند، معمولاً در کتاب‌های درسی الاهیات در غرب یافت نمی‌شوند، چون این مسائل هیچ‌گاه جزو تجربیات عمدهٔ غربیان نبوده یا برای فهم آنها دغدغه‌ای وجود نداشته است. یکی از تأثیرات جانبیِ اقامت طولانیِ انجیل در فرهنگ غرب پدید آمدن این فرض غلط است که همهٔ پرسش‌های بالقوه گردآوری و به آنها پاسخ داده شده است و اینکه اساساً هیچ پرسش تازهٔ دیگری باقی نمانده که لازم باشد برایش به‌دنبال پاسخی گشت. بنابراین، الاهیات مسیحی در قالب طبقه‌بندی‌های تبیین‌شدهٔ معینی ثابت مانده است.

## پرسش‌های هندوها از مسیحیان

یکی از تجربیات روشنگرانه در زندگی من، فرصت برای کار کردن با میسیونرهای هندی طی دوره‌ای بیست‌ساله بوده است. چند سال پیش من سرپرستی یک نظرسنجی از صدها مؤسس کلیسا را بر عهده داشتم که همگی به‌عنوان میسیونر در میان هندوهای شمال هندوستان مشغول به خدمتند. می‌خواستم ببینم که هندوهایی که برای نخستین‌بار با انجیل و میسیونر مسیحی روبه‌رو می‌شوند، اغلب چه می‌پرسند. نتایج این نظرسنجی تکان‌دهنده بود. معلوم شد که هندوها پرسش‌هایی دارند که برنامهٔ پرورش میسیونر ما در شمال هند (که من از سال ۱۹۸۹ در آن مشغول به تدریسم) دانشجویان را به اندازهٔ کافی برای پاسخگویی به آنها آماده نمی‌کند. برای برنامه‌های آموزشیِ الاهیاتی در سراسر جهانِ اکثریت، تبعیت کردن از مدل‌های غربی و حتی استفاده از کتاب‌های درسی غربی یا ترجمهٔ کتاب‌های غربی برای آموزش و تجهیز دانشجویان، امری عادی است. این برنامه‌ها در عین‌حال که سودمندند، اغلب طیفی از موضوعات را که برای انتقال مؤثر پیام انجیل حیاتی به‌شمار می‌روند، از قلم انداخته‌اند. دلیل این امر پیروی از مدل‌ها و کتاب‌های آموزشی است که برای استفاده در غرب طراحی و تدوین شده‌اند.

اشاره به چند نمونه از نتایج نظرسنجی کمک خواهد کرد که این معضل را بهتر بفهمیم. نخست، دیدگاه‌های هندو در مورد «کارما»، درک این مطلب را به‌شدت دشوار می‌سازد که مرگ عیسی بر صلیب (گذشته از یک نمونهٔ اخلاقیِ صِرف) بتواند بر کسی که امروز زندگی می‌کند، تأثیر داشته باشد. هر برنامه‌ای که برای آموزش به مردم هند به‌منظور خدمت در میان هندوها تبیین می‌شود، باید تفاوت‌های میان آموزهٔ کارمای هندو و آموزهٔ فیض مسیحی را به روشنی نشان بدهد.

دوم، هندوها برخلاف مسلمانان با این ادعای مسیحیان که عیسی خدای جسم‌گرفته است هیچ مشکل خاصی ندارند، چون این امر به‌طور گسترده در هندوئیسم پذیرفته است. چالشی که هندوها در این ارتباط با آن روبه‌رو هستند، *منحصربه‌فرد بودن* تجسم است، نه *واقعیت* آن. وانگهی، درک این نکته برای هندوها سخت است که چگونه مسیحیان می‌توانند مدعی شوند که عیسی نمونهٔ عالی بشریت است، حال آنکه نه زن گرفته و نه فرزند داشته است، چراکه همهٔ خدایان رده بالای هندوئیسم که به آنها بیشترین حرمت را می‌گذارند، زن و فرزند دارند.

سوم، هندوها از منظر فرهنگی به دین نگاه می‌کنند و مسلم می‌دانند که برای رسیدن به خدا راه‌های بسیاری وجود دارد و به هر فرهنگی راه ویژهٔ خودش داده شده است. آنان برای پذیرش یک «خدای بیگانه» در عوض خدایان ملی خودشان ارزشی نمی‌بینند. بسیاری از هندوها حتی باور ندارند که «تغییر دادن» دین امکان‌پذیر باشد.

سرانجام، این واقعیت که مسیحیان گوشت می‌خورند، عمیقاً هندوها را پریشان می‌سازد، به‌ویژه از این جهت که اکثر هندوها بر این باورند که عیسی گیاهخوار بوده است. این چند نمونه اهمیت موضوعاتی را نشان می‌دهد که میسیونر مسیحی در میان هندوها باید برای

پاسـخگویی به آنها آماده باشد، اما به احتمال زیاد در برنامه‌های آموزشی با گرایش غربی، به این موارد هیچ اشاره‌ای نمی‌شود.

همهٔ پرسش‌های مطرح‌شده در نظرسنجی، برآمده از توجه دقیق به پرسش‌هایی دربارهٔ مسیحیت (و ایراداتی بر آن) بود که از سوی هندوهای ساکن شمال هند مطرح شده است. برای مثال، اگر در میان مسلمانان شمال آفریقا، بودایی‌های تایلند، یا پست‌مدرن‌های سکولار آمریکای شمالی هم نظرسنجی مشابهی صورت می‌گرفت، پرسش‌ها و موانع پیشرفت عمیقاً با نظرسنجی‌های دیگر فرق می‌کرد. نکته در اینجا است که ما نمی‌توانیم فرض را بر این بگذاریم که کتاب‌های درسی سنتی غرب در زمینه‌های الاهیات، آموزش شبانی، بشارت، و غیره برای رویارویی با چالش شهادت مؤثر جهانی بسنده یا همیشه از لحاظ فرهنگی قابل انتقال هستند. هیچ چیز نمی‌تواند جای شناخت یک فرهنگ خاص، توجه دقیق به پرسش‌های آن، و بازخوانی کلام خدا در پرتو فرهنگ و پرسش‌هایش را بگیرد.

## پرسش‌های مسیحیان

گوش دادن به پرسش‌های غیرمسیحیان تنها نیمی از تمرین گوش دادن است. نیم دیگر که از اهمیت بسیار حیاتی برخوردار است گوش دادن به پرسش‌هایی است که مسیحیان ساکن در فرهنگ مورد نظر مطرح می‌کنند. در پاره‌ای موارد، شاید هیچ مسیحی بومی وجود نداشته باشد، بنابراین باید صبر کرد تا زمانی که نخستین ایمانداران به پیام انجیل واکنش مثبت نشان دهند و با تعالیم کتاب‌مقدس روبه‌رو شوند. من طی سالیان، از دانشجویان بومی که مشغول فراگیری رشتهٔ میسیونری بوده‌اند خواسته‌ام تا پرسش‌هایی را که برخاسته از تجربیات‌شان یا مطالعهٔ کلام خداست و نیاز داشته‌اند بیشتر در موردشان بفهمند یادداشت کنند و به من بدهند. گردآوری این پرسش‌ها طی سال‌های متمادی به من کمک کرده تا محتوا و مسیر تعلیمم را به هنگام آموزش دادن به میسیونرهای بومی شکل دهم.

این پرسش‌ها که اغلب از سوی مسیحیان هندی مطرح شده‌اند، در چهار دستهٔ کلی جای می‌گیرند. حال، من هر یک از این دسته‌ها را به‌طور اجمالی شرح می‌دهم و از هر کدام یکی دو نمونه ارائه می‌کنم.

نخست، بسیاری از پرسش‌ها حول پوشاک و آرایش می‌گردند. در هند، هر اجتماع دینی را اغلب می‌شود از روی شیوهٔ لباس پوشیدن، نشان‌های ویژه، یا آرایش و زیورآلاتی که به‌کار می‌برند از دیگر اجتماعات بازشناخت. بنابراین، هندی‌ها اغلب می‌پرسند که مثلاً اگر شخصی از دین سیک به مسیح گرویده، آیا باید عمامه‌اش را از سر بردارد؟ یا مثلاً، رسم است که زنان شوهردار هندو زیورآلاتی (معمولاً گوشواره و حلقهٔ بینی و النگو برای دست و پا) به خود می‌آویزند و پودر قرمز رنگی موسوم به *سیندور*[1] به موهای‌شان می‌مالند تا نشان دهند که متأهل‌اند. مسیحیان اغلب اصرار دارند که بانوان ایمانداری که از کیش هندو به مسیحیت گرویده‌اند، همهٔ این زیورآلات را از خود دور کنند و دیگر *سیندور* به موهای‌شان نمالند. اما

---

1. Sindoor

با این کارشان ناآگاهانه این پیام را به اجتماع هندوها می‌دهند که این زن اکنون سوگوار است (چون زنان سوگوار هندو هیچ زیورآلاتی استفاده نمی‌کنند) و دیگر به شوهرش علاقمند نیست (چون *سیندور* نمی‌مالد).[۱] به همین ترتیب، سیک‌هایی که عمامه از سر برمی‌دارند، اغلب این تصور را در ذهن بیننده ایجاد می‌کنند که نه تنها مسیحیت را پذیرفته‌اند، بلکه فرهنگ و میراث سیک خود را نیز ترک گفته‌اند.

دستهٔ دوم، پرسش دربارهٔ برپاییِ جشن‌های گوناگون ملی است. در هندوستان طیف گسترده‌ای از جشن‌ها وجود دارد، که برخی از آنها صراحتاً به افتخار خدایان هندو برپا می‌شوند؛ جشن‌هایی چون جانماشتامی[۲] (زایش کریشنا) و گانش چاتورتی[۳] (جشن زندگی و ماجراهای گانش). دیگر جشن‌ها، از قبیل هولی[۴] (جشن پایان زمستان) و دوالی[۵] (جشن نورها) را با وجودی که اغلب با پیوندهای گوناگون هندو به هم آمیخته‌اند، فرهنگی‌تر به‌شمار می‌آورند. آیا مسیحیان می‌توانند به برگزاری این جشن‌ها ادامه دهند؟[۶]

دستهٔ سوم به پرسش‌هایی اختصاص یافته است که حول استفاده از نام‌ها و اصطلاحات گوناگون می‌گردند. ایماندارانی که پیش‌زمینهٔ هندو دارند اغلب می‌پرسند که تا چه اندازه می‌توانند، یا می‌بایست، از واژگان دینی سابق وارد ایمان تازه‌بنیاد مسیحی‌شان کنند. هندوئیسم سرشار از واژه‌های مختلف برای خدا، نیایش، پرستش، دعا، و غیره است. همچنین رسم است که والدین هندو نام فرزندان‌شان را از روی خدایان نرینه یا مادینه برمی‌گزینند. در سراسر هندوستان می‌توانید مردانی با نام‌های کریشنا، رام یا شیوراج[۷] و زنانی با اسامی لاکشمی،[۸] پاروراتی،[۹] یا رادها[۱۰] ببینید. مسیحیان اغلب می‌پرسند که اگر کسی نام خدایی هندو را یدک بکشد، آیا باید به هنگام تعمید نام «مسیحی» تازه‌ای برای خود انتخاب کند یا نه.[۱۱]

---

۱. اگرچه ایماندارانی که از زمینهٔ هندو به مسیحیت می‌گروند لزومی ندارد دست از استفاده از زیورآلات خود بکشند، ما آنها را تشویق می‌کنیم که در استفاده از آنها جانب اعتدال را رعایت کنند. با توجه به اول پطرس ۳:۱-۴، نظر من این است که استفاده از *سیندور* مادامی که مقدمتاً یک نشانهٔ فرهنگی مبنی بر تأهل زن می‌باشد (مانند به دست کردن حلقهٔ ازدواج در غرب)، لزومی ندارد متوقف شود. با وجود این، برخی از زنان هندو به‌عنوان بخشی از مراسم بامدادی، *سیندور* برای خدایان هندو عود می‌سوزانند. اگر چنین موردی باشد، آنگاه یا باید این عمل پرستشی را از مراسم *سیندور* حذف کرد یا اینکه آن را به‌صورت دعای روزانه به درگاه خدا تبدیل نموده، از او خواست تا پیوند زناشویی‌شان را برکت بدهد و زن را نسبت به تعهداتش وفادار نگاه دارد.

2. Janmashtami; 3. Ganesh Chaturti; 4. Holi; 5. Devali

۶. مشورتی که ما به مسیحیان هندی می‌دهیم این است که به برپایی آن دسته از جشن‌هایی ادامه بدهند که بیشتر فرهنگی هستند و از این رهگذر از انتقادات هندوها از مسیحیان مبنی بر اینکه ایشان میهن‌پرست نیستند، جلوگیری کنند.

7. Shivraj; 8. Lakshmi; 9. Parvati; 10. Radha

۱۱. ما هندی‌ها را تشویق می‌کنیم نام‌هایی را که به هنگام تولد روی‌شان نهاده‌اند حفظ کنند، مگر اینکه پای ناراحتی وجدان خود شخص در میان باشد. این کار نه تنها در شهادت دادن آنان به هندوها، بدیشان کمک می‌کند، بلکه شواهد کتاب‌مقدسی فراوانی وجود دارد که مسیحیان در وضعیت‌های مشابه در سدهٔ نخست میلادی نام‌های خود را حفظ کرده‌اند. برای نمونه، یک بررسی اجمالی در بخش سلام و تهنیتی که پولس در فصل ۱۶ رومیان به افراد می‌فرستد نشان می‌دهد که در فهرست اسامی ذکرشده کسانی هستند که نامشان هرمس، اولیمپاس، نارسیسوس و غیره است (۱۶:۱۱-۱۵). خود پولس نامش را از عبری (شائول یا سولس) به یونانی (پولس) تغییر داد؛ او این کار را برخلاف آنچه که خیلی‌ها تصور می‌کنند در هنگام ایمان آوردن و یا تعمید گرفتنش انجام نداد. پولس زمانی برای خود نام یونانی برگزید که خدمتش را با تمرکز روی غیریهودیان آغاز کرد. بنابراین، وی نام جدید را با توجه کامل به هدف فرهنگی‌ای که در نظر داشت، برگزید.

دستهٔ چهارم به موضوع خوراک مربوط می‌شود. آیا مسیحیان باید از آزادی خود در خوردن گوشت استفاده کنند، یا به‌خاطر دوستان هندوی‌شان از خوردن آن پرهیز نمایند؟ آیا مسیحیان باید خوراکی را که همسایهٔ هندوی‌شان به آنها داده بخورند؟ حتی اگر این خوراک تقدیم بت‌ها شده باشد؟[1] اینها به پرسش‌های ایمانداران قرنتس که در سدهٔ نخست میلادی مخاطبان پولس بودند، شباهت کامل دارد، اما در دورهٔ آماده‌سازی سنتی برای خدمت در غرب به‌ندرت بدان پرداخته می‌شود.

این پرسش‌ها به‌طور خاص برآمده از بستر و زمینهٔ فرهنگیِ هندی هستند و نمی‌توان آنها را در دیگر بسترهای فرهنگی به‌کار گرفت. برای مثال، مسیحیان نواحی خاصی از آفریقا گاهی این پرسش را مطرح می‌سازند که آیا درست است زنان موعظه کنند یا در دورهٔ عادت ماهیانه در مراسم عشای ربانی شرکت نمایند؟ آنها می‌خواهند بدانند که اگر هنگام ایمان آوردن به مسیح سه زن داشته باشند، تکلیف‌شان چه خواهد بود. آیا باید دو زن را طلاق بدهند؟ مسیحیانی که از زمینهٔ اسلامی شمال آفریقا یا خاور میانه آمده‌اند، اغلب می‌پرسند که آیا بنا بر سنت گذشته، یعنی زمانی که مسلمان بودند، باید به هنگام دعا کردن سرهای خود را بپوشانند یا باید در خلال ماه رمضان روزه بگیرند یا نه. همهٔ این پرسش‌ها مستلزم تأملات الاهیاتی و میسیون‌شناختی تازه‌اند.

من توصیه می‌کنم که میسیونرها همهٔ پرسش‌های مسیحیان و غیرمسیحیان را به‌طور یکسان در جایی بایگانی کنند. به مرور زمان، الگوهای معینی پدیدار می‌شوند که آشکار می‌سازند به هنگام رساندن پیام انجیل و آموزش نوایمانان، باید بر چه نکات کلیدی‌ای تأکید ورزید. خیلی مهم است که ماهیت پرسش‌های اصلی آنان را کشف کنیم و در جاهایی که انجیل با موانع فرهنگی برخورد می‌کند، به تأمل کتاب‌مقدسی و الاهیاتیِ لازم بپردازیم.

## درس سوم: ارتباط میسیونری به‌عنوان اعلان پادشاهی خدا در میان پادشاهی‌های این جهان

سومین و آخرین درس از تجسم بر اعلان پادشاهی خدا از سوی عیسی تمرکز دارد. «زمان به کمال رسیده و پادشاهی خدا نزدیک شده است. توبه کنید و به این بشارت ایمان آورید!» (مرقس ۱:۱۵). بنا بر روایت انجیل مرقس، اینها نخستین عباراتی بودند که عیسی به هنگام آغاز خدمت عمومی‌اش بر زبان آورد. پادشاهی خدا پیام اصلی عیسی و احتمالاً موجزترین عبارتی است که انجیل عیسای مسیح را در خود خلاصه کرده است. موضوع انجیل ظهور فرمانروایی خدا، مقهور شدن قطعی نیروهای شریری که در برابر کلیسا صف آراسته‌اند، و آغاز دورهٔ خلقت تازه است. عبارت سادهٔ پادشاهی خدا، همهٔ حقایق بزرگ مذکور را در خود نهفته دارد. کسی که انجیل را با دیگران در میان نمی‌گذارد هنوز مفهوم پادشاهی خدا را چنانکه باید و شاید درنیافته است. از این‌رو، آموختن نحوهٔ *اعلان پیام پادشاهی خدا توسط عیسی*، سومین درسی است که از تجسم می‌آموزیم.

1. Prasad

## اعلان پادشاهی

نخست اینکه، عیسی می‌آید و خبر خوش ظهور فرمانروایی نافذ خدا را «اعلان می‌کند.» تجسم، نمایان‌گر یورش خدا به نظام شریر کنونی است. انجیل نمایانگر نفوذ قطعیِ خبر خوش است. در جوّ کثرت‌گرای امروز، ادعاهای خاص و منحصربه‌فرد انجیل و بی‌همتاییِ عیسای مسیح قدری عجیب به‌نظر می‌رسد، و ممکن است مسیحیان به آسانی در اعلان انجیل جرأت از کف بدهند. با این‌حال، انجیل عیسای مسیح اعمال قطعیِ خدا در تاریخ واقعی را اعلان می‌کند. عادی جلوه دادنِ این رویدادها در قالب پیامی عموماً روحانی که بتوان آن را با دیگر دین‌های جهان درآمیخت، و یا تبدیل آن به نسخه‌ای غربی از انجیل مبتنی بر خودیاری در لفافه‌ای از اصطلاحات مسیحی، همانا انکار فرمانروایی خدا است. پادشاهی خدا حاوی خاستگاه، مقصد و سرنوشت نهایی کل جهان هستی است. به قول لسلی نیوبیگین: «ما با یک اغتشاش موضعی و گذرا در رویدادهای جاری هستی سروکار نداریم، بلکه سروکار ما با منشاء و هدف هستی است.» صرفاً پای خوشبختی بشر در میان نیست بلکه موضوع، مکاشفهٔ «*مأموریت الاهی*» است. خبر خوش خدمت، تعلیم، مرگ، و قیام مسیح، طریقی است که خدای پدر برای تحقق وعده‌اش به ابراهیم مبنی بر برکت دادن همهٔ ملت‌ها برگزید (پیدایش ۱۲:۳). ما باید این خبر خوش را با دلیری و اعتمادبه‌نَفْس اعلان کنیم.

## اعلان پیام پادشاهی

دوم اینکه، یکی از عجیب‌ترین چیزها به هنگام مطالعهٔ اناجیل این است که عیسی هیچگاه صریحاً پادشاهی خدا را تعریف نمی‌کند. اگر برای این عبارت به‌دنبال تعریفی لغت‌نامه‌ای بگردیم، حتماً مأیوس خواهیم شد. در عوض، عیسی مفهوم پادشاهی خدا را با مفاهیم موجود پیوند می‌زند و به‌تدریج درکی از پادشاهی خدا به‌وجود می‌آورد. عیسی پادشاهی خدا (یا آسمان) را با طیف گسترده‌ای از صور تمثیلی، از قبیل مردی که بذر می‌پاشد، دانهٔ ریز خردل، خمیرمایه‌ای که زن برای پختن نان استفاده می‌کند، گنجی که در زمین پنهان است، تور ماهیگیری، مردی که گنجینه‌ها را از خزانه بیرون می‌آورد، و غیره مقایسه می‌کند.

با بصیرتی که از نظریهٔ معاصر در مورد ارتباط و انتقال پیام به‌دست آورده‌ایم، بیشتر به اهمیت این روش پی می‌بریم. به‌زعم نظریه‌پردازان این رشته، ایجاد و گسترش هزاران «مبنای واقعی»، که آنها را به‌عنوان الگو یا قالب می‌شناسیم، جزو ویژگیِ جهان‌شمولِ آموزش فرهنگ و یادگیری زبان است. برای مثال، پس از دیدن ده‌ها نمونه از چیزهایی که به‌عنوان «درخت» شناخته شده‌اند، سرانجام الگویی در ذهن ایجاد می‌کنیم به نام «درخت» و می‌آموزیم که میان آنچه که می‌تواند به‌درستی «درخت» نامیده شود و آنچه نمی‌تواند، تمایز قایل شویم. در نهایت واژهٔ درخت به مرجعی برای شناخت تبدیل می‌شود. فرایندی مشابه در مورد شناخت هزاران واژه، مفهوم و ارزش دیگر نیز انجام می‌گیرد.

وقتی یک الگوی جدید مطرح می‌شود، اغلب ضروری است که آن را با یک الگوی موجود دیگر ربط بدهیم. در واقع، تحقیقات نشان داده‌اند که هرگاه ما در معرض یک «مبنای واقعیِ» بالقوهٔ جدید قرار می‌گیریم، برای درکش به دنبال چیزی می‌گردیم که از پیش می‌شناخته‌ایم تا میان پدیدهٔ نوین و پدیدهٔ موجود ارتباط ایجاد کنیم. عهدجدید در ارتباط با انتقال پیام انجیل مرتباً از این الگو استفاده می‌کند. پولس رسول با پیروی از نمونهٔ عیسی، اغلب آموزه‌های جدید مسیحی را با الگوهای شناخته‌شدهٔ موجود در فرهنگ زمانه مرتبط می‌سازد. برای مثال، واژهٔ *کلیسا* یعنی «گردهمایی عمومی». با این‌حال، پولس با مقایسهٔ کلیسا با بدن انسان که دارای اندام‌ها و اعضای بسیار است و سری که کنترل همهٔ این اندام‌ها را بر عهده دارد (یعنی عیسای مسیح)، این مفهوم را بسط می‌دهد (اول قرنتیان ۱۲:۲۷؛ افسسیان ۱:۱۰و۲۲-۲۳). همچنین، پولس کلیسا را به یک بنا ربط می‌دهد که تعلیم رسولی شالوده‌های آن را تشکیل می‌دهد و عیسای مسیح هم «سنگ بنایی» است که همهٔ اجزای بنا را کنار هم نگاه می‌دارد (اول قرنتیان ۹:۳؛ افسسیان ۲:۲۰). پولس کلیسای ستمدیده را با اسیران لشکریان رومی مقایسه می‌کند که پیروزمندانه از صحنهٔ نبرد به خانه بازمی‌گردند (اول قرنتیان ۹:۴؛ دوم قرنتیان ۲:۱۴). می‌توانیم نمونه‌های مشابهی را در تعالیم اولیهٔ عیسی بیابیم، آن زمان که عیسی خودش را با «تاک» (یوحنا ۱۵:۱-۵)، «در» (یوحنا ۱۰:۷)، «شبان» (یوحنا ۱۰:۱۱و۱۴) یا دیگر الگوهای آشنا برای شنوندگانش، مقایسه می‌کند.

## پادشاهی خدا در زمینه: زمینه‌مندسازی و ترجمه‌پذیری

سوم اینکه، عیسی خبر خوش فرمانروایی خدا را با زمینه‌های فرهنگی و زمانی که در آن زندگی می‌کرد، بیان می‌کند. او از پادشاهی خدا به‌عنوان یک مفهوم نظری صِرف و واقعیتی گنگ در آینده سخن نمی‌گوید. در خبر خوش عیسی، فرمانروایی خدا و خلقت تازه هم‌اکنون ظهور کرده بود. پادشاهی خدا به شرایط و افرادی خاص خطاب شده بود- ستمدیدگان، خراج‌گیران، فریسیان زهدفروش، رهبران دینی، حکام سیاسی، و غیره. به زبان امروزی، می‌توانیم بگوییم که پیام پادشاهی از سوی عیسی به‌گونه‌ای *زمینه‌مند شده بود* که کلام خدا خطاب به مخاطبانی خاص بیان شود. پیام پادشاهی خدا جهانی، و فراتر از همهٔ فرهنگ‌ها است، اما در زندگی و تجربهٔ گروه‌های اجتماعی خاصی نمود می‌یابد. انجیل جهانی باید در زمینه‌های خاص جزء به جزء شرح داده شود. این تشریح را امروزه بسیاری با عنوان *زمینه‌مندسازی* می‌شناسند، اصطلاحی که نیازمند بررسی بیشتر است.

کمتر واژه‌ای را می‌توان یافت که در مباحث پیرامون انتقال انجیل، به اندازهٔ واژهٔ *زمینه‌مندسازی* اهمیت داشته باشد. این نکته حائز اهمیت است که ما معنا و تاریخچهٔ این واژه را خوب بفهمیم و نیز سودمندی و محدودیت‌های آن را دریابیم. واژهٔ زمینه‌مندسازی[1] برای نخستین بار در سال ۱۹۷۲ در سندی مربوط به آموزش الاهیات از راه دور (TEE) که به شرح دغدغه‌های درست در مورد مدل‌های سنتی آموزش الاهیاتی پرداخته بود، به ادبیات

1. Contextualization

میسیونری راه پیدا کرد. این اصطلاح در عین‌حال که تازه بود، بر پایهٔ شماری از واژه‌های دیگری از قبیل «تطابق»[1] «همسازی فرهنگی»[2] و «بومی‌سازی»[3] ساخته و پرداخته شده بود، که امروزه نقش مهمی در کاربرد واژهٔ زمینه‌مندسازی ایفا می‌کنند.

## *تطابق*

واژهٔ *تطابق* از بطن خدمت میسیونری کلیسای کاتولیک رومی بیرون آمد. *تطابق* به‌طور خاص بر سلسله اقداماتی راهبردی دلالت می‌کند که در خلال سده‌های شانزدهم تا هجدهم، و از سوی میسیونرهای ژزوئیت، برای بهره‌گیری از اصطلاحات و آداب فرهنگی بومی در ارائهٔ ایمان مسیحی صورت گرفت. معروف‌ترین نمونه‌ها در این زمینه استفادهٔ ماتئو ریچی[4] از واژهٔ چینی[5] (آسمان) برای خدا و اقتباس نیایش نیاکان به‌عنوان نمادی از پیوستگی خانوادگی به‌جای پرستش بود. اختلافی که در پی این تطابق‌ها بروز پیدا کرد در نهایت به منازعهٔ معروف به «مناسک»[6] منجر شد.[7] در هندوستان، روبر دو نوبیلی برای «تطابق» با شیوهٔ زندگی برهمن‌ها به‌منظور خدمت میسیون مسیحی در میان طبقهٔ برتر اجتماعی برهمن‌ها، مشهور شد. دو نوبیلی همچون یک برهمن لباس می‌پوشید و غذا می‌خورد و هیچ اصراری نداشت که هندوهای متعلق به طبقهٔ برتر پس از ایمان آوردن به مسیح دست از آداب طبقاتی‌شان بردارند.

## *همسازی فرهنگی*

واژهٔ همس*ازی* فرهنگی (که برگرفته از واژهٔ فرهنگ‌پذیری[8] است)، برای نخستین‌بار در سدهٔ بیستم توسط میسیونرهای کاتولیک استفاده شد، و بر فرایندی دلالت می‌کند که از طریق آن کسانی که *از لحاظ فرهنگی خودی* محسوب می‌شوند و اکنون مسیحی شده‌اند، انجیل را به‌عنوان زمینهٔ فرهنگی خودشان اقتباس و همانندسازی می‌کنند و به‌کار می‌برند. تطابق بر تصمیماتی راهبردی تأکید می‌کرد که توسط میسیونرها (که *از لحاظ فرهنگی غیرخودی* یا بیگانه به‌شمار می‌رفتند) اتخاذ می‌شد، آن هم پیرامون اینکه آنها (یا مقامات کلیسایی) می‌خواهند چه جنبه‌هایی از فرهنگ مورد نظر را بپذیرند و از آن اقتباس کنند. این اصطلاح جدید تأکید را به‌سوی کلیسای بومی می‌گرداند. واژهٔ همسازی فرهنگی اذعان می‌کند که در تحلیل نهایی، مسیحیان فرهنگ مورد نظر هستند که تصمیم‌گیری بدیشان واگذار می‌شود، اینکه کدام جنبه‌ها از فرهنگ‌شان قابل تطبیق است و با کدام حیطه‌های آن باید دست و پنجه نرم کنند یا آنها را با انجیل تغییر دهند.

---

1. Accommodation; 2. Inculturation; 3. Indigenization; 4. Matteo Ricci; 5. T'ien; 6. Rites Controversy

۷. منازعه‌ای جدی که در میان کاتولیسیسم رومی در خلال سال‌های ۱۶۳۰ و ۱۷۴۲ به‌وقوع پیوست (هرچند این منازعه در سدهٔ بیستم مورد بازنگری قرار گرفت). منازعه بر سر این موضوع بود که میسیونرها در تطبیق دادن رسوم اجتماعی و توقعات چینی با انجیل عیسای مسیح، تا چه اندازه اجازه دارند نیایش نیاکان و نیایش امپراتور را اقتباس کنند.

8. Enculturation

## *بومی‌سازی*

و سرانجام به اصطلاح بومی‌سازی می‌رسیم که میسیونرها در دهۀ ۱۹۷۰، یعنی تقریباً همزمان با واژۀ *زمینه‌مندسازی*، آن را از کاربرد سیاسی و اجتماعیِ پیشینش وام گرفته، وارد مباحث میسیونری کردند.[۱] بومی‌سازی بر فرایندی دلالت می‌کند که طی آن آداب فرهنگی و اجتماعی موجود را می‌توان با معانی جدید مسیحی انباشت. با این تعریف، تطابق و همسازی فرهنگی را نیز می‌توان به‌عنوان *نمونه‌هایی* از بومی‌سازی تلقی کرد، که در اولی میسیونرها پیشگام می‌شوند و در دومی مسیحیان فرهنگ مورد نظر. با وجود این، عملاً گرایش هر دو، یعنی تطابق و همسازی فرهنگی، تنها بر انتقال مؤثر و دریافت پیام انجیل است، در حالی که بومی‌سازی اغلب به علائم کلیسای سالم بومی اشاره دارد. در این ارتباط، اصطلاح *بومی‌سازی* را غالباً در نقطۀ مقابل اصطلاح غربی‌سازی[۲] به‌کار می‌برند. به مجردی که میسیونر مؤسس کلیسا رهبری آن را به افراد بومی سپرد یا به مجردی که آن کلیسا توانست بدون پشتیبانی خارجی روی پای خود بایستد، آنگاه پدیدۀ «بومی‌سازی» انجام پذیرفته است.

## کمک‌های مفیدِ زمینه‌مندسازی

گرچه هر یک از اصطلاحات مزبور به فهم ما کمک می‌کنند تا فرایندی را که هنگام برخورد انجیل با موانع فرهنگی روی می‌دهد بهتر دریابیم، اما به‌تدریج معلوم شده که هر یک از این اصطلاحات محدودیت‌هایی هم دارند. واژۀ *تطابق* به‌کلی نقش فعال دریافت‌کنندگان را در فرایند انتقال نادیده می‌گیرد. واژۀ *همسازی فرهنگی* روی مسیحیان بومی متمرکز می‌شود اما به‌نظر می‌رسد که مسیحیان غربی آن را به‌مثابه فرایندی محدود به عرصۀ فعالیت میسیونری تلقی می‌کنند. هر تغییری در الگوهای غربیِ آموزه و رفتار مسیحی توسط مسیحیان بومی، اغلب در غرب تطبیق استثنایی و حتی بیگانه تلقی می‌شد. چنین تصور می‌شد که اگر به آنان فرصت کافی داده شود، در نهایت خود را با آداب مسیحیت غربی وفق خواهند داد. کمتر کسی به این امر توجه می‌کرد که مسیحیت غربی نیز انجیل را از طریق یک فرایند طولانی همسازی فرهنگی دریافت کرد و خود را با آن سازگار نمود. به‌علاوه، در تجربه، ایمان و رفتار کلیساهای بومی هم ممکن است بینش‌های ارزشمندی وجود داشته باشد که بتواند به نوسازی یا دوباره زنده کردن مسیحیت غربی کمک کند.

اصطلاح *بومی‌سازی* هنوز هم کاربردی گسترده دارد، اما این احساس در برخی به‌وجود آمده که کاربرد مسیحی این اصطلاح، همچون اصطلاح *همسازی فرهنگی*، تقریباً به عرصۀ فعالیت میسیونری منحصر شده است و بس. قرار دادن مداوم آن در مقابل *غربی‌سازی* نیز هیچ کمکی نکرده است. سرانجام، بسیاری احساس کردند که چون کلیسایی صرفاً شبان بومی

---

۱. ظهور اصطلاحات نوین حاصل مباحثی است که با ظهور الاهیات رهایی‌بخش در آمریکای لاتین، در آمریکای شمالی شدت گرفته بود. اینان مدعی بودند که جهت‌گیری‌های درست را می‌توان در الاهیات آمریکای شمالی یافت.

2. Westernization

دارد یا متکی به کمک‌های خارجی نیست، لزوماً نمی‌توان آن را بومی نامید. یک اصطلاح دیگر لازم بود که کاربردی گسترده‌تر و جهانی داشته باشد. به‌کارگیری واژهٔ *زمینه‌مندسازی* در گزارش TEE توسط شاکی کو[1] این نیاز را برآورده ساخت، و اصطلاح مزبور به‌سرعت و در همه جا مورد استفادهٔ الاهیدانان و میسیونرها، از هر طیف الاهیاتی قرار گرفت. ارزشمندترین کمکی که واژهٔ زمینه‌مندسازی کرد، وسعت دادن بحث به ورای محتوای الاهیاتی یا سازگاری واکنش‌پذیر با فرم‌های فرهنگیِ مجزا بود. مدافعان زمینه‌مندسازی بر ضرورت یک بررسی تازه در مورد همهٔ جنبه‌های زندگی و تجربهٔ کلیسا، و از جمله معماری، شیوه‌های پرستش، موسیقی بومی، آداب موعظه، ادارهٔ کلیسا، روش‌های بشارت، و غیره تأکید کردند. وانگهی، اصطلاح مزبور را می‌توان به سهولت هم در مورد کلیساهای نوپا و میسیونی در غرب و هم در مورد کلیساهایی به‌کار برد که در نتیجهٔ زحمات میسیونرها در میان گروه‌هایی پدید آمده‌اند که برای نخستین‌بار انجیل را دریافت کرده‌اند.

هیچ تعریف واحدی از زمینه‌مندسازی وجود ندارد که همگان بر سر آن توافق داشته باشند. با این‌حال، به‌طور کلی این اصطلاح بر اهمیت تدوین، ارائه و به‌کارگیری ایمان مسیحی به‌شیوه‌ای مناسب با زمینهٔ فرهنگی گروه مورد نظر تأکید دارد، آن‌هم به‌لحاظ ادراکی، بیانی و کارایی، توأم با حفظ انسجام الاهیاتی، کتاب‌مقدسی و یکپارچگی نظری. ودیعهٔ تاریخی انجیل تغییرناپذیر است، اما زمینه‌مندسازی به لزوم «ترجمهٔ» پیام به نحوی که برای مردمانی با زمینه‌های فرهنگیِ متفاوت بامعنی و کاربردی باشد، اذعان دارد. البته این ترجمه باید به‌گونه‌ای صورت بگیرد که در رساندن پیام اصلی و تأثیر انجیل خللی ایجاد نشود.

در کل، واژهٔ *زمینه‌مندسازی* به طرقی مثبت به مطالعات میسیون‌شناختی خدمت کرده است. با این‌حال، به دلیل استفاده‌ها و سوءاستفاده‌های گسترده از این اصطلاح، و کاربردهای گوناگونی که در ادبیات الاهیاتی و میسیون‌شناختی معاصر پیدا کرده، حتماً باید شفاف‌سازی‌هایی در این زمینه صورت بگیرد تا این اصطلاح خدمت به کلیسا را همچنان به‌درستی ادامه دهد. من با خاطرنشان کردن دو ویژگی مثبت این اصطلاح آغاز خواهم کرد، و سپس نقدی خواهم داشت بر برداشت‌ها و کاربردهای اشتباهی که از این اصطلاح صورت می‌گیرد.

نخست اینکه، *اصطلاح زمینه‌مندسازی بر اهمیت پرداختن به زمینه‌های فرهنگی خاص توسط انجیل تأکید دارد*. زمینه‌مندسازی نمایان‌گر بررسیِ مداوم در برابر دو رویکرد خطرناکی است که نسبت به انجیل وجود دارد، و گاه حتی بر کلیسا چیره هم شده‌اند. برخی از پشت عینک تک-فرهنگی به انجیل نگریسته‌اند، با این فرض که تنها راه برای نشر انجیل آن است که مردم را از قالب فرهنگی خودشان بیرون آورند و انجیل را از طریق زبان، تجربه و دیدگاه فرهنگ میهمان بدیشان معرفی کنند. پیش‌تر خاطرنشان کردیم که مسیحیان اولیه در فصل ۱۵ کتاب اعمال رسولان نسبت به این رویکرد موضع گرفتند. اما هرازگاه این درس به فراموشی

1. Shoki Coe

سپرده می‌شود، و تأکید بر زمینه‌مندسازی به کلیسا کمک می‌کند تا تعهد اصلی‌اش را نسبت به وضعیت چند-فرهنگی به یاد آورد.

برخی دیگر نیز چنان سخن می‌گویند که گویی انجیل در محیطی فاقد فرهنگ یا فرافرهنگی ساکن است و این محیط چنان مهر و موم شده که تاریخ و فرهنگ بدان راه نمی‌یابند. با وجود این، چنانکه در فصل ۶ کتاب اشاره کردیم، در تجسم عیسای مسیح، کلام و جهان تلاقی یافتند، زمان و ابدیت به نقطهٔ مشترکی رسیدند، و وجود برتر و حاضر در همه جا پا به عالم خاکی گذاشت. از این‌رو، پایبندی به زمینه‌مندسازی انجیل را از انفصال از تاریخ واقعی مصون می‌سازد. حقایق انجیل تغییرناپذیرند و فرهنگ بر آنها تأثیر تعیین‌کننده‌ای ندارد، اما این حقایق را بیرون از ظرف فرهنگ نمی‌توان تجربه کرد، مورد عنایت قرار داد، یا به دیگران رساند. کل اعلان انجیل، و از جمله خودِ عهدجدید، رویدادی است که در بستر فرهنگ به‌وقوع می‌پیوندد. حتی مفهومی به سادگیِ «عیسی خداوند است» را باید به زبانی مشخص و خطاب به مردمانی با زمینهٔ فرهنگی معین اعلان کرد. بنابراین، زمینه‌مندسازی این اطمینان را به‌وجود می‌آورد که هیچ‌یک از ابعاد ذهنی و عینی مکاشفه از قلم نخواهند افتاد.

دوم آنکه، *اصطلاح زمینه‌مندسازی به این هدف مثبت دلالت می‌کند که بشارت جهانی در مورد عیسای مسیح را هر کس با هر خصوصیت فرهنگی می‌تواند بی‌کم‌وکاست و به‌گونه‌ای معتبر تجربه کند.* یادآوری این نکته حائز اهمیت است که زمینه‌مندسازی همیشه باید با وفاداری به زمینهٔ کتاب‌مقدسی اصلی و مقصود نویسنده از پیام کتاب‌مقدسی صورت بپذیرد. زمینه‌مندسازی تنها زمانی حاصل می‌شود که گروه مورد نظر انجیل عیسای مسیح را دریافت نمایند، با آن همانندسازی کنند و به‌گونه‌ای آن را انتشار دهند که با شهادت رسولان در مورد عیسای مسیح که در کلام خدا مکشوف شده، پیوستگی تام داشته باشد. همچنین زمینه‌مندسازی با رشد آگاهی ما نسبت به زمینهٔ فرهنگی خودمان سروکار دارد و نشان می‌دهد چگونه تبلور انجیل در فرهنگی دیگر می‌تواند بر نقاط کور فرهنگی ما، که ناگزیر در هر فرهنگی وجود دارند، نور بیفکند.

یکی از ارزشمندترین راهنماها در درک زمینه‌مندسازی، مطالعهٔ تاریخ کلیسا و مسیحیت جهانی است. همین‌طور که کلیسا را طی زمان (تاریخ) و مکان (سراسر جهان) یکی می‌شماریم، رفته‌رفته ایمان مشترکی را که همهٔ مسیحیان در آن سهیم‌اند، با وضوح بیشتری می‌بینیم. تمرکز روی تفاوت‌هایی که میان مسیحیان در سراسر دنیا و در طول تاریخ وجود داشته و دارد، آسان است. با وجود این، وحدتی عمیق‌تر نیز وجود دارد که همهٔ مسیحیان راستین در هر دوره را متحد می‌سازد، یعنی مصداق این اصطلاح لاتین که می‌گوید: «همیشه، در همه جا، توسط همه.»[1] بسیاری از این حقایق بزرگ به‌لحاظ آموزه‌ای در اعتقادنامه‌های تاریخی همچون اعتقادنامهٔ نیقیه بیان شده‌اند. با این‌حال، ایمان مشترک مسیحیان را همیشه هم نمی‌توان چنانکه به زبان الاهیاتی گفته می‌شود، در یک جمع‌بندی «شُسته رُفته» جمع کرد. این وحدتی روحانی اقتضا می‌کند که جامعیت ما را نیز به رسمیت می‌شناسد، چون

1. Semper ubique ab omnibus

همهٔ ما اعضای بدن مسیح هستیم و با عیسای مسیح از طریق ایمان پرشور، زندگی مقدس و مشارکت در آیین‌های مقدس، اتحاد داریم و به‌عنوان شاهدان او باری بر دوش ماست؛ اینکه در سراسر جهان به طرق معتبر در مورد او شهادت دهیم. هرگز نباید فراموش کنیم که مسیحیِ نوایمان، نه تنها ایمان *دارد*، بلکه او هم با ما *وارد* ایمانی مشترک شده است. بنابراین، زمینه‌مندسازی باید نسبت به بسترهای چندفرهنگی حساس و به‌طور پیوسته در حال فراگیری باشد تا جلوه‌های اصیلی از وفاداری مسیحی را از خود نشان دهد.

## نقد زمینه‌مندسازی

کاربرد گستردهٔ واژهٔ *زمینه‌مندسازی* ناگزیر به سوءاستفاده‌های گوناگونی از آن منجر شده است. اگر می‌خواهیم از این اصطلاح در میسیون‌شناسی مفید استفاده کنیم، باید صادقانه این سوءاستفاده‌ها را بازشناسیم.

نخست اینکه، *متأسفانه اصطلاح مزبور با گسیختگیِ فزایندهٔ مباحث الاهیاتی یکی انگاشته شده است*. گاه کاربرد برخی مکاتب الاهیاتی از اصطلاح «زمینه‌مندسازی» این تصور را ایجاد کرده که در انجیل هیچ پیام بنیادینی وجود ندارد که جهانی باشد، بنابراین، معنای پیام را باید بر حسب زمینهٔ فرهنگی تعیین کرد. اصطلاح *زمینه‌مندسازی* در اصل به‌عنوان واکنشی به ظهور الاهیات رهایی‌بخش در آمریکای لاتین، در مباحث الاهیاتی پدیدار شد. اما چندین ضعف بارز در مباحث الاهیاتی «سنتی» آمریکای شمالی را نیز آشکار ساخت. با وجود این، هنوز چندی نگذشته بود که طیفی از مکاتب الاهیاتی از این زمینه‌مندسازی پیروی کردند، از قبیل الاهیات فمینیستی رزمری رادفورد روثر[1] (تولد ۱۹۳۶) و الاهیات سیاه جیمز کون[2] (تولد ۱۹۳۸). ظهور پست‌مدرنیسم هم بر عوامل بالا افزوده شد، و به پراکندگی رو به رشد در مباحث الاهیاتی امروز انجامید. همواره میلی خطرناک به استفاده از زمینه‌مندسازی برای توجیه مکاتب الاهیاتِ «من‌درآوردی» وجود داشته است.

امروزه، برخی از زمینه‌مندسازی برای تبلیغ این عقیده استفاده می‌کنند که مثل لاتین‌زبانان که الاهیات رهایی‌بخش دارند، کره‌ای‌ها هم باید الاهیات مینگ جونگ[3] داشته باشند، زنان هم باید الاهیات فمینیستی، سیاهان هم باید الاهیات سیاه، و هندی‌ها هم باید الاهیات دالیت[4] داشته باشند و الی آخر. با این‌همه، هر الاهیات معتبری نباید تنها دیدگاه‌های خاص خودش را گرامی بدارد، بلکه باید *بازتاب جامعیتِ مشترک میان همهٔ مسیحیان در همه جا نیز باشد*. به قول اندرو والز: «خداوند لشکرها بَعلِ محلی نیست.» اگر به‌راستی عیسی خداوند است، پس خداوند همهٔ ما است؛ همهٔ ما اعضای یک بدن هستیم. زمینه‌مندسازی همواره باید در خدمت بنای متقابل کل کلیسا باشد و نباید از آن برای ایجاد فضای دربستهٔ مباحث الاهیاتی استفاده کرد؛ پدیده‌ای که ایمان رسولی و مشترک ما را نادیده می‌گیرد و تنها بر تفاوت‌های ما انگشت می‌گذارد.

دوم اینکه، *زمینه‌مندسازی گاه به‌عنوان مترادفی گنگ و مبهم برای خصوصیات فرهنگی به‌کار می‌رود*. شنیدن این مطلب از میسیون‌شناسان که در فلان طرح پیشنهادی «بیش از اندازه

1. Rosemary Radford Ruether; 2. James Cone; 3. Ming Jung; 4. Dalit

زمینه‌مندسازی» صورت گرفته یا «زمینه‌مندسازی چندانی صورت نگرفته» چندان غیرعادی نیست. آنان این اظهارنظرها را بر اساس میزان تأکیدی که بر خصوصیات فرهنگی شده، ارائه می‌دهند. هرازگاه برخی دیگر از زمینه‌مندسازی «بالا» و «پایین» حرف می‌زنند. با این حال، در هیچ‌یک از کاربردهای مزبور بر این نکته توجه نمی‌شود که زمینه‌مندسازی همیشه بر هدفی مثبت دلالت می‌کند. برای مثال، اگر یک راهبرد به‌خصوص بیش از اندازه بر خصوصیات فرهنگی پافشاری کند، آن هم به قیمتی که بعضی از عناصر اصلی انجیل را که خصلتی جهانی دارند زیر پا بگذارد، آنگاه باید آن راهبرد را تلفیق‌گرا[1] بنامیم، نه «بیش از اندازه زمینه‌مندسازی شده.» اگر میسیونری بیش از حد به کالبد فرهنگی خودش وابسته است و نمی‌خواهد وارد چارچوب فرهنگ مورد نظر شود، باید او را نژادگرا[2] بخوانیم، نه کسی که در «زمینه‌مندسازی نرمش کمی نشان می‌دهد.» زمینه‌مندسازی همواره باید بر *هدف* مثبت دلالت کند و در آن هم باید از جهانی بودن پیام انجیل سخن به میان آید و هم از روش‌هایی که می‌شود این پیام را به‌طرزی مؤثر به زمینه‌های فرهنگی گوناگون رساند و فهماند.

سوم اینکه، *زمینه‌مندسازی گاه مثل یک «کد واژهٔ» شیبولِث به‌کار می‌رود و برای هر آزمایشی که به همانندسازی با فرهنگ مورد نظر کمک می‌کند، نوعی تأمین ایجاد می‌نماید.* چنانکه پیش‌تر اشاره کردیم، خیلی اهمیت دارد که متن کتاب‌مقدس نقطهٔ آغاز زمینه‌مندسازی باشد. اگر تمرکز تنها بر به‌وجود آوردن برخی تطابقات فرهنگی، و به منظور کاستن از موانع آزاردهنده باشد، پس در این صورت ما به‌کلی از مقولهٔ زمینه‌مندسازی دور افتاده‌ایم. هرگز نباید فراموش کنیم که ظهور واقعیت‌های خلقت تازه است که همهٔ فرهنگ‌ها بدان فراخوانده شده‌اند. خلقت تازه آن هنجار نهایی است که همهٔ فرهنگ‌ها باید در نهایت خود را با آن وفق دهند و به شکل آن درآیند. فرهنگ مبنایی نیست که انجیل ناگزیر باشد خود را به صورت آن درآورد. برای مثال، برخی به دفاع از این نظریه برخاسته‌اند که زمینه‌مندسازی در فرهنگ اسلامی به معنای کمرنگ کردن الوهیت مسیح، یا در میان پست‌مدرنیست‌ها کمرنگ کردن آموزهٔ گناه یا دعوت به توبه است. بدین‌سان، این عقب‌نشینی‌ها به‌مثابه انکار مسیح، تحقیر انجیل، و توهین به مسیحیان بسیاری است که طی سده‌ها جان‌شان را بر سر اعلان وفادارانهٔ انجیل گذاشته‌اند.

دغدغهٔ زمینه‌مندسازی به هیچ روی به‌وجود آوردن نسخه‌ای بومی از انجیل نیست. زمینه‌مندسازی قرار نیست انجیل را به گوش شنوندگان فرهنگ مورد نظر خوش‌آهنگ و پذیرفتنی سازد. صرفاً درک «موقعیت مردم» و شناختن «فرهنگ» کافی نیست. ما رسالت دیگری نیز داریم؛ باید بدانیم جایگاه فرهنگ تحت تأثیر ظهور خلقت تازه چگونه *باید* باشد. مقتضای زمینه‌مندسازی آن است که خاطرنشان سازیم انجیل در داوری بر ضد بت‌پرستی، که در همهٔ فرهنگ‌ها مظاهری دارد، چگونه موضع می‌گیرد. وظیفهٔ زمینه‌مندسازی انتقال مؤثر *انجیل* است، نه صرفاً برقراری ارتباط مؤثر به معنایی کلی.

1. Syncretistic; 2. Ethnocentric

برای جمع‌بندی باید بگوییم که واژهٔ زمینه‌مندسازی طی سالیان اخیر بسیار مورد سوءاستفاده واقع شده است. از آن برای پشتیبانی از مفهوم نسبی‌گرایی- بدین‌معنا که علایق همهٔ گروه‌های خاص یا تفسیرهای شخصی از کلام خدا به یک اندازه موجه‌اند- استفاده کرده‌اند. از آن برای تأیید کلیساهای منحرف و سرگرم‌کنندهٔ آمریکای شمالی استفاده شده است. آیا سوءاستفاده از این واژه بدین‌معنا است که ما باید آن را به‌کلی رها کنیم؟ شاید باید این کار را بکنیم، هرچند بهتر آن است که بایستیم و برای کاربرد درست واژه‌ها بجنگیم، حتی اگر از آنها سوءاستفاده شود. با وجود این، من مدافع استفاده از واژهٔ ترجمه‌پذیری[1] به‌جای واژهٔ زمینه‌مندسازی هستم. در زمینهٔ میسیون‌شناسی، لامین سانه در به‌کار گرفتن واژهٔ ترجمه‌پذیری از دیگران پیشگام‌تر بوده، اما باید توجه داشت که ترجمه‌پذیری صرفاً جنبهٔ زبان‌شناختی را شامل نمی‌شود، بلکه کل فرایند انتقال امانت‌دارانهٔ انجیل به خط مقدم فرهنگ جدید را نیز در بر می‌گیرد.

## ترجمه‌پذیری

به‌کارگیری اصطلاح «ترجمه» سه مزیت متمایز دارد. نخست اینکه، بی‌درنگ ایدهٔ ترجمهٔ کتاب‌مقدس را به ذهن می‌آورد، که هدفش انتقال امانت‌دارانهٔ متن مقدس به زبان مورد نظر است. این یک الگوی مهم است که می‌توان آن را به‌عنوان مبنایی برای قیاس در نظر گرفت و به انتقال امانت‌دارانهٔ انجیل مسیحی بسط داد. در حقیقت، حتی تصور کردن واژهٔ ترجمه بدون اینکه فکر انسان متوجه زبان مبدأ و مقصد شود، کار دشواری است. این یکی از اشکالات همیشگی واژهٔ زمینه‌مندسازی است، که فقط روی زمینهٔ فرهنگ مقصد متمرکز می‌شود. در مقابل، واژهٔ ترجمه‌پذیری به ما یادآوری می‌کند که همواره باید هم به پیام رسولی وفادار بمانیم و هم به خصوصیات فرهنگ مورد نظر.

دوم آنکه، چون اصطلاح ترجمه‌پذیری اقتباسی است از ایدهٔ ترجمهٔ کتاب‌مقدس، پس دیگر در اولویت پیام کتاب‌مقدس کمترین تردیدی وجود ندارد. در ترجمهٔ صحیح کتاب‌مقدس ممکن نیست به متن معنایی جدید داده شود که منظور متن اولیه نیست، آن‌هم صرفاً به این دلیل واهی که ممکن است معنای اولیه موجب رنجش خاطر فرهنگ مقصد شود. با این‌حال، و از دیگر سو، در ارتباط با ترجمهٔ کتاب‌مقدس، فقط فرهنگ مقصد است که در نهایت شهادت می‌دهد که آیا یک ترجمهٔ به‌خصوص به‌طور مؤثر پیام را منتقل کرده، یا انجیل را به شیوه‌ای مؤثر معرفی کرده یا خیر.

و سرانجام اینکه، به‌کارگیری اصطلاح ترجمه به‌طور مداوم محدوده‌های ضروری ترجمه‌پذیری را یادآوری می‌کند. مترجمین کتاب‌مقدس با نهایت دقت کار می‌کنند چون باید پیوسته نسبت به امکان ترجمهٔ اشتباه متن هوشیار باشند. به همین ترتیب، ترجمهٔ اشتباه ممکن است در فرایند انتقال پیام انجیل هم صورت بگیرد. در این فرایند، داور نهایی کلام خدا است. امروزه فشاری طاقت‌فرسا برای قربانی کردن انجیل بر مذبح «بازار» وجود دارد،

---

1. Translatability

که با دریافت‌کنندگان انجیل همچون مشتریانی رفتار می‌کند که باید از جنسی که عرضه می‌شود راضی باشند، پس به آنها چیزهایی مورد پسند می‌گویند نه پیام توبه و منجی مصلوب را. لیکن، اگر کارکرد و راهبرد میسیونری از «بازار» تبعیت کند، مرجعیتِ عینی خدای تثلیث و مکاشفه‌ای که از خود به عمل آورده، در مردم‌سالاریِ فرهنگی، که به‌جز رأی اکثریت معیاری برای داوری ندارد، به‌کلی گم می‌شود. بنابراین، ترجمه‌پذیری یک اصل الاهیاتی ارزشمند است که در کنار کاربرد دقیق زمینه‌مندسازی می‌تواند در وفادار ماندن به انجیل در مواجهه با مرزهای فرهنگی جدید، کمک‌های مهمی به کلیسا بکند.

## نتیجه‌گیری

این فصل از کتاب نشان داد که تجسم خدا در جسم خاکی، برای ارتباط مؤثر میسیونری مبنایی الاهیاتی فراهم می‌آورد. همچنین تجسم مدلی است برای زمینه‌مندسازی یا ترجمهٔ پیام جهانی انجیل به زمینه‌های فرهنگی به‌خصوص. از یافته‌های انسان‌شناسی، بوم‌نگاری، و نظریهٔ ارتباطات به‌راستی می‌توان خیلی چیزها آموخت. با وجود این، اگر قرار است کل موضوع خطیر میسیونری ریشه در «*مأموریت الاهی*» داشته باشد، این بنیاد باید، چه به‌لحاظ میسیونری و چه به‌لحاظ مفهوم تجسم، برآمده از قلب خدای تثلیث باشد.

# ۱۲

# دسترسی و تکثیرپذیری در راهبرد میسیون مسیحی

در جـــولای ۱۹۷۴، بیش از دو هزار نماینده در یک ســـالن همایـــش بزرگ گرد آمدند و به سخنان رالف وینتر با عنوان «اولویت بشـــارت میان‌فرهنگی» گوش سپردند. این در واقع خطابهٔ پایانیِ همایش بین‌المللی بشارت جهانی[1] بود که در لوزان سوئیس برگزار می‌شد. طی ده روز همایش شـــماری از رهبران مســـیحی نام‌آور و محترم آن روز، همچون بیلی گراهام[2] فرانســـیس شِیفر،[3] مالکوم ماگریج،[4] سموئل اسکوبار،[5] و جان استات[6] سخنرانی کرده بودند. پایـــان همایش نزدیک بود، و نمایندگان بیـــش از ۱۵۰ ملت اگرچه دریافته بودند که همایش مزبور یک گردهمایی تاریخی اســـت، لیکن خسته بودند و برای سفری طولانی به میهن‌شان آماده می‌شـــدند. از میان نمایندگانی که به ســـخنرانی فنی وینتر گوش می‌دادند، کمتر کسی متوجه بود که آن ســـخنرانی یکی از بااهمیت‌ترین نقاط عطف در تاریخ تفکر میســـیون‌های مســـیحی در عصر کنونی خواهد شـــد. اکنون که از چشم‌انداز ســـدهٔ بیست‌ویکم به گذشته نگاه می‌اندازیم، می‌بینیم که اغراق نیســـت اگر بگوییم که انسان نمی‌تواند از راهبرد میسیون مسیحی در عصر حاضر سخن بگوید، بدون اینکه به سخنرانی رالف وینتر در لوزان اشاره‌ای کند. سال ۱۹۷۴ م. و به‌ویژه ســـخنرانی وینتر نقطهٔ عطفی شد که در شیوهٔ اندیشیدن رهبران مسیحی و میسیونرها پیرامون خدمت میسیونری تغییری بنیادین ایجاد کرد.

---

1. The International Congress on World Evangelization; 2. Billy Graham; 3. Francis Schaeffer; 4. Malcolm Muggeridge; 5. Samuel Escobar; 6. John Stott

مگر در این سخنرانی چه چیزی نهفته بود که اینچنین اندیشهٔ نوین و خلاقانه‌ای را پیرامون میسیون‌های مسیحی به‌وجود آورد؟ هدف این فصل از کتاب تأمل بر سخنرانی مزبور و تغییراتی است که در پی آن در عملکرد میسیون‌های مسیحی در عصر حاضر به‌وجود آمد. با این‌حال، اگر بتوان مطلب را در یک جمله خلاصه کرد، باید گفت که از زمان برگزاری همایش ۱۹۷۴ لوزان راهبردهای میسیون مسیحی اندیشیدن به «مکان‌ها» را کنار گذاشتند و اندیشیدن به «قوم‌ها» را در دستور کار قرار دادند. این انتقال از جغرافیا به قوم‌نگاری[1] شاید کوچک و کم‌اهمیت به‌نظر برسد، اما راه‌های تازه‌ای را به روی کلیسا گشود تا به ناهمخوانی‌هایی که برای دسترسی به انجیل در جهان وجود دارد، پی ببرد. این نیز به نوبهٔ خود به تغییراتی عمده در راهبرد میسیون مسیحی و اعزام میسیونرها انجامید، و آنچه را که با اصطلاح حوزهٔ *فعالیت میسیونری* می‌شناسیم، به‌طرز چشمگیری از نو شکل داد. چنانکه در این فصل نشان داده خواهد شد، بسیاری از نگرش‌های ۱۹۷۴ حتی امروزه و به‌خاطر پدیدهٔ جهانی‌شدن و افزایش مهاجرت، مصداق بیشتری پیدا کرده‌اند. بسیاری از عبارات و اصطلاحات، از قبیل *گروه قومی*، *اقوام دور از دسترس*، *دسترسی و بقاپذیری*، و *بشارت همجوار در برابر بشارت میان‌فرهنگی*، وارد واژه‌نامهٔ میسیون‌شناسان شد.

از چشم‌انداز الاهیاتی، کل بحث پیرامون دسترسی به انجیل به‌درستی از آموزهٔ تجسم ناشی می‌شود. در بطن تجسم تعهدی نهفته است؛ پدر تعهد کرده که ابتکار عمل را خود در دست بگیرد و امکان دسترسی به مژدهٔ رستگاری از طریق عیسای مسیح را چه برای یهود و چه غیریهود فراهم کند. افسسیان ۱۸:۲ می‌گوید که: «به‌واسطهٔ او، هر دو توسط یک روح به حضور پدر دسترسی داریم.» این آیه نمایی از عملکرد خدای تثلیث در «*مأموریت الاهی*» را به نمایش می‌گذارد. زمینهٔ متن این آیهٔ به‌خصوص همان چیزی است که اندرو والز آن را «لحظهٔ افسسیان»[2] می‌نامد، که به موجب آن هم یهودیان و هم غیریهودیان به نجات دسترسی دارند و با خدا و یکدیگر به آشتی و مصالحه‌ای مشترک می‌رسند. بدین‌ترتیب، بحث میسیون‌شناختیِ شدید پیرامون اینکه کدام گروه‌های قومی به انجیل دسترسی دارند و کدام‌ها ندارند، دنبالهٔ طبیعی آموزهٔ تجسم است.

# لوزان ۱۹۷۴

## لحظهٔ سرنوشت‌ساز در سخنرانی رالف وینتر

برای اینکه پیش‌زمینهٔ درستی از سخنرانی وینتر در لوزان به‌دست آوریم، بسیار مهم است که نگاهی گذرا به جایگاه بالای او به‌عنوان یکی از نوآورترین میسیون‌شناسان سدهٔ بیستم داشته باشیم. رالف وینتر در سال ۱۹۲۴ چشم به جهان گشود. او پس از گرفتن دکترا از دانشگاه کورنل[3] از سال ۱۹۵۶ تا ۱۹۶۶ م. به‌عنوان میسیونر در یک قبیلهٔ مایایی در گواتمالا مشغول

1. Ethnography; 2. Ephesians Moment; 3. Cornell University

خدمت شد. وینتر در خلال سال‌هایی که در گواتمالا بود متوجه شد که دریافت آموزش‌های الاهیاتی برای شبانانی که در مناطق دورافتاده خدمت می‌کنند، تا چه اندازه دشوار است. بنابراین، وینتر وسیله‌ساز تأسیس آموزش الاهیات از راه دور[1] یا TEE شد؛ برنامه‌ای پیشتاز برای رساندن آموزش به نواحی دوردست که تحولی اساسی در آموزش الاهیات در سراسر جهان به‌وجود آورد. وینتر در سال ۱۹۶۸ به دانشکدهٔ الاهیات فولر پیوست، جایی که برای یک دهه به تدریس میسیون مسیحی و تعامل با صدها دانشجو از همه جای دنیا مشغول شد. وینتر به‌تدریج دریافت که سازمان‌های میسیونری موجود (و راهبردهای میسیون مسیحی که این سازمان‌ها بر مبنای‌شان استوار شده‌اند)، هرگز نمی‌توانند به اکثریت ملل جهان که در حال حاضر نه کلیسایی دارند و نه شهادت انجیل را شنیده‌اند، دسترسی پیدا کنند. وینتر به لزوم اندیشه‌ای نوین و همکاری بزرگتر میان سازمان‌های میسیونری پی برد. این امر بدانجا انجامید که وی مرکز ایالات متحده برای میسیون جهانی[2] را در سال ۱۹۷۶ پایه‌گذاری کرد، که مبنایی شد برای ایجاد چندین سازمان میسیونری دیگر، و صدها سازمان دیگر را هم مرتبط ساخت و با تمرکز بر راهبرد، بسیج و آموزش میسیونر برای میسیون‌های مسیحیِ میان‌فرهنگی، میان‌شان شراکت به‌وجود آورد.

وینتر در پی‌گیریِ این هدف دانشگاه بین‌المللی ویلیام کِری را بنیان نهاد، که در مقطع کارشناسی ارشد و دکترا در رشتهٔ توسعهٔ بین‌المللی از طریق مدل آموزش از راه دور مدرک می‌دهد. مشکل انتشار کتاب‌های مربوط به میسیون مسیحی از طریق ناشران سنتی، وینتر را برآن داشت تا کتابخانه ویلیام کِری را برای انتشار و پخش کتاب‌های میسیونری تأسیس کند. صدها اثر منتشر شده، از جمله کتابچهٔ راهنمای دعای "عملیات جهانی"[3] برای میسیون مسیحی جهانی، حاصل کار این مرکز بوده که سهم زیادی در عمق بخشیدن به درک میسیونرها از میسیون مسیحی داشته است.

علاقهٔ وینتر به بالا بردن سطح تفکر آکادمیک در مورد میسیون مسیحی او را مجاب کرد تا انجمن بین‌المللی میسیون‌شناسان خط مقدم[4] را بنیان گذارَد و در تأسیس انجمن آمریکایی میسیون‌شناسی[5] نیز همکاری داشته باشد. وینتر همچنین طلایه‌دار نویسندگان مهمترین نشریات میسیون‌شناختی و منابع میسیونری[6] بوده است. علاقهٔ همیشگی وینتر به ارائهٔ مفاهیم اساسیِ میسیون مسیحی او را بر آن داشت تا افق‌های تازه‌ای به روی جنبش مسیحیت جهانی گشوده، برنامه‌ای برای آموزش میسیونرهای تازه‌کار به‌وجود آوَرَد که از سوی کلیساها در سراسر کشور با استقبال روبه‌رو شده و اکنون بیش از هشتاد هزار فارغ‌التحصیل دارد.

اکنون که سرگرم بازگویی خدمات برجستهٔ رالف وینتر به‌عنوان میسیونر، بسیج‌کننده، و استراتژیست میسیون مسیحی هستم، گفتهٔ مشهوری به یادم آمد که می‌گوید کل حرفهٔ یک عکاس معروف گاه در یک عکس خاص خلاصه می‌شود. برای نمونه، جو روزنتال[7] عکاس

1. Theological Education by Extension; 2. The United States Center for World Mission; 3. Operation World; 4. The International Society for Frontier Missiologists; 5. The American Society of Missiology; 6. Frontiers, Global Prayer Digest; And International Journal of Frontier Missiology; 7. Joe Rosenthal

آسوشیتد پرس در دوران حرفه‌ای‌اش هزاران عکس گرفته است، اما همیشه او را به‌خاطر عکسی به یاد می‌آورند که از شش سربازی گرفت که در حال برافراشتن پرچم آمریکا در آیو جیما[1] بودند و همین عکس برایش جایزهٔ پولیتزر ۱۹۴۵ را به ارمغان آورد. همچنین، استیو مک کری[2] عکس‌های بسیاری گرفت، اما لحظهٔ خاص برای او زمانی فرارسید که از یک دختر جوان افغان، با چشمان سبز فراموش‌نشدنی عکس گرفت و همین عکس در ژوئن ۱۹۸۵ روی جلد مجلهٔ "نشنال جئوگرافیک" رفت. به همین ترتیب، به‌رغم دستاوردهای متعددی که رالف وینتر در حرفه‌اش کسب کرد، به‌نظر من سخنرانی او در لوزان در تاریخ میسیون مسیحی جاودانی خواهد شد و او را به‌خاطر همین سخنرانی به یاد خواهند آورد.

## سخنرانی لوزان ۱۹۷۴

در اوان سال ۱۹۷۴ مسیحیان بسیاری از این امر هیجان‌زده بودند که برای اولین‌بار در تاریخ تقریباً در همهٔ کشورهای جهان مسیحیانی وجود داشتند که می‌شد آنها را شناسایی کرد. کلیسا دیگر با غرب و چند کانون منزوی پراکنده در سراسر جهان تعریف نمی‌شد؛ اکنون دیگر زمانهٔ جنبش جهانی مسیحیت بود. اگر منظور از فرمان بزرگ اساساً پرداختن به چالشی «جغرافیایی» بود، پس دیگر کار میسیون مسیحی به انجام رسیده بود. اکثر کلیساهای عمده در سراسر کشور که از دیرباز ستون فقرات جنبش میسیونری غربی را تشکیل می‌دادند، نیروهای میسیونر خود را تا حد قابل‌ملاحظه‌ای کاهش داده، و بسیاری هم برای تعلیق کامل میسیون مسیحی فراخوان صادر کرده بودند.

در لوزان بود که رالف وینتر روند جاری را با واقعیات سخت و تازه‌ای در مورد هزاران گروه قومی که هنوز به انجیل مسیح دسترسی پیدا نکرده‌اند، بر هم زد. وینتر خاطرنشان ساخت که کتاب‌مقدس برخلاف آنچه که ما بدان عادت کرده‌ایم، در وهلهٔ نخست جهان را نه بر پایهٔ چارچوب‌های جغرافیایی بلکه به‌صورت گروه‌های قومی به تصویر کشیده است، که به‌لحاظ فرهنگی و زبان‌شناختی تعریف شده‌اند، نه با مرزهای سیاسی امروزی. مثالی که وینتر آورد، از قبیلهٔ «ناگا» در شمال شرقی هندوستان بود که تقریباً همگی مسیحی هستند، اما این امر هیچ تأثیری بر صدها گروه فرهنگی دیگر که آنها نیز در هندوستان ساکنند و در پشت موانع فرهنگی و زبان‌شناختی مانده‌اند، نگذاشته است. همین موانع فرهنگی و زبان‌شناختی موجب شده که حتی مبشران سخت‌کوش ناگایی نتوانند انجیل را به این گروه‌های قومی برسانند، مگر اینکه دست به اقدامات ابتکاری میان‌فرهنگی بزنند. وینتر بر این پای فشرد که ما باید دسترسی به انجیل را از روی مسافت *فرهنگی* اندازه بگیریم، نه از روی مسافت *جغرافیایی*. این نشانگر یک تغییر الگوی عمده در شیوهٔ فهم مردم است؛ چالشی میسیون‌شناختی که بشارت جهانی اکنون با آن روبه‌رو است.

چنانکه در تأویل خودمان از عبارات مربوط به فرمان بزرگ در فصل ۵ کتاب یادآور شدیم، تغییر الگو در شیوهٔ اندیشیدن ما به فرمان بزرگ، از چالش «جغرافیایی»، که بر مرزهای

---

1. Iwo Jima; 2. Steve McCurry

سیاسی استوار است، به چالش «فرهنگی» که بر گروه‌های قومی تمرکز یافته، متکی به عباراتی است که خود عیسی به‌کار برد. اگر عیسی می‌خواست بر جغرافیا تأکید کند، واژه‌های بسیاری را می‌توانســـت به‌کار ببرد؛ همچون پادشاهی،[1] قلمرو یا ناحیه،[2] و کشور.[3] با این‌حال، انجیل متی واژهٔ قوم[4] را به‌کار می‌برد، که بر گروه‌های قومی دلالت می‌کند، نه واحدهای جغرافیایی. از آنجایـــی که در زبان متداول امروزی میان دو واژهٔ «کشـــور» و «ملت» تمایز چندانی وجود ندارد، تأکید کتاب‌مقدس بر «قوم» هم غالباً مورد غفلت واقع می‌شود. با وجود این، میان فرمان «شاگرد سازید» عیسی در قالب ۲۳۸ واحد متمایز سیاسی که ما آنها را «کشور» می‌خوانیم، و فرمان «شـــاگرد سازید» عیسی در چارچوب بیش از بیست‌وچهار هزار گروه قومی متمایز در جهان، تفاوت فاحشی وجود دارد.

وینتر بشـــارت به اقوامی را که از لحاظ فرهنگی «نزدیک» هســـتند E-۱ نام گذاری کرد، بشـــارت میان‌فرهنگی را E-۲، و در مواردی که موانع فرهنگی بسیار عمده و برجسته باشند، E-۳. حرف E مخفف «بشـــارت»[5] (در زبان انگلیسی) است و شـــماره‌ها نیز نمایندهٔ میزان افزایش فاصلهٔ فرهنگی میان مبشـــر و گروه قومیِ مـــورد نظرند. وینتر رده‌بندی E-۱، E-۲ و E-۳ را با فرمان عیسی مندرج در اعمال ۱:۸ مرتبط می‌داند که از ما می‌خواهد در اورشلیم و یهودیه و ســـامره و تا دورترین نقاط جهان، شاهدان او باشیم. «اورشلیم» بشارت از نوع E-۱ است، یعنی یک یهودی انجیل را به یک یهودی دیگر بشارت می‌دهد، و اگر بخواهیم آن را به زندگی امروزی خود تعمیم دهیم، همان است که ما به همسایگان و کسانی که از نظر فرهنگی به ما نزدیک‌اند، بشـــارت می‌دهیم. در بشـــارت از نوع E-۱ هیچ مانع زبان‌شناختی یا فرهنگی وجود ندارد که ناگزیر از گذشـــتن از آن باشـــیم. با این‌حال، «سامره» نمایانگر بشارت از نوع E-۲ است، زیرا میان یهودیان و سامریان شکاف فرهنگی وجود دارد. و سرانجام، «دورترین نقاط جهان» هم نمایندهٔ بشـــارت از نوع E-۳ است که منظور از آن بشارت دادن به هر گروه قومی است که مستلزم اقدامات عمدهٔ میان‌فرهنگی است.

وینتر در ســـخنرانی خود در لوزان، زمان قابل‌توجهی را صرف نشان دادن این نکته کرد که اصطلاحات به‌کار رفته در اعمال ۱:۸ در وهلهٔ نخست نمایانگر پیشرفت فرهنگی و قومی هستند نه پیشرفت جغرافیایی. در حقیقت، اگر آن اصطلاحات نمایانگر چارچوبی جغرافیایی باشـــند، در این صورت برای تأکید مهمی که در اعمال ۱۱ بر شـــهادت نوایمانانِ مسیحی به یونانیان در سامره شده، هیچ توضیحی وجود ندارد، در تقابل با آنان که انجیل را به همقطاران یهودی‌شان در سامره موعظه می‌کردند.

اخبار تکان‌دهنده‌ای که وینتر در لوزان ارائه داد، آن بود که حتی اگر کل جهان مســـیحیت هم برای بشارت مؤثر به گروه E-۱ بسیج شود، تقریباً چیزی حدود ۲ میلیارد انسان همچنان به دور از دســـترس انجیل مسیح خواهند ماند، چون تنها از راه اقدام میان‌فرهنگی می‌توان به آنها دست یافت.

1. Basilea; 2. Chōra; 3. Agros; 4. Ethnos; 5. Evangelism

# تحلیل گروه‌های قومی پس از ۱۹۷۴

سخنرانی رالف وینتر موجب دگرگونی چشمگیری در اندیشهٔ میسیون‌شناختی آن زمان، به‌ویژه در میان مبشرانی شد که شرکت‌کنندگان اصلی در همایش ۱۹۷۴ بودند. در سال‌های پس از همایش لوزان، مطالعات قوم‌نگارانهٔ دقیق‌تری انجام گرفت تا معلوم شود در چه تعداد گروه قومی کلیساهای زنده و پرثمر وجود دارد، تا بتوان از طریق آن کلیساها انجیل را به باقی‌ماندهٔ جمعیت آن گروه قومی بشارت (از نوع E-1) داد. همچنین مطالعات بیشتری صورت گرفت تا معلوم شود چه تعداد گروه قومی وجود دارد که در حال حاضر به انجیل دسترسی ندارند یا آن‌قدر شمار مسیحیان تأثیرگذار در آن گروه قومی زیاد نیست که بتوانند کلیسایی زنده و پرجنب و جوش به‌وجود آورند و از طریق بشارت E-1 و بدون کمک خارجی تکثیر شوند. برای این کار لازم بود معنای یک «گروه قومی» به‌طور دقیق تعریف شود. وقتی تعریف معینی برای آن به‌دست آمد، می‌بایست بر سر تعریف معنای گروه قومی‌ای که «دور از دسترس» خوانده می‌شود، به یک اجماع کلی رسید. ناگزیر پرسش‌های دیگری هم مطرح شد: میسیونرها در چه مقطعی می‌توانند اعلان کنند که یک کلیسا «زنده» و «پر جنب و جوش» است و بدون کمک خارجی می‌تواند تکثیر شود؟ در مورد کشورهایی که درصد بالایی از مسیحیان اسمی دارند، وضع چگونه است؟ آیا راهی برای تعیین اینکه چه درصدی از مسیحیان در گروه قومی مورد بحث، خود را ملزم به در میان گذاشتن ایمان‌شان با دیگران می‌بینند، وجود دارد؟

## آمار مربوط به گروه‌های قومی

آمار اولیه‌ای که در سال ۱۹۷۴ از سوی رالف وینتر ارائه شد، به اعتراف خودش بر برآوردهای بسیار تقریبی مبتنی بود، چراکه در آن زمان رشته‌های قوم‌نگاری و سرشماری‌های دینی هنوز مراحل ابتدایی را طی می‌کردند. با وجود این، امروزه سه سازمان جداگانه وجود دارد که داده‌های تجربی و تحلیل در اختیار متقاضیان قرار می‌دهند و به مسیحیان کمک می‌کنند تا درک بهتری از وضعیت کنونی بشارت و تأسیس کلیسا در سراسر جهان داشته باشند. از این‌رو، ما به‌جای آنکه به آمار اولیهٔ ارائه‌شده از سوی وینتر بپردازیم، آخرین آمار و تعریف‌هایی را که در حال حاضر از سوی سه گروه تهیه و در اختیار همگان گذاشته می‌شود، مورد بررسی قرار خواهیم داد.

### *پروژهٔ جاشوا*

گروه نخست، که وابسته به مرکز «میسیون جهانی»[1] ایالات متحده است، با نام پروژهٔ جاشوا[2] شناخته می‌شود. پروژهٔ جاشوا تعریفی را که از سوی گروه کاریِ لوزان در سال ۱۹۸۲ در مورد گروه قومی ارائه شده، پذیرفته است. بنا بر این تعریف، گروه قومی: «بزرگترین

1. World Mission; 2. Joshua Project

گروهی است که می‌توان انجیل را در میان مردمش منتشر کرد و در جهت تأسیس کلیسا اقدام نمود، بدون مواجه شدن با موانعی در زمینهٔ درک یا پذیرش.» پروژهٔ جاشوا در وهلهٔ نخست روی زبان‌شناسی به‌عنوان اساسی‌ترین وجه تمایز اقوام تمرکز دارد. طبق آمار پروژهٔ جاشوا، در حال حاضر ۱۶/۳۰۴ گروه قومی در جهان وجود دارد، که از این شمار ۶۷۴۸ گروه دور از دسترس اعلام شده‌اند، که شماری بالغ بر ۲/۶۸ میلیارد تن را در بر می‌گیرد.

### هیئت میسیون‌های بین‌المللی

گروه دوم که آمار تهیه می‌کند، هیئت میسیون‌های بین‌المللی (IMB)[1] است، که بر کار گستردهٔ میسیون‌های کلیسای باپتیست جنوبی[2] نظارت دارد. IMB در جهان ۱۱/۵۷۱ گروه قومی شناسایی کرده و از این رقم، ۶۴۵۰ گروه را دور از دسترس خوانده است. IMB یک گروه قومی را چنین تعریف می‌کند: «گروهی قومی-زبانی[3] با هویتی مشترک که همهٔ اعضای گروه در آن سهیم‌اند.» همچنین IMB تعریف لوزان را به‌عنوان تعریفی تکمیلی می‌پذیرد. با وجود این، آنچه که تعریف IMB از یک گروه قومی را متمایز می‌سازد، تأکیدش بر «هویتِ خود»[4] است. گروه «ما» کِی گروه دیگر را به دیدهٔ «آنها» می‌نگرد؟

### پایگاه داده‌پردازی جهان مسیحیت[5]

سومین سازمانی که همهٔ توان خود را به پژوهش در گروه‌های قومی اختصاص داده، مرکز مطالعات مسیحیت جهانی است که در دانشکدهٔ الاهیات گوردن-کانول واقع شده. این گروه پژوهشی دانشنامه‌ای منتشر می‌کند با عنوان دانشنامهٔ جهان مسیحیت[6] و نیز آمارهای سالیانهٔ خود را در بولتن پژوهش‌های بین‌المللی میسیونری در اختیار علاقمندان قرار می‌دهد. در حالی که تمرکز پروژهٔ جاشوا در تعیین شمار گروه‌های قومی، در وهلهٔ نخست بر زبان‌شناسی و قومیت استوار است، مرکز گوردن-کانول فاکتورهای بیشتری، همچون هویت طبقاتی، دشمنی تاریخی میان گروه‌های قومی، و نیز دیگر تفاوت‌های فرهنگی و رفتاری را که می‌توانند مانع از اتحاد آن گروه با بدن مسیح شوند، در نظر می‌گیرد. این اطلاعات در پایگاهی موسوم به پایگاه داده‌پردازی جهان مسیحیت (WCD) گردآوری و تدوین می‌شود. در حال حاضر WCD ۱۳/۶۱۱ گروه متمایز قومی در جهان شناسایی کرده است.

### راه‌های گوناگون اندیشیدن پیرامون «گروه‌های قومی»

به‌جای نگاه کردن به اعداد و ارقام گوناگون مربوط به تعداد گروه‌های قومیِ قابل‌شناسایی، که به‌عنوان معضل و نیازمند رسیدگی مطرح می‌شوند، بهتر آن است که سودمند بودن انواع مختلف تحلیل‌ها را در ارتباط با گروه‌های قومی مورد توجه قرار دهیم. سازمان‌هایی که به ترجمهٔ کتاب‌مقدس می‌پردازند، پیش از هر چیز به تفاوت‌های زبان‌شناختی میان گروه‌های

---

1. International Missions board; 2. Southern Baptist Church; 3. Ethnolinguistic; 4. Self-Identity; 5. World Christian Database; 6. World Christian Encyclopedia

قومی علاقه‌مندند. آنها تصمیم‌هایی راهبردی و گسترده در ارتباط با تأسیس کلیسا می‌گیرند که نیازمند جامع‌ترین تحلیل‌های ممکن است، و نه تنها زبان‌شناسی بلکه فاکتورهای دینی و فرهنگی را نیز شامل می‌شود. کسانی که به خدمت بشارت محلی مشغول هستند، حتی باید اطلاعات دقیق‌تری در مورد پذیرا بودنِ گروه‌های گوناگون، نه فقط در قبال انجیل، بلکه در قبال هر پیامی که از سوی یک فرهنگ نزدیک و همسایه برای‌شان آورده می‌شود، داشته باشند. بدین‌ترتیب، برخی تحلیل‌ها اقتضا می‌کند که گروه‌های بسیاری را یک‌جا «گرد آورند»، در حالی که این کار در مورد انواع دیگر تحلیل، مفید نخواهد بود. به‌جای برتری دادن یک روش‌شناسی بر دیگری، سودمندتر آن است که نکات قوت هر یک از آنها را، بسته به مسئلهٔ مطرح‌شده یا طبیعت برنامه‌ریزی راهبردی، در نظر بگیریم. این تفاوت‌ها در اصطلاحاتی رایج نظیر اَبَرخوشه‌ها[1] گروه‌های قومی اجتماعی-زبانی[2] و بزرگترین گروه‌های قومی و متحد برای شنیدن بشارت[3] بازتاب می‌یابند.

## *اَبَرخوشه‌ها*

یکی از شیوه‌های تحلیل گروه‌های قومی است که از عاملی که برخی مواقع می‌تواند گروه‌های قومی را مدام به واحدهای کوچکتر و کوچکتری تقسیم کند، می‌پرهیزد. این شیوه بر آن است که به جهان از منظر خوشه‌های بزرگ قومی-زبان‌شناختی نگاه کند. واژه‌هایی که برای این مفهوم به‌کار می‌روند، گوناگونند: «اَبَرخوشه»، «گروه پیوسته»[4] و «اَبَرگروه»[5] اما مقصود تحلیل کردنِ وظیفهٔ میسیون‌های جهانی به‌لحاظ بقاپذیریِ کلیسا در درون واحدهای عمدهٔ قومی است. ابتدایی‌ترین گروه‌بندی، همهٔ گروه‌های قومی دور از دسترس را به دوازده واحد تقسیم می‌کند: ساحل آفریقایی،[6] کوشی،[7] جهان عرب، ایرانی، ترک، آسیای جنوبی، آسیای جنوب شرقی، تبتی، آسیای شرقی، مالایی، اوراسیایی، و یهودی. در همین ابتدا شایان ذکر است که اینها اصطلاحاتی قوم‌نگارانه هستند و لزوماً ربطی به مناطق جغرافیایی خاصی از جهان ندارند. این واحدهای پیوستگی را علاوه بر خاستگاه‌های بومی‌شان، در بسیاری از شهرهای غرب نیز می‌توان یافت. برای نمونه، سازمان‌های مسیحی جهان عرب توان خود را صرف خدمت به اعراب کرده‌اند، فارغ از اینکه آنها در کجای جهان زندگی می‌کنند. این دوازده واحد تحلیلی ابتدایی می‌تواند برای شناسایی راهبردهای گسترده مفید باشد.

مرکز مطالعات مسیحیت جهانی، ۱۳/۶۱۱ گروه قومی شناسایی‌شده را در ۶۲۱ واحد بزرگتر، که به «اَبَرخوشه» موسومند، جای می‌دهد. حتی با وجودی که این واحدها از واحدهای دوازده‌گانهٔ مذکور در بالا بسیار بیشترند، اما بهتر نشان می‌دهند که اصطلاح *اَبَرخوشه* در کل

---

1. Megaclusters; 2. Sociolinguistic; 3. Unimax; 4. Affinity Group; 5. Megapeople

۶. African Sahel– منطقه‌ای که میان صحرای بزرگ آفریقا و ساوانای سودان قرار گرفته. این منطقه در شمال آفریقا از اقیانوس اطلس تا دریای سرخ کشیده شده است- م.

۷. Cushitic– زبان‌های آفروآسیایی مربوط به شاخ آفریقا- م.

چه کاربردی دارد. پایگاه داده‌پردازی جهان مسیحیت یک «اَبَرقوم» را گروهی تعریف می‌کند که بیش از ۱۰۰ میلیون عضو دارد و این افراد در یک زبان مادری مشترکند.

این نوع تحلیلِ «دورنمای وسیع» سه مزیت دارد. نخست اینکه، به شناسایی روندهای گسترده و جهانی در زمینهٔ پذیرش یا ایستادگی در برابر انجیل کمک می‌کند. دوم اینکه، حس همکاری را در میان مؤسسه‌های گوناگون میسیونری که ممکن است در ارتباط با یک گروه قومی فعالیت کنند، تقویت می‌کند. سوم آنکه، راهی است برای اذعان به اینکه اگر جنبشی مردمی در ارتباط با آن گروه قومی آغاز شود، تبعات ضمنی مهمی برای گروه‌های قومی با فرهنگی نزدیک به آنها در پی خواهد داشت.

ایدهٔ متمرکز کردن تلاش‌های مربوط به تأسیس کلیسا بر مبنای «شهرهای مدخل»[1] نیز با این موضوع مرتبط است. یک شهر مدخل به ناحیهٔ شهرنشینی گفته می‌شود که از نفوذ فرهنگی بالایی برخوردار است و فضای بزرگتری از گروه‌های قومی را در خود جای داده، یا بر کل فضای بزرگتر تأثیرگذار است. برای مثال، اگر جنبشی مردمی در جهت گرویدن به مسیح در میان ترکان مسلمان استانبول آغاز شود، این جنبش به‌طور بالقوه می‌تواند بر همهٔ گروه‌های قومی ترک‌زبان تأثیر بسیاری داشته باشد. AD ۲۰۰۰ و جنبش فراسو[2] یکصد شهر مدخل را در میان پنجرهٔ ۴۰/ ۱۰ شناسایی کرده‌اند. پشتیبانی کتاب‌مقدسی برای یک شهر مدخل، از شیوهٔ عملکرد پولس گرفته شده، که روی شهرهای کلیدی و راهبردی متمرکز می‌شد، بدین‌ترتیب که وقتی انجیل به آن شهرهای کلیدی می‌رسید، از میان مردمان بومی همان منطقه کسانی بسیج می‌شدند و انجیل را به دیگر شهرها می‌رساندند. در این حالت دیگر نیازی نیست که در تک تک شهرهایی که یک گروه قومی واحد زندگی می‌کنند، جنبش‌های تازه به‌وجود بیاید.

## گروه‌های قومیِ اجتماعی-زبانی

شیوهٔ دوم برای طبقه‌بندی گروه‌های قومی بر شناسایی ویژگی‌هایی مبتنی است که هویت فرهنگی و وجوه تمایز آن گروه از گروه‌های قومی دیگر را تشکیل می‌دهند. طبق این رویکرد، حتی اگر یک گروه در زبان با گروه دیگر وجه اشتراک داشته باشد (چنان که در تحلیل اَبَرخوشه بدان اشاره شد)، باز ممکن است موانع تاریخی یا فرهنگی دیگری وجود داشته باشند که باعث شوند گروه مزبور خود را از گروه دیگر جدا ببیند (یا گروه‌های دیگر آن گروه را از خود جدا ببینند).

بنابراین، از آنجایی که قرار است انجیل به طبیعی‌ترین شکل ممکن از سوی کسانی به گروه مورد نظر برسد که فضای فرهنگی مشابهی دارند (بشارت از نوع E-1)، شاید ضروری باشد که صدها جنبش تأسیس کلیسا در درون یک فضای بزرگ[3] آغاز به کار کنند. این امر مستلزم تحلیلی دقیق‌تر از گروه‌های قومی جدا از هم است.

1. Gateway Cities; 2. Beyond; 3. Megasphere

## گروه‌های قومیِ بی‌مانع

سومین و آخرین شیوه برای طبقه‌بندی گروه‌های قومی، رویکرد «گروه‌های بی‌مانع»[۱] نامیده می‌شود. این شیوه در صدد به‌وجود آوردن فهرستی جامع از همهٔ گروه‌های قومی است که در میان‌شان هیچ مانع فرهنگی یا زبان‌شناختی یا اجتماعی یا قومی وجود ندارد. این شیوه شمار گروه‌های قومی را به حداکثر می‌رساند. برای نمونه، در هندوستان حتی اگر یک گروه قومی در فرهنگ، ملیت، قومیت و زبان مشترک باشد، ممکن است موانع طبقاتیِ[۲] مهمِ آن گروه تأثیر جنبش تأسیس کلیسا را برای کسانی که ریشه‌های قومی-زبان‌شناختی مشترکی در آن گروه دارند، غیرممکن سازد. نقد عمده بر مفهوم گروه‌های بی‌مانع این است که چون به‌جای تمرکز بر وجوه اشتراک گروه‌های قومی، در پی جدا کردن بیش از پیش آنها در گروه‌های کوچکتر است، این امر می‌تواند چنددستگی پایان‌ناپذیر گروه‌ها را تشدید کند. برای مثال، عده‌ای بر پایهٔ مفهوم گروه‌های بی‌مانع، استدلال کرده‌اند که روسپیان، رانندگان کامیون، مردمانی که در آسایشگاه سالمندان زندگی می‌کنند، یا همجنس‌گرایان را باید به‌مثابه گروهای قومی متمایزی در نظر گرفت.

اگرچه این رویکرد جزءنگر می‌تواند برای سلامت راهبرد تأسیس کلیسا دردسرساز باشد، اما بر واقعیات موجود در بشارت محلی انگشت می‌گذارد. برای مثال، یکی از دانشجویان هندی من وسیلهٔ آغاز کار کلیسایی در میان مردم دالیت در ساهارانپور[۳] شمال هندوستان شد. مردم نامبرده متعلق به کاست یا طبقه‌ای موسوم به چامار[۴] هستند. مردم دالیت (بیرون از کاست یا مطرود- م.) را عمدتاً برای جستجو در میان لاشهٔ جانوران مرده به‌کار می‌گیرند. وقتی آنان به مسیح ایمان آوردند، نمی‌توانستند شهادت‌های مؤثری به همشهری‌های خود بدهند، در صورتی که با بقیهٔ مردم آن شهر زمینه‌های قومی و زبان‌شناختی مشترکی داشتند. پس ایشان به روستاهای دیگری سفر کردند و انجیل را با کسانی که به طبقهٔ خودشان تعلق داشتند، در میان نهادند. این یک اصل مهم بشارتی است که به اصل واحد همگن[۵] یا به‌طور مخفف HU معروف است. اصل واحد همگن می‌گوید که مردم بیشتر تمایل دارند انجیل را با کسانی در میان بگذارند که بخشی از گروه یا طبقهٔ خودشان هستند. معمولاً انسان‌ها تمایل ندارند با انجیل از موانع میان‌فرهنگی بگذرند، و یا انجیل را از کسی بپذیرند که از بیرونِ مرزهای فرهنگی آمده است. شایان توجه است که اصل واحد همگن، اگر آن را درست بفهمیم، هرگز بنا نبوده واقعیتی را در خصوص اینکه کلیسا چگونه باید باشد تجویز کند، بلکه صرفاً توصیفی است از واقعیت، چنانکه اغلب به‌طور طبیعی روی می‌دهد.

هر سه رویکرد مذکور به هدف بزرگتر میسیون مسیحی کمک کرده‌اند. رویکرد اَبَرخوشه در سطح راهبردی بزرگتر یاری رسانده است. رویکرد قومی-زبان‌شناختی به‌طور ویژه در شناخت جاهایی که قرار است اقداماتی در راستای تأسیس کلیسا صورت بگیرد، مفید بوده

---

1. Unimax; 2. Caste; 3. Saharanpur; 4. Chamar; 5. Homogeneous Unit

است. و رویکرد «گروه‌های بی‌مانع» نیز برای درک نحوهٔ بشارت دادن در اغلب مواردی که کلیسایی در میان یک گروه قومی خاص آغاز به کار می‌کند، اهمیت دارد.

## گروه قومیِ «دور از دسترس» چیست؟

### *مقیاس پیشرفت پروژهٔ جاشوا*

پروژهٔ جاشوا یک گروه قومی دور از دسترس را با آنچه که به «قاعدهٔ پنج درصد» معروف است، تعریف می‌کند. ایدهٔ اصلی بر این است که اگر در یک گروه قومی شمار مسیحیان ۵٪ یا کمتر باشد، در این صورت آن گروه قومی را دور از دسترس تلقی می‌کنند. بدین‌سان، در ازای هر یک میلیون نفر در یک گروه قومیِ فرضی، باید دست‌ِکم ۵۰ /۰۰۰ مسیحی وجود داشته باشد تا بتوان آن گروه قومی را در ردیف گروه‌های قومیِ در دسترس طبقه‌بندی کرد. با وجود این، پروژهٔ جاشوا بر این نیز اصرار می‌ورزد که باید این قاعده به دو درصد (یعنی ۲۰ /۰۰۰ تن در یک میلیون) کاهش بیابد، یا در همان ۵٪، مسیحیان بیشتری که اصطلاحاً «اونجلیکال» خوانده می‌شوند حضور داشته باشند تا بتوان یک گروه قومی را در دسترس تلقی نمود.[1] در نهایت، پروژهٔ جاشوا تشخیص داد که اصطلاحات در دسترس[2] و دور از دسترس[3] به اندازهٔ کافی طیف کلی پیشرفت یک گروه قومی را به‌سوی داشتن یک کلیسای سالم، بالنده و پرجنب و جوش، روشن نمی‌سازد. بنابراین، پروژهٔ جاشوا چهار وضعیت زیر را به‌عنوان «مقیاس پیشرفت» در نظر گرفته است: ۱) دور از دسترس/ کمی در دسترس، ۲) تکوینی/ اسمی، ۳) کلیسای در حال ظهور، و ۴) کلیسای در حال رشد. هر یک از این چهار وضعیت را به دست‌ِکم دو سطح دیگر تقسیم می‌کنند و هر یک از این سطوح شماره‌ای دارند که آنها را با گروه مربوطه پیوند می‌دهد (ن.ک. به نمودار ۱.۱۲). در کل، مقیاس پروژهٔ جاشوا مفید است، به‌ویژه در پررنگ کردن پیشرفت یک گروه قومی. از ناآشنایی با انجیل تا داشتن یک کلیسای بالغ و بالنده، طیفی است فراتر از طبقه‌بندی‌های ساده و ابتداییِ «در دسترس» و «دور از دسترس».

**نمودار ۱.۱۲ – مقیاس پیشرفت در پروژهٔ جاشوا**

| طبقه‌بندی | سطح | توصیف سطح |
|---|---|---|
| دور از دسترس/ کمی در دسترس | ۱.۰ | هیچ داده‌ای در مورد وضعیت‌شان در دسترس نیست؛ در مناطقی که هیچ دسترسی معلومی به انجیل ندارند |

۱. پروژهٔ جاشوا مسیحی اونجلیکال را بر اساس چهار باور تعریف می‌کند: ۱) خداوند عیسای مسیح یگانه منبع نجات است، که این نجات به‌واسطهٔ ایمان شخص برایش حاصل می‌شود. ۲) ایمان شخصی و گرویدن به عیسی با تولد تازه توسط روح‌القدس. ۳) اعتراف به الهامی بودن کلام خدا به‌عنوان تنها مبنا برای ایمان و زندگی. ۴) وقف به موعظهٔ کتاب‌مقدسی و بشارت انجیل به‌طوری که دیگران را هم به‌سوی ایمان به مسیح جلب کند.

2. Reached; 3. Unreached

| | | |
|---|---|---|
| | ۱.۱ | کمتر از ۵٪ مسیحی |
| | ۱.۲ | کمتر از ۵٪ مسیحی، اما شمار اونجلیکال‌ها میان ۰.۰۱٪ تا ۲٪ است |
| تکوینی/ اسمی | ۲.۰ | هیچ داده‌ای در مورد وضعیت‌شان در دسترس نیست؛ در مناطقی که هیچ دسترسی‌ای به انجیل ندارند |
| | ۲.۱ | «پیروان» فرهنگی/ اسمی بیش از ۵٪ |
| | ۲.۲ | «پیروان» فرهنگی/ اسمی بیش از ۵٪ به‌علاوه حضور اونجلیکال‌ها با شمار میان ۰.۰۱٪ تا ۲٪ |
| کلیسای در حال پدیداری | ۳.۱ | مسیحیان اونجلیکال میان ۲٪ تا ۵٪؛ حضور کلیساهای اونجلیکال |
| | ۳.۲ | مسیحیان اونجلیکال با بیش از ۵٪؛ شمار در حال رشد کلیساها |
| کلیسای در حال رشد | ۴.۱ | مسیحیان اونجلیکال با بیش از ۱۰٪؛ در ازای هر ۱۰/ ۰۰۰ تن، یک اونجلیکال |
| | ۴.۲ | مسیحیان اونجلیکال با بیش از ۱۵٪؛ در ازای هر ۱۵/ ۰۰۰ تن، یک اونجلیکال |

بارزترین نقطه‌ضعف رده‌بندی پروژهٔ جاشوا، پیوند دادن آشکار اصطلاح *اونجلیکال* با وضعیت درازمدت یک کلیسای سرزنده است. اذعان بی‌پرده به حضور مسیحیت اسمی یا فرهنگی مهم است، اما ممکن است از آن استنباط شود که بشارت به‌عنوان یک جنبش مدرن، تنها شکل پرجنب و جوش و بالنده از ایمان مسیحی است و بس. از آنجایی که بسیاری از جنبش‌های دیگر مسیحی بر اعترافات تاریخی مسیحی صحه گذاشته‌اند و تعهدشان را به پرورش و ترویج ایمان نشان داده‌اند، شاید مفیدتر باشد که به مسیحیان «تاریخی» یا «ارتودوکس» اشاره کنیم و از به‌کار بردن اصطلاح *اونجلیکال* بپرهیزیم، مخصوصاً بدین‌خاطر که بسیاری از گروه‌های نوظهور، پنتیکاستی و کاریزماتیک، خودشان را اونجلیکال نمی‌دانند.

### *وضعیت جهانی مسیحیت اونجلیکال از نگاه IMB*

هیئت میسیونرهای بین‌المللی (IMB) کلیسای باپتیست جنوبی یک گروه قومی دور از دسترس را با بهره‌گیری صِرف از بخش دوم معیار پروژهٔ جاشوا، تعریف می‌کند. بدین‌ترتیب که، یک گروه قومی زمانی دور از دسترس خوانده می‌شود که کمتر از دو درصد از جمعیتش

مسیحی اونجلیکال باشند.[1] این امر توضیح می‌دهد که چرا با به‌کار بردن معیار پروژهٔ جاشوا، ۴۱٪ از گروه‌های قومی جهان در ردیف دور از دسترس قرار می‌گیرند، در حالی که با معیارهای IMB درصد گروه‌های قومی دور از دسترس به ۵۶٪ افزایش می‌یابد. IMB میان یک گروه «دور از دسترس» و یک گروه «منفعل»[2] تمایز بیشتری قایل می‌شود. یک گروه قومی در صورتی «منفعل» نامیده می‌شود که سرگرم هیچ تلاشی برای تأسیس کلیسا در آن گروه قومی خاص نباشد. هم‌اکنون IMB چنین برآورد کرده که از ۶۵۱۲ گروه قومی دور از دسترس، تقریباً ۳۴۹۸ گروه منفعل مانده‌اند.

نقطهٔ قوت تحلیل IMB در این است که میسیون مسیحی را در درون چارچوب بزرگتری از کمک به تقویت جنبش‌های تأسیس کلیسا در میان گروه‌های قومی تازه، به تصویر می‌کشد. IMB به‌خاطر تعهدی که به این مهم دارد، یک مدل وضعیت جهانی مسیحیت اونجلیکال به‌وجود آورده، که معمولاً آن را مدل (GSEC)[3] می‌خوانند. این مدل در پی اندازه‌گیری سه فاکتور است: نخست، دامنهٔ اونجلیکال بودن یک گروه قومی؛ دوم، اینکه یک گروه قومی به انجیل دسترسی دارد یا نه؛ و سوم، وضعیت تأسیس کلیسا در گروه قومی مورد مطالعه.

در تحلیل IMB کاربرد واژهٔ دسترسی اهمیت بسیار دارد، چون بر تمایز مهم، اما ظریف میان واکنش به انجیل و دسترسی داشتن به انجیل، تأکید می‌کند. هرچند IMB هم اصطلاح دسترسی را به‌کار می‌برد، اما رده‌بندی‌های به‌کاررفته توسط پروژهٔ جاشوا و IMB بر واکنش به انجیل معطوفند، که در درصدهای معینی از مسیحیان (یا مسیحیان اونجلیکال) اندازه‌گیری می‌شود، یعنی آنانی که خود را پیرو عیسای مسیح می‌دانند و معرفی می‌کنند. با وجود این، دسترسی داشتن به انجیل لزوماً به معنای واکنش نشان دادن به انجیل نیست. این امر مشخصاً در مواقعی اهمیت می‌یابد که بخواهیم مسیحیت را در مناطقی از جهان که حاکمیتِ مسیحی در آنها پیشینهٔ تاریخی دارد، تحلیل کنیم. برای نمونه، قابلیت دسترسی به انجیل در اروپای غربی بسیار بالا است، با وجود این، درصد آنانی که به انجیل واکنش نشان می‌دهند به‌طور چشمگیری افت کرده است. از این‌رو، میسیون‌شناسان اغلب میان گروه‌های «در دسترس» و «بشارت‌شنیده» تمایز قایل می‌شوند. اصطلاح بشارت‌شنیده به دسترسی به انجیل دلالت دارد، در صورتی که اصطلاح در دسترس تنها به درصدی از یک گروه قومی که نسبت به انجیل واکنش مثبت از خود نشان داده‌اند، اشاره می‌کند.

IMB هم مانند پروژهٔ جاشوا لازم دیده که مقاومت کلی در برابر مسیح یا گرایش به‌سوی او در یک گروه قومی را به روشی تحلیل کند که فراتر از کاربرد سادهٔ اصطلاحات «در دسترس» و «دور از دسترس» باشد. از این‌رو، بخش پژوهش جهانی IMB مقیاسی در هشت رده تنظیم

---

۱. تارنمای IMB مسیحی اونجلیکال را چنین تعریف می‌کند: مسیحی اونجلیکال کسی است که به عیسای مسیح به‌عنوان یگانه منبع نجات به‌واسطهٔ ایمان باور دارد، شخصاً به او گرویده و به او ایمان دارد و توسط روح‌القدس تولد تازه پیدا کرده است، به الهامی بودن کلام خدا، به‌عنوان یگانه مبنا برای ایمان و زندگی مسیحی اذعان دارد، و خویشتن را وقف موعظهٔ کتاب‌مقدسی و بشارت انجیل کرده تا دیگران را هم به‌سوی ایمان به عیسای مسیح جذب کند.

2. Unengaged; 3. Global Status of Evangelical Christianity

کرده تا معلوم کند که یک گروه قومی از ردهٔ «دور از دسترس» تا کلیسای «سرزنده و بالنده»، در کجای طیف قرار دارد. شمارههای ۰-۳ همگی زیرطبقههای گروههای قومی «دور از دسترس» هستند. شمارههای ۴-۶ نیز همگی زیرطبقههای «در دسترس» هستند. طبقهبندی آخر بر آن دسته از گروههای قومی دلالت می‌کند که اطلاعات کافی برای تصمیم‌گیری در مورد آنها وجود ندارد. مقیاس مزبور «وضعیت جهانی مسیحیت اونجلیکال» نام دارد (ن.ک. ۲.۱۲).

**نمودار ۲.۱۲- وضعیت جهانی مسیحیت اونجلیکال، IMB**

| سطح وضعیت | توصیف |
|---|---|
| ۰ | هیچ مسیحی اونجلیکال یا کلیسایی یا هیچ دسترسی‌ای به انجیل وجود ندارد |
| ۱ | کمتر از ۲.٪ اونجلیکال، در دو سال گذشته هیچ تلاشی برای تأسیس کلیسایی فعال صورت نگرفته، اما دسترسی اندکی به انجیل وجود دارد |
| ۲ | کمتر از ۲.٪ اونجلیکال، اما تلاش برای تأسیس کلیسا انجام گرفته که گروه قومی را «درگیر» این فعالیت کند |
| ۳ | کمتر از ۲.٪ اونجلیکال، اما با تلاش‌های گسترده برای تأسیس کلیسا |
| ۴ | بیشتر از یا برابر با ۲.٪ مسیحی اونجلیکال |
| ۵ | بیشتر از یا برابر با ۵.٪ مسیحی اونجلیکال |
| ۶ | بیشتر از یا برابر با ۱۰.٪ مسیحی اونجلیکال |
| ۷ | وضعیت ناشناختهٔ مسیحیت |

## پایگاه داده‌پردازی مسیحیتِ جهانی

تمایز میان «در دسترس» و «بشارت‌شنیده» یکی از ویژگی‌های بارز پایگاه داده‌پردازی مسیحیت جهانی (WCD) است، که گروه‌های قومی را بر اساس دو دستهٔ «در دسترس» و «دور از دسترس» تقسیم‌بندی نمی‌کند، بلکه به‌طور کامل بر قابلیت دسترسی داشتن به انجیل، فارغ از واکنش آنها متمرکز است. WCD ۳۶۱۱ گروه قومی شناسایی‌شده توسط خودش را در سه طبقه‌بندی عمده جای می‌دهد: «جهان A»، «جهان B» و «جهان C». جهان A به ۲۲۳ اَبَرگروه قومی[1] با جمعیتی بالغ بر بیش از یک میلیون عضو اشاره می‌کند، که از میان آنها بیش از ۵۰٪ هیچ دسترسی‌ای به انجیل ندارند. جهان B بر ۱۳۸ اَبَرگروه قومی دلالت می‌کند که در آن میان به بیش از ۵۰٪ اشخاص بشارت داده شده است، اما مسیحیانی که به انجیل واکنش مثبت نشان داده‌اند، یا اصطلاحاً لبیک گفته‌اند، کمتر از ۶۰٪ هستند. منظور از جهان C ۲۶۰ اَبَرگروه قومی

1. Megapeople Groups

است که در آن بیش از ۶۰٪ جمعیت خود را مسیحی معرفی می‌کنند. اساساً مردم جهان A هیچ دسترسی‌ای به انجیل ندارد، مردم جهان B به انجیل دسترسی دارند اما به آن واکنش نشان نداده‌اند، و مردم جهان C هم به انجیل دسترسی دارند و هم به آن واکنش مثبت نشان داده‌اند.

WCD دسترسی را چنین تعریف می‌کند: «یک اجتماع بومی از ایمانداران مسیحی با شمار کافی و منابع بسنده برای بشارت دادن به گروه قومی خودشان، بدون نیاز به کمک خارجی و میان‌فرهنگی.»

## تحولات بیشتر در مجموعه اصطلاحات اولیهٔ وینتر

مقیاس اولیهٔ رالف وینتر، یعنی مقیاس E-۱، E-۲ و E-۳ بر اندازه‌گیری فاصلهٔ فرهنگی میان میسیونر و گروه قومی مورد نظر متمرکز شده بود. وقتی این مقیاس برای نخستین‌بار ارائه شد، هیچ اشارهٔ به‌خصوصی به تمایز میان «در دسترس» و «بشارت‌شنیده» یا «دور از دسترس» و «بشارت نشنیده» در میان نبود. با این‌حال، پژوهشی که در آستانهٔ همایش بین‌المللی لوزان در سال ۱۹۷۴ انجام گرفت، دو تحول مهم در مجموعه اصطلاحات وینتر به‌وجود آورد. نخستین تحول، افزودن یک طبقه‌بندی چهارم بود، موسوم به E-۰، برای اذعان به حضور مسیحیان اسمی که شاید بنا به یک حس صوری یا تشریفاتی به کلیسا تعلق داشته باشند، اما هنوز به انجیل واکنش مثبت نشان نداده‌اند. تحول دوم هم اذعان به این بود که فاصلهٔ فرهنگی میان میسیونر و گروه هدف هنوز در دست بررسی و تأمل است. این اذغان بر این فرض متکی بود که میسیونرها همگی در یک نقطهٔ آغاز مشترک فرهنگی سهیم هستند و این موضوع هم در نظر گرفته نشده بود که ممکن است کلیساهای زنده و پرجنب و جوشی هم وجود داشته باشند که از نظر فرهنگی، نسبت به عامل میسیونر غربی، به گروه قومیِ دور مانده از دسترس، نزدیکیِ فرهنگی بیشتری داشته باشد. این امر به تحول مقیاس P انجامید، که نمایانگر فاصلهٔ گروه قومی مورد نظر از یک کلیسای سرزندهٔ دیگر است. در یک کلام، مقیاس E فاصلهٔ فرهنگی میان میسیونر و گروه قومی هدف را اندازه می‌گیرد، در حالی که مقیاس P فاصلهٔ فرهنگی میان گروه قومیِ هدف را با نزدیکترین کلیسای سرزنده اندازه می‌گیرد. اولی با میسیونر آغاز می‌شود؛ در حالی که دومی با گروه قومی.

P-۰ نمایندهٔ مسیحیان اسمی است که خودشان را مسیحی معرفی می‌کنند، اما شخصاً به پیام انجیل واکنش نشان نداده‌اند. P-۱ نمایندهٔ غیرمسیحیانی است که خودشان را مسیحی نمی‌دانند، اما در میان گروهی قومی زندگی می‌کنند که در آن یک کلیسای پرجنب و جوش وجود دارد. P-۰ و P-۱، مانند E-۰ و E-۱، در حکم بشارت هستند، چراکه به هیچ تلاش میان‌فرهنگی نیاز نیست تا کسی انجیل را بشنود و به کلیسای بومی‌ای که از پیش وجود داشته راه یابد. P-۲ و P-۳ هم مانند E-۲ و E-۳ نمایانگر افزایش فاصله‌های فرهنگی هستند. با این‌حال، چنانکه اشاره کردیم، مقیاس P فاصلهٔ فرهنگی از گروه قومی تا یک کلیسای سرزنده را اندازه می‌گیرد، در صورتی که وظیفهٔ مقیاس E اندازه‌گیری فاصلهٔ فرهنگی از عامل میسیونر تا گروه قومی مورد نظر است. (ن.ک. نمودار ۳.۱۲)

## نمودار ۳.۱۲ - اندازه‌گیری فاصلهٔ فرهنگی

| مقیاس E | | | | مقیاس P | | | |
|---|---|---|---|---|---|---|---|
| عامل میسیونری | | کلیسا | | | | | |
| E-۰ | E-۱ | E-۲ | E-۳ | P-۳ | P-۲ | P-۱ | P-۰ |
| فرهنگ مشابه | | فرهنگ متفاوت | فرهنگ بسیار متفاوت | فرهنگ بسیار متفاوت | فرهنگ متفاوت | فرهنگ مشابه | |

مقیاس E و مقیاس P نسبت به رده‌بندی‌های به‌کاررفته از سوی پروژهٔ جاشوا، IMB، یا WCD، چندین برتری مهم دارند. مقیاس E/P تنها مقیاسی است که فاصلهٔ فرهنگی را در کانون توجه خود قرار می‌دهد و به‌جای اینکه تنها به تحلیل درصد افرادی که به انجیل واکنش نشان داده‌اند یا به آن دسترسی دارند، فاصلهٔ فرهنگی را در ارتباط با یک جنبش میسیونری بالقوه تفسیر می‌کند. مرزبندی «دور از دسترس» و «منفعل»، از سوی IMB، نشان می‌دهد که آیا یک گروه قومی «درگیر» فعالیت میسیونری هست یا نه، اما در مورد فاصلهٔ فرهنگی که عامل میسیونری را از گروه «درگیر» جدا می‌سازد خاموش می‌ماند، همچنین در این مورد که آیا مسیحیانی به‌لحاظ فرهنگی نزدیکتر وجود دارند که بتوانند به‌طرزی مؤثرتر به‌عنوان عوامل میسیونری بسیج شوند، چیزی نمی‌گوید. امتیاز دوم مقیاس E/P این است که برای همکاری جهانی مناسب‌تر است. برای مثال، اگر فاصلهٔ فرهنگی در مقیاس E بیشتر از فاصلهٔ فرهنگی در مقیاس P باشد، در این صورت ناگزیر هر تلاشی بی‌فایده خواهد بود و لازم است اصلاحاتی انجام بگیرد. به‌عبارت دیگر، چرا باید کلیسای غربی به آموزش و بسیج میسیونرها برای گذر از شکاف‌های عظیم فرهنگی (همچون وضعیت‌های E-۳) همت بگمارد، در حالی که گروه قومی مورد نظر، از لحاظ فرهنگی به یک کلیسای سرزندهٔ دیگر (همچون یکی از وضعیت‌های P-۱ یا P-۲) نزدیکتر است؟ به‌جای گسیل میسیونرهای پیشرو از سوی غرب، راهبردی‌تر خواهد بود که یک کلیسای سرزنده را که از لحاظ فرهنگی به گروه مورد نظر نزدیکتر است، اما هنوز تجهیز نشده، تجهیز کنیم. من پس از بیست سال کمک کردن به تجهیز مسیحیان جنوب هند برای گسیل شدن به شمال هند- که از لحاظ فرهنگی به گروه هدف بسیار نزدیکترند تا من- به ارزش تکثیر حصادگران واقفم و این زمانی امکان‌پذیر است که ما به فراتر از غرب به‌عنوان یگانه منبع عاملان میسیونری بیندیشیم.

اگر برای رسیدگی به گروه‌های قومی که از پیش در دسترس بوده‌اند، بیش از اندازه میسیونر بسیج و گسیل شود- منظور میسیونرهایی هستند که بشارت میان‌فرهنگی انجام می‌دهند، در حالی که باید روی تجهیز و بسیج مبشران محلی سرمایه گذاری کنند- در این صورت بسیاری از مردم دور از دسترس باقی خواهند ماند. این صرفاً یک مشکل نظری

نیست. این مسئله کماکان درون‌مایهٔ اصلی تجهیز میسیونر غربی مانده است. در واقع، رالف وینتر این بحث را مطرح کرده که ۶/ ۹۷ درصد از همهٔ میسیونرها در میان مردمانی خدمت می‌کنند که در دسترس هستند و تنها ۴/ ۲ درصد از آنها در میان کسانی کار می‌کنند که دور از دسترس‌اند. این یکی از سهمگین‌ترین چالش‌هایی است که تجهیز میسیونر معاصر با آن روبه‌رو است.

## تغییرات در بسیج میسیونرها

یکی از بزرگترین نیازها در میسیون مسیحی امروزی، ایجاد یک تغییر بنیادین در تجهیز میسیونر است. از این‌رو، میسیون‌شناسی پیش روی‌تان سه اصل پیشنهاد می‌کند که برای تجهیز میسیونر در سدهٔ بیست‌ویکم باید آنها را سرلوحهٔ کار قرار داد.

### اصل شمارهٔ ۱: اولویت «دسترسی» و ملاک‌های «بقاپذیری»

***اهمیت دسترسی و بقاپذیری***

ابتدایی‌ترین اصل در تجهیز میسیونر این است که باید به آن دسته از گروه‌های قومی اولویت داده شود که به انجیل دسترسی ندارند. اگر بخواهیم تعریفی اجتماعی-زبان‌شناختی از یک گروه قومی ارائه دهیم، که به بهترین وجه راهبرد تأسیس کلیسا را اندازه‌گیری کند، در این صورت چیزی میان ۶۵۱۲ تا ۶۷۴۸ گروه قومی وجود دارد که به انجیل دسترسی ندارند یا دسترسی‌شان به انجیل بسنده نیست. تقریباً نیمی از این گروه‌های قومیِ دور از دسترس حتی هرگز فرصت نداشته‌اند که به انجیل واکنش نشان دهند. بشارت دادن به این گروه‌های قومی با موانع فرهنگی، سیاسی، جغرافیایی و دینی مهمی محدود شده است. با وجود این، بسیاری از این موانع را می‌توان تا حد قابل‌ملاحظه‌ای کم کرد، به شرط آنکه پیرامون مسئلهٔ تجهیز جهانی بیندیشیم تا اینکه فرض را بر این بگذاریم که میسیونرهای غربی باید برای رسیدگی به گروه‌های قومی دور از دسترس تجهیز شوند.

چرا کلیسا در امر تجهیز میسیونرها، همچنان به نادیده گرفتن موضوع دسترسی ادامه می‌دهد؟ برای این پرسش دو دلیل اصلی وجود دارد. نخست آنکه، از دیرباز تصور بر این بوده که برانگیختن فعالیت‌های بشارتی در نقاط گوناگون جهان ناگزیر (یا دستِ‌کم به‌طور بالقوه) به تبشیر جهانی خواهد انجامید. با این‌حال، اگر همهٔ مسیحیان در کل جهان برای بشارت انجیل تجهیز شده بودند و به‌طرز مؤثری به هر کس که می‌شناختند شهادت می‌دادند، چه اتفاقی می‌افتاد؟ خبر خوش این است که بیش از سه میلیارد نوایمان مسیحی وجود می‌داشت که بیش از یک میلیارد آنها مسیحیان اسمی و بیش از ۲ میلیارد دیگرشان هم غیرمسیحیانی که به مسیح گرویده بودند. با وجود این، هنوز نزدیک به ۲ میلیارد (در واقع ۹/ ۱ میلیارد یا ۸/ ۳۲ درصد از کل جمعیت جهان) نفر دیگر هنوز مژدهٔ انجیل عیسای مسیح را نشنیده بودند.

این بر تفاوت حیاتی میان بشارت و میسیون مسیحی تأکید می‌کند. بشارت بر شهادت دادن به کسانی که متعلق به همان فرهنگ هستند دلالت می‌کند و تنها می‌تواند به گروه‌های

E-۰ (P-۰ ) و E-۱ (P-۱) دسترسی داشته باشد. در مقابل، میسیون مسیحی به *شهادت میان‌فرهنگی* دلالت دارد و تنها راه برای دسترسی به مردمانی است که هیچ همسایهٔ مسیحیِ نزدیکی ندارند تا انجیل را بدیشان بشارت دهد. از این‌رو، تجهیز میسیونر باید بر گسیل میسیونرها متمرکز باشد، خواه این گسیل به جاهایی باشد که مسیحی در آنها وجود ندارد یا به جاهایی که کلیسا هنوز از بقاپذیری و جنب و جوش کافی برخوردار نیست. در عوض، کلیسای غرب اغلب کمک‌های مالی عظیم گرد می‌آورد و آنها را در برنامه‌ای آموزشی و پرهزینه سرمایه‌گذاری می‌کند تا شخصی را برای سفر به نقطه‌ای دور افتاده از کرهٔ زمین تجهیز کند تا آن شخص در مکانی به خدمت مشغول شود که از پیش کلیسایی بقاپذیر و سرزنده در آن وجود دارد.

دوم اینکه، در همین آغاز باید روشن کرد که هر کلیسای محلی، در هرکجای جهان که باشد مسئولیت دارد انجیل را به همسایگان نزدیک خود بشارت دهد (E-۰ و E-۱). باز از گذشته‌های دور این تصور هم در کلیسای غربی و هم در بسیاری از نقاط جهان اکثریت وجود داشته که بشارت و میسیون مسیحی میان‌فرهنگی کار کلیسای غربی است و بس. نتیجه این شده که میسیونرهای غربی برای انجام کاری صف‌آرایی می‌کنند که باید توسط مسیحیان محلی انجام شود. اگر کلیسای محلی وجود نداشته باشد، در این صورت پیدا است که بشارت امکان‌پذیر نخواهد بود؛ چنین مکانی حوزهٔ فعالیت میسیون مسیحی است. با این‌همه، به مجردی که کلیسای محلی پایه‌گذاری شد و جان گرفت، آنگاه دیگر بهره‌گیری از منابع برای گسیل میسیونرهای میان‌فرهنگی برای انجام بشارت از نوع E-۱ کار نادرستی است. این کار مسئولیت در میان نهادن انجیل با دیگران را از شانه‌های کلیسای محلی برمی‌دارد و نمی‌گذارد ایشان در همان جایی که هستند شاهدانی امین برای مسیح باشند. فرستادن میسیونرهای میان‌فرهنگی میان گروه‌های قومی، که کلیسایی بقاپذیر و سرزنده در میان‌شان وجود دارد، رخوت و سستی را در کلیسای بومی برمی‌انگیزد و روابط ناسالم و وابستگی به میسیونرها را در آنان تقویت می‌کند.

وقتی کلیسای جهانی خود را متعهد بداند که محرومان از انجیل را تجهیز کند، آنگاه گام مهم بعدی این خواهد بود که مشخص شود کلیسا چه زمانی بقاپذیر است و دیگر به کمک میسیونرها نیازی ندارد. مرکز مطالعات مسیحیت جهانی یک کلیسای بقاپذیر را چنین تعریف می‌کند: «گروهی قومی-زبانی یا اجتماعی-بومی از ایمانداران مسیحی با شمار و منابع کافی برای بشارت انجیل به گروه قومی خودشان بدون اینکه نیازی به کمک‌های میان‌فرهنگی از بیرون داشته باشند.» اما از کجا بفهمیم که یک کلیسا اکنون به «تعداد» و «منابع» کافی دسترسی دارد؟ چنانکه پیش‌تر هم یادآور شدیم، پروژهٔ جاشوا و IMB هر دو بقاپذیری را به درصدهای معینی از مسیحیان ربط داده‌اند. اما آیا شواهدی عینی وجود دارد که نشان دهد به محض آنکه شمار مسیحیان گروه از آستانهٔ ۵٪ (یا ۲٪ اونجلیکال) بگذرد، کلیسای مزبور بقاپذیر شده است؟ در سدهٔ نوزدهم، هنری ون از لزوم «اوتانازی[1] میسیون‌ها» سخن گفت، یعنی در زمانی

1. Euthanasia

که یک کلیسای بومی به مرحله خود-پشتیبانی، خود-گردانی و خود-تبشیری می‌رسد. آیا این «سه» ملاک هنوز راه معتبری برای اندازه‌گیری میزان بقاپذیری است؟

پیوند دادن قاعدهٔ ۵٪ یا ۲٪ با شاخصه‌های تعریف‌پذیری چون ملاک‌های سه‌گانهٔ هنری ون، از جهاتی به‌جا است. مشکلی که در ارتباط با ملاک‌های سه‌گانه وجود دارد این است که آنها بیشتر به تجلیل از عدم وابستگی به‌عنوان یک هدف، گرایش دارند. اگر تنش میان «عدم وابستگی» و «وابستگی» است، پس عدم وابستگی یک هدف مطلوب است. عدم وابستگیِ روزافزون برای فرد جوانی که می‌خواهد رشد کند و برای رشد کردن و رسیدن به هویتش نیاز به تشویق دارد، هدفی شایسته و مطلوب است. از چشم‌انداز سدهٔ نوزدهم، وقتی کلیسای جهانِ اکثریت از هر لحاظ در مرحلهٔ نوزادی بود، رسیدن به هدف عدم وابستگی کاملاً درست به‌نظر می‌رسید. با این‌حال، امروزه نیازهای فزاینده‌ای به همکاری بیشتر و وابستگی متقابل برای تقویت هر بخش از کلیسا وجود دارد. مفاهیم «سه‌گانهٔ» هنری برای نشان دادن بقاپذیری یک کلیسا دیگر نمی‌تواند گویای وابستگی متقابل[1] میان ایمانداران کلیساهای در حال رشد با ویژگی‌های ملی باشد. با وجود این، بلوغ رو به رشد کلیسای جهانی، و لزوم بنا کردن متقابل هر بخش از کلیسا، یک معیار اندازه‌گیری جدید برای بقاپذیری کلیسا می‌طلبد.

## *آزمون «سه‌گانهٔ تعلق» در خصوص دسترسی و بقاپذیری*

نظریهٔ دسترسی و بقاپذیری‌ای که این میسیون‌شناسی از آن دفاع می‌کند، آزمون «سه‌گانهٔ تعلق» نامیده می‌شود. این آزمون در وهلهٔ نخست نه بر عدم وابستگی (همچون مدل سه-خود)، بلکه بر تعریف نشانه‌های راستینِ *تعلق* متمرکز است. ما با این پرسش آغاز می‌کنیم: «تعلق داشتن یعنی چه، و مشارکت کردن به‌عنوان یک عضو بقاپذیر و سرزنده از بدن مسیح به چه معنا است؟» مدل سه-خود زمانی را تصور می‌کند که مسیحیانِ محلی دیگر به سایر بخش‌های کلیسا وابسته نیستند. با این‌همه، تمثیل کتاب‌مقدسی بدن مسیح بر وابستگی متقابل همیشگی به‌عنوان یکی از نشانه‌های سلامت بدن مسیح تأکید می‌کند. هیچ عضوی از اعضای بدن مسیح هرگز نباید به عضو دیگر بگوید: «نیازی به تو ندارم!» (اول قرنتیان ۲۱:۱۲)

### *آزمون اکلِسیا (Ekklēsia)*

بنابراین، آزمون نخست این پرسش را مطرح می‌سازد که در یک گروه قومی معین، چه تعداد از مسیحیان به جمع *کلیسا* تعلق دارند. این *آزمون اکلِسیای* تعلق نام دارد. ملاک بقاپذیری «۲٪» و «۵٪» طبق IMB و پروژهٔ جاشوا، درصد معینی از مردم در درون یک گروه قومی است که ایمانی اصیل به مسیح را تجربه کرده‌اند. با این‌حال، این درصدها ضرورتاً مستلزم آن نیستند که این مسیحیان در کلیسا به همکاری و مساعدت مشغولند. مهم نیست که چه تعدادی از مسیحیان ممکن است در یک گروه قومی خاص وجود داشته باشند؛ ما

1. Interdependence

باید بپرسیم که چه درصدی از آنها در کلیسا مشارکت فعالانه دارند. یک مشارکت‌کنندۀ فعال را می‌توان چنین تعریف کرد: «کسی که در ماه دو بار یا بیشتر در یک گردهمایی معین از ایمانداران حاضر می‌شود.» اگر بیش از ۹۶٪ از افراد یک گروه قومی در کلیسا مشارکت فعال ندارند، در این صورت آن گروه قومی را باید دور از دسترس به‌شمار آورد و در صدر اولویت برای پیشبرد و پیاده‌سازی یک راهبرد مناسب قرار داد تا نهایتاً منجر به تأسیس کلیسایی مؤثر شود. هیچ نیازی به پیگیری دو آزمون دیگر تعلق نیست.

این آزمون برای گروه‌های قومی اروپای غربی، که درصد بالایی از مسیحیان اسمی را دارند، اما درصد ناچیزی از مسیحیان‌شان به‌طور مرتب در جلسات ایمانداران شرکت می‌کنند، پیامدهای ضمنی عظیمی به‌دنبال داشته است. روش‌شناسی رایج برای تعریف گروه‌های قومی دور از دسترس، در پروژۀ جاشوا، IMB یا پایگاه داده‌پردازی جهان مسیحی، همگی (بر پایۀ آمار) اعلام می‌کنند که اروپا مسیحی‌ترین قاره زمین است. بدین‌سان، زمان آن فرارسیده که تحلیلی انجام شود تا میان وابستگی مسیحی (اسمی) و مشارکت واقعی در جلسات کلیسایی، تمایز آشکاری به عمل آید.

البته پافشاری بر برقراری «جلسۀ کلیسایی» ضرورتاً مستلزم داشتنِ کلیسای قابل رؤیت با ساختمان خاص و اعلان عمومی، چنان که در بسیاری از بخش‌های جهان مرسوم بوده، نیست. بسیاری از مسیحیان اولیه در سکوت و در خانه‌ها یا حتی در دخمه‌ها یکدیگر را ملاقات می‌کردند، اما این را می‌فهمیدند که مسیحی بودن به معنای آن است که به‌طور مرتب و منظم دیدار و گردهمایی داشته باشند. مسیحیان همواره برای پاسداشت ایمان‌شان به عیسای مسیح با کلمات، سرودها و آیین‌های رسمی، گرد هم جمع شده‌اند. بدون اجتماع مسیحی نمی‌توان از بقاپذیری سخن گفت. هرجا که دو یا چند تن به نام مسیح جمع شوند، مسیح در میان‌شان حاضر است (متی ۲۰:۱۸). این حضور مسیح قیام کرده است که در نهایت بر بقاپذیری ما گواهی می‌دهد، پس هرگز نمی‌توان به سادگی روی افراد مسیحی حساب کرد، یا در مورد بسیاری از بخش‌های اروپای غربی، روی شمار بالای مسیحیان اسمی به‌عنوان گواهی از «در دسترس بودن» یک گروه قومی انگشت گذاشت.

### آزمون رسولی

آزمون دوم از سه آزمون تعلق، بیشتر به بررسی در مورد تعلق داشتن به مسیح می‌پردازد. نه تنها ارتباط داشتن نوایمانان با یکدیگر در یک مشارکت مسیحی اهمیت دارد، بلکه مهم است که خود کلیسا هم در ارتباط با پیام رسولی باقی بماند. بدین‌ترتیب، این آزمون دوم را با عنوان *آزمون رسولی* می‌شناسند. آیا کلیساهایی که در گروه قومی موجود هستند راست‌دینی[1] تاریخی مسیحی را تأیید و اعلان می‌کنند؟ این یک آزمون تعلیمی کلی است برای اطمینان یافتن از اینکه اگر شخص به کلیسا تعلق داشته باشد می‌توان به‌طور منطقی انتظار داشت که در اجتماعی پرورش یابد که به مسیح

---

1. Orthodoxy

و انجیل مسیحی وفادار است. وفادار بودن به مسیح همواره بیش *از* هر بیانیهٔ تعلیمی است.

دو مورد از وفادارانه‌ترین آزمون‌های تعلیمی را می‌توان در اعتقادنامهٔ رسولان و اعتقادنامهٔ نیقیه[1] یافت. این دو اعتقادنامه از دو جهت بر اعتقادنامه‌های دیگر برتری دارند. نخست آنکه، چکیده‌ای از جوهر ایمان مسیحی ارائه می‌کنند. دوم اینکه، اعتقادنامه‌های رسولان و نیقیه به‌لحاظ تاریخی از سوی همهٔ شاخه‌های اصلی کلیسای مسیحی مورد تأییدند. این را می‌توان ژرف‌ترین نوع از هویت مسیحی به‌شمار آورد، که در سراسر تاریخ کلیسا، اعم از شرق و غرب، طنین‌انداز است، و در عین‌حال از چنددستگی مسیحی و شهادت رقابتی و فرقه‌ای جلوگیری می‌کند. اگر ۴٪ یا بیشتر از کل جمعیت یک گروه قومی به کلیساهایی تعلق داشته باشند که بر راست‌دینی تاریخی مسیحی صحه می‌گذارند، آن گروه را دیگر نباید دور از دسترس به‌شمار آورد. از اینجا باید تمرکز را بر تجهیز آن مسیحیان برای بشارت E-1 (البته از نگاه آنان) گذاشت.

برخی استدلال می‌کنند که این صحه‌گذاری بر مفاد اعتقادنامه‌ها محصول اندیشهٔ غربی است و از این‌رو در عصر نوین مسیحیت جهانی با بی‌اعتنایی فزاینده نسبت به آن روبه‌رو می‌شویم. با وجود این، همهٔ مسیحیان در همهٔ فرهنگ‌ها و در همهٔ اعصار از حاصل کار و اندیشهٔ برادران و خواهران پیشکسوت ما برخوردار شده‌اند. مارک هچر[2] با کار خود در میان مسیحیان کره‌ای، نشان داده که اعتقادنامه‌های قدیمی تا چه اندازه می‌توانند برای کلیسا مفهوم داشته باشند، به شرط آنکه آنها را در زمینهٔ متن کتاب‌مقدس مورد بررسی و مطالعه قرار دهیم و با مثال‌ها و ساختارهای روایی ملموس و عینی به شنونده منتقل کنیم. اعتقادنامه‌ها همچنان منبعی غنی برای برقراری اتحاد عمیق‌تر میان کلیساها هستند، که در عین راست‌دینی کامل فراتر از دسته‌بندی‌های فرقه‌ای عمل می‌کنند.

### *آزمون تکثیرپذیری*

سومین و آخرین آزمون تعلق، شادابی و جنب و جوش کلیسا را می‌سنجد. برخی کلیساها رسماً بر آموزه‌های درست مهر تأیید می‌زنند، اما سطح کمک‌رسانی و جنب و جوش‌شان بسیار پایین است. یکی از نشانه‌های سلامت و شادابی هر موجود زنده، تکثیرپذیری است. این آزمون سوم، *تکثیرپذیری* نام دارد. آیا خود کلیسا از طریق شهادت و بشارت رشد می‌کند و تکثیر می‌شود؟ همهٔ کلیساها، حتی آنهایی که شاداب و پرجنب و جوش هستند، با یک ریتم و گام همسان رشد نمی‌کنند، اما مهم است که نشانه‌های رشد و تکثیرپذیری را از خود نشان دهند. اگر ظرف یک دورهٔ پنج‌ساله در یک گروه قومی هیچ کلیسای جدیدی تأسیس نشود، حتی اگر شمار مسیحیان آن گروه قومی به ۱۰٪ هم رسیده باشد، کلیسا هنوز به مرحله بقاپذیری نرسیده و نیازمند کمک، شاگردسازی یا آموزش بیشتر است.

---

۱. منظور نگارنده اعتقادنامهٔ نخست نیقیه است که در سال ۳۲۵ م. تدوین شد.

2. Mark Hatcher

این سه آزمون، یعنی آزمون‌های اکِلسیا، رسولی و تکثیرپذیری، با همدیگر معنای تعلق به مسیح را نشان می‌دهند و آشکار می‌سازند که یک عضو کامل و شاداب و پرجنب و جوش بدن مسیح چه ویژگی‌هایی دارد.

## اصل شمارهٔ ۲: اولویت تأسیس کلیسا

دومین اصل مهم در تجهیز میسیونر، اولویت دادن به تأسیس کلیسا در کل راهبرد میسیون مسیحی است. پیش‌تر دیدیم که این امر چگونه با تحلیل ما از دنیا در چارچوب دسترسی *کلیسا* و بقاپذیری (سرزندگی) *کلیسا* آغاز می‌شود، نه صرفاً با شمردن جمع کل تعداد ایمانداران. نخستین و بنیادی‌ترین نکته این است که تأکید بر تأسیس کلیسا مستلزم تغییر در روشی است که میسیون مسیحی و هدف آن را به‌طور کلی ترسیم می‌کند.

الاهیات پروتستان اغلب آموزهٔ نجات را با آموزهٔ پارساشمردگی (عادل‌شمردگی) برابر انگاشته است. از نظر کتاب‌مقدس، آموزهٔ نجات، پارساشمردگی را نیز در بر می‌گیرد، اما در عین‌حال آموزه‌های تقدیس و جلال یافتن نهایی ما را هم شامل می‌شود.[۱] از این‌روست که کلام خدا از نجات در هر سه زمان سخن به میان می‌آورد: ما نجات یافتیم (پارساشمردگی)، ما در حال نجات یافتن هستیم (تقدیس)، و ما نجات خواهیم یافت (جلال یافتن).[۲] تقلیل‌گرایی الاهیاتی، که نجات را با پارساشمردگی برابر بینگارد، در میان نوشته‌های پروتستان متداول است، و ما اغلب غافل از تشخیص این نکته هستیم که چگونه پایین آوردن سطح آموزهٔ نجات بر مباحث ما در ارتباط با کار میسیونری تأثیر می‌گذارد. برای نمونه، تقلیل‌گراییِ مزبور اغلب منجر به تأکیدات کاهش‌گرایانه و حداقلی و فردگرایانه می‌شود، که نقش کلیسا در هدف غایی میسیون مسیحی را کمرنگ خواهد کرد. ذهن ما غالباً درگیر کمترین و پایین‌ترین چیزی است که یک فرد باید بداند یا بدان ایمان بیاورد، تا پارسا شمرده شود. البته، زمانی که موضوع این‌گونه چارچوب‌بندی می‌شود، به چیز زیادی هم نیاز نیست. در نهایت، دزد بالای صلیب هم هیچ فرصت پیدا نکرد تا عضوی از یک مشارکت محلی مسیحی شود، و دانش الاهیاتی‌اش هم به همین میزان پایین بود. در مورد زندانبان فیلیپی یا لیدیه و اهل خانه‌اش چطور؟ من فکر می‌کنم که همگان، چنانکه دین گیلیاند[۳] به‌درستی خاطرنشان ساخته، موافقند که روح‌القدس هنوز می‌تواند در ایماندارانی که آگاهی اندکی دارند، فعال باشد. تأکید بر رشد عددی در بشارت و میسیون مسیحی تمرکز را به‌جای بقاپذیری و تکثیرپذیری کلیسا، بر دیدگاهی کاهش‌گرایانه نسبت به نجات، سوق داده است. هدف میسیون مسیحی همواره باید در قالب یک اجتماع بقاپذیر، سرزنده و

---

۱. برای مثال، لوئیس برکهوف می‌گوید: «خدا پری نجات را یک‌جا و طی یک اقدام به گناهکار افاضه نمی‌کند. تنها با تمییز دادن میان اقدامات «قضایی» و اقدامات «بازآفرینانهٔ» (Recreative) خداست که می‌توانیم به‌درستی در مورد پری نقشهٔ نجات خدا برای انسان به بحث بنشینیم. (لوئیس برکهوف، الاهیات نظام‌مند، ص ۴۱۶).

۲. برای نمونه نگاه کنید به افسسیان ۵:۲؛ اول قرنتیان ۱۸:۱؛ ۱۵:۳.

3. Dean Gilliland

تکثیرپذیر از ایمانداران، فارغ از تأکید خاص بر کاری که ما بدان خوانده شده‌ایم، ترسیم شود.

دوم اینکه، تمرکز بر تأسیس کلیسا اصلاحات لازم را در مورد میسیون مسیحیِ همه‌پسند، که بیشتر بر ایمان فردی تأکید می‌گذارد تا ایمان جمعی، فراهم می‌سازد. ما اغلب تمایل داریم در مورد ایمان *افراد* سخن بگوییم، تا ایمان *کلیسا*. وقتی یهودا می‌گوید: «اشتیاق بسیار داشتم تا دربارهٔ نجاتی که در آن سهیم هستیم به شما بنویسم، اما لازم دیدم با نوشتن این چند خط، شما را به ادامهٔ مجاهده در راه ایمانی برانگیزم که یک‌بار برای همیشه به مقدسان سپرده شده است» (یهودا ۳)، هر دو واژهٔ «شما» و «مقدسان» جمع هستند. پولس در فصل بزرگی که در نامهٔ اول قرنتیان به قیام اختصاص داده است، چنین می‌گوید: «به هرحال، خواه من خواه آنان، همین پیام را وعظ می‌کنیم و همین است پیامی که به آن ایمان آوردید (جمع)». پولس موعظهٔ خود را در امتداد موعظهٔ رسولان دیگر می‌دید (وعظ می‌کنیم)، و این را به کلیسا (شما، جمع) می‌گوید. تشخیص اینکه پولس می‌گوید: «پیامی که به آن ایمان آوردید»، اهمیت بسیار دارد، اگرچه متن نشان می‌دهد که *افرادی* در کلیسا بودند که- دستِ‌کم در آن مقطع- در ایمان با کلیسا همدلی نمی‌کردند. سؤال طوری طرح شده که به یک پاسخ خاص برسد. اگر بپرسید: «کمترین سطح اعتراف کلیسا در ارتباط با نجات چیست؟» آنگاه موضوع جدی‌تر می‌شود و کلیسا در مورد ایمان نجات‌بخش مسائل بسیاری برای گفتن خواهد داشت.

چنانکه پیش‌تر نیز یادآور شدیم، اعتقادنامهٔ رسولان و اعتقادنامهٔ نیقیه نمونه‌هایی از تلاش کلیسای اولیه برای تدوین فهرستی کوتاه از گزاره‌های الاهیاتیِ بنیادین هستند، که *کلیسا* را حول ایمانی مشترک متحد می‌سازند. کلیسا این کار را با وجودی انجام داد که- همچون خود ما در زمان کنونی- حتماً متوجه شده بوده که *افراد* پارساشمرده‌شدهٔ بسیاری هستند که نه بند بند مفاد ایمان راسخ را می‌فهمند، و نه به‌طور کامل بدان ایمان دارند. به‌خاطر شکاف میان ایمان کلیسای تاریخی و ایمان بسیاری از افراد در کلیسا است که این حقایق هر هفته در کلیسا اعتراف می‌شوند. خیلی مهم است که ایمان کلیسا در همهٔ آنانی که ادعا می‌کنند پیروان مسیح هستند، تقویت شود.

سوم آنکه، تمرکز بر تأسیس کلیسا به ما کمک می‌کند تا از افتادن در دام «شخصی» و «گزاره‌ای» کردنِ ایمان که از خصوصیات دنیای معاصر شده، برحذر بمانیم. برای مثال، برخی می‌خواهند بر این تأکید کنند که داشتن رابطهٔ شخصی با عیسای مسیح تنها چیزی است که اهمیت دارد؛ دیگران می‌خواهند اطمینان یابند که برخی گزاره‌های تاریخی به‌خصوص حتماً تأیید شوند. این گروه اخیر به تأکید بیش از اندازه بر دفاع از کلام مکتوب کتاب‌مقدس و قاعده‌های آموزه‌ای (به‌جای خود عیسای مسیح) متهم می‌شود. از آنان می‌پرسند: «اگر رابطه شخصی با عیسای مسیح نداشته باشیم، اعتراف کردن به کوهی از اعتقادنامه‌ها و قاعده‌های آموزه‌ای چه ارزشی دارد؟» و آنها هم به نوبهٔ خود با اصرار چنین پاسخ می‌دهند که تنها راه شناخت هر چیز دربارهٔ خدا، که به‌شکلی متمایز و درست مسیحی خوانده می‌شود، به این

دلیل اســت که خدا آزادانه با انسان سخن گفته و خود را آشــکار کرده است. در اطاعت به این مکاشــفه اســت که خادمان خدا وفادارانه این کلمات را در کتاب‌مقدس ثبت کردند. به استدلال ایشان، بدون کتاب‌مقدس چگونه می‌توانیم میان ایمان مسلمان و مسیحی تمییز قایل شویم؟

بدین‌ترتیب، ما را در وضعیتی ناخوشـایند قرار می‌دهند که وادار شویم میان این دو یکی را برگزینیم: اینکه خدا خود را آشــکار کرده و اینکه خدا حقایقی را دربارهٔ خود آشکار کرده اســت. جنبش میســیونری یکی از امیدبخش‌ترین راه‌ها برای کنار هم قرار دادن آموزه‌های نجات‌شناسی و کلیساشناسی به‌طرزی درست و شایسته است. هرچه بیشتر اجازه دهیم آموزهٔ نجات از کلیسا دور شــود و به فردگرایی متمایل گردد، احتمال آنکه یک سازمان میسیونری جزئیات قاعده‌بندی‌های خاص آموزه‌ای را نادیده بگیرد، بیشتر می‌شود، زیرا تمرکز بر رابطهٔ شــخصیِ ایماندار با مسـیح است. همچنین احتمال دارد که این ســازمان آموزهٔ نجات را با آموزه‌پارساشمردگی برابر بپندارد. از سوی دیگر، هرچه آموزهٔ نجات در زمان (تاریخ) و مکان (در سراســر جهان) با زندگی کلیسا بیشتر تنیده شود، احتمال آنکه یک سازمان میسیونری بر ایمان مشترک تأکید کند، بیشتر می‌شود و حتی ایمانداران خیلی جدید هم ایمانی را که با آن متحد شــده‌اند بهتر درک خواهند کرد. یک نوایمان نه تنها ایمان *دارد*؛ بلکه *به‌سـوی* ایمانی مشترک نیز سوق داده شده است.

امروزه راهبرد میســیونری، حتی در عین اینکه بر اهمیــت اقدامات اولیه‌ای نظیر توبه و ایمان آوردن تأکید می‌کند، باید دیدگاهی بلندمدت نسبت به نجات داشته باشد. نیز مهم است به خاطر داشــته باشـیم که حتی اگر یک نوایمان را به‌عنوان تنها مسیحی منطقه یا روستایی معین می‌شناسند، به آن ایماندار باید از همان آغاز، برقراری ارتباط با دیگر مسیحیان یا پیروان عیسی را که با وی ایمانی مشترک دارند، تفهیم کرد.

سرانجام، تشخیص این نکته حائز اهمیت است که تمرکز بر تأسیس کلیسا را نباید چنان تعبیر کرد که نقش سایر کسانی که در زمینه‌های اجتماعی، امدادرسانی و توسعه، یا دادگستری خدمت می‌کنند، کمرنگ جلوه کند یا به حاشــیه رانده شود. برعکس، دعوت کلیسا آن است که بر ظهور پادشــاهی خدا در همهٔ شئونات زندگی و فرهنگ شــهادت دهد. اغلب نادیده می‌گیرند که کلیسا خوانده شده تا بر این واقعیت‌های جدید شهادت بدهد. از این‌رو، تأسیس کلیســا مؤثرترین راهبرد بلندمدت برای *شــهادت بومی* در مورد ظهور پادشاهی خدا است. برای نمونه، اگر بار تعداد بســیار افراد بی‌خانمان و کودکان بی‌سرپرست دهلی یا بانکوک بر دوش ما ســنگینی می‌کند، در این صورت یکی از مؤثرترین راه‌حل‌ها در بلندمدت این است که در شهرهای دهلی و بانکوک کلیساهای بومی تأسیس کنیم. من به چشم خودم دیده‌ام که این فرایند در هندوســتان مؤثر بوده است، به این ترتیب که کلیساهای تازه‌تأسیس به‌سرعت پیرامون خود فرصت‌هایی برای شــهادت دادن در مورد مســیح پیدا می‌کنند. من کلیساهای بســیار تازه‌تأسیسی در هندوستان دیده‌ام که تنها ظرف چند ســال یتیم‌خانه، مدرسه، مراکز دوزندگی، مراکز سوادآموزی، و خدمات امدادی تأسیس کرده‌اند.

## اصل شمارهٔ ۳: اولویت همکاری با کلیسای جهانی

سومین و آخرین اصل اولویت که بر تجهیز میسیون‌ها در سدهٔ بیست‌ویکم تأثیر می‌گذارد، همکاری با کلیسای جهانی است. خود عیسی کلیسا را خوانده تا بدن او در جهان باشد، و تنها کلیسای جهانی است که می‌تواند به‌طور کامل بازتاب تجسم مسیح باشد. برای بررسی این درون‌مایه، نخست باید سدهٔ بیست‌ویکم را در یک بستر تاریخی بزرگتر قرار دهیم.

### *زمینهٔ تاریخی*

جنبش میسیونری سدهٔ نوزدهم را می‌توان در «میسیون به‌سوی جهان» خلاصه کرد. تأکید این جنبش بر تجهیز میسیونرهای غربی برای گذر از مرزهای جغرافیایی بیرون از قلمرو جهان غرب و تأسیس کلیسا در دیگر نقاط دنیا برای شهادت دادن در مورد مسیح بود. جهان بیرون از قلمرو غرب پیش از هر چیز به‌صورت دنیایی تصویر می‌شد که هیچ مسیحی ایماندارای در آن زندگی نمی‌کند. در جهان اکثریت، مسیحیان و کلیساهای بسیار اندکی زندگی بودند که برای بشارت و تأسیس کلیسا می‌توانستند از همکاری ایشان بهره بگیرند.

جنبش میسیونری سدهٔ بیستم شاهد پیدایش خیره‌کنندهٔ کلیسای جهان اکثریت بود. در خلال همین سدهٔ بیستم بود که شمار مسیحیان در جهان اکثریت از شمار مسیحیان سنتی در غرب پیشی گرفت. گروه‌های میسیونری به‌طور فزاینده‌ای هشیار شدند که نه تنها در قبال «جهان» مأموریت دارند، بلکه در قبال کلیسای گستردهٔ جهانی نیز مأمور هستند. اکثریت فعالیت‌های میسیونری در سدهٔ بیستم بر تقویت کلیساهای ملی در سراسر جهان اکثریت متمرکز بود. این را می‌توان در «میسیون به‌سوی کلیسا» خلاصه کرد. چنانکه در فصل ۱ کتاب مشاهده کردیم، در نیمهٔ دوم سدهٔ بیستم بسیاری از کلیساهای جریان اصلی فعالیت‌های میسیونری را به حالت تعلیق درآوردند و به این باور رسیدند که کار باقیمانده را می‌توان با کلیساهای ملی به انجام رساند.

سخنرانی رالف وینتر در مورد شمار بسیاری از گروه‌های قومی پنهان‌شده و دور از دسترس به برانگیختن موج جدیدی از کار میسیونری در میان گروه‌های قومی دور از دسترس در ربع آخر سدهٔ بیستم کمک کرد. این به‌مثابه یادآوری مهمی بود که الگوی «میسیون به‌سوی کلیسا» را باید مکمل الگوی «میسیون به‌سوی جهان» دید، نه جایگزین آن. در واقع، تغییر الگو از ترسیم میسیون مسیحی به‌عنوان یک چالش وسیع جغرافیایی به یک چالش قومی با پیچیدگی‌های کامل آن، به شکوفایی «میسیون به‌سوی جهان» و «میسیون به‌سوی کلیسا» می‌انجامد. وقتی دریابیم که میسیون مسیحی موضوعی است که به *مردمان* مربوط می‌شود، نه *مکان‌ها*، آنگاه ممکن است در یک منطقهٔ جغرافیایی واحد به گروه قومی دور از دسترسی بربخوریم که از نزدیکی فرهنگی با یک کلیسای بقاپذیر پویا برخوردار است. امروزه به‌طور روزافزونی به اهمیت فرصت‌هایی پی می‌بریم که برای تأسیس کلیسا در میان جوامع مهاجر در مناطق شهری در سراسر جهان پیش می‌آید.

## *راهبرد سدهٔ بیست‌ویکم*

جنبش میسیونری سدهٔ بیست‌ویکم نه تنها باید متوجه حضور مسیحیان جهان اکثریت و ظهور چشمگیر کلیساهای بومی باشد، بلکه باید ظهور جنبش‌های گسیل میسیونر از نقاط گوناگون جهان اکثریت را نیز در نظر داشته باشد. سازمان‌های میسیونری باید روابط همکاری با گروه‌های گسیل میسیونر در سراسر جهان را بهبود ببخشند تا همگی ما در جهت رسیدن به یک هدف مشترک، یعنی ایجاد کلیساهای پویا و تکثیرپذیر در میان همهٔ گروه‌های قومی جهان پیش برویم. این را می‌توان در عنوان «میسیون به‌سوی میسیون» خلاصه کرد. اکنون بیشتر میسیونرها را کلیساها یا سازمان‌هایی می‌فرستند که در جهان اکثریتند. بدین‌ترتیب، راهبرد سدهٔ بیست‌ویکم مستلزم تعهدی ژرف به همکاری جهانی است. برای انجام این مهم چندین راه وجود دارد.

نخست آنکه راهبرد میسیونری به‌طور فزاینده‌ای آشکار می‌کند که برای یک میسیونر غربی، عدد مقیاس E او از عدد مقیاس P گروه هدفش بیشتر خواهد بود. از این‌رو، باید تلاش‌های بیشتری در جهت همکاری با کلیساهای سرزنده‌ای که به‌لحاظ فرهنگی و زبان‌شناختی با گروه مورد نظر نزدیکی بیشتری دارند، صورت بگیرد.

دوم اینکه، وقتی پای تأکید بر پنجرهٔ ۴۰/ ۱۰ به میان می‌آید، واقعیات تازهٔ جهانی بر لزوم «خلاق اندیشیدن» تأکید می‌گذارند. دعوت از کلیساهای غربی برای اولویت دادن به گسیل میسیونر به‌سوی اقوامی که در پنجرهٔ ۴۰/ ۱۰ قرار دارند، هنوز عوامل غربی را در ذهن به‌عنوان یگانه میسیونرهای جهان تداعی می‌کند. با وجود این، یکی از راهبردی‌ترین شیوه‌ها برای رسیدن به مسلمانان شمال آفریقا (که بیرون از پنجرهٔ ۴۰/ ۱۰ هستند) در سدهٔ بیست‌ویکم، کمک به آموزش میسیونرهای برزیلی است که می‌توانند به نوبهٔ خود به‌عنوان میسیونر به دیگر نقاط دنیای اسلام نیز سفر کنند.

سوم آنکه، سازمان‌های میسیونری فرقه‌ای غربی غیر از وسعت دادن دید میسیونری خود، چنانکه فراتر از مرزهای فرقه‌ای گروهی خاص را در بر بگیرد، چاره‌ای نخواهند داشت. روند کار به‌سوی ایجاد روابط آزادتر و راهبردی‌تر با جنبش‌های کلیسای بومی خواهد بود. کلیساهای غربی باید بیاموزند که برای کمک به تشویق و تهییج جنبش‌های تأسیس کلیسایی که هیچ ارتباط رسمی با فرقه‌های غربی ندارند، با یکدیگر همکاری کنند. از این مهمتر، فعالیت‌های میسیونری باید به *ابتکار* گروه‌هایی در درون جهان اکثریت صورت بگیرد. در گذشته واژهٔ *همکاری*[1] عملاً به این معنا بود که *ابتکار* عمل که شامل برنامه‌ریزی و تأمین مالی آن می‌شد، به دست کلیسای غرب بود، اما در اجرای طرح و نقشه از کارگران بومی بهره می‌گرفتند. این بیشتر از آنکه یک مدل همکاری[2] باشد، در حقیقت یک مدل پشتیبانی مالی[3] بود. با این‌حال، با ظهور چشمگیر کلیسای جهانی، در کنار جنب و جوش فزایندهٔ اقتصادی در جهان اکثریت، سدهٔ بیست‌ویکم نیازمند مفهوم ژرف‌تری از همکاری است. کلیساها از

1. Partnership; 2. Partnership Model; 3. Sponsorship Model

سراســر جهان باید در اقدامات برنامه‌ریزی میسیونری سهیم شوند و در مسائل جهانی خود را درگیر سازند.

## آیا همکاری، وابستگی بار می‌آورد؟

برخی عقیده دارند که دعوت از کلیساهای غرب به یک همکاری بزرگتر و در سطح جهانی با کلیساهای بومی، چنانکه در گذشته شــاهد بوده‌ایم، سبب وابستگی بیمارگونهٔ کلیساهای بومی به کلیساهای غربی می‌شود. اینان از الگوی بومی‌سازیِ «سه-خود» (که کلیساهای سالم را کاملاً مستقل از کلیسای «مادر» می‌داند) پیروی کرده‌اند و تأکید بر همکاری را مزاحم کار خود یافته‌اند. بنابراین، یکی باید بپرسد: «آیا همکاری، وابستگی بار می‌آورد؟»

پیش از آنکه به پرســش بالا بپردازیم، لازم اســت به صراحت اعتــراف کنیم که روابط مبتنی بر وابســتگیِ بیمارگونه اغلب میان کلیســاهای جوان‌تر و کلیســاهای مؤسس اتفاق می‌افتند. گلن شوارتز[1] مدیر مؤسسهٔ جهانیِ میسیون[2] به تفصیل دربارهٔ تأثیرات تضعیف‌کنندهٔ وابستگی بیمارگونه نوشته است. شوارتز در کتاب خود با نام «وقتی کرامت قربانی نیکوکاری می‌شود»[3] به ثبت مســتند چندین نمونه از روابط مبتنی بر وابستگی بیمارگونه می‌پردازد که میان کلیساهای شرق آفریقا و کلیساهای خوش‌نیت غربی، که از سر سخاوت و بدون غرض در درازمدت به کلیساهای آفریقاییِ نیازمند آسیب زده‌اند، به‌وجود آمده است. جاناتان بانک[4] نیز در کتاب «میســیون و پول»[5] دغدغه‌های مشابهی را مطرح کرده، اصطلاح «خیری که مایهٔ شر می‌شود» را وارد ادبیات و واژگان میسیونری نمود.

با این‌حــال، نمونه‌هــای بی‌شــماری هم وجــود دارند که نشــان می‌دهنــد چگونه سرمایه‌گذاری‌های سخاوتمندانهٔ مالی از ســوی جهان غرب در درازمدت در حوزهٔ فعالیت میســیونری ثمر بســیار آورده و باعث برانگیختن و پشتیبانی مؤسســات خدمات مسیحی قابل‌ملاحظه و ســالمی شده است. پس از ویرانی بوســنی به دست صرب‌ها در دههٔ ۱۹۹۰، سخاوت مسیحیان غربی به بازسازی کلیســاها و مدارس کتاب‌مقدس کمک کرد و به رشد و ارتقای رهبری کلیســای ملی کوچک، اما در حال رشد بوسنی، یاری فراوان رسانید. یکی از رهبران کلیدی که در گردآوری کمک‌های مالی برای یاری رســانی به کلیسای بوسنی در خلال ســال‌های پس از جنگ نقش به‌سزایی داشت، جان راول[6] است که تجارب خود را در کتابی با عنوان «به دید خود برای کلیسای کوچک، عظمت ببخش»[7] ثبت و ضبط کرده است. راول اخیراً کتابی با نام «پول دادن یا ندادن» نوشته که بیانگر درکش از نحوهٔ صرف وجوه مالی است که از سوی غرب سرازیر می‌شود و می‌توان آنها را به‌لحاظ راهبردی در راستای ارتقای تأثیرگذاری کار میسیون مســیحی هزینه کرد. راول به‌جای اینکه کمک‌های مالی غرب را به چشم مشکلی ببیند که وابســتگی را در کلیساهای تازه‌تأسیس افزایش می‌دهد، همگان را به

1. Glenn Schwartz; 2. World Mission Associates; 3. When Charity Destroys Dignity; 4. Missions and Money; 5. Jonathan Bonk; 6. John Rowell; 7. Magnify Your Vision for the Small Church

«نقشهٔ مارشال»[۱] میسیون‌شناختی فرامی‌خواند، که به‌طرز قابل ملاحظه‌ای بر میزان بودجه‌ای که کلیساهای غربی برای پشتیبانی از خدمت میسیون مسیحی در سراسر جهان اختصاص می‌دهند، افزوده است.

این واقعیت که گلن شوارتز و جان راول، هر دو در یک سال کتاب‌هایی برجسته پیرامون موضوعی واحد می‌نویسند و به دو نتیجهٔ کاملاً متضاد می‌رسند، نشان‌گر طبیعت پیچیده و زمینه‌مند هر دو وضعیت است. میان میسیونری که زمینهٔ اولیه‌اش کشوری هرچند فقیر اما باثبات است، و میسیونری که در کشوری خدمت می‌کند که در اثر جنگ به‌طور کامل ویران شده، تفاوتی فاحش وجود دارد. گاهی تفاوت‌ها به خود انسان‌ها برمی‌گردد. من که به‌خاطر بیست سال خدمت در شمال هند با وضعیت آن خطه آشنایی دارم، هم شاهد وابستگی بیمارگونه بوده‌ام و هم شاهد همگراییِ راهبردی.[۲] من طی سالیان اصولی را برای راهنمایی میسیونرها تهیه کرده‌ام که به افزایش همگراییِ راهبردی و کاهش وابستگی بیمارگونه، در مواقعی که کلیساها یا سازمان‌های میسیونری غربی در کشوری فقیرتر درگیر مسائل مالی هستند، کمک کرده است.

اصل نخست، *ایجاد ساختار میسیونریِ پایدار از لحاظ اقتصادی* است. جاناتان بانک می‌گوید که در میسیون مسیحیِ بیست سدهٔ نخست، روند غالب این بوده است که انجیل از سوی مردمانی با امکانات اقتصادی بیشتر به‌سوی مردمی که امکانات اقتصادی کمتری دارند، جریان داشته است. گرچه این روند در نهایت با عقب‌نشینی مسیحیت در غرب و ظهور میسیونرهای جهان اکثریت در حال تغییر یافتن است، اما الگوی تاریخی غالب بوده است. وسوسه اینجا است که دست به ساختن سازمان‌ها و ساختارهایی بزنیم که همسو با فرهنگ غربی باشد اما بدون کمک مالی مستمر غرب نتواند دوام بیاورد. برپا کردن سازمان‌های سنگین مدیریتی با ساختمان‌های بزرگ و به خدمت گرفتن کارکنان بسیار که حفظ و نگهداری‌شان هزینه‌های گزافی در بر دارد و از مسیحیان محلی انتظار می‌رود که به مجرد تأسیس‌شان هزینه‌ها را تأمین کنند، کاری است غیراخلاقی. در عوض، هر چیز باید از همان آغاز به شیوه‌ای سازمان‌دهی و بنا شود که بازتاب الگوهای پایدار بومی در درازمدت باشد.

اصل دوم، *تشخیص تفاوت نوع سرمایه‌گذاری‌های وابسته‌ساز از آنهایی است که وابستگی ایجاد نمی‌کنند.* مشاهدات نگارنده نشان داده است که میان پشتیبانی مالی غربیان از یک کلیسای محلی و پشتیبانی مالی از یک مرکز آموزش، همچون کالج کتاب‌مقدس یا دانشکدهٔ الاهیات، تفاوتی فاحش وجود دارد. خود من سال‌ها مشغول آموزش الاهیات، و به‌عنوان دانشجو، آموزگار و مدیر، هم در هندوستان و هم در آمریکای شمالی سرگرم امور آموزشی بوده‌ام. از ۲۵۳ مدرسه‌ای که از سوی انجمن مدارس الاهیاتی[۳] یا ATS به رسمیت شناخته شده‌اند، تنها تعداد انگشت‌شماری را می‌توان خود-گردان به حساب آورد. یکی

---

۱. برنامه‌ای که دولت آمریکا پس از جنگ جهانی دوم برای حمایت اقتصادی از ۱۷ کشور اروپای جنوبی و توسعهٔ معیشتی آنها طرح و اجرا کرد. و.

2. Strategic Synergy; 3. Association of Theological Schools

از کارکردهای اصلی رئیس یک کالج یا دانشکده الاهیات تقویت کردن هواداران و حامیان *بیرونی* از طریق گردآوری کمک‌های مالی زیاد است. حتی دانشکده‌های بزرگ الاهیات هم نمی‌توانند با شهریه‌هایی که از دانشجویان خود می‌گیرند یا هدایای نسبتاً اندکی که از اینجا و آنجا می‌رسد، سرپا بایستند و از عهدهٔ هزینه‌ها برآیند. هزینه‌های آموزش شبانه‌روزی الاهیات سنگین است. اگر دانشکده‌های الاهیات غربی خودگردان نیستند، چرا ما باید از دانشکده‌های الاهیات یا کالج‌های کتاب‌مقدس در کشورهای در حال توسعه (به‌لحاظ اقتصادی) انتظار داشته باشیم خودگردان باشند؟ تجربه به من نشان داده که سرمایه‌گذاری در این قبیل نهادها غالباً می‌تواند سالم و راهبردی باشد.

در مقابل، من دریافته‌ام که پشتیبانی مالی غرب از *کلیساهای محلی*، خواه برای کمک به برآوردن هزینه‌های ماهیانهٔ آنها باشد خواه برای تأمین حقوق ماهیانهٔ شبان، تقریباً همیشه تأثیری زیانبار بر سلامت کلیسا در درازمدت دارد. در برخی از برنامه‌هایی که پشتیبانی از یک کودک از راه دور و توسط حامی ناشناس را تشویق می‌کنند، مشکلات مشابهی وجود دارد. این کار اغلب بر مسئولیت‌های عادی خانواده‌ها، بستگان و اجتماعات محلی تأثیری مخرب می‌گذارد. یکی از قواعد اصلی گلن شوارتز برای پرهیز از وابستگی این است که هیچ کمک مالی خارجی صرف توسعه یا نگهداری از کلیساهای محلی نشود. از دیدگاه من، این مشورتی خردمندانه است. هیچ چیز بیشتر از دانستن اینکه کلیسا برای پرداخت هزینه‌های خود منبع مالی خارجی دارد، انگیزهٔ اعضای کلیسا را برای هدیه دادن نمی‌خشکاند. هیچ چیز به اندازهٔ دانستن اینکه برخی منابع مالی خارجی پرداخت هزینه‌های یک کلیسا را بر عهده گرفته‌اند، شأن کلیسا و حس مالکیت بومی یک خدمت مسیحی را از بین نمی‌برد. بسیار مهم است که شبانان در سراسر جهان به اعضای جماعت‌های خود در مورد اهمیت هدیه دادن فداکارانه تعلیم بدهند و نگذارند وابستگی فرهنگی به خارج به کلیسا راه پیدا کند.

تفاوت مهم دیگری که من مشاهده کرده‌ام، بین پشتیبانی یک‌باره یا کوتاه مدت برای رفع یک *بحران خاص*، و پشتیبانی بلندمدت برای کار و خدمت معمولی کلیسا است. اگر برادران و خواهران ما در یک گوشهٔ دیگر از جهان گرفتار قحطی یا زمین‌لرزه یا جنگی ویرانگر شده‌اند، رساندن کمک‌های مالی به ایشان کاری کاملاً درست است. پولس رسول هم برای مسیحیان اورشلیم که در اثر قحطی در رنج و سختی به‌سر می‌بردند، از کلیسای قرنتس پول گرفت. حتی گلن شوارتز، که سردمدار مخالفت با وابستگی است، وقتی شنید کلیسای شرق آفریقا برای میسیون مادر که در اسکاتلند واقع بود و برای کمک به کودکان بی‌خانمان ادینبورگ هدایایی فرستاده‌اند، این عمل ایشان را تأیید کرد. شوارتز از اینکه هدیهٔ مزبور ممکن است وابستگی بیمارگونه بین کلیسای اسکاتلند و کلیسای پرزبیتری شرق آفریقا به‌وجود آورد، دغدغه به خود راه نداد. هدیه‌ای که تنها برای یک‌بار و از سر سخاوت و برای رفع نیازی خاص در کوتاه‌مدت فرستاده می‌شود، غالباً یکی از نشانه‌های همبستگی سالم با کلیسای جهانی است، نه نشانهٔ رابطه‌ای مبتنی بر وابستگی ناسالم.

در حالی که خطرات وابستگی واقعی هستند، اما کل بحث غالباً با پیش‌فرض چیرگی کلیسای غرب به‌عنوان کلیسای «مادر» مطرح می‌شود، طوری که گویی کلیسای مادر نگران رشد کلیساهای فرزند است تا زمانی که بالغ و مستقل شوند. در زمینهٔ جهانی امروز، وابستگی متقابل و همکاری از نشانه‌های میسیون مسیحی در سدهٔ بیست‌ویکم هستند. همچنین حائز اهمیت است که در کنار انواع مختلف کمبودها، انواع فراوانی‌ها را نیز در کلیسای جهانی تشخیص دهیم. عضوی از بدن ممکن است به‌لحاظ *مالی* غنی باشد، لیکن عضو دیگر در زمینهٔ حس جمعی. هر عضو از بدن دارای عطایا و منابعی است که باید آن را به رایگان با اعضای دیگر بدن سهیم شود. مسیحیان غربی باید دریابند که چقدر به سخاوت کلیسای جهانی نیازمندند. باید از تب و تاب بشارتی، پارسایی شخصی، و دیدشان برای تغییر و تحول، تر و تازه شویم. جهان اکثریت می‌تواند از منابع سازمانی، آموزشی و مالی ما بهره‌مند شود، به شرط آنکه این منابع به‌طرزی خردمندانه و در روح مشارکت حقیقی و همکاری جهانی سرمایه‌گذاری شوند. در حالی که کلیساهای غرب و کلیساهای جهان اکثریت متقابلاً یکدیگر را برکت می‌دهند، آنچه به فکرم می‌رسد این است که کلیسای محروم غرب است که می‌تواند بیشترین بهره را از این مشارکت‌ها ببرد. ما باید کلیساهای سراسر کرهٔ زمین را تشویق کنیم که عطایا و منابعی را که به وفور در اختیار دارند، انبار نکنند و آنها را با کلیساهای دیگر نیز در میان بگذارند تا همگی بدن از وجود این موهبت‌ها برخوردار شوند. اگر کلیسا از بلوغ کافی و تشخیص الاهی بهره‌مند باشد، همکاری جهانی می‌تواند شکوفا شود، بدون آنکه به وابستگی بیمارگونه و ناخواسته منجر گردد.

## نتیجه‌گیری

تجسم خدا در عیسای مسیح نویددهندهٔ این خبر خوش است که محبت رهایی‌بخش خدا در دسترس ما است. خدا در مسیح چارچوب داوری ما را تغییر می‌دهد و ظهور فرمانروایی خدا را به روش‌هایی که از لحاظ فرهنگی قابل فهم باشند، آشکار می‌سازد و همهٔ فرهنگ‌ها را به واقعیات نوین پادشاهی خدا فرامی‌خواند. درون‌مایه‌های این فصل برای کمک به کلیسا تدوین شده‌اند تا در این راستا، در حالی که در صدد هستیم انجیل را برای همهٔ گروه‌های قومی قابل دسترس سازیم و کلیساهای بقاپذیر و تکثیرپذیر در میان گروه‌های قومی جهان به‌وجود آوریم، در مورد تجسم خدا بهتر بیندیشیم.

# ۱۳

# بازتاباندن مفهوم تجسم در میسیون جامع

فیلیپ یانسی در کتاب پرفروش خود «عیسایی که هرگز او را نمی‌شناختم» شرح می‌دهد که چگونه به‌تدریج پی می‌برد که عیسایی که در کانون شادی کلیسا با او آشنا شده بود عیسایی نیست که در عهدجدید با او آشنا می‌شود. یانسی پوستری را به‌یاد می‌آورد که بر دیوار کلاس کانون شادی آویزان شده بود و در آن عیسی میان کودکان با نگاهی که آرامش در آن موج می‌زد بره‌ای کوچک را در آغوش داشت.[1] در حافظهٔ من نیز این تصویر همان‌گونه که بر دیوار اکثر کلاس‌های کانون شادی چسبانده شده بود به‌روشنی نقش بسته است. یانسی خاطرنشان می‌سازد که تصویری از عیسی به کودکان نمایانده می‌شد که بیشتر شبیه یک شخصیت دوست‌داشتنیِ برنامه‌های تلویزیونی کودکان بود که مهربان، حمایتگر و انگار متعلق به جهانی دیگر و مهمتر از همه بسیار پرعطوفت نمایان می‌شد. اما در نهایت این ایده به فکر یانسی خطور می‌کند که بعید است حکومتی در جهان چنین شخصیتی را که شباهت بسیاری به شخصیت‌های برنامه‌های تلویزیونی دارد مصلوب کُند.

در گرماگرم سال‌های پرآشوب دهه‌های ۶۰ و ۷۰ میلادی پوسترهای دیگری از عیسی منتشر شد که تکان‌دهنده بودند و عیسی را شخصی انقلابی تصویر می‌کردند که مسلسل به دست دارد، یا او را شبیه رهبران شورشیِ ضدحکومت با موهای ژولیده ترسیم می‌کردند. البته بدون شک این پوسترها همزمان بیانگر شخصیت پیچیده و چندوجهی عیسای مسیح و نیز تمایل مقاومت‌ناپذیر ما برای قرار دادن عیسای عهدجدید در چارچوب‌های آشنای خودمان است که می‌خواهیم او را به صورت خودمان بازآفرینیم. در سال‌های اخیر رمان «کُد داوینچی» به قلم دَن براون در پی این بوده است تا این فکر را القا کند که عیسایی که مسیحیان معرفی می‌کنند چیزی نیست جز شخصیتی که کلیسای کاتولیک جعل کرده است تا از قدرت

---

۱. فیلیپ یانسی: «عیسایی که نمی‌شناختم»

و نفوذ کلیسا حمایت کند. از نظر براون عیسی چیزی جز محصول وجدان مذهبی نیست. به‌نظر می‌رسد که عیسای مصلوب و قیام‌کردهٔ تاریخ کماکان فضاحتی ابلهانه و نیز سنگ لغزش برای کسانی است که عیسای "شیک" یا "مجلل" یا "بزک‌شدهٔ" آنان در تضاد با مفهوم صلیب و آسیب‌پذیری مستتر درآن قرار می‌گیرد. همچنین عیسای مورد نظر آنان هیچ ربطی به عیسایی ندارد که شخصیت قاطع و نبوتی‌اش و ادعاهای جسورانه‌اش توسط کسانی که شاهد عینی زندگی و خدمت او بودند در عهدجدید ثبت شده است.

## بحث تقابلِ «بشارت» و «فعالیت اجتماعی»

### دو الگو

در مسیحیت معاصر بحث مربوط به رابطهٔ «بشارت» و «فعالیت اجتماعی» قلمرویی است که در آن تنش بین عیسای واقعی آن‌گونه که در عهدجدید ترسیم شده و عیسای محصورشده در چارچوب‌های آشنای ما، به شدیدترین شکل نمود می‌یابد. واژهٔ بشارت به معنای ساده و سرراست آن یعنی اعلام این خبر خوش که توسط مرگ و قیام عیسای مسیح انسان‌های گناهکار بخشیده شده، با خدا آشتی می‌کنند. بنابراین، مأموریت کلیسا در وهلهٔ اول این است که این خبر خوش را اعلام کند و انسان‌ها را به توبه و ایمان شخصی به عیسای مسیح فرا خواند. نمونه‌ای واضح از معنای انجیل چنانکه در کتاب‌مقدس دیده می‌شود موعظهٔ پطرس رسول در روز پنطیکاست است که در کتاب اعمال رسولان ثبت شده است. در این موعظه پطرس در مورد اهمیت محوری مرگ و قیام عیسی برای جمعی بزرگ در اورشلیم سخن می‌گوید. کتاب اعمال رسولان به ما می‌گوید که شنوندگان «دلریش گشته»، پرسیدند چه باید کرد. پطرس در پاسخ گفت: «توبه کنید و هر یک از شما به نام عیسای مسیح برای آمرزش گناهان خود تعمید گیرید» (اعمال ۳۸:۲). در واکنش به پاسخ پطرس حدود سه هزار نفر از حاضرین توبه کرده، تعمید یافتند و مسیحی شدند. این روایت در کنار دیگر متون مشابه در عهدجدید بیانگر نمونهٔ کلاسیک "الگوی بشارتی" هستند. برای بسیاری این الگو مشابه جلسات بزرگ بشارتی بیلی گراهام است که بیش از شصت سال وفادارانه در سراسر جهان در برابر توده‌های مردم ایستاده، خبر خوش عیسای مسیح را اعلام می‌نمود و مردم را به توبه دعوت می‌کرد. او شاهد واکنشی خیره‌کننده از سوی مردم بود که بسیارمشابه وضعیتی است که پس از موعظهٔ پطرس در کتاب اعمال رسولان شرح آن رفته است.

این الگوی بشارتی فقط شامل گردهمایی‌های بزرگ و رسمی نمی‌شود و حتی زمانی که فردی طی جلسات آلفا یا در حین نوشیدن فنجانی قهوه انجیل را با دوستش در میان می‌گذارد باز هم شاهد آن هستیم.[1]

---

۱. دوره‌ای ده هفته‌ای است که در محیطی آرام و در بستر روابطی صمیمانه اشخاص را با ایمان مسیحی آشنا می‌سازد. دورهٔ آلفا توسط چارلز مورنهام و در شهر لندن پایه‌گذاری شد و در ۱۵۰ کشور مورد استفاده قرار گرفت. تاکنون بیش از ۱۱ میلیون نفر در دوره‌های آلفا در سراسر جهان شرکت کرده‌اند.

واژهٔ ″فعالیت اجتماعی″ به تعهد فرهنگی کلیسا در ابراز عملی محبت خدا توسط اعمال قابل مشاهده گفته می‌شود که در شفقت و اجرای عدالت نسبت به محرومان، بی‌خانمان‌ها، بیماران و تهیدستان مشاهده می‌گردد. پیامد این امر که ″فعالیت اجتماعی یا الگوی عدالت اجتماعی″ خوانده می‌شود شهادتی نیرومند در مورد محبت خدا نسبت به کلیت وجود انسان است. بخشی از کلام خدا که در تأیید الگوی فعالیت اجتماعی معمولاً از آن نقل‌قول می‌شود حکایت گوسفندان و میش‌ها است که عیسی آن را نقل می‌کند و در باب ۲۵ انجیل متی آمده است. در این حکایت عیسی به‌عنوان آن ″پسر انسان″ که در رؤیای نبوتی دانیال به‌شکلی پرجلال تصویر شده، معرفی می‌شود که بر قوم‌ها داوری می‌کند. در داوری نهایی، عیسی کسانی را که به نام او خدمات اجتماعی انجام داده‌اند می‌پذیرد. او می‌گوید: «زیرا گرسنه بودم به من خوراک دادید، تشنه بودم به من آب دادید، غریب بودم به من جا دادید. عریان بودم مرا پوشانیدید. مریض بودم، عیادتم کردید. در زندان بودم، به عیادتم آمدید» (متی ۲۵:۳۵-۳۶). کسانی که عیسی تحسین‌شان می‌کند به‌یاد نمی‌آورند که عیسی را گرسنه یا تشنه یا در زندان دیده باشند. اما پاسخ عیسی به آنان این است که: «آنچه برای یکی از کوچکترین برادران من کردید در واقع برای من کردید» (متی ۲۵:۴۰).[۱] این مَثَل عیسی بر اهمیت حیاتی توجه به نیازمندان جامعه تأکید می‌کند و به رابطهٔ مستقیم بین خدمات عملی ما به دنیای نیازمند و نجات ما در آخرت اشاره دارد، زیرا با خدمت به نیازمندان در واقع عیسی را محبت و خدمت می‌کنیم. نویسندهٔ اونجلیکال جیم والیس دعای زیبایی را به‌یاد می‌آورد که بر زبان یک زن سیاه‌پوست آمریکایی جاری شده است. او در آغاز روز در آشپزخانه‌ای که برای اطعام گرسنگان در یکی از محلات فقیرنشین شهر واشنگتن قرار داشت چنین دعا می‌کرد: «خداوندا می‌دانیم که امروز به این صف تقسیم غذا می‌آیی، پس کمک کن با تو رفتار خوبی داشته باشیم.»[۲]

برای بسیاری خدمت مادام‌العمر مادر ترزا در میان اشخاص فقیر و بی‌خانمان در خیابان‌های کلکته الگویی عملی از فعالیت اجتماعی و عملکرد مبتنی بر عدالت اجتماعی است. برخی که بر اهمیت فعالیت اجتماعی تأکید می‌کنند، بر این نکته نیز پای می‌فشارند که ما نه تنها باید واکنشی شفقت‌آمیز نسبت به نیازهای بی‌شمار انسانی داشته باشیم، بلکه همچنین باید به عوامل ریشه‌ای و ساختاری که باعث و بانی محرومیت گستردهٔ آسیب‌پذیرترین اقشار جامعه شده‌اند نیز بپردازیم. این نگرش منجر به ایجاد تمایز بین دو مفهوم ″اعمال خیریه″ و ″فعالیت‌های منجر به توسعه″ شده است. ″اعمال خیریه″ به کمک و همیاری سریع به کسانی که در فقر و نیازند اشاره دارد در حالی که ″فعالیت‌های منجر به توسعه″ به علل بنیادین، ساختاری و تشدیدکنندهٔ فقر می‌پردازد. ″اعمال خیریه″ در کل به کمک‌های کوتاه‌مدت به

---

۱. اینکه نحوهٔ رفتار ما با فقیران از نگرش ما به خدا جدایی‌ناپذیر است موضوعي است که در عهدعتیق دیده می‌شود. در امثال ۵:۱۷ می‌خوانیم: «هر که فقیر را استهزاء کند آفرینندهٔ خویش را مذمت می‌کند.» و نیز «هر که بر مسکین ترحم کند او (خدا) را تمجید می‌کند» (امثال ۳۱:۱۴). این موضوع در کل شریعت عهدعتیق دیده می‌شود.

2. Jim Wallis, The Soul of Politics (New York: Harvest Books, 1995), 59.

قربانیانی اطلاق می‌شود که شرایط‌شان به‌شدت بحرانی است و نمی‌توانند تا زمان پرداختن به مسائل اساسی‌تر و ساختاری صبر کنند. در مقابل "فعالیت‌های منجر به توسعه" فرآیندی طولانی‌تر است که اشخاص، خانواده‌ها و جوامعی را که به‌شکلی مزمن آسیب‌پذیرند قادر می‌سازد برای رفع نیازهای‌شان بیش از پیش بر خود تکیه کنند. این امر برای مثال با سرمایه‌گذاری بهتر در یک جامعه میسر می‌شود، بدین‌سان که تولید و بارآوری را در آن جامعه فزونی می‌بخشد، و یا به‌واسطهٔ تغییر رویه‌ای اقتصادی، سیاسی یا اجتماعی که برای نیازمندان و ضعیفان آن جامعه مضر است. از آنجایی که "اعمال خیریه" در وهلهٔ نخست بر "راه‌حل‌های موقت وآنی" متمرکزند اغلب با نیازمندترین‌ها سروکار دارند. برای مثال، خدمت به کودکانی که والدین‌شان را در اثر بیماری ایدز از دست داده‌اند، توزیع غذا در محله‌ای فقیرنشین یا رفتن به ملاقات زندانیان نمونه‌هایی از این نوع خدمتند. اما از آنجایی که "فعالیت‌های منجر به توسعه" بر "راه‌حل‌های بنیادین" متمرکز می‌شوند، این خدمت بیشتر با قدرتمندترین‌های جامعه سروکار دارد، یعنی با سیاستمداران و سیاست‌گزاران سروکله می‌زند، یا در میان گروه‌های فشار آگاهی‌آفرینی می‌کند، یا به مراکز پژوهشی در سازمان‌های دولتی کمک می‌کند تا در مورد برخی مسائل حساس، مواضع درست اتخاذ کنند و یا به فعالیت‌هایی از این‌گونه می‌پردازد. در عمل بسیاری از سازمان‌ها به هر دو نوع فعالیت می‌پردازند و منابع قابل‌توجهی را به اعمال خیریهٔ کوتاه‌مدت و فعالیت‌های منجر به توسعهٔ بلندمدت اختصاص می‌دهند.[1]

## دلنگرانی مسیحیان در مورد بشارت و فعالیت اجتماعی

نگاهی اجمالی به تاریخ کلیسا بیانگر این است که کاتولیک‌های رومی، انگلیکن‌ها، ارتودوکس‌ها، پروتستان‌ها، پنتیکاستی‌ها و کلیساهای مستقل همه و همه به شکل‌های متنوع و گوناگون خود را هم وقف بشارت کرده‌اند و هم وقف فعالیت اجتماعی.[2] این مطلب حقیقت دارد که گاهی در مورد مسیحیان اونجلیکال، پنتیکاستی و مستقل این تصویر اغراق‌آمیز ترسیم شده است که گویی فقط خود را وقف بشارت کرده‌اند و دیگر کلیساها فقط به عدالت اجتماعی و فعالیت اجتماعی پرداخته‌اند. اما واقعیت امر این است که اختلاف اصلی بین کلیساها، بیشتر در زمینهٔ تعریف بشارت و نوع تأکید بر آن بوده است نه خودداری از پرداختن به یکی از این دو. تنش بین این دو قلمرو شاید بیش از هر گروه دیگری در بین

---

۱. بررسی سازمان‌هایی که عضو انجمن خیریه و توسعهٔ اونجلیکال هستند (www.aerdo.net) بیانگر این است که در سازمان‌های مسیحی، بسیاری در هر دو قلمرو مشغول خدمت هستند.

۲. گاهی جنبش پنتیکاستی چنان معرفی می‌شود که گویی به بشارت فعالانه بسیار بها می‌دهد لیکن در مورد مسائل اجتماعی فاقد الاهیات لازم است. اگرچه گونه‌ای الاهیات اجتماعی که مشخصاً جهت‌گیری پنتیکاستی داشته باشد تنها در سالیان اخیر شکل گرفته است اما پنتیکاستي‌ها معمولاً تعهد عمیقی نسبت به فقیران و محرومان جامعه داشته‌اند. در این مورد می‌توانید به منبع زیر نگاه کنید:
Velli-Matti Karkkainen, "Are Pentecostals Oblivious to Social Justice? Theological and Ecumenical Perspectives," Missiology: An Imternational Review 29, no 4 (October 2001): 417-31.

مسیحیان اونجلیکال به‌شکل عمیق‌تری مشهود باشد اما به هر حال این تنش در کلیساهای نقاط مختلف جهان و در طول تاریخ پیوسته وجود داشته است. برای اجتناب از پیچیده شدن موضوع، تمرکز ما بر آشکار شدن این تنش در بین مسیحیان اونجلیکال خواهد بود اما به هر حال نکات مشابهی در مورد کلیساهای دیگر در نقاط مختلف جهان می‌توان مشاهده کرد.

مشکل بتوان مسیحیان اونجلیکالی را یافت که اهمیت فعالیت اجتماعی را تصدیق نکنند. مسیحیان اونجلیکال سابقهٔ درخشانی در تأسیس مدارس، بیمارستان‌ها، یتیم‌خانه‌ها، مراکز پخش غذا و مراکز مشابه داشته‌اند. آنها همچنین در ایجاد تغییرات مهم اساسی در جامعه نقشی پیشرو داشته‌اند که منجر به تصویب قانون ممانعت از کار کودکان و الغای قانون برده‌داری شده است. مسیحیان اونجلیکال در کنار کاتولیک‌های رومی و مسیحیان دیگر در حال مبارزه با قوانینی هستند که با برداشتن هرگونه ممنوعیتی در مورد سقط‌جنین به گسترش حاکمیت فرهنگ مرگ می‌انجامند.

با بررسی بیانیه‌های ذیل که توسط مسیحیان اونجلیکال صادر شده است می‌توان به اهمیتی که آنها برای فعالیت اجتماعی قائلند پی برد: بیانیه ویتون ۱۹۶۶، کنگرهٔ جهانی در مورد بشارت در برلین ۱۹۶۶، اعلامیهٔ شیکاگو در مورد مسائل اجتماعی ۱۹۷۳وعهدنامهٔ لوزان که توسط کنگرهٔ بین‌المللی بشارت جهانی صادر شده است. کنگرهٔ لوزان اساساً برای بررسی بشارت به کل جهان تشکیل شده بود اما نداهایی که از سوی اکثر مسیحیان از نقاط مختلف جهان شنیده می‌شد کنگره را متوجه این امر ساخت که سؤال بنیادی‌تری که باید به آن پاسخ داد این است که بشارت چه چیزهایی را در بر می‌گیرد. در واقع، کنگرهٔ لوزان دریافت که نه فقط باید به وضعیت روحانی جهان بلکه به واقعیت‌های اجتماعی و سیاسی نیز که انسان‌ها را در فقر و ستم گرفتار کرده‌اند توجه نمود. نتیجهٔ چنین نگرشی درکی عمیق‌تر از ضرورت تعهد به فعالیت اجتماعی از چشم‌اندازی اونجلیکال بود. برای مثال بند پنجم عهدنامهٔ لوزان صرفاً به این‌گونه مسائل اختصاص یافت. این بند نمایانگر بیانیه‌های قبلی در این مورد بود و برای کسانی که این بخش از بیانیهٔ لوزان را مطالعه نکرده‌اند ارزش دارد که این بخش را به‌طور کامل نقل کنیم.

> ما تصدیق می‌کنیم که خدا هم آفریننده و هم داور کل انسان‌ها است. بنابراین، ما نیز باید در این دلنگرانی خدا در مورد عدالت و مصالحه در جامعهٔ انسانی و نیز رهایی مردان و زنان از هرگونه ستمی سهیم باشیم. از آنجایی که همهٔ انسان‌ها به صورت خدا آفریده شده‌اند پس هر انسانی صرف‌نظر از نژاد، رنگ پوست، فرهنگ، طبقهٔ اجتماعی، جنسیت و سن واجد ارزشی ذاتی است که به‌خاطر آن باید به او احترام گذاشت و خدمت نمود، و هیچ انسانی را نباید استثمار کرد. ما باید از نادیده گرفتن این امر و جدا انگاشتن بشارت و توجه به مسائل اجتماعی به‌عنوان دو قلمرو کاملاً جدا اظهار ندامت اعلام کنیم. اگرچه مصالحه با انسان‌های دیگر به معنای مصالحه با خدا نیست و فعالیت اجتماعی نیز همان بشارت نیست و آزادی سیاسی هم با نجات یکی نیست، لیکن

ما تصدیق می‌کنیم که بشارت و فعالیت در مسائل سیاسی-اجتماعی، هر دو وظیفهٔ مسیحی ما محسوب می‌شوند. زیرا هر دو تجلی ناگزیر آموزه‌های ما در مورد خدا و انسان، محبت نسبت به همسایه و اطاعت از مسیح هستند. پیام نجات همچنین متضمن داوری بر هر نوع بیگانگی، ظلم و تبعیض می‌شود و ما نباید از محکوم کردن هرگونه شرارت و بی‌عدالتی در هر جا که یافت شود واهمه داشته باشیم. وقتی انسان‌ها مسیح را می‌پذیرند در پادشاهی او از نو متولد می‌شوند، پس از آن نه فقط باید در پی اعلام عدالت او بلکه همچنین گسترش آن در دنیای ظالم باشند. عدالتی که ما اعلام می‌کنیم، باید ما را در گسترهٔ تمامی مسئولیت‌های شخصی و اجتماعی‌مان دگرگون سازد. ایمان بدون اعمال مرده است.[1]

در این بیانیه سه نکتهٔ کلیدی وجود دارد که باید به آنها توجه کنیم. نکتهٔ اول آن است که این بیانیه فعالیت اجتماعی را در بطن زمینهٔ الاهیاتی قرار می‌دهد و آن را با آموزه‌های خدا، مصالحه، عدالت و نیز در ارتباط با این واقعیت قرار می‌دهد که همهٔ انسان‌ها، چه زن چه مرد، به صورت خدا آفریده شده‌اند. دوم اینکه، تصدیق می‌کند بشارت و فعالیت اجتماعی «دو قلمرو کاملاً جدا» نیستند، و بدین‌سان، بنیانی را فراهم می‌آورد که بر اساس آن می‌توان در مورد اینکه چگونه شخصیت و کار مسیح باید در حیات و شهادت کلیسا متجلی شوند به نگرشی یکپارچه دست یافت. و بالاخره، در این بیانیه به قصور کلیسا در پرداختن به فعالیت‌های اجتماعی و تلاش برای برقراری عدالت برای ستمدیدگان اشاره می‌شود و اینکه کلیسا شهادتی کتاب‌مقدسی در این مورد از خود نشان نداده است و در کل روحیهٔ توبه در مورد این قصور بر کل بیانیه حاکم است.

در مجموع دلواپسیِ مسیحیان اونجلیکال، و به میزان گوناگون در میان مسیحیان فرقه‌های دیگر، دستیابی به درکی درست از این امر است که بشارت و توجه به مسائل اجتماعی «دو قلمرو کاملاً جدا» در نظر گرفته نشوند. چنانکه جیمز گوستافسن اشاره کرده است، اگرچه بیانیهٔ لوزان از این موضوع دفاع می‌کند که بشارت و فعالیت اجتماعی بخشی از وظیفهٔ مسیحیان است، و بدین‌سان، اشاره می‌کند که نتایج بشارت باید بر جامعه اثر بگذارد، اما ماهیت رابطهٔ این دو قلمرو را به‌روشنی تعریف نمی‌کند.[2] به‌عبارت دیگر هنوز در مورد تبیین *رابطهٔ* بشارت و فعالیت اجتماعی اختلاف‌نظر اساسی وجود دارد. برخی اعمال خیریه و فعالیت‌های منجر به توسعه را پلی به‌سوی بشارت می‌دانند. برخی اعمال خیریه و فعالیت‌های منجر به توسعه را نتایج طبیعی بشارت می‌خوانند. برخی دیگر نیز می‌کوشند این دو خدمت را *مکمل* معرفی کنند. به هر حال، بشارت و فعالیت اجتماعی از سوی بسیاری خدماتی بسیار حیاتی اما مجزا تلقی می‌شوند. بشارت به معنایی محدود ارائهٔ سادهٔ انجیل

1. The Lausanne Covenant, http://www.lausanne.org/Lausanne-1974/Lausanne-covenant.html (accesed November 10, 2008)

2. James W. Gustafson. "The Integration of Development and Evangelism," Missiology: An International Review 26, no. 2 (April 1998):132.

تعریف می‌شـــود و فعالیت اجتماعی به‌منزلهٔ عاملی که نقشی حمایتگرانه در شهادت دادن بر حقانیت انجیل دارد. گاهی نیز به‌عنوان عاملی به آن نگریســـته می‌شود که موجبات پذیرش بیشـــتر انجیل را فراهم می‌ســـازد. گاهی فعالیت اجتماعی به طرقی معرفی می‌شود که گویی شکلی از بشارت پنهانی است یا ترفندی است که فی‌نفسه ارزش ماندگار ندارد مگر اینکه در نهایت به استراتژی بشارت امداد رساند. تا زمانی که بشارت و فعالیت اجتماعی به‌عنوان دو قلمرو مجزا تعریف شـــوند اولویت یافتن بشارت بر فعالیت اجتماعی اجتناب‌ناپذیر است و به توجیهات بســـیاری باید متوسل شد تا ثابت کرد چگونه فعالیت اجتماعی منجر به بشارت می‌شود یا در نتیجهٔ بشارت و تأسیس کلیسا پدید می‌آید.

در جنبش میســـیونری نیز همین تنش را که در کل بین مسیحیان مشاهده می‌شود می‌توان دید. میســـیونرها نیز تعهد عمیقی در مورد فعالیت اجتماعی از خود نشـــان داده‌اند اما گویی رابطهٔ بشارت و فعالیت اجتماعی برای آنان نیز مبهم می‌نماید، بنابراین، احساس می‌کنند باید به‌گونه‌ای به توجیه این امر بپردازند که چگونه خدمات انسان‌دوستانه‌شان در نهایت به بشارت منجر می‌شود. بنابراین، برای کسانی که آموزش خدمت میسیونری می‌بینند بسیار مهم است که رابطهٔ بین این دو قلمرو به‌روشـــنی درک شود و بر اساس یک چارچوب کتاب‌مقدسی و الاهیاتی صحیح قرار گیرد.

## بنیان‌های کتاب‌مقدسی/الاهیاتی

### عهدعتیق

عهدعتیق ســـه ویژگی برای یک جامعه ســـالم معرفی می‌کند که عبارتنـــد از: عدالت،[1] محبت،[2] وشـــفقت.[3] آزمون عملی این ســـه ویژگی نیز در نحوهٔ رفتار قوم خدا با چهار گروه اجتماعـــی یعنی بیوه‌زنان، یتیمان، غریبان و فقیران دیده می‌شـــود. ایـــن چهار گروه در یک مقوله قرار می‌گیرند چون از نظر اجتماعی ضعیف و در نتیجه در برابر بی‌عدالتی و خشونت آسیب‌پذیرند و از نظر اجتماعی به آنها بی‌توجهی می‌شود. در دنیای باستان زندگی برای زنی که فرزند داشت و همسرش را به‌خاطر بیماری یا جنگ از دست می‌داد بسیار دشوار می‌شد. به همین شـــکل وقتی فرزندان خانواده‌ای پدر خود را از دســـت می‌دادند در معرض فقر و اســـتثمار شدن از سوی دیگران قرار می‌گرفتند. گروه ســـوم که می‌توان آنها را «بیگانگان» یا «غریبان» نامید گروهی بودند که معادل امروزی آن واژهٔ «مهاجر» است. مهاجران با جامعه‌ای که بدان وارد می‌شدند ارتباط طبیعی نداشتند. با لهجه سخن می‌گفتند، ظاهرشان متفاوت بود و با بســـیاری از عادات و سنن جامعهٔ جدید آشنا نبودند. خلاصه بیگانه تلقی می‌شدند و این امر ورود کامل آنان را به جامعه دشوارتر می‌ساخت. بنابراین، آنها احتیاج به حفاظتی خاص داشتند.

---

1. Mishpat; 2. Hesed; 3. Rahamim

در عهدعتیق شخصیت عادل خدا در توجه ویژه‌ای که او به فقیران، ضعیفان و بینوایان دارد نمود بارزی می‌یابد. مزمورنویس خدا را به‌خاطر اینکه «پدر یتیمان و داور بیوه‌زنان» است تسبیح می‌خواند (مزمور ۵:۶۸). قبل از اینکه یهودیان وارد سرزمین موعود شوند خدا به‌واسطهٔ دادن شریعت به قومش آنان را آماده نمود تا درک کنند زندگی کردن بر اساس رابطهٔ مبتنی بر عهد با خدا به چه معناست. چون او خدایی مقدس و عادل است قوم او نیز خوانده شده‌اند تا مقدس و عادل باشند. یکی از طرقی که آنان می‌توانند این مهم را تحقق بخشند نحوهٔ رفتارشان با بیوه‌زنان، یتیمان، مهاجران و فقیران بود. یهوه در شریعت می‌فرماید: «غریب را اذیت مرسانید و بر او ظلم مکنید زیرا در زمین مصر غریب بودید. بر بیوه‌زن یا یتیم ظلم نکنید» (خروج ۲۲:۲۱-۲۲). این موضوع در بسیاری از بخش‌های مهم عهدعتیق به کرات تکرار می‌شود. در مزامیر خدا به قومش می‌گوید: «فقیران و یتیمان را دادرسی کنید. مظلومان و مسکینان را انصاف دهید. مظلومان و فقیران را برهانید و ایشان را از دست شریران خلاصی دهید» (مزمور ۸۲:۳-۴). خدا داور عادلی است که اگر قوم او چنین نکنند بر آنان داوری خواهد کرد. انبیا پیوسته از آنچه در قلب خدا نسبت به آسیب‌پذیرترین انسان‌ها می‌گذشت قوم را آگاه می‌ساختند. ارمیای نبی می‌گوید: «بر غریبان و یتیمان و بیوه‌زنان جور و ستم مکنید» (ارمیا ۲۲:۳). وقتی قوم اسرائیل به اسارت می‌روند اشعیای نبی اعلام می‌کند که یکی از دلایل این امر بی‌توجهی آنان به فقیران و نیازمندانی بوده که در میان‌شان زندگی می‌کردند. اشعیا در مورد آنان می‌گوید :«وای بر آنانی که احکام غیرعادله را جاری می‌سازند و کاتبانی که ظلم را مرقوم می‌دارند تا مسکینان را از داوری منحرف سازند و حق فقیران قوم مرا بربایند تا آنکه بیوه‌زنان غارت ایشان بشوند و یتیمان را تاراج نمایند.» (اشعیا ۱۰:۱-۲)

در ساختار شریعت عهدعتیق بر تمایز بین اعمال خیریه و فعالیت‌های منجر به توسعه، یا تمایز بین فعالیت اجتماعی در سطح کوچک در برابر عدالت اجتماعی در سطح کلان، تأکید شده است. برای مثال در سطح فردی به صاحبان زمین حکم می‌شود که در کناره‌های زمین‌شان مقداری گندم باقی بگذارند و یا در فصل حصاد مقداری زیتون بر درخت یا اندکی انگور بر تاک باقی بگذارند. به بیوه‌زنان و یتیمان و غریبان اجازه داده می‌شود تا از این محصولات برداشت کنند (لاویان ۱۹:۹-۱۰؛ ۲۳:۲۲، تثنیه ۲۴:۱۹-۲۱). اگر صاحب زمینی متوجه می‌شد که بافه‌ای گندم بر زمین باقی مانده است حکم آن بود که برای برداشتنش بازنگردد زیرا سهم «غریبان و یتیمان و بیوه‌زنان» بود. اگرکسی لباس فردی دیگر را به‌عنوان گرو برمی‌داشت، پیش از غروب آفتاب باید آن را بازمی‌گرداند، زیرا تنها پوشش و لباس او بود (خروج ۲۲:۲۷). شریعت الاهی حتی تأکید می‌کند که نباید برای گرفتن گرو وارد خانهٔ کسی شد بلکه باید خارج از منزل او منتظر ماند تا خود وی آن را بیرون آورد و بدین‌سان شأن و منزلت فردی آن شخص محفوظ می‌ماند. (تثنیه ۲۴:۱۰-۱۱)[1]

به‌عنوان مسئولیتی مهم، وظیفهٔ پادشاه عادل بود که به فکر آسیب‌پذیرترین اشخاص جامعه باشد. امثال ۲۹:۱۴ یادآور می‌شود که «پادشاهی که مسکینان را به راستی داوری نماید

1. Bruce Malchow, “Social Justice in the Israelite Law Codes,” Word and World 4, no. 3 (Summer 1984): 302.

کرسی وی تا ابد پایدار خواهد ماند.» شریعت تصریح می‌کند که در حل یک مناقشه باید عدالت در مورد فقیران رعایت شود (خروج ۲:۲۳). به قوم خدا گفته می‌شود که مراقب قاضی‌هایی باشند که ممکن است از ثروتمندان رشوه دریافت کنند. یهوه می‌گوید: «برای غریب و بومی، شما را یک قانون باشد» (لاویان ۲۲:۲۴ و نیز خروج ۴۹:۱۲). اشعیا نیز می‌گوید: «وای بر آنانی که احکام غیرعادله را جاری می‌سازند و کاتبانی که ظلم را مرقوم می‌دارند» (اشعیا ۱:۱۰). در کتاب ارمیا رهبران سیاسی به‌خاطر دفاع نکردن از حق فقیران در برابر ظلم توبیخ می‌شوند. یهویاقیم پادشاه برای دادرسی نکردن فقیر و مسکین مورد داوری قرار می‌گیرد. پدر وی نیز توجهی به حال مظلومان نداشت. یهوه در نهایت چنین نتیجه می‌گیرد: «مگر شناختن من این نیست؟» (ارمیا ۱۶:۲۲)

ناکامی قوم اسرائیل در اطاعت از حکم الاهی و تحقق بخشیدن به آرمان‌هایی چون عدالت، محبت و شفقت باید در کنار انتظار این قوم مبنی بر اینکه خدا رهاننده‌ای می‌فرستد تا عدالت خدا را برقرار نماید و شالوم (سلامتی) الاهی را بر زمین استوار سازد، درک شود. به‌عبارت دیگر عدالت اجتماعی امری نیست که صرفاً قوم خدا تفننی به آن بپردازند و یا در موردش اهمال ورزند. در واقع، عدالت اجتماعی امری است که خودِ خدا در جهت برقراری آن پیش‌قدم می‌شود. سلامتی و عدالت موضوعاتی هستند که در زمان حالِ به‌شکلی ناکامل و پراکنده تحقق می‌یابند اما تحقق‌شان در زمان آخر حتمی است. انبیا به‌طور خاص بر این نکته تأکید داشتند که ماشیح برای دفاع از حق فقیران و نیازمندان خواهد آمد. اشعیا همچنین روزی را می‌بیند که ماشیح خواهد آمد و «مسکینان را بشارت» خواهد داد (اشعیا ۱:۶۱). ملاکیِ نبی همچنین اعلام می‌کند که ماشیح به ضد «آنان که قسم دروغ می‌خورند و بر کارگر در پرداخت مزدش و بر بیوه‌زنان و یتیمان ستم روا می‌دارند و دست رد بر سینهٔ غریبان می‌زنند و از من نمی‌ترسند» شهادت خواهد داد. (ملاکی ۵:۳)

در مجموع باید گفت که عهدعتیق توجه به نیازمندان و اشخاص آسیب‌پذیر جامعه را در نهایت به شخصیت خدا مربوط دانسته، آن را عملِ پیش‌قدمانهٔ خدا می‌داند. توجه ما به فقیران، مهاجران، یتیمان و بیوه‌زنان انعکاسی از عدالت او در این جهان است. ریچارد پاترسون این حقایق را به بهترین شکل خلاصه کرده است: «در کل عهدعتیق، رسیدگی به حق بیوه‌زنان و یتیمان و فقیران به‌طور خاص بر دوش قوم اسرائیل قرار می‌گیرد زیرا آنها قوم نجات‌یافته‌ای هستند که شخصیت و معیارهای منجی‌شان آنها را لایق انجام این وظیفه می‌سازد.»[1]

## عهدجدید: لوقا-اعمال

عیسی در یکی از طبقات محروم جامعه و در میان قومی که در حاشیه و تحت تحقیر بودند چشم به جهان گشود. عهدجدید در مورد خاستگاه ساده و بی‌تکلف عیسی تأکید دارد.

1. Richard Patterson, "The Widow, Orphan and the Poor in the Old Testament and in Extra Biblical Literature." Bibliotheca Sacra 130, no. 519 (July-September 1973):232.

او در آخور و از دختری روســتایی زاده شد؛ در مراسم تقدیم او، والدینش چون برای قربانی نمی‌توانســتند بره‌ای بخرند، دو قمری تقدیم کردند. عیســی در شهر ناصره که نام آن حتی یک‌بار نیز در عهدعتیق ذکر نشده، بزرگ شد و شغل نجاری را پیشه کرد. وقتی نتنائیل متوجه می‌شود عیسی از شهر ناصره است نظر غالب در آن زمان را در مورد عقب‌ماندگی شهر ناصره چنین بیان می‌کند: «مگر می‌شــود از ناصره هم چیزی خوب بیرون بیاید؟» (یوحنا ۱:۴۶). از چنین زمینه‌ای است که ماشیح برمی‌خیزد.

اگرچه همهٔ انجیل‌نگاران به‌طور مشــخص اشــاره می‌کنند که عیسی خود را با فقیران و حاشیه‌نشــینان جامعه یکی می‌دانســت، اما این لوقا است که این موضوع را به نکتهٔ محوری انجیلــش تبدیل می‌کنــد. بنابراین، در این بررســی اجمالی از عهدجدید بــه انجیل لوقا و اعمال رســولان خواهیم پرداخت. در ســرود مریم در ابتدای انجیل لوقا چنین می‌خوانیم: «فرمانروایان را از تخت به زیر کشــیده و فروتنان را ســرافراز کرده اســت. گرسنگان را به چیزهای نیکو ســیر کرده اما دولتمندان را تهی‌دســت روانه ساخته است» (لوقا ۱:۵۲-۵۳). ماشیح تغییرات بنیادینی به‌وجود خواهد آورد که تبعات آن بر هنجارهای سیاسی، اجتماعی و مذهبی روزگارش تأثیرات جدی خواهد گذاشت. این موضوع در انجیل لوقا به‌تدریج آشکار می‌شــود. عیسی در آغاز خدمتش در آن روز به‌یاد ماندنی در کنیسه، طومار اشعیای نبی را به دست گرفته، اعلام می‌کند که حضور او به‌عنوان ماشیح خبر خوشی برای مسکینان، اسیران، کوران و مظلومان خواهد بود. او قســمت آغازین باب ۶۱ اشعیا را می‌خواند: «زیرا مرا مسح کرده تا فقیران را بشارت دهم» (لوقا ۴:۱۸). و پس از قرائت تمامی این قسمت می‌گوید:

«امروز این نوشته هنگامی که بدان گوش فرا می‌دادید جامه عمل پوشید.» (لوقا ۴:۲۱)

لوقا این کلمات عیســی را نیز ثبت کرده اســت: «خوشــا به حال شــما که فقیرید زیرا پادشــاهی خدا از آن شماست. خوشا به حال شما که اکنون گرسنه‌اید زیرا سیر خواهید شد. خوشــا به حال شــما که اکنون گریانید زیرا خواهید خندید» (لوقــا ۶:۲۰-۲۱). هر کدام از این خوشــا به‌حال‌ها با یک وای بر ثروتمندان، ســیران و آنان که می‌خندند نیز همراه است (آیات ۲۴-۲۵). لوقا نشان می‌دهد که عیسی آمده است تا نظم نوینی آغاز کند، چرخشی که انبیا در انتظارش بودند.

برخی اســتدلال می‌کنند که متی وقتی می‌گوید: «خوشا به حال فقیران در روح»، بیشتر بر فقر روحی تأکید می‌کند و بدین‌ســان بین روایت متی و لوقا تنش می‌بینند. اما اکثر محققین عهدجدید بر این باورند که به بیش از حد روحانی ساختن روایت متی درست نیست، همچنین نباید گفت که لوقا بر فقر روحانی به‌عنوان تجلیِ بزرگترین نیاز انسان صحه نمی‌گذارد. دیوید بوش خاطرنشــان می‌سازد که واژگان فقیر و ثروتمند در زبان یونانی معنایی گسترده دارند و تمامی هویت انسان و نیز جهت‌گیری غالب بر زندگی را در بر می گیرند.[1]

1. David Bosh, Transforming Mission: Paradigm Shifts in Theology of Mission (Maryknol, NY: Orbis, 1966), 99.

حاکم جوان ثروتمند و زکی که لوقا توجه خاصی به آنها دارد هر دو از نظر مالی اشخاصی متمول اما از نظر روحانی مسکین‌اند. واکنش متفاوت آنها به دعوت عیسی بیانگر درک وسیع و جامعی است که نویسندگان عهدجدید از روند شروع و شکل‌گیری پادشاهی خدا داشتند. چنانکه لوقا در حکایت ثروتمند نادان (لوقا ۱۲:۱۶-۲۱) و نیز حکایت مرد ثروتمند و ایلعازر (لوقا ۱۶:۱۹-۳۱) ذکر می‌کند، اغلب کسانی که از نظر مالی ثروتمندند نسبت به فقر روحانی عمیق خود غافل‌اند. در بین پیروان عیسی البته اشخاصی ثروتمند چون یوسف رامه‌ای را نیز می‌بینیم (متی ۵۷:۲۷) و دلیلی ندارد که فرض کنیم همهٔ فقیران، چه در زمان عیسی چه در عصر حاضر، به نیاز خود به نجات واقفند. بنابراین، تلاش‌های معاصر برای ترسیم تمایزی قاطع بین فقر مادی و روحانی توجیه منطقی ندارند، خصوصاً اگر به‌عنوان توجیهی برای نادیده گرفتن کسانی در نظر گرفته شوند که دچار فقر مادی هستند. انجیل لوقا حرکتی در جهت عکس دارد و اغلب رابطهٔ نزدیکی بین این دو می‌بیند. بیوه‌زن فقیر تنها دو سکهٔ ناچیز در صندوق معبد می‌اندازد اما عیسی می‌گوید: «از همهٔ آنان بیشتر داد» و بدین‌سان بر ارزش عمیق‌تر قربانی روحانی او تأکید می‌کند. (لوقا ۲۱:۱-۴)

تمامی اناجیل بر خدمت عیسی در شفای مریضان به‌عنوان بخشی جدایی‌ناپذیر از اعلان پادشاهی خدا تأکید می‌کنند. در واقع، در خدمت عیسی هیچ دیوار جدایی بین ساحت مادی و روحانی دیده نمی‌شود زیرا هم موعظه و هم شفاهای عیسی هردو نشانه‌هایی دال برآمدن پادشاهی خدا بودند. به همین سان، وقتی در انجیل لوقا عیسی دوازده شاگرد خود را می‌فرستد (۹:۱-۶) و سپس آن هفتاد و دو نفر را (۱۰:۱-۱۶)، آنها فرستاده می‌شوند تا پادشاهی خدا را موعظه کنند و بیماران را شفا دهند.

برای درک جامع‌تر و وسیع‌تر مفهوم فقیران در انجیل لوقا باید به یکی شدن عیسی با فقیران در چارچوبی وسیع‌تر و آخرشناختی توجه کرد. خبر خوش پیشاپیش به فقیران اعلام شده است. حاکمیت خدا نیز آغاز و تحقق واقعیت‌های مربوط به آینده با آغاز تحولی بنیادین شروع شده است. در چنین چارچوبی لوقا به شرح غذا خوردن عیسی با یک فریسی برجسته می‌پردازد. عیسی به میزبانش می‌گوید که دفعهٔ بعد که او میهمانی ناهار یا شام تدارک می‌بیند نباید دوستان و خویشاوندان و همسایگان ثروتمندش را بلکه باید «فقیران و معلولان و لنگان و کوران» را دعوت کند، آنگاه مبارک خواهد بود. عیسی در اینجا نه فقط در مورد خدمت به فقیران راه‌حلی عملی ارائه می‌دهد بلکه در مورد آینده، یعنی آن میهمانی آخرشناختی نیز شهادت می‌دهد یعنی در مورد زمانی که خدا با فروتنان و فقیران این جهان بر سر یک میز خواهد نشست.

تأکید لوقا در مورد درک کار خدا در چارچوبی آخرشناسانه در کتاب اعمال رسولان نیز دیده می‌شود. در کتاب اعمال گروهی که قبلاً از نظر مذهبی غریبه محسوب می‌شدند، یعنی غیریهودیان، اینک در مرکز و محور روایت لوقا قرار می‌گیرند. توسط خدمت رسولان کوران می‌بینند (۹:۱-۱۸)، لنگان راه می‌روند (۳:۱-۱۰، ۱۴:۸-۱۰)، درهای زندان بازمی‌شوند (۵:۱۹، ۱۶:۲۶)، مردگان برمی‌خیزند (۲۰:۷-۱۲) و فقیران از بخشش فراوان کلیسا برخوردار

می‌شوند (۱۷:۲۴). قوم‌ها به توبه و ایمان و نیز اطاعت از پادشاهی عیسای مسیح فراخوانده می‌شوند. کتاب اعمال کلیسایی را به تصویر می‌کشد که به دنیا فرستاده شده است تا در بطن دنیای ناتوبه‌کار و فاسدِ کنونی بر همهٔ این واقعیت‌های آینده شهادت دهد. کلیسا در بحبوحهٔ تنش مداوم بین «هم‌اکنون» و «نه‌هنوز» بر این حقایق شهادت می‌دهد. ما می‌دانیم که در خلقت جدید خدا دیگر فقیر و بی‌خانمان و یتیم نخواهد بود اما در این نظام کهن هستی ما هنوز نالهٔ فقیران را می‌شنویم. بی‌خانمان‌ها باید منتظر سال یوبیل باشند تا قرض‌هاشان بخشیده شود. آسیب‌پذیرترین انسان‌ها هنوز نادیده انگاشته می‌شوند. هر روز بیش از سی‌وپنج هزار کودک بر اثر عدم دسترسی به آب و مواد غذایی اولیه جان خود را از دست می‌دهند. برای اینکه معنای این آمار را بهتر درک کنیم تصور کنید هر چهل دقیقه یک بار یک هواپیمای بزرگ مسافربری و حامل ۳۵۰ کودک، سقوط کند و این امر بلاانقطاع هر روز ادامه یابد.[1] قوم‌ها و ملت‌ها هنوز به عبث علیه خداوند و مسیح او دسیسه می‌کنند (اعمال ۴:۲۵-۲۶). صلیب هنوز سنگ لغزش محسوب شده، پیام انجیل هنوز بر اساس معیارهای حکمت این جهان حماقت محسوب می‌شود. لیکن ما کماکان بر صلیب و شفقت خدا شهادت می‌دهیم در حالی که به کمال رسیدن همهٔ دوران را انتظار می‌کشیم یعنی زمانی که «هر زانویی خم شود... و هر زبانی اقرار کند که عیسای مسیح خداوند است» (فیلیپیان ۲:۱۰-۱۱). ما چه توسط اعمال چه توسط کلام به اعلان انجیل ادامه می‌دهیم تا زمانی که خلقت تازه هویدا شود یعنی زمانی که «او هر اشکی را از چشمان آنها پاک خواهد کرد و دیگر مرگ نخواهد بود و ماتم و شیون و درد وجود نخواهد داشت زیرا چیزهای اول سپری شد.» (مکاشفه ۲۱:۴)

## دلالت‌های الاهیاتی برای میسیون

تعمق در کلام خدا باعث می‌شود تا در مورد دلالت‌های الاهیاتی برای عملکرد میسیون لااقل سه موضوع را مد نظر داشته باشیم. نخست آنکه *ما باید وحدت بین کلام و عمل را تصدیق کنیم*. از چشم‌انداز تجسم خدا در عیسی و خلقت تازه واضح است که بشارت و فعالیت اجتماعی فقط در فضای بسته و محدود مباحثات الاهیاتی می‌توانند از هم جدا شوند اما در خصوص تعامل کلیسا با جهانِ واقعی این تمایز بی‌معناست. در رخداد تجسم، کلامِ خدا و عمل خدا یکی می‌شوند. انجیل متی به‌طور خاص با تأکید بر اینکه چگونه ارزش و شأن خدمت عیسی در خدمات سه‌گانهٔ تعلیم، موعظه و شفا دیده می‌شد این یگانگی را به نمایش می‌گذارد. متی با به تصویر کشیدن سریع وقایع و با ارائهٔ چشم‌اندازی جامع، تصویری گسترده از خدمت کامل عیسی به ما می‌دهد. در پایان باب نهم، متی گویی بیانیه‌ای اجمالی در مورد خدمت عیسی صادر می‌کند: «عیسی در همهٔ شهرها و روستاها گشته در کنیسه‌های آنها تعلیم می‌داد و بشارت پادشاهی را اعلام می‌کرد و هر درد و بیماری را شفا می‌بخشید.» (متی ۹:۳۵)

1. Wallis, “The Soul of Politics”, 71.

در واقع، وجه مشخصهٔ خدمت عیسی تعلیم، موعظه و شفا بود و این سه مؤلفه نشانه‌های آغاز پادشاهی خدا در شخص عیسای مسیح بودند.

متی سپس به ما می‌گوید که عیسی انبوه جمعیت را دید و دلش به حال آنان بسوخت زیرا «همچون گوسفندانی بی‌شبان، پریشان‌حال و درمانده بودند» (متی ۹:‏۳۶). و سپس به شاگردانش می‌گوید: «محصول فراوان است اما کارگر اندک» (آیهٔ ۳۷). در اینجا شاگردان از آموزندگانی منفعل به اشخاصی فعال در خدمت عیسی تبدیل می‌شوند. دلسوزی عیسی برای نیازهای بسیار جهان، خاستگاه نخستین مأموریتی می‌شود که عیسی به شاگردانش می‌دهد: «محصول فراوان است اما کارگر اندک. پس از مالک محصول بخواهید تا کارگران برای درو محصول خود بفرستد» (آیات ۳۷-۳۸). عیسی سپس ۱۲ شاگرد خود را به مأموریت میان «گوسفندان گمشدهٔ قوم اسرائیل» می‌فرستد. این مأموریت در واقع آموزشی است که شاگردان را برای مأموریتی وسیع‌تر و جهانی که در پایان انجیل متی به آن می‌رسیم آماده می‌کند. آنها مأموریت می‌یابند تا میان گروه‌های جدید قومی در آفریقا، آسیا و اروپا بروند. اما متی در اینجا آگاهانه در پی آن است که نشان دهد خدمت شاگردان بازتاب خدمت عیسی است. عیسی به شاگردانش می‌گوید: «هنگامی که می‌روید این پیام را موعظه کنید که پادشاهی آسمان نزدیک شده است. بیماران را شفا دهید، مردگان را زنده کنید، جذامی‌ها را پاک سازید، دیوها را بیرون کنید. به رایگان یافته‌اید به رایگان هم بدهید» (متی ۱۰:‏۷-۸). به‌عبارت دیگر، خدمت آنها باید بیانگر همان وحدت بین کلام و عمل می‌بود که در زندگی و شهادت عیسای مسیح مشاهده می‌کردند.

تنش الاهیاتی بین بشارت و فعالیت اجتماعی در اساس به رابطهٔ کلام و عمل در خدمت کلیسا مربوط می‌شود. تلاش کلیسا برای بازتاباندنِ زندگی و خدمت عیسی در جهان به‌طور بسنده، همواره با تنش همراه بوده است. از یک‌سو کتاب‌مقدس بر اهمیت محوری و دائم اعلام پادشاهی خدا تأکید می‌کند. پولس رسول به قرنتیان می‌نویسد: «ولی ما مسیح مصلوب را وعظ می‌کنیم که یهودیان را سنگ لغزش است و غیریهودیان را جهالت. اما فراخواندگان را چه یهودی و چه یونانی مسیح قدرت خدا و حکمت خداست» (اول قرنتیان ۱:‏۲۳-۲۴). پولس رسول به کلیسای رُم می‌گوید که دنیای بی‌ایمان جدا از موعظهٔ انجیل نجات نخواهد یافت: «اما چگونه کسی را بخوانند که به او ایمان نیاورده‌اند؟ و چگونه به کسی ایمان آورند که از او نشنیده‌اند؟ و چگونه بشنوند اگر کسی به آنان موعظه نکند؟ و چگونه موعظه کنند اگر فرستاده نشوند؟» (رومیان ۱۰:‏۱۴-۱۵). اعلام کلام خدا برای هویت ما به‌عنوان کلیسا اهمیت محوری دارد. اگر کلیسا از دعوت جهان به توبه و ایمان به عیسای مسیح مصلوب و قیام‌کرده دست بکشد، دیگر به مسیح و پیام رسولان وفادار نیست.

از سوی دیگر کلام خدا در مورد خطر «ایمان مرده» به ما هشدار می‌دهد. یعقوب می‌پرسد: «برادران من، چه سود اگر کسی ادعا کند ایمان دارد اما عمل نداشته باشد؟ آیا چنین ایمانی می‌تواند او را نجات بخشد؟ اگر برادر یا خواهری نیازمند پوشاک و خوراک روزانه باشد و کسی از شما بدیشان گوید: بروید به سلامت و گرم و سیر شوید اما برای رفع نیازهای

جســـمی ایشان کاری انجام ندهد چه ســـود؟ پس ایمان به تنهایی و بدون عمل مرده است» (یعقوب ۲:۱۴-۱۷). یعقوب همچنین در این آیه به صراحت شـــهادت کلیسا را به نشانه‌های عدالـــت در عهدعتیق پیوند می‌زند: «دینداری پاک و بی‌لکه در نظر پدر ما خدا آن اســـت که یتیمان و بیوه‌زنان را به وقت مصیبت دستگیری کنیم و خود را از آلایش این دنیا دور بداریم» (یعقوب ۱:۲۷). کلیسا با جدیت به مسئولیت اجتماعی خود در مورد بیوه‌زنان عمل می‌کرده اســـت و این موضوع را مخصوصاً در حل مشـــاجره‌ای که در مورد تقسیم اعانات روزانه به بیوه‌زنان نیازمند به‌وجود آمده بود، در کتاب اعمال رســـولان می‌بینیم. ایمانداران یونانی‌زبان لب به شـــکایت می‌گشایند که در تقسیم نان سهم بیشـــتری به بیوه‌زنان آرامی‌زبان می‌رسد. رسولان با انتخاب نخستین شماسان که هفت تن بودند این مشکل را حل می‌کنند و این هفت تن مسئول تقسیم عادلانهٔ نان بین بیوه‌زنان می‌شوند. (اعمال ۶:۱-۷)[1]

از همان روزهای اولیهٔ آغاز کلیسا، در عهدجدید می‌بینیم که کلام و اعمال در حیات و شهادت کلیسا متحد در نظر گرفته می‌شـــوند. پولس رسول معلم و واعظ بزرگ و کسی که کلیساهای بسیار تأسیس کرد برای جمع‌آوری پول برای ایمانداران اورشلیم که به جهت قحطی در سختی بودند به‌سختی تلاش می‌کرد (اعمال ۲۴:۱۷، رومیان ۱۵:۲۹-۲۵، اول قرنتیان ۱۶:۱-۴). پولس رســـول در اوایل خدمتش با رســـولان دیدار می‌کند تا با آنان در مورد انجیل فیض و ضرورت رســـاندن پیام انجیل به غیریهودیان سخن بگوید. پولس می‌نویســـد که او با رسولان به توافق می‌رســـند اما نتیجهٔ گفتگوها را چنین جمع‌بندی می‌کند: «فقط خواستند که فقرا را به یاد داشته باشـــیم که البته این به‌واقع کاری بود که من خود نیز مشـــتاق انجامش بودم» (غلاطیان ۲:۱۰). در واقع، تصویر کردن پولس به‌عنوان کسی که فقط خود را تماماً وقف موعظه و تأسیس کلیسا کرده بود تصویری خلاف واقع اســـت. خدمت پولس نیز انعکاسی از خدمت عیسی است که خود را به تمامی وقف موعظه، تعلیم و شفا کرده بود.

اگر کلیسا می‌خواهد دنیا به پیام انجیل گوش *کند* باید دنیا را در تمام نیازهایش خدمت کند. این امر در دو مورد از ملاقات‌هایی که عیسی پس از قیامش با اشخاص دارد به‌شکلی نمادین دیده می‌شـــود. در باب ۲۴ انجیل لوقا عیســـی در راه عموآس در کنار شاگردان آشفته‌حال، قدم‌زنان سخنان بســـیاری گفت و آنچه را که در تمامی کتب مقدس دربارهٔ او گفته شده بود برای‌شـــان توضیح داد (لوقا ۲۴:۲۷)، اما شاگردان سخنان عیسی را درک نکردند. اندکی بعد که آنان با عیســـی بر سر میز نشستند، وقتی عیسی نان را پاره کرد «چشمان ایشان گشوده شد و او را شـــناختند» (لوقا ۲۴:۳۱). در رخدادی دیگر، بر اســـاس انجیل یوحنا باب ۲۰، وقتی مســـیح قیام‌کرده بر مریم مجدلیه ظاهر شد فقط نام او را بر زبان آورد و برخلاف مورد قبلی، مریم بلافاصله او را شـــناخت (یوحنا ۲۰:۱۶). ما هر چقدر هم حرف بزنیم، برخی عیســـی

---

۱. کمک به بیوه‌زنان فقط واکنش ســـازمانی و تشـــکیلاتی به مسئلهٔ بحرانی بیوه‌زنان در آن عصر نبود. پولس رســـول خاطرنشان می‌کند که در وهلهٔ نخست نزدیکان و خویشاوندان بیوه‌زنان باید با محبت و کمک مالی به فکر آنان باشند و تنها بیوه‌زنانی که بالاتر از شـــصت سال دارند و کسی را ندارند که از آنان حمایت کنند باید در فهرست کسانی قرار داده شوند که کلیسا باید به آنها کمک کند. (اول تیموتاوس ۵:۳-۱۰)

را در اعمال‌مان و برخی دیگر نیز او را در آنچه از کلام خدا می‌گوییم می‌شناسند. ما نباید اجازه دهیم خدمات عملی و کلامی ما بی‌جهت از هم جدا انگاشته شوند. بشارت و فعالیت اجتماعی وظایف مجزای کلیسا نیستند بلکه بازتاب واحد خدمت جامع عیسی محسوب می‌شوند. اگر از گروهی مسیحی که درگیر خدمتی عملی و اجتماعی هستند در مورد انگیزه و دلیل خدمت‌شان سؤال شود و آنها نتوانند ضرورت ایمان به عیسای مسیح را به‌درستی بیان کنند، آنگاه خدمت‌شان هر چقدر هم صادقانه انجام شود ثمرات بلندمدت نخواهد داشت. به همین شکل، خدمتی که تماماً به موعظه و بشارت می‌پردازد و نسبت به کسانی که در رنج و محرومیت هستند توجهی نشان نمی‌دهد بیانگر ایمان زنده‌ای نیست که به خدمت کامل عیسی ارج می‌نهد.

تایت تینو در جلسهٔ مشورتی ویتون در سال ۱۹۸۳ این مباحث را چنین جمع‌بندی کرد:

> تغییر و تحول اجتماعی بخشــی از پیام انجیل و نتیجهٔ طبیعی بشــارت اســت... اما به‌واسطهٔ بشارتی بی‌جان به‌وجود نمی‌آید: احتمال اینکه بشارت منجر به تغییر و تحول اجتماعی شــود بسیار کم است مگر اینکه کلیسا و جامعهٔ مسیحی با زندگی‌شان بر این حقیقت شهادت دهند که خود عمیقاً تغییر کرده‌اند. اگر واقعاً در این مورد جدی هستیم پس بیایید کلمات توخالی را کنار بگذاریم و بیشــتر به عمل بپردازیم. کلیسا نمی‌تواند ادعا کند به مســیح وفادار است مگر اینکه خدمت موعظه، تعلیم و شفای او را بازتاب دهد.[1]

نکتهٔ دوم آنکه، *ما باید در برابر فردگرایی غالبی که نمی‌گذارد عطایا و فیض‌های گوناگون در بدن مسیح تجلی یابد مقاومت کنیم.* یکی از دلایل مهم تنش ناخواسته‌ای که بین بشارت و فعالیت اجتماعی وجود دارد فرهنگ فردگرایانهٔ غربی بوده اســت که قادر به درک شهادت بزرگ‌تر و جمعی کلیسا نیست. در فصل ۵ همهٔ سخنان خداوند قیام‌کرده را در مورد فرمان بزرگ بررســی کردیم و در مورد چهار خدمت اساســی که از وفاداری جمعی ما به مسیح و انجیــل جدایی‌ناپذیرند بحث نمودیم. متی بر شــاگردی تأکید دارد، مرقس بر اهمیت اعلان انجیل، لوقا بر اهمیت شــهادت دادن تأکید دارد و یوحنا بر اهمیت فرستاده شدن. خدمت فرستادن در همهٔ خدماتی که بر بســیج کردن و حمایت خادمان حصاد تأکید می‌کنند دیده می‌شــود. خدمت شهادت دادن در طیفی وسیع از طرق مختلف دیده می‌شود که مسیحیان به‌واسطهٔ آنها بر *مأموریت الاهی* شهادت می‌دهند. خدمت اعلام کردن بر محوریت موعظه در حیات کلیسا تأکید می‌کند. و بالاخره خدمت شاگردسازی اهمیت تأسیس کلیسا و ضرورت کمک به کسانی را که تازه ایمان آورده‌اند به ما یادآور می‌شود تا وارد حیات کلیسایی شوند و بیاموزند که چگونه عطایای گوناگون خدمتی خود را به‌کار گیرند.

چرا باید مبشــری در شــمال آفریقا به معلمی که تمام زندگی خــود را صرف تعلیم در فیلیپین کرده اســت بگوید: «من هیچ احتیاجی به تو ندارم چون بشارت مهم‌ترین خدمت در

---

1. Gustafson, "The Integration of Development and Evangelism," 132.

کلیساست»؟ آیا کسانی که با خدمات خیریه، بر محبت مسیح شهادت می‌دهند می‌توانند به مبشر بگویند: «ما احتیاجی به تو نداریم»؟ چرا باید میسیونرهایی که خارج از کشور خود و در نقاط مختلف جهان مشغول خدمت بشارت یا تأسیس کلیسا یا فعالیت‌های اجتماعی هستند به کسانی که در کشور خود مانده‌اند و مشغول جمع‌آوری کمک‌های مختلف برای آنها هستند بگویند که عمل آنها برای کل کلیسا اهمیت اساسی ندارد؟ تنها زمانی که همهٔ گروه‌ها در کلیسا، با هم عطایای‌شان را به‌کار گیرند غنا و کاملیت خدمت مسیح در موعظه، تعلیم و شفا در جهان بازتاب خواهد یافت.

پس از سال‌ها تدریس در آموزشگاهی در هند و نیز در دانشگاه گوردون-کانول در ایالت متحده، از نزدیک شاهد بوده‌ام که خدا چگونه زنان و مردان را به خدمات مختلف می‌خواند، خدماتی که هر یک تأکید و هدف خاص خود را دارند. اگر این خدمات را جدا از دیگر خدمات در نظر بگیریم هیچ‌یک به تنهایی غنا و کاملیت خدمت مسیح را بازتاب نمی‌دهند. لیکن اگر هر عضو بدن عطایای خود را به‌کار گیرد می‌توانیم وفاداریِ مسیح را بازتاب دهیم. بسیاری مرگ دایانا، شاهزادهٔ ولز، در سال ۱۹۹۷ را به‌یاد داریم. تنها ۵ روز پس از مرگ وی مادر ترزا هم چشم از جهان فروبست. پس از آن رسانه‌های جمعی بلاانقطاع به پوشش خبری آخرین لحظات زندگی دایانا و تحلیل‌های مربوط به آن پرداختند و در نهایت نیز مراسم تشییع جنازهٔ او و مسائل حاشیه‌ای مربوط به آن نیز روزهای متمادی و به‌طور زنده از شبکه‌های تلویزیونی پخش می‌شد در حالی که در این مدت فقط چند اشارهٔ مختصر به مادر ترزا شد.

اما شبکه‌های تلویزیونی هند چند روز پیاپی به پخش برنامه‌هایی در مورد زندگی و خدمت او پرداختند و در نهایت نیز مراسم تشییع جنازهٔ او را پخش کردند. در آن روزها به‌خاطر قدردانی گسترده از خدمت فداکارانهٔ مادر ترزا در کل شبه‌قارهٔ هند فضای بازتری برای موعظهٔ انجیل به‌وجود آمد. تعهد کامل او در کل زندگی‌اش در ابراز محبت مسیح نسبت به اشخاص نیازمند در خیابان‌های کلکته، باعث شد حُسن نظری گسترده نسبت به مسیحیت به‌وجود آید و این امر سبب شد تا برای مبشران ما که مشغول بشارت و تأسیس کلیسا بودند درهای بسیاری باز شود.

نکتهٔ سوم آنکه هر *خدمت اصلی باید در چارچوب و زمینهٔ مأموریت الاهی انجام شود.* بحث‌های معاصر در مورد بشارت و فعالیت اجتماعی زمانی مطرح می‌شوند که آنها را به‌عنوان دو وظیفه و دعوت مجزای کلیسایی تعریف می‌کنیم. تا زمانی که این دو خدمت را دو وظیفهٔ مجزا در نظر بگیریم، مجبور خواهیم بود از اصطلاحاتی چون «پیوند»، «یکپارچه‌سازی» و «نتایج مجزای هر خدمت» استفاده کنیم که به نوبهٔ خود باعث خواهد شد در درک‌مان از مأموریت کلیسا پیوسته دوگانه‌انگاری وجود داشته باشد. این امر در قلمرو فعالیت‌های بشارتی معاصر به ایجاد فاصلهٔ بیشتر بین سازمان‌ها می‌انجامد، چه بشارتی، چه آنها که به خدمت تأسیس کلیسا می‌پردازند و چه آنها که در خدمات خیریه و فعالیت‌های منجر به توسعه هستند. چنین نگرشی این تلقی را ایجاد می‌کند که سازمان‌های میسیونری به خدمات

«روحانی» می‌پردازند در حالی که سازمان‌های خیریه و توسعه‌محور مشغول فعالیت‌های «اجتماعی-اقتصادی» یا غیرروحانی هستند.[۱] اما حقیقت اساسی این است که خدا به‌واسطهٔ *مأموریت الاهی* توسط کلیسا در جهان عمل رهایی‌بخش خود را انجام می‌دهد.

درک بشارت بر اساس مفهوم وسیع‌تر *مأموریت الاهی* دید ما را در مورد بشارت وسیع‌تر می‌سازد تا بتوانیم اطاعت از حکم مسیح را در مورد «شاگردسازی قوم‌ها» در معنای غنیِ آن درک کنیم. این فرمان صرفاً به معنای شاگرد ساختن *اشخاص* نیست بلکه به معنای تغییر و تبدیل *کل فرهنگ*، تحت تأثیر واقعیت‌های در حال تجلیِ خلقت تازه است. بشارت به معنای نفوذ و تأثیرگذاری کل انجیل بر همهٔ ابعاد فرهنگ و نیز به معنای نشان دادن این حقیقت در قول و فعل است که «در مسیح» بودن به چه معناست. بشارت نه صرفاً در مورد آنچه «انجام می‌دهیم» بلکه اساساً دربارهٔ «وجود» ما است. کلیسا باید جامعه‌ای سالم باشد و توسط سخنان و اعمال *عدالت*، *محبت* و *شفقت* را آشکار کند.

به همین شکل درک ما از اعمال خیریه و فعالیت‌های منجر به توسعه عاری از هر گونه معنای روحانی شده است. از آنجایی که سازمان‌های دولتی و غیردولتی بسیاری در دو قلمرو فوق فعالند ما به آسانی فراموش می‌کنیم که شاخص‌های بسیار رایجِ غیرمسیحی در مورد سلامتی و بهروزی، برای مسیحیان از بسیاری جهات ناقص‌اند چون مسیحیان درک جامع‌تری در مورد فقر دارند که شامل فقر بنیادینِ جدایی از مسیح می‌شود. الگوهای اقتصادی این جهان بر نفع شخصی و خودبسندگی تمرکز دارند نه بر اتکای متقابل که در نقشهٔ خدا برای انسانیت نجات‌یافته جایگاه ویژه‌ای دارد. فعالیت اجتماعی غیرمسیحی قاصر از درک این موضوع است که مسئلهٔ جرم و جنایت در میان گروه‌های جوانان بزهکار در شهرهای بزرگ فقط مسئله‌ای حقوقی و جنایی نیست بلکه در اساس مسئله‌ای روحانی است و به اشتیاقی عمیق برای تحقق شالوم الاهی مربوط می‌شود. کلیسا صرفاً از برنامه‌ای رفاهی حمایت نمی‌کند بلکه از زنان و مردان دعوت می‌کند تا به جامعه‌ای که در خلقت تازه شکل می‌گیرد وارد شوند. به‌علاوه، مفاهیم توسعه در نگرش غیرمسیحی، نمی‌توانند فقر شدیدی را که در کشورهای ثروتمند وجود دارد درک کنند، فقری که در بی‌کسی، انزوا، خانواده‌های فروپاشیده و بی‌اعتنایی روحانی دیده می‌شود و حتی ثروتمندترین جوامع نیز اسیر آن هستند.

درک کتاب‌مقدسی از اعمال خیریه و فعالیت‌های منجر به توسعه فقط زمانی می‌تواند به‌شکلی صحیح در مفهومی جامع‌تر از بشارت جای بگیرد که خدمات کل کلیسا در چشم‌اندازی آخرشناختی درک شود. بشارت و فعالیت اجتماعی نشانه‌های خلقت تازه هستند که در *مأموریت الاهی* جای می‌گیرند. در چارچوبی آخرشناسانه بین ایمان و تغییرات عمیق اجتماعی، توبهٔ فردی و شرایط حاد فقیران، تأملات الاهیاتی و حفاظت از محیط زیست، ارزش‌های مذهبی و اولویت‌های جدید اقتصادی، دعوت از جامعه به عدالت نژادی و جنسی، اخلاقیات و سیاست خارجی و روحانیت و سیاست، ارتباط وجود دارد.[۲]

---

۱. همان منبع.

2. Wallis "The Soul of Politics", 47

تمامی واقعیت‌های آتیِ مربوط به خلقت تازه در نظم کنونی حضور پیدا می‌کنند. ما از جایگاه امــن دارایی‌های خود و به‌دوراز فقیران نمی‌توانیم به آنها کمک کنیم. ما با درک عمیقی که از به‌یاد آوردن شرایط پیشین‌مان کسب می‌کنیم، می‌توانیم به کمک‌شان بشتابیم. در خروج ۹:۲۳ خداوند به قوم خود می‌گوید: «و بر شــخص غریب ظلــم منما زیرا از دل غریبان خبر دارید چونکه در زمین مصر غریب بودید.» ما نیز به‌یاد می‌آوریم که زمانی در اســارت بودیم. به‌یاد می‌آوریم ما نیز زمانی از ثروت‌های روحانی پرجلالی که توسط فیض و بخشندگی پرجلال خدا صاحب آنها شــدیم چیزی نمی‌دانســتیم. ما در چهرهٔ غریبان، بی‌خانمان‌ها و اشخاصی که از نظر روحانی محرومند چهرهٔ خود را می‌بینیم. تنها در انجیل اســت که دیوار جداکنندهٔ دشمنی فرومی‌ریزد. تنها توسط کار مسیح است که می‌توانیم مانع بین «ما» و «آنها» را برداریم و به‌تدریج که ثمرات خلقت تازه را بیشــتر درک می‌کنیم جایگاه مشترک‌مان را با دیگران در انسانیت جدید کشف کنیم.

## نتیجه‌گیری:
## امید برای قرن بیست‌ویکم

در خاتمه باید بگوییم که مســیحیت در مقایســه با قرن گذشته در جایگاه کاملاً متفاوتی قرار گرفته اســت. امروزه اکثر مســیحیان در کشــورهایی زندگی می‌کنند که فقر اقتصادی، ورشکستگی سیاســی و تکثرگرایی مذهبی بر آنها حاکم است. توســعهٔ کلیسا در قاره‌های جنوبی، اکثر مسیحیان را در نیازهای عمیق اجتماعی و تنوعات مذهبی دیرینه قرار داده است. شهادت مســیحیان معاصر بر انجیل، دلالت‌های اجتماعی انجیل را اهمیتی نوین بخشیده و باعث شــده اســت تا گرایش غالب در تفکر غربی مبنی بر تفکیک کامل قلمروهای مختلف زندگی کمرنگ شود. ظهور و شــکل‌گیری مسیحیتی فراغربی باعث شده است تا مسیحیت از آنچــه کوامه بدیاکو آن را «حق مالکیت انحصاری غــرب»[1] می‌نامد رهایی یابد. همچنین آن شــکل غالب از بشــارت که صرفاً بر *نجات جان‌ها* تمرکز داشت و چشم و گوش خود را بر نیازهای انســانی می‌بست، دیگر قابل دفاع نیســت. قرن‌ها بخش اعظم کلیسا به جهان نیازمندان از چشــم‌انداز «طبقــهٔ بالا» که صاحب قدرت و ثروت بود می‌نگریســت. امروزه کلیسا از چشــم‌انداز «طبقهٔ پایین» که فقر و عدم دسترسی به قدرت وجه مشخصهٔ آن است، کتاب‌مقدس را می‌فهمد. با توجه به این شــرایط مــا در کل جهان در وضعیتی قرار گرفته‌ایم که به وضعیت پر جنب و جوش و نیز نگرش جامع مسیحیت قرن اول بسیار نزدیکتر است.

---

1. Kwame Bediako, Christianity in Africa: The Renewal of a Non-Western Religion (Maryknoll, NY: Orbis, 1995), 122.

بخش چهارم

خدای روح‌القدس:
حضور نیروبخش مأموریت الاهی

قسمت الف

# نیرو دادن به کلیسا
# برای تبلور بخشیدن به حضور آینده

# ۱۴

# روح‌القدس،
# کتاب اعمال رسولان، و مأموریت الاهی

جان امبیتی داستان یکی از نخستین آفریقایی‌هایی را نقل می‌کند که برای تحصیل راهی اروپا شد تا پس از اتمام دورۀ تحصیل وارد خدمت شود. او آلمانی، لاتین، یونانی و عبری آموخت و نوشته‌های بولتمان، بارت، کونگ،[1] نیبور و دیگران را مطالعه کرد. سپس تاریخ کلیسا، الاهیات نظام‌مند[2] فن موعظه، و تأویل کتاب‌مقدسی را با دقت خواند. سرانجام مدرک فوق‌لیسانس گرفت و به آفریقا بازگشت. بستگان و همسایگان او در روستای زادگاهش از دستاوردهای علمی او هیجان‌زده و شادمان بودند (او نخستین فرد از روستایش بود که تحصیلات عالی الاهیاتی داشت)، و به مجرد بازگشتش تصمیم گرفتند برای خوشامدگویی، جشنی برپا کنند. با این‌حال، در خلال جشن و سرور ناگهان خواهر بزرگ‌تر آن مرد صیحۀ دلخراشی زد و به زمین افتاد. همه دور او جمع شدند و برادرش را صدا زدند تا بیاید و کمکی بکند. او آمد و با اصرار خواست که بلافاصله خواهرش را راهی بیمارستان کنند. به او یادآوری کردند که بیمارستان تا روستای‌شان بیش از پنجاه مایل فاصله دارد. یکی دیگر خاطرنشان کرد که زن دیوزده است و کاری از بیمارستان برایش ساخته نیست. کدخدای روستا اصرار داشت که چون آن مرد همۀ این سال‌ها را صرف مطالعۀ کتاب‌مقدس و الاهیات کرده، خودش باید بتواند به خواهرش کمک کند.

امبیتی چنین جمع‌بندی می‌کند که مرد خادم به‌رغم دانش فراوانی که گرد آورده بود، نتوانست به خواهرش کمکی بکند چون «بولتمان از دیوزدگی اسطوره‌زدایی کرده بود.» اگرچه

---

1. Küng; 2. Systematic

امبیتی اذعان می‌کند که داستان ساختگی است، و در مورد طیف گسترده‌ای از مسیحیت غربی غلو می‌کند، اما شنیدن این داستان برای ما حائز اهمیت است، چون به‌خوبی نشان می‌دهد که از مسیحیت غربی چه برداشتی وجود دارد و اینکه میان مسیحیت در غرب و آنچه در کتاب اعمال پیرامون کلیسا مشاهده می‌کنیم، از بسیاری جنبه‌ها قطع ارتباط پدید آمده است.

یکی از دغدغه‌های همیشگی که باعث نوشتن این کتاب شد آن است که کلیساها و هیئت‌های میسیونری به‌جای الگوبرداری از مدل‌های کتاب‌مقدسی که ریشه در کلام خدا دارند و برآمده از تأملات الاهیاتی هستند، به‌طور فزاینده‌ای خط‌مشی خود را از دنیای *تجارت* گرفته‌اند. در نتیجه، کلیساها و هیئت‌های میسیونریِ مشتری‌-مداری ظهور کرده‌اند که تشنهٔ رقابت برای جلب مشتری بیشتر در این بازارند. در چنین جَوّی، جلب رضایت مشتری بر الاهیات پیشی می‌گیرد، علوم اجتماعی بر میسیون‌شناسی، و عمل‌گرایی بر تأمل کتاب‌مقدسی. البته اغلب گستاخانه به این اقدامات عنوان مسیحی می‌دهند تا این رویکرد کاسب‌کارانه زیر پوشش نازکی از موجه‌نماییِ الاهیاتی و کتاب‌مقدسی پنهان شود. لیکن، ما زمانی به اینها ظنین می‌شویم که با هوشیاری درمی‌یابیم که اکثر برنامه‌ها و خدمات در بسیاری از سازمان‌های مسیحی و کلیساها، بدون تأیید روح‌القدس نیز همچنان به کار خود ادامه می‌دهند. پس خواندن کتاب اعمال و فهمیدن اینکه کل کلیسا از هم‌پا شدن با کار آشکارکننده و نیروبخش روح‌القدس غافل مانده، موجب حیرت خواهد شد! این بخش از کتاب می‌خواهد نشان دهد که روح‌القدس حضور نیروبخش *مأموریت الاهی* در کتاب اعمال رسولان است، و کلیسا فراخوانده شده تا در کار او در جهان مشارکت داشته باشد. این فصل به‌طور ویژه بر کتاب اعمال متمرکز شده و دیدگاه‌هایی چند در مورد کار و خدمت روح‌القدس ارائه می‌کند. در فصل‌های بعدیِ بخش چهارم، قصد داریم نشان دهیم که این موضوع عملاً برای کلیساها، هیئت‌های میسیونری، و میسیونرهایی که در حوزهٔ میسیون مشغول خدمت هستند، چه معنایی می‌تواند داشته باشد.

این فصل سعی دارد به چند پرسش پاسخ گوید. نخست، روح‌القدس در زندگی و خدمت کلیسای اولیه چه نقشی داشت؟ یک بررسی اجمالی پیرامون این پرسش نشان خواهد داد که روح‌القدس در زندگی و تجربهٔ کلیسا پس از روز پنتیکاست، نقشی برجسته و رو به رشد داشته است. دوم، باید کشف کنیم که از چه راهی می‌توان کلیسای رسولی را، آن‌گونه که در کتاب اعمال به تصویر کشیده شده، به‌عنوان مدلی برای کلیسای امروز برگزید. آیا کتاب اعمال کاربردی توصیفی دارد، و گزارش دقیق تاریخی از آنچه روی داده ارائه می‌کند، بدون اینکه لزوماً بگوید عملکرد و تجربهٔ کلیسا در سدهٔ یکم، باید سرلوحهٔ عملکرد و تجربهٔ کلیسا در سدهٔ بیست‌ویکم قرار گیرد؟ یا اینکه، کاربرد کتاب اعمال تجویزی است و به ما الگویی مثبت از کلیسا برای سرمشق‌گیری در همهٔ زمان‌ها، فرهنگ‌ها و اعصار می‌دهد؟ اگر مورد اول درست باشد، پس کلیسا در کتاب اعمال بیشتر شبیه «بذری» است که کلیسای سدهٔ بیست‌ویکم از درون آن رشد کرده و بالیده، و با نگاه کردن به عقب به‌سختی می‌توان میان میوهٔ بلوطِ کلیسای رسولی و درخت بلوطِ امروزی پیوستگی دید. اما اگر مورد دوم درست

باشـــد، پس کلیسا در کتاب اعمال بیشتر به نقشهٔ اصلی یا اولیه‌ای می‌ماند که کلیسای معاصر باید از آن سرمشق بگیرد و تا حد ممکن از جزئیات آن پیروی کند. در نهایت، شخصیت سوم تثلیث، در آشـــکار کردن *مأموریت الاهی* و تحقق بخشیدن به وعدهٔ خدا به ابراهیم، دقیقاً چه نقشی ایفا می‌کند؟

## روح‌القدس در زندگی و تجربهٔ کلیسای اولیه

در فصل ۲ کتاب بررســـی کردیم که چگونه کلیســـای امروزی غالبـــاً موضوع نجات را خصوصی کرده و به کلیســـا نقشی صرفاً *ابزاری* بخشیده است، و پذیرفته که داستان انجیل با واقعهٔ صلیب و قیام به کمال رســـیده. از این دیدگاه، نقش کلیسا- و از این‌رو کار میسیون‌ها- این اســـت که صرفاً به عقب نگاه کنند و به دنیا بگوید که در رویداد صلیب و قیام چه اتفاقی افتاده اســـت و بس. البته، صلیب و قیام همواره باید در کانون اعلان پیام کلیسا باقی بمانند.[1] با وجود این، فهمیدن این نکته حائز اهمیت اســـت که انجیل در مقطع صلیب و قیام متوقف نمی‌شود، بلکه به آشـــکار نمودن اقدامات پیشگامانهٔ خدا در مقطع پنتیکاست و متعاقب آن، خدمت شخصیت سوم تثلیث در زندگی کلیسا ادامه می‌دهد.

لوقا آمدن روح‌القدس در روز پنتیکاســـت را به‌عنـــوان گونه‌ای دیگر از مداخلهٔ الاهی، و در امتداد تجســـم به تصویر می‌کشـــد، منتها این‌بار حضور نیروبخش روح‌القدس است که آمده در وجود مســـیحیان ساکن می‌شود. روح‌القدس صرفاً یک نیروی غیرشخصی یا افزودهٔ روحانی[2] نیســـت. بلکه، روح‌القدس حضور مقتدر و نیروبخش خدای زنده و «بُعد دیگری از خودانکشافی شـــخصی و حیات او در تاریخ است.» اعمال خدا در تاریخ نجات همچنان در جهان آشکار می‌شوند. روح‌القدس پیوسته یادآور آن است که خدا فقط اقتدار شاهانه‌اش را بر جهان اِعمال نمی‌کنـــد، بلکه اقتدار اجرایی خود را نیز برای عمل کردن در جهان به‌کار می‌گیرد.

ســـه درون‌مایهٔ اصلـــی، هدف و کار روح‌القـــدس در زندگی کلیســـای اولیه را خلاصه می‌کنند.

نخســـت اینکه، *روح‌القدس به کلیســـا برای انجـــام مأموریتی جهانی نیرو می‌بخشـــد.* عیســـی درست در آستانهٔ صعودش به آسمان به شـــاگردان خود می‌گوید که منتظر بمانند تا «با روح‌القدس تعمید بیابند» (اعمال ۵:۱). عیســـی در ادامه می‌گوید: «اما چون روح‌القدس بر شـــما آید، قدرت خواهید یافت و در اورشـــلیم و تمامی یهودیه و ســـامره و تا دورترین نقاط جهان، شـــاهدان من خواهید بود» (۸:۱). ده روز بعد، در ســـپیده‌دم روز پنتیکاســـت، گروهی کوچک از پیروان عیســـی را در حال دعا کردن در اورشـــلیم می‌یابیم. روح‌القدس به‌طـــرز نیرومندی با وزش باد و آتش، یعنی به شـــکل دو تصویر اصلـــی از حضور خدا در

---

۱. باید به این نکته توجه کرد که تأکید بر روح‌القدس‌شناســـی نباید مسیح‌شناســـی را کنار بزند، زیرا اصلی‌ترین کارکرد روح‌القدس در واقع دادن شهادت در مورد عیسای مسیح است.

2. donum superadditum

عهدعتیق، فرود می‌آید. آتش بی‌درنگ ذهن خواننده را به‌سوی ظاهر شدن یهوه بر موسی در «شعله‌های» بوتهٔ مشتعل (خروج ۲:۳)، ستون آتشی که بنی‌اسرائیل را در بیابان محافظت و راهنمایی می‌کرد (خروج ۱۳:۲۱-۲۲)، و فرود آمدن یهوه بر کوه سینا در میان آتش برای اعطای شریعت (خروج ۱۸:۱۹) می‌کشاند. از همهٔ اینها گذشته، پنتیکاست موسمی است که بنی‌اسرائیل اعطای شریعت از سوی خدا را جشن می‌گرفتند. باد یادآور دَم (نفس) خدا است که به آفرینش حیات می‌بخشد (پیدایش ۷:۲)، یا تجلی حضور خدا به انبیا است (اول پادشاهان ۱۱:۱۹-۱۲؛ حزقیال ۴:۱؛ ناحوم ۳:۱).

شاگردان شروع کردند به «سخن گفتن به زبان‌های دیگر»، آن‌گونه که روح بدیشان قدرت تکلّم می‌بخشید (اعمال ۴:۲). لازم به ذکر است که این جلوه از حضور روح‌القدس چیزی فراتر از یک رویداد *جامعه‌شناختی* صِرف بود که فقط به زایرانی که از سرزمین‌های بیگانه برای حضور در اعیاد پسخ و پنتیکاست به اورشلیم آمده بودند، امکان بدهد انجیل را به زبان خودشان بشنوند (اعمال ۶:۲-۱۲). این رویداد بیشتر جنبه‌ای *الاهیاتی* داشت که به موجب آن خدا برای برانداختن اغتشاشی که در بابل در زبان‌های مردمان به‌وجود آمده بود، و نماد عصیان جهان علیه خدا بود (پیدایش ۱:۱۱-۹)، گام نخستین را برداشت و به‌جای آن به کلیسا قدرت بخشید تا مأموریت رهایی را در سطحی جهانی آغاز کند و این پیام را به اقصا نقاط کرهٔ زمین ببرد. در روز پنتیکاست، یعنی در روز تولد کلیسا، گروهی کوچک از پیروان یهودیِ عیسی با واقعیت ترجمه‌پذیری بی‌انتهای انجیل به همهٔ زبان‌ها و فرهنگ‌ها، تعمید گرفتند.[1] در الاهیات لوقا، نیرو بخشیدن روح‌القدس برای انجام مأموریت جهانی با ترجمه‌پذیری بی‌انتهای انجیل مسیحی مرتبط است.

دوم آنکه، *روح‌القدس اقتدار خدا را به کلیسا واگذار می‌کند*. مکس ترنر[2] در پاسخ به برخی از مفسران پنتیکاستی که تنها بر نقش روح‌القدس در نیرو بخشیدن به ایمانداران برای شهادت دادن تأکید می‌کنند، می‌گوید که جلوه‌های کلیدی حضور روح‌القدس در کتاب اعمال با درون‌مایهٔ «نیروبخشی برای شهادت دادن» مرتبط نیستند. در چندین جای گوناگون از این کتاب می‌بینیم که مردم از روح‌القدس پر می‌شوند تا خدمت کنند یا کلیسا را هدایت نمایند. برای نمونه، در فصل ۶ اعمال می‌خوانیم که هفت شماس از روح‌القدس پر می‌شوند تا به کلیسا خدمت کنند (۱:۶-۷). به همین ترتیب، در هنگامهٔ وداع پولس با مشایخ کلیسای افسس، وی اقرار می‌کند که این روح‌القدس بوده که ایشان را به‌عنوان ناظران بر کلیسا گمارده است (۲۸:۲۰). در اعمال ۲۷:۲۱-۲۸ می‌بینیم که آگابوس برخاست و با الهام روح پیشگویی کرد که قحطی سختی در سراسر دنیای روم خواهد آمد. در اعمال ۱۵ روح‌القدس کلیسا را در تصمیم‌گیری پیرامون شرایطی که می‌توان در چارچوب آنها ایمانداران غیریهودی‌تبار را در کلیسا پذیرفت، هدایت می‌کند (۲۸:۱۵). روح‌القدس داوری خدا را هم به کلیسا و هم به

---

۱. من دانستن این نکته را وامدار کوامه بدیاکو هستم که خاطرنشان می‌کند که زبان صرفاً وسیلهٔ برقراری ارتباط نیست، بلکه اصلی‌ترین راه برای ابراز فرهنگ است. به قول جان پوبی (John Pobee)، زبان «بار فرهنگ را بر دوش می‌کشد.»

2. Max Turner

دنیای بی‌ایمان تعمیم می‌دهد (۳:۵ و ۹؛ ۱۳:۹-۱۲). بدین‌ترتیب، روح‌القدس نه تنها نیروی لازم برای شهادت دادن به کلیسا می‌بخشد، بلکه «آموزگار کلیسا» و «اجراکنندهٔ ارادهٔ مسیح در دنیا» است (یوحنا ۲۶:۱۵؛ ۱۴:۱۶-۱۵). روح‌القدس با آشکار ساختن ارادهٔ خدا به کلیسا، مکاشفهٔ او را به کلیسا منتقل می‌کند و از این رهگذر کلیسا را زیر اقتدار مسیح قرار می‌دهد. کلیسای اولیه مرتباً اعتراف می‌کند که روح‌القدس به نویسندگان کتاب‌مقدس الهام بخشیده و به موجب آن، کلام خدا را به کلیسا سپرده است. (اعمال ۱۶:۱؛ ۲۵:۴)

سوم اینکه، *روح‌القدس از طریق تجلی نیرومند آیات و عجایب و تقدس زندگی، دامنهٔ پدیدار شدن خلقت تازه را گسترش می‌دهد*. در روز پنتیکاست، پطرس اظهار می‌کند که آمدن روح‌القدس تحقق نبوت یوئیل بود، که گفته بود خدا «بالا، در آسمان، عجایب، و پایین، بر زمین، آیاتی از خون و آتش و بخار به ظهور خواهد آورد» (اعمال ۱۹:۲). خدمت کلیسای اولیه بازتاب خدمت عیسای مسیح بود با تأکید بر اعلان انجیل به جهانیان از طریق موعظه و تعلیم، و نشان دادن اینکه واقعیات خلقت تازه به‌واسطهٔ آیات و عجایب و زندگی مقدس همچنان در نظام کنونی پدیدار می‌شوند. لوقا می‌نویسد که «بهت و حیرت بر همه مستولی شده بود، و عجایب و آیات بسیار به‌دست رسولان به‌ظهور می‌رسید» (۴۳:۲). جلوه‌گر شدن آیات و عجایب محدود به رسولان نبود، بلکه در خدمت استیفان (۸:۶) و فیلیپس (۶:۸ و۱۳) نیز شاهدش هستیم.

همه فهمیدند که موعظهٔ کلام خدا از این جهت با آیات و عجایب همراه شده تا همگان دریابند که حضور خدا خدمت کلیسا را مورد تأیید قرار داده، و میان گفتار و کردار یگانگی وجود دارد. برای مثال، در اعمال ۳۰:۴-۳۱ کلیسا چنین دعا کرد: "دست خود را به شفا دراز کن و به نام خادم مقدست عیسی، آیات و معجزات به ظهور آور." پس از دعای ایشان، مکانی که در آن جمع بودند به لرزه آمد و همه از روح‌القدس پر شده، کلام خدا را با شهامت بیان می‌کردند.» بعدها لوقا می‌نویسد که در هنگام خدمت پولس و برنابا در قونیه، آنان «مدتی طولانی در آنجا ماندند و دلیرانه برای خداوند سخن گفتند، خداوندی که بدیشان قدرت انجام آیات و معجزات می‌بخشید و بدین‌گونه پیام فیض خود را تأیید می‌کرد.» (۳:۱۴)

نقش روح‌القدس در گسترش ظهور «خلقت تازه» به زمینهٔ بشارت یا میسیون مسیحی محدود نمی‌شوند. جوئل گرین[1] خاطرنشان ساخته که در نوشته‌های لوقا پذیرفتن روح‌القدس در زندگی ایماندار جنبه‌ای جدانشدنی از درک او (لوقا) از نجات است.[2] این افزوده‌ای برای اندک‌شماری انسان وقف‌شده نیست. وقتی پطرس موعظه می‌کند، خطاب به کل جماعت اظهار می‌دارد که اگر ایمان بیاورند، «عطای روح‌القدس را خواهند یافت» (۳۸:۲). پطرس در دنبالهٔ سخنانش بدیشان اطمینان می‌بخشد که این وعده تنها از آنِ کسانی نیست که صدای او را می‌شنوند، بلکه از آنِ فرزندان ایشان و «همهٔ کسانی است که دورند، یعنی هرکه خداوند

1. Joel Green

۲. گرین استدلال می‌کند که درک لوقا از نجات دارای چهار جنبه است: (۱) مشارکت و مساعدت در اجتماع مسیح-محور قوم خدا، (۲) نجات از دست دشمنان، (۳) آمرزش گناهان، و (۴) پذیرش روح‌القدس.

خدای ما او را فراخوانَد» (۳۹:۲). همان روحی که به ما نیرو می‌بخشد شهادت دهیم، به ما نیرو می‌دهد تا مقدس نیز زندگی کنیم. همان روحی که ملت‌های بی‌ایمان جهان را تبدیل می‌کند، همانی است که دل‌های ما را هم تبدیل می‌کند، به ما تعلیم می‌دهد که به گناه «نه» بگوییم و پارسایی عیسای مسیح را در بر گیریم.[1]

## اعمال رسولان به‌عنوان تاریخی توصیفی یا مدلی تجویزی؟

ما تاکنون در بررسی‌مان از شخصیت و نقش روح‌القدس در کتاب اعمال، به سه درون‌مایهٔ کلیدی پرداختیم: روح‌القدس به کلیسا برای انجام مأموریت مسیحی در سطح جهان نیرو می‌بخشد، به کلیسا اقتدار الاهی اعطا می‌کند، و دامنهٔ ظهور خلقت تازه را از طریق آیات و عجایب و متجلی ساختن تقدس در زندگی کلیسا گسترش می‌دهد. اکنون سراغ دومین پرسش کلیدی خود می‌رویم. آیا منظور از شرح کار روح‌القدس در کتاب اعمال، به‌لحاظ تاریخی توصیفی[2] بوده است یا به‌لحاظ میسیون‌شناختی تجویزی؟[3]

به بیان ساده‌تر، آیا کلیسای سدهٔ بیست‌ویکم می‌تواند انتظار داشته باشد خدا از طریق رؤیاها پیوسته آن را در انجام مأموریتش هدایت کند؟ آیا کسانی که در سطح مرزهای فرهنگی و اجتماعی جدید وعظ می‌کنند، باید دعا کنند تا روح‌القدس وعظ‌شان را از طریق ظهور آیات و عجایب تأیید کند؟ اگر چنین است، پس چرا به‌نظر می‌رسد که از این بُعد فراطبیعی در بسیاری از کلیساها خبری نیست؟ اکنون که کلیسا کلام خدا را دارد، آیا هنوز به مداخلهٔ فراطبیعی، آن‌هم از نوعی که مشخصاً روح‌القدس با کلیسای اولیه در کتاب اعمال وارد تعامل می‌شود، نیاز داریم؟ به بیان دیگر، باید بپرسیم اعمال از چه لحاظ به‌عنوان *تاریخچه‌ای* از کلیسای اولیه عمل می‌کند و از چه طریق به‌عنوان *رساله‌ای الاهیاتی*، میسیون‌شناسی کلیسای اولیه را بازتاب می‌دهد؟ اگر اعمال رسولان پیش از هر چیز اثری تاریخی است، پس آیا می‌توان به روشی مشابه چنانکه از نامه‌های رسولی یا مکاشفهٔ یوحنا آموزه‌های مسیحی را اقتباس می‌کنیم، مباحث میسیون‌شناسی، روح‌القدس‌شناسی، الاهیات، و کلیساشناسی را از آن استنباط کنیم؟

از آنجایی که هیچ‌یک از این پرسش‌ها تازه نیستند، مهم است که نخست با مروری تاریخی بر تحول روح‌القدس‌شناسی در غرب، که پس‌زمینهٔ رویکرد ما غربیان به این پرسش‌ها را شکل داده، آغاز کنیم. در گام دوم، چگونگی تأثیر ظهور جنبش پنتیکاستی و کلیسای جهانِ اکثریت در سدهٔ بیستم را بر درک کلیسا از روح‌القدس و تفسیرش از کتاب اعمال بررسی

---

۱. نقش‌های دوگانهٔ روح‌القدس به‌عنوان عامل تقدس و کسی که برای شهادت دادن نیرو می‌بخشد، در ریشه‌های متدیستی و کزویکی (Keswick– مربوط به جنبش اونجلیکال که در سال ۱۸۷۵ و در پَس همایش کزویک در انگلستان پدید آمد– م.) پنتیکاستی‌ها قابل مشاهده است. وسلی بر نقش روح‌القدس در تقدیس ایمانداران تأکید داشت. در مقابل، تأکید روح‌القدس‌شناسی کزویکی بر این بود که روح‌القدس به ایمانداران نیرو می‌بخشد تا شاهد باشند، خدمت کنند و بشارت دهند. در عهدجدید، روح‌القدس هم از درون زندگی ما را دگرگون می‌سازد و هم از بیرون ما را شاهد می‌گرداند.

2. Descriptive; 3. Prescriptive

خواهیم کرد. و سرانجام بررسی خواهیم کرد که چگونه این امر می‌تواند بر اندیشه، راهبرد و عُرف میسیون‌شناختی معاصر تأثیر بگذارد.

## تحول تاریخی روح‌القدس‌شناسی

یاروسلاو پلیکان در تحقیقی که پیرامون تحول آموزهٔ مسیحی انجام داده، خاطرنشان می‌سازد که آموزهٔ تثلیث نمایان‌گر نقطهٔ اوج تحول آموزه‌ای در کلیسای اولیه است. پلیکان می‌نویسد: «کلیسا در این اصل اعتقادی[1] به دفاع از وحدانیتی برخاست که از دید یهودیت مورد بحث و اختلاف بود.» عیسای مسیحِ رهاننده، «نه تنها متعلق به طبقه‌ای پایین‌تر از واقعیت الاهی نیست، بلکه خودْ خدا است.» عیسی به‌طور کامل در ذات با پدر شریک است (همذات[2] است، نه همشکل[3]). همچنین، روح‌القدس نیز به‌طور کامل در ذات الاهی شریک است، زیرا کلام خدا هم عنوان الوهیت را به او می‌دهد و هم ویژگی‌های الوهیت را. کلیسا تصدیق کرد که یک خدا (یک ذات[4])، در سه شخص لایزالِ متمایز[5] وجود دارد.

با این‌حال، کم بودن ارجاعات کتاب‌مقدسی در مورد الوهیت روح‌القدس در مقام مقایسه با الوهیت عیسای مسیح موجب شد تحول و تبیینِ الاهیات تثلیثیِ کاملاً روشن قدری زمان ببرد. در واقع، تا مدتی روح‌القدس-مسیح‌شناسی‌ای[6] وجود داشت که در آن به روح‌القدس به‌عنوان شخص سوم تثلیث اذعان نمی‌شد. حتی تا سال ۳۸۰ میلادی، گریگوری نازیانزوسی پذیرفته بود که «در میان ما خردمندانی هستند که برخی او (یعنی روح‌القدس) را نیرویی فعال می‌دانند، بعضی دیگر یک آفریده، و برخی دیگر نیز خدا؛ و گروهی هم یقین ندارند که باید او را چه بخوانند... و از این‌رو نه او را پرستش می‌کنند و نه بدو بی‌حرمتی روا می‌دارند، بلکه برایش وضعیتی خنثی قایلند.»

بازتاب این ابهام و خنثایی در اعتقادنامهٔ رسولان (که احتمالاً خود بر پایهٔ اعتقادنامهٔ رومی قدیمی‌تری که در سدهٔ دوم تدوین شده بود، شکل گرفت) و اعتقادنامهٔ اولیهٔ نیقیه در سال ۳۲۵، نیز مشهود است که در آن آمده: «ما ایمان داریم به روح‌القدس»، بدون اینکه هیچ توضیح بیشتری بدهد. در سال ۳۸۱، یک شورای کلیسایی دیگر در شهر کنستانتینوپل (قسطنطنیه) تشکیل شد. مشورت‌های بیشتر در مورد روح‌القدس شورا را به بسط و شفاف‌سازی اعتقادنامهٔ نیقیه رهنمون شد تا دیگر در اظهار الوهیت روح‌القدس هیچ ابهامی وجود نداشته باشد.[7] اعتقادنامهٔ نیقیه-کنستانتینوپل می‌گوید: «ما ایمان داریم به روح‌القدس،

---

1. Dogma; 2. Homoousios; 3. Homoiousios; 4. Ousia; 5. Hypostases

۶. Spirit-Christology– شیوه‌ای از تأمل الاهیاتی که در پی یافتن نقشی محوری برای روح‌القدس در بحث نجات انسان است. و.

۷. همه دغدغه و دلمشغولی نخستین شورای کلیسایی (نیقیه، ۳۲۵ م.) پاسخ دادن به چالش‌های گوناگونی بود که در مورد الوهیت عیسای مسیح بروز کرده بود و از این رو موقعیت برای مطرح کردن الوهیت روح‌القدس مناسب نبود. الوهیت پدر، پسر و روح‌القدس، که در سال ۳۸۱ مورد تأیید قرار گرفت، تثلیث را به طور ضمنی در خود دارد، با این حال، آموزهٔ کامل تثلیث تا زمان تشکیل پنجمین شورای کلیسایی کنستانتینوپل در سال ۵۵۳ م. رسماً مورد تأیید قرار نگرفت.

خداوند و بخشـــندهٔ حیات، که از پدر نشأت گرفته، با پدر و پسر مورد پرستش و تجلیل قرار می‌گیرند، و به‌واسطهٔ انبیا سخن گفت.»[۱]

حتی با وجودی که مسئله الوهیت روح‌القدس در سال ۳۸۱ م. حل شد، تا حدود یک سده بعد هنوز بحث و جدل پیرامون طبیعت و روابط میان شـــخصیت‌های تثلیث وجود داشت.[۲] این همه بر مباحث الاهیاتی در ســـنت غرب در ارتباط با روح‌القدس، تأثیری ژرف گذاشت. از آنجایی که مباحث کلیســـایی در مورد روح‌القدس پیش از هر چیز بر الوهیت روح‌القدس و رابطه‌اش در درون تثلیث متمرکز شـــده بود، نســـبت به عملکرد وی غفلتی جدی صورت گرفـــت و در این زمینه تحولـــی کامل به‌وجود نیامد. در حقیقت، ویلیام منزیز[۳] خاطرنشـــان می‌ســـازد که «تقریبا تمام دغدغهٔ کلیسای قدیم از ســـدهٔ دوم تا سدهٔ نهم میلادی معطوف به پاسخ دادن به پرســـش‌های مربوط به الوهیت عیسای مسیح بود، و آنچه دربارهٔ روح‌القدس گفته می‌شـــد بیشتر ضمیمه‌ای الاهیاتی بود و تا حد زیادی به هستی‌شناسی، و وجود خدا در روابط درون–تثلیثی‌اش، محـــدود بود.» این وضعیت در پژوهش‌های انجام گرفته طی قرون وسطی نیز تا اندازهٔ زیادی بدون تغییر باقی ماند.

تأکید عصر اصلاح دینی بر اقتدار کلام خدا، کلیساشناســـی و مسیح‌شناسی، به‌روشنی در تلاش‌های پس از دورهٔ اصلاح دینی بـــه منظور هماهنگ کردنِ ودیعهٔ الاهیاتیِ اصلاحگران بازتاب یافته است. با وجود این، همانند دورهٔ پدران کلیسا، باز تحول کامل آموزهٔ روح‌القدس دچار تأخیر شـــد و چندین جنبهٔ حیاتی از شـــخصیت و کارکرد روح‌القـــدس در الاهیات پروتستان پس از دورهٔ اصلاح دینی در غرب، نادیده گرفته شد.

به مرور زمان، چندین ســـنت عمدهٔ الاهیاتی پدید آمدند که نقش فعال روح‌القدس را در امر معجزات، شفای الاهی، رهایی از اسارت دیوها، نبوت، تکلم به زبان‌ها، و دیگر عناصری که بعدها به ویژگی‌های محوری آموزهٔ پنتیکاســـتی روح‌القدس تبدیل شدند، یا به‌کلی انکار کردند یا به‌شدت محدود نمودند. در بسیاری از نوشته‌هایی که پیرامون الاهیات اصلاح‌شده وجود دارد، و نیز در دوره‌گراییِ[۴] اواخر ســـدهٔ نوزدهم، شـــاهد این گرایش هستیم، هرچند خطوط دقیق استدلال‌هایشـــان در برابر به‌کارگیری عطایای روح‌القدس در زمان ما، دو مقولهٔ کاملاً متفاوتند.

در اینجـــا مجال کافی بـــرای تحلیل و ارزیابی هر یک از نظام‌هـــای فکری، و دفاعی که از موضـــع انقطاع‌گرای[۵] خود می‌کنند، وجود ندارد. در حقیقت، اَشـــکال و درجات بســـیار گوناگونـــی از انقطاع‌گرایـــی وجود دارد. برخـــی از آنها تا جایی پیـــش می‌روند که هر نوع

---

۱. باید خاطرنشـــان ساخت که تا سال ۴۴۷ در شورای کلیسایی تولدو اسپانیا، عبارت «و پسر» (Filioque) پس از عبارت «که از پدر نشأت گرفته» درج نشده بود. کلیسای شرق این عبارت افزوده را قبول ندارد.

۲. اقرار به الوهیت روح‌القدس را نباید با تأیید کامل تثلیث اشـــتباه گرفت. تثلیث به‌طور رســـمی در پنجمین شـــورای کلیسایی کنستانتینوپل در سال ۵۵۳ مورد تأیید قرار گرفت. حتی تا سال ۳۸۰ میلادی، گریگوری نازیانزوسی پذیرفته بود که «تنها با قدری به خطا رفتن (در مورد روح‌القدس) هم هنوز می‌توان راستدین (Orthodox) بود.»

3. Menzies William; 4. Dispensationalism; 5. Cessationist

راهنمایی را، از قبیل ادعاهایی مبنی بر اینکه خداوند کسی را برای انجام کاری هدایت کرد یا اینکه روح‌القدس به کسی کمک کرد تا عبارتی خاص از کلام خدا را درک کند، رد می‌کنند. دیگران که می‌توان آنها را در عمل انقطاع‌گرایِ نسبی نامید، با به‌کار بردن برخی از عطایای روحانی نظیر نبوت و زبان‌ها مخالفند، اما زمانی که پای دعا برای بیماران به میان می‌آید یا ایمان به اینکه روح‌القدس می‌تواند مستقیماً با کسی سخن بگوید، مانند استمرارگرایان[1] عمل می‌کنند.

نسبت به مقصود اصلی این عطایای فراطبیعی نیز عقاید گوناگونی وجود دارد. برخی چنین استدلال می‌کنند که معجزات رسولان برای اعتبار بخشیدن به خادمان کلیسا بود، حال آنکه دیگران مدعی هستند که این عطایا تنها برای گواهی و تصدیق کلام خدا داده شدند. همچنین در مورد اینکه این عطایا دقیقاً از چه زمانی و چرا متوقف شدند، عقاید مختلفی وجود دارد. برای مثال، برخی استدلال کرده‌اند که عطایا پس از کامل شدن کانن کتاب‌مقدس متوقف شدند، در حالی که سایرین می‌گویند که این زمانی روی داد که آخرین رسول از دنیا رفت. برخی دیگر نیز بر این مطلب اصرار دارند که به‌کار بردن عطایای روحانی به‌تدریج و طی چهار سدهٔ نخست رو به فراموشی نهاد تا اینکه جفای رسمی متوقف شد و مسیحیت در امپراتوری روم از وضعیت کاملاً قانونی برخوردار گردید. به‌زعم برخی، اگرچه عطایا بخشی عادی از زندگی کلیسا به‌شمار نمی‌روند، اما هنوز امکان دارد که خدا در مواقع غیرعادی آنها را به ظهور برساند. اما صرف‌نظر از اینکه چه کسی از چه الگویی تبعیت می‌کند، نکته در اینجاست که اندیشهٔ الاهیاتی در غرب به‌تدریج زیر سیطرهٔ طیفی از نظام‌های الاهیاتی قرار گرفت که منکرند به‌کار گرفتن کاملِ عطایای فراطبیعی روح‌القدس جزو هنجارین و ضروریِ *جریان* زندگی و شهادت کلیسا در دنیا بوده است.

وارفیلد[2] الاهیدان بزرگ سدهٔ نوزدهم از دانشگاه پرینستون، یکی از نامدارترین و بانفوذترین نمایندگان دیدگاه انقطاع‌گرا است. وارفیلد در کتاب خود با نام معجزات جعلی[3] استدلال می‌کند که اشاعهٔ عطایای اعجازآمیز از سوی روح‌القدس محدود به کلیسای رسولان بود و «با درگذشت رسولان ناگزیر این عطایا هم از میان رفتند.» او اصرار دارد که «الاهیدانان دورهٔ پس از اصلاح دینی، که افرادی بسیار معقول بودند، با صراحت تعلیم می‌دادند که کاریزماتا محدود به عصر رسولان بوده است.» این سنت الاهیات پرینستونی بر بخش بزرگی از سنت اصلاح‌شده و مکاتب الاهیاتیِ نظام‌مند غرب که متعاقباً به‌وجود آمدند، تأثیر گذاشت.[4] یک نمونهٔ بارز از این تأثیر را می‌توان در الاهیات نظام‌مند[5] لوئیس برکهوف[6] یافت، که متنی کلاسیک در زمینهٔ الاهیات اصلاح‌شده است و هنوز هم در روزگار ما به‌کار می‌رود. برکهوف در بخش نخست (آموزهٔ خدا) الاهیاتش، در زمینه‌ای گسترده‌تر

1. Continuationists; 2. B. B. Warfield; 3. Counterfeit Miracles

۴. اصطلاح الاهیات پرینستونی بر دوره‌ای دلالت می‌کند که طی آن الاهیدانان بزرگی همچون آرچیبالد الکساندر (Archibald Alexander)، چارلز هاج (Charles Hodge)، ای. ای. هاج (A. A. Hodge) و بی. بی. وارفیلد در دانشکدهٔ الاهیات دانشگاه پرینستون تدریس می‌کردند.

5. Systematic Theology; 6. Louis Berkhof

از دفاعی که از آموزهٔ تثلیث به عمل می‌آورد، توجه ویژه‌ای را به دفاع از الوهیت، شخصیت و امتیازات روح‌القدس مبذول می‌دارد. قدری جلوتر، یعنی در بخش چهارم (آموزهٔ کاربرد عمل نجات)، برکهوف در مورد عمل روح‌القدس در به اجرا گذاشتنِ کار مسیح در زندگی ما (یعنی تولد تازه) و در تقدس شخصی (یعنی تقدیس)، بحث می‌کند. در بخش پنجم (آموزه کلیسا)، برکهوف در مورد نقش روح‌القدس در نیرو بخشیدن به کلیسا برای شهادت دادن و میسیون‌های مسیحی در سطح جهانی، خاموش می‌ماند.

خلاصه اینکه، درک سنتی غرب از روح‌القدس‌شناسی به اندازه‌ای است که برای پرداختن به جایگاه روح‌القدس در تثلیث و نقش او در نجات‌شناسی بسنده می‌کند، اما در مورد بسیاری از عناصر کلیدی موجود در کتاب اعمال، از جمله تعمید روح‌القدس، شفای الاهی، سخن گفتن به زبان‌ها، نقش روح‌القدس در مأموریت کلیسا، و نظایر اینها سکوت اختیار می‌کند. در واقع، بسیاری از مکاتب الاهیاتیِ نظام‌مند قدیمی‌تر در غرب حتی به شخص و کار روح‌القدس به‌عنوان یک مبحث جداگانه نپرداخته‌اند، بلکه الاهیات‌شان را در مورد روح‌القدس در چارچوب آموزهٔ خدا و نجات‌شناسی بسط داده‌اند. با وجود این، در دهه‌های پایانی سدهٔ بیستم، تأکید دوباره بر تثلیث و ظهور جنبش پنتیکاستی موجب افزایش علاقه و توجه بیشتر به کار روح‌القدس شد. اکنون می‌خواهیم چگونگی پدید آمدن جنبش پنتیکاستی و ظهور کلیسای جهان اکثریت را که روح‌القدس‌شناسی و اجرای میسیون مسیحی در غرب را تحت تأثیر قرار دادند، بررسی کنیم.

## جنبش پنتیکاستی و ظهور کلیسای جهان اکثریت

در فصل ۱ کتاب، هفت جریان اصلی را بررسی کردیم که میسیون‌های مسیحی سدهٔ بیست‌ویکم را شکل می‌دهند. ظهور مسیحیت جهانی و افزایش شمار مسیحیانی دو جریانی هستند که تحت هیچ‌یک از شناسه‌های سه‌گانهٔ سنتی، یعنی کاتولیک رومی، ارتودوکس شرقی، و شاخه‌های مسیحیت پروتستان، شناسایی نمی‌شوند. هر دو جریان را در ظهور جنبش پنتیکاستی می‌توان مشاهده کرد، که اکنون شامل نیرویی جهانی مشتمل بر نیم میلیارد پیرو در سراسر دنیا است، و همین امر آن را به یکی از چشمگیرترین تغییرات در مواضع مسیحی در طول تاریخ مبدل ساخته است.

خاستگاه جنبش پنتیکاستی را باید در میان یک سلسله جنبش‌های بیداری جست که به‌طور همزمان در دههٔ نخست سدهٔ بیستم میلادی پا به عرصه وجود نهادند. خاستگاه جنبش پنتیکاستی در ایالات متحده یک واعظ سیاه‌پوست به نام ویلیام سیمور[1] اهل لوئیزیانا بود که به لوس آنجلس آمد و تعلیم می‌داد که خدا کلیسای رسولی سدهٔ یکم را از نو احیا می‌کند. این احیا شامل تفقدی تازه نظیر واقعهٔ روز پنتیکاست، یعنی تعمید گرفتن ایمانداران با روح‌القدس، سخن گفتن به زبان‌های ناشناخته، قوت یافتن برای شهادت دادن و مقدس زندگی کردن بود.

1. William Seymour

سیمور نخستین‌بار این پیام را از یک واعظ متدیست سابق اهل کانزاس که اکنون اونجلیکال شده بود، به نام چارلز پرهام[1] (۱۸۷۳-۱۹۲۹) آموخته بود. سیمور با شور و حرارت بسیار ایمان داشت که زمان تفقد خدا از لوس آنجلس فرارسیده است. آنچه که امروزه با عنوان بیداری خیابان آزوسا[2] می‌شناسند، در روز یکشنبه ۱۵ آوریل ۱۹۰۶ روی داد، یعنی زمانی که جنی ایوانز مور[3] در خاتمهٔ جلسه در میسیون خیابان آزوسا شروع کرد به سخن گفتن به زبان‌ها. اخبار مربوط به این حرکت روح‌القدس در سراسر لوس آنجلس منتشر شد. چند روز بعد، این تیتر روی صفحهٔ نخست روزنامهٔ لوس آنجلس دیلی تایمز نقش بست: «یاوه‌های عجیب زبان‌ها، فرقهٔ افراطی جدید افسارگسیخته، صحنهٔ عجیب دیشب در خیابان آزوسا، غرغره کردن مشتی کلمات نامفهوم توسط یک خواهر.» این نخستین اعلان عمومی از رویداد شگرفی بود که در خیابان آزوسا به‌وقوع پیوسته بود.

بیداری از آوریل ۱۹۰۶ تا نخستین ماه‌های ۱۹۰۹ به درازا کشید و ده‌ها هزار نفر از سراسر جهان را به لوس آنجلس جلب نمود تا شاهد ریزش روح‌القدس در خلال یکی از سه جلسه‌ای که هر روز برپا می‌شد، باشند. طی دوره‌ای سه ساله، میسیون خیابان آزوسا به‌سختی می‌توانست جلوی سیل جمعیت را بگیرد، زیرا هزاران نفر از طریق عیسای مسیح رهایی می‌یافتند و چیزی را تجربه می‌کردند که نامش را «پنتیکاست دوم» گذاشته بودند. عجیب نبود که وقتی سیمور در سپتامبر ۱۹۰۶ دست به انتشار روزنامه‌ای زد تا تعالیمش را در آن اشاعه دهد، برای عنوان سرمقالهٔ شمارهٔ اول روزنامه این عبارت را برگزید: «پنتیکاست آمده!»

بیداری‌های مشابهی، مستقل از جلسات خیابان آزوسا پدیدار شدند، نظیر بیداری مشهور ولزی[4] که از سپتامبر ۱۹۰۴ تا ژوئن ۱۹۰۵ پایید و شاهد ایمان آوردن ده‌ها هزار نفر به مسیح بود. چند سال بعد، بیداری‌های متعددی در کشور کره بروز یافتند، که چند مورد از آن‌ها در جاهایی به‌وقوع پیوستند که اکنون جزو کرهٔ شمالی شناخته می‌شوند، از جمله ونسان[5] و پیونگ یانگ.[6] این بیداری‌های کره‌ای به «پنتیکاست کره‌ای» شهرت یافتند.

تب بشارتی و میسیونری که از این بیداری‌ها برخاسته بود، به برانگیختن موج‌های جدیدی از پنتیکاست‌گرایی در سراسر جهان کمک کرد. برای مثال، میسیونرهای ولزی که در هندوستان مشغول خدمت بودند، سرزنده و تازه‌نفس از بیداری‌های روحانی در ولز، شاهد ظهور بیداری‌های شگرف پنتیکاستی در تپه‌های کاشی[7] در شمال هند بودند. در ۱۹۰۶، بیداری دیگری در میسیون موکتی[8] که سرپرست آن پاندیتا رامابای[9] از برهمن‌های مشهور گرویده به مسیحیت بود، در نزدیکی پونه[10] در هند رخ داد. جنبش‌های بیداری مشابهی در چین، چندین کشور آفریقایی، و از جمله ساحل عاج، غنا و نیجریه به‌وجود آمدند.

آلن اندرسن محقق پنتیکاستی خاطرنشان می‌سازد که بیداری خیابان آزوسا «فرقهٔ نوپای مسیحی را از یک وضعیت محلی و بی‌اهمیت، به جنبشی بین‌المللی تبدیل کرد که تنها طی دو سال خادمانی را به بیش از بیست‌وپنج کشور دیگر اعزام نمود.» اقدامات ابتکاری مشابهی نیز

---

1. Charles Parham; 2. Azusa Street; 3. Jenny Evans Moore; 4. Welsh revival 5. Wonsan; 6. Pyongyang; 7. Kashi; 8. Mukti Mission; 9. Pandita Ramabai; 10. Pune

در زمینهٔ امور بشارتی و میان‌فرهنگی در دیگر بیداری‌ها انجام شدند. اگر جنبش پنتیکاستی، بنا بر عنوانی که هاروی کاکس[1] روی کتاب برجسته‌اش گذاشته، «آتشی است از آسمان»، پس دامنه‌اش سراسر جهان را فرا گرفته است.

یکی از باورهایی که همهٔ پنتیکاستی‌ها را متحد می‌سازد، این عقیده است که به‌کار بردن عطایای روحانی چنانکه در کتاب اعمال تصویر شده، باید برای کلیسای امروز هنجارین[2] به‌شمار برود. جنبش پنتیکاستی اساساً نهضتی احیاکننده، و در پی به چالش کشیدن نقاط کور در تحول روح‌القدس‌شناسی غربی است، که فقط بر شخص روح‌القدس متمرکز شده و از درک درستی نسبت به کار او غافل مانده است. ما نخست سه روشی را که جنبش پنتیکاستی از طریق آنها به‌طور اعم بر مسیحیت تأثیر گذاشت مورد بررسی قرار خواهیم داد و سپس به‌طور خاص طرق تأثیرگذاری آن بر عملکرد میسیون‌ها را بررسی خواهیم کرد.

نخست اینکه، پنتیکاستی‌ها بر این باورند که طیف کاملی از عطایا و تجلیات اعجازآمیز روح‌القدس که در عهدجدید ارائه شده‌اند، همین امروز در دسترس ایمانداراند. پنتیکاستی‌ها هر نظریه‌ای را دال بر اینکه کتاب اعمال صرفاً توصیفی است و دیگر برای ایمانداران امروزی کاربردی ندارد، رد می‌کنند. آنها این عقیده را که عطایای روح‌القدس محدود به سدهٔ یکم هستند یا با رفتن رسولان دورهٔ آنها هم به سر رسیده، مردود می‌دانند. این دیدگاه را شاید بشود به بهترین وجه با گفتهٔ یکی از پیشگامان جنبش پنتیکاستی و مبشر دوره‌گرد، یعنی ایمی سمپل مک فرسن[3] خلاصه کرد. او یک‌بار این پرسش را مطرح کرد که: «آیا عیسای مسیح من هستم عظیم است؟ یا من بودم عظیم؟» پنتیکاستی‌ها بر این باورند که روح‌القدس درست همان‌گونه که قبلاً آیات و عجایب را به ظهور می‌رساند، همچنان طیفی کامل از خدمات اعجازآمیز عیسی را در دسترس کلیسا قرار می‌دهد. پنتیکاستی‌ها می‌فهمند که اگر کسی دیوزده است، اخراج کردن دیو به نام عیسی هنوز بخشی از مژدهٔ انجیل و جزو اقدامات پیروزمندانهٔ مسیح بر ریاست‌ها و قدرت‌ها است (کولسیان ۲:‏۱۴-۱۵؛ افسسیان ۶:‏۱۲). به‌عبارت دیگر، اگر روح‌القدس زنده و واقعی است، پس باید قدرت و وسایل لازم را داشته باشد تا دامنهٔ زندگی پویایش را به شیوه‌های واقعی و ملموس به زندگی کسانی که متحمل رنج می‌شوند، بسط دهد. اگر خدا در سدهٔ یکم میلادی مردگان را زنده کرد، چرا در سدهٔ بیست‌ویکم نتواند این کار را کند؟

دوم اینکه، جنبش پنتیکاستی تأکید بر زنده کردن آداب پرستش را آغاز کرد. پنتیکاستی‌ها به‌خاطر اَشکال پرستش آزاد و فی‌البداهه معروف هستند، از جمله بلند کردن دست‌ها، رقصیدن، فریاد زدن و کف زدن. در حالی که این قبیل آداب نباید بر میراث غنیِ عبادت و مناجاتِ[4] مبتنی بر الاهیاتی صحیح سایه بیفکنند، اما از پذیرفتن این شیوهٔ آزاد پرستش نیز گزیری نیست، و از زمان پیدایش جنبش پنتیکاستی تاکنون در سراسر جهان شاهد تغییرات بسیاری در روش پرستش هستیم، که تأمل عمیق در مورد ماهیت و آداب پرستش را برانگیخته است.

1. Harvey Cox; 2. Normative; 3. Aimee Semple McPherson; 4. Liturgical worship

سـوم اینکه، از آنجایی که پنتیکاستی‌ها اعتقاد دارند در زمان‌های آخر و درست در دورۀ پیش از بازگشت مسیح زندگی می‌کنند، یکی از مشـخصه‌های آنان این است که شتاب و اضطرار ویژه‌ای در امر بشـارت دادن به دنیا از خود نشان می‌دهند. بشـارت مؤثری را که از سـوی پنتیکاستی‌ها ابراز می‌شـود می‌توان به روح‌القدس‌شناسی خاص ایشان نیز نسبت داد، چون روح‌القدس‌شناسی ناقص و بی‌سروتهی که در الاهیات‌های آمریکای شمالی رایج شده، دست و پای آنها را نبسته اسـت. روح‌القدس نه فقط یک شخص الوهی کامل و یکی از اعضای تثلیث اسـت بلکه نوشـته‌های مقدس الهام اوست و ما از او تولد تازه می‌یابیم، و برای انجام بشارت مؤثر نیز به ما نیرو می‌بخشد. پنتیکاستی‌ها بر این باورند که روح‌القدس موعظۀ انجیل و اعلان قیام عیسی را از طریق آیات و عجایب مورد تأیید قرار می‌دهد، درست همان‌گونه که عیسـی پیش‌تر این کار را به‌واسـطۀ عده‌ای ماهیگیر و خراج‌گیر، که نخستین رسولانش به‌شمار می‌رفتند، انجام داده بود.

## تأثیر بر عملکرد میسیون‌ها

تأکیدهای درونِ جنبش پنتیکاستی، با رشـد فوق‌العادۀ جنبش مزبور در سراسر جهان دست به دست هم داده، تأثیری ژرف بر مسیحیت به‌عنوان یک نیروی جهانی گذاشته‌اند، که عملکرد میسیون‌ها نیز به چند طریق کلیدی مشمول این تأثیر می‌باشند.

### تولد «مسیحیت جهانی»

نخست، جنبش پنتیکاسـتی به ظهور پدیده‌ای منتهی شـد که اکنون ما آن را به‌عنوان «مسیحیت جهانی» می‌شناسیم. پنتیکاستی‌ها در زمرۀ نخستین گروه‌هایی بودند که دلالت‌های جهانیِ فراتر رفتن از تقسـیم‌بندی‌های فرقه‌ای سـنتی را- که برای سـده‌ها وجه مشخصۀ پروتسـتان‌ها بود- درک کردند. از آنجایی که جنبش پنتیکاستی ریشه در یک سنت کلیسایی واحد یا منطقۀ جغرافیایی واحد نداشـت، از همان بدو تولد متنوع بود. در جنبش پنتیکاستی امروزی می‌توان رد پای فرقه‌های پنتیکاسـتی کلاسـیک، و نیز بیداری‌های روحانی بومی را جسـت که از هر پنج قارۀ جهان فوران کرده‌اند. موج دوم جنبش پنتیکاسـتی جریان‌های اصلی کلیساهای پروتسـتان، کاتولیک رومی، و ارتودوکس شرقی را درنوردیده است. این زمینۀ متنوع به پنتیکاستی‌ها قدرت داده تا به‌جای یکپارچگی در چارچوب‌های ساختاری یا آموزه‌ای، در چارچوب‌های روحانی وحدت و یکپارچگی خود را حفظ کنند. از این‌روست که واژۀ پنتیکاسـتی به کرات، هم به‌عنوان صفت به‌کار می‌رود و هم اسم، حال آنکه در مورد اصطلاحات دیگر مانند لوتری یا متدیسـت، عموماً وضع چنین نیست. مردم می‌توانند بدون اینکه از تناقض واهمه‌ای داشـته باشـند، خود را کاتولیک پنتیکاسـتی یا متدیست پنتیکاستی بدانند. در واقع، یکی از پویاترین جنبش‌های پنتیکاستی در شیلی و در درون یک کلیسای متدیســت و تحت رهبری یک میسـیونر متدیسـت آمریکایی به نام ویلیس هوور[1] به‌وقوع

---
1. Willis Hoover

پیوست. این شالوده روحانی برای وحدت، بدین‌معنا است که ایماندار پنتیکاستی می‌تواند «با همهٔ مسیحیانی که با خدا رابطهٔ شخصی دارند، اتحاد کلیساییِ کوینونیا (یا رفاقت، شراکت)[1] اصیل داشته باشد.» کشف این «فصل مشترک روحانی»، به قول کارل-ویلهلم وستمایر[2] دلیل بر این است که جنبش پنتیکاستی توانسته در میان جریان‌های فرقه‌ای کار کند.

از آنجایی که پنتیکاستی‌ها بیشتر خودشان را احیاکنندهٔ ایمان رسولی می‌بینند، تا جداشده از هر فرقه یا نهضت دیگری، این طرز نگرش به آنان امکان می‌دهد تا- حتی از روی سادگی- حول تعهد مشترکی که به شهادت کتاب‌مقدسِ مندرج در کلام خدا و تجربه‌ای که از روح‌القدس دارند، مبنایی برای کلیسای جهانی فراهم آورند. گرچه اکثر پنتیکاستی‌ها به واژهٔ کلیسای جهانی[3] می‌خندند، و همچون سایر گروه‌های مسیحی فرقه‌گرایی و تضادهای الاهیاتی نشان داده‌اند، اما با همهٔ این اوصاف شایان توجه است که چگونه جنبش پنتیکاستی در عمل سهم مثبتی در به‌وجود آوردن اتحاد میان کلیساهای جهان داشته است. پنتیکاستی‌ها اصل «فقط کتاب‌مقدس»[4] را از دورهٔ اصلاح دینی آموختند، اما بعد همان را به‌عنوان مبنایی برای پاسداشت ایمانی فراطبیعی و رسولی، که پیش از به‌وجود آمدن فرقه‌گرایی‌های تفرقه‌آمیز تاریخی وجود داشت، به‌کار بردند. نتیجه این شد که مبنایی جدید برای همکاری و همیاری در میسیون‌های مسیحی به‌وجود آمد، و همین امر بر سرعت انتشار مسیحیت در سراسر جهان افزود. رشد کلیسای جهانی در پی شهادت پنتیکاستی، چنان عمیق بود که هنری ون دوسن[5] برای توصیف آن اصطلاح «نیروی سوم» را ابداع کرد.[6]

## ***تأکید بر کنش الاهی[7] به‌جای الاهیات رسمی***

دوم، پنتیکاستی‌ها بیشتر تمایلی برون‌گرایانه دارند تا درون‌گرایانه، یعنی بیشتر دوست دارند بر بشارت و میسیون مسیحی متمرکز شوند تا دفاع کردن از خود در برابر انتقادها یا صرف کردن انرژی فراوان برای تعریف کردن هویت‌شان. جنبش پنتیکاستی در مراحل توسعهٔ خود همواره نسبت به مطالعات دانشگاهی بی‌اعتماد بود، و آن را چنین نامید: «فاجعه‌ای که ثمره‌اش کلیساهای خالی است... نتیجهٔ "مشغولیت دیوانه‌وار به الاهیات."» البته پنتیکاستی‌ها میراث سده‌ها اندیشهٔ الاهیاتی جدی در کلیسا را که ایمان‌شان بدان وابسته است، به میراث برده‌اند. با این‌حال، چنان که باید و شاید به این امر اعتراف نمی‌کنند چون خودشان را در جایگاه بازگشت به سدهٔ یکم میلادی و ایمان و عمل اصیل رسولی می‌بینند. گرچه در سالیان اخیر این رویکرد ضدخردگرایی در میان پنتیکاستی‌ها به‌طرز قابل‌ملاحظه‌ای تغییر پیدا کرده، اما هنوز صحت دارد که پنتیکاستی‌ها بیشتر به کنش *الاهی* علاقمند هستند تا الاهیات به مفهوم رسمی‌اش. جنبش پنتیکاستی اساساً بشارتی-میسیونری است.

---

1. koinōnia; 2. Karl-Wilhelm Westmeier; 3. Ecumenical; 4. Sola Scriptura; 5. Henry Van Dusen

۶. موج نخست به میسیون‌های کاتولیک رومی اشاره دارد؛ موج دوم هم بر میسیون‌های پروتستان دلالت می‌کند. جالب توجه اینکه به‌رغم همهٔ فعالیت‌های شدید میسیونری و الهام‌بخش کلیسای ارتودوکس شرقی، ون دوسن از آنها به‌کلی چشم‌پوشی کرده است.

7. Theopraxis

به‌خاطر آنکه در جنبش پنتیکاستی بر بشارت و میسیون مسیحی تأکید بسیار می‌شود، این جنبش مرتباً و به‌طور جدی فعالیت‌های خود را مورد بررسی قرار می‌دهد تا مبادا با تمایل به الاهیات تمرکزش را از دست بدهد و بیش از اندازه وارد مقولهٔ عقلانیت و نظریه‌پردازی شود. تمایل ما نسبت به مدرس‌گراییِ ذهن‌محور[1] باید قدری تعدیل شود و برای برقرار شدن این تعادل نیازمندیم از کنش‌گرایی پنتیکاستی‌ها که رویکردی مبتنی بر دل و جهان‌بینیِ فراطبیعی به عوالم الاهی دارند، بهره‌ها بگیریم.

در گذشته، وقتی میسیونرها با جهان‌بینیِ منورشده با روشنگری و روح‌القدس‌شناسیِ ناقص و محدودشان وارد معرکه می‌شدند، و کسی ادعا می‌کرد که خشکسالی نتیجهٔ داوری خداست، یا والدینی نگران می‌آمدند و از میسیونر می‌خواستند دیوی را از وجود دخترشان اخراج کند، یا کسی مدعی می‌شد که برای موعظهٔ انجیل در ناحیه‌ای جدید رؤیایی دریافت کرده، نمی‌دانستند چه بگویند. متأسفانه میسیونرها اغلب تعلیمی در این زمینه نداشتند و این مقولات در هیچ‌یک از طبقه‌بندی‌هایی که آنها از جهان‌بینی‌های گوناگون سراغ داشتند جای نمی‌گرفت تا بتوانند به آنها پاسخی درخور بدهند. ایشان سکنهٔ جهانی به‌اصطلاح مسیحی بودند که به عالَم روحانی معتقد بود، اما در میان مردمانی خدمت می‌کردند که جهان‌شان، به‌قول پاول هیبرت، عالَم «روحانی» نداشت. تنها طبقه‌بندی‌ای که میسیونرها داشتند، اصطلاحی نظیر *خرافات* بود، که به کرات آن را برای توضیح این قبیل عوالم روحانی که به‌طور قطع مبنایی داشت، به‌کار می‌بردند و برای آنها استدلال‌هایی طبیعت‌گرایانه[2] ارائه می‌دادند. این میسیونرها به‌لحاظ الاهیاتی اونجلیکال بودند، اما زمانی که به کاربرد روح‌القدس‌شناسی در رویهٔ زندگی واقعی می‌رسیدند، عملاً دئیست[3] بودند. از این‌روست که لزلی نیوبیگین این بحث را مطرح کرد که میسیونرهای غربی یکی از بزرگترین نیروهای روحانیت‌زدایی[4] در طول تاریخ به‌شمار می‌روند.

در نقطهٔ مقابل، جنبش پنتیکاستی در میان مردمانی تحصیل‌نکرده به‌وجود آمد که کمترین تأثیر را از جهان‌بینی روشنگری گرفته بودند. وانگهی، تجربهٔ شخصی آنان از روح‌القدس بدیشان منطقی برای این استدلال می‌داد که همان روح‌القدسی که به‌طرزی فراطبیعی در زندگی و شهادت رسولان عمل کرد، امروز نیز به همان طرق عمل می‌کند. نتیجهٔ این باور به‌وجود آمدن روح‌القدس‌شناسی پنتیکاستی جهانی بود که مداخلهٔ پیوستهٔ خدا در جهان از طریق شفاهای اعجازآمیز، رهنمودهای نبوتی به کلیسا، رهایی از دیوها، و شهادت نیرومند به دنیا را انتظار داشت. خلاصهٔ کلام اینکه، روح‌القدس به راهنمایی نوبرهای خلقت تازه در دنیای سقوط‌کرده ادامه می‌دهد. بسیاری از واقعیات آتی پادشاهی خدا از هم‌اکنون به‌طور کامل از طریق شخص و کار روح‌القدس، در دسترس همهٔ ایمانداران قرار گرفته است.

خدا برای تعدیل گرایش به مدرس‌گرایی[5] که الاهیات پروتستان اروپا را در دورهٔ پس از اصلاح دینی بیش از اندازه عقلگرا کرده بود، جنبش پارسایی سدهٔ هفدهم را به کار گرفت. پارساگرایی[6] بی‌اختیار جهانی شد، چنانکه سیطرهٔ نفوذش را به آرامی در بیشتر فرقه‌های

1. Scholasticism; 2. Naturalistic; 3. Deist; 4. Secularization; 5. Scholasticism; 6. Pietism

پروتســـتانتیزم اروپایی گسترد. امروزه، هیچ فرقهٔ رســـمی‌ای وجود ندارد که از پارساگرایی به‌وجود آمده باشـــد، اما کمتر جنبش پروتســـتانی را در جهان می‌توان پیدا کرد که به طریقی تحت تأثیر پارساگرایی قرار نگرفته باشد.

امروزه، خدا به همان ترتیب دارد از پنتیکاســـتی‌ها اســـتفاده می‌کند. در حقیقت، یکی از موضوعات نادیده گرفته شـــدهٔ جنبش پنتیکاستی جهانی این نیســـت که تا چه حد به‌عنوان گروه‌های متمایز و قابل شناسایی رشد کرده‌اند، بلکه تا چه حد بر ایمان و عمل غیرپنتیکاستی‌ها در سراســـر جهان عمیقاً تأثیر گذاشـــته‌اند. حس پنتیکاســـتیِ حضور و قدرتِ ملموس خدا حساسیت مسیحیان را در هر کجای عالم که باشند برانگیخته، و فعالیت بشارتی و میسیونری تازه‌ای را سبب شده است.[1] یادآوری این امر نیز خالی از لطف نیست که چقدر اهمیت دارد که اصل ادراکی[2] در الاهیات (تفکر، منطق، توضیحات گزاره‌ای و غیره) همواره باید با اصل وجودی[3] (حضور محسوس خدا، تجربه شخصی با خدا و غیره) تعدیل شود. اگر به هر یک از این دو جریان اجازه دهیم افسارگسیخته بتازند، کلیسا به ورطهٔ خطا سقوط خواهد کرد.

## ورای اصل واحد همگن (HU) در راهبرد میسیون‌ها

و ســـرانجام، پنتیکاستی‌ها در برابر تأکید شدید بر رســـیدگی به گروه‌هایی از مردم که بر مبنای اصل واحد همگن[4] (یا به‌طور مخفف HU) تاکنون به آنها رســـیدگی نشده، موازنه‌ای مهم ایجاد کرده‌اند. این اصل از ســـال ۱۹۷۴ هم بر جنبش رشـــد کلیسا و هم بر میسیون‌های بشارتی حکمفرما بوده است.[5] به گفتهٔ مک گاوران، یک واحد همگن بر «بخشی از جامعه که در آن همهٔ اعضا در پاره‌ای خصوصیات مشـــترکند» دلالت می‌کند. اصل واحد همگن روی یافتنِ مردمانی متمرکز اســـت که در هویت فرهنگی، زبانی، و اجتماعی با هم مشـــترکند و می‌کوشد «جنبشی مردمی» را در درون آن گروه قومیِ خاص برانگیزد. کل شالوده‌ای که اصل واحد همگن بر آن اســـتوار بود، این واقعیت جامعه‌شناختیِ اثبات‌شده است که مردم وقتی مسیحی می‌شـــوند، ترجیح می‌دهند از مرزهای اجتماعی و قومی خود عبور نکنند. وانگهی، مردم ترجیح می‌دهند با کســـانی که به‌لحاظ فرهنگی با خودشان همسانند، پرستش کنند. این همان اصلی اســـت که جنبش رشد کلیسا را بر آن می‌دارد تا در ساختن کلیساهای عظیم مثلاً روی جوانـــان، طبقهٔ متوســـط، یا افراد متخصصی که هنوز پیام انجیل را نشـــنیده‌اند متمرکز شـــوند. این همان اصلی است که سازمان‌های میســـیونری، مثلاً، زمانی که یک گروه طبقاتی

۱. جان گورسکی (John Gorski) میسیون‌شناس کاتولیک خاطرنشان ساخته که «بشارت به مفهوم مشخص اعلان انجیل به منظور توانایی بخشـــیدن به فرد برای رویارویی شـــخصی با عیســـای زنده، به‌گونه‌ای که به گرویدن او و به مســـیح و شاگردی‌اش منجر شـــود، تنها در خلال نیم‌سدهٔ گذشـــته به دغدغه‌ای جدی برای کلیسای کاتولیک تبدیل شده است.» انگیزهٔ این تحول چیزی نیست جز حضور پنتیکاستی‌ها در آمریکای لاتین.

2. Noetic; 3. Ontic; 4. Homogeneous Unit

۵. چنانکه در فصل ۱۲ گفتیم، ۱۹۷۴ سالی است که دکتر رالف وینتر نامهٔ مشهور خود را با عنوان «برترین اولویت: بشارت میان‌فرهنگی»، تســـلیم همایش بشارت جهانی در لوزان کرد. این تاریخ نقطهٔ عطفی در تغییر عملکرد میسیون مسیحی، و تغییر تمرکز از مکان بر مردمان به‌شمار می‌رود.

خاص را در هندوستان هدف می‌گیرند، به‌کار می‌برند. طی بیش از سی سال، تمرکز روی گروه‌های مردم برای میسیون‌های بشارتی به «الگویی» تبدیل شده و بدون تردید، امروزه در سراسر جهان ده‌ها میلیون نوایمان مسیحی هستند که در نتیجهٔ کاربرد مؤثر همین اصل به مسیح ایمان آورده‌اند. اما پنتیکاستی‌ها، روی‌هم‌رفته در کار بشارت و میسیون مسیحی، نسبت به بهره‌گیری از این اصل اکراه نشان داده‌اند. میسیون خیابان آزوسا از همان آغاز یک رویداد چندنژادی بود که مرزهای اجتماعی و قومی را درنوردید. جنبش پنتیکاستی و جنبش نو-پنتیکاستی بارها نشان داده است که پیام پنتیکاست قدرت دارد هم در انگلیکن‌های طبقهٔ بالای اجتماع و هم در میان فقرا و کارگران بی‌سواد نفوذ کند و سپس به‌گونه‌ای آنها را گرد هم آورد که چشم‌انداز انتظارات به اثبات‌رسیدهٔ جامعه‌شناختی غیرممکن است.

پنتیکاستی‌ها از واقعهٔ پطرس و کرنیلیوس در فصل ده اعمال، الگویی در مقیاس جهانی ارائه داده‌اند- که البته در فصل ۳ کتاب بدان اشاره کردیم. دو مردی که چه از نظر الاهیاتی و چه از نظر فرهنگی کاملاً از هم جدا بودند. یکی غیریهودیِ نامختون و دیگری یهودی تابع شریعت. خلاصه اینکه، به‌طور قطع آن دو مرد به یک «واحد همگن» مشترک تعلق نداشتند. آنها حتی نمی‌توانستند با هم بر سر یک سفره بنشینند و یقیناً هم نمی‌توانستند با هم در حضور خدا بایستند. با این‌حال، به مجردی که روح‌القدس بر همهٔ اهل خانه نازل شد (اعمال ۴۴:۱۰)، همه چیز تغییر کرد. اکنون پطرس و کرنیلیوس به‌واسطهٔ قدرت روح‌القدس، زمینه‌ای مشترک برای وحدت داشتند. اکنون روح‌القدس هر دو آنها را در زیر یک یوغ قرار داده بود؛ یوغ مسیح. ما معمولاً اعمال ۱۰ را به‌عنوان داستان ایمان آوردن کرنیلیوس می‌شناسیم و می‌خوانیم، در صورتی که اگر با تأمل بیشتری این باب را بخوانیم درمی‌یابیم که هر دو مرد متحول شدند. کرنیلیوس عضو کامل بدن مسیح شد، و پطرس نیز دیدگاه ناقص خود را نسبت به خدا عوض کرده، وسعت بخشید. اکنون او می‌فهمید که خدا، خدای میسیون است با قلبی که برای همهٔ جهانیان می‌تپد. شاید پنتیکاستی‌ها با بی‌علاقگی نسبی به الاهیات رسمی، ناخشنودی مبشران دیگر را فراهم آورند، اما ایشان هم ظرفیت متحول شدن و درک کردن بسیاری از طریق‌های مثبت خدا را دارند.

برای جمع‌بندی باید گفت که جنبش پنتیکاستی، جنبش نو-پنتیکاستی، جنبش‌های کاریزماتیک و نو-کاریزماتیک هم‌اکنون در سراسر جهان بیش از ۶۰۰ میلیون پیرو دارند. این امر تأثیری شگرف بر درک ما از روح‌القدس‌شناسی و خدمت میسیونری گذاشته است. خدمت میسیونری در سراسر دنیا نه تنها کتاب اعمال رسولان را به‌عنوان *توصیفی* دقیق و درست از کار روح‌القدس از طریق کلیسای اولیه می‌شناسد، بلکه آن را الگویی *تجویزی* می‌داند که باید راهنمای عملکرد کلیسا در زمان کنونی نیز باشد.

## نقش روح‌القدس در هدایت و آشکار کردنِ «*مأموریت الاهی*»

سومین و آخرین پرسش کلیدی، که این فصل در صدد پرداختن بدان است، چگونگی ارتباط شخص و کار روح‌القدس با «*مأموریت الاهی*» است. جنبش قومی و جغرافیایی کتاب

اعمال از اورشلیم به یهودیه و سامره و تا «دورترین نقاط جهان» شهادتی مهم برای میسیون مسیحی گسترده‌تر در سطح کرهٔ زمین به‌وجود می‌آورد که کلیسا برای انجام آن خوانده شده است. این وعدهٔ خدا و اقدام پیشگامانهٔ او در فصل ۱۲ پیدایش به ما یادآوری می‌کند که خدا همهٔ قوم‌های روی زمین را برکت خواهد داد. بنابراین، شهادت و رشد کلیسا باید از طریق چارچوب بزرگتری از اقدام پیشگامانه و عمل خدا در «*مأموریت الاهی*» دیده شود.

بسیاری از نقاط عطف میسیون‌شناختی در کتاب اعمال با رؤیاهای فراطبیعی، از قبیل ایمان آوردن سولس ترسوسی (۹:۳-۶)، اطاعت حنانیا (۹:۱۰-۱۶)، ایمان آوردن کرنیلیوس (۱۰:۳-۶)، اطاعت پطرس (۱۰:۹-۲۰)، و اجرای سفرهای بشارتی پولس (۹:۱۶)- که بر نقش روح‌القدس به‌عنوان مجری *مأموریت الاهی* در و از طریق زندگی و شهادت کلیسا گواهی می‌داد- شتاب گرفتند.

روح‌القدس به‌وسیلهٔ رؤیاها، کلام مکاشفه، و آیات و عجایب کلیسا را هدایت می‌کند؛ آن‌هم نه تنها در انجام بشارت و شهادت مؤثر، بلکه در درک عمیق‌تر *مأموریت الاهی*، و غالباً به روش‌هایی که مسیحیان یهودی‌تبار اولیه را به شگفتی واداشته، بسیاری از نگرش‌ها و باورهای ذهنی‌شان را در مورد کار خدا به چالش می‌کشید. حنانیا به سبب شهرتی که سولس ترسوسی در دشمنی با کلیسا داشت، مایل نبود سراغش برود، اما در واکنش مستقیم به یک رؤیا چنین کرد (اعمال ۹:۱۰-۱۹). بعدها، یک غیریهودی خداترس به نام کرنیلیوس در واکنش به رؤیایی دیگر به‌دنبال پطرس فرستاد (۱۰:۱-۸). پطرس به‌عنوان یهودیِ پایبند به شریعت، واضحاً از رفتن به خانهٔ کرنیلیوس معذب بود و تنها در واکنش به یک رؤیا (۱۰:۹-۲۰) و سخنی که روح‌القدس مستقیماً به او گفت، به آنجا رفت. لوقا می‌نویسد که «پِطرس هنوز به رؤیا می‌اندیشید که روح به او گفت: "بنگر، سه تن تو را می‌جویند. برخیز و پایین برو و در رفتن با ایشان تردید مکن، زیرا آنها را من فرستاده‌ام"» (۱۰:۱۹-۲۰). این روح‌القدس است که در خدمت به غیریهودیان پیشقدم می‌شود و در سخن گفتن و فرستادن، نقش اصلی را ایفا می‌کند.

اعمال ۱۳ شرح فرستادن پولس و همراهانش نخستین اقدام در جهت تأسیس چندین کلیسا است، که امروزه ما این اقدامات را با نام سفرهای بشارتی پولس می‌شناسیم.[1] پولس و برنابا از رهبران ارشد کلیسای انطاکیه بودند. برنابا را پیش‌تر کلیسای اورشلیم به انطاکیه فرستاده بود تا به تقویت کلیسای جوان آنجا کمک کند. برنابا پولس را استخدام کرد تا در کارش در انطاکیه، به او یاری دهد (۱۱:۲۵-۲۶). پولس و برنابا در خلال سال بعد خود را

---

۱. من ترجیح می‌دهم به‌جای سفرهای بشارتی، آنها را «اقدامات پیشگامانه در جهت تأسیس کلیسا» بنامم تا این سوءبرداشت رایج را که پولس در یک برنامهٔ گستردهٔ بشارتی، به شتاب از شهری به شهر دیگر می‌رفت، رفع کنم. خدمت پولس در تأسیس کلیسا در دوره‌ای سیزده ساله به‌وقوع می‌پیوندد. پژوهش در تک تک سفرهای پولس کاری است که در اینجا مجال پرداختن بدان نیست. کتاب اعمال به سه سفر عمده که اقداماتی پیشگامانه در جهت تأسیس کلیسا بودند، اشاره می‌کند (۱۳:۱-۱۴:۲۸؛ ۱۵:۳۶-۱۸:۲۲؛ ۱۸:۲۳-۲۱:۱۷). برخی از محققان چنین استدلال می‌کنند که شواهد تاریخی و نوشتاری غیرکتاب‌مقدسی نشان می‌دهند که پولس به یک سفر بشارتی چهارم نیز رفته، که این‌بار مقصدش احتمالاً اسپانیا بوده و زمان این سفر را هم مابین دو بار زندانی شدنش در رُم برآورد کرده‌اند.

به‌طور کامل وقف تعلیم و شاگردسازی نوایمانان کردند. بعدها، وقتی کلیسا در عبادت و روزه به‌سر می‌برد، «روح‌القدس گفت: "برنابا و سولُس را برای من جدا سازید، به جهت کاری که ایشان را بدان فراخوانده‌ام"» (۲:۱۳). کلیسا اطاعت کرد و به کلیسای فرستندهٔ پولس رسول تبدیل شد، و گواه این سخن دو دلیل است: کلیسا نه تنها برای انجام مأموریت بر آنان دست گذاشت (۳:۱۳)، بلکه میسیونرها (فرستاده‌ها) پس از خاتمهٔ سفر به انطاکیه بازگشتند، و در آنجا «کلیسا را گرد آورده، بازگفتند که خدا به‌واسطهٔ آنها چه‌ها کرده و چگونه درِ ایمان را بر غیریهودیان گشوده است» (۲۷:۱۴).[۱] با وجود این، وقتی که از منظر *مأموریت الاهی* به موضوع نگاه می‌کنیم، کاملاً پیداست که انطاکیه به‌عنوان کلیسای فرستنده زیردستِ فرستندهٔ اصلی، یعنی روح‌القدس است.[۲]

روح‌القدس نه تنها گام نخست را برداشت و میسیونرها را فراخوانده به مأموریت در میان غیریهودیان فرستاد، بلکه همچنان به هدایت خدمت در حیطهٔ انجام مأموریت نیز ادامه داد. برای مثال، روح‌القدس گروه میسیونری پولس را طی دومین سفر بشارتی‌اش «از رساندن کلام به ایالت آسیا منع کرده بود» (۶:۱۶). وقتی آنها به مرز میسیه رسیدند و خواستند وارد بیطینیه شوند، «روح عیسی به ایشان اجازه نداد» (۷:۱۶). متن دقیقاً نه به ما می‌گوید که روح‌القدس *چگونه* از سفر آنان به‌سوی شمال ممانعت کرد، و نه اینکه *چرا* به آنها گفت که حرکت به‌سوی غرب (اروپا) در اولویت قرار دارد. با این‌همه، گروه راه غرب را در پیش گرفته روانهٔ ترواس می‌شود که شهری بندری بود، و در آنجا است که یک‌بار دیگر روح‌القدس با دادن رؤیایی به پولس، مداخله می‌کند؛ پولس در رؤیا می‌بیند که «مردی مقدونی» در برابرش ایستاده، به او التماس می‌کند که «به مقدونیه بیا و ما را مدد کن» (۹:۱۶). همین رؤیا است که سبب می‌شود پولس و همراهانش از دریای اژه گذشته پا به خاک اروپا بگذارند. زنی لیدیه نام، که فروشندهٔ پارچه‌های ارغوان بود، نخستین کسی بود که در اروپا به انجیل لبیک گفت. آن‌هم زمانی که «خداوند قلب او را گشود تا پیام پولس را بپذیرد» (۱۴:۱۶). لیدیه نوبر محصول روحانی عظیمی است که خداوند از اروپا برداشت کرد.

به‌طور قطع داستان بی‌پردهٔ اعمال در مورد اطاعت کلیسای اولیه از فرمان بزرگ مسیح است، با وجود این، داستان اقدامات پیشگامانه و پیاپی خدای پدر از طریق روح‌القدس برای هدایت و راهنمایی کلیسایش در انجام *مأموریت الاهی* و تحقق وعده‌ش به ابراهیم نیز به‌شمار می‌رود. روح‌القدس چنانکه در زندگی کلیسای اولیه بود، هنوز هم عامل پیشگام، فراخواننده، فرستنده، هدایت‌کننده و آشکارکننده *مأموریت الاهی* است.

---

۱. نیز ن.ک. اعمال ۱۸:۲۲، هنگامی که پولس پس از به انجام رساندن سفر دومش به انطاکیه بازگشت. با این‌حال، مقصد نهایی سفر سوم او اورشلیم بود، نه انطاکیه. اعمال می‌نویسد که پولس گزارش مأموریت خود را در میان غیریهودیان، به «ارکان» کلیسا در اورشلیم داد.

۲. این از آموزهٔ کلیساشناسی در اعزام میسیون نه تنها چیزی نمی‌کاهد، بلکه بر اهمیت تصور کردن نقش کلیسا در زمینه‌ای بزرگتر از *مأموریت الاهی* تأکید می‌کند. در این مورد به‌طور گسترده‌تر در فصل ۱۵ بحث خواهیم کرد.

# نتیجه‌گیری

این فصل با بررسی نقش روح‌القدس در زندگی و شهادت کلیسای اولیه، طبق روایت کتاب اعمال رسولان آغاز شد. سپس نشان دادیم که چگونه تحول کُند در به‌وجود آمدن یک روح‌القدس‌شناسیِ کامل و نیرومند سبب شد کلیسا از تأکید درست بر کار روح‌القدس در کلیسا و در شهادت جهانی در دنیا، غفلت بورزد. میان کلیسایی که در اعمال رسولان توصیف شده و زندگی و عمل بسیاری از کلیساها در سراسر جهان شکافی ناخوشایند به‌وجود آمد.

در خلال سدهٔ بیستم میلادی، جنبش پنتیکاستی به بیدار کردن کلیسا از خواب غفلت و پرداختن به جنبهٔ هنجارین فعالیت روح‌القدس در کلیسا و شهادت آن در دنیا، خدمت بزرگی کرد. در نهایت، خودِ روح‌القدس است که در آشکار کردن پیوستهٔ *مأموریت الاهی* و توان بخشیدن به کلیسا برای تجربه کردن واقعیت‌های خلقت تازه در زمان حال، عامل محوری به‌شمار می‌رود. البته، جنبش پنتیکاستی هم مانند هر جنبش مسیحی دیگری، از ناهمخوانی‌های آشکار و اشکالات الاهیاتی مصون نبوده است. اگر در این فصل از دیدن «پر کاه» در چشم پنتیکاستی‌ها خودداری کردم، تنها بدین‌خاطر است که خودم از وجود «چوبی» که در چشمم فرو رفته، آگاهم و درد می‌کشم. به‌عبارت دیگر، واقفم که جنبش پنتیکاستی به‌رغم اشکالاتش، در اصلاح نقاط کوری که سده‌ها در زمینهٔ روح‌القدس‌شناسی و کار روح‌القدس بر غرب سایه افکنده بود، گام‌های مهمی برداشته است. سموئل اسکوبار سخن خردمندانه‌ای دارد که می‌گوید: جنبش پروتستان اونجلیکال بر «تداوم حقیقت در کلام» تأکید داشت، حال آنکه جنبش پنتیکاستی بر «تداوم حیات در روح» پافشاری می‌کند. کلیسا برای امین بودن نسبت به مسیح در سدهٔ بیست‌ویکم، نیاز مبرم به اتحاد پویای هر دو دارد.

# ۱۵

# کلیسا به‌عنوان تجسم خلقت تازه

پس از خاتمهٔ جنگ جهانی دوم، کمونیست‌ها شهر نوا هوتا[1] را در حومهٔ کراکوف لهستان طراحی کردند، تا «یادبودی زنده از آرمان‌شــــهرگراییِ کمونیســـتی» باشد. از همان آغاز، این شــــهر طراحی شده بود تا بهشت کارگری باشــــد، و همهٔ آرمان‌های بلند کمونیسم بی‌خدا را یک‌جا تجسم ببخشد. این شهر طراحی شده بود تا یک شهر صنعتی عظیم باشد و روستاییان و مردمان طبقهٔ کارگر را به این منطقه بکشــــد، زیرا اینان تجســـم ایده‌آل طبقهٔ پرولاتاریا در ایدئولوژی مارکسیست به‌شــــمار می‌رفتند. پیرامون میدان مرکزی شهر که تندیسی برنزی از لنین در میانش قد برافراشته بود، کارخانه‌های عظیم فولادسازی و مجتمع‌های آپارتمانی بلند احداث کردند. در ســــال ۱۹۵۴ زمانی که کارخانه‌های فولادسازی لنین رسماً گشایش یافتند، در همه جا تبلیغات به راه انداختند که «نوا هوتا» نمونه‌ای ممتاز از رؤیای کمونیست در آینده اســـت. این شهر جدید تنها یک اشکال داشت، در آن هیچ کلیسایی نبود. طراحان کمونیست فرض را بر این گذاشـــته بودند که همهٔ ساکنان این شهر و کارگران کارخانه‌های فولادسازی بی‌خدایانی روشنفکرند. با وجود این، کارگران فولادسازی یک کلیسا می‌خواستند. مقامات، این تفکر ارتجاعی آنان را منتفی دانســـته بدیشان گفتند که در نظام نوین کمونیسم هیچ جایی برای این خرافات موهوم و بی‌معنی وجود ندارد.

مقامـــات نمی‌دانســـتند که نوا هوتا در حوزهٔ نظارتی یک اســـقف نه چندان مشـــهور به نام کارول ویتیلا[2] بنا شـــده است. اســـقف جوان و دیگران مکرراً برای ساختن یک کلیسا درخواســـت پروانه کردند، اما هر بار درخواست‌شـــان رد شد. ســـرانجام، آنها دو تیر چوبی زمخت برداشـــتند و با آن یک صلیب درست کرده، آن را در مرکز شهر قرار دادند و جلسات پرستش را در فضای باز برگزار کردند. اما مقامات صلیب را شکستند و با پاشیدن آب پرفشار

1. Nowa Huta; 2. Karol Wojtyla

جماعت را متفرق کردند. با وجود این، هر شب صلیب در میدان برپا می‌شد و شمار کسانی که گرد آن جمع می‌شدند مرتباً افزایش می‌یافت. کارول وویتیلا، دوشادوش دیگر کشیشان در فضای باز وعظ می‌کرد، آن‌هم در شرایطی که گاه گرمای هوا تحمل‌ناپذیر می‌شد و گاه برف و باران می‌بارید. با این‌همه، ایمانداران به برگزار کردن جلسات و دعا کردن وفادار ماندند و ایمان‌شان را از دست ندادند. بیست سال پس از زمانی که نخستین درخواست آنان برای صدور پروانه رد شد، سرانجام با صدور پروانهٔ ساخت یک کلیسا در محل اعتراضات موافقت به عمل آمد. یک سال بعد، اسقف کارول وویتیلا به‌عنوان پاپ ژان پل دوم برگزیده شد.

پاپ در سال ۱۹۷۹ برای بازدید از نوا هوتا رهسپار این شهر شد. سخنرانی بی‌پردهٔ او در نکوهش کمونیسمِ ملحد، و رؤیای اخلاقی پاپ که شیوا بیان کرد تأثیری ژرف بر جامعهٔ لهستان گذاشت و به فروپاشی کمونیسم در آن کشور شتاب بخشید. ده سال بعد، تندیس معروف لنین در میدان مرکزی شهر نوا هوتا را به نشانهٔ پایان دوران حاکمیت کمونیسم در لهستان، به زیر کشیدند. مسیحیان نوا هوتا اکنون که به تاریخچهٔ مهیج این شهر می‌نگرند، گردهمایی شبانه پیرامون صلیب چوبی را به یاد می‌آورند، که همگی در برابر دیدگان خشمگین مقامات دولتی و بی‌اعتنا به تبلیغات آنها ردیف ایستاده بودند تا به موعظهٔ کشیش گوش بدهند. آنها به طبیعت کلیسا پی برده بودند. هویت کلیسا فراتر از هر ساختمان یا نهادی است. همیشه در نوا هوتا کلیسایی وجود داشته است. این کلیسا از مردان و زنانی تشکیل یافته بود که حتی هنگام رویارویی با تحقیر این جهان نیز دست از پرستیدن عیسای مسیح نکشیدند. کلیسا جماعت مسیح است و تجسم امید در دنیای ناامید.

این داستان به پررنگ کردن اهمیت درک درستِ کلیساشناسی کمک می‌کند. از آنجایی که پروتستانتیسم از بطن واکنش به سوءاستفاده‌هایی زاده شد که در کلیسای نهادینهٔ سده‌های میانی انجام می‌گرفت، همواره در پروتستانتیسم آگاهی سالمی نسبت به این واقعیت وجود داشته که کلیسا نیز می‌تواند با گناه همساز بشود. مفهوم «کلیسا همواره نیازمند اصلاح است»،[1] اصلی مهم در پروتستانتیسم به‌شمار می‌رود. کلیسا در هر نسل باید از نو به کلام خدا گوش فرادهد و از نو به‌سوی انجیل عیسای مسیح و واقعیت‌های جدیدی که کلیسا به تجسم بخشیدن به آنها دعوت شده، فراخوانده شود. با این‌حال، پروتستان‌ها بر امکان خطای کلیسا، ضرورت ایمان آوردنِ شخصی، و استفادهٔ آزادانه از وجدان، بعضاً ما را به‌لحاظ کلیساشناختی آسیب‌پذیر ساخته است. کلیساشناسیِ پروتستان به رویکردی کاربردی، ابزاری و عملگرا گرایش دارد و ما را بدون زمینه‌ای مناسب از لحاظ هستی‌شناختی، الاهیاتی و تاریخی برای کلیساشناسی، وا می‌گذارد. این امر معانی ضمنی مهمی برای جنبش میسیونری به همراه داشته است. هدف این فصل از کتاب بررسی نقش کلیساشناسی در میسیون‌های مسیحی سدهٔ بیست‌ویکم است.

---

1. Ecclesia semper reformanda debet

## تمرکز بر موضوع

کلیساشناسی در بطن بسیاری از ضروری‌ترین موضوعات در میسیون‌شناسی معاصر قرار دارد. خواه موضوع بحث فروپاشی سلطهٔ مسیحیت بر آمریکای لاتین، وابستگی کلیسا در آفریقا و تأسیس کلیسا در میان هندوها در شمال هندوستان باشد، خواه ظهور مسیحیت فاقد کلیسا در میان مسلمانان، همهٔ این موضوعات مستلزم تأملی مقدماتی بر مقولهٔ کلیساشناسی هستند. با وجود این، در نوشته‌های میسیونری، کلیساشناسی از دیگر شاخه‌های الاهیات بسیار عقب افتاده است. از سدهٔ نوزدهم، راهبرد میسیون‌های پروتستان اغلب پیرامون اولویت بشارت به افراد شکل گرفته است تا تأسیس کلیساها، که هستهٔ جماعتی تازه از ایمانداران را تشکیل می‌دهند. اگر هم تأسیس کلیسا مورد تأکید قرار می‌گرفت، غالباً مقصود از آن چارچوبی رسمی، ساختاری و تشکیلاتی بود. فرض مسلم بر این بود که کل چارچوب اجرایی و کلیسایی یا ساختار کلیسای فرستنده را می‌توان بی‌کم‌وکاست در فرهنگ جدید نیز پیاده کرد. نوایمانان سهمی در دایر کردن جنبش‌های کلیسایی خود نداشتند، و به مسائل میان‌فرهنگی در تشکیلات کلیسا و تقویت رهبران بومی کمترین توجه ممکن مبذول می‌شد.

از طرف دیگر نقش میسیون‌های شبه‌کلیسایی مدام بیشتر و بیشتر رشد پیدا می‌کرد. کلیسا در آغاز سدهٔ نوزدهم شاهد ظهور خیره‌کنندهٔ سازمان‌های میسیونری خاص بود، که بر طیفی گسترده از خدمات مسیحی، از ترجمهٔ کتاب‌مقدس گرفته تا بشارت خیابانی، میسیون‌های پزشکی و خدمات مربوط به تأسیس کلیسا متمرکز بودند. بسیاری از این سازمان‌ها میان‌فرقه‌ای بودند و طیفی گسترده از سنت‌های مسیحی را در بر می‌گرفتند. از آنجایی که از سوی هیچ فرقهٔ واحدی به این مؤسسه‌های شبه‌کلیسایی پشتیبانی ارائه نمی‌شد، عموماً به‌عنوان میسیون‌های «ایمان» سازمان‌دهی می‌شدند. این بدان معنا بود که خود میسیونرها مسئول برآوردن نیازهای مالی از طریق گردآوردی کمک و نیز پشتیبانی دعایی بودند. میسیونرها اغلب این کار را از طریق سخنرانی در ده‌ها کلیسا و گردآوری کمک‌های مالی از افراد و کلیساهای موجود در سراسر کشورشان انجام می‌دادند. با این شیوه، صدها میسیونر جدید توانایی خدمت در میسیون‌ها را به‌دست آوردند، آن‌هم با وجودی که حتی شاید به‌طور رسمی نیز از سوی کلیسای واحدی به مأموریت مسیحی فرستاده نشده بودند. در عوض، نهادی که آنها را می‌فرستاد، آموزش می‌داد و بر فعالیت‌شان نظارت می‌کرد، یک مؤسسهٔ میسیونری و شبه‌کلیسایِ مستقل بود.

تا آغاز سدهٔ بیست‌ویکم، تأکیدی مجدد بر نقش کلیسای محلی در اعزام و پشتیبانی از میسیونرها به‌وجود آمده بود. کتاب‌هایی چون «محبت کردن کلیسا»[1] و «برکت ملت‌ها»[2] نوشته شدند، که روش‌های نوین ایجاد شبکه‌ای جهانی از میسیون‌های مستقل از مؤسسه‌های سنتیِ اعزام میسیونر، آن‌هم توسط خودِ کلیساها را نشان می‌دادند. این نیز به نوبهٔ خود، سبب شد که هم کلیساها و هم مؤسسه‌های سنتی میسیونری در مورد کلیساشناسی عمیقاً به تفکر

1. Loving the Church; 2. Blessing the Nations

و تأمل بپردازند. این فصل روی آموزهٔ کلیساشناسی متمرکز خواهد شد، به‌ویژه آن قسمت که به رابطهٔ میان کلیسای محلی و مؤسسه‌های میسیونری تخصصی در امر میسیون‌های مسیحی مربوط می‌شود.

## دو ساختار مأموریت نجات‌بخش خدا

### کلیسا

در جوّ کثرت‌گرای قیصریهٔ فیلیپی بود که عیسی برای نخستین‌بار واژهٔ *کلیسا* را برای توصیف اجتماع پیروانش به‌کار برد. عیسی به پطرس فرمود: «من نیز می‌گویم که تویی پطرس، و بر این صخره، کلیسای خود را بنا می‌کنم» (متی ۱۸:۱۶). خیلی‌ها از کاربرد واژهٔ *کلیسا* برای توصیف این اجتماع نوظهور در دل یهودیت از سوی عیسی، شگفت‌زده شدند. این واژه نه از واژگان غنی عهدعتیق گرفته شده بود، نه از پیشینهٔ دینی عیسی در یهودیت. *اکلِسیا* واژه‌ای غیردینی بود که یونانیان آن را برای اشاره به گردهمایی عمومی به کار می‌بردند. اکلِسیا واژه‌ای عمومی بود که در شهرهای یونانی برای گردهمایی‌های شهروندان، و اغلب برای تصمیم‌گیری پیرامون مسائل عمومی، به‌کار می‌رفت. واژهٔ کنیسه[1] و جماعت[2] در میان یهودیان متداول‌تر بودند و برای توصیف گردهمایی‌های مذهبی به‌منظور دعا، پرستش و نصیحت به‌کار می‌رفتند. عیسی می‌توانست پیروان خود را به کنیسه‌ای جدید یا هر شکل دیگری از یک واژهٔ یهودی رایج، فرابخواند. اما او واژه‌ای را به‌کار برد که متضمن مفهوم یک گردهمایی عمومی برای *همگان*، اعم از یهودی و غیریهودی، بود. واژهٔ کلیسا ما را به میان عرصهٔ *عمومی* می‌راند. پیروان عیسی می‌توانستند در چارچوب یهودیت باقی بمانند و خود را از آزار و شکنجه در امان نگاه دارند، زیرا یهودیت در قلمرو امپراتوری روم به‌عنوان یک کیش خصوصی[3] مورد حمایت دولت بود و کسی نمی‌توانست به پیروانش تعرض کند. واژهٔ کنیسه بر جماعتی مذهبی دلالت می‌کرد که از دنیا بیرون کشیده شده بود، در حالی که واژهٔ *کلیسا* به گروهی از مردم اطلاق می‌شد که در مرکز جامعه قرار داشت.

لزلی نیوبیگین در کتاب سرّ آشکار[4] پیرامون کاربرد واژهٔ کلیسا چنین توضیح می‌دهد: «اجتماعی که معترف به خداوندی عیسی است، از همان آغاز جنبشی بود که به حیطهٔ زندگی عمومی بشر پا نهاد. دنیای یونانی- رومی که عهدجدید در بستر آن نگاشته شد، پر بود از گروه‌هایی که به کسانی که در جستجوی رستگاری شخصی بودند، از طریق تعالیم و آداب دینی راهی ارائه می‌دادند.» این کیش‌های شخصی که با نام کالتوس پرایوتوس[5] شناخته می‌شدند، در نقطهٔ مقابل تنها کیش عمومی و رسمی یا کالتوس پابلیکوس[6] که خودِ امپراتوری روم به رهبری قیصر بود، قرار داشتند. اما کاربرد واژهٔ *کلیسا* توسط پیروان مسیح بدان معنا بود که آنان نمی‌توانستند از مزایای کیش‌های خصوصی بهره‌مند شوند. آنها «نمی‌توانستند جامعه‌ای باشند که رستگاری شخصی را به کسانی ارائه کند که می‌خواستند از تعالیم و آداب

1. Sunagōgē; 2. Qahal; 3. Cultus Privatus; 4. The Open Secret; 5. Cultus Privatus; 6. Cultus Publicus

دینی آن برخوردار باشند.» در عوض، پیروان مسیح با دلیری ادعا می‌کردند که پیام انجیل برای *همهٔ مردمان* است. خدا با استفاده از واژهٔ کلیسا، عملاً کل جهان را به یک گردهمایی عمومی (اکلِسیا) فراخواند، که خداوندی عیسی را اعلان می‌کرد. این برای کیش عمومی امپراتوری، چالشی مستقیم به‌شمار می‌رفت چون علناً ادعا می‌کرد که قیصر خداوند نیست. به‌جای آن، «عیسی خداوند است» به نخستین اعتقادنامهٔ کلیسای اولیه بدل شد. (اول قرنتیان ۳:۱۲)

این درک «عمومی» از کلیسا با تفسیرهای مدرن از مسیحیت، به‌عنوان یک «کیش شخصی»، در تضاد قرار می‌گیرد. دیگر این روزها شنیدن این کلام از زبان مسیحیان امری عادی شده که می‌گویند: واژهٔ کلیسا به کسانی اشاره می‌کند که خدا ایشان را به بیرون آمدن از جهان «فراخوانده». اگرچه حقیقت دارد که از مسیحیان خواسته شده که شهوات، جاه‌طلبی و بت‌پرستی‌های این دنیا را رد کنند (اول یوحنا ۱۵:۲-۱۷)، ولی ما خوانده شده‌ایم به دنیا برویم نه *بیرون* از آن. کلیسا به‌واسطهٔ روح‌القدس، بخشی از هجوم عصر آیندهٔ به عصر حاضر است؛ خلقت تازه هم‌اکنون مشغول تغییر دادن خلقت کهنه است. عیسی، کاهن اعظم، به‌طور خاص چنین دعا می‌کند: «خواهش نمی‌کنم که ایشان را از جهان ببری، بلکه تا ایشان را از شریر نگاه داری. ایشان از جهان نیستند، چنانکه من از جهان نمی‌باشم... همچنان که مرا در جهان فرستادی، من نیز ایشان را در جهان فرستادم» (یوحنا ۱۵:۱۷-۱۶و۱۸). مسیح کلیسا را به تشکیل اجتماعی جدید فرا خوانده است، و ما دعوت شده‌ایم تا به‌عنوان شاهدان او در میان عامهٔ مردم، به جهان برویم. این شهادت *عمومی* انجیل است که نخستین ویژگی کاربرد واژهٔ *کلیسا* را تشکیل می‌دهد. بنابراین، واژهٔ *کلیسا* بیشتر شامل مفهوم خواندن کلیسا به جهان است، تا فراخواندن کلیسا از جهان.

فروپاشی سریع حاکمیتِ مسیحی و ظهور خیره‌کنندهٔ تنوع دینی و کثرت‌گرایی، کلیسای غربی را در غفلت و بی‌توجهی نگاه داشته است. نخستین واکنش به این پدیده‌ها عقب‌نشینی به حاشیهٔ امن ایمانِ شخصی، یعنی کالتوس پرایوتوس بوده است، که مسیحیت را به یکی دیگر از طرق رستگاری شخصی تبدیل می‌سازد، بی‌آنکه ادعایی بزرگ مطرح کند که سایر ادعاها در مورد حقیقت از سوی دیگر گزینه‌ها و آداب دینی، یا دین‌های جهان را به چالش بکشد. پست‌مدرنیسم با فقدان معنا، تاریخ و حقیقت عینی‌اش، کار را برای اصلاح این وضع دشوار می‌سازد. ما معمولاً خیلی راحت به مردم می‌گوییم که مسیحیت *برای ما* بامعنی است، اما پافشاری بر این مطلب که انجیل همگان را در سراسر دنیا به توبه و ایمان آوردن به عیسای مسیح فرامی‌خواند، امری خودبینانه و پیروزمندگرایانه به‌نظر می‌رسد. در غرب بیشتر کلیساها، جز چند مورد استثناء، برای آموزش‌های دینی و شاگردی قوی که مستلزم تجهیز کلیسا برای رویارویی با ظهور همزمان کثرت‌گرایی و پست‌مدرنیسم است، آمادگی ندارند. با این‌حال، خصوصی‌سازی انجیل چیزی نیست جز سوءتعبیر انجیل عیسای مسیح.

از آنجایی که کلیسای اکثریتِ جهانی در بستر کثرت‌گراییِ دینی و آزار و شکنجهٔ عمومی پدید آمده است، ما می‌توانیم خیلی چیزها از برادران و خواهران‌مان در سراسر جهان در مورد وفادار ماندن به شهادت عمومی خود در میان جامعهٔ بی‌ایمان، و گاه حتی دشمن، بیاموزیم.

میسیونرهای غربی نباید روایت‌های خصوصی‌شده از مسیحیت را ترویج دهند، بلکه باید به شاگردی عیسی متعهد مانده، به شهادت عمومی روی بیاورند. از قضای روزگار، ظهور کثرت‌گرایی و عقب‌نشینی مسیحیت پس از دورهٔ افول حاکمیتِ مسیحی در غرب، ممکن است بهترین زمینهٔ فراگیری برای ایجاد نیروی میسیونری مؤثرتر و قوی‌تر را در دنیای غرب فراهم کند، که برخاسته از حسی نیرومند در مورد مفهوم کلیسای عیسای مسیح در دنیا باشد.

### انجمن میسیونری

در فصل ۱ کتاب گفتیم که شورای جهانی کلیساها در سال ۱۹۷۲ درخواست تعلیق کار میسیون‌ها را مطرح کرد. کلیساهای اصلی و خط‌دهنده در غرب با قطع بودجه برای میسیون‌ها و بازگرداندن میسیونرها به میهن‌شان، به این درخواست واکنش نشان دادند. هرچند برخی از میسیونرها در زمینهٔ امور اجرایی و کارهای اجتماعی به خدمت ادامه دادند، اما به اعتبار کار بشارت و تأسیس کلیسا لطمهٔ عمده‌ای وارد شد. نتیجه این شد که شمار میسیونرهای اعزامی از سوی کلیساهای خط‌دهندهٔ غربی ناگهان رو به کاهش نهاد. با وجود این، عقب‌نشینی کلیسای غربی در سطح جهانی نشانی از تضعیف سازمان میسیونری غرب نبود.[1] در حقیقت، شمار میسیونرهای اعزام شده از غرب (بر حسب درصدی از جمعیت) در سراسر دورهٔ تعلیق کار میسیون‌ها، کاهش اندکی داشت. دلیل اصلی، بازسازی اساسی نحوهٔ تجهیز، تعلیم و اعزام میسیونرها بود. شمار کسانی که از سوی مؤسسه‌های میسیونیِ وابسته به فرقه‌های اصلی فرستاده می‌شدند، به‌شدت کاهش یافت. با این‌حال، در اواخر سدهٔ بیستم شاهد ظهور ده‌ها مؤسسهٔ مستقل میسیونریِ «ایمان» بودیم. اکنون آنها بیش از هر منبع دیگری در دنیای غرب، مسئول تجهیز و اعزام میسیونرها هستند. نتیجه این می‌شود که هم‌اکنون ما دو ساختار عمده در اعزام میسیونرها داریم: کلیسای نهادینه (از طریق روش‌های خاص اعزامی خودشان) و مؤسسهٔ مستقل میسیونری. آیا پدید آمدن انجمن‌های مستقل اعزام میسیونر نشانهٔ پویایی کلیسا هستند یا علامت غفلت به‌لحاظ کلیساشناختی؟ آیا این دو ساختار کتاب‌مقدسی هستند، و اگر هستند، رابطهٔ آنها چیست؟ نخست کارمان را با تأملی کتاب‌مقدسی و الاهیاتی آغاز می‌کنیم تا ببینیم که آیا عهدجدید دو ساختار مجزا را تأیید می‌کند یا نه.

## کلیسای انطاکیه و گروه میسیونری پولس

کلیسای انطاکیه به دلایلی چند یکی از مهمترین و برجسته‌ترین کلیساهای عهدجدید است. نخست اینکه، در انطاکیه بود که کلیسایی پدید آمد که اکثریت اعضایش غیریهودی بودند. یونانیان در انطاکیه پیام انجیل را دریافت کردند و «جمعی کثیر ایمان آورده، به‌سوی

۱. پیش‌تر بررسی کردیم که چگونه در خلال این دوره کلیساهای جهان اکثریت به‌طور فزاینده‌ای خود را درگیر کار میسیون مسیحی کردند. با وجود این، نکتهٔ مورد نظر در این فصل شیوه‌ای است که تجهیز میسیون‌ها در غرب بر پایهٔ آن بازسازی شد و اینکه چه معانی ضمنی‌ای برای کلیساشناسی داشت.

خداوند بازگشت کردند» (اعمال ۲۱:۱۱). در واقع، همین اکثریت غالب غیریهودیان در کلیسای انطاکیه بود که تصور کلیسا به‌عنوان جنبشی مسیحایی در بطن یهودیت را به‌طور فزاینده‌ای مشکل ساخت. بنابراین، در انطاکیه است که برای نخستین‌بار شاگردان را مسیحی می‌خوانند (۲۶:۱۱). دوم اینکه، کلیسای انطاکیه یک کلیسای شاگردسازی‌شده است. پولس و برنابا یک سال از عمر خود را صرف شاگردسازی نوایمانان در انطاکیه کردند (۲۶:۱۱)، و در آیات آغازین فصل ۱۳ درمی‌یابیم که کلیسا علاوه بر رهبری رسولان و شبانانی چون پولس و برنابا، عده‌ای را هم به‌عنوان «انبیا و معلمان» شناسایی کرده بود (۱:۱۳). سوم اینکه، کلیسای انطاکیه یک کلیسای متنوع و چندقومی است. نه تنها اعضای این کلیسا را هم یهودیان و هم غیریهودیان تشکیل می‌دادند، بلکه رهبری آن نیز چندقومی بود، و این امر از فهرست پنج نبی و معلمی که در انطاکیه خدمت می‌کردند، پیدا است (اعمال ۱:۱۳). شمعون احتمالاً اهل آفریقا بود، چون لوقا به ما می‌گوید که کسانی که او را می‌شناختند، با لقب «نیجر» صدایش می‌کردند. لوکیوس در دنیای رومی یک نام غیریهودی متداول بود. خیلی احتمال دارد که وی یکی از یونانیانی بوده که در همان ابتدای کار در اعمال ۱۱ انجیل را پذیرفتند، و حال او به‌عنوان نبی و معلم در کلیسا مشغول به خدمت بود. مناحم برادر رضاعیِ (شیری) هیرودیس آنتیپاس، کوچکترین پسر هیرودیس بزرگ بود که در دوران زندگانی عیسی فرمانروایی می‌کرد. پولس و برنابا هم که برجسته‌ترین نام‌ها در این فهرست به‌شمار می‌روند، اما میان آنها و دیگران هیچ تمایز ویژه‌ای به چشم نمی‌خورد. سرانجام اینکه، این کلیسای انطاکیه است که در هر سه سفر بشارتی، پولس و همراهانش را به مأموریت می‌فرستد. بدین‌ترتیب، کلیسای انطاکیه می‌تواند در مورد رابطهٔ میان کلیسا و اقدامات میسیونری سرنخ‌های مهمی به ما بدهد.

پیرامون رابطهٔ کلیسای انطاکیه با گروه‌های میسیونری پولس، دو نکتهٔ مهم و حیاتی وجود دارد که باید مورد ملاحظه قرار دهیم.

## دو ساختار متمایز

نخست اینکه، گروه میسیونری پولس *ساختاری متمایز از کلیسای محلی داشت*. در اعمال ۲:۱۳ آمده که روح‌القدس با کلیسا سخن گفت- که احتمالاً از طریق پیام نبوتی به‌واسطهٔ یکی از انبیا در حین پرستش بوده- و بدیشان چنان امر فرمود که پولس و برنابا را برای کاری که آنها را برای انجامش خوانده، جدا سازند. پس از دعا و روزه، دست‌ها بر آن دو تن نهادند و *مأموریت الاهی* بدیشان محول شد، و کلیسا آنها را فرستاد (۳:۱۳). این خاستگاهِ نخستین گروه از میسیونرهای مسیحی است که راهی سفر می‌شوند. بدین‌ترتیب، دو ساختار نجات‌بخش مجزا وجود داشت. کلیسای انطاکیه نمونه‌ای عهدجدیدی از یک کلیسای محلی است و «نمونهٔ اولیهٔ مشارکت‌های پس از آن است که در آنها پیران و جوانان، و مردان و زنانی که به‌عنوان خانواده‌های معمولی به منظور پرستش، وعظ، مشارکت و انجام آیین‌های مقدس جمع می‌شدند، به‌وجود آمد.» در مقابل، گروه میسیونری پولس علاوه بر عضویت در کلیسای محلی، یک تعهد *ثانوی* هم داشت. وانگهی، گروه میسیونری وقف یک

تکلیف مشخص شده بود، یعنی بشارتی که منجر به تأسیس کلیساهای جدید می‌شد. وظایف شبانی و خدمتی بسیاری، نظیر ملاقات بیماران و مراقبت از بیوه‌زنان، جنبه‌های جدایی‌ناپذیر زندگی یک کلیسای سالم را تشکیل می‌دهند، اما برای یک گروه میسیونری سیار چندان مهم و حیاتی نیستند. گروه میسیونری پولس نمونهٔ اولیه‌ای است از همهٔ تلاش‌های سازمان‌یافتهٔ میسیونری که پس از آن به ظهور رسیدند و از خادمانی متعهد و باتجربه تشکیل شدند که در ورای عضویت در ساختار اول، خود را وقف ساختار دوم نیز کردند.

## پاسخگویی به کلیسا

دوم اینکه، *گروه میسیونری پولس به کلیسای انطاکیه و رهبران ارشد کل جنبش مسیحی، که در اورشلیم مستقر بودند، پاسخگو بود.*

حتی با وجودی که پولس به‌عنوان یک رسول مطرح است، اما اشتباه است اگر تصور کنیم که او و گروه میسیونری‌اش خودمختار و سیار بودند و به هیچ کلیسایی هم پاسخگو نبودند. شرح لوقا از بازگشت پولس به انطاکیه در پایان نخستین سفرش برای تأسیس کلیسا صریحاً نشان می‌دهد که پولس می‌دانست از سوی کلیسای انطاکیه برای انجام خدمت مأمور شده است، و از این‌رو، به آنها پاسخگو است و باید گزارش کارهایش را بدهد. لوقا خاتمهٔ سفر اول را چنین گزارش می‌کند:

> از آتالیه با کشتی به انطاکیه بازگشتند، همان‌جا که ایشان را به فیض خدا سپرده بودند تا عهده‌دار کاری شوند که اکنون به انجامش رسانیده بودند. چون بدان‌جا رسیدند، کلیسا را گرد آورده، بازگفتند که خدا به‌واسطهٔ آنها چه‌ها کرده و چگونه در ایمان را بر غیریهودیان گشوده است. (اعمال ۱۴:۲۶-۲۷)

پولس به هنگام بازگشت از سفر دومش به انطاکیه نیز به همین ترتیب عمل می‌کند. (۲۲:۱۸)

در پایان سومین سفر بشارتی (میسیونری)، پولس به انطاکیه برنمی‌گردد، بلکه به اورشلیم می‌رود تا با رهبران ارشد کلیسا دیدار کند. پولس پیش‌تر در اورشلیم مشایخ کلیسا را دیده بود و در غلاطیان ۲:۲ در این‌باره چنین می‌نویسد: «اما این‌بار، رفتنم در نتیجهٔ دریافت مکاشفه‌ای بود. در آنجا انجیلی را که در میان غیریهودیان موعظه می‌کنم بدیشان عرضه داشتم؛ البته در خلوت، و نیز تنها به رهبران سرشناس، مبادا بیهوده بدوم یا دویده باشم.» پولس خدمتش را تسلیم رهبران ارشد مقیم اورشلیم کرده بود. حال چند سال گذشته و پولس مقصد نهایی سفر سوم خود را اورشلیم انتخاب می‌کند. لوقا که خود یکی از اعضای گروه بوده، لحظهٔ رسیدن‌شان را چنین شرح می‌دهد:

> چون به اورشلیم رسیدیم، برادران به گرمی پذیرایمان شدند. روز بعد با پولس به دیدار یعقوب رفتیم. مشایخ همگی حضور داشتند. پولس ایشان را سلام گفت و به

تفصیل بیان کرد که خدا به‌واسطهٔ خدمت او در میان غیریهودیان چه‌ها کرده است. (اعمال ۲۱:۱۷-۱۹)

پاسخگویی یکی از ویژگی‌های جدایی‌ناپذیر همهٔ خدمات مسیحی در عهدجدید است. پس هرچند عهدجدید دو شاهد از دو ساختار جداگانه ارائه می‌کند، لیکن آنها دو نهاد «مجزا-اما-برابر» نیستند. در واقع، ساختار دوم تنها برای یک منظور موجودیت پیدا می‌کند و آن خدمت کردن به کلیسا است، و در نهایت هم به کلیسا پاسخگو است.

## مدالیته و انجمن

رالف وینتر خاطرنشان ساخته که دو ساختار نجات‌بخش، یعنی کلیسای محلی و گروه میسیونری به ترتیب به‌عنوان مدالیته و انجمن[1] عمل می‌کنند. *مدالیته* تشکیلاتی ساختارمند است با مسئولیت‌های گوناگون و متشکل از مردان و زنانی از همهٔ گروه‌های سنی. در مقابل، *انجمن* علاوه بر عضویت در مدالیته، خود را درگیر تعهد ثانویه‌ای هم می‌کند و عموماً عضویت در آن به‌نوعی با محدودیت همراه است. انجمن‌ها به‌طور معمول بر مسائل کوچک‌تر متمرکز می‌شوند. برای مثال، ایالات متحده، یا هر دولت ایالتی یک *مدالیته* به‌شمار می‌رود. زاده شدن در ایالات متحده، یا یک کشور به‌خصوص، به‌طور خودکار شما را شهروند این کشور و مشمول امتیازاتی معین می‌کند، که همهٔ مردم از هر گروه سنی را شامل می‌شود. دولت به‌عنوان یک مدالیته، مسئول انجام وظایف گوناگونی است، که طیفی گسترده را، از آموزش و پرورش گرفته تا دفاع ملی و راه‌سازی در بر می‌گیرد. در مقابل، یک فروشگاه سخت‌افزار محلی، یا حتی یک فروشگاه زنجیره‌ای سخت‌افزار، نمونه‌ای است از یک *انجمن*. برای مثال، TVH یک شرکت خصوصی است در شیکاگو، که هزاران فروشگاه سخت‌افزار در سراسر آمریکا دارد. این شرکت یک انجمن است چون آمریکائیان به‌طور طبیعی عضوی از شرکت TVH نیستند. تنها کسانی عضو شرکت محسوب می‌شوند که برای آن کار می‌کنند و تعهدی ثانوی دارند مبنی بر این که حافظ منافع شرکت باشند. وانگهی، وظایف بی‌شماری وجود دارد که این شرکت سخت‌افزاری، به‌عنوان یک مؤسسهٔ تجاری خصوصی در قبال‌شان مسئول نیست، چون تنها می‌تواند بر یک وظیفهٔ به‌خصوص متمرکز باشد، یعنی تولید سخت‌افزار برای مشتریانش.

به همین ترتیب، کلیساها نیز مدالیته به‌شمار می‌روند. مسیحیان از هر سن و جنس به کلیساها تعلق دارند. این زیربنایی‌ترین تشکیلاتی است که همهٔ مسیحیان را در بر می‌گیرد، همچنان که شهروندیِ ایالات متحده شامل حال هر آمریکایی می‌شود. کلیساها در قبال همهٔ چیزهایی که مسیح قوم خود را برای انجام‌شان فراخوانده، مسئولند. کلیساها مسئولند ظهور فرمانروایی او را بازتاب دهند و آن را بگسترانند. کلیساها باید انجیل را موعظه کنند، مراقب سالمندان باشند، به کودکان آموزش دینی بدهند، آیین‌های مقدس را به‌جا آورند، نوایمانان را

1. Modality/Sodality

شاگردسازی کنند، انضباط‌های کلیسایی را اجرا نمایند، و خیلی موارد دیگر. کلیسا به‌عنوان یک مدالیته، نمی‌تواند چشم خود را روی اکثریت این مسئولیت‌ها ببندد و تنها بر یکی از آنها متمرکز شود. مدالیته‌ها بنا به تعریف، همواره طیف گسترده‌ای از مسئولیت‌ها را بر دوش دارند که برای موجودیت خودشان حیاتی است. یک دولت اگر از همهٔ وظایفی که بدو محل شده شانه خالی کند و تنها بر راه‌سازی متمرکز شود، حتی اگر بهترین و هموارترین جاده‌های دنیا را هم بسازد، دولت امینی نیست. به همین ترتیب، کلیسا اگر همهٔ وظایف و تکالیف دیگر خود را نادیده گرفته، تنها بر نگهداری از سالمندان- با همهٔ اهمیتی که این خدمت دارد- متمرکز شود، کلیسای امینی نخواهد بود.

از سوی دیگر، تشکیلات میسیونری انجمن محسوب می‌شود. مسیحیان عضو کلیسا، در کنار این تعهد اولیه، با پیوستن به تشکیلاتی که بر موضوعی خاص متمرکز است، تعهدی ثانوی برای خود ایجاد می‌کنند. سازمان «مترجمین کتاب‌مقدس ویکلیف»[1] نمونه‌ای از یک انجمن است. مسئولیت گسترده‌ای که کلیسا به‌عنوان یک مدالیته دارد، تلاش برای ترجمهٔ کتاب‌مقدس به همهٔ زبان‌های روی زمین است. لیکن، با توجه به طیف گسترده‌ای از دیگر مسئولیت‌های کلیسا و سطح مهارتی که به‌طور خاص این وظیفهٔ خطیر می‌طلبد، این مهم ممکن است به آسانی مورد غفلت واقع شود. پس کلیسا، هرچقدر هم که متعهد باشد، به‌طور معمول توانایی سازماندهی منابع و پرسنل لازم برای ترجمهٔ کتاب‌مقدس را ندارد. اما انجمنی مانند ویکلیف می‌تواند روی آن وظیفهٔ خاص متمرکز شود و تیمی از افراد وقف‌شده‌ای را که هم متعهدند و هم متخصص برای این کار سازماندهی کند. به همان ترتیب که نمی‌توان TVH را به‌خاطر تعمیر نکردن یک پل یا آسفالت نکردن یک جاده به باد انتقاد گرفت، ویکلیف را هم به‌عنوان یک انجمن نمی‌توان به‌خاطر انجام ندادن آیین‌های مقدس یا مراقبت نکردن از سالمندان مورد انتقاد قرار داد، به این دلیل که مدالیته و انجمن نشانگر دو ساختار اساساً متمایزند.

از نظر من، شواهد کافی وجود دارد که نشان می‌دهد گروه میسیونری پولس مثل انجمن عمل می‌کرده، در حالی که کلیسای انطاکیه، مانند هر کلیسای محلی دیگری نقش مدالیته را داشته است. اگر چنین است، پس این مبنایی کتاب‌مقدسی برای وجود سازمان‌های میسیونری تخصصی به دست می‌دهد. با وجود این، همهٔ انجمن‌های مسیحی مانند هم نیستند. برخی از آنها مانند سازمان ویکلیف، که مستقل از هر فرقهٔ خاصی کار می‌کند، مستقیماً به یک مدالیتهٔ مشخص پاسخگو نیستند. اما انجمن‌های دیگری، نظیر میسیون مسیحی جهانی کلیسای پرزبیتری آمریکا و هیئت میسیونری باپتیست‌های جنوبی، مستقیماً به مدالیتهٔ فرقه‌ای خاصی پاسخگو هستند. بنابراین، حتی اگر مبنای کتاب‌مقدسی برای وجود دو ساختار متمایز را بپذیریم، باید مسئلهٔ پاسخگویی و چگونگی ارتباط انجمن‌ها با مدالیته‌ها را مورد توجه قرار دهیم.

برای انجام این کار، باید این بحث را در چارچوب تاریخی بزرگتری قرار دهیم، و نحوهٔ عملکرد مدالیته‌ها و انجمن‌ها را در طول تاریخ بررسی کنیم.

---

1. Wycliffe Bible Translators

# دو ساختار در چشم‌انداز تاریخی

## پدیدار شدن ساختارهای مُدالیته و انجمن در کلیسای کاتولیک رومی

مدالیتهٔ کلیسای محلی، در هر جای جهان که باشد، به‌طور معمول از مردان و زنان، متأهلان و مجردان، خردسالان، نوجوانان، جوانان و پیران تشکیل شده است. اکثریت مردمانی که در جماعت حضور دارند مشغول تحصیل، کار، خانواده و کارهای متنوع بسیار و ضروری برای زندگی هستند. مسیحیان از همان ابتدا دریافتند که بقای کلیسا در بلندمدت، و نیز برخورد کلیسا با موانع فرهنگی، اجتماعی و زبان‌شناختی، حضور یک گروه ثانوی از مردم را می‌طلبد که گرفتار مسئولیت‌های عادی زندگی نباشند. این گروه‌ها به‌عنوان انجمن عمل می‌کردند. از همگان انتظار نمی‌رفت که به یکی از گروه‌ها بپیوندند، بلکه این یک تعهد *داوطلبانه* برای عده‌ای محدود بود که احساس می‌کردند خدا آنان را هدایت کرده تا خود را به‌طور کامل وقف خدمت مسیحی کنند. ادای سوگند و بستن پیمان برای ورود به سلک خادمان ضروری بود، چون قرار بود اینان از تکالیف سنگین و وقت‌گیر کار، خانواده و دارایی معاف باشند.

در یک کلام، این گروه‌ها یا مسلک‌های دینیِ تخصصی به‌لحاظ تاریخی به دو دلیل عمده به‌وجود آمدند. نخست اینکه، راهی برای توان بخشیدن به کلیسا، که دچار افول روحانی شده بود، فراهم کنند. خدا مکرراً گروه‌هایی از مسیحیان وقف شده را، که با شهادتی مشترک متحد شده‌اند و مسلکی به‌وجود آورده‌اند، به‌کار می‌برد تا کلیسای بزرگتر را به بازگشت به وفاداری و بهتر شنیدن انجیل فراخواند. دوم اینکه، مسلک‌های دینی در اثر جوش و خروش و سرزندگی کلیسا، که می‌خواست انجیل را ورای مرزهای فرهنگی برساند، به‌وجود آمدند. به افرادی متخصص نیاز بود که بتوانند تمام وقت خود را وقف مسافرت‌های دشوار، فراگیری زبان، تطبیق فرهنگی، و غیره کنند. بنابراین، مسلک‌های دینی هم به منظور تجدید حیات روحانیِ کلیسا از درون، و هم به‌خاطر خدمت میسیونری به دنیای بیرون به‌وجود آمدند. آنانی که به این مسلک‌های دینی وابسته بودند، جزو سلسله‌مراتب معمول کلیسا به‌شمار نمی‌رفتند، مگر اینکه در عین‌حال کشیش دستگذاری شده نیز می‌بودند. آنان در عوض ساختار نظارتی خودشان را داشتند و از قواعد رفتاری خاص خودشان پیروی می‌کردند، مانند قانون سنت بندیکت،[۱] قانون سنت فرانسیس،[۲] یا قانون سنت آگوستین.[۳] برای مثال، قانون سنت بندیکت در سنت رهبانی غربی رایج‌ترین به‌شمار می‌رود.[۴]

مسلک بندیکتین در سدهٔ ششم میلادی و در واکنش به رشد مسیحیت اسمی[5] در کلیسا به‌وجود آمد. بندیکتین‌ها طی سده‌ها در میان سلسله‌مراتب کلیسایی، که در مواقعی به‌خاطر

1. Rule of St. Benedict; 2. St. Francis; 3. St. Augustine

۴. دیگر مسلک‌ها همچون سیسترسین‌ها (Cistercians) و تراپیست‌ها (Trappists)، قواعد سنت بندیکت را پذیرفته‌اند.

5. Nominalism

قدرت و ثروت دنیوی به فساد کشـیده شده، به سرمشقی حایز اهمیت برای پاکی و تقدس تبدیل گشتند.

برخـی از معروف‌ترین مسـلک‌های دینی، همچون فرقهٔ فرانسیسـکن‌ها، دومینیکن‌ها و ژزوئیت‌ها، همگی در اثر احسـاس نیاز برای تجدید حیـات روحانی ظهور کردند. فرقهٔ دومینیکن در سـدهٔ سیزدهم میلادی و در فرانسه به‌عنوان یک مسلک وعظ‌کننده پایه‌گذاری شد.[۱] با رشد شهرنشـینی در جامعهٔ اروپا و بروز مشکلات جدید، نیاز به گروهی از واعظان وقف‌شـده، که به‌لحاظ الاهیاتی برای رویارویی با بدعت‌ها تعلیم دیده و توان وعظ کردن به زبان‌های بومی را داشته باشند، احسـاس شد. فرقهٔ فرانسیسکن را سنت فرانسیس آسیسی[۲] در سـدهٔ سیزدهم، برای مقابله با رشـد بدعت و دنیازدگی در کلیسا بنیاد نهاد. فروتنی سنت فرانسـیس و آزادی‌اش از تعلقات و دارایی‌های مادی الهام‌بخش مسیحیان در سراسر جهان بوده اسـت. ژزوئیت‌ها را ایگناتیوس لویولا[۳] در سـدهٔ شـانزدهم و به‌عنوان انجمن عیسی پایه‌گذاری کرد تا جلوی بسیاری از فسادهایی را که در پرتو اصلاحات پروتستان نمایان شده بود، بگیرد. کشیشان ژزوئیت به یک انجمن رسولی جهانی تعلق دارند و به‌خاطر تعهدی که به امر تحقیق، تأمل الاهیاتی و تعهد میسیونری دارند، زبانزدند. ایگناتیوس لویولا ژزوئیت‌ها را در پوشش میسیونر از سراسر اروپا گسیل می‌کرد تا بشارت دهند و مدرسه، کالج و مدارس دینی جدید تأسیس کنند.

البته به‌لحاظ فنی، دومینیکن‌ها، فرانسیسکن‌ها و ژزوئیت‌ها فرقه‌های رهبانی نیستند، بلکه فرقه‌های سائل به‌شـمار می‌روند.[۴] این بدان معنا اسـت که چنین اجتماعاتی از آن دسته از فرقه‌های رهبانی نبودند که خود را در پشـت درهای بستهٔ سـلول‌های راهبان زندانی کنند و بـه تعمق و مراقبه بپردازنـد، بلکه خادمین را به‌عنوان معلـم و ناصح به جاهای گوناگون می‌فرستادند. سائلان مجبور نبودند در یک صومعه یا دیر به‌خصوص بمانند، بلکه آزاد بودند بگردند و حتی اگر لازم شـد، از جایی به جای دیگر نقل مکان کنند.[۵] گاه ایشـان را به‌جای راهبان، برادران[۶] می‌خوانند، تا بر طبیعت عمومی کارشان در دنیا تأکید بیشتری مبذول شود.

---

۱. دومینیکن‌ها را به‌عنوان مسـلک وعاظ (Order of Preachers) می‌شناسـند و برای شناسـایی کسانی که به این فرقه تعلق دارند از دو حرف مخفف .O.P اسـتفاده می‌کنند. همچنین آنان را به‌خاطر رداهای سـیاهی که بر حسب عادت بر تن می‌کنند، با عنوان راهبان سـیاهپوش (Blackfriars) می‌شناسند. این وجه تمایز ظاهری آنها با راهبان خاکستری پوش (فرانسیسکن‌ها) و راهبان سفیدپوش (کرملی‌ها) است.

2. St. Francis of Assisi; 3. Ignatius Loyola

۴. Mendicant کسـی است که دستش برای گدایی باز است و به کسانی اطلاق می‌شود که برای معاش خود جلوی همه دسـت دراز می‌کنند. اکثر کسـانی که در اجتماعات رهبانی به‌سر می‌بردند، از ثروت شـخصی بی‌بهره بودند اما به‌طور مشترک از دارایی‌های اجتماع رهبانی برخوردار می‌شدند، در صورتی که فرقه‌های سائل از گردآوری ثروت، خواه فردی خواه جمعی یا اشتراکی، پرهیز می‌کردند.

۵. واژهٔ Monastery (صومعه) را معمولاً برای اجتماعات راهبان به‌کار می‌برند، در صورتی که واژهٔ Convent (دیر) عموماً به اجتماعات راهبه‌ها اطلاق می‌شود.

۶. ازواژهٔ Frere نورمانی فرانسوی گرفته شده که آن نیز از واژهٔ لاتین Frater به معنای برادر گرفته شده، که در عهدجدید برای اشاره به اعضای جماعت مسیحی به‌کار ررفته است. و.

واژهٔ برادر[1] برای اشاره به کسانی به‌کار برده می‌شود که در انظار عمومی برای معاش خود درخواست صدقه و گدایی می‌کنند، زیرا فرقه‌های سائل به فقر فردی و جمعی اعتقاد دارند. فرقه‌های سائل نه تنها راهب و راهبه دارند، بلکه یک «نظام سوم» از افراد عادی را هم شامل می‌شوند که به زندگی و کار روزمره ادامه می‌دهند، اما خود را متعهد به داشتن زندگی مقدس و خدمت به کلیسا نیز می‌کنند. فرقه‌های سائل، در کنار خادمانی که در کار خدمت عمومی کلیسا در دنیا همیاری می‌کردند، نیرویی احیاکننده و قوی در کلیسا به‌وجود آوردند. از این‌رو اشتباه است اگر میان سنت‌های تعمقی و سنت‌های فعالیتی خط و مرز سفت و سختی بکشیم، زیرا حتی مسلک‌های رهبانی، که بنا به سنت اهل تعمق و مراقبه بودند، نیز تاریخچه‌ای بس طولانی در تجهیز و بسیج نیرو به منظور کار میسیونری داشته‌اند. به همین ترتیب، فرقه‌های سائل که خود را متعهد به خدمت عمومی می‌دانستند به منابع نیرومندی برای تجدید حیات در درون کلیسا تبدیل شدند.

در فصل ۸ کتاب بررسی کردیم که چگونه گریگوری بزرگ[2] گروهی از راهبان بندیکتن را با رهبری آگوستین اهل کانتربوری[3] تجهیز کرد تا در میان چندین گروه از مردمانی که ساکن انگلستان کنونی بودند، بشارت دهند. راهبان دوره‌گرد ابزاری برای بردن انجیل به میان شماری از مناطق دوردست اروپا، و از جمله اسکاتلند و ایرلند بودند. تاریخ میسیون‌ها نام نیک راهبان میسیونری همچون سنت آیدان،[4] سنت کلومبا،[5] و سنت پاتریک[6] را بازتاب می‌دهد که به ترتیب، انجیل را به مردمان نورثامبریا (شمال غرب انگلستان)، اسکاتلند و ایرلند بشارت دادند. برداشت کلیشه‌ای در مورد راهبان به‌عنوان کسانی که از دنیا گریخته و به کنج انزوا در سلول‌های صومعه‌ها پناه برده‌اند، باید جای خود را به قدردانی از تلاش‌های بشارتی و میسیونری برجسته و حیاتی این اجتماعات بدهد.

بدین‌ترتیب، از سدهٔ چهارم به بعد، می‌بینیم که دو ساختار متمایز در کلیسا شروع به رشد و توسعه می‌کنند. ساختار نخست، کلیسای محلی است که در مرکز ناحیه‌ای نسبتاً کوچک، با جغرافیایی تعریف‌شده زیر عنوان قلمرو کشیشی[7] قرار داشت و اعضایش از نظارت شبانی محلی برخوردار بودند. چندین قلمرو کشیشی مجموعاً یک قلمرو اسقفی[8] را شکل می‌دادند، که این نیز به نوبهٔ خود، زیر نظر یک اسقف اداره می‌شد. ساختار دوم، انعطاف‌پذیرتر و خودمختار بود، که با عنوان صومعه یا اجتماعی از راهبان سائل شناخته می‌شد، و رئیس صومعه[9] یا کشیش بخش[10] بر اعضای آن نظارت می‌کرد و زندگی ایشان تحت نظم و قوانین خاصی بود. یک ساختار حول کلیسای محلی، قلمرو کشیشی، قلمرو اسقفی و اسقف شکل گرفت. ساختار دیگر بسیار انعطاف‌پذیر بود، اما در عین‌حال مستلزم تعهدی ثانوی، فراتر از کلیسای محلی نیز می‌شد و عموماً روی وظیفه‌ای خاص، همچون آموزش و پرورش، تحقیق، کمک به سالمندان، بیماران و فقیران، یا بشارت انجیل متمرکز می‌شد. ساختار دوم حول یک صومعه یا دیر شکل گرفت که راهبان و راهبه‌هایی را که بر اساس قاعده و قانونی

1. Friar; 2. Gregory the Great; 3. Augustine of Canterbury; 4. St. Aidan; 5. St. Columba; 6. St. Patrick; 7. Parish; 8. Diocese; 9. Abbot; 10. Vicar

واحد زندگی می‌کردند و به فرمان رئیســـی که خود برگزیده بودند گردن می‌نهادند، دور هم جمع می‌کرد. فرقه‌های ســـائل مستقیماً سوگند وفاداری به پاپ می‌خوردند و زیر اقتدار هیچ اسقفی نبودند.

سده‌ها است که کلیســـای کاتولیک رومی با این دو ساختار عمل کرده است. در مواقعی میان این دو ساختار تنش‌هایی بروز کرده، بدین‌ترتیب که رقابت میان اسقف و رئیس صومعه، قلمرو اســـقفی و صومعه، کلیسای محلی و راهبان ســـائل، بالا گرفته است و گاه هیچ‌یک از طرفین نتوانســـته‌اند به طرف مقابل اعتماد کنند یا قـــدر دیگری را بدانند. با وجود این، روی هم رفته دو ساختار مزبور شـــدیداً مفید بوده‌اند و کلیسا را قادر ساختند خدماتی انجام دهد که بدون این دو ســـاختار انجام‌شان غیرممکن می‌بود. یک کلیسای محلی یا حتی اسقف یک قلمرو اســـقفی شاید برای کمک به قربانیان قحطی در آفریقا یا بشارت دادن و تأسیس کردن کلیسا در میان مردمانی که هنوز پیام انجیل بدیشان نرسیده، بار قلبی عمیقی داشته باشند، اما ماهیت محلی کلیســـا این مهم را به‌لحاظ لجســـتیکی و ساختاری با چالش روبه‌رو می‌سازد. فرقه‌های مذهبی ســـاختار، تشـــکیلات لازم برای انجام این خدمات، و مردان و زنانی را که برای گسترش خدمت کلیســـا به طرق گوناگون آمادهٔ جانفشانی هستند، فراهم می‌آورند. در یک کلام، دو ساختار یکدیگر را تغذیه کرده، به هم یاری می‌رسانند.

## ظهور ساختارهای مدالیته و انجمن در کلیسای پروتستان

اصلاحگران دینی پروتستان تصمیم گرفته بودند که در ساختار نوینِ کلیساهای پروتستان سدهٔ شانزدهم، تأسیس نهادهای رهبانی، اعم از راهبان مقیم در صومعه‌ها و راهبان دوره‌گرد سائل یا دیگر فرقه‌ها و انجمن‌های مرتبط را از دستور کار خود حذف کنند. حتی با وجودی که خودِ لوتر زمانی که به‌عنوان راهب آگوســـتینی مشـــغول خدمت بود، به کشـــف دوبارهٔ انجیل نایل آمد، اما در نهایت همهٔ ســـاختارهای ســـنتی و انجمنیِ کلیسا را به‌کلی برچید. به منظور درک علت این اقدام، باید نخســـت این مسئله را بررسی کنیم که چگونه اصلاح دینی پروتســـتان نمایان‌گر تغییری مهم در آموزهٔ کلیسا شد، چنانکه عملاً به‌سختی می‌توانست یک ساختار انجمنیِ ثانوی را تحمل کند.

### *درک کلیساهای کاتولیک رومی و پروتستان از کلیسا*

اغلب در مورد اصلاح دینی پروتستان در سدهٔ شانزدهم چنین می‌پندارند که گویی در وهلهٔ نخست کشمکشی بر ســـر موضوع نجات‌شناسی بوده است. به‌عبارت دیگر، در بطن اصلاح دینی پیرامون شرایطی که خدا طبق آنها ما را در عیسای مسیح نجات می‌دهد، نوعی کشمکش وجود داشـــت، آن‌هم به‌ویژه در زمینهٔ رابطهٔ ایمان و اعمـــال. «فقط‌های»[1] پنجگانهٔ اصلاحات به‌طرزی گســـترده درون‌مایه‌های کلیدی اصلاح دینی را آشکار می‌سازند: فقط کتاب‌مقدس،[2] فقط ایمان،[3] فقط فیض،[4] فقط مسیح،[5] و فقط جلال خدا.[6] این پنج درون‌مایه کماکان به‌عنوان

1. Solas; 2. Sola Scriptura; 3. Sola Fide; 4. Sola Gratia; 5. Solo Christo; 6. Soli Deo Gloria

اعترافات ارزشمند هویت پروتستان به‌کار می‌روند. با این‌حال، این نکته نیز شایان اهمیت است که جای *کلیسا* در میان این پنج «فقط» خالی است. البته ممکن است کسی چنین استدلال کند که کلیسا در هر پنج مورد بالا *فرض یا مسلم انگاشته شده است*، زیرا تنها کلیسا است که این اعترافات می‌توانند در آن امکان بروز یابند. با این‌همه، برای بسیاری این پنج اعتراف جایگاه اولیهٔ خودشان را در دل *فردی* پیدا می‌کنند که به کلام خدا، طبق مکاشفهٔ کتاب‌مقدس، اعتماد دارد و ایمان شخصی خود را با فیض خدا، بر عیسای مسیح نهاده است. آنچه که در دورهٔ اصلاح دینی اهمیت محوری دارد، اعتقاد به کهانت همهٔ ایمانداران است. نجات خدا به‌واسطهٔ عیسای مسیح مستقیماً به ایمانداران رسیده است. این باور آشکار می‌سازد که دغدغهٔ دورهٔ اصلاح دینی به همان اندازه که نجات‌شناختی بوده، *کلیساشناختی* نیز بوده است.

در مقابل، درک کلیسای کاتولیک رومی از نجات، میان آموزهٔ نجات و آموزهٔ کلیسا پیوندی استوار برقرار می‌کند. عبارت بسیار آشنای «بیرون از کلیسا نجاتی نیست»[1] چکیده‌ای کلاسیک از دیدگاه کاتولیک رومی است. عبارت مزبور را نخستین‌بار سیپریان کارتاژی[2] ابداع کرد و در رسالات[3] خود با نام «در باب وحدت کلیسا» به‌کار برد و چنین استدلال کرد که این آموزه بر کلام خود عیسی مبتنی است که می‌فرماید: «تا بدن پسر انسان را نخورید و خون او را ننوشید، در خود حیات ندارید.» این آموزه را پاپ اینوسنت سوم[4] در شورای چهارم لاتران در سال ۱۲۱۵، و پاپ بانیفیس هشتم[5] در سال ۱۳۰۲ به‌طور مفصل شرح دادند و نجات را با مرتبط بودن با مسیح از طریق کلیسا، به مفهوم آیینی،[6] یکی دانستند. بدین‌ترتیب، کسی که در آیین‌های مقدس شرکت نمی‌کند، در واقع پیوند خود را با مسیح قطع می‌کند. برای درک بهتر موضوع، سیپریان کلیسا را به یک کشتی تشبیه می‌کند، که خدا برای نجات ما از داوری فراهم ساخته است. آنانی که سوار کشتی شوند نجات می‌یابند؛ آنانی که سوار نشوند، هلاک خواهند شد. از دیدگاه کاتولیک سنتی، نجات فرد در گرو پیوندش با زندگی و ایمان کلیسا است.[7] کلیسای ارتودوکس شرق هم دیدگاهی مشابه دارد.

جریان اصلاح دینی نمایان‌گر بحران در مقولهٔ کلیساشناسی بود، زیرا به‌نظر می‌رسید ظهور شاخهٔ مجزایی از مسیحیت، نوعی رویارویی با اجماع یا یکپارچگی کلیسا است. تا آنجایی که به زمان سیپریان مربوط می‌شد، پدران کلیسا وحدت کلیسا را چنین تفسیر می‌کردند که صرفاً امری عرفانی یا نادیدنی نیست، بلکه امری است قابل نظارت.[8] سیپریان نه

1. Extra Ecclesiam Nulla Salus; 2. Cyprian of Carthage; 3. The Epistles of St. Cyprian of carthage; 4. Pope Innocent III; 5. Pope Boniface VIII; 6. Sacramentally

۷. من بر واژهٔ «سنتی» تأکید می‌کنم، از این‌رو که در عصر کاتولیسیسم رومی پس از شورای دوم واتیکان، این موضوع مورد بازنگری قرار گرفته، به‌ویژه به‌واسطهٔ نوشته‌های کارل رانر، که از باور مسیحیت تلویحی، به قراری که در فصل ۷ همین کتاب بررسی کردیم، و رهایی از قید و بند تعمید یا عضویت در هر کلیسای قابل رؤیت، حمایت می‌کند. شورای دوم واتیکان چنین حکم کرد که «کسانی که با انجیل مسیح یا کلیسایش هیچ آشنایی ندارند، و به‌خاطر این عدم آشنایی تقصیری متوجه خودشان نیست، و با قلبی صاف و بی‌ریا و با انگیزش فیض در جستجوی خدا برمی‌آیند، و با تلاش‌ها و اعمال‌شان که برخاسته از فرمان وجدان‌شان است می‌کوشند تا ارادهٔ او را به جای آورند- آنان نیز ممکن است به نجات ابدی نائل شوند.»

8. Episcopal

تنها عبارت «بیرون از کلیسا نجاتی نیست» را به ما هدیه داد، بلکه این جمله را نیز وامدار او هستیم که می‌گوید: «کسی که کلیسا مادرش نیست، نمی‌تواند خدا را هم پدر خود بداند.» در منظر کلیسای کاتولیک رومی، اقتدار رسولیِ کلیسا از طریق دست نهادنِ نظارتی (اسقفی)، از پطرس رسول تا پاپ کنونی تداوم و انتقال یافته است. بنابراین، جنبش اصلاح دینی همچون حرکتی که اتحاد بیرونی و قابل رؤیت کلیسای کاتولیک رومی را به خطر می‌افکنْد محسوب می‌شد. پدیدهٔ اصلاح دینی اقتدار نظارتیِ کلیسای کاتولیک را به چالش می‌کشید و آنها به آن به دیدهٔ حرکتی تفرقه‌انداز و مخرب نگاه می‌کردند که مظاهر یگانگی، رسالت و جامعیت اعتقادنامهٔ نیقیه را به نابودی می‌کشاند.

لوتر با تفسیری جدید از کلیساشناسی به کلیسای کاتولیک واکنش نشان داد، بدین‌ترتیب که به‌جای ایراد گرفتن از ساختار و آیین‌های مقدس یک تشکیلات کلیساییِ به‌خصوص، روی مشارکت عرفانی قدیسان انگشت گذاشت که امری فراتر از همهٔ تشکیلات کلیساشناختی به‌شمار می‌رفت. کلیسا رسولی است، اما نه بدین‌خاطر که زنجیره‌ای نظارتی (اسقفی) از افراد دست‌گذاری‌شده آن را اداره کرده‌اند، بلکه تنها و تنها زمانی رسولی است که تعالیمش منطبق بر تعالیم رسولان باشد- بدین‌سان، فقط کتاب‌مقدس. اگر پیام رسولی اعلام شود، در این‌صورت آن کلیسا نیز رسولی است، و در یگانگی و جامعیتِ عرفانی که نشانه‌های کلیسای راستین‌اند، سهیم می‌باشد. لوتر در نوشتهٔ خود با عنوان «در باب شوراها و کلیساها» کلیسای راستین را چنین تعریف می‌کند: «قومی مسیحی و مقدس.»[1] لوتر در ادامه به این استدلال روشن متوسل شده که وقتی اعتقادنامهٔ نیقیه از کلیسای مقدس، جامع[2] و رسولی سخن می‌گوید، منظورش یک قوم مقدس، جامع و رسولی است. و استدلال می‌کند که همواره تأکید بر قوم خدا بوده، نه ساختار و تشکیلاتی که بدان تعلق دارند. از این‌رو است که لوتر واژهٔ آلمانی Kirche را برای کلیسا نمی‌پسندد و به‌جای آن Gemeinde به معنای «اجتماع» را به‌کار می‌برد. بنابراین، برای لوتر کلیسای راستین و زنده هم ماهیتی دیدنی دارد و هم نادیدنی. کلیسای دیدنی هم شامل گناهکاران رهایی‌نیافته است و هم آنانی که به‌واسطهٔ عمل الاهی در زمرهٔ مقدسین قرار گرفته‌اند. در مقابل، کلیسای نادیدنی شامل همهٔ ایمانداران راستین در همهٔ اعصار و مکان‌ها می‌شود، که از ترکیب و تعداد آن فقط خدا خبر دارد و بس.[3]

1. Sancta, Catholica, Christiana; 2. Catholic

۳. برداشت لوتر از کلیسای نادیدنی در کلیساشناسی پروتستان به‌طور گسترده مورد استقبال و پذیرش قرار گرفت، چنانکه در شهادت‌نامهٔ کلیسای اسکاتلند (Scottish Confession of Faith) در سال ۱۵۶۰ بازتاب یافت. همین دیدگاه در اساسنامهٔ دینی ایرلندی متعلق به ۱۶۱۵ نیز مشاهده می‌شود که در آن چنین آمده است: «از آنجایی که این کلیسا فقط و فقط شامل همهٔ آنانی می‌شود که از سوی خدا برای نجات برگزیده شده‌اند و به قوت روح‌القدس تولد تازه یافته‌اند، پس از شمار ایشان تنها خودِ خدا آگاه است؛ این را کلیسای جامع یا جهانی، و کلیسای *نادیدنی* می‌نامند.» در شهادت‌نامهٔ وست‌مینستر، که در سال ۱۶۴۷ تدوین شد نیز همین لحن به‌کار رفته است: «کلیسای جامع یا جهانی که *نادیدنی* است، شامل همهٔ برگزیدگان می‌شود، آنانی که پیش از این بودند، اکنون هستند و در آینده خواهند بود، همگی زیر لوای مسیح در یک‌جا گرد هم جمع خواهند شد؛ و این کلیسا، عروس، بدن و پری اوست که همه را در همه پر می‌سازد. کلیسای *دیدنی*، که آن‌هم زیر لوای انجیل، جامع یا جهانی است (یعنی همچون دوران شریعت، به یک قوم خاص محدود نمی‌شود) شامل همهٔ کسانی است که در سراسر جهان به دین راستین معترفند و نیز فرزندان‌شان؛ و کلیسا

بدین‌ترتیب، جنبش اصلاح دینی بیشتر بر ماهیت روحانی و نادیدنی کلیسا تأکید داشت، تا بر ماهیت نهادی و نظارتیِ آن.

این درک نوین از کلیساشناسی، به چند دلیل جدا نگاه داشتن ساختارهای انجمنی را به‌طرزی شگفت‌آور دشوار می‌ساخت. نخست آنکه، تأکید بر کهانت همهٔ ایمانداران فی‌نفسه فردگرایانه‌تر و دموکراتیک‌تر بود و از این‌رو دیگر جای کمتری برای تأکید بر ساختارهای کلیساشناختیِ مبسوط و سلسله‌مراتبی باقی می‌گذاشت. چنانکه پیش‌تر خاطرنشان ساختیم، ساختارهای انجمنی یا به رئیس صومعه و یا مستقیماً به خود پاپ پاسخگو بودند. با وجود این، پروتستان‌ها گذشته از منصب اسقفی، دیگر مناصب کلیسایی همچون رئیس صومعه و پاپ را به رسمیت نشناختند، زیرا این مناصب در عهدجدید تعیین نشده بود. از این‌رو، نگاه داشتن ساختارهای انجمنی که مستقیماً با این مناصب در ارتباط و بدیشان پاسخگو بودند، دشوار شد. دوم اینکه، اگرچه عیسی صراحتاً کلیسا را بنیان نهاد، لیکن هیچ عبارت صریح و قابل مقایسه‌ای مبنی بر اینکه او ساختاری انجمنی و جداگانه را پایه‌گذاری کرده باشد، وجود ندارد. حتی با وجودی که این بحث را مطرح کردیم که با اعزام گروه میسیونری پولس از سوی کلیسای انطاکیه، تلویحاً ساختاری ثانوی پدید آمد، اما از همین مطلب نیز با صراحتی که در مورد هدفمندی پیشروندهٔ کلیسا در عهدجدید سخن گفته شده، ذکری به میان نیامده است. به‌نظر می‌رسد که انجمن‌ها به‌عنوان طریقی برای خدمت به کلیسا از درون خودِ آن جوشیدند، تا اینکه دلیلی هستی‌شناسانه برای حضورشان در طرح بزرگتر *مأموریت الاهی* وجود داشته باشد.

## *شکاف بزرگ: ۱۵۱۷ تا ۱۷۹۳*

برچیدن ساختارهای انجمنی رساندن پیام انجیل به فراتر از مرزهای حاکمیتِ مسیحی را برای پروتستان‌ها بی‌نهایت دشوار ساخت. این واقعیت که از زمان تولد جنبش اصلاح دینی تا اعزام نخستین میسیونر پروتستان، نزدیک به دویست سال گذشت، به نظر من خود نشان‌دهندهٔ وجود اشکالات الاهیاتی و ساختاری در درون پروتستانتیسم آن دوره است.

از لحاظ الاهیاتی، دو دیدگاه مانع اصلاحگران بود و بر توانایی‌شان در پرداختن به فعالیت میسیونی میان‌فرهنگی تأثیر منفی گذاشته بود. یکی اینکه، بسیاری از متن‌های کلیدی عهدجدید که با شهادت میان‌فرهنگی انجیل در پیوندند، به سبب مجادله‌های کلیساشناختی و آموزه‌ای در هاله‌ای از ابهام فرو رفته بودند. برای مثال، فرمان بزرگ بنا بر روایت متی ۱۸:۲۸–۲۰، در سراسر دوران پدران کلیسا، پیش از هر چیز در حمایت از الوهیت مسیح، آموزهٔ تثلیث،

---

پادشاهی خداوند عیسای مسیح است، خانه و خانوادهٔ خدا، که جدای از آن هیچ راه نجات دیگری وجود ندارد.» بیانیهٔ ساووی (The Savoy Declaration) مربوط به سال ۱۶۵۸، و اعترافنامهٔ کلیسای باپتیست (۱۶۸۸ م.) هم این وجه تمایز را می‌پذیرند. به‌ویژه این نکته شایان توجه است که اعترافنامهٔ کلیسای باپتیست بخش اعظم اعترافنامهٔ وست‌مینستر را می‌پذیرد اما قسمت عمده‌ای از بخش مربوط به کلیسا را بازنویسی کرده است. با این‌حال، وجه تمایز نادیدنی/ دیدنی در هر دو اعترافنامه پابرجا مانده‌اند.

و لفظ دقیق برای تعمید دادن افراد، به‌کار برده می‌شد.[۱] به‌عبارت دیگر، به متی ۱۸:۲۸-۲۰ از جنبهٔ *آموزه‌ای* نگاه می‌کردند، نه *میسیون‌شناختی*. این رویه در نوشته‌های اصلاحگران دینی نیز پیگیری شد. برای نمونه، مارتین لوتر در نوشته‌های خود پنجاه‌ویک بار متی ۱۶:۲۸-۲۰ را نقل‌قول یا بدان اشاره می‌کند. سه مورد از نقل‌قول‌های او با مقام پاپی در ارتباط هستند، سه مورد با ماهیت کهانت و انتصاب، چهارده مورد در پیوند با مناقشات مربوط به تعمید و آناباپتیست‌ها، پنج مورد با حضور مسیح در شام خداوند، یک مورد در ارتباط با آموزهٔ تثلیث، پنج مورد در اشاره به ماهیت یک رسول حقیقی، سیزده مورد برای توضیح پیرامون ماهیت کلیسای راستین و تعلیمش، دو مورد در بارهٔ پایداری کلام خدا، و پنج مورد هم در ارتباط با موضوعات مختلف دیگر.

لوتر در جای دیگری در نوشته‌هایش، اهمیت رفتن مسیحیان را، به‌سوی بی‌خبران از مژدهٔ انجیل، به رسمیت می‌شناسد. برای مثال، لوتر می‌گوید که مسیحیان باید به آنانی که «مسیح بر ایشان اعلان نشده، شهادت دهند... تا شاید آنها نیز به پادشاهی روحانی مسیح راه یابند.» لوتر در تفسیری که از مزمور ۱۱۷ کرده، به تأمل روی آیهٔ آغازین این مزمور، یعنی «ای همهٔ قوم‌ها، خداوند را بستایید!» می‌پردازد. وی خاطرنشان می‌سازد که قوم‌های روی زمین، مادامی که نخست کلام خدا را نشنوند، نمی‌توانند او را بستایند. لوتر در ادامه می‌گوید: «اگر بنا است ایشان کلام او را بشنوند، پس باید واعظان به‌سوی آنها روانه کرد تا کلام خدا را بدیشان اعلان کنند.» لیکن، این اشارات برخاسته از تفسیرهای لوتر بر عهدعتیق هستند و هرگز با بیانیه‌های مرتبط با فرمان بزرگ که در عهدجدید یافت می‌شوند، ربط نمی‌یابند، یا در آنها ریشه ندارند.

دوم اینکه، دیدگاهی که بر بسیاری از اصلاحگران دینی تأثیر گذاشت، این باور بود که عبارات مربوط با فرمان بزرگ پیش از این و در خلال دورهٔ زندگی رسولان تحقق یافته‌اند. به این خاطر است که لوتر چنین عبارات مشهوری، نظیر متی ۱۸:۲۸-۲۰ را از منظر میسیون‌شناختی نمی‌خواند. او این دیدگاه بسیار رایج را پذیرفته بود که رسولان پیش از این انجیل را به اقصا نقاط جهان برده‌اند، و بنابراین، آن نیروی میسیون‌شناختی اولیه‌ای که از این آیات ناشی می‌شود، دیگر برای مسیحیان امروزی کارایی ندارد. به بیان دیگر، اعتقاد عمومی بر این بود که فرمان بزرگ قبلاً به انجام رسیده است. از این‌رو است که متن آیات مورد بحث را برای مقاصد آموزشی دیگری به‌کار می‌بردند، که بدین‌سان نیروی اولیهٔ متن را نادیده می‌گرفت. این باور که رسولان قبلاً انجیل را به اقصا نقاط جهان برده‌اند، بر این ایده استوار بود که هر کلیسای قومی مشروعیت خود را از طریق خاستگاه رسولی گرفته بود. در سراسر جهان شمار قابل‌ملاحظه‌ای از کلیساهای قومی وجود دارند که بنا بر سنت، خاستگاه خود را تا زمان دیدار یکی از رسولان از قوم‌شان، در سدهٔ یکم میلادی ردیابی می‌کنند. به‌علاوه، یک

---

۱. این کلمات عیسی: «تمامی قدرت در آسمان و بر زمین به من سپرده شده است» را برای تأیید الوهیت مسیح به‌کار می‌بردند. عبارت «ایشان را به نام پدر، پسر و روح‌القدس تعمید دهید» را در پشتیبانی از آموزهٔ تثلیث و نیز قاعدهٔ مربوط به تعمید نقل می‌کردند.

روایت مهم سریانی وجود داشت که مدعی بود پس از اعطای فرمان بزرگ توسط عیسی، رسولان همگی در اورشلیم گرد آمدند و قرعه افکندند، و بدین‌وسیله نقاط مختلف جهان را میان خود تقسیم کردند، تا هر یک به ناحیه‌ای که در قرعه به نام او افتاده برود و انجیل را به قومی که خداوند او را به‌سوی‌شان فرستاده، ابلاغ کند.

این دیدگاه‌های الاهیاتی محوریت نیروی میسیون‌شناختیِ فرمان‌های عهدجدید را در پرده‌ای از ابهام فرو برده بودند. برای مثال، ژان کالون در تفسیر اول قرنتیان ۲۸:۱۲ میان مناصب رسول و شبان تمایز قایل می‌شود. او استدلال می‌کند که رسولان را خود خدا منصوب فرمود تا انجیل را «در سراسر جهان» انتشار دهند، در صورتی که به شبانان چنین حکمی داده نشده، بلکه در عوض وظیفهٔ آنان این بوده که از کلیسایی که مسئولیتش بدیشان سپرده شده، مراقبت کنند. یوهان گرهارد[1] (۱۵۸۲-۱۶۳۷) الاهیدان لوتری، در کلام خدا هیچ حکمی نمی‌یابد که بر مبنای آن موعظه کردن انجیل در سطح جهان امری لازم‌الاجرا تلقی شده باشد، زیرا به‌زعم وی، پیش‌تر رسولان این مهم را به انجام رسانده بودند.

به‌تدریج صداهای مخالفی از گوشه و کنار برخاست که دیدگاه حاکم بر الاهیات دورهٔ اصلاح دینی را به چالش می‌کشید. مهمترین آنها الاهیدان هلندی، آدریانوس ساراویا[2] (۱۵۳۱-۱۶۱۳) و اراسموس روتردامی[3] (۱۴۶۶-۱۵۳۶) بودند. آدریانوس ساراویا این بحث را پیش کشید که فرمان‌های نهایی که عیسی صادر نمود، هنوز به قوت خود باقی هستند. او یک سلسله مباحث را مطرح ساخت که دو سده بعد، مشابه آنها را ویلیام کِری در کتابش «پژوهش» مطرح ساخت و به شعله‌ور شدن آتش بی‌رمق میسیون‌های مسیحی در سراسر جهان پروتستان کمک کرد. تأویل دقیقی که اراسموس از متی ۱۸:۲۸-۲۰ ارائه داد، ابزاری کارآمد در دست آناباتیست‌ها شد تا معانی ضمنی این متن را از دیدگاه میسیون‌شناختی برای روزگار خودشان کشف کنند. با وجود این، این صداها در اقلیت قرار داشتند، و در کل کسی آیات مربوط به فرمان بزرگ را از دیدگاه میسیون‌شناختی بررسی نمی‌کرد.

گذشته از این چالش‌های الاهیاتی، جنبش پروتستان با یک اشکال *ساختاری* بسیار مهمتر روبه‌رو بود. همین اشکال است که درون‌مایه اصلی این فصل بدان اختصاص پیدا کرده است. حتی اگر اصلاحگران متقاعد هم می‌شدند که همهٔ مردان و زنان روی زمین باید به انجیل عیسای مسیح پاسخ دهند، باز هیچ ساختاری انجمنی وجود نداشت که از اعزام میسیونرهای پروتستان به آن‌سوی مرزهای فرهنگی پشتیبانی کند. چنانکه اندرو والز خاطرنشان نموده: «واقعیت ساده این بود که کلیسا چنانکه در آن زمان سازماندهی شده بود، خواه اسقفی، خواه پرزبیتری یا جماعتی، نمی‌توانست در امر میسیون مسیحی در کشورهای بیگانه، عملکرد مؤثری داشته باشد.» دلیلش هم این بود که کلیساهای پروتستان همهٔ ساختارهای انجمنیِ کاتولیسیسم رومی را برچیده بودند، و هیچ ساختاری برای پشتیبانی از اقدامات میسیونری میان‌فرهنگی باقی نگذاشته بودند. به همین دلیل است که در فصل ۹ کتاب این بحث را پیش کشیدیم که تولد انجمن میسیونری پروتستان یکی از مهمترین لحظات خطیر *کایروس* در

1. Johann Gerhard; 2. Adrianus Saravia; 3. Erasmus of Rotterdam

تاریخ میسیون‌های مسیحی بود. ویلیام کِری را پدر جنبش میسیونری امروزی می‌دانند، نه تنها به‌خاطر اینکه *الاهیاتی* دقیق برای فعالیت میسیونری تدوین کرد، بلکه *ساختاری ثانوی*، یعنی یک انجمن میسیونری به‌وجود آورد که زمینه‌ای فراهم ساخت تا به مردان و زنانی که می‌خواهند به‌عنوان میسیونر خدمت مؤثری داشته باشند، توانایی لازم را ببخشد. از آنجایی که چنین انجمنی در دنیای پروتستان هیچ پیشینه‌ای نداشت، کِری آن را از روی انجمن‌های بازرگانی غیردینی الگوبرداری کرد. بدین‌ترتیب، چنانکه در فصل ۹ یادآور شدیم، کِری نوشت:

> شرکتی را تصور کنید متشکل از مسیحیان جدی، خادمان و افراد خصوصی، که خود را زیر پوشش یک انجمن سازماندهی کرده‌اند، و در خصوص آیین‌نامهٔ برنامهٔ خود قواعدی تدوین می‌کنند، و در خصوص اشخاصی که قرار است به‌عنوان میسیونر استخدام شوند، و راه‌های تأمین هزینه‌های این شرکت و غیره.

پس، حتی با وجودی که پیش از کِری هم میسیونرهای پروتستان دیگری وجود داشتند، اما کِری بود که یک *ساختار* نوین ایجاد کرد، تا به جریان اصلی کلیسا توانایی وارد شدن به موضوع میسیون مسیحیِ میان‌فرهنگی را، چنان که تا پیش از آن در کلیساهای پروتستان سابقه نداشت، بدهد. در حقیقت، یکی از بازی‌های بزرگ روزگار در ارتباط با زندگی کلیسا این است که ساختارهای مدالیته، نظیر کلیسای محلی و مانند آن، غالباً در برابر ساختارهای انجمنی مقاومت نشان می‌دهند، اما این ساختارها مؤثرترین ابزار برای تأسیس مدالیته‌های جدید فراهم می‌آورند. وانگهی، مدالیتهٔ کلیسای محلی مؤثرترین مکان برای تولد انجمن‌های جدیدند. تولد انجمن میسیونری داوطلبانه بود که به کلیسا کمک کرد دریابد که «اموری- نه امور کوچک، بلکه امور بزرگ، همچون بشارت در سطح جهانی- هستند» که فراتر از ظرفیت‌های کلیسای محلی می‌باشند و بدون ساختارهای پشتیبان انجمنی نمی‌توان بدانها پرداخت. در سدهٔ نوزدهم شاهد رشد خیره‌کنندهٔ تعداد انجمن‌های میسیونری هستیم، که اکثر آنها به جنبش «میسیون‌های ایمان» تعلق داشتند که از روی میسیون درون‌مرزی چین- که بنیانگذارش کسی جز هادسن تیلور نبود- الگوبرداری کرده بودند. نتیجهٔ این رشد، تجهیز و بسیج خیل مسیحیان برای شهادت دادن در مورد عیسی، در خط مقدم بسترهای میان‌فرهنگی بود؛ پدیده‌ای که تا آن زمان در تاریخ سابقه نداشت.

## رابطهٔ مدالیته و انجمن در بستر معاصر

بررسی کتاب‌مقدسی و تاریخی، که پیش‌تر انجام گرفته، سه چیز را نشان داده است. نخست اینکه، کلیسای محلی و انجمن میسیونری نمایندگان دو ساختار متمایزند. دوم اینکه، این جمعیت‌های داوطلبانه (انجمن‌ها) تاریخچه‌ای طولانی در امر خدمت به کلیسا دارند؛ چه در زمینهٔ برانگیختن بیداری‌های روحانی و چه در زمینهٔ رساندن انجیل به آن‌سوی مرزهای میان‌فرهنگی. سوم اینکه، رابطهٔ میان این دو ساختار اغلب در بهترین شرایط تیره و در زمان‌هایی حتی همراه با ناسازگاری و عدم اعتماد متقابل بوده است.

رابطهٔ میان مدالیته‌ها و انجمن‌ها را می‌توان با پیروی از چند اصل کلیدی، به بارزترین شکل ممکن شفاف کرد و ارتقا بخشید. نخست آنکه، *طرفین باید به اهمیت نقش متقابل هر دو ساختار واقف شوند و آن را به رسمیت بشناسند*. از یک‌سو، کلیسای انطاکیه ناگزیر به اقرار بود که بدون گروه کوچکی از مسیحیان وقف‌شده که حاضرند از مسئولیت‌های مربوط به کار و خانواده دست بشویند تا خود را وقف این خدمت کنند، توانایی گستردن دامنهٔ نفوذ خود را ندارد. از دیگر سو، گروه میسیونری پولس از بطن همین کلیسای محلی زاده شده بود (اعمال ۱:۱۳) و شاخه‌ای از آن محسوب می‌شد، و به‌طور کامل نسبت به آن پاسخگو بود. در یک کلام، وجود گروه میسیونری پولس تنها برای تحقق یک منظور بود و آن هم خدمت کردن به کلیسا و بس. این گروه باعث گسترش مدالیته‌های کلیسایی جدیدی شد. در حقیقت، جدا از کلیسا، موجودیت و هدف گروه میسیونری سیار معنای خود را از دست می‌داد.

ثمرات این به رسمیت شناختن متقابل هم به سود مدالیته خواهد بود و هم به نفع انجمن. کلیساها باید بیاموزند که انعطاف‌پذیری، پویایی، و تمرکزی را که اغلب جزو خصایص انجمن‌های تأثیرگذار است به رسمیت بشناسند. به همین‌ترتیب، انجمن‌های میسیونری نیز باید یاد بگیرند که ثبات، حکمت و دیدگاه را که از نشانه‌های کلیسای مقدس مسیح است، به رسمیت بشناسند. انجمن‌ها مدام در حال تغییر و تطبیق‌اند. مانند ارکستری که در آن آلات موسیقی گوناگون، همگی مشغول نواختن واریاسیون‌هایی مختلف از یک تم مشترکند، صومعه‌ها و فرقه‌های سائل و انجمن‌های میسیونری، همگی واریاسیون‌های مختلفی از نهاد داوطلبانه هستند. در آینده، شاید ساختارهای انجمنیِ کاملاً نوینی ظهور کنند که با شرایط و چالش‌های خاص زمانه سازگار باشند. با این‌حال، در سراسر زمان‌ها و اعصار، کلیسا همواره جماعتی از قوم خدا خواهد بود، که واقعیت‌های آینده را در زمان حال تجربه می‌کند. برخلاف انجمن‌ها و سازمان‌هایی که پیوسته در حال تغییر و تطبیق با زمانه هستند، کلیسا هرگز لازم نیست از تغییر یا قدیمی‌شدن ترس داشته باشد. کلیسای حقیقی عیسای مسیح همواره *آینده* را در زمان حال زندگی می‌کند. با این تعبیر، انجمن‌ها با زمانه مرتبطند و از این‌رو باید پیوسته با گذر زمان خود را تغییر دهند، در حالی که کلیسا با آینده در پیوند است و تنها صدا در جامعه به‌شمار می‌رود که همگان را به‌سوی واقعیت آخرشناختیِ عظیم عیسای مسیح فرامی‌خواند.

دوم آنکه، *انجمن‌ها باید همواره به کلیسا پاسخگو باشند*. این امر در رابطهٔ گروه میسیونری پولس با کلیسای انطاکیه و رهبریِ رسولیِ مقیم اورشلیم، کاملاً آشکار بود. هیچ پیشینهٔ کتاب‌مقدسی برای انجمن «*خودمختار*» وجود ندارد، به‌طوری که از قید نظارتِ کلیسا و پاسخگویی به آن آزاد بوده باشد یا ادعا کند که میان دو ساختار مزبور تنها یک ارتباط مبهم «روحانی» وجود دارد. این اصل برای آن دسته از انجمن‌های میسیونری که به‌طور رسمی از فرقه‌ها یا شبکه‌های پیوسته‌ای از کلیساها منشعب شده‌اند، چالشی جدی پدید نمی‌آورد. به‌خاطر ماهیت سلسله‌مراتبی کلیسای کاتولیک، در نهایت همهٔ انجمن‌های کاتولیک به

کلیسای بزرگتری پاسخگو هستند.[1] در جهان پروتستان، این امر به‌طور معمول در چارچوب جداگانهٔ هر فرقه یا شبکهٔ پیوسته اتفاق می‌افتد. برای مثال، تشکیلات میسیون به‌سوی دنیا[2] یک شاخهٔ اعزام میسیونر است (یعنی فی‌نفسه یک انجمن است) که برای تجهیز، اعزام و حمایت از میسیونرهایی که خدا از میان جماعت‌هایشان فراخوانده، رسماً از سوی کلیسای پرزبیتری آمریکا (PCA) تأییدیه گرفته‌اند. همهٔ این میسیونرها به PCA پاسخگو هستند. به همین ترتیب، میسیون‌های جهانی جماعت ربانی[3] یک انجمن است که از سوی کلیساهای جماعت ربانی، یعنی بزرگترین فرقهٔ پنتیکاستی ایالات متحده، پشتیبانی می‌شود. تشکیلات میسیونری ایشان تاکنون بیش از دو هزار میسیونر جماعت ربانی را به جهت خدمت در صدها بستر میان‌فرهنگی گوناگون، تجهیز کرده است. هر یک از این میسیونرها مستقیماً در قبال رهبری، نظارت، و یا هیئت مدیرهٔ کلیسای جماعت ربانی پاسخگو هستند. صدها نمونهٔ دیگر از این قبیل انجمن‌های میسیونری وجود دارند که به همین ترتیب عمل می‌کنند، یعنی زیر نظارت فرقه‌ای قرار دارند.

با این‌حال، شمار رو به افزایشی از انجمن‌های میسیونری به‌عنوان هیئت‌های میسیونری میان‌فرقه‌ای یا مستقل پایه‌گذاری شده‌اند، که خادمان بسیاری را برای «تعهد ثانوی» از طیف گسترده‌ای از کلیساها و فرقه‌ها به‌سوی خود جلب می‌کنند. گرچه این سازمان‌ها به‌طور مداوم به یک هیئت‌مدیرهٔ مستقل، متشکل از رهبران مسیحی بالغ، پاسخگو بوده‌اند، اما به معنای دقیق کلمه از همهٔ کلیساها جدا هستند و خودمختار عمل می‌کنند. از آنجایی که این هیئت‌های میسیونری به‌طور رسمی یا تشکیلاتی با کلیسا در ارتباط نیستند، به کرات بیانیهٔ ایمان خود را تغییر داده‌اند تا تعهدشان به راست‌دینی تاریخی را نشان دهند و یا با پررنگ کردن برخی ویژگی‌های متمایزکننده، به متقاضیان عضویت بفهمانند که گرایش کلی الاهیاتیِ تشکیلات چیست، تا همفکران و همباوران بیشتری را از کلیساهای مورد نظر به‌سوی خود جلب و جذب کنند. امروزه مشاهدهٔ وب‌سایت‌های هیئت‌های میسیونری مستقلی که عناوین معینی همچون *اونجلیکال*، *باپتیستی*، *پنتیکاستی*، *اصلاح‌شده یا جهانی*[4] دارند، امری عادی شده است. این کار با دو هدف انجام می‌پذیرد: نخست جذب متقاضیان هم‌اندیش با این عناوین؛ و دیگری کمک به ایجاد فضایی هماهنگ در درون تشکیلات، از طریق گرد آوردن افرادی که ارزش‌های مشترک و دیدگاه‌هایی مشابه دارند.

بلاتکلیفی در اینجا است که آیا داشتن هیئت نظارتی که اعضایش *از* کلیسا انتخاب شده‌اند، به این معناست که سازمان به اندازهٔ کافی اصل پاسخگویی *به* کلیسا را رعایت می‌کند؟ از یک‌سو، بی‌احتیاطی است اگر موضوع ارتباط میان یک سازمان با کلیسای نادیدنی را با گفتن

---

۱. به دلیل تمرکز موضوع و هدف این فصل، جای پرداختن به شیوهٔ عملکرد انجمن‌ها در کلیسای ارتودوکس شرقی نیست. با این‌حال، تشابهات بسیاری میان سیستم نظارت در این کلیسا و کلیسای کاتولیک رومی وجود دارد. برای نمونه، انجمن ارتودوکس عرب (The Arab Orthocloxy Society) یک سازمان خیریه است که به رفع نیازهای نیازمندان در شهر اورشلیم می‌پردازد. این سازمان از سوی کلیسای ارتودوکس یونانی حمایت می‌شود و بدان نیز پاسخگو است.

2. Mission to the World; 3. The Assemblies of God World Missions; 4. Ecumenical

اینکه همهٔ ما به خدا پاسخگو هستیم، بیش از اندازه روحانی کنیم. طی چند سال بسیاری از سازمان‌های میسیونری و مؤسسات خدماتی مذهبی خوش‌نیت، با دید و رؤیای بزرگ و انرژی بالا از گوشه و کنار سر بلند کرده‌اند، اما فاقد پاسخگویی ملموس بوده‌اند. متأسفانه، اغلب نتیجه کار این قبیل سازمان‌ها فاجعه‌بار است. از سوی دیگر، سازمان‌های مهمی نیز توسط مردان و زنان خردمند و خداشناس به‌خوبی اداره می‌شوند، که اگر مستقیماً و به‌لحاظ قانونی با نهاد کلیسا در ارتباط و به آن پاسخگو نبودند، *اکنون آنها هم وجود نمی‌داشتند*. برای نمونه، سازمان مترجمین کتاب‌مقدس ویکلیف[1] دوشادوش سازمان شریکش[2] اگر با کلیسا ارتباط رسمی نداشت، در بسیاری از کشورها پروانهٔ فعالیت نمی‌گرفتند.

بهترین راه‌حل برای همهٔ انجمن‌های مستقل این است که به سه اصل متعهد شوند. نخست، آنها باید توسط هیئت‌مدیره‌ای متشکل از رهبران مسیحی خداشناس و محترم اداره شوند، که ایشان نیز به نوبهٔ خود به کلیسا پاسخگو باشند. دوم، این سازمان‌ها باید به‌روشنی آگاهی‌رسانی کنند که هدف نهایی‌شان خدمت کردن به کلیسا و تجهیز مردان و زنانی است که از کلیساها برای حضور در عرصهٔ میسیون مسیحی داوطلب می‌شوند. سوم، این سازمان‌ها باید بر این پافشاری کنند که همهٔ اعضای‌شان، فرد به فرد به‌عنوان بخشی از فرایند درخواست استخدام، از سوی رهبری کلیسای محلی اظهارنامهٔ امضاشده بیاورند که وضعیت روحانی آنان را تأیید می‌کند و نشان می‌دهد که ایشان به‌طور مرتب و به‌شیوه‌ای قابل تشخیص، نسبت به کلیسا پاسخگو هستند. با به‌کارگیری این تدابیر ایمنی، می‌توان به‌طرزی معقول اطمینان حاصل کرد که میان مدالیته و انجمن یک رابطهٔ درست و سالم برقرار خواهد ماند. بسیاری از بهترین انجمن‌های مستقل این سه تعهد را سرلوحهٔ کار خود قرار داده‌اند. برای مثال، سازمان خدمات مسیحی دنیای عرب[3] را یک هیئت‌مدیرهٔ مستقل اداره می‌کند، و بر این اصرار دارد که اعضایش حتماً به یک کلیسای محلی تعلق داشته و از سوی آن کلیسا فرستاده شده باشند. وانگهی، وب‌سایت آنها به صراحت نشان می‌دهد که موجودیت آنها به‌خاطر خدمت به کلیسا است. بدین‌ترتیب، انجمن‌ها در عین‌حال که همواره بر ماهیت استوار و هستی‌شناسانهٔ کلیسای مسیح اذعان دارند، می‌توانند به ماهیت کاربردی و انعطاف‌پذیر خود ادامه داده، کامیاب شوند.

## نتیجه‌گیری

ما در این فصل کوشیدیم رابطهٔ میان کلیساشناسیِ کتاب‌مقدسی و پیدایش جمعیت‌های داوطلبانهٔ گوناگون، مؤسسات خدمات مذهبی شبه‌کلیسایی، و سازمان‌های میسیونری را که به کلیسا خدمت می‌کنند بررسی کنیم. تنها مدالیتهٔ کلیسا که روح‌القدس بر آن ریخته شده، می‌تواند واقعیات کامل خلقت تازه را در عصر کنونی، جامهٔ عمل بپوشاند. وجود انجمن‌ها فقط برای هرچه بیشتر و بهتر رسیدن به این هدف است. در این مورد بحث کردیم که ساختارهای انجمنی مبنایی کتاب‌مقدسی دارند و به‌لحاظ تاریخی در زمینهٔ تجهیز مؤثر کلیسا

1. Wycliffe Bible Translators; 2. SIL International; 3. Arab world Ministries

به شیوه‌های گوناگون، به کلیسا خدمت و همیاری نموده‌اند. با وجود این، حایز اهمیتی حیاتی است که این سازمان‌ها نسبت به کادر رهبری مسیحی خداشناس پاسخگو باشند و اینکه فرد فرد اعضای انجمن‌های مختلف از سوی یک کلیسای محلی فرستاده شوند و نسبت به آن کلیسا پاسخگو باشند.

قسمت ب

میسیونرها، نمایندگان رنج و طلایه‌داران خلقت تازه

# ۱۶

# کلیسای رنجبر و پیشرو

وقتی برای نخستین‌بار به‌عنوان معلمی جوان، سر نخستین کلاسی حاضر شدم که همهٔ دانشجویانش هندی بودند، تمام وجودم را ترس فرا گرفت و آشفتگی از چهره‌ام نمایان بود. سال ۱۹۸۷ بود و من تازه به شمال هندوستان رفته بودم تا دوره‌ای را با عنوان «اصول تفسیر کتاب‌مقدس» تدریس کنم. حدوداً پنجاه مبشر، شبان و دانشجوی الاهیات از پیش برای این دوره نام‌نویسی کرده بودند، هرچند زمانی که کلاس تشکیل شد تعداد بسیار بیشتری حاضر شدند، با این امید که جزو کلاس باشند. در همان روز نخست، وقتی در برابر شاگردان ایستاده بودم و درس می‌دادم، بی‌اختیار متوجه مرد جوانی شدم که در یکی از ردیف‌های جلو نشسته بود و از قرار معلوم همین تازگی‌ها به‌شدت کتک خورده بود. در خلال زنگ تفریح دریافتم که نامش اشوین کومار[1] است، و طی یکی دو هفتهٔ بعد، با هم دوست شدیم.[2]

اشوین، مبشر بیست‌ویک ساله، کوشیده بود انجیل را به چندین روستای دورافتاده در شمال هندوستان ببرد، اما با دشمنی‌های پیاپی روبه‌رو شده بود. در یک مورد، روستائیان کتاب‌مقدسش را گرفته و پاره کرده بودند و سپس آن را درون گودالی پر از آب گل‌آلود انداخته بودند. تهدیدش کرده بودند و به او هشدار داده بودند که دیگر هرگز به آن دهکده بازنگردد. با این‌حال، اشوین اصرار داشت که حتماً بدانجا بازگردد، زیرا برای اهالی آنجا خبر خوشی داشت. سرانجام، وقتی باز به آن روستا رفت، دوچرخه‌اش را گرفتند و شکستند و او را چنان کتک زدند که وقتی بیرون دهکده و کنار جاده رهایش کردند، پنداشتند که مرده است.

---

1. Ashwin Kumar

۲. با وجودی که داستان مزبور حقیقی است، اما نام مبشر مورد نظر را عوض کردم و موقعیت جغرافیایی دقیق این روستاها را هم بیان نمی‌کنم تا از هویت این مرد محافظت کرده باشم. چراکه اگر شناخته شود، احتمال آن هست که جانش به خطر بیفتد.

اگر شخصی که تصادفاً از جاده عبور می‌کرد (و او را هرگز ندیده بود) نمی‌رسید و به او کمک نمی‌کرد، احتمالاً اشوین همان موقع می‌مرد. رهگذر با دیدن وضعیت ناراحت‌کنندهٔ اشوین، همچون سامری نیکو در حکایت عیسی او را بلند می‌کند، جرعه‌ای آب به او می‌نوشاند و زخم‌هایش را می‌بندد. این اتفاق درست یکی دو هفته پیش از شروع کلاسی که من معلمش بودم، روی داده بود.

اشوین پس از تکمیل برنامهٔ آموزشی خود با نیرویی تازه برای موعظهٔ انجیل به مردم همان روستا بازگشت؛ یعنی به همان جایی که به او آزار و جفا کرده بودند. یکسال و نیم بعد، وقتی از اشوین تلگرافی دریافت کردم مبنی بر اینکه تا کمر داخل رودخانهٔ عمیقی شده و بیست نفر از مسیحیان آن روستا را تعمید داده، نمی‌توانم بگویم که تا چه اندازه شاد شدم. من این افتخار را داشته‌ام که برای بیش از بیست سال یکی از دوستان اشوین کومار باشم، و اکنون تقریباً هر سال به دیدنش می‌روم. او همچون گذشته به خدمت رو به پیشرفت و در حال رشد خود در میان قومی که به یکی از سرسخت‌ترین گروه‌های قومی هندوستان مشهورند، ادامه می‌دهد. اشوین اعتراف می‌کند که جفایی که بر او واقع شد، ایمانش را تقویت کرد و عزمش را راسخ‌تر نمود و حتی دل‌های آنانی را که بعدها ایمان آوردند نرم ساخت، زیرا می‌دیدند که او به‌رغم دشمنی‌ها و خشونت‌هایی که از آنها دیده، چگونه محبت‌شان می‌کند.

این روایت از بسیاری جهات بازتاب خط سیر مثبتی است که اغلب می‌توان رد آن را در داستان‌های مرتبط با جفا یافت. داستان به قرار زیر پیش می‌رود. افراد به فرمان مسیح گردن نهاده، راهی ناحیه‌ای می‌شوند که مردمش تاکنون انجیل را نشنیده‌اند و پیام انجیل را به آنها می‌رسانند. مبشران به‌خاطر شهادت‌شان در بدو امر با مقاومت شدید روبه‌رو می‌شوند، به‌شدت مورد ضرب و شتم قرار می‌گیرند یا حتی کشته می‌شوند. با این‌حال، با گذشت زمان، خدا خادمان رنج‌کشیدهٔ خود را عزت می‌بخشد، و کلیسا پیشرفت می‌کند. اینها بازتاب سخنان معروف ترتولیان[1] است که می‌گوید: «خون مسیحیان بذر کلیسا است.» کلیسایی جدید به‌وجود می‌آید و به‌عنوان شهادتی قابل رؤیت از وفاداری و پایمردی آنانی که انجیل را میان چنین جریان مخالفی بردند، عمل می‌کند.

با این‌حال، داستان همهٔ جفاها همیشه این‌گونه به پایان نمی‌رسد. نمونه‌های بی‌شماری داریم که در آنها به‌نظر می‌رسد خون شهیدان برای رشد کلیسا هیچ ثمری نداشته است. برخی از تکان‌دهنده‌ترین و تأمل‌برانگیزترین گزارش‌های مربوط به جفا و شهادت را می‌توان در نوشته‌های شوساکو اِندو[2] رمان‌نویس ژاپنی یافت. او به‌عنوان نویسنده‌ای کاتولیک، بخش عمده‌ای از زندگی ادبی‌اش را صرف کلنجار رفتن با حضور یا عدم حضور خدا در زندگی کسانی کرده که مورد آزار و شکنجه قرار می‌گیرند یا ناعادلانه متحمل رنج می‌شوند. او بازتاب فریاد عیسی را بر صلیب که فرمود: «خدای من، خدای من، چرا مرا واگذاشتی؟»، در تجربهٔ بسیاری از مسیحیانی می‌یابد که با جفا و شهادت روبه‌رو هستند و ظاهراً تنها چیزی که تجربه می‌کنند، سکوت خدا است.

1. Tertullian; 2. Shusaku Endo

برای مثال، رمان «سکوت» اِندو در بستر جامعهٔ ژاپنِ اواخر سدهٔ شانزدهم و اوایل سدهٔ هفدهم قرار داده شده، وقتی کاتولیک‌های ژاپنی و کشیشان اروپایی را شکنجه می‌کردند و وادار می‌ساختند برای حفظ جان کشیشانِ همقطار خود، از مسیحیت برگردند. اِندو داستان یک کشیش جوان پرتغالی، به نام سباستیان رودریگز[1] را بازمی‌گوید، که از ماکائو به ژاپن سفر می‌کند تا از صحت و سقم این خبر که مرشدش، پدر کریستواو فریرا[2] از دین برگشته آگاه شود. رودریگز پر از ایمان و توان وارد ژاپن می‌شود، اما به‌تدریج با کم‌عمق بودنِ ایمانش و قساوت رنجی که مسیحیان در ژاپن با آن مواجه بودند، روبه‌رو می‌گردد. عنوان رمان، یعنی سکوت یادآور آن است که چگونه پاسخ‌های ساده‌انگارانهٔ خودِ رودریگز در سکوت دهشتناک خدا در رویارویی با یکی از پرتنش‌ترین دوره‌های جفای کلیسا در تاریخ، رنگ می‌بازند. کشیشان از درون سلول‌های تنگ زندان، با شنیدن ضجه‌های همقطاران خود و مسیحیان ژاپنی که در حال شکنجه شدن بودند، به‌سوی خدا فریاد برمی‌آوردند. یکی از شخصیت‌های کتاب اِندو اظهار می‌دارد: «نمی‌توانم صدای یکنواخت دریای تاریک را که آرام آرام ساحل را می‌ساید، تحمل کنم. در پس سکوت افسرده‌کنندهٔ این دریا، سکوت خدا است... این احساس که وقتی انسان‌ها از درد به‌سوی خدا فریاد می‌کنند، خدا ساکت و دست به سینه بی‌حرکت می‌ماند.» تصویری که در این کتاب مرتباً تکرار می‌شود، فروغلتیدن میسیونرها درون «باتلاق ژاپن» است.

ستم و ستیزی که مسیحیان و کشیشان متحمل شدند و موضوع رمان اِندو را تشکیل دادند، همگی بر اساس رویدادهای واقعی هستند. در سال ۱۵۸۷ هیده یوشی،[3] فرمانروای[4] فئودال ژاپنی قانون حمایت از مسیحیان را که تا پیش از آن، یعنی در دورهٔ رهبری نوبوناگا[5] مراعات می‌شد، لغو کرد. پس از آن در سال ۱۶۱۴ فرمان نابودی بزرگ مسیحیان از سوی شوگان قدرتمند، ایده یاسو[6] صادر شد. این دورهٔ جفا از ۱۶۱۴ تا هنگام ورود ناخدا پِری[7] به ژاپن در سال ۱۸۵۳ ادامه داشت و بدین‌ترتیب یکی از طولانی‌ترین دوره‌های جفا در تاریخ کلیسا رقم خورد. در سراسر این دوره کلیسا به‌طرز فزاینده‌ای به حاشیه رانده شد و به‌لحاظ تعداد رو به کاهش نهاد. حتی تا به امروز، به‌رغم سده‌ها تلاش میسیونری، درصد مسیحیان ژاپنی از درصد مسیحیان آن کشور در سال ۱۵۸۷، یعنی سالی که قانون حمایت مقامات ژاپنی از مسیحیان برچیده شد، چندان بالاتر نرفته است.[8]

هدف این فصل از کتاب بررسی نقش جفا و رنج در زمینهٔ بزرگتر *مأموریت الاهی* است. میسیونرها به‌عنوان کارگزاران و طلایه‌داران خلقت تازه، به کرات با مخالفت‌های شدید، جفا و حتی شهادت روبه‌رو می‌شوند. آیا در مواجهه با این قبیل مخالفت‌ها می‌توانیم، به‌قول ترتولیان، اطمینان داشته باشیم که خون شهیدان بذر کلیسا است؟ میان رنج و پیشرفت فرمانروایی خدا در دنیا، چه رابطه‌ای وجود دارد؟ آیا کسانی که برای خدمت میسیونری آماده

1. Sebastian Rodriguez; 2. Christovao Ferreira; 3. Hideyoshi; 4. Daimyo; 5. Nobunaga; 6. Ideyasu; 7. Commodore Perry

۸. بنا بر گزارش پایگاه داده‌های مسیحی جهان (World Christian Database)، در پایان دورهٔ حمایت، تقریباً ۲٪ از جمعیت ژاپن مسیحی بودند. درصد کنونی مسیحیان ژاپنی ۲۸/ ۲ است.

می‌شوند، می‌توانند ورای داستان‌ها و روایات الهام‌بخش و آمارهای تأمل‌برانگیز، ژرف‌تر اندیشیدن در مورد جفا را نیز بیاموزند؟ متأسفانه، اکثر آموزش‌های میسیونری، و به‌ویژه دروسی که توسط نویسندگان غربی تهیه می‌شوند، فاقد مضمون جفا به‌عنوان موضوعی برای تأمل‌اند، یا اگر هم داشته باشند، آن را در چارچوب الاهیاتی بزرگتری قرار نداده‌اند. اکنون که ما در انتهای تاریخ حاکمیتِ مسیحی ایستاده‌ایم، لازم و حیاتی است که به ما مسیحیان غربی چارچوب الاهیاتی و میسیون‌شناختیِ مستحکم‌تری داده شود تا بتوانیم موضوع جفا را بهتر بیاموزیم. به همین ترتیب، در دهه‌هایی که پیش رو داریم به‌طور قطع شاهد بالا گرفتن دشواری‌ها برای برادران و خواهران‌مان در جهان اکثریت خواهیم بود، اینکه آنان به‌ویژه از سوی بنیادگرایان مسلمان و هندو با مخالفت‌های شدید روبه‌رو خواهند شد.

نمی‌توانیم جفا را نادیده بگیریم یا آن را از چارچوب الاهیاتی‌مان برای درک کار خدا، به‌کلی حذف کنیم. محور کار روح‌القدس نه تنها یاری رساندن به کلیسا در تجسم بخشیدن به واقعیت‌های نوظهور خلقت تازه است، بلکه کمک کردن به درک پیروزی مسیح در میان همهٔ مخالفت‌هایی است که در زندگی خود، در این عصر شریر حاضر با آنها روبه‌رو هستیم. ما کارمان را با بررسی برخی از سوء تفاهمات پیرامون جفا که اغلب در کلیسا شایع شده‌اند، آغاز می‌کنیم. سپس یک چارچوب فراگیر برای درک جفا در زمینهٔ متن *مأموریت الاهی* ارائه می‌دهیم، و آن را مورد بررسی قرار خواهیم داد.

## پنج دیدگاه شایع در مورد جفا

چارلز تیسزن[1] در «بررسی دوبارهٔ جفای دینی» نمونه‌های بارز ادبیات منتشر شده در باب موضوع جفا را مورد بررسی قرار داده است. تیسزن در ارتباط با جفا پنج دیدگاه مشخص را که در آثار نویسندگان غربی و نیز جهان اکثریت مشاهده می‌شود، مورد شناسایی قرار داده است. در همین ابتدای امر باید توجه کرد که در هر پنج دیدگاه مورد بحث تا اندازه‌ای حقیقت وجود دارد. با این‌حال، وقتی آنها را تک به تک مورد ارزیابی قرار می‌دهیم، هر یک به‌نوعی مانع پیشرفت در تبیین چارچوب الاهیاتی جامع برای درک موضوع جفا می‌شوند. اکنون به بررسی شایع‌ترین دیدگاه‌ها در زمینهٔ جفا خواهیم پرداخت.

### بازگشت قریب‌الوقوع مسیح: جفا به‌عنوان یکی از نشانه‌های زمان‌های آخر

شماری از نویسندگان جفا را یکی از اصلی‌ترین نشانه‌های زمان‌های آخر و بازگشت قریب‌الوقوع عیسای مسیح می‌دانند. گزارش‌های مربوط به جفا که از سراسر دنیا می‌رسند، همان «درد زه» هستند که سرانجام به مصیبت عظیم، یعنی همان دورهٔ جفای شدید خواهد انجامید. جریان ثابتی از کتاب‌های مشهور مربوط به آخرالزمان که در سال‌های اخیر انتشار یافته‌اند، همچون «مرحوم سیارهٔ بزرگ زمین»[2] اثر هال لیندسی[3] و مجموعه کتاب‌های

1. Charles Tieszen; 2. The Late Great Planet Earth; 3. Hal Lindsey

«وانهاده شده»[1] نوشتهٔ تیم لاهی[2] و جری جنکینز،[3] از این طیف می‌باشند. همهٔ این کتاب‌های پرفروش بر این عقیده تأکید دارند که جفا با مصیبت عظیم در ارتباط است. در این نوشته‌ها، جفا در وهلهٔ اول به‌عنوان یک رویداد آخرشناختی تفسیر شده است. این تعلیم که مسیحیان به‌واسطهٔ ربوده شدن «پیش از مصیبت»[4] از مصیبت عظیم در امان خواهند ماند، عقیدهٔ مزبور را بیشتر تقویت کرده است، زیرا از منظر باورمندان به این عقیده، خدا نخواهد گذاشت فرزندانش متحمل چنین دورهٔ جفای شدیدی شوند.

این دیدگاه از اهمیت رنجی که در سراسر تاریخ کلیسا بر مسیحیان وارد شده، می‌کاهد، و به‌طور خاص از اهمیت این واقعیت که خدا/از پیش اجازه داده کلیسایش به‌خاطر مسیح متحمل بدترین نوع شکنجه و بیداد شود. اگرچه تردیدی نیست که افزایش جفا یکی از نشانه‌های بازگشت عیسای مسیح است، اما این موضوع را نباید جدا از این تشخیص کلی در نظر گرفت که مسیحیان در طول همهٔ دوره‌ها متحمل جفا شده‌اند.

## مخاطرات کلیسای اولیه: جفا پیش از فرمانِ مدارای دینیِ کنستانتین

بر اساس دیدگاه دوم، جفا تجربه‌ای است که فقط مسیحیانی آن را تجربه کردند که در دنیای پیش از رواج مسیحیت به موجب فرمان مدارایِ دینیِ کنستانتین در سال ۳۱۳ م. می‌زیستند. اکثر دانشجویان تاریخ کلیسا جفای رسمی از سوی حکومت، در دورهٔ فرمانروایی امپراتوران روم همچون نرون، والرین[5] و دیوکلتین[6] را مطالعه می‌کنند. با وجود این، از آنجایی که مسیحیان معمولاً از منظر کلیسای غرب به تاریخ کلیسا نگاه می‌کنند، اکثراً از این واقعیت تاریخی غافل می‌مانند که پایان جفای حکومتی در غرب، سرآغاز موج جدیدی از جفاها بر ضد مسیحیان شرق بوده که در امپراتوری پارس زندگی می‌کردند. سموئل مافت به این نکته اشاره می‌کند که برخاستن این موج جدید جفا در شرق، بیش از آنکه به‌خاطر عدم مدارای دینی در ایران زرتشتی باشد، نتیجهٔ تهدید سیاسی روم بوده است. ایرانیان آشتی دولت جدید روم با مسیحیان را تهدیدی بالقوه برای ایران تفسیر می‌کردند، زیرا مسیحیان به‌طور بالقوه «ستون پنجم» سلطه‌جویی رومی در ایران محسوب می‌شدند. مادامی که مسیحیان دشمن روم قلمداد می‌شدند، در زمرهٔ دوستان ایران به‌شمار می‌رفتند، اما ظهور حاکمیتِ مسیحی بر غرب باعث شد که شاپور دوم، شاهنشاه ایران نسبت به مسیحیان بدگمان شود. گویی قضای روزگار بر این بود که گرویدن کنستانتین به مسیحیت، در حکم یک شتاب‌دهنده عمل کند و در ایران در خلال سال‌های ۳۴۰ تا ۴۰۱ م. جفای بزرگی بر مسیحیان وارد آید.

با وجود این، جفای بزرگ در روزگار شاپور دوم تا اندازهٔ زیادی از دید دانشجویان تاریخ کلیسا در غرب دور مانده است، چون حتی امروز نیز چنین مرسوم است که شاخهٔ غربی تاریخ کلیسا مورد بررسی قرار بگیرد، در حالی که تاریخ مسیحیت شرق تا حد زیادی نادیده انگاشته می‌شود. از این‌رو، دیدگاه بسیار متداولی که حتی در میان دانش‌آموختگان دانشکده‌های الاهیات نیز پیروانی دارد، این است که سدهٔ چهارم میلادی نقطهٔ پایان جفای

1. Left Behind; 2. Tim LaHaye; 3. Jerry Jenkins; 4. Pretribulation; 5. Valerian; 6. Diocletian

دینی است و احتمالاً این وضعیت تا به امروز نیز ادامه دارد. تمایل این دیدگاه به نادیده گرفتن واقعیت جفا در میان مسیحیان جهان اکثریت و نیز تجربهٔ رو به افزایش جفا در طول تاریخ کلیسا است.

## معضل جهان اکثریت: جفا به‌عنوان یک تجربه فقط برای دیگران

دیدگاه سوم در آثار ادبی در مورد جفا این است که جفا فقط در جهان اکثریت، و به‌ویژه در خاورمیانه، اروپای شرقی، و آسیا اتفاق می‌افتد. شماری از نویسندگان اصرار دارند که اگرچه در جهان اکثریت جفای فزاینده بیداد می‌کند، جهان غرب چیزی از جفا نمی‌داند. در ماه فوریه سال ۱۹۸۸ در هنگ کنگ یک همایش رایزنی با مضمون «کلیسا در میان رنج» برگزار شد. گرچه عنوان همایش تلویحاً حاکی از دیدگاهی جهانی‌تر بود، اما مجموعه مقالاتی که پس از همایش به‌صورت کتاب منتشر شدند، عنوان *«رنج مسیحی» در آسیا* را گرفتند. کتاب روی چند مورد خاص از جفا در سرتاسر آسیا متمرکز است، اما به موضوع جفا به‌عنوان پدیده‌ای جهانی نمی‌پردازد. اگر عنوان همایش رایزنی «کلیسای آسیا در میانهٔ رنج» بود، آن‌وقت مخاطب انتظار می‌داشت که به‌طور ویژه روی آسیا تمرکز کند. با این‌حال، همایش بدون اینکه عمدی در کار باشد این پیام کلیشه‌ای را به مخاطبان خود القا کرد که جفا جزو عادی تجربهٔ مسیحیان آسیا است، در صورتی که مسیحیت غربی با چنین تجربه‌ای بیگانه است.

ریچارد وورمبراند[1] احتمالاً معروف‌ترین نام در میان مسیحیانی است که زندگی‌شان را وقف کمک به کلیسای جفادیده کرده‌اند. وورمبراند چهارده سال از عمر خود را در زندان‌های رومانی سپری کرد و در زندان به‌خاطر ایمانش به مسیح مورد شکنجه قرار گرفت. او پس از خلاصی از زندان به «ندای کلیسای زیرزمینی» تبدیل شد. خبرنامهٔ او با عنوان «ندای شهیدان» اکنون یکی از منابع عمدهٔ اطلاعاتی پیرامون کلیسای جفادیده است و این ایده را به‌طرزی گسترده رواج داده که جفا تنها محدود به کشورهای «بسته» است؛ یعنی کشورهایی که از آزادی دینی جهان غرب برخوردار نیستند.

برادر اندرو[2] نویسندهٔ معروف دیگر، پس از انتشار کتابش با عنوان «قاچاقچی خدا»[3] که به تجربهٔ حمل کتاب‌مقدس به اتحاد جماهیر شوروی سابق می‌پردازد، به نامی آشنا در محافل مسیحی بدل شد. برادر اندرو، در مقاله‌اش با عنوان «مسیحیان چگونه باید به جفا نگاه کنند؟» این‌گونه استدلال می‌کند که «رنج پدیده‌ای است که هم‌اکنون بر نیمی از دنیا نازل شده، چه تدریجی چه ناگهانی- بدین‌ترتیب می‌توان نتیجه گرفت که نیمی از کلیسای مسیح، یعنی نیمی از بدن مسیح گرفتار رنج است.» از این منظر، جفا تجربه‌ای عادی و روزمره در زندگی مسیحیان جهان اکثریت است، اما هنوز بر دنیای غرب نازل نشده است.

اسکات کانینگام[4] پس از بررسی مفصلی که روی موضوع جفا در لوقا-اعمال انجام داد، کار را این‌گونه جمع‌بندی کرد که الاهیات جفا در نوشته‌های لوقا، باید به مسیحیان جهان اکثریت که زیر جفا قرار دارند، «قوت قلب دوباره ببخشد»، در صورتی که برای ایمانداران

1. Richard Wurmbrand; 2. Brother Andrew; 3. God's smuggler; 4. Scott Cunningham

غربی، که مسیحیت در سرزمین‌شان «به‌لحاظ فرهنگی پذیرفته شده» و بدین‌سان از جفا «چیزی نمی‌دانند»، دشوار می‌نماید. کانینگام در دنبالهٔ بحث خود می‌پرسد: «اگر لوقا اکنون زنده بود، در مورد *فقدان* جفا در غرب چه می‌گفت؟»

این نویسندگان کماکان مسیحیت غرب را از منظر حاکمیتِ مسیحی می‌نگرند و این‌گونه مسئلهٔ جفا در غرب را یا کمرنگ جلوه می‌دهند یا به‌کلی نادیده می‌گیرند. در صورتی که جفا در غرب نسبت به محیط‌هایی که دشمنی با مسیحیت را صریحاً نشان می‌دهند، فقط در شکل و فرم تفاوت دارد، وگرنه جفا بخشی واقعی و پراهمیت از تجربهٔ مسیحیان در سراسر جهان محسوب می‌شود.

## گرفتاری‌های هرروزه: جفا به‌عنوان توجیهی برای هر دشواری

دیدگاه چهارم بر هر مشکل و دردسری که ایمانداران با آن روبه‌رو می‌شوند برچسب جفا می‌زند. این دیدگاه تمایز میان رنج عمومی (یا حتی ناهمواری‌های دنیوی) ایمانداران و جفای واقعی دیگران را محو می‌کند. دیدگاه مزبور جفا را با اثرات عمومی سقوط آدم، که همهٔ ایمانداران هرروزه در معرض آنها قرار می‌گیرند، برابر می‌شمارد. برای مثال، نویسنده‌ای استدلال کرده که حتی تجربه‌ای نظیر تصادف رانندگی یا دزدیده شدن ماشین را هم باید جفا دانست. وانگهی، زمانی که همین نویسنده به انتخاب خود تصمیم گرفت در میان فقرا زندگی کند و دریافت که با او همچون یک شهروند «درجه دو» رفتار می‌شود، آن را گونه‌ای از «جفا» تلقی کرد. منطق الاهیاتیِ پیروان این دیدگاه برای چنین تفسیر فراگیری از جفا این است که می‌گویند در میان بزرگترین سلاح‌های «زرادخانهٔ شریر»، «چیزهای کوچکی» هم هست که زندگی و خدمت ما را به هم می‌ریزند. از این‌رو، هر چه که مانع از انجام خدمت بی‌دردسر به فرزندان خدا در جهت پیشبرد فرمانروایی و تسلط خدا شود، باید آن را شکلی از جفا به حساب آورد. این دیدگاه با اذعان به اینکه جفا پدیده‌ای است که همهٔ مسیحیان، در همهٔ نقاط جهان و در همهٔ دوره‌ها آن را تجربه می‌کنند، از افتادن در دامی که سایر دیدگاه‌ها را در خود می‌کشد، حذر می‌کند. لیکن، این کار را از طریق ارائهٔ تعریفی عجیب و غریب از واژهٔ *جفا* انجام می‌دهد، که حتی اَشکال ملایم رنج یا حتی ناهمواری را نیز در بر می‌گیرد.

## پارسایی ترجیحی: جفا به‌طور خاص محدود به شهیدان برگزیده است

و سرانجام دیدگاه پنجم در سوی دیگر طیفی قرار دارد که دیدگاه قبل در این سویش قرار داشت. در این دیدگاه، تنها زمانی می‌توان از جفا سخن گفت که رنج ایماندار در نهایت به شهادتش منجر شود. اکثر دانشجویان تاریخ کلیسا داستان‌های جالب توجهی از نخستین شهیدان مسیحی می‌آموزند. شهیدان نامداری همچون استیفان (۳۵ م.)، پولیکارپ (۱۵۶ م.)، یوستین شهید (۱۶۵ م.)، پرپتوا (۲۰۳ م.)، و سیپریان (۲۵۸ م.) و سایرین گروهی ویژه از مسیحیان را تشکیل می‌دهند که به‌خاطر مسیح فداکاری را به نهایت رساندند. در دیدگاه پنجم، فقط رنجی که در نهایت به مرگ منتهی شود، صلاحیت دارد جفای دینی نامیده شود.

در این دیدگاه، واژه‌های *جفادیده* و *شــهید* به‌جای یکدیگر به‌کار برده می‌شوند. این مبتنی بر فرمان عیسی است که به ما فرمود صلیب خودمان را برداریم و در پی او روانه شویم و وعده داد که هر کس جان خود را برای مســیح بدهد، آن را باز خواهد یافت (متی ۳۸:۱۰؛ ۲۴:۱۶؛ مرقس ۳۴:۸). از آنجایی که صلیب وسیلهٔ مرگ بود، کلمات عیسی را چنین تفسیر کردند که او از پیروانش انتظار دارد آمادهٔ شهید شدن و جان دادن به‌خاطر او باشند.

اگرچه هیچ تردیدی نیســت که آن‌دسته از کسانی که جان خود را به‌خاطر انجیل داده‌اند، متحمــل جفای دینی شــده‌اند، اما این دیدگاه جفــای واقعی بر ایماندارانــی را که به‌خاطر وفاداری‌شــان به انجیل مورد ضرب و شتم یا اذیت قرار گرفته‌اند، اما زیر شکنجه نمرده‌اند از دایرهٔ جفا حذف می‌کند. کتاب‌های معروفی چون شــهیدنامه[1] نوشتهٔ فاکس[2] اثری است که برای کسانی که به‌خاطر ایمان‌شان شهید شده‌اند، حرمتی ویژه آفریده است. برخی با استنباط از مکاشفه ۴:۲۰، این‌گونه تعلیم داده‌اند که برای کسانی که شهید می‌شوند، در آخرت پاداشی ویژه در نظر گرفته خواهد شد که به دیگر مسیحیان اعطا نخواهد گردید. کلیسای کاتولیک در اعطای افتخار ویژه به شهیدان، تاریخ طولانی دارد. برای نمونه، در کلیسای کاتولیک رومی، فردی که شــهید می‌شود، حتی اگر تعمید نگرفته باشــد نجات خواهد یافت، چون «با خون تعمید یافته اســت.» این دیدگاه بر اول یوحنا ۶:۵ مبتنی اســت که می‌گوید: «آن که با آب و خون آمد.» این آیه را چنین تفسیر کرده‌اند که منظورش اشاره به تعمید عیسی در آب و بعدها مصلوب شدنش بر صلیب است. قانون ویژهٔ «تعمید گرفتن با خون» حتی در مورد کسانی که به‌خاطر ایمان‌شان به‌شدت کتک خورده‌اند به‌کار نمی‌رود، بلکه تنها برای کسانی کاربرد دارد که رنج‌شان به شهادت انجامیده باشد.

درست است که کلیسا بر کسانی که شهید شده‌اند حرمت بگذارد. با این‌حال، حرمت قایل شدن برای شهدا نباید تجربهٔ صدها هزار مسیحی را که هر ساله به‌خاطر ایمان‌شان به عیسای مسیح در معرض اعمال خصمانه قرار می‌گیرند اما شهید نمی‌شوند، محو سازد. تنها لوقا واژهٔ «هر روز» را به سخنان عیســی در مورد «برگرفتن صلیب خود» می‌افزاید (لوقا ۲۳:۹)، بدین معنای تلویحی که نه تنها هر روز امکان شهید شدن وجود دارد، بلکه برای رویارویی با جفا و طردشدگی، پایداری هر روزه نیز لازم است. از نظر لوقا، این کار جزو تمرین روزانهٔ شاگردی است، که در مورد همهٔ ایمانداران در همه جا کاربرد دارد. ما در مورد مسئلهٔ جفا به دیدگاهی وســیع‌تر نیازمندیم؛ دیدگاهی که شهیدان را نیز در بر می‌گیرد، اما در عین‌حال گوشهٔ چشمی هم به طیف گسترده‌تری از تجربه‌های مسیحی در مواجهه با دشمنی دارد.

این بررسی اجمالی از پنج دیدگاهی که بیش از همه متداولند، کاستی‌هایی را نشان می‌دهد که مانع از رشــد و تحول یک چارچوب جامع الاهیاتی برای اندیشیدن پیرامون جفا شده‌اند. بنابراین، در دنبالهٔ بحث‌مان تعریفی کاربردی از جفا ارائه می‌کنیم و سپس عناصر کلیدی لازم برای تبیین الاهیات جفا را برمی‌شماریم.

1. Book of Martyrs; 2. Foxe

# دفاع از جفا دیدنِ مسیحیان

در این کتاب، مقصود از جفا بر مسیحیان این است: *انواع گوناگون اعمال خصمانه یا تبعیض‌های ناعادلانه که از سوی افراد یا گروه‌ها، از جمله نمایندگان دینی یا سیاسی، و پیش از هر چیز در واکنش به باورها یا اعمال مسیحی صورت می‌گیرند و این اعمال خصمانه را می‌توان در سراسر تاریخ و تجربهٔ کلیسا یافت.* این تعریف شامل چهار جنبه است که ضرورت دارد برای روشن شدن مطلب آنها را بیشتر بشکافیم. نخست، حتی با وجود اذعان بر اینکه همهٔ گروه‌های دینی می‌توانند نمونه‌های مستندی دال بر جفای دینی ارائه دهند، هدف و تمرکز این فصل از کتاب ایجاب می‌کند که روی جفای مسیحی متمرکز شویم.[1]

دوم اینکه، جفا به اعمال اشاره دارد، نه صرفاً نگرش‌ها یا تعصبات، و عمدتاً واکنشی است به باورها و اعمال مسیحیِ شخص. این بدان معنا نیست که کسانی که جفای دینی را امری همیشگی تلقی می‌کنند، همواره انگیزهٔ آن را دینی می‌دانند. با وجود این، انگیزهٔ آن باید دینی باشد، وگرنه همهٔ اَشکال کلی رنج یا سختی در نهایت در طبقه‌بندی جفا جا خواهند گرفت.

سوم اینکه، گاه جفا از سوی افرادی اِعمال می‌شود که به‌طور غیررسمی و مستقل از جامعهٔ بزرگتر عمل می‌کنند، اما جفا ممکن است از سوی گروه‌هایی که به‌طور رسمی عمل می‌کنند یا برای کار خود مجوز دارند نیز اِعمال شود. در هر دو مورد، باید صادقانه اعتراف کنیم که (در غرب) قسمت عمده‌ای از جفا، چه فردی چه با مجوز از سوی تشکیلات رسمی، توسط گروه‌های کاتولیک یا پروتستانی که با قدرت سیاسی محافظت می‌شده‌اند، انجام گرفته‌اند. جفا بر پروتستان‌ها توسط کاتولیک‌ها در آمریکای لاتین و جفا بر کاتولیک‌ها در ایرلند شمالی توسط گروه‌های پروتستان تنها دو نمونهٔ بارز از این جفاها هستند.[2]

---

۱. این ناشی از علاقهٔ درازمدت مسیحیان به ترویج آزادی و مدارای دینی برای همهٔ ادیان است. پشتیبانی ما از آزادی اعتقادی برای مسیحیان اغلب با مسئلهٔ بزرگتر آزادی دینی در کل، پیوند مستقیم دارد. پیمان ارزان همهٔ رهبران ملی را به «تضمین آزادی اندیشه و وجدان، و نیز آزادی برای انجام فرایض و تبلیغ دینی مطابق با ارادهٔ خدا و ایضاً اعلامیهٔ جهانی حقوق بشر» فرا می‌خواند (ن.ک. پیمان لوزان، بند ۱۳). نگارنده به‌طور کامل این بیانیه را تأیید می‌کند. با وجود این، پاره‌ای حقایق الاهیاتی در ارتباط با جفای مسیحی وجود دارد که در مباحث گسترده‌تر کاربرد پیدا نمی‌کنند، از این‌رو تمرکز این فصل روی جفای مسیحی خواهد بود.

۲. تا پیش از شورای دوم واتیکان، موضع رسمی کلیسای کاتولیک در ارتباط با آزادی دینی بر اساس ترتیب «تز-فرضیه» بود. در قلمرو مسیحیت این دیدگاه کلاسیک است. «تز» معیار درک این مطلب بود که کلیسای کاتولیک رومی شریک ممتاز صاحبان قدرت است. کلیسا فعالانه از دولت پشتیبانی می‌کند، و دولت هم به نوبهٔ خود از کلیسای کاتولیک محافظت می‌کند و بدان جایگاهی قانونی می‌بخشد. با این‌حال، ترتیب «فرضیه» بر این اذعان دارد که برخی دولت‌های سیاسی به‌لحاظ اعتقادی خنثی هستند، مانند ایالات متحده، یا به‌لحاظ اعتقادی غیرکاتولیک هستند، مانند بریتانیا که برای خودش کلیسای رسمی انگلستان (انگلیکن) و کلیسای اسکاتلند (پرزبیتری) دارد. برای مثال، کلیسای کاتولیک رومی اینها را غیرقابل قبول می‌انگاشت، اما موقتاً با آنها مدارا می‌کرد تا کلیسا بتواند به‌طور رسمی آنها را از وضعیت «فرضیه» به «تز» برگرداند. کاردینال ایتالیایی آلفردو اوتاویانی با ذکر مثال به تشریح این دیدگاه پرداخته، چنین گفت که همهٔ کلیساهای مسیحی دیگر (غیرکاتولیک- م.) به همان اندازهٔ سایر دین‌ها، مالامال از خطا هستند. استدلال وی این بود که

در خلال سدهٔ بیستم، گروه‌های کاتولیک رومی و پروتستان به‌طور فزاینده‌ای نسبت به جفای دینی در مفهوم کلی‌اش و نیز اهمیت مخالفت با هر جفایی که انگیزهٔ دینی داشته باشند، آگاه شدند. رهبران کاتولیک و پروتستان به‌طور گسترده به حمایت از اعلامیهٔ حقوق بشر سازمان ملل متحد، که در سال ۱۹۴۸ صادر شده بود، برخاستند.[۱] از این گذشته، در سال ۱۹۹۶ کانون ملی اونجلیکال‌ها یک «بیانیهٔ وجدان» صادر کرد که در آن چنین آمده بود: «دغدغهٔ عمیق ما برای آزادی دینی هم‌کیشان‌مان، به اندازهٔ دغدغه‌ای است که برای آزادی دینی پیروان سایر ادیان داریم.» بیانیه در عین‌حال که در بدو امر بر جفای مسیحی متمرکز است، به‌وضوح بر آزادی دینی برای مردان و زنان از هر نوع جفای دینی صحه می‌گذارد. بدین‌ترتیب، فروپاشی حاکمیتِ مسیحی، با تغییر دیدگاه‌ها در مورد آزادی دینی دست به دست هم داده، میزان جفای سازمان‌یافته و رسمی از سوی کلیسا را به‌طرز قابل‌ملاحظه‌ای کاهش دادند.

و سرانجام اینکه، تعریفی که ما طرفدار آن هستیم اذعان دارد که جفا بخشی از تجربهٔ هرروزهٔ کلیسا در سراسر تاریخ و در هر گوشه از دنیا است. واکنش ما به جفا و پایداری‌مان در برابر آن مکمل کار روح‌القدس در کلیسا و از طریق کلیسا در طول اعصار است. چنانکه خواهیم دید، این بخشی از آموزش شاگردان عیسای مسیح است. این امر تعریف مزبور را از اکثر مفاهیم رایج در مورد جفا جدا می‌سازد و به ما یادآوری می‌کند که جفا جزو طبیعت ذاتیِ کلیسا است. همهٔ مسیحیانی که به‌راستی با مسیح یکی شده‌اند، متحمل جفا خواهند شد.

## چارچوب الاهیاتی برای درک جفا

«بگذارید ملت‌ها شادمان باشند!»[۲] کتاب کلاسیک جان پایپر[۳] در باب میسیون‌های مسیحی، یکی از معدود کتاب‌های میسیونری است که شامل فصلی در مورد جفا است. «برتری خدا در میسیون‌های مسیحی از طریق رنج» عنوان فصل سوم این کتاب است. پایپر در این کتاب داستان‌های الهام‌بخش بسیاری نقل می‌کند در ارتباط با اینکه چگونه خدا از جفا برای مقاصدش استفاده می‌کند، و سپس شش دلیل برای این پرسش که چرا

از آنجایی که «خطا حقِ موجودیت ندارد»، پس کلیسا به هیچ وجه مکلف به پشتیبانی از ترتیبات غیرکاتولیک نیست. این جان کورتنی موری (John Courtney Murray)، ژزوئیت آمریکایی بود که مسئلهٔ مثبت بودنِ جدایی کلیسا از دولت را مطرح کرد و گفت که نباید تمرکز را بر دیدگاه قضاوت منفی گذاشت و گفت که «خطا حقِ موجودیت ندارد»، بلکه باید بر مبنای دیدگاه مثبت بگوییم: «*اشخاص* حق دارند.» به محض اینکه این تغییر دیدگاه صورت گرفت، درها به روی آزادی وجدان و آزادی دینی گشوده شد، که در نهایت در اعلامیه آزادی دینی شورای دوم واتیکان به کرسی نشست. در این اعلامیه به‌روشنی تصریح شده بود که «انسان از حق آزادی دینی برخوردار است.»

۱. در مادهٔ ۱۸ اعلامیه حقوق بشر سازمان ملل متحد چنین آمده است: «هر انسانی محق به داشتن آزادی اندیشه، وجدان و دین است؛ این حق شامل آزادی دگراندیشی، تغییر مذهب [دین]، و آزادی علنی [و آشکار] کردن آئین و ابراز عقیده، چه فردی چه جمعی یا به اتفاق دیگران، در قالب آموزش، اجرای مناسک، عبادت و رعایت آن در محیط عمومی و یا خصوصی است.»

2. Let the Nations Be Glad!; 3. John Piper

خدا رنج را برای خادمانش مقدر فرموده، ارائه می‌دهد. گرچه پایپر بیشتر میل دارد به‌جای پرداختن به تجربیات پریشان‌کننده‌ای از قبیل خدمت ژزوئیت‌ها در ژاپن، بر داستان‌هایی مشابه داستان اشوین کومار- که در آغاز این فصل روایت کردم - تمرکز کند، اما تحلیل الاهیاتی‌اش همچنان درست و سودمند است. ارزشمندترین خصیصهٔ کتاب پایپر آن است که همهٔ چیزهایی را که برای تبیین یک چارچوب الاهیاتی فراگیر لازم داریم، به ما یادآوری می‌کند. چارچوب الاهیاتی او شامل همهٔ ابعاد امر خطیر میسیون مسیحی، و از جمله جفا است که خود در چارچوبی بزرگتر یعنی در چارچوب برتری و تسلط خدا قرار می‌گیرد.

به برداشت من، سه عنصر کلیدی که در جای دادن موضوع جفا در درک کلی ما از *مأموریت الاهی* نقش دارند عبارتند از: طبیعت کلیسا، اتحاد ما با مسیح، و معنای طلایه‌دار بودن برای خلقت تازه در دوران «نه‌هنوز». اکنون به بررسی هر یک از این سه عنصر کلیدی خواهیم پرداخت.

## جفا و ماهیت کلیسا

نخست، جفا را باید در زمینهٔ بزرگتر درک‌مان از ماهیت کلیسا جای دهیم. کلیسا بدن مسیح است و از این‌رو در رنج‌های او شریک است. عیسی در انجیل متی ۱۲:۱۱ می‌فرماید: «از زمان یحیای تعمیددهنده تا به امروز پادشاهی آسمان مورد حملات سخت قرار گرفته و زورمندان برای دست یافتن به آن کوشش می‌نمایند» (NASB- معادل ترجمهٔ مژده در فارسی- م). جالب اینجا است که ترجمهٔ همین آیه در ترجمهٔ NIV (ترجمهٔ هزارهٔ نو در فارسی- م.) می‌گوید: «از زمان یحیای تعمیددهنده تاکنون، پادشاهی آسمان نیرومندانه به پیش می‌رود؛ اما زورمندان بر آن ستم می‌کنند.» این دو ترجمهٔ بسیار متفاوت از یک آیه تنها به دلیل وجود یک واژهٔ یونانی است، biazomai. واژهٔ biazo بدون شک به عملی اشاره دارد که به زور انجام می‌شود، اما پسوند omai هم برای حالت مجهولی[1] به‌کار می‌رود و هم به‌عنوان واک (وجه) میانی.[2] به‌عبارت دیگر، روشن نیست که آیا biazomai بر کلیسایی دلالت می‌کند که زور بر آن وارد می‌آید («مورد حمله است») یا اینکه کلیسا خود زورمندانه عمل می‌کند («نیرومندانه پیش می‌رود»). خود این ابهام آموزنده است، زیرا در زمینهٔ متن بزرگتر آیه نشان می‌دهد که کلیسا در زمینهٔ رنج است که پیشرفت می‌کند.

در زمینهٔ متن مزبور، عیسی به دو خدمت موازی اشاره می‌کند؛ خدمت خودش و خدمت یحیای تعمیددهنده. یحیی نبیِ بزرگ و طلایه‌دار پادشاهی خدا بود، هرچند او را زندانی کرده بودند و اندک‌زمانی بعد نیز به‌خاطر شهادتی که داده بود، سر از تنش جدا کردند (متی ۲:۱۱؛ ۱:۱۴-۱۲). به همین ترتیب، خودِ عیسی اگرچه خبر خوش را اعلام می‌کرد، از سوی مقامات دینی مورد مخالفت شدید قرار گرفت. حتی وقتی که عیسی داشت به آرامی، اما با یقین کامل به‌سوی مصائب نهایی خود پیش می‌رفت، کوران بینا می‌شدند، لنگان راه می‌رفتند، کران شنوا و مردگان زنده می‌شدند (۵:۱۱). عیسی دیدگاهی الاهیاتی پایه‌گذاری کرد که طبق آن نه تنها

1. Passive; 2. Middle Voice

خود ستم دید، بلکه همهٔ آنانی که جزو بدن او هستند نیز متحمل ستم خواهند شد. مادامی که قوم خدا آمادهٔ تحمل رنج است، پادشاهی خدا نیرومندانه پیش می‌رود. اگرچه شاید ما همیشه ارتباط میان این دو را نبینیم یا شخصاً تجربه نکنیم، اما مرتبطند. با وجود این، حتی بدترین نوع جفا هم در زمینهٔ بزرگتر فرمانروایی و حاکمیت نوظهور خدا بر جهان به‌وقوع می‌پیوندد. *مأموریت الاهی* همواره به جلو و به‌سوی هدف آخرشناختی او پیش می‌رود، اما چنانکه در خدمت عیسی نیز می‌بینیم، این حرکت در زمینهٔ رنج و جفا آشکار می‌شود.

همهٔ اعضای کلیسای مسیح نه تنها باید انتظار جفا را داشته باشند، بلکه باید آن را امری *هنجارین* تلقی کنند. عیسی می‌فرماید: «همهٔ مردم به‌خاطر نام من از شما متنفر خواهند بود» (متی ۲۲:۱۰). بنابراین، همچنان که پطرس رسول نیز به ما یادآور می‌شود، زمانی که با آزمایش‌های دردناک و رنج روبه‌رو می‌شویم، نباید «در شگفت باشیم، که گویی چیزی غریب بر ما گذشته است» (اول پطرس ۱۲:۴). جفا امری هنجارین و طبیعی است، نه پدیده‌ای استثنایی یا غیرعادی؛ جفا نشانهٔ وجود کلیسا در دنیا است. جفا در مرکز کار روح‌القدس در امر تبدیل پیروان مسیح به افرادی مؤثر در دنیا به‌شمار می‌رود. بدون جفا، ما نه پایمردی و نه انضباط لازم را خواهیم داشت تا سفیران او باشیم.

مارتین لوتر به‌درستی دریافت که رنج را باید به‌حق در کنار اعترافات سنتی در خصوص یگانگی، تقدس، جامعیت[1] و رسولی بودن[2] یکی از نشانه‌های راستین کلیسا دانست. این نشانهٔ راستین کلیسا در پی خدمت نبوتی قوم خدا در دنیا پدیدار می‌شود. درست همان‌گونه که انبیای عهدعتیق، به‌عنوان طلایه‌داران کلام خدا متحمل جفا می‌شدند و مردم آنها را طرد می‌کردند، کلیسا هم باید انتظار داشته باشد که به‌عنوان حامل کلام خدا طرد شود. عیسی به کلیسای خود فرمود که هر وقت جفا می‌بیند، شادمان باشد: «چرا که همین‌گونه پیامبرانی را که پیش از شما بودند، آزار رسانیدند.» (متی ۱۲:۵)

نویسندگان انجیل بر این نکته تأکید دارند که شهادت و مرگ عیسی در اورشلیم به‌وقوع پیوست، زیرا بنا بر سنت، اورشلیم هرچند تختگاه اقتدار و قدرت دینی یهود به‌شمار می‌رفت، همان مکانی بود که انبیا در آن کشته می‌شدند. اناجیل به ما یادآوری می‌کنند که اغلب این دژهای قدرت دینی هستند که در برابر انجیل و پیام‌آورانش به نشانهٔ مخالفت قد علم می‌کنند. تنها با فروپاشی فرخندهٔ حاکمیتِ مسیحی است که کلیسا سرانجام می‌تواند نقش نبوتی خود را در جامعه بازیابد. این برای بسیاری از مسیحیان که بیشتر به الاهیات قدرت و موفقیت خو گرفته‌اند، تا الاهیات رنج و صلیب، یک تعدیل الاهیاتیِ بنیادین می‌طلبد. دیگر نباید بپرسیم که در *کجای* این دنیا مسیحیان مورد جفا قرار می‌گیرند، زیرا باید فرض مسلم را بر این بگذاریم که همهٔ مسیحیان جفا می‌بینند. در عوض باید بپرسیم که *چگونه* جفا در فلان مکان خاص، خود را در میان فلان گروه از مسیحیان نمایان ساخته است. اَشکال یا جلوه‌های دقیق جفا بر مسیحیانی که در فضای حاکمیت شریعت اسلامی – که در آن تغییر دین به‌شدت منع شده – زندگی می‌کنند، با جامعه‌ای همچون بریتانیا – که در آن بر حسب ظاهر ابراز دین آزاد است –

1. Catholicity; 2. Apostolicity

تفاوت فاحش دارد. کسی که زیر حاکمیت «شـــریعت اسلامی» زندگی می‌کند، ممکن است به‌خاطر گرفتن تعمید کشته شود. با این‌حال، ما در غرب نباید قدرت جفایی را که با زیرکی بر مسیحیان وارد می‌شود دستِ‌کم بگیریم، که به آنها «آزادی» می‌دهد روایتی اهلی‌شده از انجیل را تصدیق کنند، تا مادامی که با نیروی نبوتی دژهای قدرت را به چالش نکشیده‌اند.

کلیسای راستین، در همهٔ زمان‌ها و در سراسر جهان، همواره اجتماعی است که هم با امید و هم با رنج آشناســـت. از آنجایی که ما طلایه‌دار خلقت تازه‌ایم، مادامی که نماینده و تجسم امید آخر زمانی در آینده هســـتیم، روح‌القدس نیز به ما توانایی می‌بخشد تا سر پا بایستیم. با این‌همه، چون دنیا نومیدانه می‌خواهد به نظام کهنهٔ گناه و غرور بشـــر وفادار بماند، کلیســـا همیشـــه یک اجتماع رنجبر خواهد ماند، که این سخنان پولس رســـول را به یاد ما می‌آورد: «به‌راســـتی، همهٔ کسانی که بخواهند در مسیح عیســـی با دینداری زیست کنند، آزار خواهند دید.» (دوم تیموتائوس ۱۲:۳)

## جفا و اتحاد ما با مسیح

رنج از این‌رو مشخصهٔ کلیسا اســـت، که ما با مسیح متحدیم. عیسی فرمود: «اگر مرا آزار رسانیدند، با شـــما نیز چنین خواهند کرد» (یوحنا ۲۰:۱۵). کلیسا در رنج‌های مسیح در این جهان شریک است. فقط وقتی از «اسارتِ کنستانتینیِ»[۱] ایمان مسیحی، که کلیسا را با آرزوی قدرت و برتری به بند کشـــیده، بیرون بیاییم، می‌توانیم از نو با نماد محوریِ ایمان مســـیحی، یعنی صلیب روبه‌رو شویم. در این صورت اســـت که الاهیات پیروزمندگرا جای خود را به الاهیات صلیب خواهد داد.

در میان نویســـندگان اناجیل، لوقا است که در دنبالهٔ روایتش در کتاب اعمال، آشکارترین تصویر از رنج ناشی از اتحاد با مسیح را به نمایش می‌گذارد. لوقا خوانندگانش را آماده می‌کند تا بدانند که عملکرد فرمانروایی خدا با مخالفت و مقاومت روبه‌رو خواهد شـــد و دشمنی با عیسی در دورهٔ زندگی شـــاگردانش نیز ادامه خواهد یافت. لوقا این واقعیت را با نشان دادن تداوم میان جفا بر عیســـی و جفا بر پیروان عیسی در قالب کلیسا، می‌پروراند. روح‌القدس به کلیســـا کمک می‌کند تا «هر روز صلیب خویش برگیرد» (لوقا ۲۳:۹) و هر روزه مفهوم اتحاد کامل با مســـیح را بیاموزد. این اتحاد با مســـیح در پَس‌زمینهٔ جفا، در زیر سه درون‌مایه بسط خواهد یافت: عیسی و کلیســـا به‌عنوان جدایی‌افکن، عیسی و کلیسا به‌عنوان خادم رنجبر، و عیسی و کلیسا به‌عنوان همکاران در اهداف عالی خدا.

### *عیسی و کلیسا به‌عنوان جدایی‌افکن*

در همان اوایل انجیل لوقا، وقتی عیســـی هنوز نوزادی بیش نبود، شـــمعون او را در بغل گرفته، اظهار داشت که عیسی «نوری برای آشکار کردن حقیقت بر دیگر قوم‌ها» خواهد بود

۱. اصطلاحی وام‌گرفته از داگلاس هال Douglas Hall

(۳۲:۲). اما این خبر خوش برای جهان، با نبوت شمعون تعدیل می‌شود. او نبوت می‌کند که پیام خبر خوش موجب جدایی در اسرائیل خواهد شد. شمعون در دنبالهٔ سخنانش می‌گوید: «مقدر است که این کودک موجب افتادن و برخاستن بسیاری از قوم اسرائیل شود. او آیت و نشانی خواهد بود که در برابرش خواهند ایستاد» (۳۴:۲). در لوقا ۱۲ عیسی چنین می‌پرسد: «آیا گمان می‌برید آمده‌ام تا صلح به زمین آورم؟ نه، بلکه آمده‌ام تا جدایی افکنم. از این پَس، میان پنج تن از اهل یک خانه جدایی خواهد افتاد؛ سه علیه دو خواهند بود و دو علیه سه.» (۵۱:۱۲-۵۲)

انجیل لوقا مکرراً نشان می‌دهد که چگونه در اسرائیل بر سر خدمت عیسی جدایی پدید می‌آید. لوقا پیامی را که عیسی با آن خدمتش را در کنیسه‌ای در ناصره آغاز کرد، در انجیل خود نگاشته است، آنجایی که عیسی از اشعیا ۶۱ نقل کرده، به شرح ماهیت نبوتی و مسیحایی خدمتش می‌پردازد. عیسی تا آنجا پیش می‌رود که صراحتاً خود را به‌عنوان نبی معرفی می‌نماید و اظهار می‌دارد که «هیچ پیامبری در دیار خویش پذیرفته نیست» (۲۴:۴). پیام عیسی هم مانند پیام همهٔ پیامبران، جدایی‌افکن است. آنان در آغاز «همه از او نیکو می‌گفتند و از کلام فیض‌آمیزش در شگفت بودند و می‌گفتند: "آیا این پسر یوسف نیست؟"» (۲۲:۴). با وجود این، پس از شنیدن پیام نبوتی عیسی، دیدگاه‌شان در مورد او دگرگون شد، و تنها در چند آیه پایین‌تر واکنش تند آنها را به تعلیم عیسی می‌بینیم: «آنگاه همهٔ کسانی که در کنیسه بودند، از شنیدن این سخنان برآشفتند و برخاسته، او را از شهر بیرون کشیدند و بر لبهٔ کوهی که شهر بر آن بنا شده بود، بردند تا از آنجا به زیرش افکنند.» (۲۸:۴-۲۹)

لوقا این گزارش را در انجیل خود گنجانده تا نشان دهد که رد شدن عیسی از سوی همشهریانش هویتش را به‌عنوان نبی تأیید می‌کند. رویارویی با عیسی در ناصره پیش‌زمینه‌ای بود در مقیاسی کوچک از واکنشی که قرار بود در آینده و در مقیاسی بزرگتر علیه او صورت بگیرد و بسیاری (اما نه همه) در اسرائیل وی را رد کنند. در کل، شخصیت و تعلیم عیسی میان مردم جدایی می‌افکند، هرچند ژرف‌ترین شکاف را میان واکنش مثبت تودهٔ مردم و واکنش منفی رهبران یهود، و به‌طور مشخص فریسیان و صدوقیان شاهدیم.

درست همان‌گونه که شخصیت و پیام عیسی میان مردم جدایی می‌افکند، زندگی طلایه‌داران پیام عیسی نیز در جهان جدایی‌افکن است. لوقا در کتاب اعمال شرح می‌دهد که نیروهای صف‌آرایی کرده در برابر عیسی، کماکان به دشمنی و مخالفت خود با پیروان او ادامه دادند. حاکمان دینی و سیاسی طلایه‌داران پادشاهی خدا را دستگیر کرده، به زندان می‌اندازند (۳:۴؛ ۲۳:۱۶)، مورد ضرب و شتم قرار می‌دهند (۴۰:۵؛ ۲۳:۱۶)، و می‌کشند (۵۸:۷-۵۹)، حال آنکه با اعلان خبر خوش انجیل (۳۸:۲-۳۹؛ ۸:۱۹)، کوران بینا می‌شوند، لنگان به راه می‌افتند (۶:۳-۸؛ ۳۳:۹-۳۴؛ ۹:۱۴-۱۰)، و مردگان برمی‌خیزند (۴۰:۹؛ ۱۰:۲۰). از یک‌سو، وقتی پولس و برنابا در قونیه هستند، «دلیرانه برای خداوند» سخن می‌گویند، و خدا هم پیام ایشان را با «بخشیدن قدرت انجام آیات و معجزات» تأیید می‌کند (۳:۱۴). اما از سوی دیگر، «مردم شهر دو گروه شدند» (۴:۱۴). حتی با وجودی که مردم دسیسه می‌کنند تا «آنها

را بزنند و سنگسار کنند»، باز خبر خوش منتشر می‌شود. آنانی که خبر خوش را می‌پذیرند به رسولان و نام عیسی «احترام بسیار می‌گذارند»، در صورتی که در طرف دیگر رهبران مذهبی گوش‌های خود را گرفته‌اند و خادم خدا را می‌کشند (۵۷:۷–۵۸)، درست همان‌گونه که پیش‌تر پسر خدا را کشته بودند.

## عیسی و کلیسا به‌عنوان خادم رنجبر

لوقا کل خدمت عیسی را در پَس‌زمینه‌ای از رنج و طرد کامل به تصویر می‌کشد.[۱] عیسی نه تنها تحقق کامل نبی، کاهن و پادشاه است، بلکه تحقق بن‌مایهٔ خادم رنجبر نیز می‌باشد. لوقا پیش‌گویی صریح عیسی را در مورد اینکه خدمت عمومی او با مرگ نابه‌هنگامش به اوج می‌رسد، در انجیلش ثبت می‌کند. عیسی به شاگردانش می‌فرماید: «می‌باید که پسر انسان رنج بسیار کشد و مشایخ و سران کاهنان و علمای دین ردش کنند و کشته شود و در روز سوم برخیزد» (۲۲:۹). مدتی بعد، عیسی به شاگردانش می‌گوید که سران یهود با تسلیم کردنِ او به غیریهودیان این را عملی خواهند ساخت و غیریهودیان «او را استهزا و توهین خواهند کرد و آب دهان بر او انداخته، تازیانه‌اش خواهند زد و خواهند کشت» (۳۲:۱۸). با این‌حال، عیسی زمانی که می‌گوید: «در روز سوم بر خواهد خاست» (۳۳:۱۸)، همچون گذشته بدیشان اطمینان خاطر می‌بخشد که انجیل از طریق رنج کشیدن است که پیشرفت می‌کند.

عیسی به شاگردانش تصریح می‌کند که آنان هم به‌خاطر اتحادشان با وی رنج خواهند کشید و طرد خواهند گشت: «خوشا به حال شما آنگاه که مردم به‌خاطر پسر انسان، بر شما نفرت گیرند و شما را از جمع خود برانند و دشنام دهند و بدنام سازند» (لوقا ۲۲:۶). در لوقا ۹ می‌خوانیم که وقتی عیسی دوازده شاگردش، و اندکی پس از آن، هفتاد نفر (لوقا ۱۰) را برای بشارت انجیل می‌فرستد، ایشان را برای طرد شدن و جفا دیدن آماده می‌کند. در فرمان نخست، عیسی اقرار می‌کند که مردم «شما را نخواهند پذیرفت» (۵:۹). سپس، در فرمان بزرگتر، عیسی به آنها می‌گوید که وی ایشان را همچون «بره‌ها میان گرگ‌ها» می‌فرستد (۳:۱۰).

طلایه‌داران پادشاهی خدا نه تنها باید آماده باشند به‌خاطر اتحادشان با عیسی رنج بکشند، بلکه باید انتظار داشته باشند همان‌گونه که با عیسی رفتار شد، با آنها نیز رفتار شود. عیسی به ما یادآوری می‌کند که غلام از ارباب خود بزرگتر نیست (یوحنا ۱۶:۱۳؛ ۲۰:۱۵). ما باید انتظار جفا را داشته باشیم. در واقع، جفا است که اثبات می‌کند ما به‌راستی پیروان عیسی هستیم. به همین‌خاطر است که نمی‌توان جفا را از هیچ دورهٔ خاصی از تاریخ کلیسا، گروهی از مردم، یا ناحیهٔ جغرافیایی، جدا کرد.

در کتاب اعمال رسولان، لوقا پیوستگی میان خدمت عیسی و خدمت شاگردانش را نشان می‌دهد. همچنان که خدمت عیسی در «کلام و اعمال پرقدرت» خلاصه می‌شود

---

۱. لوقا ۳۵:۵؛ ۲۲:۹ و ۴۳ب– ۴۵؛ ۲۹:۱۱؛ ۵۰:۱۲؛ ۳۱:۱۳–۳۵؛ ۲۵:۱۷؛ ۳۱:۱۸–۳۳؛ ۹:۲۰–۱۸؛ ۱۹:۲۲–۲۲؛ ۶:۲۴–۷.

(لوقا ۱۹:۲۴)، شاگردانش نیز چنان تصویر شده‌اند که انجیل را با قدرت در عمل اعلام می‌کنند، بیماران را شفا می‌دهند، دیوها را اخراج می‌کنند، و مردگان را زنده می‌سازند. لیکن، این پیوستگی با انتظار شریک شدن ایشان در رنج‌های مسیح نیز همراه است.[1] در فصل ۵ اعمال، شورای سنهدرین پطرس و دیگر رسولان را گرفته تازیانه می‌زنند و بدیشان فرمان می‌دهند که دیگر به نام عیسی سخنی نگویند. متن اظهار می‌دارد که «رسولان شادی‌کنان از حضور اهل شورا بیرون رفتند، زیرا شایسته شمرده شده بودند که به‌خاطر آن نام اهانت ببینند» (۴۱:۵). لوقا در اعمال ۲۲:۲۸، آنجا که در توصیف سران یهود می‌نویسد که ایشان می‌گفتند مردم در هر جا «بر ضد این فرقه [مسیحیت] سخن می‌گویند»، به‌طور خاص نبوت شمعون را یادآوری می‌کند که زمانی گفته بود عیسی «آیت و نشانی خواهد بود که در برابرش خواهند ایستاد.»

## *عیسی و کلیسا به‌عنوان همکاران در اهداف عالی خدا*

سومین طریقی که روایت لوقا–اعمال برای نشان دادن اتحاد ما با مسیح و رنج‌هایش به‌کار می‌گیرد، قرار دادن رنج در زمینهٔ بزرگتر هدف عالی خدا، یا همان *مأموریت الاهی* است. روایت لوقا عوامل موقتی گوناگونی را که «مسبب» رنج مسیح شدند، و به‌ویژه مشایخ، رؤسای کهنه، معلمان شریعت (لوقا ۲۲:۹)، «دست مردم» (۴۴:۹)، اورشلیم (۳۴:۱۳)، «این نسل» (۲۵:۱۷)، غیریهودیان (۳۲:۱۸)، یهودا (۲۲:۲۲)، و «گناهکاران» (۷:۲۴) را مشخص می‌کند. با این‌حال، همهٔ این عوامل را در چارچوبی بزرگتر از اهداف عالی خدا جای می‌دهد. نقشهٔ عالی خدا از طریق عوامل انسانی به انجام می‌رسد. در ورای توطئه‌ها و دسیسه‌چینی‌های بشریت آلوده به گناه و غیرتمندان مذهبی، دست‌های هدایت‌کنندهٔ خدا نهفته است. پطرس نیز همین مطلب را با این عبارات به مخاطبانش یادآور می‌شود: «آن مرد [عیسی] بنابر مشیت و پیشدانی خدا به شما تسلیم کرده شد.» (اعمال ۲۳:۲)

لوقا برای نگاشتن این مطلب از دو روش کلیدی استفاده می‌کند. نخست اینکه، وی بر مفهوم ضرورت تأکید می‌کند، یعنی اینکه مسیح *می‌باید* رنج بکشد، طرد شود، و در نهایت کشته شود. دوم اینکه، لوقا بر این نکته تأکید می‌ورزد که مصائب مسیح در راستای تحقق کلام خدا به‌وقوع پیوسته است. عیسی در لوقا ۲۲:۹ مصائب قریب‌الوقوع خود را با گفتن این عبارات تعریف می‌کند: «می‌باید که پسر انسان رنج بسیار کشد.» او به شاگردانش می‌گوید که پسر انسان روزی با جلال و قدرت کامل خود آشکار خواهد شد، اما پیش از آن رویداد: «نخست *می‌باید* رنج بسیار کشد و از سوی این نسل طرد شود» (۲۵:۱۷). عیسی می‌فرماید که وی می‌باید به اورشلیم برود چون «ممکن نیست نبی بیرون از اورشلیم کشته شود» (۳۳:۱۳). و در نخستین ظهورش پس از قیام در انجیل لوقا، عیسی از دو شاگرد راه

---

۱. لوقا می‌خواهد ارتباط میان جلال عیسی و رنج وی را نشان دهد. برای مثال، لوقا از عمداً عنوان برجستهٔ «پسر انسان» را که برای عیسی به‌کار می‌برد، از دانیال ۱۳:۷–۱۴ عاریه می‌گیرد که با رنج و طردشدگی عجین است. ن.ک. لوقا ۲۲:۹ و۴۴؛ ۱۷:۲۴–۲۵؛ ۱۸:۳۱؛ ۲۲:۲۲؛ و ۲۴:۷.

عِمائوس می‌پرسد: «آیا نمی‌بایست مسیح *این رنج‌ها را ببیند* و سپس به جلال خود درآید؟» (۲۶:۲۴)

همچنین عیسی جفای خود را به‌عنوان *تحقق* کلام خدا به تصویر می‌کشد. عیسی به شاگردانش اطمینان می‌دهد که به اورشلیم خواهد رفت و «در آنجا هر آنچه انبیا دربارهٔ پسر انسان نوشته‌اند، به انجام خواهد رسید» (لوقا ۳۱:۱۸).[1] عیسی بر اساس مزمور ۲۲:۱۱۸، «سنگی را که معماران رد کردند» به خود نسبت می‌دهد (لوقا ۱۷:۲۰). به همین ترتیب، عیسی اشعیا ۱۲:۵۳ را که می‌گوید: «از خطاکاران محسوب شد»، نقل کرده، می‌گوید: «زیرا این نوشته باید دربارهٔ من تحقق یابد» (لوقا ۳۷:۲۲). پس از قیام، فرشته به زنان می‌گوید که سخنان عیسی را به یاد آورند که می‌گفت: «پسر انسان باید به دست گناهکاران تسلیم شده، بر صلیب کشیده شود و در روز سوم برخیزد» (۷:۲۴). عیسی به‌عنوان خداوند قیام‌کرده، شاگردانش را به‌خاطر اینکه «دلی دیرفهم برای باور کردن گفته‌های انبیا» دارند، توبیخ می‌کند (۲۵:۲۴). در نهایت، چنانکه در فصل ۵ این کتاب دیدیم، لوقا تنها انجیل‌نگاری است که فرمان بزرگ مسیح را تحقق کلام خدا می‌خواند: «نوشته شده است که مسیح رنج خواهد کشید و در روز سوم از مردگان بر خواهد خاست، و به نام او توبه و آمرزش گناهان به همهٔ قوم‌ها موعظه خواهد شد و شروع آن از اورشلیم خواهد بود.» (۲۴:‏۴۶-۴۷)

جفا، رنج و در نهایت مرگ مسیح به‌صورت تحقق نقشهٔ عالی خدا تصویر شده‌اند. به همین ترتیب، گرچه رنج و جفا بر کلیسا از طریق دنیای گناه‌آلود انجام می‌پذیرد، اما این هم بخشی از نقشهٔ بزرگتر خدا برای هدفی عالی است که برای کلیسایش در نظر گرفته است. به شاگردان گفته می‌شود که در رویارویی با جفا از «کسانی که جسم را می‌کشند و بیش از این نتوانند کرد» نترسند (لوقا ۴:۱۲)، چون تاریخ بشر حرکتی رو به جلو دارد، یعنی به‌سوی همان نقطه‌ای که خدا در نقشه‌اش در نظر گرفته است. در این نقطهٔ نهایی است که او به دفاع از خادمانش برخاسته، بر دنیای بی‌ایمان داوری خواهد کرد. در لوقا ۲۱:‏۱۲-۱۹، عیسی شاگردان خود را برای رویارویی با جفا آماده کرده، می‌فرماید: «اما پیش از این‌همه، شما را گرفتار کرده، آزار خواهند رسانید و به کنیسه‌ها و زندان‌ها خواهند سپرد، و به خاطر نام من، شما را نزد پادشاهان و والیان خواهند برد» (۱۲:۲۱). لوقا کاملاً قصد دارد در گزارش بعدی خود در کتاب اعمال نشان دهد که این دقیقاً همان چیزی است که برای طلایه‌داران انجیل و کسانی که با نام عیسی شناخته می‌شوند، روی می‌دهد. این امر به‌طور مشخص در مورد پطرس، استیفان و پولس صدق می‌کند که نمونه‌ای شدند از آنچه که طبق کلام مسیح همهٔ پیروانش در آینده باید انتظار آن را داشته باشند.

لوقا نشان می‌دهد که چگونه پطرس، استیفان و به‌ویژه پولس برای انجیل رنج می‌کشند، اما انجیل به‌واسطهٔ همین رنج به گسترش خود ادامه می‌دهد و نشانه‌های ظهور خلقت تازه نمایان می‌شود. با وجودی که جماعت کثیری مژدهٔ انجیل را می‌شنوند و کلیسا به حدود پنج

۱. باید این نکته را خاطرنشان ساخت که سخنان موازی عیسی که در متی ۱۸:۲۰-۱۹ و مرقس ۳۳:۱۰-۳۴ آمده‌اند، بدین اشاره نمی‌کنند که مصائب او تحقق انتظار نبوتی است.

هزار تن می‌رسد (اعمال ۳:۴-۴)، سردمداران دینی پطرس و یوحنا را به زندان می‌افکنند. استیفان به‌خاطر ایمانش شهید می‌شود، اما شاگردانی که به ناچار از اورشلیم پراکنده می‌شوند، خود به محرک اولیه برای انتشار انجیل تبدیل می‌گردند، و طی زمان، مسیحیت از مرکز یهودی اورشلیم به مرکز غیریهودی انطاکیه انتقال می‌یابد. شائول ترسوسی یکی از پرحرارت‌ترین جفا کنندگان بر کلیسا است، با وجود این، خداوند او را می‌خواند و تعیین می‌کند تا شاهد انجیل او در میان غیریهودیان باشد. وقتی خداوند در رؤیا با حنانیا سخن می‌گوید و به او فرمان می‌دهد که برود و برای شائول ترسوسی دعا کند، حنانیا در ابتدا مخالفت می‌کند چون در مورد دشمنی شائول با کلیسا داستان‌های بسیاری بر سر زبان‌ها بود. با این‌همه، خداوند به حنانیا می‌فرماید: «برو، زیرا این مرد ظرف برگزیده من است تا نام مرا نزد غیریهودیان و پادشاهان‌شان و قوم اسرائیل ببرد. *من به او نشان خواهم داد که به‌خاطر نام من چه مشقت‌ها باید بر خود هموار کند*» (اعمال ۹:۱۵-۱۶؛ ایتالیک از نویسنده است). خدمت پولس رسول همزمان با شهادتی مافوق طبیعی از جانب روح‌القدس تأیید می‌شود، و در کنار مخالفت و جفای شدید، اهداف عالی خدا در میان غیریهودیان جلو می‌رود (اعمال ۹:۲۹؛ ۱۳:۵۰؛ ۱۴:۱۹؛ ۱۶:۲۲-۲۳؛ ۱۷:۱۳؛ ۱۸:۱۲؛ ۲۰:۲۳؛ ۲۱:۱۳ و ۳۰-۳۱؛ ۲۲:۲۴؛ ۲۳:۱۰-۱۴؛ ۲۸:۱۶). اهداف عالی خدا، چنانکه در زندگی عیسی نیز شاهدیم، در بستر رنج تحقق می‌یابد. زندگی و خدمت کلیسا بازتاب زندگی و خدمت خود عیسی است.

## جفا، زیرا به‌عنوان طلایه‌داران خلقت تازه در دوران «نه‌هنوز» زندگی می‌کنیم

نکتهٔ محوری در استدلال الاهیاتی کل این کتاب اذعان بر این مطلب است که همهٔ فعالیت‌های میسیونری باید در زمینهٔ بزرگتر *مأموریت الاهی* گنجانده شوند. میسیونرها طلایه‌داران خلقت تازه‌اند، که ظهور واقعیات فرمانروایی آتی خدا را اعلام می‌کنند و بدان جامهٔ عمل می‌پوشانند. از آنجا آنکه ما طلایه‌داران پادشاهی خدا هستیم، که فرمانروایی‌اش آغاز شده اما هنوز به کمال نرسیده، پیوسته در تنش میان بخش «تحقق‌یافتهٔ» فرمانروایی خدا و آنچه که «هنوز تحقق نیافته» زندگی می‌کنیم. میسیونرها اغلب زندگی خود را در میان گروه‌هایی از مردم سپری می‌کنند که در بدو امر هیچ شناختی از فرمانروایی خدا ندارند، از این‌رو باید انتظار مخالفت و رنج را داشته باشند. «انجیلی» که فقط کامیابی و راحتی را اعلان کند، انجیل مسیحی *نیست*، بلکه کاریکاتوری از انجیل است که از درک این نکته بازمانده که خود روح‌القدس از طریق کلیسا در بستر رنج شهادت می‌دهد.

به‌لحاظ الاهیاتی، ناتوانی ما در زندگی کردن در وضعیت «نه‌هنوز» (به‌ویژه در الاهیات غربی)، به‌خاطر دوگانه‌انگاری[1] سفت و سخت و ناشی از عصر روشنگری است، که به ناروا خدا و دنیا، و از جمله خدا و کلیسایش را جدا می‌سازد. این امر باعث شده که کلیسا رنج و جفا را به زمانی ربط دهد که «حضور واقعی» مسیح از کلیسایش غایب است. جنبش پنتیکاستی شاید در احیای دیدگاهی درست نسبت به حضور همیشگی خدا در جهان و

1. Dualism

کلیســا، از طریق معجزات و آیات و عجایب، نقشی ایفا کرده باشد، اما در اذعان به حضور و شراکت خدا در، و از طریق، *رنج‌های* ما، بسیار کند بوده است.

روح‌القدس به ما یاری می‌دهد تا شــاهد تداوم رنج‌های مســیح به‌عنوان واقعیتی جاری در، و از طریق، حیات و شــهادت کلیسا باشیم. به‌عبارت دیگر، وقتی خدا در دوردست‌های آســمان خاموش ایستاده، کلیسا نیست که رنج می‌کشد، بلکه مسیح است که در، و از طریق، رنج‌های کلیسا رنج می‌کشد. پطرس رسول می‌گوید: «شاد باشید از اینکه در *رنج‌های مسیح ســهیم می‌شــوید*، تا به‌هنگام ظهور جلال او به‌غایت شــادمان گردید» (اول پطرس ۱۳:۴؛ ایتالیک از نویسنده است). وقتی شائول ترسوسی، جفاگر خشمگین، در راه دمشق با خداوند قیام‌کرده روبه‌رو می‌شــود، مسیح به او می‌فرماید: «شائول، شائول، چرا مرا آزار می‌رسانی؟» (اعمال ۴:۹؛ ن.ک. ۷:۲۲؛ ۱۴:۲۶). جفا کردن بر کلیسا یعنی جفا کردن بر مسیح، چون حضور الاهی او در کلیســا هست. یاروسلاو پلیکان اســتدلال می‌کند که همین یک جملهٔ خداوند قیام‌کرده بود که بعدها موجب شــد پولس عبارت «بدن مسیح» را برای اشاره به کلیسا ابداع کند. (رومیان ۵:۱۲؛ اول قرنتیان ۲۷:۱۲؛ افسسیان ۲۳:۱؛ ۱۲:۴؛ کولسیان ۲۴:۱؛ ۱۹:۲)[۱]

خــود پولس بعدها می‌نویســد کــه «از رنج‌های مســیح به فراوانی نصیــب می‌یابیم» (دوم قرنتیان ۵:۱) و این ســخن نشان می‌دهد که رنج‌های کنونی ما چیزی نیست جز رنجی که بدن مســیح، یعنی کلیسا متحمل می‌شود؛ و این واجد معنای «شناختن مسیح» نیز هست. پولس به ما اطمینان می‌بخشد که نمی‌توانیم «نیروی قیام» مسیح را بشناسیم، مگر اینکه حاضر باشیم در رنج‌های او سهیم شویم. (فیلیپیان ۱۰:۳)

پولس کلیسای کولسی را خطاب قرار داده می‌گوید: «اکنون از رنج‌هایی که به‌خاطر شما کشیدم شادمانم و هر کاســتی رنج‌های مسیح را در بدن خود جبران می‌کنم، به‌خاطر بدن او که کلیساســت» (کولسیان ۲۴:۱). بی‌درنگ از این متن ســه پرسش سر برمی‌آورد. نخست، پولس چگونه می‌تواند از رنج‌های خود شــادمان باشــد؟ دوم، او چگونه می‌تواند به‌خاطر کلیســا، و به‌ویژه کلیســای کولســی که هرگز حتی اعضایش را ندیده بود، رنج ببرد؟ سوم، ما چگونه می‌توانیم از کاســتی‌های احتمالی رنج‌های مســیح حرف بزنیم؟ پاســخ پرسش نخســت این اســت که پولس به همان دلیلی از رنج‌های خود شــادمان است که رسولان به هنگام ترک کردن سنهدرین شــاد بودند: «شادی‌کنان از حضور اهل شورا بیرون رفتند، زیرا شایسته شمرده شــده بودند که به‌خاطر آن نام اهانت ببینند» (اعمال ۴۱:۵). رنج‌های ایشان به اتحادشــان با مسیح اعتبار می‌بخشید، و این امر همواره منبع شادمانی است. در عهدعتیق، پارســایان هستند که مصیبت می‌بینند (مزمور ۵:۱۲؛ ۷:۳۱). از این‌رو، برای ایماندار مسیحی جفا نشانهٔ سهیم‌بودنش در پارساییِ مسیح است. از این گذشته، پولس بدین‌خاطر شادمان بود

---

۱. به‌زعم یاروســلاو پلیکان، این پرســش خداوند قیام‌کرده شائول را جانشین شــکنجه‌گران مسیح به هنگام مصائبش برمی‌شمارد و کلیسا را هم جانشــین خود مسیح رنج‌کشیده. پولس چنین می‌پنداشت که پیروان بیچارهٔ جنبشی ضعیف و به حاشــیه رانده را مورد حمله قرار می‌دهد، در صورتی که در نهایت متوجه می‌شود که هدف غضب و خشونت وی کسی جز شخص عیسای مسیح نیست.

که این برای خود وی شهادتی بر واقعیت ظهور انجیل در میان غیریهودیان به‌شمار می‌رفت. پولس این را درک می‌کند که دعوتش برای انجام خدمت میسیونری و موعظۀ انجیل در سرزمین‌های تازه (رومیان ۲۰:۱۵) با دعوت برای رنج کشیدن همراه است. ما میسیونرها باید در رنج‌هایی که متحمل می‌شویم، شادمان باشیم چون این بخشی از واکنش ناگزیر به گسترش فرمانروایی خدا و ظهور خلقت تازه در عصر حاضر است.

دوم اینکه پولس، به‌عنوان رسولی که خدمت او در میان غیریهودیان است درمی‌یابد که خدمتش مُعرفِ محدودۀ بزرگتری از بدن مسیح است. خدمت میسیونری پولس و از جمله رنج‌هایی که به‌خاطر انجیل می‌کشید، تداوم شهادت و کار بزرگتر کلیسا در دنیا است. بنابراین، پولس همۀ رنج‌هایش را «به‌خاطر بدن مسیح»، یعنی کلیسا می‌بیند. کلیسای کولسی هم مانند هر کلیسای دیگری از فداکاری، تعهد و رنج‌های کسانی بهره‌مند می‌شود که زندگی خود را بر سر طلایه‌داری انجیل و اعلان ظهور فرمانروایی خدا می‌گذارند.

اف. اف. بروس[1] می‌گوید که برداشت پولس از رنج کشیدن به نمایندگی از سوی بخش عمده‌ای از بدن مسیح، از بن‌مایۀ خادم رنجبر کتاب اشعیا اقتباس شده است. اسرائیل در مقام یک قوم خوانده شده بود تا خادم خدا باشد و متحمل رنج‌های پارسایان شود. با این‌حال، اسرائیل خادمی نافرمان بود. از این‌رو، خادم رنجبر در نهایت در وجود عیسای مسیح تحقق یافت. پولس در مواجهه با جفا و مخالفت سخت از سوی یهود، در آغاز خدمتش میان غیریهودیان (اعمال ۴۷:۱۳)، از اشعیا ۶:۴۹ نقل قول می‌کند. نه تنها نور مسیح از طریق خادمان فرمانبردارش کماکان به پرتوفکنی ادامه می‌دهد، بلکه خادمانش خوانده شده‌اند تا به تحمل رنج‌هایی که مسیح به‌خاطر قوم خدا کشید، ادامه دهند.

از دیدگاه ما، حتی با وجودی که ویلیام کِری، هادسن تیلور، لوتی مون، گلادیس الیوارد[2] یا دیتریش بونهوفر[3] را ندیده‌ایم، باید همگی این را بدانیم که آنان «برای خاطر ما» رنج کشیدند و کل بدن مسیح به‌واسطۀ قربانی ایشان تقویت شد. ما میسیونرها در نهایت به یک فرقه، هیئت مدیره، یا برنامۀ الاهیاتی به‌خصوص خدمت نمی‌کنیم. بلکه ما کل کلیسای عیسای مسیح، یعنی بدن مسیح را که در طول زمان و در سراسر جهان وجود داشته و دارد، خدمت می‌کنیم. ما با رنج‌هامان مسیح و بدن او را به جهان معرفی می‌کنیم.

سوم اینکه، پیتر اوبراین[4] در مورد «جبران کاستی‌های رنج‌های مسیح» بحثی متقاعدکننده مطرح می‌کند. به‌زعم وی این عبارت به احتمال زیاد مفهومی مکاشفه‌ای[5] در ارتباط با رنج است، که پیش از فرارسیدن پادشاهی خدا به وقوع خواهد پیوست.[6] نوشته‌های آپوکالیپتیک

---

1. F. F. Bruce; 2. Gladys Alyward; 3. Deitrich Bonhoeffer; 4. Peter O'Brien; 5. Apocalyptic

۶. پیتر اوبراین در بررسی خود چهار توضیح جایگزین دیگر را نیز برمی‌شمارد: ۱) در رنج‌های نیابتی مسیح کاستی‌هایی وجود داشته که می‌بایست پولس رسول آنها را به کمال برساند؛ ۲) این صرفاً اشاره‌ای است به رنج‌هایی که پولس «به‌خاطر» مسیح کشید؛ ۳) رنج‌های پولس در واقع مشابه رنج‌های مسیح هستند، یا اینکه هر دو به اندازه‌ای مشابه متحمل درد و رنج شدند؛ ۴) رنج‌های پولس در اتحادی اسرارآمیز با مسیح قرار دارد. دیدگاهی که اوبراین از آن دفاع کرده و ما نیز در این کتاب آن را اقتباس نموده‌ایم از قوی‌ترین شواهد تأییدکننده برخوردار است.

یهودی این نظر را تأیید می‌کنند که درست پیش از ورود به عصر آینده و فرمانروایی ماشیح مسح‌شدهٔ خدا، یک دوره جفا و رنج شدید بر قوم خدا وارد خواهد شد.

مسیحیان به این درک نایل شدند که ماشیح خدا، در وجود عیسای مسیح ظهور کرده است. با این‌حال، به‌جای آنکه پادشاهیِ خدا کامل، بی‌واسطه و سریع‌الوقوع مستقر شود، خدا چنین صلاح دیده که عیسای مسیح آغازگر این پادشاهی باشد، اما کمال نهایی فرمانروایی شاهانه‌اش در آینده محقق شود. عصر آینده از هم‌اکنون ظهور کرده، آن‌هم در حالی که عصر حاضر همچنان به حضور و تأثیر خود ادامه می‌دهد. از آنجایی که ما در تنش میان «هم‌اکنون» و «اما نه‌هنوز» به‌سر می‌بریم، پس کل تاریخ کلیسا در بستر «روزهای آخر» جای می‌گیرد. بدین‌ترتیب، تشدید جفا که زمانی یکی از نشانه‌های ویژهٔ پایان زمان به‌شمار می‌رفت، برای کلیسا امری *هنجارین* شده است. روح‌القدس به ما قوت می‌بخشد تا در این دورهٔ بینابین زندگی کنیم. از این امر نباید به‌عنوان عاملی بازدارنده در برابر ظهور یک دورهٔ تشدید جفا، درست پیش از بازگشت مسیح، استنباط کرد. در عوض نکتهٔ مزبور چارچوبی الاهیاتی برای درک جفا به‌عنوان امری هنجارین در اختیار ما قرار می‌دهد، حتی اگر ظهور فرمانروایی خدا با دوره‌های طولانی تشدید مخالفت همراه باشد.

پولس رسول پیش‌بینی می‌کند که کلیسا تا پیش از مکاشفهٔ نهایی و کامل فرمانروایی پرجلال خدا باید میزان معینی از رنج را تحمل کند. زمانی که عیسی از جفا بر ضد کلیسا سخن می‌گفت، چنین فرمود: «اگر خداوند آن روزها را کوتاه نمی‌کرد، هیچ بشری جان سالم به‌در نمی‌برد. اما به‌خاطر برگزیدگان، که خود آنها را انتخاب کرده، آن روزها را کوتاه کرده است» (مرقس ۱۳:۲۰). خدا برای میزان رنجی که قرار است کلیسا متحمل شود، حدی تعیین کرده است. دقیقاً بر همین مبنا، خدا برای شخص مسح‌شده‌اش، عیسای مسیح، نیز میزان معینی از رنج را تعیین کرده بود. مسیح آغازگر «دردهای مسیحایی» پیش‌بینی شده بود، اما روند کامل رنج‌های مسیح در، و از طریق، کلیسا ادامه می‌یابد و این هنوز به حد کمال نرسیده است. اینکه پولس می‌گوید «کاستی‌هایی در رنج‌های مسیح وجود دارد»، به رنج‌های مسیح از طریق کلیسایش دلالت می‌کند که باید ادامه یابد تا زمانی که این رنج‌ها به کمال برسد و پادشاهی خدا به‌طور کامل ظهور کند.

رنج‌های پولس کاستی‌هایی را که از پیش برای پارسایان تعیین شده بود، جبران می‌کرد. بنابراین، رنج‌های اواز آلام دیگر ایمانداران می‌کاست، زیرا با وعظ کردن انجیل شخصاً رنج‌های بیشتری را بر خود پذیرفت و رنج کمتری برای دیگر مسیحیان باقی گذاشت. ما نمی‌دانیم که این پیمانهٔ رنج تعیین‌شده چه زمانی پر خواهد شد. با وجود این، در پرتو تاریخچهٔ جفا بر کلیسا، این را می‌دانیم که ما یعنی قوم خدا، هر روز به آن نقطه نزدیکتر می‌شویم. تا آن زمان، همهٔ آفرینش در انتظار مکاشفهٔ کامل فرمانروایی خدا در جهان «از دردی همچون درد زایمان می‌نالد» (رومیان ۸:۲۲). پولس در مورد پیامد نهایی این کشمکش حماسی چنان مطمئن است که می‌گوید: «در نظر من، رنج‌های زمان حاضر در قیاس با جلالی که در ما آشکار خواهد شد، هیچ است.» (رومیان ۸:۱۸)

# نتیجه‌گیری

این فصل چارچوبی الاهیاتی فراهم می‌کند که جفا و رنج را در بستر بزرگتر *مأموریت الاهی* قرار می‌دهد. در درون این بستر، روشن است که نباید جفا را آفت شوم زندگی کلیسا یا چیزی تلقی کرد که تنها گروه خاصی از مسیحیان در طول تاریخ یا در نقاط انگشت‌شماری از جهان تجربه می‌کنند. بلکه، جفا در خدمت چهار هدف در چارچوب *مأموریت الاهی* قرار دارد. نخست آنکه، جفا اتحاد ما را با عیسای مسیح به‌عنوان شاگردانش به اثبات می‌رساند. دیدیم که عهدجدید این اتحاد را به‌لحاظ الاهیاتی به چند طریق مطرح می‌کند. قبل از هرچیز، کلیسا در امتداد جریان نبوتی عهدعتیق قرار دارد، که عیسی تحقق غایی آن است. سپس، کلیسا تداوم‌دهندهٔ حضور مسیح در دنیا است؛ بنابراین، طردشدن مسح‌شدهٔ (ماشیح) خدا در زندگی آنانی که طلایه‌دار انجیل هستند نیز ادامه می‌یابد. نهایتاً، دردها و رنج‌های مسیح در، و از طریق بدنش کلیسا، کماکان جریان می‌یابد.

دوم اینکه، در حالی که ما انتظار ظهور کامل فرمانروایی و سلطنت خدا را می‌کشیم، جفا جزو عادی یا هنجارین از تعلیم کلیسا در زمینهٔ شاگردی و پرورش استقامت است. پولس صراحتاً در مورد «سختی‌هایی که در استان آسیا» متحمل شده بود، با مسیحیان قرنتس سخن می‌گوید. اما این را هم می‌افزاید که: «اینها همه روی داد تا نه بر خود، بلکه بر خدایی توکل کنیم که مردگان را زنده می‌کند» (دوم قرنتیان ۱:۸-۹). جفا یکی از راه‌هایی است که خدا برای نگاه داشتن کلیسا از انحراف به‌سوی پیروزمندگرایی و ظاهرگرایی استفاده می‌کند. اینها در هنگام افتادن کلیسا در دام «اسارتِ کنستانتینی» ناگزیر روی می‌دهند، و به‌جای الاهیات صلیب، در کلیسا توقعات کاذب قدرت و برتری به‌وجود می‌آورند.

سوم آنکه، جفا زمینه‌ای برای شهادت مؤثر کلیسا فراهم می‌آورد. خط مقدم و جدید بشارت به غیریهودیان و تأسیس کلیسا، و از جمله آنچه که در انطاکیه شروع شد و بعدها در خدمت پولس رسول قابل مشاهده است، در واکنش به جفا به‌وجود می‌آید.[1] عیسی به پیروان خود می‌گوید که انتظار داشته باشند به دست صاحبان قدرت تسلیم شوند، مورد ضرب و شتم قرار بگیرند و تازیانه بخورند (متی ۱۰:۱۷). به‌خاطر نام وی، پیروان عیسی را «نزد والیان و پادشاهان خواهند برد تا در *برابر آنان و در میان قوم‌های جهان شهادت*» دهند (۱۰:۱۸؛ ایتالیک از نویسنده است). با این‌همه، عیسی به ما پند می‌دهد که نگران نباشیم که چه بگوییم یا چگونه بگوییم، چون «در آن زمان آنچه باید بگویید به شما عطا خواهد شد»، زیرا «گوینده شما نیستید، بلکه روح پدر شماست که به زبان شما سخن خواهد گفت» (۱۰:۱۹-۲۰).

---

۱. اسکات کانینگام به این نکته اشاره می‌کند که نقطهٔ مشترک اناجیل در این است که جفا «شهادتی» است در پیوند با داوری آینده، بدین معنا که به‌عنوان شاهد بر ضد کسانی که مخالف گسترش انجیل بودند، به‌کار برده خواهد شد. با وجود این، وی خاطرنشان می‌سازد که در گزارش لوقا-اعمال درون‌مایهٔ جفا بیشتر بار مثبت دارد و به‌عنوان گونه‌ای دستاورد تأثیر متقابل تلقی می‌گردد. یعنی جفا نه تنها باعث پایمال شدن انجیل نمی‌شود، بلکه به اشاعهٔ آن نیز کمک می‌کند.

عیسی در انجیل لوقا می‌فرماید: «به شما کلام و حکمتی خواهم داد که هیچ‌یک از دشمنان‌تان را یارای مقاومت یا مخالفت با آن نباشد» (لوقا ۱۵:۲۱). شهادت کتاب اعمال نشان می‌دهد که این دقیقاً همان چیزی است که به‌واسطۀ جفا و شهادت کلیسای اولیه به‌وقوع پیوست.

چهارم اینکه، جفا برای کلیسایی که در واقعیتِ «نه‌هنوز» زندگی می‌کند، انتظاری هنجارین به‌شمار می‌رود، یعنی کلیسا می‌داند که تا پیش از به کمال رسیدن پادشاهی خدا باید صبورانه منتظر پر شدن پیمانۀ رنج باشد. این انتظار، رنج را در بستر بزرگ‌تر نقشۀ برتر خدا برای همۀ ایمانداران در همه جا، قرار می‌دهد. درست همان‌گونه که عیسی فرمود *باید* رنج بکشد، و مصائبش *تحقق‌دهندۀ* کلام خدا است، به همین ترتیب کلیسا هم باید رنج بکشد تا مقصود و نقشۀ عالی خدا برای کلیسایش را جامۀ عمل بپوشاند. از این منظر، جفا جزو جدایی‌ناپذیرِ پیروزی الاهی می‌شود، که در عیسای مسیح متجلی شده است. شاید ما هم مانند اشوین کومار با چشمان خود و در همین زندگی کنونی ببینیم که خـدا چگونه به دفاع از خادمان وفادار و رنجبرش برمی‌خیزد. اما همچنین امکان دارد همانند کشیشان ژزوئیت مجبور شویم در رنج‌های مسیح سهیم شویم، و مثل عیسی در برابر کسانی که ما را متهم می‌کنند خاموش بایستیم و منتظر بمانیم تا در زمان آخر مکاشفۀ کامل پیروزی خدا را ببینیم. به هر ترتیب، به آنچه که عیسی در خطابۀ بالاخانه فرمود، سخت پایبند می‌مانیم. عیسای مسیح در شب پیش از مرگش، به شاگردان خود فرمود: «در دنیا برای شما زحمت خواهد بود؛ اما دل قوی دارید، زیرا من بر دنیا غالب آمده‌ام.» (یوحنا ۳۳:۱۶)

# جمع‌بندی

## کلیسا به‌عنوان بازتاب تثلیث در جهان

طی سالیان، در مورد چگونگی غرق شدن کشتی تایتانیک، آن هم در نخستین سفر دریایی‌اش، میان شیفتگان این کشتی گمانه‌زنی‌های بسیار شده است. برخی گفته‌اند که این سانحهٔ غم‌انگیز به‌خاطر نقص فنی در سکان روی داد. دیگران اصرار دارند که دلیل بروز سانحه در نهایت به ضعف در سیستم ارتباطات یا زاویهٔ برخورد کشتی به کوه یخ برمی‌گردد. با این‌حال، مطالعه‌ای که اخیراً دانشمندان انجام داده‌اند، به بهترین وجه فاجعهٔ مزبور را توضیح می‌دهد؛ چیزی بسیار پیش‌پاافتاده- استفاده از پرچ‌های درجهٔ دو.

جنیفر مک‌کارتی[1] و تیموتی فُوک[2] در کتاب خود با نام «به‌راستی چه چیزی تایتانیک را غرق کرد: کشفیات قانونی جدید»[3] استدلال می‌کنند که شرکت سازندهٔ کشتی، یعنی هرولد اند ولف[4] برای تأمین آهن لازم برای ساخت پرچ‌های کشتی چنان زیر فشار قرار گرفته بود که به چنین سازش خطیری تن داد. شرکت وایت استار لاین،[5] مالک تایتانیک، با شرکت دیگری به نام کانرد[6] رقابت کاری داشت، آن‌هم در دوره‌ای که ساخت کشتی‌های لوکس قاره‌پیما توسط کارگران کشتی‌سازی بلفاست انجام می‌شد که کمرشان زیر بار زمان‌بندی‌های کاری فشرده برای تحویل کشتی‌ها در موعد مقرر خم شده بود و هر کس به‌نوعی سعی می‌کرد از سروته کار بزنند تا کشتی زودتر تحویل خریدار داده شود. مک‌کارتی و فُوک می‌نویسند که با توجه به فشاری که برای هرچه زودتر به آب انداختن *تایتانیک* وجود داشت، وایت استار لاین به این نتیجه رسید که کشتی را با ظاهری خیره‌کننده، اما با مصالحی زیر استاندارد روانهٔ اقیانوس کند. در هنگام ساخت کشتی *تایتانیک*، بازار کشتی‌سازی با کمبود آهن مواجه بود. بر اساس مدارک ثبت‌شده، مدیران به اعتراض‌های متعددی که به خطر بالقوهٔ استفاده از

---

1. Jennifer McCarty; 2. Timothy Foecke; 3. What Really Sank the Titanic: New Forensic Discoveries; 4. Harland and Wolff; 5. The White Star Line; 6. Cunard

پرچ‌های غیراستاندارد شـــده بود، اعتنایی نکردند. همه چیز قربانی به آب انداختن تایتانیک، طبق زمان‌بندیِ قبلی شد.

اکنون از لاشـــهٔ غرق‌شدهٔ کشتی چهل‌ونه پرچ به‌دســـت آمده است، و تجزیهٔ آزمایشگاهی نشـــان می‌دهد که این پرچ‌ها حاوی درصد بالایی از ناخالصی هستند و همین ناخالصی‌ها آهن را شکننده می‌سازند. این آزمایش‌ها آشکار کرده‌اند که پرچ‌های به‌کار رفته در ساخت *تایتانیک*، غیراستاندارد بوده‌اند و کیفیت لازم را برای منظوری که در هنگام طراحی کشتی در نظر گرفته شده بود، نداشته‌اند. اگر پرچ‌ها استاندارد بودند، تایتانیک حتی با چهار محفظهٔ آسیب‌دیده هم باز هم می‌توانســـت پس از برخورد با کوه یخ روی آب شـــناور بماند. اما در عوض چه شد؟ بســـیاری از پرچ‌هایی که در امتداد سمت راست کشتی استفاده شـــده بودند، شکستند و آب محفظهٔ پنجم را هم پر کرد و بیش از هزار و پانصد مسافر را به قعر اقیانوس فرستاد.

این داســـتان اهمیت یک نکتـــه را قویاً به ما یادآوری می‌کند؛ اینکـــه به هنگام انجام یک پروژهٔ بزرگ هرگز اساســـی‌ترین ارکان را فراموش نکنیم. در مقیاس و بزرگی پروژه‌ای مانند *تایتانیک*، که پیســـت رقصی از جنس چوب جنگلی داشت و در آن چلچراغ‌ها آویخته بودند و شـــیر آبهایش از جنس برنج بود، ممکن است اهمیت چیز کوچکی مانند پرچ نادیده گرفته شـــود. موضوع بحث این کتاب طرح میسیون‌شناسی بود، و در آن به مبادی بنیادین، که برای به‌راه انداختن جنبش‌های میســـیونری ســـالم بدان‌ها نیازمندیم، توجه ویژه مبذول داشتیم. بنابرایـــن، کارمان را بـــا خلاصه‌کردن مبحث کلیدی کتاب و چهار مبـــادی الاهیاتی که قرار اســـت این میسیون‌شناسی بر پایهٔ آنها بنا شـــود، آغاز می‌کنیم. در پی آن نمونه‌ای آزمایشی از یک مطالعهٔ موردی را که از گفتمان میسیون‌های معاصر گرفته‌ایم طرح می‌کنیم تا نشان دهیم کـــه چگونه یک الاهیات تثلیث‌گـــرا که در *مأموریت الاهی* ریشـــه دارد، می‌تواند بر یکی از موضوعات میسیون‌شناختی مبرمِ روزگار ما پرتو بیفکند.

## خلاصهٔ مبحث کلیدی

میسیون مسیحی تشـــکیلاتی پیچیده و چند بُعدی، و مستلزم توجه ویژه بر اساس مبانی درســـت اســـت. در این کتاب بحث کردیم که میسیون‌شناسی‌ای که بسیاری از میسیون‌ها بر پایهٔ آن شکل گرفته‌اند، نیازمند بازسازی مفهومی[1] در زمینهٔ مبانی اصلی الاهیاتی است. مانند مثال تایتانیک، ما نمی‌توانیم با خیال اینکه ســـاختارهای میسیونری‌مان تا چه اندازه بزرگ و جهانی یا تا چه حد تأثیرگذارند، با آرامش خاطر بنشـــینیم و نسبت به بنیان‌های ساختاری و نگهدارندهٔ کل تشـــکیلات بی‌توجه باشـــیم. در فصل ۱، گفتهٔ معروفی از هندریک کریمر را نقل کردم که می‌گوید: «کلیســـا همواره در وضعیت بحران قرار دارد؛ بزرگترین ضعف کلیسا این اســـت که ندرتاً از این مطلب آگاه می‌شـــود.» بحران زمانهٔ ما خـــود را در کالبد نیروهای نســـبی‌گرایی،[2] عمل‌گرایی،[3] و تنگ‌نظری نهادی[4] مجسم نموده اســـت، که مانع از به‌وجود آمدن یک میسیون‌شناسی سالم و قدرتمند شده‌اند. طی زمان، تشکیلات میسیونری به‌تدریج

1. Reconceptualization; 2. Relativism; 3. Pragmatism; 4. Institutional Parochialism

به‌سویی کشیده شده که در قالب هزاران سازمان مستقل ظهور کرده، و تلاش‌های فرقه‌ای نه با درک درست زمینهٔ بزرگ ابتکار اولیهٔ الاهی، بلکه با انگیزهٔ عملگرایانه صورت گرفته است. فرضیات علوم اجتماعی اغلب بر کلیساشناسیِ کتاب‌مقدسی غالب می‌شوند، ضرورت‌های مالی مکرراً نقشه‌های راهبردی را اداره می‌کنند، و نسبی‌گرایی هر انگیزش میسیونری را در بسیاری از کلیساها خاموش می‌کند.

ما در عصر پس از حاکمیتِ مسیحی زندگی می‌کنیم؛ عصری که در آن رواج پست‌مدرنیسم رو به افزایش است و مفروضاتی که ساختار باورپذیریِ هنجارهای مسیحی را تشکیل می‌دادند، فروپاشیده‌اند. پراکندگی به‌وجود آمده در نتیجهٔ این تحولات، کلیسا را در رابطه با مأموریتش دچار ابهام کرده است. برخی عقب‌نشینی به موضع ایمان شخصی‌شده را گزیده‌اند و با این کارشان عرصهٔ پیکار را برای نسبی‌گراییِ کثرت‌گرایانهٔ حاکم خالی کرده‌اند. دیگران گفته‌اند که ما مطابق معمول به کارمان ادامه می‌دهیم و تغییرات عمدهٔ فرهنگی را هم به‌مثابه برخاستن گرد و خاکی در نظر می‌گیریم که به‌زودی فروخواهد نشست و باز خواهیم توانست آن سوی معرکه را ببینیم. و اما کسانی نیز هستند که در مورد تفسیری ساختارشکن از ایمان مسیحی، که معرفت‌شناسی پست‌مدرن را هم در بر بگیرد، فراخوان می‌دهند.

گذشته از این چالش‌های الاهیاتی و معرفت‌شناختی، و پدیدار شدن میلیون‌ها مسیحی نوکیش و پرحرارت در همه جای جهان اکثریت، ما در میانهٔ یک تغییر چشمگیر در مرکز ثقل مسیحیت، زندگی می‌کنیم. جنبش پنتیکاستی آمریکای لاتین، کلیساهای بنیان‌گذاری‌شده توسط آفریقائیان، صدها هزار کلیسای خانگی ثبت‌نشده در چین، جنبش‌های میسیونری پویا و پرتوان کره‌ای و هندی- اینها بازیگران جدید در جنبش مسیحی جهان به‌شمار می‌روند. بنابراین، ما که در غرب به‌سر می‌بریم، لازم است کمی تأمل کرده، نفسی بکشیم و توقف میان دو پرده- سلاه- را بپذیریم تا در این فاصله بتوانیم برای ترکیب‌بندی و تجسم دوبارهٔ میسیون‌ها، به طریقی که از لحاظ الاهیاتی و کتاب‌مقدسی قوی باشد، توانایی پیدا کنیم.

## چهار رکن اساسی در میسیون‌شناسی

### *مأموریت الاهی*

نقطهٔ آغاز میسیون‌های مسیحی باید *مأموریت الاهی* باشد. میسیون‌ها باید نخست و بیش از هر چیز مترصد آن باشند که خدا در دنیا چه می‌کند، نه اینکه ما چه می‌کنیم. میسیون‌ها باید از انگیزش‌های رقابتی، عملگرا، و بازاری که ما را وسوسه می‌کنند تا در مورد میسیون‌ها به شیوه‌های انسان‌مدارانه یا نهادی بیندیشیم، دوری کنند. در عوض، میسیون‌ها باید ذهنیت خود را در چارچوب بزرگتری از نقشهٔ رهایی‌بخش خدا شکل دهند، نه در چارچوب کارهای فرعی که کلیسا برای خودبزرگ‌نمایی از طریق گسترش نهادهای وابسته، و حتی در مقیاس جهانی انجام می‌دهد. اگر صادق باشیم، باید بدانیم که بسیاری از فعالیت‌های میسیونری ما بیش از اندازه صرف نقشه‌های انسانی شده و راهبردهای برخاسته از نهادهای

انسانی تا حد زیادی بر شالودهٔ علوم اجتماعی بنا شده‌اند. در عین اذعان به ارزش یافته‌های علوم اجتماعی، و حتی تجارب دنیای تجارت، باید بر این نکته پافشاری کنیم که میسیون‌ها نمی‌توانند بر این بنیادها استوار شوند یا طبق این الگوها شکل بگیرند، زیرا در بلندمدت، جنبش‌های میسیونری که بر پایهٔ این قبیل شالوده‌ها به‌وجود آمده‌اند، به بن‌بست رسیده‌اند. «عوامل اصلی» میسیون‌ها باید بر مبنای الاهیات شکل بگیرند.

*مأموریت الاهی* نوعی اختصارنویسی است برای برقرار کردن پیوند میان عمل برتر و پیشگامانهٔ خدا با زندگی، خدمت و کار کلیسا. پیش از آنکه بتوانیم در مورد *انجام* میسیون توسط کلیسا سخنی بگوییم، باید نخست خدا را خدای میسیون ببینیم. همه چیز باید بر پایهٔ طبیعت، شخصیت و ابتکارعمل خدا استوار شود. حتی فرمان بزرگ، که از آن به‌عنوان شاهدی بر بزرگترین نمونهٔ فراخوان از کلیسا برای خدمت، دلیل و استدلال می‌آورند، در روایت متی با تأیید بر اینکه خدا کیست آغاز می‌شود: «تمامی قدرت در آسمان و بر زمین به من سپرده شده است» (متی ۱۸:۲۸). میسیون‌های مسیحی با کیستیِ (هویت) خدا آغاز می‌شوند؛ تنها آن موقع است که می‌توانند به انجام وظایف یا مسئولیت‌هایی که کلیسا در دنیا بر عهده دارد، جامهٔ تحقق بپوشانند. تنها زمانی که چشمان‌مان را به جلالِ مقتدر خدا بدوزیم، می‌توانیم به‌درستی نسبت به اوامری که به کلیسای مقدس مسیح محول شده، واکنش درست نشان دهیم.

در کتاب‌های درسی میسیونری، این مهم زیر بخشی قرار گرفته که معمولاً عنوان «بنیان‌های کتاب‌مقدسی/ الاهیاتی برای میسیون‌های مسیحی» دارد. با این‌حال، اغلب ارتباط بخش کتاب‌مقدسی/ الاهیاتی با میسیون‌شناسی قطع‌شده می‌ماند، و در مجموع فاقد هرگونه چارچوب الاهیاتی است که به کل کار جان ببخشد و آگاهی‌رسانی کند. در این کتاب‌ها جسته‌گریخته آیاتی از کتاب‌مقدس نقل‌قول می‌شود تا فعالیت‌هایی را که از پیش در میسیون‌ها انجام گرفته توجیه کنند و آنها را درست و به‌حق جلوه دهند. و گاه انبوهی از راهبردها، پیش‌فرض‌ها و اقدامات بر دوش کلیسا گذاشته شده‌اند، بی‌آنکه معلوم شود چه ارتباطی میان آنها و بنیان‌های الاهیاتیِ از پیش تعیین شده وجود دارد. در دورهٔ حاکمیتِ مسیحی، این جریان نه چندان قابل تشخیص بود و نه چندان برجسته، زیرا اکثر کسانی که میسیون‌ها را بررسی و مطالعه کردند، پیشاپیش در مورد تکلیفی که پیش روی کلیسا است متقاعد بوده‌اند، و از سوی کلیسایی پشتیبانی شده‌اند که لزوم کار میسیونری را پذیرفته است. وانگهی، از آنجایی که اکثر اقدامات میسیون‌ها از جهان غرب سرچشمه گرفته، دیدگاه‌های جایگزین چندانی وجود ندارد که نقد بایسته‌ای از دیدگاه‌های غربی ارائه دهد. با وجود این، دیگر در غرب چنین اتفاق‌نظری وجود ندارد. از این گذشته، با ظهور کلیسای جهان اکثریت، غالباً انجیل در جوامعی ریشه می‌گیرد و شکوفا می‌شود که بر پایهٔ بنیان‌های بسیار متفاوتی بنا شده‌اند. ما گاه فراموش می‌کنیم که چگونه انجیل در سدهٔ نخست میلادی شکوفا شد و در بستری گسترش یافت که از لحاظ اجتماعی، دینی و سیاسی با مسیحیت سر ستیز داشت. بهترین راه برای پیشبرد کار میسیونری، بازگشت به اصول و مبانی *مأموریت الاهی* است، که می‌تواند نقطهٔ آغاز کار همهٔ میسیون‌های مسیحی باشد، چه در شرق چه در غرب،

خواه از نقاطی که هنوز زیر سایهٔ مسیحیت زندگی می‌کنند خواه از سرزمینی که دین‌ها یا ایدئولوژی‌های دیگری غیر از مسیحیت بر آن استیلا دارند.

## خدای تثلیث

این میسیون‌شناسی کوشیده تا میسیون‌ها را در بطن حیات و فعالیت خدای تثلیث در دنیا جای دهد. در فصل ۴ بررسی کردیم که چگونه خدای پدر منشاء مشیّت الاهی و هدف همهٔ میسیون‌های مسیحی است. میسیون‌های مسیحی با ابتکارعمل اولیهٔ خدای پدر در دعوت از ابراهیم برای ترک بت‌پرستی و پیروی از خدای واحد حقیقی آغاز می‌شوند. اگر خدا در رابطه با ابراهیم پیشگام نشده بود و با وی عهد نمی‌بست، دیگر جسم گرفتن خدا در وجود انسان خاکی و ظهور خلقت تازه، و به‌طور یقین میسیون مسیحی میسر نمی‌شد. بنابراین، میسیون‌های مسیحی را می‌توان با اطمینان کامل در زمینهٔ مکاشفهٔ خدا و واکنش به آن قرار داد. خدا اهداف برترش را آشکار می‌سازد، و کلیسا نیز با ایمان عمل کرده از نقشهٔ آشکارشوندهٔ خدا اطاعت می‌کند. کلام خدا با امانتداری نمونه‌های بی‌شماری از مکاشفات او را ثبت کرده است که در آنها خدا اهداف رهایی‌بخشش را بر قومش آشکار می‌سازد، که البته این قوم همهٔ مردمان روی زمین را در بر می‌گیرد. وقتی از اقدامات خدا در تاریخ، و از طریق آن، الهام می‌گیریم، در خصوص پیروزی خدا به‌عنوان خداوند صاحب‌اقتدار جهان هستی، اطمینان می‌یابیم. برخلاف آنچه اغلب می‌گویند، دیگر نمی‌توانیم بگوییم کلیسا نسلی رو به انقراض است. خدا اعلان کرده که روزی همه او را خواهند شناخت. شاید این تصور در ما به‌وجود آمده که از هر سو محاصره و یا به حاشیه رانده شده‌ایم، اما او همواره «هفت هزار نفر» دارد که هنوز «زانوان‌شان نزد بعل خم نشده» است. (اول پادشاهان ۱۸:۱۹)

در جهان هیچ چیزی ماندگارتر از قوم خدا نیست. البته، این هیچ ربطی به جلوه‌های سازمانی، سیاست، یا فرقهٔ به‌خصوصی از کلیسا ندارد، بلکه در پیوند با ابراز وفاداریِ تاریخیِ مسیحی در طول زمان است. خدا کلیسای خود را بنا می‌کند، و دروازه‌های دوزخ بر آن استیلا نخواهند یافت. توماس آودن در کتاب «نوزایی راست‌دینی»[1] می‌نویسد: «اگرچه فیض ایمان را تحمیل نمی‌کند، لیکن در هیچ برهه‌ای کلیسا را خالی نمی‌گذارد.» در هر نسل با دلیری می‌توانیم ادعا کنیم که خدای تثلیث مکاشفهٔ کتاب‌مقدسی خود را بدون شاهد نگذاشته است. در نهایت امر، این حقیقت نه بر اطاعت ما، که بر وفاداری خدا مبتنی است که خوانندگان را به واکنش مطیعانه فرامی‌خواند.

### *خدای پدر*

آیات مربوط به فرمان بزرگ در عهدجدید نمایانگر یک شروع تازه نیستند، بلکه در تداوم با اعمال گذشتهٔ خدا قرار دارند، که با عهد وی با ابراهیم مبنی بر برکت دادن همهٔ قوم‌ها آغاز شده بود (پیدایش ۳:۱۲). تا زمانی که نخست خدای پدر را به‌عنوان فرستنده نشناسیم،

1. The Rebirth of Orthodoxy

نباید از کلیسای فرستاده شده سخنی بر زبان بیاوریم. پدر پسر خود را به جهان فرستاد، و کلیسا هم بازتاب پیوستهٔ حضور خدای تثلیث در جهان می‌شود. ما می‌دانیم که ریاست‌ها و قدرت‌هایی وجود دارند که در برابر حاکمیت خدا به مخالفت برمی‌خیزند. این مخالفت یک واقعیت صرفاً نظری نیست که با دنیا هیچ ارتباطی نداشته باشد، بلکه خود را در قالب نیروها و نگرش‌های فرهنگی خاصی جلوه‌گر می‌سازد که قوم خدا باید با آنها روبه‌رو شود و نسبت به آنها واکنش نشان دهد. از این‌رو، ما برای الاهیات فرهنگ و الاهیات ادیان یک مبنای کتاب‌مقدسی تبیین می‌کنیم. خدای پدر نقطهٔ مبنای نهایی کلیسا در درک منشاء و هدف همهٔ فعالیت‌های میسیونری است.

## *خدای پسر*

ما به‌واسطهٔ جسم گرفتن عیسای مسیح، تجسم رهایی‌بخشِ *مأموریت الاهی* را در دنیا مشاهده می‌کنیم. خدای پدر خدای پسر را به جهان می‌فرستد تا خلقت تازه را در جسم خود آشکار کند و نشان دهد که چگونه باید با فیض و راستی با دنیایی بی‌ایمان سروکار داشت (یوحنا ۱۴:۱و۱۷). در طول تاریخ، و به‌رغم دوره‌های بی‌ایمانی شدید، کلیسای راستین حضور خدا را از طریق انجام کارهای خاص و اطاعتِ مبتنی بر تجسم تبلور بخشیده است. بنابراین، تجسم مبنایی الاهیاتی برای چگونگی درک ما از موضوعات دسترسی، تکثیرپذیری و جامع‌نگری در میسیون‌های مسیحی فراهم می‌سازد.

تجسم اقدامی ابتکاری از سوی خدای پدر بود تا وسیله‌ای فراهم شود که به‌واسطهٔ آن بشریت گناه‌آلود بتواند امکان دسترسی دوباره به خدا را پیدا کند. به همین ترتیب، خدا کلیسا را می‌فرستد تا بازتاب این تجسم در دنیا باشد و به مردم کمک کند تا دسترسی بهتر و شفاف‌تری به انجیل داشته باشند. تجسم «ترجمهٔ» نهایی الوهیت به بشریت است. خدا جسم خاکی می‌گیرد و در عمل نشان می‌دهد که ما در این جهان چگونه باید زندگی کنیم. کلیسا با متبلور ساختن حضور مسیح و تکثیر این حضور از طریق گردآمدن جماعت‌ها در سراسر جهان، آینه‌وار مفهوم تجسم خدا در جسم خاکی را بازتاب می‌دهد. و سرانجام اینکه، در تجسم، ما چشم‌انداز کاملی از شفقت خدا را نسبت به نژاد بشر تجربه می‌کنیم. خدا چنین مقدر فرموده که نه تنها لعنت مرگ را برگرداند، بلکه همهٔ جنبه‌های زندگی و جایگاه انسان را که با سقوط آدم و ورود گناه به جهان از بشر گرفته شده بود، اعاده نموده، به وی بازگرداند. کلیسا بازتاب این شفقت جامع‌نگرانهٔ خدا است، خواه از طریق قرائت کتاب‌مقدس و وعظ باشد خواه با خدمت کردن در آشپزخانه و دادن پورهٔ سیب‌زمینی به افراد بی‌خانمان. به هر ترتیب که عمل کنیم، در واقع محبت مسیح را به کل بشریت بازمی‌تابانیم. دیدگاه فردگرایانه در مورد میسیون مسیحی معمولاً گونه‌هایی از خدمت را «مهمتر» یا «کتاب‌مقدسی‌تر» یا «مؤثرتر» از انواع دیگر می‌خواند. با وجود این، پولس به ما یادآوری می‌کند که «بدن نه از یک عضو، بلکه از اعضای بسیار تشکیل شده است» (اول قرنتیان ۱۴:۱۲). پولس ما را ترغیب می‌کند تا به یاد آوریم که «آن اعضای بدن که ضعیف‌تر می‌نمایند، بسیار ضروری‌ترند. و آن

اعضای بدن را که پست‌تر می‌انگاریم، با حرمت خاص می‌پوشانیم، و با اعضایی که زیبا نیستند با احترام خاص رفتار می‌کنیم» (اول قرنتیان ۱۲:۲۲-۲۳). تک تک این اعمالِ برآمده از اطاعت، نمایانگر یک «آری» به فرمانروایی خدا، و در مجموع، یک «آری» بزرگ به عیسای مسیح است، که تجسم نهایی فرمانروایی و سلطنت خدا است.[۱]

## *خدای روح‌القدس*

روح‌القدس حضور نیروبخش به *مأموریت الاهی* است. کلیسا نه تنها با خاطرهٔ تجسم خدا قوت می‌گیرد، بلکه حضور خداوند قیام‌کرده در کلیسا نیز، که از طریق حضور نیروبخش روح‌القدس بر ما و دنیا متجلی می‌شود، به ما نیرو می‌بخشد. انجیل و اقدامات پیشگامانهٔ خدا با صلیب و قیام متوقف نمی‌شوند، بلکه در پنتیکاست و در زندگی و شهادت کلیسا نیز ادامه می‌یابند. روح‌القدس به کلیسا توانایی و قدرت می‌بخشد تا ابعاد *مأموریت الاهی* را در جهان گسترش دهد.

همچنین روح‌القدس به کلیسا کمک می‌کند تا میسیون مسیحی را در زمینهٔ آخرشناختی بزرگتری درک کند. تجسم، خدمت عمومی، و مرگ و قیام عیسای مسیح نمایندهٔ «نوبرهای» خلقت تازه هستند (اول قرنتیان ۱۵:۲۰). در مسیح، فرمانروایی و سلطنت خدای پدر در همین عصر (نظام) شریر کنونی آغاز می‌شود. روح‌القدس به کل کلیسا قدرت می‌بخشد تا واقعیت‌های آیندهٔ خلقت تازه را در زمان حال تجربه و زندگی کند. ما اساساً باید میسیون‌های مسیحی را تداوم حیات و اهداف خدای تثلیث بدانیم که در، و از طریق، کلیسا جامهٔ عمل می‌پوشد.

## خلقت تازه

به محض اینکه میسیون مسیحی در مأموریت خدای تثلیث ریشه بگیرد، در زمینه‌ای آخرشناختی جای گرفته است. خدای پدر خداوند آفرینش است. او ما را آفرید تا وی را بپرستیم و زیر فرمانروایی مقتدرانه‌اش زندگی کنیم. به سبب عصیان آدم و صحه گذاشتن ما بر آن عصیان به‌طور مداوم در زندگی‌مان، ما نیز در این خلقت سقوط‌کرده سهیم هستیم، و دیگر عظمت کامل فرمانروایی و سلطنت عادلانهٔ خدا را در دنیا تجربه نمی‌کنیم. تجسم مسیح نمایانگر اقدام پیشگامانهٔ الاهی چشمگیر برای برگرداندن لعنت سقوط آدم و پرداخت فدیهٔ ما است؛ این سرآغاز فرمانروایی و سلطنت خدا به‌شمار می‌رود. پادشاهی خدا، یا فرمانروایی خدا آغاز شده، اگرچه ما تا تحقق کامل آن در انتظار می‌مانیم. دغدغه میسیون مسیحی گسترش دادن همین ادعاها و واقعیت‌های خلقت تازه در درون نظام کنونی است. ما

---

۱. کلیسا نباید اهمیت درس‌های گذشته در ارتباط با خدمت جامع‌نگرانه را فراموش کند. خیلی مهم است که سهم تک تک اعضای بدن را، که در مجموع بازتاب خدمت کامل مسیح به کل بشریت است، ارج بنهیم. با این‌حال، مسیحیان باید هوشیار باشند و اجازه ندهند خدمت کلیسا در مجموع، بیش از اندازه روی خدمات اجتماعی متمرکز شود و کلیسا از فراخوان صریح برای توبه و ایمان آوردن به مسیح غافل بماند.

مسیحیان در تنشی میان «هم‌اکنون/ نه‌هنوز» زندگی می‌کنیم. پادشاهی خدا در وجود عیسای مسیح هم‌اکنون به نظام شریر کنونی نفوذ کرده است، ولی ما هنوز پایان عداوت بشر با خدا را تجربه نکرده‌ایم. اعلان فرمانروایی خدا در بطن میسیون‌های مسیحی قرار دارد. ما سفیران خلقت تازه‌ایم. مسیح به‌واسطهٔ شهادت کلیسای وفادار خود، به فراخواندن مردان و زنان به توبه و ایمان آوردن به خبر خوش انجیل ادامه می‌دهد. میسیون‌ها نه تنها مردمان را به «گرفتن تصمیم» برای پیروی از مسیح فرامی‌خوانند، بلکه از ایشان دعوت می‌کنند تا به جامعهٔ ایمانداران، یعنی کلیسا وارد شوند و واقعیت‌های آینده را در زمان حال و در برابر دیدگان دنیا و در بستر واقعیِ زمان و مکان تاریخی زندگی کنند. از این‌رو است که نمی‌توان جدا از بستر آخرشناختیِ بزرگ‌تر تحقق خلقت تازه، از فرمان بزرگ به‌عنوان امری «تحقق‌یافته» سخن گفت.

جان پایپر جملهٔ معروفی دارد که می‌گوید: «میسیون‌ها وجود دارند چون پرستش وجود ندارد.» دیدگاه پایپر مبنی بر هدایت انگیزهٔ نهاییِ همهٔ فعالیت‌های میسیونری برای جلال دادن خدا، بسیار ارزشمند است زیرا نه تنها به ما یادآوری می‌کند که نخستین و مهمترین هدف میسیون مسیحی خودِ خدا، جلال او و نقشه‌اش برای جهان هستی (یعنی *مأموریت الاهی*) است، بلکه خاطرنشان می‌سازد که پرستش ما را از گوشه و کنار گرد آورده، در حضور خدای تثلیث، در جماعت‌هایی متشکل می‌سازد. این به تقویت درون‌مایهٔ اصلی، که هدف همهٔ میسیون‌ها است- اینکه خدا *کلیسای* خود را بنا می‌کند- کمک می‌کند تا پرستندگان را در جماعت‌های خود گرد هم آورند. بنابراین، میسیون مسیحی هم عمل پرستش است (یعنی پاسخ کلیسا به مکاشفهٔ خدا) و هم شرکت کردن در هدف نهاییِ *مأموریت الاهی*، که پرستش خدا است. من مطمئن هستم که وقتی پایپر در مورد پرستش آخرشناختی سخن می‌گوید، مقصودش اختصارنویسی در مورد مکاشفهٔ کامل اهدافی است که خدا برای قوم خود تا ابدیت و در همهٔ سطوح و ابعاد، در نظر گرفته است. اگرچه من نمی‌توانم جمله‌ای گیراتر از عبارت پایپر بگویم، لیکن شاید بتوانم در جمله‌ای آن را چنین خلاصه کنم که «میسیون‌ها وجود دارند چون خلقت تازه هنوز به‌طور کامل تحقق نیافته است.» ما باید میان درک خودمان از میسیون مسیحی و زمینهٔ بزرگ‌تر ظهور خلقت تازه، ارتباط برقرار کنیم.

## کلیسای جهانی

سرانجام اینکه، این میسیون‌شناسی در صدد است تا ورای الگوهای تک‌فرهنگی، که پیش‌تر بر اندیشهٔ میسیون‌شناختی حکمفرما بوده‌اند، گام نهاده، واقعیت‌های جدیدی از کلیسای جهانی را در نظر آوَرَد که تا پیش از این نادیده گرفته شده‌اند و این حقیقت را بازتاب دهد که «برای بردن کل انجیل به کل دنیا، کل کلیسا لازم است.» همین فرضیهٔ بنیادین باعث شده امروزه همهٔ میسیون‌شناسان مجبور شوند در دیدگاه خود در مورد مسیحیت جهانی بازنگری کنند. ناگزیر، این دستِ‌کم سه مفهوم غالب بر مبحث و کار میسیونری را به چالش خواهد کشید.

نخست اینکه، میسیون‌شناسی از منظر کلیسای جهانی، به‌کار بردن واژگانی نظیر «مرکز» و «پیرامون» را در اشاره به کلیسا و مأموریتش به چالش می‌کشد. به‌طور سنتی، راهبرد میسیون‌ها بر پایهٔ این مفهوم گذاشته می‌شد که مأموریت کلیسا از یک مرکز واحد آغاز می‌شود که به پیرامون خود گرما و زندگی می‌بخشد، و نام این محیط پیرامونی را هم «عرصهٔ میسیون» گذاشته بودند. فرض بر این است که مسیحیان غرب در قلب جنبش مسیحی هستند، و «آن بیرون» هم عرصه یا کارزار میسیون است. با وجود این، امروزه میسیون‌های مسیحی /از هر جا و به هر جا صورت می‌گیرند. کلیسا در سدهٔ بیست‌ویکم در همهٔ قاره‌ها به‌طور همزمان میسیونر می‌فرستد و دریافت می‌کند. ظهور پناهندگی جهانی، افزایش گوناگونی، تأثیر جهانی شدن، و پراکندگی روزافزون جوامع باعث بروز وضعیتی شده‌اند که در آن دیگر «مرکز» و «پیرامون» به طرقی تازه و غافلگیرکننده درهم‌آمیخته‌اند. کلیسا و کارزار میسیون، هر دو هم در «اینجا» هستند و هم در «آنجا». اکنون میسیونر می‌تواند یک مسیحی اروپایی باشد که در شمال آفریقا یا در شهری از ایالات متحده که گروه مهاجر در آن مستقرند خدمت می‌کند، یا یک مسیحی برزیلی باشد که راهی چین شده، یا یک مسیحی آفریقایی که در لندن یا لوس آنجلس خدمت می‌کند. هر گوشه از جهان برای خود یک مرکز مسیحی دارد، و هر گوشه از جهان گروه‌هایی قومی را در بر گرفته است که هنوز پیام انجیل را نشنیده‌اند. این تغییر موضع در خدمت میسیونری، یعنی رها کردن میسیون از وابستگی جغرافیایی، باید احساس مسئولیت ما را برای گذشتن از مرزهای باقی‌مانده‌ای که هنوز هزاران گروه قومی را از شهادت کارآمد کلیسا جدا نگاه داشته است بیشتر کند.

دوم اینکه، میسیون‌شناسی‌ای که از دیدگاه جهانی تبیین شده، روش تفکر ما را در مورد نیروی میسیونری به چالش می‌کشد. برای سده‌ها، کلیسای پروتستان به‌طور اعم (و جنبش میسیونری پروتستان به‌طور اخص) زیر سیطرهٔ میسیونرهای غربی بوده که حامل میراث اروپایی بودند. اساساً ما غربی‌ها تنها بازیگران عرصهٔ میسیونری بودیم. اما به‌تدریج، و با ظهور کلیسای جهان اکثریت، تعدیل‌های گوناگونی به‌وجود آمد که زمینه را برای فعالیت نیروی میسیونری جهانی‌تر فراهم ساخت، ولی ما همچنان نقش بازیگر اصلی و تأمین‌کنندهٔ مالی عمده، و نیز داور نهایی را حفظ کردیم. راهبردها متحول شدند، تأمین وجوه مالی تضمین شد، و در نهایت مسیحیان جهان اکثریت هم به فاز اجرایی پیوستند. کم‌کم ما به ضرورت یک توازن بزرگ‌تر پی بردیم و حتی لفظ «شراکت» را به‌کار گرفتیم، اما این انتقال کاری طولانی و دشوار بوده است، نه تنها در امر واگذاری کنترل، بلکه در امر پذیرش اینکه اقدامات ابتکاری میسیونری بسیاری هستند که، از راهبرد گرفته تا تأمین مالی و پرسنل، از سوی کلیسای جهان اکثریت مدیریت می‌شوند. امروزه کار مأموریت مسیحی یک تلاش گروهی میان‌فرهنگی است که بازیگرانی از سراسر جهان در آن ایفای نقش می‌کنند.

به تصویر کشیدن آیندهٔ کلیسای غرب به‌عنوان بازیگر نقش اصلی در خدمت میسیونری کاری اشتباه است. برخلاف تصور احتمالی در غرب، در سدهٔ بیست‌ویکم ما شاهد اقدامات ابتکاری عمده‌ای از سوی همهٔ بخش‌های کلیسا خواهیم بود. همهٔ ما باید در این امر همفکری

کنیم. لازم بود کلیسای غرب عقب بنشیند و این نکته را برای خود روشن سازد که ما صرفاً جزو کلیسای جهانی هستیم. با وجود این، کلیسای غرب عطایا و دیدگاه‌های فراوانی دارد که می‌تواند آنها را برای بالا بردن قوت، سرزندگی و حکمت به جنبش مسیحی بزرگتری در ابعاد جهانی ارائه دهد.[1] ما مسیحیان غرب به ایفای نقش خود در زمینهٔ تفکر راهبردی، تأمین مالی، و تجهیز ادامه خواهیم داد، با این تفاوت که تنها یکی از بازیگران در میان خیل بازیگران دیگر خواهیم بود و نقش‌های گسترده‌تر و متنوع‌تری نسبت به گذشته ایفا خواهیم کرد.

سوم اینکه، نگاه کردن به کلیسا از منظری جهانی به ما توانایی می‌بخشد تا مرزهای نوین و چالش‌انگیز بیشتری را ببینیم، که تاکنون بدان‌ها توجه بایسته و شایسته نشده است. از آنجایی که هنوز، و حتی پس از دورهٔ همایش لوزانِ ۱، الگوهای جغرافیایی و مبتنی بر مرزبندی‌های اقلیمی بر مبحث میسیون چیره مانده‌اند، توانایی ما برای تشخیص بسیاری از چالش‌انگیزترین مرزهای نوین که مسیحیان در سدهٔ بیست‌ویکم با آنها روبه‌رو هستند، مختل شده است. بسیاری از مهمترین این مرزها عقلی، اجتماعی و معرفت‌شناختی هستند و پارامترهای جغرافیایی معمول را به مبارزه می‌طلبند. معرفت‌شناسی پست‌مدرن، خداناباوریِ[2] خشمگین، فقر شایع، و انحلال ساختارهای بنیادین اجتماعی از قبیل ازدواج و خانوادهٔ مبتنی بر زناشویی نمونه‌هایی از چالش‌هایی هستند که بسیاری از کلیساها در سراسر دنیا با آنها روبه‌رو می‌باشند. بدین‌ترتیب، کلیسا باید خود را تجهیز کند، نه تنها برای درنوردیدن مرزبندی‌های سنتیِ جغرافیایی یا قومی، بلکه برای گذر از مرزبندی‌های عقلی و معرفت‌شناختی، و رسیدگی به گمشدگان محروم از انجیل که حتی ممکن است- به‌لحاظ جغرافیایی یا قومی- درست در میان یک کلیسای پر شور و حرارت زندگی کنند و هنوز از دریافت پیام انجیل بی‌بهره مانده باشند.

## به‌کار بستنِ میسیون‌شناسی تثلیثی در مسائل معاصر

### میسیون‌های مسیحی و میسیون‌شناسی

یکی از مفیدترین راه‌ها برای اندیشیدن در مورد رابطه میان میسیون‌های مسیحی و میسیون‌شناسی، عبارت «طلوع میسیون‌های مسیحی، غروب میسیون‌شناسی» است. ایده‌ای که در پَس این عبارت نهفته این است که میسیون مسیحی ذاتاً خوشبین است، به پیش می‌نگرد و ریشه در عمل و تداوم آن دارد. میسیونرهایی که در عرصه یا کارزار خدمت می‌کنند، سخت سرگرم موعظهٔ انجیل و تأسیس کلیسا هستند و اغلب وقت یا نیروی کافی برای تأمل

---

۱. من به‌تدریج متوجه شده‌ام که بسیاری از نوشته‌های میسیون‌های معاصر تا چه اندازه با تب و تاب دربارهٔ این موضوع حرف می‌زنند که ظهور کلیسای جهان اکثریت ناخواسته سبب شده که بسیاری از دانشجویان غربی به این فکر بیفتند که در میسیون جهانی کلیسا دیگر نقش پررنگی ندارند، چون دیگر «روزگارشان سپری شده» است. ما باید به الگوهای همکاری چندجانبه روی بیاوریم و برای مشارکت همهٔ بخش‌های کلیسا ارزش قایل شویم.

2. Atheism

ندارند. وقتی کسی در حال تجربه کردن حرکتی اصیل از جانب خدا است، برای پشتیبانی و تشویق این حرکت انرژی و تلاش بسیاری صرف می‌کند. با این‌حال، به مرور زمان مسائل و چالش‌هایی ناگزیر بروز می‌کنند که مستلزم تأمل الاهیاتی ژرف‌تر هستند. در عهدجدید، نمونهٔ کلاسیک این مطلب را می‌توان در حرکت چشمگیر خدا در میان غیریهودیان یافت.

تجربهٔ دست‌اول کار دگرگون‌کنندهٔ خدا در دل‌ها و زندگی مردمانی که قبلاً بت‌پرستانی ناپاک به‌شمار می‌رفتند، باید بسیار هیجان انگیز بوده باشد. با این‌حال، بی‌درنگ پرسش‌هایی دشوار و جدی ظهور می‌کند: آیا ایمانداران غیریهودی‌تبار باید ختنه شوند؟ آیا باید از ایشان خواست تا به یوغ شریعت یهود گردن نهند؟ بحران به‌وجود آمده واقعی بود. اگر بر گردن نهادنِ ایمانداران غیریهودی‌تبار به شریعت یهود پافشاری می‌کردند، آن‌وقت این کار ممکن بود عدول از آموزهٔ پارساشمردگی از طریق ایمان و ادعای کلیسا مبنی بر کفایت کامل کار مسیح محسوب شود. از سوی دیگر، اگر رهنمودهای اخلاقی عملی را نادیده می‌گرفتند، این کار نیز می‌توانست به عدول پاکی اخلاقی قوم خدا بینجامد و این تصور را القا کند که مسیحیان اخلاق‌ستیزند و رابطهٔ میان ایمان و وفاداری، و نیز رابطهٔ میان اعتقاد راسخ و واکنش اخلاقیِ ضروری را فراموش کرده‌اند. وانگهی، از آنجایی که نخستین ایمانداران یهودی بودند، این خطر نیز وجود داشت که آنها نیز از مشارکت سفره میان همهٔ ایمانداران پرهیز کنند، و بدین‌ترتیب از اساس دو کلیسای جدا از هم، و دو بدن مسیح پدید آید؛ یکی یهودی و دیگری غیریهودی. این امر ممکن بود تفرقهٔ بنیادین در بدن مسیح به‌وجود بیاورد و در دعای کهانتی عیسی که از پدر خواسته بود پیروانش «یک باشند»، شکاف ایجاد کند. (یوحنا ۱۱:۱۷)

شورای اورشلیم در پی جنبش میسیونری تشکیل شد تا به امر خطیر میسیون‌شناسی بپردازد. آنان گرد هم نیامده بودند تا پیرامون الاهیات و مسائلی انتزاعی که از زندگی کلیسا جدا است، به بحث بپردازند. این بحث از بنیان برخاسته از این واقعیت بود که غیریهودیان به کلیسا راه یافته و از مشارکت با ایمانداران یهودی‌تبار بهره‌مند بودند. میسیون‌شناسی همیشه *پس از* پیشرفت میسیون اتفاق می‌افتد: میسیون در «طلوع آفتاب» روی می‌دهد و میسیون‌شناسی در «غروب آفتاب». با وجود این، رابطهٔ میان «طلوع» و «غروب» را نباید فراموش کرد. اگر میسیون‌شناسی خوب انجام شود، باید به نوبهٔ خود محرک «طلوعی» نوین باشد، که در طول زمان چالش‌های تازه و موضوعات جدیدی به همراه می‌آورد که تأمل و اندیشهٔ بیشتری می‌طلبد. میسیون مسیحی و میسیون‌شناسی، هر یک دیگری را برمی‌انگیزند و پشتیبانی و هدایت می‌کنند. میسیون مسیحی عمل‌گرا است، حال آنکه میسیون‌شناسی بیشتر کار فکری به‌شمار می‌رود. ممکن است برخی بگویند که میسیون‌شناسی تلاشی است برای پاسخ دادن به پرسش‌ها و کلنجار رفتن با مسائلی که میسیون مسیحی در خط مقدم با آنها رویاروی و درگیر است. بدون وجود جنبش میسیونری پرشور، هیچ پرسش تازه‌ای هم مطرح نخواهد شد، و میسیون‌شناسی نمی‌تواند شکوفا شود. با این‌حال، اگر پرسش‌های تازه مطرح شوند و به آنها پاسخی بسنده داده نشود، آنگاه ممکن است سلامت کلیسا به خطر بیفتد و جنبش میسیونری هم از پویایی بازبماند.

بگذارید این مسئله را با مثالی از تجربهٔ شخصی خودم در هندوستان روشن کنم. وقتی جنبش میسیونری میان اهالی شمال هند، که از پیش‌زمینهٔ هندو بودند، به معنای واقعی پا می‌گرفت، نوایمانان می‌پرسیدند که آیا اکنون باید نام‌های خود را به نام‌های کتاب‌مقدسی تغییر دهند؟ زیرا بسیاری از آنها نام‌های خدایان هندو، همچون راما یا کریشنا داشتند. این یک پرسش میسیون‌شناختی مهم و درخور پاسخی شایسته و درست بود. اگر میسیونرها اصرار می‌کردند که این نوایمانان حتماً باید نام‌های‌شان را عوض کنند (که برخی نیز کرده بودند)، آنگاه در عمل، این کارِ غیرضروری جلوی رشد جنبش میسیونری را می‌گرفت، زیرا ایمانداران بیرون آمده از زمینهٔ هندوئیسم را از فرهنگ‌شان جدا می‌کرد. بنابراین، عاقلانه این بود که ایماندارانی که از زمینهٔ هندوئیسم به مسیحیت گرویده‌اند، نام‌های‌شان را حفظ کنند. این به نوبهٔ خود به رشد جنبش میسیونری کمک می‌کند، زیرا به هندوها کمک می‌کند ببینند که برخلاف تصور رایج مبنی بر اینکه مردم وارث ویژگی‌های دینی، قومی و فرهنگی خود هستند، فردی از خانوادهٔ هندو هم می‌تواند مسیحی بشود.

اگرچه در غرب، فصل ۱۶ رومیان را اغلب نادیده می‌گیرند، چون صرفاً فهرستی طولانی از اسامی اشخاصی است که پولس در انتهای «محتوای اصلی» نامهٔ خود به آنها سلام می‌رساند تا بدین‌ترتیب نامه را به پایان ببرد، خوب به یاد دارم که این فصل در تأمل میسیون‌شناختی پیرامون موضوع میسیون در بستر زندگی واقعی، چه نقش مهمی ایفا کرد. همچنین، یادآوری محکمی بود مبنی بر اینکه *تمامی کتب مقدس* الهام خداست و برای تعلیم و تأدیب و اصلاح و تربیت در پارسایی سودمند است (دوم تیموتائوس ۱۶:۳). یک بررسی اجمالی روی نام‌های مسیحیان رُم که پولس بدیشان سلام می‌رساند، آشکار می‌کند که چندین تن از ایشان همنام بت‌ها بودند؛ نام‌هایی چون نارکیسوس، هرماس و اولیمپاس.[۱]

وقتی جنبش میسیونری مرزهای فرهنگی جدید را درمی‌نوردد، ناگزیر پرسش‌های جدیدی هم ظهور می‌کنند. مثلاً دانشجویان در هندوستان اغلب از من می‌پرسند: «وقتی همسایگانم برایم پراساد[۲] می‌آورند، آیا باید آن را بگیرم یا نه؟» همین اواخر که در آفریقا بودم، کسی از من پرسید: «اگر مردی با سه زن ازدواج کرده باشد و سپس به مسیح ایمان بیاورد، چه باید بکند تا با آیین تک‌همسری مسیحی همخوانی داشته باشد؟» اینها فقط نمونه‌هایی اندک از پرسش‌هایی هستند که در غرب پیرامون‌شان بحثی جدی صورت نگرفته است، چون طبیعتاً در محیط مسیحی بروز نمی‌یابند. با این‌حال، این واقعیتی گریزناپذیر است که وقتی جنبشی نوین اتفاق می‌افتد– خواه در میان جوانان پست‌مدرنِ آمریکای شمالی، خواه در میان هندوهای مذهبیِ شمال هندوستان–

---

۱. این برداشت که شائول ترسوسی پس از رویارویی با مسیح قیام‌کرده در راه دمشق، تغییر نام داد درست نیست، زیرا پولس پس از ایمان آوردن به مسیح همچنان نام یهودی خود را داشت، و تنها زمانی شروع به استفاده از نام یونانی (پولس) کرد که خدمتش در میان غیریهودیان آغاز شد. به‌کار بردن نام «پولس» برای نزدیک‌تر شدن به فرهنگ یونانی بود، نه اینکه وی را از آن جدا سازد، مانند کسانی که پس از ایمان آوردن به مسیح نام‌هایی نظیر «راما» و «کریشنا» را رها کرده، خود را «ابراهیم» یا «حزقیا» معرفی می‌کنند.

۲. خوراک قربانی بت‌ها

پرسش‌های جدیدی مطرح می‌شوند که نیازمند تأملی ژرف‌ترند. بدون میسیون مسیحی، پس دیگر میسیون‌شناسی هم نخواهد بود. اگر اقدامات پیشگامانهٔ میسیونری بدون میسیون‌شناسی پیش بروند، آنگاه موضوعات مهمی نادیده گرفته خواهند شد و به مرور زمان جنبش کلیسای جدید ممکن است تضعیف شده دستخوش خطا گردد و مدام تحلیل برود.

لیکن، به‌رغم وجود رابطهٔ حیاتی میان میسیون مسیحی و میسیون‌شناسی، همیشه یک تنش طبیعی میان این دو وجود خواهد داشت. اگر بخواهیم صادق باشیم، می‌توانیم اعتراف کنیم که میسیون‌شناسی به آسانی می‌تواند تبدیل به مقوله‌ای نظری شود، و ارتباط خود را با چالش‌های دنیای واقعی کار میسیونری از دست بدهد. به همین ترتیب، میسیونرها هم می‌توانند به آسانی مستعد پذیرفتن راهبردهای عملگرایانه و نتیجه‌محور شوند، که هیچ‌کدام به‌لحاظ الاهیاتی درست نیستند و در درازمدت سلامت و سرزندگی کلیسا را مد نظر نمی‌گیرند. یکی از دغدغه‌های اصلی این کتاب، نه تنها برقراری اتحاد دوباره میان میسیون‌شناسی و میسیون مسیحی طبق الگوهای الاهیاتی بنیادین، بلکه فراهم آوردن زمینه‌ای است که در آن میسیون‌شناسی و میسیون مسیحی بتوانند با همفکری و همیاری بیشتری کار کنند.

## فرایند سه-مرحله‌ای برای پرداختن به مسائل میسیون‌شناختی

من برای مطالعهٔ موردی، از میان مباحث میسیونری که این روزها مطرح است، نمونه‌ای برگزیده‌ام تا نشان دهم که چگونه میسیون‌شناسی می‌تواند به حیات بخشیدن، نیرو دادن و آگاهی رساندن به اندیشهٔ ما پیرامون پرسش‌های مهم تازه کمک کند. موضوع مورد بحث «جنبش‌های درون-گروهی»[1] نام دارد. نکتهٔ تأمل‌برانگیز در این مبحث آن است که خواننده را به شیوه‌ای راهنمایی کنیم که از عهدهٔ حل یک مسئلهٔ دشوار برآید. من به هنگام پرداختن به هر مقولهٔ تازه‌ای فرایند سه-مرحله‌ای را پیشنهاد می‌کنم. نخست، موضوعات الاهیاتیِ کلیدی را شناسایی کنید. یعنی به ورای مسئله یا پرسش «کنونی» نگاه کنید و به دنبال موضوعات الاهیاتی زیربناییِ مشکل‌ساز بگردید. برای مثال، در مورد شورای اورشلیم، موضوع «کنونی» این بود: «غیریهودیان را در چارچوب چه ضوابطی می‌توان در کلیسا پذیرفت؟» با وجود این، بحث، و مجادلهٔ داغی که اغلب درمی‌گیرد، نشان می‌دهد که در زیر پرسش کنونی ملاحظات الاهیاتیِ حساسی وجود داشت. به‌نظر می‌رسید که توافقی اکثریتی (حتی اگر نگوییم کلی) بر جمع حاکم بود، مبنی بر اینکه غیریهودیان نجات یافته‌اند. بنابراین، چالش‌انگیزترین موضوع بیش از آنکه نجات‌شناختی باشد، کلیساشناختی بود. این فرایند بسیار حساس و حیاتی است، چون اکثر خوانندگانی که به این موضوع برمی‌خورند، فرض مسلم را بر این می‌گذارند که مسئلهٔ اصلی بیش از آنکه کلیساشناختی (چگونه می‌توانیم یکپارچگی را در کلیسا حفظ کنیم؟) باشد، نجات‌شناختی (چگونه یک غیریهودی می‌تواند نجات بیابد؟) بوده است.

دوم، باید روی تاریخ کلیسا تأمل کنیم، و ببینیم که در ارتباط با موضوع مورد نظر ما آیا از زندگی و تجربهٔ کلیسا طی اعصار رهاوردی وجود دارد که بتوان از آن بهره گرفت یا نه.

1. Insider Movements

ما در زندگی کلیسا به‌ندرت با موقعیت‌های کاملاً جدید روبه‌رو می‌شویم. مسیحیان پیشین با اکثر پرسش‌ها به طریقی مواجه شده‌اند. نگرش و رویکرد مسیحیانی که به زمان و مکانی متفاوت تعلق دارند اما مسیح را می‌پرستیدند و همان کتاب‌مقدس را می‌خواندند، می‌تواند در این زمینه بسیار راهگشا باشد.

سوم، به مجردی که یک راه‌حل یا پاسخ بالقوه ارائه شد، باید آن را آزمود تا روشن شود که در پرتو چهار درون‌مایهٔ حاکم بر میسیون‌شناسیِ خوب (یعنی *مأموریت الاهی*، تثلیث، خلقت تازه، و کلیسای جهانی)، چگونه به‌نظر می‌رسد. اکنون چالش «جنبش‌های درون-گروهی» را با به‌کارگیری این فرایند مورد بررسی قرار می‌دهیم.

## بررسیِ موردی: جنبش‌های درون-گروهی

در فصل ۱۰ این کتاب، ظهور پیروان مسلمانِ عیسی را بررسی کردیم، که تصمیم گرفته‌اند در مسجد عبادت کنند. این پدیده با عنوان «جنبش‌های درون-گروهی» شناخته می‌شود. این اصطلاح به جنبش‌های اصیل با گرایش به‌سوی مسیح اطلاق می‌شود که در وهلهٔ نخست در میان هندوها و مسلمانان مشاهده شدند. هربرت هوفر[1] در کتابش با عنوان «مسیحیت بی‌کلیسا»[2] حدود دویست هزار نفر از پیروان تعمیدنیافتهٔ عیسی را شناسایی کرده که هنوز خودشان را هندو معرفی می‌کنند. ایشان خود را مسیحی نمی‌خوانند، بلکه برای شناسایی خود از عنوان «مریدان مسیح»[3] استفاده می‌کنند و این ناشی از تمهیدی است که در هندوئیسم عامه‌پسند در نظر گرفته شده، که طبق آن مردم اجازه دارند هر خدای به‌خصوصی را (حتی انحصاراً) بپرستند، به شرط آنکه خدایان نرینه و مادینهٔ موجود در آیین هندو را انکار نکنند. به همین ترتیب، جان تراویس[4] و جاشوا مسی[5] و گروهی دیگر منحصراً در مورد هزاران مسلمانی نوشته‌اند که هویت فرهنگی و دینی جامعهٔ اسلامی خود را حفظ کرده‌اند، اما عیسی[6] را به‌عنوان خداوند خود می‌پرستند. «مسلمانان مسیحایی»[7] گروه دیگری هستند که عیسی را به‌عنوان نجات‌دهندهٔ خود پذیرفته‌اند اما به‌لحاظ شرعی، اجتماعی و مذهبی خود را جزو مسجد و جامعهٔ اسلامی می‌دانند. این جنبش‌ها، در سال‌های اخیر بحث‌های قابل‌ملاحظه‌ای میان میسیونرها، سازمان‌های میسیونری و میسیون‌شناسان برانگیخته‌اند. دامنه و هدف این بررسیِ موردی نه پژوهش در جزئیات این موضوع است و نه فراهم آوردن پاسخی کامل. بلکه هدف ما این است که خطوطی کلی ترسیم کنیم که نشان دهند چگونه می‌توان با بهره‌گیری از فرایند سه-مرحله‌ای مذکور در بالا، این موضوع را مورد بررسی قرار داد.

### *آزمون کتاب‌مقدسی/الاهیاتی*

به هنگام بررسی «جنبش‌های درون-گروهی» این پرسش پیش می‌آید که «آیا شخص مسلمان می‌تواند پیرو عیسای مسیح باشد و به‌لحاظ مذهبی و فرهنگی در چارچوب اسلام

1. Herbert Hoefer; 2. Churchless Christianity; 3. Jesu Bhakta; 4. John Travis; 5. Joshua Massey; 6. Isa; 7. Messianic Muslims

بماند؟» گاهی این پرسش به‌گونه‌ای دیگر مطرح می‌شود: «آیا شخص هندو می‌تواند در عین‌حال که در جوّ زندگی و شعائر هندو مانده است از مسیح نیز پیروی کند (در این مورد خاص، پرستش bhakti، که منحصراً بر عیسی متمرکز است)؟» اگرچه موضوعات الاهیاتی بسیاری باید مورد شناسایی قرار بگیرند، به‌نظر می‌رسد که بر سر دو موضوع الاهیاتی حاکم بر بحث، یک توافق فراگیر وجود دارد.

نخست آنکه، درک ما از مقولهٔ کلیساشناسی در نحوهٔ ابراز واکنش‌مان به پرسش کنونی، نقشی مهم بازی می‌کند. برای پیروان عیسی، تعلق داشتن به اجتماعی که به‌عنوان مشارکتِ مشهود کلیسایی به رسمیت شناخته شود، تا چه اندازه اهمیت دارد؟ دوم اینکه، درک ما از مقولهٔ نجات‌شناسی نیز در نحوهٔ ابراز واکنش‌مان به موضوع، اهمیت حیاتی دارد. در این مورد به‌خصوص، اغلب به‌نظر می‌رسد که دو آموزه در برابر یکدیگر قد برافراشته‌اند. اگر نجات اصولاً موضوعی شخصی است، پس نقش کلیسا به‌طرز چشمگیری کمرنگ می‌شود و تفسیری که از نجات می‌شود، به‌گونه‌ای تقلیل‌گرایانه است- یعنی اینکه، حداقل کاری که یک انسان می‌تواند بکند تا پیرو مسیح بشود، چیست؟ درک ما از نجات‌شناسی عمیقاً مشخص می‌کند که تعمید گرفتن در برابر جمع یا اتحاد با دیگر ایمانداران در سراسر جهان، در چگونگی حل مسئله نقشی تعیین‌کننده دارد. ریک براون، تحلیل خود را از جنبش‌های درون-گروهی در قالب جستاری با عنوان «برای نجات، باید به چه چیزی در مورد عیسی ایمان داشت؟» ارائه داده است. تأیید جنبش‌های درون-گروهی از سوی وی کاملاً آشکار است، چون او کلیسا را نادیده می‌گیرد و درکی تقلیل‌گرایانه از نجات دارد. در مقابل، لزلی نیوبیگین ارزیابی منفی‌تری از جنبش‌های درون-گروهی ارائه داده و مبنای کارش برتری دادن به کلیساشناسی و اکراه در قبول یکی شمردنِ نجات با پارساشمردگی است.

به محض اینکه آموزه‌های کلیدی شناسایی شدند، آنگاه خوب است که نقل‌قول‌های مرتبط با عبارات کلیدی کتاب‌مقدس را، در تأیید یا تکذیب جنبش‌های درون-گروهی شناسایی کنیم. آیا نقل‌قول‌ها متکی بر تأویل‌های قابل اعتماد هستند یا نویسندگان صرفاً خواسته‌اند برای به کرسی نشاندن نظر خود، پشتوانه‌ای کتاب‌مقدسی دست و پا کنند و به‌واسطهٔ آن بگویند که راه‌حل میسیون‌شناختیِ آنان برای پرسش کنونی درست بوده است. در نهایت، هر الاهیات درستی باید با تأویل درست اثبات و پشتیبانی شود. نظام‌های الاهیاتی سربسته را باید باز کرد و آنها را با کلام خدا مورد موشکافی دقیق قرار داد تا یقین حاصل شود که در تدوین الاهیات، دیدگاه‌های مهم کتاب‌مقدسی نادیده گرفته نشده‌اند.

## *آزمون تاریخ کلیسا*

به مجردی که این فرایند کامل شد، به‌جاست که ببینیم آیا از تاریخ کلیسا می‌توانیم در این ارتباط درسی بگیریم، و آیا به راه‌حل‌های مشابهی برمی‌خوریم یا نه. این کار اغلب کمک می‌کند که یا بر تفکر الاهیاتیِ پیشین‌مان صحه بگذاریم یا در برخی موارد، به عقب بازگشته آن را بازبینی کنیم. در مورد جنبش‌های درون-گروهی، خوب است بررسی کنیم که در سدهٔ

شانزدهم میلادی، وقتی اصلاحگران دینی از گردن نهادن به اقتدار آمرانهٔ کلیسای کاتولیک رومی خودداری کردند، چگونه کلیسا درگیر کشمکش با مبحث کلیساشناسی شد. حتی اگر جنبش اصلاح دینی را عمدتاً کشمکشی بر سر نجات‌شناسیِ کتاب‌مقدسی قلمداد کنیم، همچنان کشمکشی عمده بر سر آموزهٔ کلیساشناسی نیز به‌شمار می‌رود؛ منتها باید آن را به شیوه‌های اقلیمی و تشکیلاتی درک کرد. مفهوم «کلیسای نادیدنی» لوتر را حامیان جنبش‌های درون-گروهی به کرات نقل‌قول کرده‌اند، هرچند منظور لوتر اعتراف به این حقیقت بود که بی‌ایمانان بسیاری در درون کلیسای تشکیلاتی به‌سر می‌برند، حال آنکه دغدغهٔ طرفداران جنبش‌های درون-گروهی حضور ایمانداران در درون اسلام یا هندوئیسم است.

## آزمون درون‌مایه‌های اصلی تاریخ نجات

و بالاخره، همچون هر موضوع جدید دیگری، باید ببینیم که موضوع مورد نظر ما در درون‌مایه‌های بزرگتر و جامع‌تر مکاشفهٔ کتاب‌مقدسی، چگونه جای می‌گیرد. اکنون موقع آن است که در پرتو *مأموریت الاهی*، تثلیث، خلقت تازه و کلیسای جهانی بررسی خود را آغاز کرده، ببینیم که چگونه می‌شود مسیحیانِ «جنبش‌های درون-گروهی» را بهتر درک کرد.

### مأموریت الاهی

*مأموریت الاهی* به ما یادآوری می‌کند که خدا کاملاً جدا از انتظارات و سازماندهی‌های ما اقدام می‌کند و ابتکارعمل را در دست دارد. بنابراین، جنبش‌های درون-گروهی شاید بتوانند نمونه‌ای از یک ابتکار پیشگامانهٔ برتر باشند که باعث غافلگیری ما شده‌اند. آیا این پدیده می‌تواند نمایانگر نوعی «جنبش اصلاح دینیِ وارونه» باشد؟ به‌عبارت دیگر، تاریخ جنبش اصلاح دینیِ غرب، داستان مردمانی است که عمدتاً خود را مسیحی می‌دیدند، زیرا به ساختار کلیسای رسمی تعلق داشتند، یعنی به‌عبارتی اعضای دنیای مسیحیت بودند. به‌علاوه، جنبش اصلاح دینی ثمرهٔ شناختی تدریجی توسط مسیحیان طی صدها سال بود، مبنی بر اینکه اگرچه در ملاء عام و رسماً تعمید گرفته بودند، اما اصلاً مسیحی نبودند و می‌بایست مسیحی شوند. در مورد جنبش‌های درون-گروهی، می‌توان گفت که وضعیت دقیقاً برعکس مورد بالا است- یا شاید نوعی جنبش اصلاح دینیِ وارونه باشد! آیا ممکن است ده‌ها هزار نفر در ملاء عام و به‌طور رسمی مسلمان یا هندو باشند، و طی سال‌ها و به‌تدریج متوجه شوند که دیگر مسلمان یا هندو نیستند، بلکه مسیحی‌اند؟ برای مثال، آیا ممکن است روزی هزاران نفر از پیروان مسلمان عیسی را ببینید که در حال حاضر به اشتباه می‌کوشند هویت اسلامی خود را حفظ کنند، اما به‌تدریج متوجه می‌شوند که در واقع هویت‌شان با قوم خدا پیوند خورده است؟

### تثلیث

همچنین جنبش‌های درونی را باید از جهت آموزهٔ تثلیث آزمود. برای نمونه، هر جنبشی که صراحتاً و قاطعانه پری شخصیت و کار عیسای مسیح و ارادهٔ روح‌القدس را به رسمیت

نشناسد و اعلان نکند، در درازمدت نمی‌تواند به اظهار ایمان مسیحی پرشور ادامه دهد. در عین‌حال که لازم است پژوهش‌های بیشتری انجام بگیرد، اما نخستین نشانه‌ها حاکی از آنند که آن دسته از پیروان عیسی که در مسجد یا معبد می‌مانند، عمدتاً درکی ناقص و بی‌مایه از عیسای مسیح و روح‌القدس دارند. این نوایمانان نیازمند شاگردسازی هستند و اگر چنین شود، طی زمان با پروردنِ دیدگاهی کتاب‌مقدسی در مورد تثلیث، خیلی بهتر می‌توانند این جنبش را با دیگران در میان بگذارند.

## *خلقت تازه*

در نظر گرفتن زندگی و شهادت کسانی که به‌عنوان پیروان درون-گروهیِ مسیح شناخته می‌شوند نیز اهمیت دارد. آیا زندگی و شهادت ایشان ظهور فرمانروایی خدا را به نمایش می‌گذارد؟ آیا نمونه‌های آشکار و قابل‌شناسایی از کار روح‌القدس در میان آنان دیده می‌شود؟ آیا عطایا و ثمرات روح در آنها فعال است و رشد می‌کند؟ میسیونرهایی که با این‌گونه ایمانداران در تماس مستقیم هستند باید از آنها چنین ارزیابی‌ای به عمل آورند؛ زیرا ارزیابی از راه دور کاری است بس دشوار.

در کتاب اعمال رسولان می‌بینیم که پیروان یهودی عیسی از گسترش خیره‌کنندهٔ انجیل در میان غیریهودیان و بروز ثمرات آن در زندگی آنان، خلع سلاح شدند. کلیسای اورشلیم با خردمندی برنابا را به انطاکیه فرستاد تا از اوضاع، که در آن زمان تحولی حیرت‌آور و ظاهراً نامحتمل به‌شمار می‌رفت، ارزیابی دقیقی به عمل آورد. اعمال چنین می‌نویسد:

> چون این خبر به کلیسای اورشلیم رسید، برنابا را به انطاکیه فرستادند. وقتی او به آنجا رسید و فیض خدا را دید، شادمان شد و همه را ترغیب کرد تا با تمام دل به خداوند وفادار باشند. (اعمال ۱۱:۲۲-۲۳)

این نکته حائز اهمیت بسیار است که ما نه تنها موضوعات آموزه‌ای و الاهیاتی را از نزدیک بررسی می‌کنیم، بلکه باید به‌دنبال شواهدی از فیض خدا هم بگردیم.

در شورای اورشلیم، که شرح آن در اعمال ۱۵ آمده، رهبران کلیسا در اورشلیم نه تنها پیرامون موضوعات خطیر الاهیاتی بحث کردند، بلکه به سخنان کسانی که با این نوایمانان در ارتباط بودند نیز گوش دادند.

> سپس جماعت همه ساکت شدند و به برنابا و پولس گوش فرادادند. آنان آیات و معجزاتی را که خدا به دست ایشان در میان غیریهودیان ظاهر کرده بود، بازمی‌گفتند. (اعمال ۱۵:۱۲)

پس از شنیدن شهادت‌ها، دوباره گردهمایی صورت گرفت و از نو کلام خدا را بررسی کردند. یعقوب، یکی از رهبران کلیسای اورشلیم، نتیجه گرفت که گسترش خیره‌کنندهٔ انجیل در میان غیریهودیان به‌راستی با کلام خدا همخوانی و پیوستگی دارد. در واقع، در کتاب

اعمال آمده که یعقوب آیات مهمی از عاموس ۹:۱۱-۱۲ نقل کرد تا اثبات کند که آن روزی که نبوت شده بود غیریهودیان نیز در زمرهٔ قوم خدا شمرده خواهند شد، فرا رسیده است. نبوت عاموس که می‌گفت: «تا باقی افراد بشر جملگی خداوند را بطلبند، همهٔ غیریهودیانی که نام من بر آنهاست» (اعمال ۱۵:۱۷) به‌عنوان نمونه‌ای از متون بسیار در کلام خدا نقل شده تا تأییدی کتاب‌مقدسی باشد بر کار حیرت‌آور خدا. البته، به رسمیت شناختن کار خدا در میان غیریهودیان پایان داستان نبود. این تازه کلیسا را برانگیخت تا با جدیت نوایمانان را درست تربیت و شاگردسازی کند و مانند همهٔ اعضای کامل و محفوظ بدن مسیح، به آنها نیز اجازهٔ مشارکت بدهد.

## کلیسای جهانی

و سرانجام، به‌عنوان شهادتی بر ترجمه‌پذیریِ فرهنگیِ انجیل و اذعان بر اینکه کلیسا در هر فرهنگی و در هر زمانی نقاط کوری نیز دارد، مهم است که روی این مسئله تأمل کنیم که چگونه از زوایای گوناگون در سطح کلیسای جهانی می‌توان به یک موضوع نگریست. من که زمان قابل‌ملاحظه‌ای را صرف تعامل با مسیحیان قاره‌های مختلف جهان کرده‌ام، به کرات دیده‌ام که همان‌طور که نقاط کور مردم دیگر فرهنگ‌ها برای من مشهود است، اغلب نقاط کور مسیحیان اونجلیکال آمریکای شمالی نیز به آسانی برای آنها آشکار است. با وجود این، در کمال شگفتی هر کدام از ما از نقاط کور فرهنگی خودمان غافلیم.

هنگام تأمل در مورد جنبش‌های درون-گروهی، کسب نظرات و دیدگاه‌های ایمانداران بالغ از همان بسترهای واقعیِ فرهنگی که این جنبش‌ها از میان‌شان برخاسته‌اند، سودمند است. پرس و جو از ایمانداران بالغ خاورمیانه یا بنگلادش در مورد موضوع مسلمانانی که پیرو عیسی هستند و همزمان به اسلام نیز تظاهر می‌کنند، به ما کمک می‌کند که کل موضوع را از زاویه‌ای تازه ببینیم و مکرراً شناخت تازه‌ای به‌دست آوریم. برای نمونه، رهبران باتجربهٔ مسلمان برخی از معضلات فرهنگی و اخلاقی پیروان عیسی را که هنوز متظاهر به اسلام نیز هستند، به من خاطرنشان ساخته‌اند. اینها مواردی هستند که به آسانی برای ما که از بیرون نظاره‌گریم، قابل مشاهده نیستند.

به همین ترتیب، وقتی من از منظر ساکنان یک فرهنگ به موضوع جنبش‌های درون-گروهی نگاه می‌کنم، متوجه پیچیدگی‌های بزرگی می‌شوم. برای مثال، یک‌بار از زنی هندو که پیرو مسیح بود پرسیدم که چرا با وجودی که اکنون مرید عیسای مسیح است، باز در معبد هندوها مانده است. او پاسخ داد که خانواده و خویشانش مادامی از او در پرستش مسیح پشتیبانی می‌کنند که از هندوئیسم نبریده باشد. به او گفته بودند که اگر به قول خودشان «فرهنگش را ترک کند» و «فرهنگ مسیحیان بیگانه را بپذیرد»، آنگاه همهٔ فرزندانش را از ارث محروم خواهند کرد. در این مورد به‌خصوص، زن مزبور در نهایت توانست به‌طور کامل و علناً عضو یک کلیسا شود، اما در بررسی این موضوعات، داستان او برجسته بودن برخی از چالش‌های شبانی را آشکار می‌سازد. وانگهی، این یادآوری دیگری است بر اینکه

هرچه میسیون‌شناسان ارتباط نزدیکتری با زندگی و کار میسیونرهایی داشته باشند که در خودِ حوزۀ فعالیت میسیون خدمت می‌کنند و بدانند که ایشان در سراسر جهان با چه چالش‌های ملموسی روبه‌رو هستند، بهتر می‌توانند رابطه‌ای سالم میان میسیون‌شناسی و میسیون مسیحی برقرار کنند. نباید به میسیون‌شناسی اجازه داد بیش از اندازه از واقعیت‌های مبتنی بر عرصۀ کارزار میسیون مسیحی فاصله بگیرد، و آنانی هم که در خط مقدم جنبش میسیونری مشغول به خدمتند باید به‌طور مرتب اهمیت استوار کردن کارشان را بر شالودۀ اندیشۀ الاهیاتی و میسیون‌شناختی محکم، به یاد بیاورند.

تا اینجا فرایندی را که طی آن می‌توان به موضوعات برخاسته در کارزار میسیون با تأمل الاهیاتی و میسیون‌شناختی پاسخ داد، نشان دادیم. در عین‌حال که موضوع جنبش‌های درون-گروهی را به‌عنوان مطالعۀ موردی انتخاب کردیم، باید این را هم بدانیم که کل موضوعات امروزی، و از جمله گرایش‌های عمده در خدمت میسیونری مانند میسیون مسیحی به‌عنوان یک حرفه یا میسیون‌ها مسیحی کوتاه‌مدت نیز می‌توانند مشمول این فرایند باشند. فرایند مزبور در مورد تفکر روی مسائل ویژه‌ای که نیازمند تأمل میسیون‌شناختی بیشتری هستند نیز کارایی مطلوبی دارد؛ مواردی از قبیل اینکه آیا واژه‌های *خدا* و *الله* را می‌توان به‌جای یکدیگر به‌کار برد یا نه. بدون چنین فرایندی، این موضوعات ناگزیر عملگرایانه مورد ارزیابی قرار خواهند گرفت، نه الاهیاتی و کتاب‌مقدسی. با وجود این، وقتی چنین فرایندی در جای خود به‌کار گرفته شود، میسیون مسیحی تأمل میسیون‌شناختی مناسبی را بر خواهد انگیخت و این نیز به نوبۀ خود، به انگیزش میسیون مسیحی و میسیون‌شناسی مؤثرتر یاری خواهد رسانید: طلوع میسیون مسیحی، غروب میسیون‌شناسی؛ هر کدام به دیگری خواهد انجامید و عامل برانگیزانندۀ دیگری خواهد بود.

## نتیجه‌گیری

این کتاب را با بررسی هفت گرایش اصلی که بر میسیون‌های مسیحی در سدۀ بیست‌ویکم تأثیر می‌گذارند، آغاز کردیم. ما در شکاف میان دو دورۀ اصلی در تاریخ مسیحی زندگی می‌کنیم؛ میان دورۀ فروپاشی حاکمیتِ مسیحی و برآمدن کلیسای جهانیِ اکثریت، روند تند جهانی‌شدن و فناوری، چالش‌های معرفت‌شناختیِ پست‌مدرنیسم، و رشد نفوذ نسبی‌گرایی و موارد دیگر. روشن است که ما نمی‌توانیم به موضوع میسیون رویکردی طبق معمول داشته باشیم. راهبرد، تجهیز، پیشرفت منابع و کارهای میدانی در زمینۀ میسیون مسیحی عصر حاضر در سراسر جهان، نیازمند تأمل بیشتر و محتاطانه‌تر در چارچوب کتاب‌مقدسی و الاهیاتی بزرگتری است.

عملکرد کنونی میسیون‌های مسیحی بر پایۀ الگوهای علوم اجتماعی در نسل‌های گذشته به کلیسا کمک می‌کرد، چون فرض بر این بود که اینها میسیون‌های مسیحیِ مطالعه‌شده‌ای هستند که از پیش چارچوب الاهیاتی لازم را دارند و می‌توان میسیون‌شناسی را در آنها به‌کار گرفت. اما با کم‌رنگ‌شدنِ شالوده‌های کتاب‌مقدسی / الاهیاتی در کلیسای گسترده‌تر،

این فرض دیگر قابل دفاع نیست. امروزه، عملکرد قویِ میسیون مسیحی توأم با نیرویی میسیونری و مطمئن، یک دیدگاه کتاب‌مقدسی و الاهیاتی بسیار دقیق‌تری می‌طلبد. چارچوب تثلیث‌گرای این میسیون‌شناسی، که خاستگاه میسیون مسیحی را در «*مأموریت الاهی*» می‌داند و آن را در بستر آخرشناختیِ بزرگتری از خلقت تازه و ظهور کلیسای جهانی جای می‌دهد، در جستجو برای یافتن زیربنایی ضروری برای یک میسیون‌شناسی سالم و مناسب برای سدهٔ بیست‌ویکم است. میسیون مسیحی باید به‌طور فزاینده در جریانی رو به جلو، از اقدام پیشگامانهٔ خدا در بستن عهد با ابراهیم تا برکت دادن همهٔ قوم‌ها (پیدایش ۱۲:۳) و حرکت به‌سوی روزی که در خلقت تازه مردان و زنانی «از هر ملت و طایفه و قوم و زبان» خداوند ما عیسای مسیح را خواهند پرستید (مکاشفه ۷:۹)، مشاهده شود. تا آن روز، باشد که فیض خدا بر کلیسایش بماند و ما جویای تحقق بخشیدن به جلال و عظمت او در همهٔ آفرینش باشیم.